国家出版基金项目
NATIONAL PUBLICATION FOUNDATION

2021—2035年国家古籍工作规划重点出版项目

『十四五』时期国家重点图书出版物出版专项规划项目

『十四五』安徽省重点出版物规划项目

本书获国家社科基金项目『西夏文《大宝积经》整理研究集成』资助
主持人：孙伯君　批准号：16BMZ026

西夏文《大宝积经》整理研究集成

第一辑 第七册

黄山书社

孙伯君◎主编

彭向前◎著

图书在版编目(CIP)数据

西夏文《大宝积经》整理研究集成.第一辑.第七册/
孙伯君主编;彭向前著.—合肥:黄山书社,2024.3
ISBN 978-7-5737-1204-2

Ⅰ.①西… Ⅱ.①孙… ②彭… Ⅲ.①西夏语-佛经-研究 Ⅳ.①B948

中国国家版本馆 CIP 数据核字(2024)第 031634 号

西夏文《大宝积经》整理研究集成(第一辑)·第七册
XIXIAWEN DABAOJIJING ZHENGLI YANJIU JICHENG

孙伯君 主编
彭向前 著

出品人 葛永波
策　划 葛永波 李　旭 张向奎
项目统筹 李玲玲 代立媛
责任编辑 向　焱 章莹莹
责任印制 李　磊
装帧设计 尹　晨
出版发行 黄山书社(http://www.hspress.cn)
地址邮编 安徽省合肥市蜀山区翡翠路1118号出版传媒广场7层 230071
印　刷 安徽新华印刷股份有限公司
版　次 2024年3月第1版
印　次 2024年3月第1次印刷
开　本 890 mm × 1240 mm 1/16
字　数 329千字
印　张 30.25
书　号 ISBN 978-7-5737-1204-2
定　价 248.00元

服务热线 0551-63533706
销售热线 0551-63533761
官方直营书店(https://hsss.tmall.com)

目录

西夏文《大宝积经》

·卷二十二·

《被甲庄严会》

第七之二整理与研究

内容和版本介绍

《大宝积经·被甲庄严会》的主要内容是:“佛住迦兰陀竹园,无边慧菩萨说偈问法,佛亦说偈许答。次正问被大甲胄,佛具答之:初一番长行、偈颂,列诸甲胄名;第二番长行、偈颂,明此甲胄无相无名,不可破坏;第三番长行、偈颂,明其乘于大乘;第四番长行、偈颂,明其住八正道;第五番长行、偈颂,明发趣摄取正道之法;第六番长行、偈颂,明一一皆以慧为先导;第七番长行、偈颂,明其随入一切法,大饶益众生;第八番长行、偈颂,引古栴檀香光明佛时,有转轮王名一切义成,能求此法,已成超无边境界王佛;第九番长行、偈颂,明于诸法得法光明,不堕诸见;第十番长行、偈颂,因胜慧菩萨问,明无所行而行;第十一番,胜慧说颂赞佛,誓愿持法;第十二番,佛说偈赞成之,并说古遍照佛时,勇猛军转轮王闻法受持,已成无边精进光明功德超胜王佛。次因无边胜菩萨问,为说长行、偈颂,明无住而住为如理住。次因无边慧问,为说长行、偈颂,明无所安立、无畏发趣之义。又说往古月灯王佛时,云音、无边音二大士闻此法门,皆已成佛,若有精勤修习者,当得一切法海印三昧,又能摄得“阿”字等诸三昧印。又说往古超过须弥光王佛时,勇猛军、勇猛力二大士受持此法,皆已成佛,一名无边辩才,一名最胜光明。次有慧义菩萨叹法希有,佛印成之。次加持付嘱流通。”(蕅益大师《阅藏知津》)

西夏文《大宝积经》卷二十二《被甲庄严会》第七之二,1909 年由科兹洛夫率领的俄国皇家蒙古四川地理考察队发现于黑水城遗址,现藏于俄罗斯科学院东方文献研究所。据克恰诺夫《西夏佛典目录》,该卷在第二部中,入藏号是 инв.№ 428,写本,经折装。完整保存,共 62 折。天头 4.5 厘米,地脚 2.7 厘米。黑绢护封。经名后有帙号并西夏仁宗皇帝尊号。卷尾有经名和帙号。инв.№ 428 首次刊布于《俄藏黑水城文献》第 21 册第 143~146 页,每折 6 行,每行 18 字。

西夏文《大宝积经》卷二十二(инв.№ 428)经名后有“奉天显道”四字,当是西夏仁宗皇帝尊号“奉天显道耀武宣文神谋睿智制义去邪惇睦懿恭”的简称,可知该本为西夏仁宗皇帝(1139—1193 年在位)时期的校译本。

下面的录文和释读依据 инв.№ 428,释读采用逐折、逐行对译的形式,并用数字标明西夏文录文的卷次、原版折面和行次,如 22.1.1,为第二十二卷第一折第一行。

文本释读

22.1.1

[illegible]	[illegible]	[illegible]	[illegible]	[illegible]	[illegible]	[illegible]	[illegible]	[illegible]	[illegible]	[illegible]①
ljij^{2}	ljɨ^{1}	tśiow^{1}	lwər^{2}	lhejr^{2}	?	njɨ^{1}	ɣạ^{2}	njɨ^{1}	tsew^{2}	njọr^{1}
大	宝	积	经	契	卷	二	十	二	第	水

《大宝积经》卷第二十二　水

22.1.2

[illegible]	[illegible]	[illegible]	[illegible]
tshjwu^{1}	bju^{1}	tśja^{1}	dźju^{1}
天	奉	道	显

奉天显道②

22.1.3

[illegible]	[illegible]③	[illegible]	[illegible]	[illegible]	[illegible]	[illegible]	[illegible]	[illegible]
zjir^{2}	tśhjwi^{1}	lju̠^{2}	tshjij^{2}	ljwu^{2}	śjạ^{1}	tsew^{2}	·jij^{1}	njɨ̠^{1}
甲	被	庄	严	会	七	第	之	二

《被甲庄严会》第七之二

22.1.4

[illegible]	[illegible]	[illegible]	[illegible]	[illegible]	[illegible]	[illegible]④,	[illegible]	[illegible]
niọw^{1}	tśjɨ^{1}	bju^{2}	mjij^{1}	zjɨr^{1}	dźiã^{2}	tsjij^{2}	ŋa^{2}	lə^{2}
复	次	边	无	慧	情	悟，	我	念
[illegible]	[illegible]	[illegible]	[illegible]	[illegible]	[illegible]⑤	[illegible]	[illegible]⑥	[illegible]，

① [illegible]，为西夏文大藏经函帙号，可译作“水”。

② 此为西夏仁宗皇帝尊号“奉天显道耀武宣文神谋睿智制义去邪惇睦懿恭”的简称，据此可知俄藏 инв.№ 428 为西夏仁宗皇帝（1139—1193 年在位）时期的校译本。

③ 原作 [illegible]，“[illegible]”（穿）之讹字，形近致误。以下皆同。

④ [illegible]，菩萨。西夏文字面义为“情悟”，即“使有情觉悟”。

⑤ [illegible]，动词趋向前缀，表示完成体不定方。

⑥ [illegible]，动词人称后缀，表示第一人称单数。

pjɨ^{1}	njwo^{2}	dźiã^{2}	tsjij^{2}	dźjɨ	rjɨr^{2}	djo̱^{2}	ŋa^{2}	zjo̱^{2}
昔	往	情	悟	行	△	修	我	时，

复次无边慧菩萨①，我念往昔修菩萨行时，

22.1.5

[illegible]	[illegible]	[illegible]	[illegible]，	[illegible]	[illegible]	[illegible]	[illegible]	[illegible]
thjɨ^{2}	sju^{2}	zjir^{2}	tśhjwi^{1}	thjɨ^{2}	sju^{2}	ljịj^{2}	·ụ^{2}	bju^{1}
此	如	甲	被，	此	如	大	乘	依
[illegible]，	[illegible]	[illegible]	[illegible]	[illegible]，	[illegible]	[illegible]	[illegible]	[illegible]，
gjị^{2}	rjur^{1}	bju^{2}	gjij^{1}	dzjij^{1}	na^{1}	nja̱^{1}	go^{2}	njwi^{2}
靠，	诸	边	超	越，	暗	黑	除	能，

被如是甲胄，乘如是大乘，超过诸际，能灭黑暗，

22.1.6

[illegible]	[illegible]	[illegible]	[illegible]，	[illegible]	[illegible]	[illegible]	[illegible]，	[illegible]
kja̱^{1}	le^{2}	dzjar^{2}	njwi^{2}	ljịj^{2}	khu^{1}	dźjij^{1}	ŋwu^{2}	mjɨ^{1}
畏	惧	灭	能，	大	进	精	以，	无
[illegible]	[illegible]	[illegible]	[illegible]	[illegible]	[illegible]	[illegible]	[illegible]	[illegible]
pjụ^{1}	·jir^{2}	tụ^{1}	kju^{1}	tśji^{2}	no^{1}	·jiw^{1}	thow^{1}	tha^{1}
量	百	千	俱	胝	那	由	他	佛

能除怖畏，以大精进，乃于无量百千俱胝②那由他③佛

22.2.1

[illegible]，	[illegible]	[illegible]	[illegible]	[illegible]	[illegible]	[illegible]	[illegible]	[illegible]
do^{2}	thjɨ^{2}	po^{1}	tsa^{1}	ma^{2}	ŋa̱^{2}	tsa^{1}	·jij^{1}	gjwɨ^{1}
于，	此	菩	萨	摩	诃	萨	之	甲
[illegible]	[illegible]	[illegible]、	[illegible]	[illegible]	[illegible]	[illegible]	[illegible]，	[illegible]
zjir^{2}	lju̱^{2}	tshjịj^{2}	ljịj^{2}	·ụ^{2}	lju̱^{2}	tshjịj^{2}	mji^{1}	nio̱w^{1}
胄	庄	严、	大	乘	庄	严	闻，	又

① 无边慧菩萨，汉文本皆作“无边慧”。
② 俱胝，梵语，数量名，有说一俱胝为十万，也有说百万、千万的。
③ 那由他，梵语，数目名，当于此方之亿。又作那庾多、那由多、那术、那述。

所，闻此菩萨摩诃萨甲胄庄严、大乘庄严，

22.2.2

[illegible]	[illegible]	[illegible]	[illegible]。	[illegible]	[illegible]	[illegible]	[illegible]，	[illegible]
njij^{1}	ljɨ̣j^{2}	rjɨr^{2}	gjịj^{1}	thjɨ^{2}	tsji̱r^{1}	bio̱^{1}	zjọ^{2}	tha^{1}
心	喜	△	戏。	此	法	观	时，	佛
[illegible]	[illegible]	[illegible]	[illegible]	[illegible]	[illegible]	[illegible]。	[illegible]	[illegible]
rjur^{1}	pjụ^{1}	do^{2}	dzjwɨ̣^{1}	rejr^{2}	pjụ^{1}	bju̱^{1}	ŋa^{2}	thjɨ^{2}
世	尊	于	恭	敬	尊	重。	我	此

踊跃欢喜。观此法时，于佛世尊恭敬尊重。

22.2.3

[illegible]	[illegible]	[illegible]	[illegible]，	[illegible]	[illegible]	[illegible]	[illegible]	[illegible]
sju^{2}	gjwɨ^{1}	zjir^{2}	tśhjwi^{1}	ŋa^{2}	thjɨ^{2}	sju^{2}	gjwɨ^{1}	zjir^{2}
如	甲	胄	被，	我	此	如	甲	胄
[illegible]，	[illegible]	[illegible]	[illegible]	[illegible]	[illegible]，	[illegible]	[illegible]	[illegible]
dźjo^{2}	ŋa^{2}	thjɨ^{2}	sju^{2}	tsji̱r^{1}	rjor^{2}	ŋa^{2}	thjɨ^{2}	sju^{2}
有，	我	此	如	法	得，	我	此	如

不作是念：我被如是甲胄，我有如是甲胄，我得如是法，我有如是法，

22.2.4

[illegible]	[illegible]，	[illegible]	[illegible]	[illegible]	[illegible]	[illegible]	[illegible]	[illegible]
tsji̱r^{1}	dźjo^{2}	ŋa^{2}	thjɨ^{2}	sju^{2}	mə^{2}	djij^{1}	tsji̱r^{1}	tsjɨ^{1}
法	有，	我	此	如	种	类	法	亦
[illegible]，	[illegible]	[illegible]	[illegible]	[illegible]	[illegible]。	[illegible]	[illegible]	[illegible]
dźjo^{2}	ŋa^{2}	mjɨ^{1}	tśhjɨ^{1}	·jɨ^{2}	ŋa^{2}	ŋa^{2}	thja^{1}	zjọ^{2}
有，	我	无	尔	谓	我。	我	彼	时

我有如是种类之法。我于尔时

22.2.5

[illegible]	[illegible]	[illegible]	[illegible]，	[illegible]	[illegible]	[illegible]	[illegible]，	[illegible]
ŋa^{2}	sjij^{2}	mji^{1}	dju^{1}	ljụ^{2}	ljij^{2}	khwa^{1}	ka^{2}	ŋa^{2}

我	想	不	有，	身	见	远	离，	我
[illegible]	[illegible]	[illegible]，	[illegible]	[illegible]	[illegible]①	[illegible]	[illegible]	[illegible]
khwẹj^{1}	khwa^{1}	ka^{2}	njij^{1}	bji^{2}	kew^{1}	mjij^{1}	phjo^{2}	kar^{2}
慢	远	离，	心	下	高	无	分	别

无有我想，远离身见，远离我慢，心无高下亦无分别，

22.2.6

[illegible]	[illegible]，	[illegible]	[illegible]	[illegible]	[illegible]	[illegible]	[illegible]	[illegible]
tsjɨ^{1}	mjij^{1}	dźiā^{2}	tśhju^{1}	ŋowr^{2}	ŋowr^{2}	·jij^{1}	ɣjiw^{1}	ɣiwej^{1}
亦	无，	情	有	皆	皆	之	摄	受
[illegible]	[illegible]，	[illegible]	[illegible]	[illegible]	[illegible]	[illegible]	[illegible]	[illegible]
kiẹj^{2}	niọw^{1}	rjur^{1}	tha^{1}	mjor^{1}	ljịj^{2}	·jij^{1}	tsjịr^{1}	·ụ^{2}
欲	因，	诸	佛	如	来	之	法	藏

为欲摄受一切众生，护持诸佛如来法藏②，

22.3.1

[illegible]	[illegible]，	[illegible]	[illegible]	[illegible]	[illegible]	[illegible]	[illegible]	[illegible]
·wejr^{2}	·jij^{1}	mjɨ^{1}	pjụ^{1}	·jir^{2}	tụ^{1}	kju^{1}	tśji^{2}	no^{1}
护	持，	无	量	百	千	俱	胝	那
[illegible]	[illegible]	[illegible]	[illegible]	[illegible]③	[illegible]	[illegible]，	[illegible]	[illegible]
·jiw^{1}	thow^{1}	dźiā^{2}	tśhju^{1}	·jij^{1}	śjɨj^{1}	we^{1}	·ja	lə^{2}
由	他	情	有	之	成	熟，	△	念

成熟无量百千俱胝那由他众生，曾无一念

22.3.2

[illegible]	[illegible]	[illegible]	[illegible]	[illegible]	[illegible]	[illegible]	[illegible]④。	[illegible]
zjij^{1}	dwər^{1}	tjɨ^{2}	njij^{1}	śjwo^{1}	mjɨ^{1}	tśhjɨ^{1}	dji^{2}	ŋa^{2}
时	倦	劳	心	生	未	尔	曾。	我
[illegible]	[illegible]，	[illegible]	[illegible]	[illegible]	[illegible]，	[illegible]	[illegible]	[illegible]

① [illegible]，字面义为“下高”，即并列词组“高下”之颠倒译法。
② 法藏，又曰佛法藏，一名如来藏。法性之理也。法性含藏无量之性德，故曰法藏。
③ [illegible]（之），宾格助词。
④ [illegible]，意思是“未曾”。

thja^{2} zjo̱^{2} gjwɨ^{1} zjir^{2} mji^{1} phjɨ^{1} bju^{2} mjij^{1} ·u̱^{2}

彼 时， 甲 胄 不 舍， 边 无 乘

劳倦之心。我于尔时，不舍甲胄，乘无边乘，

22.3.3

[illegible] [illegible] [illegible]， [illegible] [illegible] [illegible] [illegible] [illegible] [illegible]，

bju^{1} gji̱^{2} ku^{1} zjo̱^{2} zjo̱^{2} we̱^{1} kha^{1} ljij^{2} gja^{1}

依 靠 则， 世 世 生 中 魔 军，

[illegible] [illegible] [illegible] [illegible]① [illegible] [illegible] [illegible] [illegible] [illegible]，

rjur^{1} ljij^{2} ·wji̱^{1} dźjwɨ^{1} ·jij^{1} ŋwer^{2} lhjwo^{1} ljij^{2} dzjar^{2}

诸 魔 亲 者 之 懈 退 毁 灭，

世世生中能破魔军，魔诸眷属退败消灭，

22.3.4

[illegible] [illegible] [illegible] [illegible] [illegible] [illegible] [illegible] [illegible] [illegible]，

ljij^{2} ·jij^{1} phji̱^{1} lew^{2} tsjɨ^{1} kja̱^{1} le^{2} dja^{2} ta^{1}

魔 之 使 所 亦 畏 惧 △ 逃，

[illegible] [illegible] [illegible] [illegible] [illegible] [illegible] [illegible] [illegible] [illegible]

dow^{1} tśja^{1} rjur^{1} tśja^{1} lo^{1} kja^{1} lu^{2} khja^{2} ·ja^{2}

邪 道 诸 遮 罗 迦 路 伽 耶

魔之使者怖畏驰散，一切异道诸遮罗迦路伽耶

22.3.5

[illegible] [illegible] [illegible] [illegible] [illegible] [illegible] [illegible] [illegible] [illegible]，

thow^{1} po^{1} lji^{1} pho^{1} lo^{1} tśja^{1} khja^{2} ŋowr^{2} ŋowr^{2}

陀 波 利 婆 罗 遮 伽 皆 皆，

[illegible] [illegible] [illegible] [illegible] [illegible] [illegible] [illegible] [illegible] [illegible]，

nio̱w^{1} thja^{2} tśja^{1} nio̱w^{1} rjir^{2} bju^{1} śjij^{1} djij^{1} dźjwɨ^{1}

及 彼 道 外 与 依 顺 辈 者，

---

① [illegible][illegible]，字面义为“亲者”，“[illegible]”字附在名词之后，表示与该名词所表现的事物相关的人。可译作亲属、眷属。

陀波利婆罗遮伽①，及此外道②相应之辈，

22.3.6

[illegible]	[illegible]	[illegible]	[illegible]	[illegible]	[illegible]	[illegible]	[illegible]	[illegible]。
to^{2}	źji^{2}	rjur^{1}	jar^{2}	źji^{2}	no^{2}	nej^{2}	rjir^{2}	phji^{1}
悉	皆	降	伏	皆	安	乐	得	使。
[illegible]	[illegible]	[illegible]	[illegible]	[illegible]	[illegible]	[illegible]	[illegible]，	[illegible]
do^{2}	ljɨ̣^{1}	ŋowr^{2}	ŋowr^{2}	to^{2}	źji^{2}	dźjwu^{1}	dzjar^{2}	tśja^{1}
异	论	皆	皆	悉	皆	消	灭，	道

我皆降伏为作安隐③。一切异论悉已摧殄，

22.4.1

[illegible]	[illegible]	[illegible]	[illegible]	[illegible]	[illegible]	[illegible]④，	[illegible]	[illegible]
nio̱w^{1}	ŋowr^{2}	ŋowr^{2}	źji^{2}	bu^{1}	·wə̱^{1}	phji^{1}	dow^{1}	tshwew^{1}
外	皆	皆	悉	降	伏	令，	邪	趣
[illegible]	[illegible]	[illegible]	[illegible]	[illegible]	[illegible]	[illegible]	[illegible]	[illegible]
dźiã^{2}	tśhju^{1}	·jij^{1}	thjɨ^{2}	·ụ^{2}	ɣa^{2}	·ji^{1}	ne̱w^{2}	ku^{1}
情	有	之	此	乘	于	众	善	轭

一切外道悉已降伏，邪趣众生令于此乘住众善轭，

22.4.2

[illegible]	[illegible]，	[illegible]	[illegible]	[illegible]	[illegible]	[illegible]	[illegible]	[illegible]
dźji̱j^{1}	phji^{1}	rjur^{1}	dźiã^{2}	tśhju^{1}	·jij^{1}	gjwɨ^{1}	zjir^{2}	nio̱w^{1}
住	令，	诸	情	有	之	甲	胄	及
[illegible]	[illegible]	[illegible]	[illegible]	[illegible]	[illegible]，	[illegible]	[illegible]	[illegible]
gjwɨ^{1}	zjir^{2}	lju̱^{2}	tshji̱j^{2}	phie^{2}	ne̱j^{2}	nio̱w^{1}	dźiã^{2}	tśhju^{1}
甲	胄	庄	严	开	示，	又	情	有

为诸众生开示甲胄甲胄庄严，亦为众生

---

① 遮罗迦路伽耶陀波利婆罗遮伽，流派名。其中"[illegible]"(lo^{1})对应汉字"罗"，而非梵文 la，显示这些西夏译名多为汉字音译。

② 外道，于佛教外立道者，为邪法而在真理之外者。

③ 安隐，即"安稳"。

④ [illegible]，附加在动词后，表示使动。西夏语动词使动式有两种构词方式：形态手段和句法手段。前者用清浊声母交替的方式，后者如本句在动词后附加"[illegible]"（使）。

22.4.3

[illegible]	[illegible]	[illegible]	[illegible]	[illegible]	[illegible]，	[illegible]	[illegible]	[illegible]
·jij^{1}	thjɨ^{2}	sju^{2}	mə^{2}	djịj^{1}	tsji̱r^{1}	no^{2}	rejr^{2}	ljịj^{2}
之	此	如	种	类	法，	安	乐	大
[illegible]	[illegible]	[illegible]。	[illegible]	[illegible]	[illegible]	[illegible]	[illegible]	[illegible]
·ụ^{2}	tshjịj^{1}	·wji^{1}	thjɨ^{2}	ljịj^{2}	·ụ^{2}	dźjịj^{1}	mjịj^{2}	tśhjɨ^{2}
乘	说	为。	此	大	乘	住	者	迅

演说如是种类之法，安乐大乘。住此乘者便

22.4.4

[illegible]	[illegible]	[illegible]	[illegible]	[illegible]	[illegible]	[illegible]	[illegible]	[illegible]，
rjar^{2}	no^{2}	rejr^{2}	·wụ^{2}	gju^{2}	ŋowr^{2}	ŋowr^{2}	lhjụ^{2}	rjir^{2}
急	安	乐	助	具	皆	皆	获	得，
[illegible]	[illegible]	[illegible]	[illegible]	[illegible]	[illegible]、	[illegible]	[illegible]	[illegible]
dźiəj^{2}	lhe̱w^{2}	no^{2}	rejr^{2}	·wụ^{2}	gju^{2}	dziej^{2}	de̱j^{1}	śjɨj^{2}
为	有	安	乐	助	具、	轮	转	圣

获一切安乐资具，所谓有为安乐资具、转轮圣

22.4.5

[illegible]	[illegible]	[illegible]	[illegible]	[illegible]	[illegible]、	[illegible]	[illegible]	[illegible]
njij^{2}	·jij^{1}	no^{2}	rejr^{2}	·wụ^{2}	gju^{2}	śjɨ^{2}	dzjwɨ^{1}	xiwã^{1}
王	之	安	乐	助	具、	释	帝	梵
[illegible]	[illegible]	[illegible]	[illegible]	[illegible]	[illegible]，	[illegible]	[illegible]	[illegible]
njij^{2}	·jij^{1}	no^{2}	rejr^{2}	·wụ^{2}	gju^{2}	niọw^{1}	dźiəj^{2}	mə̣^{1}
王	之	安	乐	助	具，	及	为	无

王安乐资具、帝释梵王安乐资具，及得无为

22.4.6

[illegible]	[illegible]	[illegible]	[illegible]	[illegible]。	[illegible]	[illegible]	[illegible]	[illegible]
no^{2}	rejr^{2}	·wụ^{2}	gju^{2}	rjir^{2}	rjur^{1}	dźiã^{2}	tśhju^{1}	·jij^{1}
安	乐	助	具	得。	诸	情	有	之

[illegible]	[illegible]	[illegible]	[illegible]，	[illegible]	[illegible]	[illegible]	[illegible]	[illegible]
thjɨ²	tsji̱r¹	tshjiij¹	zjo̦²	rjur¹	dźiã²	tśhju¹	·jij¹	thjɨ²
此	法	说	时，	诸	情	有	之	此

安乐资具。为诸众生说此法时，令诸众生入此

22.5.1

[illegible]	[illegible]	[illegible]	[illegible]	[illegible]	[illegible]	[illegible]，	[illegible]	[illegible]
tsji̱r¹	·o²	śjɨj²	sjwɨ¹	tsji̱r²	śjwo¹	phji¹	ljij²	tsji̱r¹
法	入	圣	种	性	生	令，	大	法
[illegible]	[illegible]，	[illegible]	[illegible]	[illegible]	[illegible]，	[illegible]	[illegible]	[illegible]
dźjow¹	śjwo¹	ljij²	ka²	tśjij²	kwə²	·a	du̱²	tow¹
幢	起，	大	狮	狮	吼，	阿	耨	多

法中生圣种性，建大法幢①，作狮子吼②，

22.5.2

[illegible]	[illegible]	[illegible]	[illegible]	[illegible]	[illegible]	[illegible]	[illegible]	[illegible]
lo¹	sã¹	mjiw²	sã¹	po¹	tjɨj¹	rjijr²	rjɨr²	śjwo¹
罗	三	藐	三	菩	提	方	△	发
[illegible]	[illegible]	[illegible]。	[illegible]	[illegible]	[illegible]	[illegible]	[illegible]，	[illegible]
tshwew¹	phjo²	ŋa²	bju²	mjij¹	zjɨr¹	dźiã²	tsjij²	rjur¹
趣	使	我。	边	无	慧	情	悟，	诸

而发趣于阿耨多罗三藐三菩提。无边慧，

22.5.3

[illegible]	[illegible]	[illegible]	[illegible]	[illegible]	[illegible]	[illegible]	[illegible]	[illegible]
po¹	tsa¹	ma²	ŋa̦²	tsa¹	thjɨ²	sju²	ljij²	gjwɨ¹
菩	萨	摩	诃	萨	此	如	大	甲
[illegible]	[illegible]	[illegible]，	[illegible]	[illegible]	[illegible]	[illegible]	[illegible]	[illegible]
zjir²	tśhjwi¹	nio̱w¹	·wo²	bju¹	bio̱¹	thju̱¹	wa²	sju²
胄	被	后，	理	如	观	察	何	如

① 法幢，妙法高耸，如幢之上出，故曰法幢。又如猛将之建幢旗以譬佛菩萨之说法，能伏魔军而得胜也。
② 狮子吼，佛祖在大众中讲决定之说而无所畏惧，如狮子大吼。

诸菩萨摩诃萨应被如是大甲胄已，如理观察

22.5.4

[illegible]	[illegible]	[illegible]	[illegible]	[illegible]	[illegible]	[illegible]，	[illegible]	[illegible]
tsji̱r^{1}	ŋwu^{2}	śjwo^{1}	tshwew^{1}	tsji̱r^{1}	gji̱j^{1}	lew^{2}	tsji̱r^{1}	ŋowr^{2}
法	以	发	趣	选	择	应，	法	皆
[illegible]	[illegible]	[illegible]	[illegible]	[illegible]	[illegible]	[illegible]	[illegible]	[illegible]
ŋowr^{2}	ɣa^{2}	źji^{2}	nwə^{1}	ljij^{2}	njwi^{2}	phjo^{2}	kar^{2}	mji^{1}
皆	于	皆	知	见	能	分	别	不

而选择之，当于何法而发趣之，于一切法尽能知见无有分别。

22.5.5

[illegible]。	[illegible]	[illegible]	[illegible]？	[illegible]	[illegible]	[illegible]	[illegible]	[illegible]
dju^{1}	thjij^{2}	sjo^{2}	ljɨ^{1}	rjur^{1}	po^{1}	tsa^{1}	ma^{2}	ŋạ^{2}
有。	何	云	耶？	诸	菩	萨	摩	诃
[illegible]	[illegible]	[illegible]	[illegible]	[illegible]	[illegible]	[illegible]	[illegible]	[illegible]，
tsa^{1}	tśhja^{2}	tśja^{1}	no^{2}	dźji̱j^{1}	·wo^{2}	bju^{1}	nwə^{1}	ljɨ^{1}
萨	正	道	安	住	理	如	知	也，

何以故？诸菩萨摩诃萨，安住正道如理知故，

22.5.6

[illegible]	[illegible]	[illegible]	[illegible]	[illegible]	[illegible]	[illegible]	[illegible]，	[illegible]
tśhja^{2}	tśja^{1}	śjwo^{1}	tshwew^{1}	·wo^{2}	bju^{1}	ljij^{2}	ljɨ^{1}	·wo^{2}
正	道	发	趣	理	如	见	也，	理
[illegible]	[illegible]	[illegible]	[illegible]	[illegible]	[illegible]	[illegible]、	[illegible]	[illegible]
bju^{1}	gji^{1}	sej^{1}	ku^{1}	mji^{1}	phjo^{2}	kar^{2}	mji^{1}	mji^{1}
如	清	净	则	不	分	别、	不	不

正道发趣如理见故，如理清净则不分别、非不

22.6.1

[illegible]	[illegible]，	[illegible]	[illegible]	[illegible]、	[illegible]	[illegible]	[illegible]	[illegible]
phjo^{2}	kar^{2}	nio̱w^{1}	phjo^{2}	kar^{2}	mji^{1}	phjo^{2}	kar^{2}	kha^{1}

分	别，	及	分	别、	不	分	别	中
[illegible]	[illegible]	[illegible]	[illegible]。	[illegible]①	[illegible]	[illegible]	[illegible]	[illegible]
tśhja^{2}	ka^{1}	nwə^{1}	ljij^{2}	tjij^{1}	tsjɨr^{1}	mjor^{1}	kjụ^{1}	lew^{2}
正	等	知	见。	若	法	实	求	可

分别，而于分别、不分别中平等知见。若见有法可求

22.6.2

[illegible]	[illegible]	[illegible]	[illegible]	[illegible]，	[illegible]	[illegible]	[illegible]	[illegible]、
·ju^{2}	lew^{2}	dju^{1}	ljij^{2}	ku^{1}	mji^{1}	tśhja^{2}	ka^{1}	we^{2}
觅	可	有	见	则，	不	正	等	为、
[illegible]	[illegible]	[illegible]	[illegible]	[illegible]	[illegible]	[illegible]	[illegible]；	[illegible]
·wo^{2}	bju^{1}	gji^{1}	sej^{1}	nwə^{1}	ljij^{2}	mji^{1}	dźjij^{1}	mji^{1}
理	如	清	净	知	见	不	住；	不

可觅，则不平等、不住如理清净知见；

22.6.3

[illegible]	[illegible]、	[illegible]	[illegible]	[illegible]	[illegible]	[illegible]，	[illegible]	[illegible]
phjo^{2}	kar^{2}	mji^{1}	mji^{1}	phjo^{2}	kar^{2}	ŋwu^{2}	thja^{2}	phjo^{2}
分	别、	不	不	分	别	以，	彼	分
[illegible]、	[illegible]	[illegible]	[illegible]	[illegible]	[illegible]	[illegible]	[illegible]	[illegible]；
kar^{2}	mji^{1}	phjo^{2}	kar^{2}	kha^{1}	zow^{2}	zjịj^{1}	lew^{2}	mjij^{1}
别、	不	分	别	中	执	着	所	无；

以无分别、无不分别，于彼分别、不分别中而无执取；

22.6.4

[illegible]	[illegible]	[illegible]	[illegible]	[illegible]	[illegible]	[illegible]	[illegible]	[illegible]
zow^{2}	zjịj^{1}	mjij^{1}	ku^{1}	phjo^{2}	kar^{2}	nioow^{1}	mji^{1}	phjo^{2}
执	着	无	则	分	别	及	不	分
[illegible]	[illegible]	[illegible]，	[illegible]	[illegible]	[illegible]	[illegible]	[illegible]	[illegible]
kar^{2}	khwa^{1}	ka^{2}	nioow^{1}	thjɨ^{2}	tśja^{1}	·u^{2}	njij^{2}	śjow^{1}

① [illegible]，与下面“[illegible]”字连用，连接分句，表示假设，相当于“如果……那么……”。

别	远	离，	及	此	道	中	慈	悲

以无执取远离分别及不分别，于此道中

22.6.5

□	□，	□	□	□	□，	□	□	□
mji1	dju1	·wji1	lew2	tsjɨ1	mjij1	lhu1	ljịj1	mji1
不	有，	为	所	亦	无，	益	增	不
□，	□	□	□	□，	□	□	□	□；
dju1	lhjwi1	phjɨ1	tsjɨ1	mjij1	tśhja2	ka1	tśja1	dźjij1
有，	取	舍	亦	无，	正	平	道	住；

无有怜愍，无有施为，亦无增益，亦无取舍，住平正道；

22.6.6

□	□①	□	□	□	□	□	□	□
niọw1	·wjɨ2	rar2	mjij2	ljịj2	mjor1	dźjij1	tsjɨ1	mji1
及	△	过	未	来	现	在	亦	不
□	□，	□	□	□	□	□	□	□
phjo2	kar2	phjo2	kar2	ŋowr2	ŋowr2	niọw1	rjur1	śjwị2
分	别，	分	别	皆	皆	及	诸	随

亦不分别过现未来，遍能了知一切分别所有随眠，

22.7.1

□②	□	□	□	□，	□	□	□	□
lwu2	źji2	nwə1	tsjij2	njwi2	tsjịr1	ŋowr2	ŋowr2	ɣa2
隐	皆	知	悟	能，	法	皆	皆	于
□	□	□	□	□	□	□	□，	□
tśhja2	ka1	tśhjɨ̣2	tśhjụ2	mjij1	·wo2	dźjij1	ku1	tśhjɨ1
正	等	颠	倒	无	义	住	则，	彼

于一切法得住平等无颠倒义，

① □，动词趋向前缀，表示完成体向远方。

② □□，字面义为“随隐”，对译“随眠”。随眠，于小乘有部之宗义，为烦恼之异名。于大乘唯识之宗义，为烦恼障、所知障种子之名。有部之义，贪嗔等之烦恼，随逐有情而不离，故曰随；烦恼之状体，幽微而难了知，犹如睡眠之状体，故曰眠。又有情随逐而增昏滞，如睡眠，故曰随眠。

22.7.2

[illegible]	[illegible]①	[illegible]	[illegible]	[illegible]	[illegible]	[illegible]	[illegible]。	[illegible]
mja^{1}	nio̱w^{1}	thjɨ^{2}	tśja^{1}	dźji̱j^{1}	mji̱j^{2}	mji̱j^{2}	we^{2}	bju^{2}
然	后	此	道	住	者	名	为。	边
[illegible]	[illegible]	[illegible]	[illegible]，	[illegible]	[illegible]	[illegible]	[illegible]	[illegible]
mjij^{1}	zjɨr^{1}	dźiã^{2}	tsjij^{2}	tśja^{1}	we^{2}	ljɨ̣^{1}	nio̱w^{1}	tśja^{1}
无	慧	情	悟，	道	为	及	复	道

乃得名为住斯道者。无边慧，何等为道及道清净？

22.7.3

[illegible]	[illegible]	[illegible]	[illegible]	[illegible]	[illegible]？	[illegible]	[illegible]、	[illegible]
gji^{1}	sej^{1}	tja^{1}	ljɨ̣^{1}	kjɨ^{1}	ŋwu^{2}	tśhja^{2}	ljij^{2}	tśhja^{2}
清	净	者	何	△	是？	正	见、	正
[illegible]	[illegible]、	[illegible]	[illegible]、	[illegible]	[illegible]、	[illegible]	[illegible]、	[illegible]
sjwɨ^{1}	sjij^{2}	tśhja^{2}	dạ^{2}	tśhja^{2}	sjwɨj^{1}	tśhja^{2}	kạ^{1}	tśhja^{2}
思	惟、	正	语、	正	业、	正	命、	正

所谓说名八支圣道：正见、正思惟、正语、正业、正命、

22.7.4

[illegible]	[illegible]、	[illegible]	[illegible]、	[illegible]	[illegible]、	[illegible]	[illegible]	[illegible]
khu^{1}	dźjij^{1}	tśhja^{2}	lə^{2}	tśhja^{2}	djɨj^{2}	tśhja^{2}	ljij^{2}	njɨ^{2}
进	精、	正	念、	正	定、	正	见	等
[illegible]	[illegible]	[illegible]	[illegible]	[illegible]。	[illegible]	[illegible]	[illegible]	[illegible]
·jar^{1}	śjɨj^{2}	tśja^{1}	·jiw^{1}	ŋwu^{2}	sa^{2}	kja^{1}	·ja^{2}	ljij^{2}
八	圣	道	故	是。	萨	迦	耶	见

正精进、正念、正定。正见能断萨迦耶见②，

22.7.5

[illegible]	[illegible]，	[illegible]	[illegible]	[illegible]	[illegible]	[illegible]	[illegible]

① [illegible]，意思是“然后”，用以连接分句，表示连贯关系。

② 本句夏译文有误，误把主语“正见”上属，当作“八支圣道”之一，导致“正见”一词在上句重复出现。萨迦耶见，又曰萨迦耶达利瑟致，译曰有身见，五见中之身见也。执着五蕴假和合之体，思为有真实之我，起我我所之见也。

phja¹	njwi²	ljij²	ŋowr²	ŋowr²	thju̱¹	lew²	mjɨ²	gjij¹
断	能，	见	皆	皆	察	所	境	超
[illegible]，	[illegible]	[illegible]	[illegible]	[illegible]	[illegible]	[illegible]	[illegible]	[illegible]
dzjịj¹	rjur¹	ljij²	ŋowr²	ŋowr²	do²	ŋowr²	ŋowr²	ɣa²
越，	诸	见	皆	皆	处	皆	皆	于

超过一切见所行境，一切诸见于一切处

22.7.6

[illegible]	[illegible]	[illegible]	[illegible]，	[illegible]	[illegible]	[illegible]	[illegible]	[illegible]
źji²	gji¹	sej¹	rjir²	phjo²	kar²	ŋowr²	ŋowr²	źji²
悉	清	净	得，	分	别	皆	皆	悉
[illegible]	[illegible]	[illegible]，	[illegible]	[illegible]	[illegible]	[illegible]、	[illegible]	[illegible]
nwə¹	tsjij²	njwi²	tjij¹	bu̱²	phjo²	kar²	tjij¹	njɨ²
知	悟	能，	若	胜	分	别、	若	遍

悉得清净，而能了知一切分别，若胜分别、若遍分别，

22.8.1

[illegible]	[illegible]	[illegible]，	[illegible]	[illegible]	[illegible]，	[illegible]	[illegible]	[illegible]
phjo²	kar²	ku¹	phjo²	kar²	mjij¹	bu̱²	phjo²	kar²
分	别	则，	分	别	无，	胜	分	别
[illegible]，	[illegible]	[illegible]	[illegible]	[illegible]；	[illegible]	[illegible]	[illegible]	[illegible]，
mjij¹	njɨ²	phjo²	kar²	mjij¹	dow¹	sjwɨ¹	mji¹	dźjij¹
无，	遍	分	别	无；	邪	思	不	住，

则无分别，无胜分别，无遍分别；不住邪思，

22.8.2

[illegible]	[illegible]	[illegible]	[illegible]；	[illegible]	[illegible]	[illegible]	[illegible]，	[illegible]
dow¹	sjwɨ¹	sjij²	phja¹	tśhja²	ka̱¹	ljij²	njwi²	tśhja²
邪	思	惟	断；	正	命	见	能，	正
[illegible]	[illegible]	[illegible]，	[illegible]	[illegible]	[illegible]	[illegible]，	[illegible]	[illegible]
ka̱¹	sjij²	ljij²	ka̱¹	gji¹	sej¹	ljij²	gji¹	sej¹
命	想	见，	命	清	净	见，	清	净

断邪思惟;能见正命,见正命想,见命清净,住清净命,

22.8.3

[illegible]	[illegible],	[illegible]	[illegible]	[illegible]	[illegible]	[illegible]	[illegible]、	[illegible]
kạ^{1}	dźjij^{1}	·wo^{2}	bju^{1}	gji^{1}	sej^{1}	ljụ^{2}	sjwɨj^{1}	gji^{1}
命	住,	理	如	清	净	身	业、	清
[illegible]	[illegible]	[illegible]、	[illegible]	[illegible]	[illegible]	[illegible]	[illegible]	[illegible];
sej^{1}	lja̱^{2}	sjwɨj^{1}	gji^{1}	sej^{1}	phji^{1}	sjwɨj^{1}	ljij^{2}	njwi^{2}
净	语	业、	清	净	意	业	见	能;

如理能见清净身业、清净语业、清净意业;

22.8.4

[illegible]	[illegible]、	[illegible]	[illegible]	[illegible]	[illegible]	[illegible]	[illegible],	[illegible]
tśhja^{2}	sjwɨj^{1}	tśhja^{2}	ljij^{2}	dạ^{2}	sjwɨj^{1}	ɣa^{2}	dźjij^{1}	thja^{2}
正	业、	正	见	语	业	于	住,	彼
[illegible]	[illegible]	[illegible]	[illegible]	[illegible]	[illegible]	[illegible]	[illegible]	[illegible]
dạ^{2}	niọw^{1}	dạ^{2}	·wji^{1}	mjịj^{2}	ɣa^{2}	źji^{2}	nwə^{1}	ljij^{2}
语	及	语	为	者	于	悉	知	见

住于正业、正见语业,于语语者悉能见知;

22.8.5

[illegible];	[illegible]	[illegible]	[illegible]	[illegible],	[illegible]	[illegible]	[illegible]	[illegible],
njwi^{2}	tśhja^{2}	dạ^{2}	ɣa^{2}	dźjij^{1}	tśhja^{2}	khu^{1}	dźjij^{1}	ljij^{2}
能;	正	语	于	住,	正	进	精	见,
[illegible]	[illegible]①	[illegible]	[illegible],	[illegible]	[illegible]	[illegible]	[illegible],	[illegible]
źji^{2}	ŋwer^{1}	dji̠^{2}	njwi^{2}	khu^{1}	dźjij^{1}	ɣjiw^{1}	njwi^{2}	tśhja^{2}
皆	等	治	能,	进	精	摄	能,	正

住于正语,能净对治,正精进见②,善摄精进,

22.8.6

[illegible]	[illegible]	[illegible];	[illegible]	[illegible]	[illegible]	[illegible]	[illegible]	[illegible]

① [illegible][illegible],西夏文字面义为"皆等",对译"净对"。

② 受西夏语宾动结构的影响,该句与上句"能净对治"语序颠倒。

khu^{1}	dźjij^{1}	dźjij^{1}	tśhja^{2}	sjwɨ^{1}	lə^{2}	ljij^{2}	nio̱w^{1}	lə^{2}
进	精	住;	正	忆	念	见	而	念
[illegible]	[illegible],	[illegible]	[illegible]	[illegible]	[illegible],	[illegible]	[illegible]	[illegible]
mji^{1}	dju^{1}	phji^{1}	·wji^{1}	tsjɨ^{1}	mjij^{1}	zow^{2}	zjij^{1}	lew^{2}
不	有,	意	作	亦	无,	执	着	所

住正精进;正见忆念而无有念,亦无作意,无所执取,

22.9.1

[illegible],	[illegible]	[illegible]	[illegible]	[illegible]	[illegible]	[illegible]	[illegible]	[illegible]
mjij^{1}	gji^{1}	sej^{1}	lə^{2}	ŋwu^{2}	tśhja^{2}	lə^{2}	tśhja^{2}	ljij^{2}
无,	清	净	念	以	正	念	正	见
[illegible]	[illegible]	[illegible]	[illegible],	[illegible]	[illegible]	[illegible]	[illegible]	[illegible]
sã^{1}	mej^{2}	ɣa^{2}	dźjij^{1}	thja^{2}	sã^{1}	mej^{2}	kha^{1}	bju^{1}
三	昧	于	住,	彼	三	昧	中	依

以清净念住于正念正见三昧,于三昧中

22.9.2

[illegible]	[illegible]	[illegible]	[illegible]	[illegible]	[illegible]	[illegible]	[illegible]	[illegible]
gji̱^{2}	lew^{2}	mjij^{1}	nio̱w^{1}	sã^{1}	mej^{2}	ljij^{2}	gji^{1}	sej^{1}
靠	所	无	而	三	昧	见	清	净
[illegible]	[illegible]	[illegible]	[illegible]	[illegible]。	[illegible]	[illegible]	[illegible]	[illegible]
tśhja^{2}	djɨj^{2}	ɣa^{2}	dźjij^{1}	njwi^{2}	bju^{2}	mjij^{1}	zjɨr^{1}	dźiã^{2}
正	定	于	住	能。	边	无	慧	情

无所依止而能清净三昧之见,住于正定。无边慧,

22.9.3

[illegible],	[illegible]	[illegible]	[illegible]	[illegible]	[illegible]	[illegible]	[illegible]	[illegible]
tsjij^{2}	rjur^{1}	po^{1}	tsa^{1}	ma^{2}	ŋa̱^{2}	tsa^{1}	thjɨ^{2}	sju^{2}
悟,	诸	菩	萨	摩	诃	萨	此	如
[illegible]	[illegible],	[illegible]	[illegible]	[illegible]	[illegible]	[illegible]	[illegible]	[illegible]
ljij^{2}	zjij^{1}	do^{2}	ŋowr^{2}	ŋowr^{2}	gji^{1}	sej^{1}	tśhja^{2}	ljij^{2}
见	时,	处	皆	皆	清	净	正	见

诸菩萨摩诃萨①如是见时，得一切处清净正见，

22.9.4

[illegible]，	[illegible]	[illegible]	[illegible]	[illegible]。	[illegible]	[illegible]	[illegible]	[illegible]
rjir^{1}	gji^{1}	sej^{1}	tśja^{1}	dźjij^{1}	thjɨ^{2}	gji^{1}	sej^{1}	tśja^{1}
得，	清	净	道	住。	此	清	净	道
[illegible]，	[illegible]	[illegible]	[illegible]	[illegible]	[illegible]	[illegible]	[illegible]	[illegible]。
tja^{1}	ne̱w^{2}	go̱r^{1}	kiej^{2}	·jij^{1}	djọ^{2}	dźjij^{1}	lew^{2}	ŋwu^{2}
者，	善	男	子	之	修	行	所	也。

住清净道。此清净道，为善丈夫之所修行，

22.9.5

[illegible]	[illegible]	[illegible]	[illegible]，	[illegible]	[illegible]	[illegible]	[illegible]，	[illegible]
sjij^{2}	dzjwo^{2}	pjụ^{1}	bju̱^{1}	·ji^{1}	śjɨ̱j^{2}	njij^{1}	ljɨ̱j^{2}	mjor^{1}
智	人	尊	重，	众	圣	心	悦，	如
[illegible]	[illegible]	[illegible]。	[illegible]、	[illegible]	[illegible]	[illegible]、	[illegible]	[illegible]
ljij^{2}	·jow^{2}	śja^{2}	ljij^{2}	ljij^{2}	sjij^{2}	·ju^{2}	ljij^{2}	phji̱^{1}
来	赞	叹。	魔、	魔	人	民、	魔	使

智者尊重，众圣悦可，如来称赞。非一切魔、魔民、魔使、

22.9.6

[illegible]、	[illegible]	[illegible]	[illegible]	[illegible]	[illegible]	[illegible]	[illegible]	[illegible]，
lew^{2}	ljij^{2}	mə^{1}	ljij^{2}	·ji^{1}	ŋowr^{2}	ŋowr^{2}	·jij^{1}	dźjij^{1}
所、	魔	天	大	众	皆	皆	之	行，
[illegible]	[illegible]	[illegible]	[illegible]	[illegible]，	[illegible]	[illegible]	[illegible]	[illegible]，
nio̱w^{1}	tśja^{1}	nio̱w^{1}	dzu^{1}	zjij^{1}	ɣwej^{1}	dzej^{1}	bju^{1}	gji̱^{2}
及	道	外	爱	着，	斗	争	依	靠，

魔天大众之所行处，亦非一切爱著外道，依止诤论，

---

① 菩萨摩诃萨，具名菩提萨埵、摩诃萨埵。菩提萨埵作道众生，新译曰觉有情。摩诃萨埵作大众生，新译曰大有情。求道果之众生，故云道众生，求道果者通于声闻缘觉，故为简别于彼，更曰大众生也。又菩萨有中高下之诸位，但为示地上之菩萨，更曰摩诃萨。

22.10.1

[illegible]	[illegible]	[illegible]	[illegible],	[illegible]	[illegible]	[illegible]	[illegible],	[illegible]
ljij^{2}	bo^{1}	lạ^{1}	dźjij^{1}	mji^{1}	tśja^{1}	tshwew^{1}	·o^{2}	lu^{2}
见	林	厚	行,	非	道	趣	入,	路
[illegible]	[illegible]	[illegible]	[illegible]	[illegible]	[illegible]	[illegible]	[illegible]	[illegible]。
khja^{2}	·ja^{2}	njɨ^{2}	ŋowr^{2}	ŋowr^{2}	·jij^{1}	dźjij^{1}	tjị^{2}	nja̱^{2}
伽	耶	等	皆	皆	之	行	处	非。

行见稠林①,趣诸非道,路伽耶②等之所行处,

22.10.2

[illegible]	[illegible]	[illegible]	[illegible]	[illegible]	[illegible]	[illegible]	[illegible]	[illegible]
nio̱w^{1}	dji̱j^{2}	phã^{1}	dzu^{1}	mji̱j^{2}	ŋowr^{2}	ŋowr^{2}	·jij^{1}	dźjij^{1}
及	涅	槃	爱	者	皆	皆	之	行
[illegible]	[illegible]。	[illegible]	[illegible]	[illegible]?	[illegible]	[illegible]	[illegible]	[illegible]
tjị^{2}	nja̱^{2}	thjij^{2}	sjo^{2}	ljɨ^{1}	dźiəj^{2}	mə̣^{1}	dźji̱j^{1}	mji̱j^{2}
处	非。	何	云	耶?	为	无	住	者

亦非一切爱涅槃者之所行处。何以故？住无为者

22.10.3

[illegible]	[illegible]	[illegible]	[illegible]	[illegible]	[illegible]	[illegible],	[illegible]	[illegible]
dji̱j^{2}	phã^{1}	ɣa^{2}	phjo^{2}	kar^{2}	lew^{2}	dju^{1}	dji̱j^{2}	phã^{1}
涅	槃	于	分	别	所	有,	涅	槃
[illegible]	[illegible]	[illegible]	[illegible]	[illegible]	[illegible]	[illegible]	[illegible]。	[illegible]
phjo^{2}	kar^{2}	ku^{1}	rjur^{1}	dźjɨ	tsjɨ^{1}	phjo^{2}	kar^{2}	thjij^{2}
分	别	则	诸	行	亦	分	别。	何

则于涅槃③有所分别,涅槃分别则诸行分别。

22.10.4

[illegible]	[illegible]?	[illegible]	[illegible]	[illegible]	[illegible]	[illegible]	[illegible]	[illegible]

① 稠林,以譬烦恼。种种之烦恼,交络繁茂,如稠林也。

② 路伽耶,路伽耶陀之简称。流派名,如此方礼仪名教儒墨之流也。

③ 涅槃,又作泥日、泥洹、泥畔、涅槃那等。旧译为灭、灭度、寂灭、不生、无为、安乐、解脱等。新译曰波利匿缚喃,译为圆寂。

sjo^{2}	ljɨ^{1}	djij^{2}	phã^{1}	kiẹj^{2}	kha^{1}	mju^{2}	lə^{2}	phjo^{2}
云	耶？	涅	槃	界	中	动	念	分
[illegible]	[illegible]	[illegible]	[illegible]	[illegible]，	[illegible]	[illegible]	[illegible]	[illegible]，
kar^{2}	ŋowr^{2}	ŋowr^{2}	gjij^{1}	dzjij^{1}	dźiəj^{2}	mə̣^{1}	tsjɨ^{1}	mjij^{1}
别	皆	皆	超	渡，	为	无	尚	无，

何以故？涅槃界中超过一切动念分别，尚无无为，

22.10.5

[illegible]	[illegible]	[illegible]	[illegible]	[illegible]①？	[illegible]	[illegible]	[illegible]	[illegible]
niọw^{1}	dźiəj^{2}	lhẹw^{2}	ljọ^{2}	dju^{1}	thjɨ^{2}	tśja^{1}	phjo^{2}	kar^{2}
况	为	有	岂	有？	此	道	分	别
[illegible]	[illegible]	[illegible]	[illegible]，	[illegible]	[illegible]②	[illegible]	[illegible]	[illegible]
ŋowr^{2}	ŋowr^{2}	sej^{1}	njwi^{2}	zjɨr^{1}	zjij^{1}	dźiəj^{2}	mə̣^{1}	phjo^{2}
皆	皆	净	能，	少	时	为	无	分

况有有为？此道能净一切分别，乃无少有无为

22.10.6

[illegible]	[illegible]	[illegible]，	[illegible]	[illegible]	[illegible]	[illegible]	[illegible]	[illegible]
kar^{2}	tsjɨ^{1}	mjij^{1}	niọw^{1}	dźiəj^{2}	lhẹw^{2}	phjo^{2}	kar^{2}	ŋowr^{2}
别	亦	无，	及	为	有	分	别	皆
[illegible]	[illegible]	[illegible]③？	[illegible]④	[illegible]	[illegible]	[illegible]	[illegible]	[illegible]
ŋowr^{2}	ljọ^{2}	dju^{1}	tjij^{1}	śjɨj^{2}	tśja^{1}	ɣa^{2}	phjo^{2}	kar^{2}
皆	岂	有？	若	圣	道	于	分	别

分别，宁有一切有为分别？若于圣道有分别者，

22.11.1

[illegible]，	[illegible]	[illegible]	[illegible]	[illegible]	[illegible]	[illegible]	[illegible]	[illegible]。
dju^{1}	ku^{1}	śjɨj^{2}	tśja^{1}	ɣa^{2}	dźjij^{1}	mjij^{2}	mji^{1}	we^{2}
有，	则	圣	道	于	住	者	不	为。

① [illegible]，[illegible]……[illegible]，字面义为“……亦无，及……岂有”，对译“尚无……况为”。
② [illegible]，与“[illegible]”字通假。
③ [illegible]，字面义为“岂有……”，对译“宁有……”。
④ [illegible]，与下面“[illegible]”字连用，连接分句，表示假设，相当于“如果……那么……”。

tjij^{1}	mju^{2}	lə^{2}	phjo^{2}	kar^{2}	ŋowr^{2}	ŋowr^{2}	phja^{1}	ku^{1}
若	动	念	分	别	皆	皆	断	则，

则不名为住于圣道。若断一切动念分别，

22.11.2

tśhjwo^{1}	śjɨj^{2}	tśja^{1}	dźjij^{1}	le^{2}	mjij^{1}	tśja^{1}	dźjij^{1}	no^{2}
故	圣	道	住，	惧	无	道	住，	安
nej^{2}	tśja^{1}	dźjij^{1}	no^{2}	rejr^{2}	tśja^{1}	dźjij^{1}	mjij^{2}	ŋwu^{2}
泰	道	住，	安	乐	道	住	者	是。

是则名为住于圣道，住无畏道，住安隐道，住安乐道。

22.11.3

thjɨ^{2}	tśja^{1}	nar^{2}	ŋo^{2}	sjwɨ^{1}	tśjị^{1}	mjij^{1}	do^{2}	njɨ^{2}
此	道	老	病	忧	苦	无	处	至
njwi^{2}	thjɨ^{2}	tśja^{1}	·jij^{1}	tsji̱r^{2}	mji^{1}	dju^{1}	tsji̱r^{2}	gjij^{1}
能，	此	道	自	性	不	有	性	超

此道能至无老病忧苦①之处，此道能至无有自性超过性处，

22.11.4

dzjij^{1}	twụ^{1}	njɨ^{2}	njwi^{2}	thjɨ^{2}	tśja^{1}	tsji̱r^{2}	mji^{1}	tsji̱r^{2}
渡	处	至	能，	此	道	性	不	性
ŋowr^{2}	ŋowr^{2}	khwa^{1}	ka^{2}	do^{2}	njɨ^{2}	njwi^{2}	thjɨ^{2}	tśja^{1}
皆	皆	远	离	处	至	能，	此	道

① 老病忧苦，汉文底本作“老病死忧苦”，西夏译本脱漏“死”字。

此道能至远离一切性非性处，此道

22.11.5

			、					
·wji̠^{2}	śja^{2}	·jij^{1}	mjij^{1}	tsə̣^{1}	·jij^{1}	nja̠^{2}	do^{2}	njɨ^{2}
示	现	相	无、	色	相	非	处	至
，								
njwi^{2}	thjɨ^{2}	tśja^{1}	ŋa^{1}	sju^{2}	ŋowr^{2}	ŋowr^{2}	do^{2}	źji^{2}
能，	此	道	空	如	皆	皆	处	遍

能至无示现相、非色相处，此道如空遍一切处，

22.11.6

，								。
njɨ^{2}	źji^{2}	phju^{2}	ljij^{2}	mji̠^{1}	pju̠^{2}	·u^{2}	njɨ^{2}	njwi^{2}
至，	无	上	大	宫	殿	中	至	能。
			，				，	
thjɨ^{2}	sju^{2}	śjɨ^{1}	mjij^{2}	·ji̠^{2}	mji^{1}	lhji̠^{1}	lhjwo^{1}	tśhjɨ^{2}
此	如	去	者，	复	不	退	还，	立

能至无上大宫殿中。如是去者，不复退还，

22.12.1

		①						。
rjar^{2}	tśhjɨ^{1}	zjij^{1}	no^{2}	nej^{2}	biej^{1}	rejr^{2}	lhju̠^{2}	rjir^{1}
即	其	许	安	泰	乐	乐	获	得。
thja^{2}	ljij^{2}	mji̠^{1}	pju̠^{2}	rjur^{1}	da̠^{2}	·jij^{1}	mjij^{1}	·wji̠^{2}
彼	大	宫	殿	诸	事	相	无	示

便获若干安隐快乐。彼大宫殿不可示现无诸事相，

22.12.2

		，		②			，	

① ，西夏文字面义为“其许”，对译“若干”。

② ，意思是“少许”。

śja²	tjɨ̣²	mjij¹	zjɨ̠r¹	zjɨ̣j¹	dźiəj²	lhe̠w²	mjij¹	zjɨ̠r¹
现	可	不，	少	许	为	有	无，	少
[illegible]	[illegible]	[illegible]	[illegible]，	[illegible]	[illegible]	[illegible]	[illegible]，	[illegible]
zjɨ̣j¹	dźiəj²	mə̣¹	mjij¹	dźiəj²	lhe̠w²	·wjɨ²	dzjar²	dźiəj²
许	为	无	无，	为	有	△	灭，	为

无少有为①，无少无为②，已灭有为，

22.12.3

[illegible]	[illegible]	[illegible]，	[illegible]	[illegible]	[illegible]	[illegible]	[illegible]	[illegible]
mə̣¹	·wjɨ²	ka²	dźiã²	tśhju¹	·jij¹	dźiəj²	lhe̠w²	no²
无	△	离，	情	有	之	为	有	安
[illegible]、	[illegible]	[illegible]	[illegible]	[illegible]	[illegible]	[illegible]	[illegible]。	[illegible]
rejr²	nio̠w¹	dźiəj²	mə̣¹	no²	rejr²	mji¹	khjow¹	bju²
乐、	及	为	无	安	乐	不	与。	边

已舍无为，不与众生有为安乐、无为安乐。

22.12.4

[illegible]	[illegible]	[illegible]	[illegible]，	[illegible]	[illegible]	[illegible]	[illegible]	[illegible]
mjij¹	zjɨr¹	dźiã²	tsjij²	rjur¹	dźiəj²	lhe̠w²	djij²	phã¹
无	慧	情	悟，	诸	为	有	涅	槃
[illegible]	[illegible]③	[illegible]	[illegible]，	[illegible]	[illegible]	[illegible]	[illegible]	[illegible]
dzu¹	kowr²	mjij²	tja¹	thja²	tsjɨ¹	dźiəj²	lhe̠w²	no²
喜	爱	者	者，	彼	亦	为	有	安

无边慧，诸有欣乐有为涅槃，彼尚不求有为安乐，

22.12.5

[illegible]	[illegible]	[illegible]，	[illegible]	[illegible]	[illegible]	[illegible]	[illegible]	[illegible]
rejr²	mji¹	kjụ¹	nio̠w¹	ljij²	mji̠¹	pjụ²	·u²	dźjij¹
乐	不	求，	况	大	宫	殿	中	住

① 有为，为者造作之义，有造作，谓之有为。即因缘所生之事物，尽有为也。能生之因缘，是造作所生之事物者，所生之事物，必有此因缘之造作，故云有为法。本来自尔而非因缘所生者，谓之无为法。故有为者如言有因缘。

② 无为，为者造作之义，无因缘造作，曰无为。又无生、住、异、灭四相之造作曰无为，即真理之异名也。

③ [illegible]，字面义为“喜爱”，对译“欣乐”。

[illegible]	[illegible]	[illegible]	[illegible]	[illegible]	[illegible]？	[illegible]	[illegible]	[illegible]
mjij^{2}	tja^{1}	·jɨ^{2}	tjị^{2}	ljọ^{2}	·wjij^{2}	ljij^{2}	mji̱^{1}	pjụ^{2}
者	者	谓	处	岂	有？	大	宫	殿

况有能于大宫殿者？大宫殿

22.12.6

[illegible]	[illegible]	[illegible]	[illegible]	[illegible]，	[illegible]	[illegible]	[illegible]	[illegible]
kha^{1}	thu^{1}	phjij^{1}	mji^{1}	dju^{1}	gji^{1}	śju̱^{1}	mjij^{1}	sej^{1}
中	制	设	不	有，	清	凉	寂	净
[illegible]	[illegible]	[illegible]	[illegible]	[illegible]。	[illegible]	[illegible]	[illegible]	[illegible]，
ku^{1}	tśhjwo^{1}	djij^{2}	phã^{1}	·jɨ^{2}	lẹj^{2}	tshjạ^{1}	lə^{2}	dzjar^{2}
则	故	涅	槃	谓。	贪	嗔	痴	灭，

中无有施设，清凉寂静故名涅槃。灭贪嗔痴，

22.13.1

[illegible]	[illegible]	[illegible]	[illegible]，	[illegible]	[illegible]	[illegible]	[illegible]，	[illegible]
rjur^{1}	śjwɨ̣^{2}	lwu^{2}	phja^{1}	dzu^{1}	ljij^{2}	rer^{2}	khjiw^{2}	bju^{1}
诸	随	隐	断，	爱	见	网	裂，	明
[illegible]	[illegible]	[illegible]，	[illegible]	[illegible]	[illegible]①	[illegible]，	[illegible]	[illegible]
mjij^{1}	rar^{2}	mjọ^{2}	·ji^{1}	do^{1}	ljị^{1}	la^{2}	mji^{1}	ne̱w^{2}
无	流	竭，	众	毒	箭	拔，	不	善

断诸随眠，裂爱见网，竭无明流，拔众毒箭，尽不善法，

22.13.2

[illegible]	[illegible]	[illegible]，	[illegible]	[illegible]	[illegible]	[illegible]。	[illegible]	[illegible]
tsji̱r^{1}	sji^{1}	ku^{1}	tśhjwo^{1}	djij^{2}	phã^{1}	·jɨ^{2}	mjɨ^{1}	gjiw^{1}
法	尽	则，	故	涅	槃	谓。	不	恭
[illegible]	[illegible]	[illegible]	[illegible]	[illegible]	[illegible]	[illegible]	[illegible]	[illegible]
khwẹj^{1}	rjar^{1}	ŋo^{2}	·ji^{1}	tśjị^{1}	tha	zjị^{1}	ŋowr^{2}	ŋowr^{2}
骄慢	患	病	众	苦	逼	恼	皆	皆

① [illegible][illegible]，毒箭。烦恼能害人，故譬以毒箭。

故名涅槃。远离一切憍慢病疾众苦逼恼，

22.13.3

[illegible]	[illegible]	[illegible]，	[illegible]	[illegible]	[illegible]	[illegible]。	[illegible]	[illegible]
khwa^{1}	ka^{2}	ku^{1}	tśhjwo^{1}	dji̱j^{2}	phã^{1}	·jɨ^{2}	nji̱j^{1}	phji^{1}
远	离	则，	故	涅	槃	谓。	心	意
[illegible]	[illegible]	[illegible]	[illegible]	[illegible]	[illegible]	[illegible]	[illegible]，	[illegible]
sjij^{2}	nio̱w^{1}	nji̱j^{1}	·jij^{1}	dźji̱j^{1}	lew^{2}	nja̱^{2}	ku^{1}	tśhjwo^{1}
识	及	心	之	行	所	非	则，	故

故名涅槃。非心意识①、心所所行，

22.13.4

[illegible]	[illegible]	[illegible]。	[illegible]	[illegible]	[illegible]	[illegible]	[illegible]	[illegible]	[illegible]
dji̱j^{2}	phã^{1}	·jɨ^{2}	rjur^{1}	ɣwej^{1}	dze̱j^{1}	nio̱w^{1}	tśhiow^{1}	phji̱^{1}	ŋowr^{2}
涅	槃	谓。	诸	斗	争	及	结	使	皆
[illegible]	[illegible]②	[illegible]	[illegible]	[illegible]	[illegible]	[illegible]，	[illegible]	[illegible]	
ŋowr^{2}	rjɨr^{2}	njɨ^{2}	tsjɨr^{1}	sji̱j^{2}	tạ^{1}	ku^{1}	tśhjwo^{1}	dji̱j^{2}	
皆	△	至	法	想	息	则，	故	涅	

故名涅槃。息诸诤论一切结使③乃至法想，故名涅槃。

22.13.5

[illegible]	[illegible]。	[illegible]	[illegible]	[illegible]	[illegible]	[illegible]	[illegible]。	[illegible]
phã^{1}	·jɨ^{2}	rjur^{1}	phji^{1}	ŋwe^{1}	kjụ^{1}	lew^{2}	dzjwɨr^{1}	nio̱w^{1}
槃	谓。	诸	意	乐	求	所	绝。	及
[illegible]	[illegible]	[illegible]	[illegible]	[illegible]	[illegible]	[illegible]，	[illegible]	[illegible]
phjo^{2}	kar^{2}	phjo^{2}	kar^{2}	·jij^{1}	mjij^{1}	ku^{1}	tśhjwo^{1}	dji̱j^{2}
分	别	分	别	相	无	则，	故	涅

绝诸意乐、意乐所求，亦无分别所分别相，故名涅槃。

---

① 心意识，心为集起之义，意为思量之义，识为了别之义。

② [illegible]，动词趋向前缀，表示完成体不定方。

③ 结使，即结与使，皆烦恼之异名。系缚心身，结成苦果，故云结；随逐众生又驱使众生，故云使。结有九种，使有十使。

22.13.6

phã^1	·jɨ^2	ljɨ^1	bju^2	mjij^1	zjɨr^1	dźiã^2	tsjij^2	thjɨ^2
槃	谓	也。	边	无	慧	情	悟，	此
tja^1	ljịj^2	pa^2	djịj^2	phã^1	·jij^1	kwər^1	tsji̱r^2	ŋwu^2
乃	大	般	涅	槃	之	体	性	也。

无边慧,是为大般涅槃体性。

22.14.1

djịj^2	phã^1	bju^2	mjij^1	nẹ^1	tshjịj^1	tjị^2	mjij^1	tjij^1	tshwew^1
涅	槃	边	无	宣	说	可	不。	若	趣
lew^2	dju^1	ku^1	tśja^1	nja̱^{2}	tśja^1	tsjɨ^1	ŋwụ^1	mjij^1	nẹ^1
所	有	则	道	非，	道	亦	言	无	宣

涅槃无边不可宣说。若有所趣则非是道,道亦无言

22.14.2

tshjịj^1	tjị^2	mjij^1	rjur^1	po^1	tsa^1	ma^2	ŋa̱^{2}	tsa^1
说	可	不。	诸	菩	萨	摩	诃	萨，
tjij^1	thjɨ^2	tśja^1	ŋwu^2	djịj^2	phã^1	ljịj^2	mji̱^{1}	pjụ^2
若	此	道	以	涅	槃	大	宫	殿

不可宣说。诸菩萨摩诃萨,若以此道趣于涅槃大宫殿时,

22.14.3

rjijr^2	tshwew^1	zjịj^1	mjɨ^1	pjụ^1	·jir^2	tụ^1	dźiã^2	tśhju^1
于	趣	时，	无	量	百	千	情	有

[illegible]	[illegible]	[illegible]	[illegible]	[illegible]	[illegible]	[illegible]	[illegible]。	[illegible]
·jij^1	tsjɨ^1	thja^2	tśja^1	ɣa^2	dźjij^1	phji^1	lew^2	bju^2
之	亦	彼	道	于	住	令	所。	边

亦令无量百千众生住于斯道。

汉文本

《大宝积经卷》第二十二

大唐三藏菩提流志奉诏译

《被甲庄严会》第七之二

复次无边慧，我念往昔修菩萨行时，被如是甲胄，乘如是大乘，超过诸际，能灭黑暗，能除怖畏，以大精进，乃于无量百千俱胝那由他佛所，闻此菩萨摩诃萨甲胄庄严、大乘庄严，踊跃欢喜。观此法时，于佛世尊恭敬尊重，不作是念：我被如是甲胄，我有如是甲胄，我得如是法，我有如是法，我有如是种类之法。我于尔时无有我想，远离身见，远离我慢，心无高下亦无分别，为欲摄受一切众生，护持诸佛如来法藏，成熟无量百千俱胝那由他众生，曾无一念劳倦之心。我于尔时，不舍甲胄，乘无边乘，世世生中能破魔军，魔诸眷属退败消灭，魔之使者怖畏驰散，一切异道诸遮罗迦路伽耶陀波利婆罗遮伽，及此外道相应之辈，我皆降伏为作安隐。一切异论悉已摧殄，一切外道悉已降伏，邪趣众生令于此乘住众善轭，为诸众生开示甲胄甲胄庄严，亦为众生演说如是种类之法，安乐大乘。住此乘者便获一切安乐资具，所谓有为安乐资具、转轮圣王安乐资具、帝释梵王安乐资具，及得无为安乐资具。为诸众生说此法时，令诸众生入此法中生圣种性，建大法幢，作狮子吼，而发趣于阿耨多罗三藐三菩提。无边慧，诸菩萨摩诃萨应被如是大甲胄已，如理观察而选择之，当于何法而发趣之，于一切法尽能知见无有分别。何以故？诸菩萨摩诃萨，安住正道如理知故，正道发趣如理见故，如理清净则不分别、非不分别，而于分别、不分别中平等知见。若见有法可求可觅，则不平等、不住如理清净知见；以无分别、无不分别，于彼分别、不分别中而无执取；以无执取远离分别及不分别，于此道中无有怜愍，无有施为，亦无增益，亦无取舍，住平正道；亦不分别过现未来，遍能了知一切分别所有随眠，于一切法得住平等无颠倒义，乃得名为住斯道者。无边慧，何等为道及道清净？所谓说名八支圣道：正见、正思惟、正语、正业、正命、正精进、正念、正定。正见能断萨迦耶见，超过一切见所行境，一切诸见于一切处悉得清净，而能了知一切分别，若胜分别、若遍分别，则无分别，无胜分别，无遍分别；不住邪思，断邪思惟；能见正命，见正命想，见命清净，住清净命，如理能见清净身业、清净语业、清净意业；住于正业、正见语业，于语语者悉能见知；住于正语，能净对治，正精进见，善摄精进，住正精进；正见忆念而无有念，亦无作意，无所执取，以清净念住于正念正见三昧，于三昧中无所依止而能清净三昧之见，住于正定。无边慧，诸菩萨摩诃萨如是见时，得一切处清净正见，住清净道。此清净道，为善丈夫之所修行，智者尊重，众圣悦可，如来称赞。非一切魔、魔民、魔使、魔天大众之所行处，亦非一切爱著外道，依止诤论，行见稠林，趣诸非道，路伽耶等之所行处，亦非一切爱涅槃者之所行处。何以故？住无为者则于涅槃有所分别，涅槃分别则诸行分别。何以故？涅槃界中超过一切动念分别，尚无无为，况有有为？此道能净一切分别，乃无少有无为分别，宁有一切有为分别？若于圣道有分别者，则不名为住于圣道。若断一切动念分别，是则名为住于圣道，住无畏道，住安隐道，住安乐道。此道能至无老病死忧苦之处，此道能至无有自性超过性处,此道能至远离一切性非性处,此道能至无示现相、非色相处,此道如空遍一切处,能至无上大宫殿中。如是去者,不复退还,便获若干安隐快乐。彼大宫殿不可示现无诸事相,无少有为,无少无为,已灭有为,已舍无为,不与众生有为安乐、无为安乐。无边慧,诸有欣乐有为涅槃,彼尚不求有为安乐,况有能于大宫殿者?大宫殿中无有施设,清凉寂静故名涅槃。灭贪嗔痴,断诸随眠,裂爱见网,竭无明流,拔众毒箭,尽不善法,故名涅槃。远离一切憍慢病疾众苦逼恼,故名涅槃。非心意识、心所所行,故名涅槃。息诸诤论一切结使乃至法想,故名涅槃。绝诸意乐、意乐所求,亦无分别所分别相,故名涅槃。无边慧,是为大般涅槃体性。涅槃无边不可宣说。若有所趣则非是道,道亦无言不可宣说。诸菩萨摩诃萨,若以此道趣于涅槃大宫殿时,亦令无量百千众生住于斯道。

22.14.4

[illegible]	[illegible]	[illegible]	[illegible],	[illegible]	[illegible]	[illegible]	[illegible]	[illegible]	[illegible],
mjij^{1}	zjɨr^{1}	dźiã^{2}	tsjij^{2}	rjur^{1}	po^{1}	tsa^{1}	ma^{2}	ŋạ^{2}	tsa^{1}
无	慧	情	悟,	诸	菩	萨	摩	诃	萨,
[illegible]	[illegible]	[illegible]	[illegible]	[illegible]	[illegible],	[illegible]	[illegible]	[illegible]	[illegible],
thjɨ^{2}	tśja^{1}	·u^{2}	śjwo^{1}	tshwew^{1}	zjịj^{1}	dwər^{1}	tjị^{2}	mji^{1}	dju^{1}
此	道	中	发	趣	时,	倦	劳	不	有,

无边慧,诸菩萨摩诃萨,于此道中而发趣时,无有劳倦,

22.14.5

[illegible]	[illegible]	[illegible]	[illegible],	[illegible]	[illegible]	[illegible]	[illegible],	[illegible]	[illegible]
sjwɨ^{1}	zjị^{1}	tsjɨ^{1}	mjij^{1}	kięj^{2}	kjụ^{1}	lew^{2}	bju^{1}	lju̱^{2}	tshjịj^{2}
忧	恼	亦	无,	欲	求	所	随,	庄	严
[illegible]	[illegible],	[illegible]	[illegible]	[illegible]	[illegible]	[illegible]	[illegible]	[illegible],	[illegible]
kięj^{2}	bju^{1}	lju̱^{2}	tshjịj^{2}	do^{2}	ljɨ^{1}	ljɨ^{1}	lju̱^{2}	tshjịj^{2}	dźiã^{2}
欲	随,	庄	严	处	一	一	庄	严,	情

亦无忧恼,随欲所求,随欲庄严,随庄严处一一庄严,

22.14.6

[illegible]	[illegible]	[illegible]	[illegible]	[illegible]	[illegible]	[illegible]①,	[illegible]	[illegible]
tśhju^{1}	·jij^{1}	ɣjiw^{1}	thjo̱^{1}	tsji̱r^{1}	tshji̱j^{1}	·wji^{1}	rjur^{1}	dźiã^{2}
有	之	摄	妙	法	说	作,	诸	情
[illegible]	[illegible]	[illegible]	[illegible]	[illegible]。	[illegible]	[illegible]	[illegible]?	[illegible]

① [illegible],附加在动词之后,具有该动词词义。

tśhju^{1}	·jij^{1}	njij^{1}	ljɨj^{2}	phji^{1}	thjij^{2}	sjo^{2}	ljɨ^{1}	thjɨ^{2}
有	之	心	欢喜	令。	何	云	耶？	此

随摄众生而为说法，令诸众生皆得欢喜。何以故？此

22.15.1

[illegible]	[illegible]	[illegible]，	[illegible]	[illegible]	[illegible]	[illegible]，	[illegible]	[illegible]
tśja^{1}	ŋwer^{1}	mjij^{1}	źji^{2}	ŋwer^{1}	djị^{2}	njwi^{2}	·wji^{1}	lew^{2}
道	等	无，	皆	等	治	能，	作	所
[illegible]	[illegible]，	[illegible]	[illegible]	[illegible]	[illegible]、	[illegible]	[illegible]、	[illegible]
źji^{2}	dźjwa^{1}	rjur^{1}	tha^{1}	rjur^{1}	pjụ^{1}	ɣiẹ^{2}	mji^{1}	tjịj^{1}
极	竟，	诸	佛	世	尊、	声	闻、	独

道无等，能净对治，所作究竟，诸佛世尊①、声闻②、缘觉③，

22.15.2

[illegible]，	[illegible]	[illegible]	[illegible]	[illegible]	[illegible]	[illegible]	[illegible]	[illegible]
dwewr^{2}	źji^{2}	thjɨ^{2}	tśja^{1}	bju^{1}	śjwo^{1}	tshwew^{1}	dźjwɨ^{1}	mji^{1}
觉，	皆	此	道	而	发	趣	者	不
[illegible]	[illegible]，	[illegible]	[illegible]	[illegible]	[illegible]，	[illegible]	[illegible]	[illegible]
ljwu^{1}	nu^{1}	thja^{2}	ljɨ^{2}	mjij^{2}	njɨ^{2}	tjị^{1}	·iọ^{1}	mjij^{2}
违	背，	彼	地	未	到，	愿	圆	未

皆于此道而发趣之不相违背，未到彼地，未如

22.15.3

[illegible]，	[illegible]	[illegible]	[illegible]	[illegible]	[illegible]	[illegible]。	[illegible]	[illegible]
swu^{2}	thjɨ^{2}	rjijr^{2}	zjọ^{2}	mji^{1}	dźjow^{1}	ka^{2}	ljɨ^{2}	tja^{1}
满，	此	方	世	不	分	离。	地	者
[illegible]	[illegible]	[illegible]？	[illegible]	[illegible]	[illegible]	[illegible]、	[illegible]	[illegible]
ljị^{1}	kjɨ^{1}	ŋwu^{2}	ljij^{2}	djij^{2}	phā^{1}	ljɨ^{2}	ljij^{2}	mji^{1}
何	△	是？	大	涅	槃	地、	大	宫

① 佛世尊，依成实论则佛为十号中之第九号，世尊为第十号，合云佛世尊。依智度论则佛为第十号，世尊为具十号尊德之总号。

② 声闻，为佛之小乘法中弟子，闻佛之声教，悟四谛之理，断见思之惑，而入于涅槃者也。是为佛道中之最下根。

③ 缘觉，新译曰独觉。西夏译本与新译一致。

其愿，终不相离。何者为地？谓涅槃地、大宫

22.15.4

[illegible]	[illegible]	[illegible]。	[illegible]	[illegible]	[illegible]	[illegible]	[illegible]	[illegible]
pjụ^{2}	ljɨ^{2}	ŋwu^{2}	dzjọ^{1}	sju^{2}	tshọ^{2}	ŋa^{1}	dzjọ^{1}	dza^{2}
殿	地	也。	譬	如	虚	空	喻	测
[illegible]	[illegible]，	[illegible]	[illegible]	[illegible]	[illegible]	[illegible]	[illegible]	[illegible]
tjị^{2}	mjij^{1}	lew^{1}	tshọ^{2}	ŋa^{1}	ŋwu^{2}	tshọ^{2}	ŋa^{1}	rjir^{2}
可	不，	惟	虚	空	以	虚	空	与

殿地，譬如虚空不可为喻，唯除虚空以喻虚空，

22.15.5

[illegible]，	[illegible]	[illegible]	[illegible]	[illegible]	[illegible]	[illegible]	[illegible]	[illegible]
dzjọ^{1}	·wạ^{2}	ljịj^{2}	ŋa^{1}	mjij^{1}	ku^{1}	tśhjwo^{1}	tshọ^{2}	ŋa^{1}
喻，	广	大	空	寂	则	故	虚	空
[illegible]，	[illegible]	[illegible]	[illegible]	[illegible]	[illegible]	[illegible]	[illegible]	[illegible]，
·jɨ^{2}	djij^{2}	phã^{1}	mji̱^{1}	pjụ^{2}	tsjɨ^{1}	thja^{2}	·wjɨ^{2}	sju^{2}
谓，	涅	槃	宫	殿	亦	彼	△	如，

广大空寂名曰虚空，涅槃宫殿亦复如是，

22.15.6

[illegible]	[illegible]	[illegible]	[illegible]，	[illegible]	[illegible]	[illegible]	[illegible]	[illegible]
thja^{2}	ljịj^{2}	ŋa^{1}	mjij^{1}	ŋa^{2}	mjij^{1}	niọw^{1}	ŋa^{2}	·jij^{1}
彼	大	空	寂，	我	无	及	我	之
[illegible]，	[illegible]	[illegible]	[illegible]	[illegible]	[illegible]	[illegible]	[illegible]①	[illegible]
mjij^{1}	dźiã^{2}	tśhju^{1}	ŋowr^{2}	ŋowr^{2}	thja^{2}	kha^{1}	kjij^{1}	·o^{2}
无，	情	有	皆	皆	其	中	△	入

为大空寂，无有主宰，亦无我所②，一切众生设入其中，

① [illegible]，动词趋向前缀，表示未完成体向近方。

② 无有主宰，亦无我所，西夏译文作“[illegible]”，意思是“无我及使我无”。句中的“[illegible]（之）”在这里是宾格助词。

22.16.1

[illegible]，	[illegible]	[illegible]	[illegible]	[illegible]	[illegible]	[illegible]	[illegible]，	[illegible]	[illegible]
kha1	·ja	mej2	biẹj1	zjịj1	ɣjiw1	lhjwi1	lew2	·wạ2	ljịj2
中，	一	毛	根	许	摄	取	当，	广	大
[illegible]	[illegible]，	[illegible]	[illegible]	[illegible]	[illegible]	[illegible]，	[illegible]	[illegible]	
ŋa1	mjij1	·wạ2	ljịj2	mjɨ1	pjụ1	ku1	ljịj2	dji̱j2	
空	寂，	广	大	无	量	则，	大	涅	

无能摄取一毛端量①，广大空寂，广大无量，

22.16.2

[illegible]	[illegible]，	[illegible]	[illegible]	[illegible]	[illegible]	[illegible]	[illegible]。	[illegible]
phã1	·jɨ2	nio̱w1	ljịj2	mji̱1	pjụ2	·jɨ2	ljɨ1	bju2
槃	谓，	及	大	宫	殿	谓	也。	边
[illegible]	[illegible]	[illegible]	[illegible]，	[illegible]	[illegible]	[illegible]	[illegible]	[illegible]
mjij1	zjɨr1	dźiã2	tsjij2	rjur1	po1	tsa1	ma2	ŋạ2
无	慧	情	悟，	诸	菩	萨	摩	诃

名大涅槃，名大宫殿。无边慧，诸菩萨摩诃萨，

汉文本

无边慧，诸菩萨摩诃萨，于此道中而发趣时，无有劳倦，亦无忧恼，随欲所求，随欲庄严，随庄严处一一庄严，随摄众生而为说法，令诸众生皆得欢喜。何以故？此道无等，能净对治，所作究竟，诸佛世尊、声闻、缘觉，皆于此道而发趣之不相违背，未到彼地，未如其愿，终不相离。何者为地？谓涅槃地、大宫殿地，譬如虚空不可为喻，唯除虚空以喻虚空，广大空寂名曰虚空，涅槃宫殿亦复如是，为大空寂，无有主宰，亦无我所，一切众生设入其中。无能摄取一毛端量，广大空寂，广大无量，名大涅槃，名大宫殿。

22.16.3

[illegible]，	[illegible]	[illegible]	[illegible]②	[illegible]，	[illegible]	[illegible]	[illegible]、	[illegible]
tsa1	thjɨ2	bu̱2	gjịj1	tśja1	rjur1	ɣiẹ2	mji1	tjịj1
萨，	此	胜	殊	道，	诸	声	闻、	独

① 无能摄取一毛端量，西夏译文作“可摄取一毛端量”，意思相反。

② [illegible]，胜殊，即“殊胜”之习惯性颠倒译法。事之超绝而世所希有者曰殊胜。

[illegible]	[illegible]	[illegible]。	[illegible]	[illegible]	[illegible]	[illegible],	[illegible]	[illegible]①
dwewr^{2}	mji^{1}	dju^{1}	thjɨ^{2}	tśja^{1}	dźjịj^{1}	mjịj^{2}	tśhja^{2}	·io̱w^{1}
觉	不	有。	此	道	住	者,	德	功

此殊胜道,非诸声闻、缘觉所有。住此道者,

22.16.4

[illegible]	[illegible]	[illegible]	[illegible]	[illegible]	[illegible],	[illegible]	[illegible]	[illegible]
·wụ^{2}	dźjwij^{2}	ŋowr^{2}	ŋowr^{2}	śjɨj^{1}	·jiw^{2}	mji^{1}	lhji̱^{1}	lhjwo^{1}
助	粮	皆	皆	成	就,	不	退	还
[illegible],	[illegible]	[illegible]	[illegible]	[illegible]	[illegible]	[illegible]	[illegible]	[illegible]。
rjir^{1}	rjur^{1}	dźiā^{2}	tśhju^{1}	·jij^{1}	ljịj^{2}	mji̱^{2}	ɣie^{2}	·wji^{1}
得,	诸	情	有	之	大	饶	益	作。

成就一切功德资粮,得不退转,为诸众生作大饶益。

22.16.5

[illegible]	[illegible]	[illegible]	[illegible]	[illegible]	[illegible]	[illegible]	[illegible],	[illegible]
bu̱^{2}	gjij^{1}	dźjɨ	ŋwu^{2}	ljịj^{2}	lju̱^{2}	tshjịj^{2}	·wji^{1}	nio̱w^{1}
胜	殊	行	以	大	庄	严	作,	及
[illegible]	[illegible]	[illegible]	[illegible]	[illegible]。	[illegible]	[illegible]	[illegible]	[illegible],
thjɨ^{2}	tśja^{1}	ŋwu^{2}	śjwo^{1}	tshwew^{1}	nio̱w^{1}	thja^{2}	lju̱^{2}	tshjịj^{2}
此	道	以	发	趣。	及	彼	庄	严,

以殊胜行为大庄严,以是道故而发趣之,如彼庄严,

22.16.6

[illegible]	[illegible]	[illegible]、	[illegible]	[illegible]	[illegible]	[illegible]	[illegible]。	[illegible]
tsjɨ^{1}	ɣiẹ^{2}	mji^{1}	tjịj^{1}	dwewr^{2}	tsjɨ^{1}	mji^{1}	dźjịj^{2}	rjur^{1}
亦	声	闻、	独	觉	亦	不	有。	诸
[illegible]	[illegible]	[illegible]	[illegible]	[illegible]	[illegible]	[illegible]	[illegible]	[illegible],
po^{1}	tsa^{1}	ma^{2}	ŋạ^{2}	tsa^{1}	thjɨ^{2}	tśja^{1}	dźjịj^{1}	zjịj^{1}
菩	萨	摩	诃	萨	此	道	住	时,

① [illegible][illegible],德功,即“功德”之习惯性颠倒译法。

亦非声闻、缘觉所有。诸菩萨摩诃萨住此道时，

22.17.1

[illegible]	[illegible]	[illegible]	[illegible]	[illegible]	[illegible]	[illegible]①	[illegible]	[illegible]，
tjij^{1}	dziej^{2}	njij^{2}	·wji^{1}	ku^{1}	dzu^{1}	·wier^{1}	lew^{2}	mjij^{1}
若	轮	王	作	则	爱	惜	所	无，
[illegible]	[illegible]	[illegible]	[illegible]	[illegible]	[illegible]	[illegible]	[illegible]，	[illegible]
ljij^{2}	pjụ^{1}	tśhja^{2}	dźjij^{2}	mẹ^{2}	mjij^{2}	·wji̧^{2}	śja^{2}	nio̱w^{1}
大	威	德	有	神	通	变	现，	及

若作轮王无所顾悋，有大威德神通变现，

22.17.2

[illegible]	[illegible]	[illegible]	[illegible]	[illegible]	[illegible]	[illegible]	[illegible]	[illegible]。
rjur^{1}	kha^{1}	rjur^{1}	kha^{1}	lho	źji^{2}	nwə^{1}	tsjij^{2}	njwi^{2}
世	间	世	间	出	皆	知	悟	能。
[illegible]	[illegible]	[illegible]、	[illegible]	[illegible]	[illegible]	[illegible]	[illegible]	[illegible]②，
tjij^{1}	śjɨ^{2}	dzjwɨ^{1}	ljij^{2}	xiwã^{1}	ŋwər^{1}	njij^{2}	·wji^{1}	tsjɨ^{1}
若	释	帝、	大	梵	天	王	作	△，

而能了知世出世间。若作帝释、大梵天王，

22.17.3

[illegible]	[illegible]	[illegible]	[illegible]，	[illegible]	[illegible]	[illegible]	[illegible]	[illegible]，
la̱^{1}	zjij^{1}	lew^{2}	mjij^{1}	mjɨ^{1}	gjiw^{1}	khwẹj^{1}	khwa^{1}	ka^{2}
耽	着	所	无，	无	恭敬	骄慢	远	离，
[illegible]	[illegible]	[illegible]	[illegible]，	[illegible]	[illegible]	[illegible]	[illegible]，	[illegible]
rjur^{1}	tha^{1}	ljij^{2}	dzu^{1}	tśhja^{2}	tsji̱r^{1}	mji^{1}	ŋwe^{1}	mjɨ^{1}
诸	佛	见	喜，	正	法	闻	乐，	无

无所耽著，远离憍慢，乐见诸佛，乐闻正法，

22.17.4

[illegible]	[illegible]	[illegible]	[illegible]	[illegible]	[illegible]	[illegible]	[illegible]，	[illegible]

① [illegible][illegible]，字面义为“爱惜”，对译“顾悋”。

② [illegible]，第二人称双数后缀。

pjụ1 ·jir2 tụ1 rjur1 mə1 ·jij1 śjɨj1 we1 ·a

量 百 千 诸 天 之 成 熟， 阿

[illegible] [illegible] [illegible] [illegible] [illegible] [illegible] [illegible] [illegible] [illegible]

du̱2 tow1 lo1 sã1 mjiw2 sã1 po1 tjɨj1 rjijr2

耨 多 罗 三 藐 三 菩 提 方

成熟无量百千诸天，趣于阿耨多罗三藐三菩提。

22.17.5

[illegible] [illegible]。 [illegible] [illegible] [illegible]

ljɨ̱1 tshwew1 tśhjɨ1 zjọ2 rjur1

回 趣。 尔 时 世

[illegible] [illegible] [illegible] [illegible]① [illegible]：

pjụ1 lja̱1 dạ2 rjɨr2 tshjij̱1

尊 偈 言 △ 说：

尔时世尊而说偈言：

22.17.6

[illegible] [illegible] [illegible] [illegible] [illegible]， [illegible] [illegible] [illegible]

tshji̱1 tsjij2 bu̱2 gjij1 tśja1 rjur1 kha1 źji2

情 悟 胜 殊 道， 世 间 最

[illegible] [illegible]， [illegible] [illegible] [illegible] [illegible] [illegible]，

phju2 we2 śjɨj2 ·ji1 nio̱w1 njɨ̱1 ·ụ2

上 为， 圣 众 及 二 乘，

菩萨殊胜道，世间无有上，众圣及二乘，

22.18.1

[illegible] [illegible] [illegible] [illegible] [illegible]。 [illegible] [illegible] [illegible]

źji2 thja2 tśja1 rjijr2 tshwew1 rjur1 dźiã2 tsjij2

皆 彼 道 方 趣。 诸 情 悟

[illegible] [illegible]， [illegible] [illegible] [illegible] [illegible] [illegible]，

① [illegible]，动词趋向前缀，表示完成体不定方。

ŋowr² ŋowr² ljij² po¹ tjɨj¹ śjwo¹ tshwew¹

皆 皆， 大 菩 提 发 趣，

皆趣于斯道。一切诸菩萨，发趣大菩提，

22.18.2

[illegible] [illegible] [illegible] [illegible] [illegible]， [illegible] [illegible] [illegible]

lju̱² tshjij² tśja¹ rjir¹ nio̱w¹ thja² tśja¹ ŋwu²

庄 严 道 得 因， 彼 道 以

[illegible] [illegible]。 [illegible] [illegible] [illegible] [illegible] [illegible]，

phie² nej² tjɨ¹ tjij¹ thja¹ tśja¹ kha¹

开 示。 如 若 彼 道 中，

为得道庄严，以斯道开示。若于斯道中，

22.18.3

[illegible] [illegible] [illegible] [illegible] [illegible]， [illegible] [illegible] [illegible]

śji¹ tshwew¹ mjor¹ tshwew¹ mjij² thja² źji² tśhja²

先 趣 现 趣 者， 彼 皆 正

[illegible] [illegible]， [illegible] [illegible] [illegible] [illegible] [illegible]。

ljij² ŋwu² thja² tśja¹ ɣa² no² dźjij¹

见 以， 彼 道 于 安 住。

已趣今趣者，彼皆以正见，安住于斯道。

22.18.4

[illegible] [illegible] [illegible] [illegible] [illegible]， [illegible] [illegible] [illegible]

rjur¹ tshjɨ¹ tsjij² ŋowr² ŋowr² tjij¹ tśhja² ka¹

诸 情 悟 皆 皆， 若 正 等

[illegible] [illegible]， [illegible] [illegible] [illegible] [illegible] [illegible]，

ljij² dźjij¹ thja² tśja¹ kha¹ dźjij¹ ku¹

见 住， 彼 道 中 行 则，

一切诸菩萨，若住平等见，行于斯道中，

22.18.5

[illegible] [illegible] [illegible] [illegible] [illegible]。 [illegible] [illegible] [illegible]

no^{2}	rejr^{2}	bju^{1}	tshwew^{1}	śjwo^{1}	thja^{2}	tśja^{1}	źji^{2}
安	乐	而	趣	发。	彼	道	最
[illegible]	[illegible]，	[illegible]	[illegible]	[illegible]	[illegible]	[illegible]，	
bṵ^{2}	gjij^{1}	thja^{2}	tśja^{1}	źji^{2}	phju^{2}	we^{2}	
胜	殊，	彼	道	最	上	为，	

安乐而发趣。斯道最殊胜，斯道为无上，

22.18.6

[illegible]	[illegible]	[illegible]	[illegible]①	[illegible]，	[illegible]	[illegible]	[illegible]
zjɨr^{1}	bju^{1}	dzju^{1}	dzjij^{2}	njwi^{2}	thja^{2}	kha^{1}	zow^{2}
实	如	训	教	能，	彼	中	执
[illegible]	[illegible]，	[illegible]	[illegible]	[illegible]	[illegible]	[illegible]，	
lew^{2}	mjij^{1}	tjij^{1}	thjɨ^{2}	tśja^{1}	ɣa^{2}	dźjij^{1}	
所	无，	若	此	道	于	住，	

如实能诱进，于中无所执。若住于斯道，

22.19.1

[illegible]	[illegible]	[illegible]	[illegible]	[illegible]，	[illegible]	[illegible]	[illegible]
nio̱w^{1}	thja^{2}	tśja^{1}	kha^{1}	dźjij^{1}	rjur^{1}	sjij^{2}	dzjwo^{2}
及	彼	道	中	行，	诸	智	人
[illegible]	[illegible]，	[illegible]	[illegible]	[illegible]	[illegible]	[illegible]。	
ŋowr^{2}	ŋowr^{2}	njij^{1}	phji^{1}	mji^{1}	mju^{2}	ljɨ̱j^{2}	
皆	皆，	心	意	不	动	摇。	

行于斯道中，一切诸智人，其意不倾动。

22.19.2

[illegible]	[illegible]	[illegible]	[illegible]	[illegible]，	[illegible]	[illegible]	[illegible]
thja^{2}	tśja^{1}	ɣa^{2}	zjɨ̱r^{1}	zjij^{1}	mju^{2}	ljɨ̱j^{2}	dju^{1}
彼	道	于	少	时，	动	摇	有
[illegible]	[illegible]，	[illegible]	[illegible]	[illegible]	[illegible]	[illegible]，	

① [illegible][illegible]，字面义为“训教”，对译“诱进”，诱导使之进步，西夏文译者采用了意译。

mji¹	tshjịj¹	thja²	mju²	lew²	mjij¹	nioẉ¹
不	说,	彼	动	所	无	因,

不说于斯道,少有倾动者,由是无所动,

22.19.3

[illegible]	[illegible]	[illegible]	[illegible]	[illegible]。	[illegible]	[illegible]	[illegible]
mju²	rjir²	·ju²	khwa¹	ka²	ŋa²	thja²	tśja¹
动	与	常	远	离。	我	彼	道
[illegible]	[illegible],	[illegible]	[illegible]	[illegible]	[illegible]	[illegible],	
mju²	mjij¹	·wji¹	lew²	nioẉ¹	lhu¹	ljịj¹	
动	无,	为	所	及	益	增,	

于动常远离。我说于斯道,无动无施为,

22.19.4

[illegible]	[illegible]	[illegible]	[illegible]	[illegible]①,	[illegible]	[illegible]	[illegible]
źji²	mjij¹	rjɨr²	tshji̱²	ŋa²	thja¹	tśja¹	źji²
皆	无	△	说	我,	彼	道	最
[illegible]	[illegible]。	[illegible]	[illegible]	[illegible]	[illegible]	[illegible],	
phju²	we²	rjur¹	dźiã²	tsjij²	ŋowr²	ŋowr²	
上	为。	诸	情	悟	皆	皆,	

亦无有增益,斯道故无上。一切诸菩萨,

22.19.5

[illegible]	[illegible]	[illegible]	[illegible]	[illegible],	[illegible]	[illegible]	[illegible]
thja¹	tśja¹	ɣa²	dźjij¹	njwi²	thja²	tśja¹	dzu¹
彼	道	于	住	善,	彼	道	爱
[illegible]	[illegible],	[illegible]	[illegible]	[illegible]	[illegible]	[illegible]②。	
mji¹	dju¹	nioẉ¹	khie¹	tsjɨ¹	mji¹	dju¹	
不	有,	复	憎	亦	不	有。	

善住于斯道,斯道无有爱,亦复无有憎。

① [illegible],西夏语动词人称后缀,这里表示第一人称单数。
② [illegible],存在动词,表示一般事物的存在。

22.19.6

[illegible]	[illegible]	[illegible]①	[illegible]	[illegible],	[illegible]	[illegible]	[illegible]
thja1	tśja1	·wjɨ2	rar2	nja̱2	thja1	tśja1	mjij2
彼	道	△	过	非,	彼	道	未
[illegible]	[illegible],	[illegible]	[illegible]	[illegible]	[illegible]	[illegible],	
ljịj2	nja̱2	thja1	bju2	mji1	phjo2	kar2	
来	非,	彼	边	不	分	别,	

斯道非过去,斯道非未来,彼际不分别,

22.20.1

[illegible]	[illegible]	[illegible]	[illegible]	[illegible]。	[illegible]	[illegible]	[illegible]
thjɨ2	sju2	ŋwu2	djọ2	dzjɨ̱2	thja1	tśja1	zjị1
此	如	以	修	习。	彼	道	烦
[illegible]	[illegible],	[illegible]	[illegible]	[illegible]	[illegible]	[illegible],	
njɨ̱2	mjij1	thja1	tśja1	phjo2	kar2	mjij1	
恼	无,	彼	道	分	别	无,	

如是而修习。斯道无烦恼,斯道无分别,

22.20.2

[illegible]	[illegible]	[illegible]	[illegible]	[illegible],	[illegible]	[illegible]	[illegible]
·wo2	rjir2	mji1	ljwu1	nu1	thjɨ2	sju2	ŋwu2
义	与	不	违	背,	此	如	以
[illegible]	[illegible]。	[illegible]	[illegible]	[illegible]	[illegible]	[illegible],	
no2	dźjịj1	źji2	bu̱2	tśja1	ɣa2	dźjịj1	
安	住。	最	胜	道	于	住,	

于义不乖违,如是而安住。住于最胜道,

22.20.3

[illegible]	[illegible]	[illegible]	[illegible]	[illegible],	[illegible]	[illegible]	[illegible]
dźjịj1	mjij1	ŋwu2	dźjịj1	we2	thja1	tśja1	ɣa2

① [illegible],趋向动词前缀,表示完成体向外方。

住	无	以	住	为，	彼	道	于
[illegible]	[illegible]，	[illegible]	[illegible]	[illegible]	[illegible]	[illegible]。	
dźjịj^{1}	mjịj^{2}	gji^{1}	sej^{1}	tsjịr^{1}	rjir^{2}	njwi^{2}	
住	者，	清	净	法	得	能。	

无住为安住，住于斯道者，能获清净性①。

22.20.4

[illegible]	[illegible]	[illegible]	[illegible]	[illegible]，	[illegible]	[illegible]	[illegible]	[illegible]
ŋa^{2}	·jar^{1}	śjɨj^{2}	tśja^{1}	tshjịj^{1}	rjur^{1}	śjɨj^{2}	dźjịj^{1}	lew^{2}
我	八	圣	道	说，	诸	圣	行	所
[illegible]，	[illegible]	[illegible]	[illegible]	[illegible]	[illegible]，			
ŋwu^{2}	thja^{1}	tśja^{1}	ɣa^{2}	dźjịj^{1}	mjịj^{2}			
是，	彼	道	于	住	者，			

我说八支道，众圣之所行，住于斯道者，

22.20.5

[illegible]	[illegible]	[illegible]	[illegible]	[illegible]。	[illegible]	[illegible]	[illegible]
po^{1}	tjɨj^{1}	rjir^{2}	mji^{1}	gie^{1}	dźiā^{2}	tsjij^{2}	bju^{1}
菩	提	得	不	难。	情	悟	依
[illegible]	[illegible]，	[illegible]	[illegible]	[illegible]	[illegible]	[illegible]，	
lhọ^{1}	tja^{1}	thjɨ^{2}	sju^{2}	thja^{2}	tśja^{1}	dźjịj^{1}	
恃	者，	此	如	彼	道	住，	

菩提不难得。菩萨依怙者，如是住斯道，

22.20.6

[illegible]	[illegible]	[illegible]	[illegible]	[illegible]，	[illegible]	[illegible]	[illegible]
gji^{1}	sej^{1}	tśja^{1}	rjir^{2}	njwi^{2}	ljɨ^{1}	ljɨ^{1}	źji^{2}
清	净	道	得	能，	一	一	皆
[illegible]	[illegible]。	[illegible]	[illegible]	[illegible]	[illegible]	[illegible]，	
·jɨr^{2}	tshwew^{1}	thjɨ^{2}	sju^{2}	źji^{2}	phju^{2}	tśja^{1}	

① 清净性，西夏译文字面义作“清净法”。西夏字“[illegible]”(法)与“[illegible]”(性，tsjịr^{2})同音通假。

勤　趣。　此　如　最　上　道，

能得道清净，一一而进趣[1]。斯之最上道，

22.21.1

[illegible]	[illegible]	[illegible]	[illegible]	[illegible]，	[illegible]	[illegible]	[illegible]
nẹw^{2}	mjij^{2}	djọ^{2}	lew^{2}	ŋwu^{2}	mjor^{1}	ljij^{2}	rjɨr^{2}
善	者	修	所	也，	如	来	△
[illegible]	[illegible]，	[illegible]	[illegible]	[illegible]	[illegible]	[illegible]。	
·jow^{2}	śja^{2}	thjɨ^{2}	sju^{2}	źji^{2}	phju^{2}	we^{2}	
赞	誉，	此	如	最	上	为。	

善士所修行，如来所称赞，此智为无上。

22.21.2

[illegible]	[illegible]	[illegible]	[illegible]	[illegible]，	[illegible]	[illegible]	[illegible]
ljij^{2}	nio̱w^{1}	ljij^{2}	gja^{1}	·ji^{1}	nio̱w^{1}	ljij^{2}	·jij^{1}
魔	及	魔	军	众，	及	魔	之
[illegible]	[illegible]，	[illegible]	[illegible]	[illegible]	[illegible]	[illegible]，	
phji̱^{1}	lew^{2}	tśja^{1}	nio̱w^{1}	dzjij^{2}	dźiā^{2}	tśhju^{1}	
使	所，	道	外	余	情	有，	

魔及魔军众，魔之所摄者，外道余众生，

22.21.3

[illegible]	[illegible]	[illegible]	[illegible]	[illegible]。	[illegible]	[illegible]	[illegible]
thja^{1}	·jij^{1}	dźjij^{1}	tji̱^{2}	nja̱^{2}	dji̱j^{2}	phã^{1}	phjo^{2}
彼	之	行	处	非。	涅	槃	分
[illegible]	[illegible]，	[illegible]	[illegible]	[illegible]	[illegible]	[illegible]，	
kar^{2}	mjij^{1}	thja^{2}	bu̱^{2}	tśja^{1}	mji^{1}	dźji̱j^{1}	
别	无，	彼	胜	道	不	住，	

非其所行处。分别涅槃者，不住斯胜道，

① 进趣，西夏译文作“勤趣”。

22.21.4

[illegible]	[illegible]	[illegible]	[illegible]	[illegible],	[illegible]	[illegible]	[illegible]
phjo²	kar²	wẹ¹	mjịj²	tśju̱¹	djịj²	phã¹	tshwew¹
分	别	愚	者	害,	涅	槃	趣
[illegible]	[illegible]。	[illegible]	[illegible]	[illegible]	[illegible]	[illegible],	
mjɨ¹	njwi²	phjo²	kar²	gjịj¹	dzjịj¹	mjịj²	
不	能。	分	别	超	渡	者,	

愚为分别害,不能趣涅槃。超过分别者,

22.21.5

[illegible]	[illegible]	[illegible]	[illegible]	[illegible],	[illegible]	[illegible]	[illegible]
sjịj²	mjij¹	phjo²	kar²	mjij¹	thjɨ²	sju²	ljịj²
想	无	分	别	无,	此	如	大
[illegible]	[illegible],	[illegible]	[illegible]	[illegible]	[illegible]	[illegible]。	
tśja¹	kha¹	thjɨ²	ŋwu²	śjwo¹	tshwew¹	ljɨ¹	
道	中,	此	以	发	趣	也。	

无想无分别,于斯大道中,以是而发趣。

22.21.6

[illegible]	[illegible]	[illegible]	[illegible]	[illegible],	[illegible]	[illegible]	[illegible]
·ji¹	śjɨj²	·jij¹	bu̱²	tśja¹	wẹ¹	mjịj²	źji²
众	圣	之	胜	道,	愚	者	皆
[illegible]	[illegible],	[illegible]	[illegible]	[illegible]	[illegible]	[illegible],	
khwa¹	ka²	tjij¹	thjɨ²	tsji̱r¹	dźjịj¹	ku¹	
远	离,	若	此	法	行	则,	

众圣之胜道,愚夫皆远离,若行此法者,

22.22.1

[illegible]	[illegible]	[illegible]	[illegible]	[illegible]。	[illegible]	[illegible]	[illegible]
thja¹	tśja¹	źji²	phju²	we²	thjɨ²	sju²	źji²
彼	道	最	上	为。	此	如	最

□	□，	□	□	□	□	□，
$bu̠^2$	$tśja^1$	$źji^2$	$phju^2$	do^2	$nji̠^2$	$njwi^2$
胜	道，	最	上	处	至	能，

斯道为无上。斯之最胜道，能至无上处，

22.22.2

□	□	□	□	□，	□	□	□
$thja^1$	kha^1	$śjwi̠^1$	$zji̠^1$	$mjij^1$	le^2	$mjij^1$	$xọ^2$
其	中	衰	恼	无，	畏	无	灾
□	□。	□	□	□	□	□，	
$ŋjir^1$	$mjij^1$	$thji̠^2$	sju^2	$źji^2$	$phju^2$	$tśja^1$	
难	无。	此	如	最	上	道，	

其中无衰恼，无畏无灾难。斯之无上道，

22.22.3

□	□	□	□	□，	□	□	□
$tsə̣^1$	$mjij^1$	$·jwi̠r^1$	$·jij^1$	$mjij^1$	$nio̠w^1$	$rjur^1$	$tsə̣^1$
色	无	相	形	无，	及	诸	色
□	□，	□	□	□	□	□。	
$·jij^1$	$ŋwu^2$	$źji^2$	$·wji̠^2$	$śja^2$	$mji̠^1$	$njwi^2$	
相	以，	皆	示	现	不	能。	

无色无形相，不可以色相，而能示现者。

22.22.4

□	□	□	□	□，	□	□	□
$thji̠^2$	sju^2	no^2	nej^2	$tśja^1$	$tśhja^2$	$twụ^1$	le^2
此	如	安	泰	道，	正	直	畏
□	□，	□	□	□	□	□，	
lew^2	$mjij^1$	$thja^1$	$tśja^1$	$ŋwu^2$	$śjwo^1$	$tshwew^1$	
所	无，	彼	道	以	发	趣，	

斯之安隐道，正直无所畏，以斯道发趣，

22.22.5

[illegible]	[illegible]	[illegible]	[illegible]	[illegible]。	[illegible]	[illegible]	[illegible]
ljịj^{2}	djịj^{2}	phã^{1}	źji^{2}	dźjwa^{1}	thjɨ^{2}	sju^{2}	źji^{2}
大	涅	槃	极	竟。	此	如	极
[illegible]	[illegible]，	[illegible]	[illegible]	[illegible]	[illegible]	[illegible]，	
sej^{1}	tśja^{1}	ljịj^{2}	tshọ^{2}	ŋa^{1}	·wjɨ^{2}	sju^{2}	
净	道，	太	虚	空	犹	如，	

究竟大涅槃。斯之最净道，犹若太虚空，

22.22.6

[illegible]	[illegible]	[illegible]	[illegible]	[illegible]，	[illegible]	[illegible]	[illegible]
ŋowr^{2}	ŋowr^{2}	ɣię^{2}	lụ^{2}	mjij^{1}	·ju^{2}	djịj^{2}	phã^{1}
皆	皆	阻	碍	无，	常	涅	槃
[illegible]	[illegible]。	[illegible]	[illegible]	[illegible]	[illegible]	[illegible]，	
rjijr^{2}	tshwew^{1}	tjij^{1}	djịj^{2}	phã^{1}	njɨ^{2}	ku^{1}	
方	趣。	若	涅	槃	至	则，	

一切无挂碍，常趣于涅槃。若至涅槃者，

22.23.1

[illegible]	[illegible]	[illegible]	[illegible]	[illegible]，	[illegible]	[illegible]	[illegible]
zjọ^{2}	śjij^{1}	·ju^{2}	mji^{1}	lhjwo^{1}	thjɨ^{2}	sju^{2}	ljịj^{2}
世	代	常	不	退，	此	如	大
[illegible]	[illegible]，	[illegible]	[illegible]	[illegible]	[illegible]	[illegible]。	
djịj^{2}	phã^{1}	źji^{2}	phju^{2}	bu̱^{2}	no^{2}	rejr^{2}	
涅	槃，	最	上	胜	安	乐。	

一往①无复退，斯之大涅槃，最上胜安乐。

22.23.2

[illegible]	[illegible]	[illegible]	[illegible]	[illegible]，	[illegible]	[illegible]	[illegible]
djịj^{2}	phã^{1}	ljịj^{2}	mji̱^{1}	pjụ^{2}	ŋa^{1}	mjij^{1}	pjụ^{1}

① 一往，西夏译文作“世代”。

涅	槃	大	宫	殿，	空	寂	尊
tjị^{2}	mjij^{1}	tśhjwo^{1}	ljij^{2}	djij^{2}	phã^{1}	·jɨ^{2}	
可	不，	故	大	涅	槃	谓，	

涅槃大宫殿，空寂不可量，故名大涅槃，

22.23.3

ljij^{2}	mji̱^{1}	pjụ^{2}	tsjɨ^{1}	·jɨ^{2}	thja^{1}	ljij^{2}	djij^{2}
大	宫	殿	亦	谓。	彼	大	涅
phã^{1}	kha^{1}	sọ^{1}	dow^{1}	zjị^{1}	njɨ̱^{2}	dzjar^{2}	
槃	中，	三	邪	烦	恼	灭，	

亦名大宫殿。斯大涅槃中，三毒①烦恼灭，

22.23.4

tjij^{1}	thja^{1}	kha^{1}	njɨ^{2}	ku^{1}	lhjwo^{1}	mjij^{1}	wẹ̱^{1}
若	其	中	至	则，	退	无	生
lhjij^{2}	mjij^{1}	djij^{2}	phã^{1}	ljij^{2}	ŋa^{1}	mjij^{1}	
受	无。	涅	槃	大	空	寂，	

若至其中者，无退无受生②。涅槃大空寂，

22.23.5

ljij^{2}	tshọ^{2}	ŋa^{1}	·wjɨ^{2}	sju^{2}	·wạ^{2}	ljij^{2}	ŋa^{1}
太	虚	空	△	如，	广	大	空

① 三毒，夏译文作“三邪”。一为贪毒，引取之心名为贪。以迷心对于一切顺情之境引取无厌者。二为嗔毒，恚忿之心名为嗔。以迷心对于一切违情之境起忿怒者。三为痴毒，迷闇之心名为痴。心性闇钝，迷于事理之法者。亦名无明。此有二种，痴毒独起，名为独头无明。与贪毒共起，名为相应无明。贪毒等，必与痴毒相应而起也。

② 受生，前生转今世受生之意。

mjij^{1}	ku^{1}	thja^{1}	kha^{1}	ɣiẹ^{2}	lụ^{2}	mjij^{1}
寂	则,	其	中	阻	碍	无。

犹若太虚空,广大空寂故,于中无挂碍。

22.23.6

[illegible]	[illegible]	[illegible]	[illegible]	[illegible],	[illegible]	[illegible]	[illegible]
djij^{2}	phã^{1}	ljịj^{2}	mji̱^{1}	pjụ^{2}	tsiow	tśjị^{1}	sjwɨ^{1}
涅	槃	大	宫	殿,	永	苦	忧
[illegible]	[illegible],	[illegible]	[illegible]	[illegible]	[illegible]	[illegible],	
zjị^{1}	ka^{2}	bju^{2}	mjij^{1}	mji̱^{2}	kięj^{2}	do^{2}	
恼	离,	边	无	境	界	处,	

涅槃大宫殿,永离苦忧恼,无边境界处,

22.24.1

[illegible]	[illegible]	[illegible]	[illegible]	[illegible]。	[illegible]	[illegible]	[illegible]
thjɨ^{2}	nio̱w^{1}	djij^{2}	phã^{1}	·jɨ^{2}	djij^{2}	phã^{1}	ŋewr^{2}
此	因	涅	槃	谓。	涅	槃	数
[illegible]	[illegible],	[illegible]	[illegible]	[illegible]	[illegible]	[illegible],	
pjụ^{1}	mjij^{1}	ŋewr^{2}	pjụ^{1}	rjir^{1}	tjị^{2}	mjij^{1}	
量	无,	数	量	得	可	无,	

说名为涅槃。涅槃无数量,数量不可得,

22.24.2

[illegible]	[illegible]	[illegible]	[illegible]	[illegible],	[illegible]	[illegible]	[illegible]
mjij^{1}	dzjar^{2}	gji^{1}	śju̱^{1}	tsji̱r^{2}	thjɨ^{2}	nio̱w^{1}	djij^{2}
寂	灭	清	凉	性,	此	因	涅
[illegible]	[illegible]。	[illegible]	[illegible]	[illegible]	[illegible]	[illegible],	
phã^{1}	·jɨ^{2}	djij^{2}	phã^{1}	thu^{1}	phjij^{1}	mjij^{1}	
槃	谓。	涅	槃	设	置	无,	

寂灭清凉性,说名为涅槃。涅槃无施设,

22.24.3

[illegible]	[illegible]	[illegible]	[illegible]	[illegible],	[illegible]	[illegible]	[illegible]

tśja^{1}	tshwew^{1}	tsjɨ^{1}	źji^{2}	phju^{2}	pjụ^{1}	mjij^{1}	phjo^{2}
道	趣	亦	最	上,	量	无	分
[illegible]	[illegible],	[illegible]	[illegible]	[illegible]	[illegible]	[illegible]。	
kar^{2}	mjij^{1}	phjo^{2}	kar^{2}	rjir^{1}	tjị^{2}	mjij^{1}	
别	无,	分	别	得	可	不。	

趣道亦无上,无量无分别,分别不可得。

22.24.4

[illegible]	[illegible]	[illegible]	[illegible]	[illegible]①,	[illegible]	[illegible]	[illegible]
ŋa^{2}	rjur^{1}	dźiã^{2}	tsjij^{2}	·jij^{1}	thjɨ^{2}	sju^{2}	tśja^{1}
我	诸	情	悟	之,	此	如	道
[illegible]	[illegible],	[illegible]	[illegible]	[illegible]	[illegible]	[illegible],	
phie^{2}	nej^{2}	tjij^{1}	thja^{2}	tśja^{1}	dźjij^{1}	ku^{1}	
开	示,	若	彼	道	住	则,	

我为诸菩萨,开示于斯道,若住斯道者,

22.24.5

[illegible]	[illegible]	[illegible]	[illegible]	[illegible]。	[illegible]	[illegible]	[illegible]
thja^{1}	djij^{2}	phã^{1}	?	njij^{1}	tjij^{1}	thjɨ^{2}	sju^{2}
彼	涅	槃	亲	近。	若	此	如
[illegible]	[illegible],	[illegible]	[illegible]	[illegible]	[illegible]	[illegible],	
tśja^{1}	dźjij^{1}	rjur^{1}	kha^{1}	bu̱^{2}	no^{2}	rejr^{2}	
道	住,	世	间	胜	安	乐,	

彼近于涅槃。若住于斯道,世间胜安乐,

22.24.6

[illegible]	[illegible]	[illegible]	[illegible]	[illegible],	[illegible]	[illegible]	[illegible]
ŋowr^{2}	ŋowr^{2}	źji^{2}	rjir^{1}	lew^{2}	le^{2}	mjij^{1}	mjij^{2}
皆	皆	皆	得	当,	惧	无	者
[illegible]	[illegible]。	[illegible]	[illegible]	[illegible]	[illegible]	[illegible],	

① [illegible](之),宾格助词。

mjij²	·jɨ²	thjɨ²	sju²	tśja¹	dźjij¹	njwi²
名	谓。	此	如	道	住	善，

一切皆当得，说名无畏者。善住于斯道，

22.25.1

[illegible]	[illegible]	[illegible]	[illegible]	[illegible]，	[illegible]	[illegible]	[illegible]
njij¹	phji¹	la̱¹	lew²	mjij¹	thja²	tśja¹	gji¹
心	意	染	所	无，	彼	道	清
[illegible]	[illegible]，	[illegible]	[illegible]	[illegible]	[illegible]	[illegible]。	
sej¹	nio̱w¹	le²	mjij¹	mji̱j²	mjij²	·jɨ²	
净	因，	惧	无	者	名	谓。	

其心无所染，由是道清净，说名无畏者。

22.25.2

[illegible]	[illegible]	[illegible]	[illegible]	[illegible]，	[illegible]	[illegible]	[illegible]
tśhja²	ka¹	tśja¹	ljij²	nio̱w¹	ŋowr²	ŋowr²	bju¹
正	平	道	见	因，	皆	皆	随
[illegible]	[illegible]，	[illegible]	[illegible]	[illegible]	[illegible]	[illegible]，	
dwewr²	njwi²	·wu̱²	gju²	ŋowr²	ŋowr²	kha¹	
觉	能，	助	具	皆	皆	中，	

以见平正道，一切能随觉，一切资具中，

22.25.3

[illegible]	[illegible]	[illegible]	[illegible]	[illegible]。	[illegible]	[illegible]	[illegible]
ŋowr²	ŋowr²	mji¹	dzu¹	zji̱j¹	dźiã²	tsjij²	bju¹
皆	皆	不	爱	着。	情	悟	依
[illegible]	[illegible]，	[illegible]	[illegible]	[illegible]	[illegible]①	[illegible]，	
lho̱¹	tja¹	bu̱²	gjij¹	zjɨr¹	ɣiej¹	tśja¹	
怙	者，	胜	殊	实	真	道，	

一切不贪著②。菩萨依怙者，殊胜真实道，

① [illegible][illegible]，实真，即“真实”之习惯性颠倒译法。

② 贪著，多求而无厌足为贪，贪心固着而不离曰著。

22.25.4

[illegible]	[illegible]	[illegible]①	[illegible]	[illegible]，	[illegible]	[illegible]	[illegible]
dźiã^{2}	tśhju^{1}	·jij^{1}	mji̱^{2}	ɣie^{2}	kjir^{1}	·jiw^{2}	bju^{1}
情	有	之	饶	益，	勇	男	而
[illegible]	[illegible]。	[illegible]	[illegible]	[illegible]	[illegible]	[illegible]，	
śjwo^{1}	tshwew^{1}	tjij^{1}	źji^{2}	phju^{2}	tśja^{1}	rjir^{1}	
发	趣。	若	最	上	道	得，	

饶益诸众生，勇猛而发趣。若得无上道，

22.25.5

[illegible]	[illegible]	[illegible]	[illegible]	[illegible]，	[illegible]	[illegible]	[illegible]
źji^{2}	phju^{2}	tśja^{1}	lju̱^{2}	tshjij^{2}	dźiã^{2}	tśhju^{1}	źji^{2}
最	上	道	庄	严，	情	有	悉
[illegible]	[illegible]，	[illegible]	[illegible]	[illegible]	[illegible]	[illegible]。	
de^{2}	phji^{1}	thja^{1}	tśja^{1}	bju^{1}	śjwo^{1}	tshwew^{1}	
喜	令，	彼	道	而	发	趣。	

最上道庄严，令世悉欢喜，斯道而发趣。

22.25.6

[illegible]	[illegible]	[illegible]	[illegible]	[illegible]，	[illegible]	[illegible]	[illegible]
thja^{1}	tśja^{1}	źji^{2}	bu̱^{2}	gjij^{1}	phji^{1}	gji^{1}	sej^{1}
彼	道	最	胜	殊，	意	清	净
[illegible]	[illegible]，	[illegible]	[illegible]	[illegible]	[illegible]	[illegible]，	
phji^{1}	njwi^{2}	njij^{1}	phji^{1}	kjɨ^{1}	dzu^{1}	bju^{1}	
令	能，	心	意	△	爱	随，	

斯道最殊胜，能令意清净，随其所乐求，

22.26.1

[illegible]	[illegible]	[illegible]	[illegible]	[illegible]。	[illegible]	[illegible]	[illegible]
ŋowr^{2}	ŋowr^{2}	źji^{2}	śjwo^{1}	tshwew^{1}	tjij^{1}	śjɨj^{2}	njij^{2}

① [illegible](之)，宾格助词。

皆 皆 皆 发 趣。 若 圣 王

[illegible]

lu^2 rjir^1 dziej^2 de̱j^1 ljịj^2 gja^1 ·ji^1

位 得， 轮 转 大 军 众，

一切当发趣。若得圣王位，转轮大军旅，

22.26.2

[illegible]

njij^2 ljịj^2 lu^2 dźjɨ̱r^1 njwi^2 nji^1 phjɨ^1 tśja^1

王 大 位 舍 能， 家 出 道

[illegible]

djọ^2 ɣiew^1 tjij^1 śjɨ^2 ŋwər^1 dzjwɨ^1 lu^2

修 学。 若 释 天 帝 位，

能舍大王位，出家行学道。若得天帝释，

22.26.3

[illegible]

ljịj^2 xiwã^1 njij^2 lu^2 rjir^1 thja^1 ɣa^2 la̱^{1}

大 梵 王 位 得， 彼 于 耽

[illegible]

zjij^1 mjij^1 thjɨ^2 tja^1 tśja^1 śjij^1 njwi^2

着 无， 此 者 道 顺 善。

大梵天王位，于彼无耽著，斯为善顺道。

22.26.4

[illegible]

rjur^1 kha^1 rjur^1 ɣiew^1 do^2 ŋowr^2 ŋowr^2 dźju^1

世 间 诸 学 处， 皆 皆 明

[illegible]

tsjij^2 njwi^2 thja^1 tśja^1 kha^1 dźjịj^1 ku^1

悟 能， 彼 道 中 住 则，

世间诸学处，一切能明了，住于斯道中，

22.26.5

[illegible]	[illegible]	[illegible]	[illegible]	[illegible]。
tśhjwo[1]	dạ[2]	zjɨr[1]	mjịj[2]	we[2]
故	语	实	者	为。

乃为实语者。

汉文本

无边慧，诸菩萨摩诃萨，此殊胜道，非诸声闻、缘觉所有。住此道者，成就一切功德资粮，得不退转，为诸众生作大饶益。以殊胜行为大庄严，以是道故而发趣之，如彼庄严，亦非声闻、缘觉所有。诸菩萨摩诃萨住此道时，若作轮王无所顾恪，有大威德神通变现，而能了知世出世间。若作帝释、大梵天王，无所耽著，远离憍慢，乐见诸佛，乐闻正法，成熟无量百千诸天，趣于阿耨多罗三藐三菩提。尔时世尊而说偈言：

菩萨殊胜道，世间无有上，
众圣及二乘，皆趣于斯道。
一切诸菩萨，发趣大菩提，
为得道庄严，以斯道开示。
若于斯道中，已趣今趣者，
彼皆以正见，安住于斯道。
一切诸菩萨，若住平等见，
行于斯道中，安乐而发趣。
斯道最殊胜，斯道为无上，
如实能诱进，于中无所执。
若住于斯道，行于斯道中，
一切诸智人，其意不倾动。
不说于斯道，少有倾动者，
由是无所动，于动常远离。
我说于斯道，无动无施为，
亦无有增益，斯道故无上。
一切诸菩萨，善住于斯道，
斯道无有爱，亦复无有憎。
斯道非过去，斯道非未来，
彼际不分别，如是而修习。
斯道无烦恼，斯道无分别，
于义不乖违，如是而安住。
住于最胜道，无住为安住，
住于斯道者，能获清净性。

我说八支道，众圣之所行，
住于斯道者，菩提不难得。
菩萨依怙者，如是住斯道，
能得道清净，一一而进趣。
斯之最上道，善士所修行，
如来所称赞，此智为无上。
魔及魔军众，魔之所摄者，
外道余众生，非其所行处。
分别涅槃者，不住斯胜道，
愚为分别害，不能趣涅槃。
超过分别者，无想无分别，
于斯大道中，以是而发趣。
众圣之胜道，愚夫皆远离，
若行此法者，斯道为无上。
斯之最胜道，能至无上处，
其中无衰恼，无畏无灾难。
斯之无上道，无色无形相，
不可以色相，而能示现者。
斯之安隐道，正直无所畏，
以斯道发趣，究竟大涅槃。
斯之最净道，犹若太虚空，
一切无挂碍，常趣于涅槃。
若至涅槃者，一往无复退，
斯之大涅槃，最上胜安乐。
涅槃大宫殿，空寂不可量，
故名大涅槃，亦名大宫殿。
斯大涅槃中，三毒烦恼灭，
若至其中者，无退无受生。
涅槃大空寂，犹若太虚空，
广大空寂故，于中无挂碍。
涅槃大宫殿，永离苦忧恼，
无边境界处，说名为涅槃。
涅槃无数量，数量不可得，
寂灭清凉性，说名为涅槃。
涅槃无施设，趣道亦无上，
无量无分别，分别不可得。
我为诸菩萨，开示于斯道，
若住斯道者，彼近于涅槃。

若住于斯道,世间胜安乐,
一切皆当得,说名无畏者。
善住于斯道,其心无所染,
由是道清净,说名无畏者。
以见平正道,一切能随觉,
一切资具中,一切不贪著。
菩萨依怙者,殊胜真实道,
饶益诸众生,勇猛而发趣。
若得无上道,最上道庄严,
令世悉欢喜,斯道而发趣。
斯道最殊胜,能令意清净,
随其所乐求,一切当发趣。
若得圣王位,转轮大军旅,
能舍大王位,出家行学道。
若得天帝释,大梵天王位,
于彼无耽著,斯为善顺道。
世间诸学处,一切能明了,
住于斯道中,乃为实语者。

22.26.6

[illegible]	[illegible]	[illegible]	[illegible]	[illegible]	[illegible]	[illegible],	[illegible]	[illegible]	[illegible]
nio̱w1	tśjɨ̱1	bju2	mjij1	zjɨr1	dźiã2	tsjij2	rjur1	po1	tsa1
复	次	边	无	慧	情	悟,	诸	菩	萨
[illegible]	[illegible]	[illegible],	[illegible]	[illegible]	[illegible]	[illegible]	[illegible]	[illegible]	
ma2	ŋa̱2	tsa1	thjɨ2	sju2	tśja1	bju1	śjwo1	tshwew1	
摩	诃	萨,	此	如	道	而	发	趣	

复次无边慧,诸菩萨摩诃萨,于此道中而发趣时,

22.27.1

[illegible]①	[illegible],	[illegible]	[illegible]	[illegible]	[illegible]	[illegible]	[illegible]	[illegible]
·jij1	zjij1	·jar1	tśhja2	tśja1	ɣjiw1	kię̱j2	nio̱w1	lew1
将	时,	八	正	道	摄	欲	因	一
[illegible]	[illegible]	[illegible]	[illegible],	[illegible]	[illegible]	[illegible]	[illegible]	[illegible]

① [illegible],表示动作行为将要进行。

tsji̱r^1	djọ^2	dźji̱j^1	mji̱j^2	thjɨ^2	tja^1	rjur^1	mji^1	ne̱w^2
法	修	行	者,	此	者	诸	不	善

为欲摄取八正道故修行一法,所谓不作诸不善法。

22.27.2

[illegible]	[illegible]	[illegible]	[illegible]①。	[illegible]	[illegible]	[illegible]	[illegible]	[illegible]
tsji̱r^1	mji^1	·wji^1	ŋwu^2	nio̱w^1	·jar^1	tśhja^2	tśja^1	ɣjiw^1
法	不	作	以。	又	八	正	道	摄
[illegible]	[illegible]	[illegible]	[illegible]	[illegible]	[illegible]	[illegible]:	[illegible]	[illegible]
ɣiwej^1	nio̱w^1	ku^1	njɨ̱^{1}	tsji̱r^1	djọ^2	dźji̱j^1	lew^1	tja^1
受	因	则	二	法	修	行:	一	者

又为摄取八正道故修行二法:一者

22.27.3

[illegible]	[illegible]	[illegible]	[illegible]	[illegible]②	[illegible]	[illegible]	[illegible]	[illegible],
·u^2	ne̱w^2	tsji̱r^1	ŋwu^2	ŋwu^2	·wo^2	bju^1	sjwɨ^1	sji̱j^2
内	善	法	是	是	理	如	思	想,
[illegible]	[illegible]	[illegible]	[illegible]	[illegible]	[illegible]	[illegible]	[illegible]	[illegible]
njɨ̱^{1}	tja^1	djɨr^2	ne̱w^2	tsji̱r^1	ŋwu^2	ŋwu^2	·wo^2	bju^1
二	者	外	善	法	是	是	理	如

于内随何善法如理思惟;二者于外随何善法如理

22.27.4

[illegible]	[illegible]。	[illegible]	[illegible]	[illegible]	[illegible]	[illegible]	[illegible]	[illegible]
ɣju^1	·jɨr^1	nio̱w^1	·jar^1	tśhja^2	tśja^1	ɣjiw^1	ɣiwej^1	nio̱w^1
请	问。	又	八	正	道	摄	受	因
[illegible]	[illegible]	[illegible]	[illegible]	[illegible]:	[illegible]	[illegible],	[illegible]	[illegible]
ku^1	njɨ̱^{1}	tsji̱r^1	djọ^2	dźji̱j^1	lew^1	tja^1	da̱^{2}	bju^1
故	二	法	修	行:	一	者	事	如

请问。又为摄取八正道故修行二法:一者如事

① [illegible],与"[illegible]"(也)字通假。
② [illegible][illegible],是是,动词叠用,表示反复性的状态。

22.27.5

[illegible]	[illegible]	[illegible]	[illegible]；	[illegible]	[illegible]	[illegible]	[illegible]	[illegible]
rjur^{1}	tsjir^{1}	nwə^{1}	tsjij^{2}	njɨ^{1}	tja^{1}	dạ^{2}	mjij^{1}	dźjij^{1}
诸	法	知	悟；	二	者	事	无	住
[illegible]	[illegible]	[illegible]	[illegible]	[illegible]	[illegible]	[illegible]。	[illegible]	[illegible]
mjij^{1}	phjo^{2}	kar^{2}	lew^{2}	mjij^{1}	nwə^{1}	tsjij^{2}	nio̱w^{1}	·jar^{1}
无	分	别	所	无	知	悟。	又	八

了知诸法；二者了知无事无住无所分别。又

22.27.6

[illegible]	[illegible]	[illegible]	[illegible]	[illegible]	[illegible]	[illegible]	[illegible]	[illegible]
tśhja^{2}	tśja^{1}	ɣjiw^{1}	ɣiwej^{1}	nio̱w^{1}	ku^{1}	njɨ^{1}	tsjir^{1}	djọ^{2}
正	道	摄	受	因	则	二	法	修
[illegible]：	[illegible]	[illegible]	[illegible]	[illegible]	[illegible]	[illegible]	[illegible]，	[illegible]
dźjij^{1}	lew^{1}	tja^{1}	·u^{2}	śjij^{1}	bju^{1}	nwə^{1}	dwewr^{2}	njɨ^{1}
行：	一	者	内	顺	随	知	觉，	二

为摄取八正道故修行二法：一者于内随顺觉知；二

22.28.1

[illegible]	[illegible]	[illegible]	[illegible]	[illegible]	[illegible]。	[illegible]	[illegible]	[illegible]
tja^{1}	djɨr^{2}	zow^{2}	zjij^{1}	lew^{2}	mjij^{1}	nio̱w^{1}	·jar^{1}	tśhja^{2}
者	外	执	着	所	无。	又	八	正
[illegible]	[illegible]	[illegible]	[illegible]	[illegible]	[illegible]	[illegible]：	[illegible]	[illegible]
tśja^{1}	ɣjiw^{1}	ɣiwej^{1}	njɨ^{1}	tsjir^{1}	djọ^{2}	dźjij^{1}	lew^{1}	tja^{1}
道	摄	受	二	法	修	行：	一	者

者于外无所执着。又为摄取八正道故修行二法：一者

22.28.2

[illegible]	[illegible]	[illegible]	[illegible]	[illegible]	[illegible]，	[illegible]	[illegible]	[illegible]
·jij^{1}	dźiej^{2}	phjo^{2}	kar^{2}	lew^{2}	mjij^{1}	njɨ^{1}	tja^{1}	dźiã^{2}
自	信	分	别	所	无，	二	者	情

[illegible]	[illegible]	[illegible]	[illegible]	[illegible]，	[illegible]	[illegible]	[illegible]	[illegible]
tśhju^{1}	tjij^{1}	mji^{1}	dźiej^{2}	ku^{1}	ŋa^{2}	thjɨ^{2}	tśja^{1}	kha^{1}
有	若	不	信	则，	我	此	道	中

自信无所分别，二者众生若未有信，

22.28.3

[illegible]	[illegible]	[illegible]	[illegible]	[illegible]①。	[illegible]	[illegible]	[illegible]	[illegible]
no^{2}	dźji̱j^{1}	phjo^{2}	ŋa^{2}	·jɨ^{2}	nio̱w^{1}	·jar^{1}	tśhja^{2}	tśja^{1}
安	住	令	我	谓。	又	八	正	道
[illegible]	[illegible]	[illegible]	[illegible]	[illegible]	[illegible]	[illegible]	[illegible]：	[illegible]
ɣjiw^{1}	ɣiwej^{1}	nio̱w^{1}	ku^{1}	nji̱^{1}	tsji̱r^{1}	djọ^{2}	dźji̱j^{1}	lew^{1}
摄	受	因	则	二	法	修	行：	一

我令安住于此道中。又为摄取八正道故修行二法：

22.28.4

[illegible]	[illegible]	[illegible]	[illegible]②	[illegible]	[illegible]	[illegible]	[illegible]	[illegible]	[illegible]，
tja^{1}	rjɨr^{2}	·wji^{1}	·wji^{1}	sjwɨj^{1}	zjɨr^{1}	bju^{1}	nwə^{1}	ljij^{2}	njwi^{2}
者	△	作	作	业	实	如	知	见	能，
[illegible]	[illegible]	[illegible]	[illegible]	[illegible]	[illegible]	[illegible]	[illegible]	[illegible]	
nji̱^{1}	tja^{1}	rjɨr^{2}	·wji^{1}	·wji^{1}	sjwɨj^{1}	zow^{2}	zjij^{1}	mji^{1}	
二	者	△	作	作	业	执	着	不	

一者能于所作之业如实知见，二者能于所作之业而无执着。

22.28.5

[illegible]。	[illegible]	[illegible]	[illegible]	[illegible]	[illegible]	[illegible]	[illegible]	[illegible]
dju^{1}	nio̱w^{1}	·jar^{1}	tśhja^{2}	tśja^{1}	ɣjiw^{1}	ɣiwej^{1}	nio̱w^{1}	ku^{1}
有。	又	八	正	道	摄	受	因	则
[illegible]	[illegible]	[illegible]	[illegible]：	[illegible]	[illegible]	[illegible]	[illegible]	[illegible]
sọ^{1}	tsji̱r^{1}	djọ^{2}	dźji̱j^{1}	lew^{1}	tja^{1}	rjur^{1}	tśji̱^{1}	lhjwi^{1}
三	法	修	行：	一	者	诸	苦	取

① [illegible]，为引述格助词。

② [illegible][illegible]，对译"所作"。西夏语动词重叠后表示反复、持续、多次性的动作、行为或状态。

又为摄取八正道故修行三法：一者于诸苦取

22.28.6

[illegible]	[illegible]	[illegible]	[illegible]	[illegible]	[illegible]，	[illegible]	[illegible]	[illegible]
ŋur^1	kha^1	ljɨ^1	ljɨ^1	nwə^1	tsjij^2	njɨ̱^{1}	tja^1	rjur^1
蕴	中	一	一	知	悟，	二	者	诸
[illegible]	[illegible]	[illegible]	[illegible]	[illegible]	[illegible]	[illegible]	[illegible]	[illegible]，
tśjị^1	mjij^1	lhjwi^1	ŋur^1	ɣa^2	źji^2	rejr^2	·jɨr^2	kjụ^1
苦	无	取	蕴	于	最	乐	勤	求，

蕴中一一了知，二者于诸无苦取蕴勤求至乐，

22.29.1

[illegible]	[illegible]	[illegible]	[illegible]	[illegible]	[illegible]	[illegible]	[illegible]	[illegible]①
sọ^1	tja^1	rjur^1	dzow^1	ŋwej^2	tsji̱r^1	kha^1	nji̱j^1	tji^1
三	者	诸	和	合	法	中	心	归
[illegible]	[illegible]	[illegible]。	[illegible]	[illegible]	[illegible]	[illegible]	[illegible]	[illegible]
khwa^1	ka^2	djọ^2	niọw^1	·jar^1	tśhja^2	tśja^1	ɣjiw^1	ɣiwej^1
远	离	修。	又	八	正	道	摄	受

三者于诸和合法中专修远离。又为摄取八正道

22.29.2

[illegible]	[illegible]	[illegible]	[illegible]	[illegible]	[illegible]：	[illegible]	[illegible]	[illegible]
niọw^1	ku^1	sọ^1	tsji̱r^1	djọ^2	dźjịj^1	lew^1	tja^1	źji^2
因	则	三	法	修	行：	一	者	最
[illegible]	[illegible]	[illegible]	[illegible]	[illegible]	[illegible]	[illegible]	[illegible]，	[illegible]
phju^2	tsji̱r^1	nẹ^1	tshjij^1	dạ^2	mji^1	ljwu^1	nu^1	tsji̱r^1
上	法	宣	说	语	不	违	背，	法

故修行三法：一者宣说最上之法语不乖违，

22.29.3

[illegible]	[illegible]	[illegible]	[illegible]	[illegible]	[illegible]	[illegible]，	[illegible]	[illegible]

① [illegible]，西夏文字面义为“心归”，对译“专”。

·wo^{2}	tshjij^{1}	bju^{1}	njij^{1}	ɣwej^{1}	dze̠j^{1}	mjij^{1}	njɨ̱^{1}	tja^{1}
义	说	随	心	斗	争	无，	二	者
[illegible]	[illegible]	[illegible]	[illegible]	[illegible]	[illegible]，	[illegible]	[illegible]	[illegible]
·jwɨr^{2}	dji^{2}	ŋowr^{2}	ŋowr^{2}	mji^{1}	zjij^{1}	sọ^{1}	tja^{1}	rjur^{1}
文	字	皆	皆	不	着，	三	者	诸

随说法义心无诤论，二者不著一切文字，三者

22.29.4

[illegible]	[illegible]	[illegible]	[illegible]	[illegible]。	[illegible]	[illegible]	[illegible]	[illegible]
tsji̱r^{1}	ŋowr^{2}	ŋowr^{2}	ɣjiw^{1}	ɣiwej^{1}	nio̱w^{1}	·jar^{1}	tśhja^{2}	tśja^{1}
法	皆	皆	摄	受。	又	八	正	道
[illegible]	[illegible]	[illegible]	[illegible]	[illegible]	[illegible]	[illegible]	[illegible]：	[illegible]
ɣjiw^{1}	ɣiwej^{1}	nio̱w^{1}	ku^{1}	ljɨ̱r^{1}	tsji̱r^{1}	djọ^{2}	dźjij^{1}	lew^{1}
摄	受	因	则	四	法	修	行：	一

摄取一切诸法。又为摄取八正道故修行四法：一

22.29.5

[illegible]	[illegible]	[illegible]	[illegible]	[illegible]	[illegible]①	[illegible]，	[illegible]	[illegible]
tja^{1}	·wo^{2}	ɣa^{2}	tśhja^{2}	tśier^{1}	·ju^{2}	dạ^{2}	njɨ̱^{1}	tja^{1}
者	义	于	正	利	寻	事，	二	者
[illegible]	[illegible]	[illegible]	[illegible]	[illegible]	[illegible]	[illegible]	[illegible]，	[illegible]
·wo^{2}	bju^{1}	bju^{1}	śjij^{1}	tśhja^{2}	tśier^{1}	·ju^{2}	dạ^{2}	sọ^{1}
义	随	随	顺	正	利益	寻找	事，	三

者于义正方便事，二者随义而作相应正方便事，三

22.29.6

[illegible]	[illegible]	[illegible]	[illegible]	[illegible]	[illegible]	[illegible]	[illegible]	[illegible]，
tja^{1}	tsji̱r^{1}	śjij^{1}	bio̱^{1}	thju̱^{1}	tśhja^{2}	tśier^{1}	·ju^{2}	dạ^{2}
者	法	顺	观	察	正	利益	寻找	事，
[illegible]	[illegible]	[illegible]	[illegible]	[illegible]	[illegible]	[illegible]	[illegible]	[illegible]

① [illegible][illegible]，意思是“寻利”，对译“方便”。

ljɨr^{1}	tja^{1}	zow^{2}	zjịj^{1}	ŋowr^{2}	ŋowr^{2}	mji^{1}	śjwo^{1}	tśhja^{2}
四	者	执	着	皆	皆	不	起	正

者顺法而作观察正方便事,四者不起一切执着正

22.30.1

[illegible]	[illegible]	[illegible]。	[illegible]	[illegible]	[illegible]	[illegible]	[illegible]	[illegible]
tśier^{1}	·ju^{2}	dạ^{2}	nio̱w^{1}	·jar^{1}	tśhja^{2}	tśja^{1}	ɣjiw^{1}	ɣiwej^{1}
利益	寻找	事。	又	八	正	道	摄	受
[illegible]	[illegible]	[illegible]	[illegible]	[illegible]	[illegible]:	[illegible]	[illegible]	[illegible]
nio̱w^{1}	ku^{1}	ljɨr^{1}	tsjir^{1}	djọ^{2}	dźjij^{1}	lew^{1}	tja^{1}	gjwɨ^{1}
因	故	四	法	修	行:	一	者	坚

方便事。又为摄取八正道故修行四法:一者

22.30.2

[illegible]	[illegible]	[illegible]	[illegible]	[illegible]	[illegible]	[illegible]	[illegible],	[illegible]
tji^{2}	ŋwu^{2}	·jij^{1}	tśhjwɨj^{1}	tshjij^{1}	bju^{1}	djọ^{2}	dźjij^{1}	njɨ^{1}
能	是	自	禁	说	如	修	行,	二
[illegible]	[illegible]	[illegible]	[illegible]	[illegible]	[illegible]	[illegible]	[illegible]	[illegible]
tja^{1}	tśhjiw^{1}	tśhji^{2}	ne̱w^{2}	ɣjɨr^{1}	ŋwu^{2}	tśja^{1}	rjijr^{2}	śjwo^{1}
者	六	根	善	巧	以	道	方	发

能以坚誓自守如说而行,二者能以六根善巧于道发趣,

22.30.3

[illegible],	[illegible]	[illegible]	[illegible]	[illegible]	[illegible]	[illegible]	[illegible]	[illegible],
tshwew^{1}	sọ^{1}	tja^{1}	phji^{1}	ŋwe^{1}	gji^{1}	sej^{1}	phji^{1}	njwi^{2}
趣,	三	者	意	乐	清	净	令	能,
[illegible]	[illegible]	[illegible]	[illegible]	[illegible]①	[illegible]	[illegible]	[illegible]。	[illegible]
ljɨr^{1}	tja^{1}	mji^{1}	śja^{1}	·wjạ^{2}	dźjɨ	dźjij^{1}	njwi^{2}	bju^{2}
四	者	不	绳	放	行	住	能。	边

三者能令意乐清净,四者能住不放逸行。

① [illegible],意思是"松开绳索",对译"放逸"。

汉文本

复次无边慧，诸菩萨摩诃萨，于此道中而发趣时，为欲摄取八正道故修行一法，所谓不作诸不善法。又为摄取八正道故修行二法：一者于内随何善法如理思惟；二者于外随何善法如理请问。又为摄取八正道故修行二法：一者如事了知诸法，二者了知无事无住无所分别。又为摄取八正道故修行二法：一者于内随顺觉知，二者于外无所执着。又为摄取八正道故修行二法：一者自信无所分别；二者众生若未有信，我令安住于此道中。又为摄取八正道故修行二法：一者能于所作之业如实知见，二者能于所作之业而无执着。又为摄取八正道故修行三法：一者于诸苦取蕴中一一了知，二者于诸无苦取蕴勤求至乐，三者于诸和合法中专修远离。又为摄取八正道故修行三法：一者宣说最上之法语不乖违，随说法义心无诤论；二者不著一切文字；三者摄取一切诸法。又为摄取八正道故修行四法：一者于义正方便事，二者随义而作相应正方便事，三者顺法而作观察正方便事，四者不起一切执着正方便事。又为摄取八正道故修行四法：一者能以坚誓自守如说而行，二者能以六根善巧于道发趣，三者能令意乐清净，四者能住不放逸行。

22.30.4

[illegible]	[illegible]	[illegible]	[illegible]，	[illegible]	[illegible]	[illegible]	[illegible]	[illegible]
mjij^{1}	zjɨr^{1}	dźiā^{2}	tsjij^{2}	rjur^{1}	po^{1}	tsa^{1}	ma^{2}	ŋa̱^{2}
无	慧	情	悟，	诸	菩	萨	摩	诃
[illegible]，	[illegible]	[illegible]	[illegible]	[illegible]	[illegible]	[illegible]	[illegible]	[illegible]，
tsa^{1}	thji^{2}	tsjɨ̱r^{1}	dźjɨ	ŋwu^{2}	tśja^{1}	ɣjiw^{1}	ɣiwej^{1}	ku^{1}
萨，	此	法	行	以	道	摄	受	则，

无边慧，诸菩萨摩诃萨，以此法行摄取道故，

22.30.5

[illegible]	[illegible]	[illegible]	[illegible]①	[illegible]	[illegible]。	[illegible]	[illegible]	[illegible]
tśhjwo^{1}	tśja^{1}	śjɨj^{1}	·wji^{1}	mjij^{2}	ŋwu^{2}	tsjɨ̱r^{1}	ŋowr^{2}	ŋowr^{2}
故	道	成	为	者	也。	法	皆	皆
[illegible]	[illegible]，	[illegible]	[illegible]，	[illegible]	[illegible]，	[illegible]	[illegible]，	[illegible]
tsjɨ̱r^{2}	ŋa^{1}	mjij^{2}	mjij^{1}	·jij^{1}	mjij^{1}	tjɨ̱^{1}	mjij^{1}	we̱^{1}
性	空，	名	无，	相	无，	愿	无，	生

乃可名为随顺道者。观一切法性空故，无名故，无相故，无愿故，无

① [illegible]，附加在动词之后，具有该动词词义。

22.30.6

[illegible]，	[illegible]	[illegible]，	[illegible]，	[illegible]，	[illegible]，	[illegible]	[illegible]	[illegible]，
mjij^{1}	·wji^{1}	mjij^{1}	dwər^{1}	ka^{2}	dzjar^{2}	to^{2}	bio̱^{1}	ku^{1}
无，	作	无，	厌，	离，	灭，	出	观	则，
[illegible]	[illegible]	[illegible]	[illegible]，	[illegible]	[illegible]	[illegible]	[illegible]，	[illegible]
tsjɨr^{1}	swew^{1}	bji^{1}	rjir^{2}	we̱^{1}	sji^{1}	bio̱^{1}	zjịj^{1}	mji^{1}
法	明	光	得，	生	尽	观	时，	不

生故，无作故，厌故，离故，灭故，出故，得法光明，观生尽时，不

22.31.1

[illegible]	[illegible]	[illegible]	[illegible]	[illegible]	[illegible]	[illegible]，	[illegible]	[illegible]
we̱^{1}	ɣa^{2}	mji^{1}	we̱^{1}	sjịj^{2}	śjwo^{1}	ku^{1}	tśhjɨ^{2}	rjar^{2}
生	于	不	生	想	生	则，	立	即
[illegible]	[illegible]	[illegible]	[illegible]	[illegible]	[illegible]，	[illegible]	[illegible]	[illegible]
tśhjɨ^{1}	bjij^{2}	we̱^{1}	ka^{2}	gjịj^{1}	dzjịj^{1}	mji^{1}	tsjɨr^{1}	lho
尔	时	生	离	超	渡，	不	法	出

于无生而起生想，便于尔时超升离生，出过非法，

22.31.2

[illegible]，	[illegible]	[illegible]	[illegible]	[illegible]，	[illegible]	[illegible]	[illegible]①	[illegible]。
ka^{2}	tśja^{1}	gji^{1}	sej^{1}	rjir^{2}	we̱^{1}	mjij^{1}	ze̱w^{2}	lhju̱^{2}
离，	道	清	净	得，	生	无	忍	获。
[illegible]	[illegible]	[illegible]	[illegible]，	[illegible]	[illegible]	[illegible]	[illegible]，	[illegible]
tśja^{1}	gji^{1}	sej^{1}	ku^{1}	sjịj^{2}	ŋowr^{2}	ŋowr^{2}	dzjịj^{1}	sjịj^{2}
道	清	净	则，	想	皆	皆	过，	想

得道清净，获无生忍。道清净故，过一切想，

22.31.3

[illegible]	[illegible]	[illegible]，	[illegible]	[illegible]	[illegible]	[illegible]，	[illegible]	[illegible]

① [illegible]，无生忍。安住于无生无灭之理而不动也。仁王经说五忍，此为第四。或为初地之证名，或为七八九地之悟名。

nja̱^{2}	mji^{1}	dźji̱j^{1}	tśja^{1}	sji̱j^{2}	·wjɨ^{2}	dzjar^{2}	tsji̱r^{1}	sji̱j^{2}
非	不	住，	道	想	于	灭，	法	想
[illegible]	[illegible]，	[illegible]	[illegible]	[illegible]	[illegible]，	[illegible]	[illegible]	[illegible]
khwa^{1}	ka^{2}	bju^{1}	mjij^{1}	rer^{2}	lho	swew^{1}	ŋwu^{2}	djọ^{2}
远	离，	明	无	网	出，	明	以	修

不住非想，灭于道想，离于法想，出无明网，以明修

22.31.4

[illegible]	[illegible]	[illegible]	[illegible]	[illegible]	[illegible]	[illegible]	[illegible]	[illegible]。
dzjɨ̱^{2}	rjir^{2}	lew^{2}	·wo^{2}	tsji̱r^{1}	to^{2}	źji^{2}	rjir^{2}	njwi^{2}
习	得	所	应	法	悉	皆	得	能。
[illegible]	[illegible]	[illegible]	[illegible]	[illegible]	[illegible]	[illegible]	[illegible]	[illegible]，
swew^{1}	rjɨr^{2}	djọ^{2}	dzjɨ̱^{2}	tja^{1}	wa^{2}	sju^{2}	tsji̱r^{1}	rjir^{2}
明	△	修	习	者	何	如	法	得，

习所应得法悉能得之。明所修习得何等法，

22.31.5

[illegible]	[illegible]	[illegible]	[illegible]	[illegible]	[illegible]	[illegible]	[illegible]，	[illegible]
swew^{1}	djọ^{2}	dzjɨ̱^{2}	ku^{1}	sji̱j^{2}	lhjij^{2}	dzjar^{2}	rjir^{1}	tsji̱r^{1}
明	修	习	则	想	受	灭	得，	法
[illegible]	[illegible]	[illegible]	[illegible]①	[illegible]	[illegible]	[illegible]，	[illegible]	[illegible]②
ŋowr^{2}	ŋowr^{2}	kjɨ^{1}	djɨj^{2}	ne̱w^{2}	ɣjɨr^{1}	rjir^{2}	dwu̱^{2}	rjɨj^{2}
皆	皆	△	定	善	巧	得，	密	谋

谓明修习得想受灭，得一切法决定善巧，得随秘密

22.31.6

[illegible]	[illegible]	[illegible]	[illegible]	[illegible]。	[illegible]	[illegible]	[illegible]	[illegible]
tsji̱r^{1}	tsji̱r^{2}	śjij^{1}	·wji^{1}	rjir^{1}	rjur^{1}	po^{1}	tsa^{1}	ma^{2}
法	性	顺	为	得。	诸	菩	萨	摩
[illegible]	[illegible]	[illegible]	[illegible]	[illegible]	[illegible]，	[illegible]	[illegible]	[illegible]

① [illegible]（定），跟趋向前缀“[illegible]”组合，对译“决定”。
② [illegible]，西夏文表面意思是“密谋”，对译“秘密”。

ŋạ²	tsa¹	thjɨ²	tśja¹	dźjịj¹	zjịj¹	thjɨ²	do²	mji¹
诃	萨	此	道	行	时,	此	处	不

顺于法性。诸菩萨摩诃萨行此道时,不住于处,

22.32.1

[illegible],	[illegible]	[illegible]	[illegible]	[illegible]	[illegible],	[illegible]	[illegible]	[illegible]
dźjịj¹	dźjwɨ¹	ɣja²	lew²	mji¹	we²	rjur¹	tsjɨr¹	ŋowr²
住,	相	覆	所	不	为,	诸	法	皆
[illegible]	[illegible]	[illegible]	[illegible],	[illegible]	[illegible]	[illegible]	[illegible],	[illegible]
ŋowr²	tshọ²	sju²	nwə¹	wẹ¹	ŋa¹	wẹ¹	sju²	tsjɨr¹
皆	虚	如	知,	生	空	生	如,	法

不为相覆,知一切法同于虚空,生如空生①,

22.32.2

[illegible]	[illegible]	[illegible],	[illegible]	[illegible]	[illegible]	[illegible]	[illegible]	[illegible]。	[illegible]
ŋa¹	tsjɨr²	sju²	zjɨr¹	zjịj¹	ɣię²	lụ²	·jij¹	mjij¹	thjɨ²
空	性	如,	少	许	阻	碍	相	无。	此
[illegible]	[illegible]	[illegible]	[illegible]	[illegible]	[illegible]	[illegible],	[illegible]	[illegible]	
tśja¹	gji¹	sej¹	xọ²	ŋjir¹	mji¹	kjạ¹	ljịj²	gjwɨ¹	
道	清	净	灾	祸	不	畏,	大	甲	

性如空性,无有少相而为挂碍。此道清净不畏灾患,被大甲

22.32.3

[illegible]	[illegible]	[illegible]	[illegible]	[illegible]	[illegible],	[illegible]	[illegible]	[illegible]
zjir²	tśhjwi¹	phej¹	tśjɨr²	lew²	mjij¹	ljịj²	·ụ²	bju¹
胄	被	缚	缠	应	不,	大	乘	依
[illegible]	[illegible]	[illegible]②	[illegible]	[illegible],	[illegible]	[illegible]	[illegible]	[illegible]
gjị²	lha²	ljɨj¹	lew²	mjij¹	rjur¹	lə¹	ŋjir¹	ka²
靠	迷惑	魑魅	所	无,	诸	障	难	离

① 空生,须菩提之译名。须菩提,译作空生,解空第一。

② [illegible][illegible],西夏文义为“魅惑”,“[illegible]”有“惑”义,“[illegible]”有“魅”义,对译“迷惑”。《史记·五帝本纪》集解引服虔云:“魑魅,人面兽身,四足,好惑人。”西夏人采用了意译。

胄不为执缚，乘于大乘无所迷惑，离诸障难

22.32.4

[illegible]	[illegible]	[illegible]	[illegible]，	[illegible]	[illegible]	[illegible]	[illegible]	[illegible]，
tshọ^{2}	ŋa^{1}	·wjɨ^{2}	sju^{2}	thjɨ^{2}	tśja^{1}	bju^{1}	śjwo^{1}	tshwew^{1}
虚	空	△	如，	此	道	而	发	趣，
[illegible]	[illegible]	[illegible]	[illegible]	[illegible]	[illegible]	[illegible]	[illegible]。	[illegible]
rjur^{1}	dźiã^{2}	tśhju^{1}	·jij^{1}	ljịj^{2}	bji^{1}	swew^{1}	·wji^{1}	bju^{2}
诸	情	有	之	大	光	明	作。	边

犹如虚空，于此道中而发趣之，为诸众生作大光明。

22.32.5

[illegible]	[illegible]	[illegible]	[illegible]，	[illegible]	[illegible]	[illegible]	[illegible]	[illegible]
mjij^{1}	zjɨr^{1}	dźiã^{2}	tsjij^{2}	thjɨ^{2}	tja^{1}	rjur^{1}	po^{1}	tsa^{1}
无	慧	情	悟，	此	乃	诸	菩	萨
[illegible]	[illegible]	[illegible]	[illegible]	[illegible]	[illegible]	[illegible]	[illegible]，	[illegible]
ma^{2}	ŋạ^{2}	tsa^{1}	·jij^{1}	bụ^{2}	gjij^{1}	tśja^{1}	ŋwu^{2}	rjur^{1}
摩	诃	萨	之	胜	殊	道	也，	诸

无边慧，是为诸菩萨摩诃萨殊胜之道，

22.32.6

[illegible]	[illegible]、	[illegible]	[illegible]	[illegible]	[illegible]	[illegible]	[illegible]。
ɣiẹ^{2}	mji^{1}	tjij^{1}	dwewr^{2}	·jij^{1}	dźjij^{1}	lew^{2}	nja̱^{2}
声	闻、	独	觉	之	行	所	非。
[illegible]	[illegible]，	[illegible]	[illegible]，	[illegible]	[illegible]	[illegible]	[illegible]：
tśhjɨ^{1}	zjọ^{2}	rjur^{1}	pjụ^{1}	lja̱^{1}	dạ^{2}	rjɨr^{2}	tshjịj^{1}
尔	时	世	尊，	偈	言	△	说：

非诸声闻、缘觉所行。尔时世尊而说偈言：

22.33.1

[illegible]	[illegible]	[illegible]	[illegible]	[illegible]，	[illegible]	[illegible]	[illegible]
·jar^{1}	tśhja^{2}	tśja^{1}	ɣjiw^{1}	nio̱w^{1}	rjur^{1}	tsjir^{1}	dźjɨ

八	正	道	摄	因，	诸	法	行
[illegible]	[illegible]，	[illegible]	[illegible]	[illegible]	[illegible]	[illegible]，	
nẹ1	tshjij1	thjɨ2	tśja1	kha1	dźjij1	ku1	
演	说，	此	道	中	住	则，	

为摄八正道，演说诸法行，若住此道中，

22.33.2

[illegible]	[illegible]	[illegible]	[illegible]	[illegible]。	[illegible]	[illegible]	[illegible]
thjɨ2	tja1	ljij2	khu1	dźjij1	ne̱w2	tsji̱r1	djọ2
此	者	大	进	精。	善	法	修
[illegible]	[illegible]，	[illegible]	[illegible]	[illegible]	[illegible]	[illegible]	
dźjij1	mjij2	dzjɨj1	ŋowr2	ŋowr2	niow2	tsji̱r1	
行	者，	时	皆	皆	恶	法①	

斯为大精进。善法修行者，能于一切时，

22.33.3

[illegible]	[illegible]	[illegible]	[illegible]	[illegible]，	[illegible]	[illegible]	[illegible]
·ju2	mji1	·wji1	njwi2	ku1	thja1	dźjɨ	ŋwu2
常	不	作	能	则，	彼	行	以
[illegible]	[illegible]。	[illegible]	[illegible]	[illegible]	[illegible]	[illegible]，	
tśja1	ɣjiw1	djọ2	dzji̱2	mjij2	dźiã2	tsjij2	
道	摄。	修	习	者	情	悟，	

不作不善法，斯行摄于道。菩萨修习者，

22.33.4

[illegible]	[illegible]	[illegible]	[illegible]	[illegible]，	[illegible]	[illegible]	[illegible]
·u2	·wo2	bju1	sjwɨ1	sjij2	djɨr2	ɣju1	·jɨr1
内	理	如	思	想，	外	请	问
[illegible]	[illegible]，	[illegible]	[illegible]	[illegible]	[illegible]	[illegible]。	
kjụ1	·ju2	thja1	dźjɨ	ŋwu2	tśja1	ɣjiw1	

① 恶法，西夏译文作"不善法"。

求　寻，　彼　行　以　道　摄。

于内如理思，于外求请问，斯行摄于道。

22.33.5

[illegible] [illegible] [illegible] [illegible] [illegible]，[illegible] [illegible] [illegible]

bio̱1 thju̱1 mjij2 dźiã2 tsjij2 dạ2 bju1 tśhja2

观　察　者　情　悟，事　如　正

[illegible] [illegible]，[illegible] [illegible] [illegible] [illegible] [illegible]，

nwə1 tsjij2 ·wo2 bju1 tsji̱r1 bju1 dźji̱j1

知　悟，理　如　法　如　住，

菩萨观察者，如事正了知，如理如法住，

22.33.6

[illegible] [illegible] [illegible] [illegible] [illegible]。[illegible] [illegible] [illegible]

thja1 dźjɨ ŋwu2 tśja1 ɣjiw1 bju1 lho̱1 mjij2

彼　行　以　道　摄。依　怙　者

[illegible] [illegible]，[illegible] [illegible] [illegible] [illegible] [illegible]，

dźiã2 tsjij2 ·u2 bju1 nwə1 dwewr2 njwi2

情　悟，内　随　知　觉　能，

斯行摄于道。菩萨依怙者，于内随觉知，

22.34.1

[illegible] [illegible] [illegible] [illegible] [illegible]，[illegible] [illegible] [illegible]

djɨr2 ɣa2 zow2 lew2 mjij1 thja1 dźjɨ ŋwu2

外　于　执　所　无，彼　行　以

[illegible] [illegible]。[illegible] [illegible] [illegible] [illegible] [illegible]，

tśja1 ɣjiw1 le2 mjij1 mjij2 dźiã2 tsjij2

道　摄。惧　无　者　情　悟，

于外无所执，斯行摄于道。菩萨无畏者，

22.34.2

[illegible] [illegible] [illegible] [illegible] [illegible]，[illegible] [illegible] [illegible]

·jij^1	dźiej^2	phjo^2	kar^2	mjij^1	mjɨ^1	sej^1	dźiej^2
自	信	分	别	无，	他	净	信
[illegible]	[illegible]，	[illegible]	[illegible]	[illegible]	[illegible]	[illegible]。	
dźjij^1	phji^1	thja^1	dźjɨ	ŋwu^2	tśja^1	ɣjiw^1	
住	令，	彼	行	以	道	摄。	

自信无分别，令他住净信，斯行摄于道。

22.34.3

[illegible]	[illegible]	[illegible]	[illegible]	[illegible]，	[illegible]	[illegible]	[illegible]
sjwɨ^1	lə^2	mjij^2	dźiã^2	tsjij^2	rjur^1	rjɨr^2	·wji^1
虑	思	者	情	悟，	诸	△	作
[illegible]	[illegible]，	[illegible]	[illegible]	[illegible]	[illegible]	[illegible]，	
sjwɨj^1	sej^1	sjwɨj^1	ɣa^2	zow^2	lew^2	mjij^1	
业	净，	业	于	执	所	无，	

菩萨思惟者，净诸所作业，于业无所执，

22.34.4

[illegible]	[illegible]	[illegible]	[illegible]	[illegible]。	[illegible]	[illegible]	[illegible]
thja^2	dźjɨ	ŋwu^2	tśja^1	ɣjiw^1	bej^1	wə̣^{1}	mjij^2
彼	行	以	道	摄。	系	有	者
[illegible]	[illegible]，	[illegible]	[illegible]	[illegible]	[illegible]	[illegible]，	
dźiã^2	tsjij^2	·ju^2	tśjị^1	lhjwi^1	ŋur^1	nwə^1	
情	悟，	常	苦	取	蕴	知，	

斯行摄于道。菩萨无系者，常知苦取蕴，

22.34.5

[illegible]	[illegible]	[illegible]	[illegible]	[illegible]，	[illegible]	[illegible]	[illegible]
tśjị^1	mjij^1	lhjwi^1	ŋur^1	kjụ^1	thja^1	dźjɨ	ŋwu^2
苦	无	取	蕴	求，	彼	行	以
[illegible]	[illegible]。	[illegible]	[illegible]	[illegible]	[illegible]	[illegible]，	
tśja^1	ɣjiw^1	nẹw^2	sjij^2	mjij^2	dźiã^2	tsjij^2	
道	摄。	善	智	者	情	悟，	

求无苦取蕴,斯行摄于道。菩萨善智者,

22.34.6

[illegible]	[illegible]	[illegible]	[illegible]	[illegible]，	[illegible]	[illegible]	[illegible]
dzow^{1}	ŋwej^{2}	ka^{2}	djọ^{2}	dźjij^{1}	dzow^{1}	ŋwej^{2}	ka^{2}
和	合	离	修	行，	和	合	离
[illegible]	[illegible]，	[illegible]	[illegible]	[illegible]	[illegible]	[illegible]。	
njwi^{2}	ku^{1}	thja^{1}	dźjɨ	ŋwu^{2}	tśja^{1}	ɣjiw^{1}	
能	故，	彼	行	以	道	摄。	

修离和合行,能离于和合,斯行摄于道。

22.35.1

[illegible]	[illegible]	[illegible]	[illegible]	[illegible]，	[illegible]	[illegible]	[illegible]
·wo^{2}	sjwɨ^{1}	mjij^{1}	dźiā^{2}	tsjij^{2}	·wo^{2}	bju^{1}	nwə^{1}
义	思	无	情	悟，	义	随	知
[illegible]	[illegible]，	[illegible]	[illegible]	[illegible]	[illegible]	[illegible]，	
tsjij^{2}	njwi^{2}	nẹ^{1}	tshjịj^{1}	ljwu^{1}	dzẹj^{1}	mjij^{1}	
悟	能，	演	说	违	争	无，	

菩萨思义者,随义能了知,演说无违诤,

22.35.2

[illegible]	[illegible]	[illegible]	[illegible]	[illegible]。	[illegible]	[illegible]	[illegible]
thja^{1}	dźjɨ	ŋwu^{2}	tśja^{1}	ɣjiw^{1}	zjɨr^{1}	ŋowr^{2}	mjij^{2}
彼	行	以	道	摄。	慧	俱	者
[illegible]	[illegible]，	[illegible]	[illegible]	[illegible]	[illegible]	[illegible]，	
dźiā^{2}	tsjij^{2}	·jwɨr^{2}	dji^{2}	ɣa^{2}	mji^{1}	zjij^{1}	
情	悟，	文	字	于	不	着，	

斯行摄于道。菩萨具慧者,不著于文字,

22.35.3

[illegible]	[illegible]	[illegible]	[illegible]	[illegible]，	[illegible]	[illegible]	[illegible]
tsjir^{1}	ŋowr^{2}	ŋowr^{2}	ɣjiw^{1}	·jij^{1}	thja^{1}	dźjɨ	ŋwu^{2}

法	皆	皆	摄	持，	彼	行	以
[illegible]	[illegible]。	[illegible]	[illegible]	[illegible]	[illegible]	[illegible]，	
tśja¹	ɣjiw¹	tsjir¹	dźjij¹	mjij²	dźiã²	tsjij²	
道	摄。	法	行	者	情	悟，	

摄持一切法，斯行摄于道。菩萨行法者，

22.35.4

[illegible]	[illegible]	[illegible]	[illegible]	[illegible]，	[illegible]	[illegible]	[illegible]
tsjir¹	rjir²	bju¹	śjij¹	njwi²	·wo²	rjir²	tsjɨ¹
法	与	随	顺	能，	义	与	亦
[illegible]	[illegible]，	[illegible]	[illegible]	[illegible]	[illegible]	[illegible]。	
bju¹	śjij¹	thja¹	dźjɨ	ŋwu²	tśja¹	ɣjiw¹	
随	顺，	彼	行	以	道	摄。	

能与法相应，亦随义相应，斯行摄于道。

22.35.5

[illegible]	[illegible]	[illegible]①	[illegible]	[illegible]，	[illegible]	[illegible]	[illegible]
tśja¹	śjij¹	·wji¹	dźiã²	tsjij²	gjwɨ¹	tji¹	ɣa²
道	顺	作	情	悟，	坚	誓	于
[illegible]	[illegible]，	[illegible]	[illegible]	[illegible]	[illegible]	[illegible]，	
tśhja²	dźjij¹	tshjij¹	bju¹	djo²	dźjij¹	njwi²	
正	住，	说	如	修	行	能，	

菩萨顺道者，正住于坚誓，如说而修行，

22.35.6

[illegible]	[illegible]	[illegible]	[illegible]	[illegible]。	[illegible]	[illegible]	[illegible]
thja¹	dźjɨ	ŋwu²	tśja¹	ɣjiw¹	dźiã²	tsjij²	tśja¹
彼	行	以	道	摄。	情	悟	道
[illegible]	[illegible]，	[illegible]	[illegible]	[illegible]	[illegible]	[illegible]，	
gji¹	sej¹	phji¹	ŋwe¹	ɣa²	sej¹	njwi²	

① [illegible]，附加在动词之后，具有该动词词义。

清	净，	意	乐	于	净	善，

斯行摄于道。菩萨道清净，善净于意乐，

22.36.1

[illegible]	[illegible]	[illegible]	[illegible]	[illegible]①，	[illegible]	[illegible]	[illegible]
tsji̱r^{1}	dźji̱j^{1}	mji^{1}	śja^{1}	·wjạ^{2}	thja^{1}	dźjɨ	ŋwu^{2}
法	住	不	绳	放，	彼	行	以
[illegible]	[illegible]。	[illegible]	[illegible]	[illegible]	[illegible]	[illegible]，	
tśja^{1}	ɣjiw^{1}	dźiã^{2}	tsjij^{2}	dzjɨj^{1}	ŋowr^{2}	ŋowr^{2}	
道	摄。	情	悟	时	皆	皆，	

住法不放逸，斯行摄于道。菩萨一切时，

22.36.2

[illegible]	[illegible]	[illegible]	[illegible]	[illegible]，	[illegible]	[illegible]	[illegible]
thjɨ^{2}	rjur^{1}	dźjɨ	·jɨr^{2}	djọ^{2}	ljụ^{2}	nji̱j^{1}	no^{2}
此	诸	行	勤	修，	身	心	安
[illegible]	[illegible]，	[illegible]	[illegible]	[illegible]	[illegible]	[illegible]。	
rejr^{2}	rjir^{1}	thja^{1}	dźjɨ	ŋwu^{2}	tśja^{1}	ɣjiw^{1}	
乐	得，	彼	行	以	道	摄。	

勤修此诸行，身心获安乐，斯行摄于道。

22.36.3

[illegible]	[illegible]	[illegible]	[illegible]	[illegible]，	[illegible]	[illegible]	[illegible]
tśhja^{2}	lə^{2}	mji̱j^{2}	dźiã^{2}	tsjij^{2}	gji^{1}	sej^{1}	tśja^{1}
正	念	者	情	悟，	清	净	道
[illegible]	[illegible]，	[illegible]	[illegible]	[illegible]	[illegible]	[illegible]	
ɣa^{2}	dźji̱j^{1}	tsji̱r^{1}	ŋowr^{2}	ŋowr^{2}	źji^{2}	ŋa^{1}	
于	住，	法	皆	皆	皆	空	

菩萨正念者，住于清净道，了知一切法，

① [illegible][illegible]，意思是“松开绳索”，对译“放逸”。

22.36.4

[illegible]	[illegible]	[illegible]	[illegible]	[illegible]。	[illegible]	[illegible]	[illegible]
·jij^{1}	mji^{1}	dju^{1}	nwə^{1}	tsjij^{2}	bio̱^{1}	thju̱^{1}	mjij^{2}
相	不	有	知	悟。	观	察	者
[illegible]	[illegible],	[illegible]	[illegible]	[illegible]	[illegible]	[illegible],	
dźiã^{2}	tsjij^{2}	tjị^{1}	gji^{1}	sej^{1}	phji^{1}	njwi^{2}	
情	悟,	愿	清	净	令	能,	

皆空无有相。菩萨观察者,能令愿清净,

22.36.5

[illegible]	[illegible]	[illegible]	[illegible]	[illegible],	[illegible]	[illegible]	[illegible]
tjị^{1}	mjij^{1}	tsjɨ^{1}	mji^{1}	dźjij^{1}	rjur^{1}	·jij^{1}	rjir^{2}
愿	无	亦	不	住,	诸	相	与
[illegible]	[illegible]。	[illegible]	[illegible]	[illegible]	[illegible]	[illegible],	
khwa^{1}	ka^{2}	dźiã^{2}	tsjij^{2}	·wo^{2}	bju^{1}	bio̱^{1}	
远	离。	情	悟	理	如	观,	

亦不住无愿,远离于诸相。菩萨如理观,

22.36.6

[illegible]	[illegible]	[illegible]	[illegible]	[illegible],	[illegible]	[illegible]	[illegible]
·wo^{2}	tshwew^{1}	źji^{2}	tśhja^{2}	ka^{1}	rjur^{1}	tsji̱r^{1}	mji^{1}
理	趣	悉	正	等,	诸	法	不
[illegible]	[illegible],	[illegible]	[illegible]	[illegible]	[illegible]	[illegible]。	
we̱^{1}	ɣa^{2}	zjɨ̱r^{1}	zjij^{1}	·jiw^{2}	ljɨ̣j^{1}	mjij^{1}	
生	于,	少	时	疑	魑魅	无。	

理趣悉平等,于诸法不生,无有少疑惑。

22.37.1

[illegible]	[illegible]	[illegible]	[illegible]	[illegible],	[illegible]	[illegible]	[illegible]
thjo̱^{1}	sjij^{2}	mjij^{2}	dźiã^{2}	tsjij^{2}	tsji̱r^{1}	ŋowr^{2}	ŋowr^{2}
妙	智	者	情	悟,	法	皆	皆

[Tangut] [Tangut]，[Tangut] [Tangut] [Tangut] [Tangut] [Tangut]，
dwər1 ka2 mjij1 dzjar2 bio̱1 njwi2 ku1
厌 离， 寂 灭 观 能 则，

菩萨妙智者，能观一切法，厌离寂灭故，

22.37.2

[Tangut] [Tangut] [Tangut] [Tangut] [Tangut]。[Tangut] [Tangut] [Tangut]
swew1 ljij2 bju1 śjwo1 tshwew1 tsji̱r1 bio̱1 mjij2
明 见 而 发 趣。 法 观 者
[Tangut] [Tangut]，[Tangut] [Tangut] [Tangut] [Tangut] [Tangut]，
dźiã2 tsjij2 ·wo2 bju1 tsji̱r1 we̱1 ljij2
情 悟， 理 如 法 生 见，

明见而发趣。菩萨观法者，如理见法生，

22.37.3

[Tangut] [Tangut] [Tangut] [Tangut] [Tangut]，[Tangut] [Tangut] [Tangut]
we̱1 ɣa2 we̱1 mji1 ljij2 sji1 ɣa2 sji1
生 于 生 不 见， 尽 于 尽
[Tangut] [Tangut]。[Tangut] [Tangut] [Tangut] [Tangut] [Tangut]，
mji1 ljij2 khu1 dzjɨj1 mjij2 dźiã2 tsjij2
不 见。 进 精 者 情 悟，

不于生见生，不于尽见尽。菩萨精进者，

22.37.4

[Tangut] [Tangut] [Tangut] [Tangut] [Tangut]，[Tangut] [Tangut] [Tangut]
thjɨ2 sju2 bio̱1 thju̱1 zji̱j1 tsji̱r1 nja̱2 kha1
此 如 观 察 时， 法 非 中
[Tangut] [Tangut]，[Tangut] [Tangut]① [Tangut] [Tangut] [Tangut]。
lho ka2 tśhja2 mji̱1 ·u2 ·o2 rjir1
出 离， 正 宫 中 入 得。

① [Tangut][Tangut]，西夏文字面义为“正宫”，对译“正位”。小乘之涅槃也。

如是观察时,出离于非法,超升正位中。

22.37.5

□ □ □ □ □, □ □ □
thjo̱1 sjịj2 mji̱j2 dźiã2 tsjij2 thja1 tśja1 gji1
妙 智 者 情 悟, 彼 道 清
□ □, □ □ □ □ □,
sej1 we2 ljij2 no2 nej2 twụ1 njɨ2
净 为, 大 安 泰 处 至,

菩萨妙智者,斯道为清净,速至大安隐,

22.37.6

□ □ □ □ □。 □ □ □
źji2 phju2 ze̱w2 śjɨj1 ·jiw2 thjo̱1 sjịj2 mji̱j2
最 上 忍 成 就。 妙 智 者
□ □, □ □① □ □ □,
dźiã2 tsjij2 śjij1 bju1 rjur1 tsji̱r1 bio̱1
情 悟, 顺 随 诸 法 观,

成就无上忍。菩萨妙智者,随顺观诸法,

22.38.1

□ □ □ □ □, □ □ □
sjij2 ŋowr2 ŋowr2 gjịj1 dzjịj1 ·ju2 sjij2 mjij1
想 皆 皆 超 渡, 常 想 无
□ □。 □ □ □ □ □,
ɣa2 dźjịj1 thjo̱1 sjịj2 mji̱j2 dźiã2 tsjij2
于 住。 妙 智 者 情 悟,

超过一切想,常住于无想。菩萨妙智者,

22.38.2

□ □ □ □ □, □ □ □

① □□,顺随,即并列词组"随顺"之颠倒译法。

thja1	sej1	tśja1	dji̠2	njwi2	tśja1	sji̠j2	rjir2
彼	净	道	治	能，	道	想	与
[illegible]	[illegible]，	[illegible]	[illegible]	[illegible]	[illegible]	[illegible]。	
khwa1	ka2	tsji̠r1	sji̠j2	tsjɨ1	mji1	dźji̠j1	
远	离，	法	想	亦	不	住。	

斯道能净治，远离于道想，亦不住法想。

22.38.3

[illegible]	[illegible]	[illegible]	[illegible]	[illegible]，	[illegible]	[illegible]	[illegible]
thjo̠1	sji̠j2	mji̠j2	dźiã2	tsjij2	thja1	tśja1	sej1
妙	智	者	情	悟，	彼	道	净
[illegible]	[illegible]，	[illegible]	[illegible]	[illegible]	[illegible]	[illegible]，	
dji̠2	ku1	bju1	mjij1	rer2	kha1	lho	
治	故，	明	无	网	中	出，	

菩萨妙智者，斯道净治故，出于无明网，

22.38.4

[illegible]	[illegible]	[illegible]	[illegible]	[illegible]。	[illegible]	[illegible]	[illegible]
lji̠j2	tsji̠r1	swew1	bji1	rjir1	thjo̠1	sji̠j2	mji̠j2
大	法	明	光	得。	妙	智	者
[illegible]	[illegible]，	[illegible]	[illegible]	[illegible]	[illegible]	[illegible]，	
dźiã2	tsjij2	swew1	ŋwu2	djo̠2	dzjɨ2	njwi2	
情	悟，	明	以	修	习	能，	

获大法光明。菩萨妙智者，能以明修习，

22.38.5

[illegible]	[illegible]	[illegible]	[illegible]	[illegible]①，	[illegible]	[illegible]	[illegible]
rjur1	dźiã2	tśhju1	dzji̠j2	tśhjwɨj1	thjɨ2	nio̠w1	śjwo1
诸	情	有	教	禁，	此	因	发
[illegible]	[illegible]。	[illegible]	[illegible]	[illegible]	[illegible]	[illegible]，	

① [illegible][illegible]，“[illegible]”字有“禁止、治理”等义，“[illegible][illegible]”字面义应为“教治”，对译“教授”，西夏文译者采用了意译。

tshwew1	ljɨ1	dźiã2	tsjij2	swew1	djọ2	dzjɨ̱2	
趣	也。	情	悟	明	修	习,	

教授诸众生,由是而发趣。菩萨明修习,

22.38.6

[illegible]	[illegible]	[illegible]	[illegible]	[illegible]	[illegible]	[illegible]	[illegible]
tsji̱r1	ŋowr2	ŋowr2	kjɨ1	djɨj2	źji2	na1	·wo2
法	皆	皆	△	定	甚	深	义
[illegible]	[illegible]	[illegible]	[illegible]	[illegible]	[illegible]	[illegible]。	
ne̱w2	ɣjɨr1	lji̱j2	tśier1	·ju2	rjir1	gji̱2	
善	巧	大	利益	寻找	得	为。	

为得一切法,决定甚深义,善巧大方便。

22.39.1

[illegible]	[illegible]	[illegible]	[illegible]	[illegible],	[illegible]	[illegible]	[illegible]
dźiã2	tsjij2	swew1	djọ2	dzjɨ̱2	tśier1	·ju2	rjur1
情	悟	明	修	习,	利益	寻找	诸
[illegible]	[illegible],	[illegible]	[illegible]	[illegible]	[illegible]	[illegible],	
sji̱j2	ka2	dwu̱2	rjɨj2	tsji̱r1	śjij1	·wji1	
想	离,	密	谋	法	顺	作,	

菩萨明修习,方便离诸想,随顺秘密法,

22.39.2

[illegible]	[illegible]	[illegible]	[illegible]	[illegible]。	[illegible]	[illegible]	[illegible]
kjɨ1	djɨj2	·wo2	nwə1	njwi2	thjo̱1	sji̱j2	mji̱j2
△	定	义	知	能。	妙	智	者
[illegible]	[illegible],	[illegible]	[illegible]	[illegible]	[illegible]	[illegible],	
dźiã2	tsjij2	lji̱j2	tsji̱r1	swew1	bji1	ŋwu2	
情	悟,	大	法	明	光	以,	

能知决定义。菩萨妙智者,以大法光明,

22.39.3

[illegible]	[illegible]	[illegible]	[illegible]	[illegible],	[illegible]	[illegible]	[illegible]

sji̱j^{2}	lhjij^{2}	dzjar^{2}	njwi^{2}	ku^{1}	thjɨ^{2}	nio̱w^{1}	śjwo^{1}
想	受	灭	能	则,	此	因	发
[illegible]	[illegible]。	[illegible]	[illegible]	[illegible]	[illegible]	[illegible],	
tshwew^{1}	ljɨ^{1}	thjo̱^{1}	sjij^{2}	mji̱j^{2}	dźiã^{2}	tsjij^{2}	
趣	也。	妙	智	者	情	悟,	

能灭于想受,由是而发趣。菩萨妙智者,

22.39.4

[illegible]	[illegible]	[illegible]	[illegible]	[illegible],	[illegible]	[illegible]	[illegible]
thja^{1}	tśja^{1}	ɣa^{2}	mji^{1}	dźji̱j^{1}	thja^{1}	tśja^{1}	mji^{1}
彼	道	于	不	住,	彼	道	不
[illegible]	[illegible],	[illegible]	[illegible]	[illegible]	[illegible]	[illegible]。	
dźji̱j^{1}	ku^{1}	nio̱w^{1}	tśja^{1}	ɣa^{2}	śjwo^{1}	tshwew^{1}	
住	则,	复	道	于	发	趣。	

不住于斯道,不住斯道故,于道而发趣。

22.39.5

[illegible]	[illegible]	[illegible]	[illegible]	[illegible],	[illegible]	[illegible]	[illegible]
le^{2}	mjij^{1}	mji̱j^{2}	dźiã^{2}	tsjij^{2}	tsji̱r^{1}	ŋowr^{2}	ŋowr^{2}
惧	无	者	情	悟,	法	皆	皆
[illegible]	[illegible],	[illegible]	[illegible]	[illegible]	[illegible]①	[illegible],	
nwə^{1}	njwi^{2}	sej^{1}	tshọ^{2}	ŋa^{1}	·wjɨ^{2}	sju^{2}	
知	能,	净	虚	空	△	如,	

菩萨无畏者,能知一切法,犹若净虚空,

22.39.6

[illegible]	[illegible]	[illegible]	[illegible]	[illegible]。	[illegible]	[illegible]	[illegible]
rjur^{1}	·jij^{1}	ɣja^{2}	lew^{2}	mjij^{1}	dźiã^{2}	tsjij^{2}	rjur^{1}
诸	相	覆	所	无。	情	悟	诸
[illegible]	[illegible],	[illegible]	[illegible]	[illegible]	[illegible]	[illegible],	

① [illegible],动词趋向前缀,表示完成体向远方。

tsji̠r^{1} nwə^{1} thja^{1} tsji̠r^{2} ŋa^{1} rjir^{2} thwu̠^{1}
法 知, 彼 性 空 与 同,

诸相无所覆。菩萨知诸法,其性同虚空,

22.40.1

[illegible] [illegible] [illegible] [illegible] [illegible], [illegible] [illegible] [illegible]
rjur^{1} tsji̠r^{1} ŋa^{1} sju^{2} ku^{1} gji^{1} sej^{1} ror^{2}
诸 法 空 如 则, 清 净 垢
[illegible] [illegible]。 [illegible] [illegible] [illegible] [illegible] [illegible],
tśior^{1} mjij^{1} dźiã^{2} tsjij^{2} thjɨ^{2} sju^{2} dźji̠j^{1}
污 无。 情 悟 此 如 住,

诸法如空故,清净而无垢。菩萨如是住,

22.40.2

[illegible] [illegible] [illegible] [illegible] [illegible], [illegible] [illegible] [illegible]
·jij^{1} ·jij^{1} ɣiẹ^{2} mji^{1} we^{2} xja^{1} rjur^{1} dźiã^{2}
相 之 碍 不 为, 速 诸 情
[illegible] [illegible]①, [illegible] [illegible] [illegible] [illegible] [illegible]。
tśhju^{1} ·jij^{1} tsji̠r^{1} nẹ^{1} tshjij^{1} dzji̠j^{2} tśhjwɨj^{1}
有 之, 法 演 说 教 禁。

不为相所碍,速为诸众生,演说而教授。

22.40.3

[illegible] [illegible] [illegible] [illegible] [illegible], [illegible] [illegible] [illegible]
thjo̠^{1} sji̠j^{2} mji̠j^{2} dźiã^{2} tsjij^{2} tśja^{1} ŋowr^{2} ŋowr^{2}
妙 智 者 情 悟, 道 皆 皆
[illegible] [illegible], [illegible] [illegible] [illegible] [illegible] [illegible],
gji^{1} sej^{1} tśja^{1} ɣa^{2} xo̠^{2} ŋjir^{1} mjij^{1}
清 净, 道 于 灾 祸 无,

菩萨妙智者,一切道清净,于道无灾患,

---

① [illegible](之),宾格助词。

22.40.4

[illegible]	[illegible]	[illegible]	[illegible]	[illegible]，	[illegible]	[illegible]	[illegible]
ɣię^{2}	mjij^{1}	bju^{1}	śjwo^{1}	tshwew^{1}	thjɨ^{2}	sju^{2}	gji^{1}
碍	无	而	发	趣，	此	如	清
[illegible]	[illegible]，	[illegible]	[illegible]	[illegible]	[illegible]	[illegible]，	
sej^{1}	tśja^{1}	xja^{1}	ljij^{2}	po^{1}	tjɨj^{1}	tshwew^{1}	
净	道，	速	大	菩	提	去，	

无碍而发趣。如是清净道，速往大菩提，

22.40.5

[illegible]	[illegible]	[illegible]	[illegible]	[illegible]，	[illegible]	[illegible]	[illegible]
dźiəj^{2}	mə^{1}	ɣa^{2}	lją^{1}	njwi^{2}	tśhja^{2}	ka^{1}	bju^{1}
为	无	于	证	能，	正	等	而
[illegible]	[illegible]。	[illegible]	[illegible]	[illegible]	[illegible]	[illegible]，	
śjwo^{1}	tshwew^{1}	dźiã^{2}	tsjij^{2}	ljij^{2}	gjwɨ^{1}	zjir^{2}	
发	趣。	情	悟	大	甲	胄，	

能于无为证，平等而发趣。菩萨大甲胄，

22.40.6

[illegible]	[illegible]	[illegible]	[illegible]	[illegible]，	[illegible]	[illegible]	[illegible]
ljij^{2}	·ụ^{2}	niow^{1}	ljij^{2}	tśja^{1}	ŋa^{1}	sju^{2}	ɣię^{2}
大	乘	及	大	道，	空	如	阻
[illegible]	[illegible]，	[illegible]	[illegible]	[illegible]	[illegible]	[illegible]。	
lụ^{2}	mjij^{1}	gji^{1}	sej^{1}	bju^{1}	śjwo^{1}	tshwew^{1}	
碍	无，	清	净	而	发	趣。	

大乘及大道，如空无挂碍，清净而发趣。

22.41.1

[illegible]	[illegible]	[illegible]	[illegible]	[illegible]，	[illegible]	[illegible]	[illegible]
thjɨ^{2}	·ụ^{2}	thjɨ^{2}	tśja^{1}	tshwew^{1}	ljij^{2}	tshọ^{2}	ŋa^{1}
此	乘	此	道	趣，	太	虚	空

[illegible]	[illegible]，	[illegible]	[illegible]	[illegible]	[illegible]	[illegible]，
tshwew^{1}	sju^{2}	·ji^{1}	·jij^{1}	źji^{2}	khwa^{1}	ka^{2}
趣	如，	众	相	皆	远	离，

趣斯乘及道，如趣太虚空，远离于众相，

22.41.2

[illegible]	[illegible]	[illegible]	[illegible]	[illegible]。	[illegible]	[illegible]	[illegible]
·jij^{1}	mjij^{1}	bju^{1}	śjwo^{1}	tshwew^{1}	ljịj^{2}	·ụ^{2}	tśhja^{2}
相	无	而	发	趣。	大	乘	正
[illegible]	[illegible]，	[illegible]	[illegible]	[illegible]	[illegible]	[illegible]，	
ka^{1}	·ụ^{2}	·wạ^{2}	ljịj^{2}	tshọ^{2}	ŋa^{1}	sju^{2}	
等	乘，	广	大	虚	空	如，	

无相而发趣。大乘平等乘，广大如虚空，

22.41.3

[illegible]	[illegible]	[illegible]	[illegible]	[illegible]，	[illegible]	[illegible]	[illegible]
thjɨ^{2}	gji^{1}	sej^{1}	tśja^{1}	ɣa^{2}	thjɨ^{2}	·ụ^{2}	bju^{1}
此	清	净	道	于，	此	乘	而
[illegible]	[illegible]。	[illegible]	[illegible]	[illegible]	[illegible]	[illegible]，	
śjwo^{1}	tshwew^{1}	rjur^{1}	dźiã^{2}	tsjij^{2}	ŋowr^{2}	ŋowr^{2}	
发	趣。	诸	情	悟	皆	皆，	

于斯清净道，此乘当发趣。一切诸菩萨，

22.41.4

[illegible]	[illegible]	[illegible]	[illegible]	[illegible]，	[illegible]	[illegible]	[illegible]
thja^{1}	tsjir^{1}	ɣa^{2}	pjụ^{1}	bju̱^{1}	rjur^{1}	dźiã^{2}	tśhju^{1}
彼	法	于	尊	重，	诸	情	有
[illegible]	[illegible]，	[illegible]	[illegible]	[illegible]	[illegible]	[illegible]。	
nio̱w^{1}	ku^{1}	kjir^{1}	·jiw^{2}	bju^{1}	śjwo^{1}	tshwew^{1}	
因	则，	勇	男	而	发	趣。	

尊重于斯法，为诸众生故，勇猛而发趣。

22.41.5

[illegible]	[illegible]	[illegible]	[illegible]	[illegible]，	[illegible]	[illegible]	[illegible]
tjij^{1}	ljij^{2}	po^{1}	tjɨj^{1}	tshwew^{1}	thja^{1}	bu̱^{2}	gjij^{1}
若	大	菩	提	去，	彼	胜	殊
[illegible]	[illegible]，	[illegible]	[illegible]	[illegible]	[illegible]	[illegible]，	
tśja^{1}	dźjij^{1}	rjur^{1}	njɨ̱^{1}	·u̱^{2}	dzjwo^{2}	njɨ^{2}	
道	住，	诸	二	乘	人	等，	

若诣大菩提，住斯殊胜道，非诸二乘等，

22.41.6

[illegible]	[illegible]	[illegible]	[illegible]	[illegible]。	[illegible]	[illegible]	[illegible]
thja^{1}	ɣa^{2}	śjwo^{1}	tshwew^{1}	njwi^{2}	dźiā^{2}	tsjij^{2}	tśhja^{2}
彼	于	发	趣	能。	情	悟	正
[illegible]	[illegible]，	[illegible]	[illegible]	[illegible]	[illegible]	[illegible]，	
sjwɨ^{1}	lə^{2}	tśja^{1}	gji^{1}	sej^{1}	phji^{1}	njwi^{2}	
忆	念，	道	清	净	令	能，	

于此能发趣。菩萨正忆念，能令道清净，

22.42.1

[illegible]	[illegible]	[illegible]	[illegible]	[illegible]，
thja^{1}	gji^{1}	sej^{1}	tśja^{1}	ŋwu^{2}
彼	清	净	道	以，
[illegible]	[illegible]	[illegible]	[illegible]	[illegible]。
źji^{2}	phju^{2}	bju^{1}	śjwo^{1}	tshwew^{1}
最	上	而	发	趣。

以斯清净道，最上而发趣。

汉文本

无边慧，诸菩萨摩诃萨，以此法行摄取道故，乃可名为随顺道者。观一切法性空故，无名故，无相故，无愿故，无生故，无作故，厌故，离故，灭故，出故。得法光明，观生尽时，不于无生而起生想，便于尔时超升离生，出过非法，得道清净，获无生忍。道清净故，过一切想，不住非想，灭于道想，离于法想，出无明网,以明修习所应得法悉能得之。明所修习得何等法,谓明修习得想受灭,得一切法决定善巧,得随秘密顺于法性。诸菩萨摩诃萨行此道时,不住于处,不为相覆,知一切法同于虚空,生如空生,性如空性,无有少相而为挂碍。此道清净不畏灾患,被大甲胄不为执缚,乘于大乘无所迷惑,离诸障难犹如虚空,于此道中而发趣之,为诸众生作大光明。无边慧,是为诸菩萨摩诃萨殊胜之道,非诸声闻、缘觉所行。尔时世尊而说偈言:

为摄八正道,演说诸法行,
若住此道中,斯为大精进。
善法修行者,能于一切时,
不作不善法,斯行摄于道。
菩萨修习者,于内如理思,
于外求请问,斯行摄于道。
菩萨观察者,如事正了知,
如理如法住,斯行摄于道。
菩萨依怙者,于内随觉知,
于外无所执,斯行摄于道。
菩萨无畏者,自信无分别,
令他住净信,斯行摄于道。
菩萨思惟者,净诸所作业,
于业无所执,斯行摄于道。
菩萨无系者,常知苦取蕴,
求无苦取蕴,斯行摄于道。
菩萨善智者,修离和合行,
能离于和合,斯行摄于道。
菩萨思义者,随义能了知,
演说无违诤,斯行摄于道。
菩萨具慧者,不著于文字,
摄持一切法,斯行摄于道。
菩萨行法者,能与法相应,
亦随义相应,斯行摄于道。
菩萨顺道者,正住于坚誓,
如说而修行,斯行摄于道。
菩萨道清净,善净于意乐,
住法不放逸,斯行摄于道。
菩萨一切时,勤修此诸行,
身心获安乐,斯行摄于道。
菩萨正念者,住于清净道,
了知一切法,皆空无有相。
菩萨观察者,能令愿清净,
亦不住无愿,远离于诸相。

菩萨如理观，理趣悉平等，
于诸法不生，无有少疑惑。
菩萨妙智者，能观一切法，
厌离寂灭故，明见而发趣。
菩萨观法者，如理见法生，
不于生见生，不于尽见尽。
菩萨精进者，如是观察时，
出离于非法，超升正位中。
菩萨妙智者，斯道为清净，
速至大安隐，成就无上忍。
菩萨妙智者，随顺观诸法，
超过一切想，常住于无想。
菩萨妙智者，斯道能净治，
远离于道想，亦不住法想。
菩萨妙智者，斯道净治故，
出于无明网，获大法光明。
菩萨妙智者，能以明修习，
教授诸众生，由是而发趣。
菩萨明修习，为得一切法，
决定甚深义，善巧大方便。
菩萨明修习，方便离诸想，
随顺秘密法，能知决定义。
菩萨妙智者，以大法光明，
能灭于想受，由是而发趣。
菩萨妙智者，不住于斯道，
不住斯道故，于道而发趣。
菩萨无畏者，能知一切法，
犹若净虚空，诸相无所覆。
菩萨知诸法，其性同虚空，
诸法如空故，清净而无垢。
菩萨如是住，不为相所碍，
速为诸众生，演说而教授。
菩萨妙智者，一切道清净，
于道无灾患，无碍而发趣。
如是清净道，速往大菩提，
能于无为证，平等而发趣。
菩萨大甲胄，大乘及大道，
如空无挂碍，清净而发趣。
趣斯乘及道，如趣太虚空，

远离于众相,无相而发趣。
大乘平等乘,广大如虚空,
于斯清净道,此乘当发趣。
一切诸菩萨,尊重于斯法,
为诸众生故,勇猛而发趣。
若诣大菩提,住斯殊胜道,
非诸二乘等,于此能发趣。
菩萨正忆念,能令道清净,
以斯清净道,最上而发趣。

22.42.2

[illegible]	[illegible]	[illegible]	[illegible]	[illegible]	[illegible]	[illegible],	[illegible]	[illegible]
nio̱w^{1}	tśjɨ̱^{1}	bju^{2}	mjij^{1}	zjɨr^{1}	dźiã^{2}	tsjij^{2}	rjur^{1}	po^{1}
复	次	边	无	慧	情	悟,	诸	菩
[illegible]	[illegible]	[illegible]	[illegible],	[illegible]	[illegible]	[illegible]	[illegible]	[illegible],
tsa^{1}	ma^{2}	ŋa̱^{2}	tsa^{1}	thjɨ^{2}	sju^{2}	śjwo^{1}	tshwew^{1}	zjij^{1}
萨	摩	诃	萨,	此	如	发	趣	时,

复次无边慧,诸菩萨摩诃萨,如是发趣之时,

22.42.3

[illegible]	[illegible]	[illegible]	[illegible]	[illegible]	[illegible]	[illegible]、	[illegible]	[illegible]、	[illegible]、
ne̱w^{2}	ɣjɨr^{1}	ŋwu^{2}	mjɨ^{1}	pju̱^{1}	lə^{2}	dźjij^{1}	tśhja^{2}	phja^{1}	tśhji^{2}
善	巧	以	无	量	念	处、	正	断、	根、
[illegible]、	[illegible]	[illegible]、	[illegible]	[illegible]、	[illegible]	[illegible]、	[illegible]	[illegible]、	[illegible]
ɣie^{1}	dwewr^{2}	nio̱w^{1}	bie^{2}	lhew^{2}	ka^{1}	·jij^{1}	ka^{1}	njɨ^{2}	me̱^{2}
力、	觉	缘、	解	脱、	等	持、	等	至、	神

能以善巧而正了知无量念处、正断、根、力、觉分①、解脱、等持、等至、神

22.42.4

[illegible]、	[illegible]	[illegible]	[illegible]	[illegible]②、	[illegible]	[illegible]	[illegible]	[illegible]	[illegible]
rewr^{2}	djɨj^{2}	bio̱^{1}	djɨj^{2}	bio̱^{1}	mjɨ^{1}	pju̱^{1}	tśhja^{2}	·io̱w^{1}	bu̱^{2}

① 觉分,梵语菩提分,新译曰觉分。觉分有三十七:谓四念住、四正断、四神足、五根、五力、七等觉支、八圣道支。觉分,西夏译文作“觉缘”。

② [illegible][illegible],此二字衍,涉上重复。

足、	定	观	定	观、	无	量	德	功	胜
[illegible]	[illegible]	[illegible]	[illegible]	[illegible]	[illegible]	[illegible]，	[illegible]	[illegible]	
gjij^{1}	lju̲^{2}	tshjịj^{2}	tśhja^{2}	nwə^{1}	tsjij^{2}	njwi^{2}	rjur^{1}	rjur^{1}	
殊	庄	严	正	知	悟	能，	诸	世	

足、止观①、无量功德殊胜庄严，

22.42.5

[illegible]	[illegible]	[illegible]	[illegible]	[illegible]	[illegible]，	[illegible]	[illegible]	[illegible]
kha^{1}	·jij^{1}	rjur^{1}	jar^{2}	kięj^{2}	nio̲w^{1}	ljịj^{2}	gjwɨ^{1}	zjir^{2}
间	之	降	伏	欲	因，	大	甲	胄
[illegible]，	[illegible]	[illegible]	[illegible]	[illegible]	[illegible]	[illegible]	[illegible]	[illegible]
tśhjwi^{1}	sọ^{1}	kięj^{2}	·u^{2}	lho	ljịj^{2}	·ụ^{2}	ɣa^{2}	bju^{1}
被，	三	界	中	出	大	乘	于	依

为欲降伏诸世间故被大甲胄，出三界故乘于大乘，

22.42.6

[illegible]，	[illegible]、	[illegible]、	[illegible]	[illegible]	[illegible]	[illegible]	[illegible]	[illegible]，
gjị^{2}	dzjwo^{2}	mə^{1}	·a	sew^{2}	lo^{1}	·jij^{1}	ɣjiw^{1}	ɣiwej^{1}
靠，	人、	天、	阿	修	罗	之	摄	受，
[illegible]	[illegible]	[illegible]	[illegible]，	[illegible]	[illegible]	[illegible]	[illegible]	[illegible]
thjɨ^{2}	tśja^{1}	no^{2}	dźjij^{1}	·a	du̲^{2}	tow^{1}	lo^{1}	sã^{1}
此	道	安	住，	阿	耨	多	罗	三

摄受天、人、阿修罗②，故安住斯道，而发趣于阿耨多罗三

22.43.1

[illegible]	[illegible]	[illegible]	[illegible]	[illegible]	[illegible]	[illegible]。	[illegible]	[illegible]
mjiw^{2}	sã^{1}	po^{1}	tjɨj^{1}	rjijr^{2}	śjwo^{1}	tshwew^{1}	bju^{2}	mjij^{1}
藐	三	菩	提	方	发	趣。	边	无
[illegible]	[illegible]	[illegible]，	[illegible]	[illegible]	[illegible]	[illegible]	[illegible]	[illegible]，

① 止观，西夏译文作"定观"。

② 阿修罗，译曰无端，容貌丑陋之义。新称阿素洛，译曰非天。其果报胜似天而非天之义。为常与帝释战斗之神。六道之一。八部众之一。西夏译文与新译一致。

zjɨr^{1}	dźiã^{2}	tsjij^{2}	rjur^{1}	po^{1}	tsa^{1}	ma^{2}	ŋạ^{2}	tsa^{1}
慧	情	悟，	诸	菩	萨	摩	诃	萨，

藐三菩提。无边慧，诸菩萨摩诃萨，

22.43.2

□	□	□	□	□	□	□	□	□
ljij^{2}	gjwɨ^{1}	zjir^{2}	tśhjwi^{1}	ljij^{2}	·u̱^{2}	ɣa^{2}	bju^{1}	gji^{2}
大	甲	胄	被	大	乘	于	依	靠
□	□	□	□，	□	□	□	□	□
thja^{1}	tśja^{1}	dźjij^{1}	zjij^{1}	njij^{2}	·wju̱^{1}	de^{2}	dźjɨr^{1}	ŋwu^{2}
彼	道	住	时，	慈	悲	喜	舍	以

被大甲胄乘于大乘住斯道时，不以慈悲喜舍

22.43.3

□	□	□	□	□	□，	□	□	□
dźiã^{2}	tśhju^{1}	·jij^{1}	njɨ^{2}	mji^{1}	swew^{1}	rjur^{1}	dźiã^{2}	tśhju^{1}
情	有	△	遍	不	照，	诸	情	有
□	□	□	□	□	□	□，	□	□
·jij^{1}	·jij^{1}	sju^{2}	mji^{1}	dzu^{1}	·wier^{1}	ku^{1}	thjɨ^{2}	sju^{2}
之	己	如	不	爱	悭	则，	此	如

遍照众生，于诸众生不爱如己，如是

22.43.4

□	□	□	□	□	□	□，	□	□
gjwɨ^{1}	zjir^{2}	ljij^{2}	·u̱^{2}	ljij^{2}	tśja^{1}	tja^{1}	ljij^{2}	ljɨ^{2}
甲	胄	大	乘	大	道	者，	大	地
□	□	□	□，	□	□	□	□	□①
tśhja̱^{1}	dźjij^{1}	lew^{2}	nja̱^{2}	dźiã^{2}	tśhju^{1}	ŋowr^{2}	ŋowr^{2}	·jij^{1}
于	行	所	不，	情	有	皆	皆	△

甲胄大乘大道，而于大地所不堪受，一切众生

① □(之)，宾格助词。

22.43.5

[illegible]	[illegible]	[illegible]	[illegible]	[illegible]。	[illegible]	[illegible]	[illegible]	[illegible]
?	njij^{1}	lew^{2}	mjɨ^{1}	dźjo̱w^{2}	tjij^{1}	dźiã^{2}	tśhju^{1}	·jij^{1}
亲	近	所	不	堪。	若	情	有	之
[illegible]	[illegible]	[illegible]	[illegible]	[illegible]，	[illegible]	[illegible]	[illegible]	[illegible]
njij^{2}	śjow^{1}	gji̱j^{1}	ɣie^{2}	nio̱w^{1}	ljij^{2}	gjwɨ^{1}	zjir^{2}	tśhjwi^{1}
慈	悲	利	益	因，	大	甲	胄	被

不任亲近。若以哀愍利益众生，被大甲胄

22.43.6

[illegible]	[illegible]	[illegible]	[illegible]	[illegible]	[illegible]	[illegible]	[illegible]	[illegible]，
ljij^{2}	·u̱^{2}	bju^{1}	gji̱^{2}	thja^{1}	tśja^{1}	no^{2}	dźjij^{1}	ku^{1}
大	乘	依	靠	彼	道	安	住	则，
[illegible]	[illegible]	[illegible]	[illegible]、	[illegible]	[illegible]、	[illegible]	[illegible]	[illegible]，
thjɨ^{2}	sju^{2}	gjwɨ^{1}	zjir^{2}	ljij^{2}	·u̱^{2}	ljij^{2}	tśja^{1}	tja^{1}
此	如	甲	胄、	大	乘、	大	道	者，

乘于大乘安住斯道，如是甲胄、大乘、大道，

22.44.1

[illegible]	[illegible]	[illegible]	[illegible]	[illegible]、	[illegible]、	[illegible]	[illegible]	[illegible]
rjur^{1}	kha^{1}	ŋowr^{2}	ŋowr^{2}	dzjwo^{2}	mə^{1}	·a	sew^{2}	lo^{1}
世	间	皆	皆	人、	天、	阿	修	罗
[illegible]	[illegible]	[illegible]	[illegible]，	[illegible]	[illegible]	[illegible]	[illegible]	[illegible]
źji^{2}	dźjij^{1}	mjɨ^{1}	njwi^{2}	rjur^{1}	kha^{1}	dzu^{1}	zjij^{1}	rjur^{1}
皆	行	不	能，	世	间	爱	着	世

一切世间天、人、阿修罗所不能行，一切愚夫耽著①世间

22.44.2

[illegible]	[illegible]	[illegible]	[illegible]	[illegible]	[illegible]	[illegible]	[illegible]	[illegible]
kha^{1}	dźjij^{1}	mjij^{2}	we̱^{1}	lə^{2}	ŋowr^{2}	ŋowr^{2}	tsjɨ^{1}	ljij^{2}

① 耽著，西夏译文作“爱著”。

间	住	者	愚	痴	皆	皆	亦	见
[illegible]	[illegible]。	[illegible]	[illegible]	[illegible]	[illegible]	[illegible]	[illegible]	[illegible]，
mjɨ^1	njwi^2	nio̱w^1	rjur^1	po^1	tsa^1	ma^2	ŋa̱^{2}	tsa^1
不	能。	又	诸	菩	萨	摩	诃	萨，

住世间者亦不能见。又诸菩萨摩诃萨，

22.44.3

[illegible]	[illegible]	[illegible]	[illegible]	[illegible]	[illegible]	[illegible]	[illegible]	[illegible]
rjur^1	dźiā^2	tśhju^1	ŋowr^2	ŋowr^2	·jij^1	njij^2	śjow^1	nio̱w^1
诸	情	有	皆	皆	△	慈	悲	因
[illegible]	[illegible]	[illegible]	[illegible]	[illegible]，	[illegible]	[illegible]	[illegible]	[illegible]
ku^1	ljij^2	gjwɨ^1	zjir^2	tśhjwi^1	thja^1	gjwɨ^1	zjir^2	ŋwu^2
故	大	甲	胄	被，	彼	甲	胄	以

哀愍一切诸众生故被大甲胄，能以甲胄

22.44.4

[illegible]	[illegible]、	[illegible]	[illegible]	[illegible]	[illegible]	[illegible]	[illegible]，	[illegible]
ljɨ^2	kię̣j^2	zjɨ̣r^2	mə̱^{1}	ljɨ^1	kię̣j^2	·wụ^2	bjịj^2	thjɨ^2
地	界、	水	火	风	界	加	助，	此
[illegible]	[illegible]	[illegible]	[illegible]	[illegible]	[illegible]，	[illegible]	[illegible]	[illegible]
ljɨ^2	kię̣j^2	·jij^1	mji^1	ljwu^1	kwow^1	dźiā^2	tśhju^1	ŋowr^2
地	界	之	不	下	覆，	情	有	皆

加持地界、水火风界，令此地界而不倾覆，一切众生

22.44.5

[illegible]	[illegible]	[illegible]	[illegible]	[illegible]，	[illegible]	[illegible]、	[illegible]	[illegible]、
ŋowr^2	kja̱^{1}	le^2	mji^1	śjwo^1	zjɨ̣r^2	kię̣j^2	mə̱^{1}	kię̣j^2
皆	畏	惧	不	生，	水	界、	火	界、
[illegible]	[illegible]	[illegible]	[illegible]	[illegible]	[illegible]	[illegible]	[illegible]	[illegible]
ljɨ^1	kię̣j^2	·jij^1	dzjɨ̣j^2	bju^1	·wji^1	lew^2	·wji^1	phji^1
风	界	之	宜	随	作	应	作	令

不生恐怖，能令水界、火界、风界，随彼所应作所应作。

22.44.6

[illegible]。	[illegible]	[illegible]	[illegible]	[illegible]	[illegible]	[illegible]	[illegible]，	[illegible]
njwi^{2}	nio̱w^{1}	rjur^{1}	po^{1}	tsa^{1}	ma^{2}	ŋa̱^{2}	tsa^{1}	ɣu^{1}
能。	又	诸	菩	萨	摩	诃	萨，	初
[illegible]	[illegible]①	[illegible]	[illegible]	[illegible]	[illegible]	[illegible]，	[illegible]②	[illegible]
njịj^{1}	·ja	śjwo^{1}	gjwɨ^{1}	zjir^{2}	śjwo^{1}	tshwew^{1}	rjɨr^{2}	njɨ^{2}
心	△	生	甲	胄	发	趣，	△	至

又诸菩萨摩诃萨，始自初心发趣甲胄，

22.45.1

[illegible]	[illegible]	[illegible]	[illegible]	[illegible]	[illegible]	[illegible]，	[illegible]	[illegible]
thjɨ^{2}	·wjɨ^{2}	thjɨ^{2}	ljịj^{2}	gjwɨ^{1}	zjir^{2}	tśhjwi^{1}	thjɨ^{2}	ljịj^{2}
此	刻	此	大	甲	胄	被，	此	大
[illegible]	[illegible]	[illegible]	[illegible]，	[illegible]	[illegible]	[illegible]	[illegible]	[illegible]
·ụ^{2}	ɣa^{2}	bju^{1}	gjị^{2}	gji^{1}	sej^{1}	tśja^{1}	ŋwu^{2}	lew^{1}
乘	于	依	靠，	清	净	道	以	一

乃至今被斯大甲胄，乘此大乘，以清净道

22.45.2

[illegible]	[illegible]	[illegible]	[illegible]	[illegible]，	[illegible]	[illegible]	[illegible]	[illegible]
wẹ^{1}	tśiẹj^{2}	twẹ^{2}	śjwo^{1}	tshwew^{1}	po^{1}	tjɨj^{1}	phu^{2}	khju^{1}
生	补	续	发	趣，	菩	提	树	下
[illegible]	[illegible]	[illegible]	[illegible]	[illegible]，	[illegible]	[illegible]	[illegible]	[illegible]
rejr^{2}	lhjọr^{1}	·u^{2}	dzụ^{2}	zjịj^{1}	thjɨ^{2}	sọ^{1}	tụ^{1}	ljịj^{2}
道	场	中	坐	时，	此	三	千	大

而发趣于一生补处，诣菩提树坐道场时，此三千大

22.45.3

[illegible]	[illegible]	[illegible]	[illegible]，	[illegible]	[illegible]	[illegible]	[illegible]③	[illegible]

① [illegible]，动词趋向前缀，表示完成体向上方。
② [illegible]，动词趋向前缀，表示完成体不定方。
③ [illegible]，动词趋向前缀，表示完成体离心方。

tụ^{1}	rjur^{1}	kięj^{2}	kha^{1}	kię^{1}	dźja^{2}	ŋwu^{2}	dja^{2}	śjɨj^{1}
千	世	界	中，	金	刚	以	△	成
[illegible]	[illegible]	[illegible]	[illegible]	[illegible]，	[illegible]	[illegible]	[illegible]	[illegible]
gjwɨ^{1}	lwo^{2}	rejr^{2}	lhjo̱r^{1}	ljɨ^{2}	tjij^{1}	mji^{1}	·wụ^{2}	bjij^{2}
坚	固	道	场	地，	若	不	加	助

千世界①之中，金刚所成坚固场地，若不加持，

22.45.4

[illegible]，	[illegible]	[illegible]	[illegible]	[illegible]。	[illegible]	[illegible]	[illegible]？	[illegible]
ku^{1}	tsu^{2}	bu^{1}	ljwu^{1}	kwow^{1}	thjij^{2}	sjo^{2}	ljɨ^{1}	gjwɨ^{1}
则，	跃	没	下	覆。	何	云	耶？	坚
[illegible]	[illegible]	[illegible]	[illegible]	[illegible]	[illegible]，	[illegible]	[illegible]	[illegible]
lwo^{2}	kię^{1}	dźja^{2}	ŋwu^{2}	kjɨ^{1}	śjɨj^{1}	thja^{1}	ljịj^{2}	gjwɨ^{1}
固	金	刚	以	△	成，	彼	大	甲

踊没倾覆。虽以坚固金刚所成，

22.45.5

[illegible]、	[illegible]	[illegible]、	[illegible]	[illegible]	[illegible]	[illegible]	[illegible]	[illegible]。
zjir^{2}	ljịj^{2}	·ụ^{2}	ljịj^{2}	tśja^{1}	lhjij^{2}	mjɨ^{1}	·u^{2}	ljɨ^{1}
胄、	大	乘、	大	道	受	无	任	也。
[illegible]	[illegible]	[illegible]	[illegible]	[illegible]	[illegible]	[illegible]	[illegible]	[illegible]
nio̱w^{1}	rjur^{1}	po^{1}	tsa^{1}	ma^{2}	ŋạ^{2}	tsa^{1}	njwo^{2}	tjị^{1}
又	诸	菩	萨	摩	诃	萨	往昔	愿

无堪荷负斯大甲胄、大乘、大道。又诸菩萨摩诃萨往昔誓愿，

22.45.6

[illegible]	[illegible]，	[illegible]	[illegible]	[illegible]	[illegible]	[illegible]	[illegible]	[illegible]
·ja	śjwo^{1}	rjur^{1}	dźiã^{2}	tśhju^{1}	ɣa^{2}	njij^{2}	·wjụ^{1}	tshwew^{1}
△	生，	诸	情	有	于	慈	悲	趣

① 三千大千世界，简称大千世界。即以须弥山为中心，同一日月所照的四天下为一小世界，合一千个小世界为小千世界，合一千个小千世界为中千世界，合一千个中千世界为大千世界，亦称三千大千世界或三千世界。三千大千世界为释迦牟尼施行教化的范围。

[illegible]，	[illegible]	[illegible]	[illegible]	[illegible]、	[illegible]	[illegible]	[illegible]	[illegible]
ku^{1}	śja^{1}	rjijr^{2}	rjur^{1}	tha^{1}	rjur^{1}	ljịj^{2}	dźiã^{2}	tsjij^{2}
则，	十	方	诸	佛、	诸	大	情	悟

于诸众生趣慈悲故，十方诸佛、诸大菩萨

22.46.1

[illegible]	[illegible]	[illegible]	[illegible]	[illegible]，	[illegible]	[illegible]	[illegible]	[illegible]
źji^{2}	gu^{2}	·jow^{2}	śja^{2}	nio̱w^{1}	tjij^{1}	kiẹ^{1}	dźja^{2}	ljịj^{2}
悉	共	赞	誉	因，	若	金	刚	大
[illegible]	[illegible]	[illegible]、	[illegible]	[illegible]	[illegible]，	[illegible]	[illegible]	[illegible]
tśjị^{1}	dziej^{2}	ŋər^{1}	sju^{2}	mji^{1}	ŋər^{1}	ljị^{1}	ŋər^{1}	ŋowr^{2}
围	轮	山、	须	弥	山，	宝	山	皆

共称赞故，设复金刚大轮围山、须弥卢山①，一切宝山

22.46.2

[illegible]	[illegible]	[illegible]	[illegible]	[illegible]，	[illegible]	[illegible]	[illegible]	[illegible]，
ŋowr^{2}	nio̱w^{1}	dzjij^{2}	ŋər^{1}	njij^{2}	tsjɨ^{1}	mji^{1}	·wụ^{2}	bjịj^{2}
皆	及	余	山	王，	亦	不	加	助，
[illegible]	[illegible]	[illegible]	[illegible]	[illegible]、	[illegible]	[illegible]、	[illegible]	[illegible]
ku^{1}	thja^{1}	ljịj^{2}	gjwɨ^{1}	zjir^{2}	ljịj^{2}	·ụ^{2}	ljịj^{2}	tśja^{1}
则	彼	大	甲	胄、	大	乘、	大	道

及余山王②，若不加持，亦无堪荷斯大甲胄、大乘、大道。

22.46.3

[illegible]	[illegible]	[illegible]	[illegible]	[illegible]。	[illegible]	[illegible]	[illegible]	[illegible]
źji^{2}	lhjij^{2}	mjɨ^{1}	·u^{2}	ljɨ^{1}	nio̱w^{1}	rjur^{1}	po^{1}	tsa^{1}
皆	受	无	堪	也。	又	诸	菩	萨
[illegible]	[illegible]	[illegible]	[illegible]	[illegible]	[illegible]	[illegible]，	[illegible]	[illegible]
ma^{2}	ŋạ^{2}	tsa^{1}	mər^{2}	tjị^{1}	ɣie^{1}	nio̱w^{1}	rjur^{1}	tha^{1}

① 须弥卢山，又作修迷楼、苏弥楼、须弥楼、弥楼。新作苏迷卢，苏迷嚧。一小世界之中心也。译言妙高、妙光、安明、善积、善高等。西夏译文作"须弥山"，系简称。

② 山王，谓山之最高者，在诸山中为王也。

摩	诃	萨	本	愿	力	因，	诸	佛

又诸菩萨摩诃萨本愿力故，诸佛

22.46.4

mjor^{1}	ljịj^{2}	·jij^{1}	mər^{2}	tjị^{1}	ɣie^{1}	nio̱w^{1}	rjur^{1}	dźiã^{2}
如	来	之	本	愿	力	因，	诸	情
tśhju^{1}	·jij^{1}	mji^{1}	zjị^{1}	mji^{1}	tśjụ^{1}	mji^{1}	ŋwo^{2}	mji^{1}
有	△	不	恼，	不	害，	不	损，	不

如来本愿力故，于诸众生不为恼故，不为害故，不为损故，不

22.46.5

ljwịj^{1}	mji^{1}	źjɨ̣^{1}	mji^{1}	źjiw^{1}	nji	mji^{1}	tha	njij^{2}
怨，	不	恨，	不	侵	凌，	不	逼	迫，
nio̱w^{1}	dźiã^{2}	tśhju^{1}	·jij^{1}	no^{2}	rejr^{2}	rjir^{2}	phji^{1}	kięj^{2}
又	情	有	△	安	乐	得	令	欲

为怨故，不为仇故，不凌恃故，不逼迫故，为令众生获安乐

22.46.6

nio̱w^{1}	ljịj^{2}	gjwɨ^{1}	zjir^{2}	tśhjwi^{1}	·ụ^{2}	ɣa^{2}	ljịj^{2}	·ụ^{2}
因，	大	甲	胄	被、	乘	于	大	乘
bju^{1}	gjị^{2}	thja^{1}	tśja^{1}	kha^{1}	dźjịj^{1}	·a	dụ^{2}	tow^{1}
依	靠、	彼	道	中	住，	阿	耨	多

故，被大甲胄、乘于大乘、住斯道中，

22.47.1

lo1	sã1	mjiw2	sã1	po1	tjɨj1	rjijr2	śjwo1	tshwew1
罗	三	藐	三	菩	提	方	发	趣。
[illegible]	[illegible]	[illegible]	[illegible]	[illegible]，	[illegible]	[illegible]	[illegible]	[illegible]
bju2	mjij1	zjɨr1	dźiã2	tsjij2	rjur1	po1	tsa1	ma2
边	无	慧	情	悟，	诸	菩	萨	摩

而发趣于阿耨多罗三藐三菩提。无边慧，诸菩萨摩

汉文本

复次无边慧，诸菩萨摩诃萨，如是发趣之时，能以善巧而正了知无量念处、正断、根、力、觉分、解脱、等持、等至、神足、止观、无量功德殊胜庄严，为欲降伏诸世间故被大甲胄，出三界故乘于大乘，摄受天、人、阿修罗，故安住斯道，而发趣于阿耨多罗三藐三菩提。无边慧，诸菩萨摩诃萨，被大甲胄乘于大乘住斯道时，不以慈悲喜舍遍照众生，于诸众生不爱如己，如是甲胄、大乘、大道，而于大地所不堪受，一切众生不任亲近。若以哀愍利益众生，被大甲胄乘于大乘安住斯道，如是甲胄大乘大道，一切世间天、人、阿修罗所不能行，一切愚夫耽著世间住世间者亦不能见。又诸菩萨摩诃萨，哀愍一切诸众生故被大甲胄，能以甲胄加持地界、水火风界，令此地界而不倾覆，一切众生不生恐怖，能令水界、火界、风界，随彼所应作所应作。又诸菩萨摩诃萨，始自初心发趣甲胄，乃至今被斯大甲胄，乘此大乘，以清净道而发趣于一生补处，诣菩提树坐道场时，此三千大千世界之中，金刚所成坚固场地，若不加持，踊没倾覆。虽以坚固金刚所成，无堪荷负斯大甲胄、大乘、大道。又诸菩萨摩诃萨往昔誓愿，于诸众生趣慈悲故，十方诸佛、诸大菩萨共称赞故。设复金刚大轮围山、须弥卢山，一切宝山及余山王，若不加持，亦无堪荷斯大甲胄、大乘、大道。又诸菩萨摩诃萨本愿力故，诸佛如来本愿力故，于诸众生不为恼故，不为害故，不为损故，不为怨故，不为仇故，不凌恃故，不逼迫故，为令众生获安乐故，被大甲胄、乘于大乘、住斯道中，而发趣于阿耨多罗三藐三菩提。

22.47.2

[illegible]	[illegible]	[illegible]	[illegible]	[illegible]	[illegible]，	[illegible]	[illegible]	[illegible]
ŋa̱2	tsa1	gjwɨ1	zjir2	tśhjwi1	zjij1	zjɨr1	gjwɨ1	zjir2
诃	萨	甲	胄	被	时，	慧	甲	胄
[illegible]，	[illegible]	[illegible]	[illegible]	[illegible]，	[illegible]	[illegible]	[illegible]	[illegible]，
tśhjwi1	zjɨr1	bjɨr1	bo2	zow2	ljij2	zjɨr1	ljɨ̱1	tshwew1
被，	慧	刀	杖	持，	大	慧	回	趣，

诃萨被甲胄时，被慧甲胄，持慧刀仗，大慧回向①，

① 回向，西夏译文作“回趣”。回者回转也，向者趣向也。西夏人译经时，取“向者趣向也”，得“趣”之意。

22.47.3

[illegible]	[illegible]	[illegible]	[illegible]	[illegible]，	[illegible]	[illegible]	[illegible]	[illegible]，
ljɨ̠[1]	tshwew[1]	·ụ[2]	bju[1]	gjị[2]	zjɨr[1]	bji[1]	swew[1]	śjwo[1]
回	趣	乘	依	靠，	慧	光	明	起，
[illegible]	[illegible]	[illegible]	[illegible]，	[illegible]	[illegible]	[illegible]	[illegible]	[illegible]
bji[1]	swew[1]	tśja[1]	dźjịj[1]	zjɨr[1]	swew[1]	mej[1]	ŋwu[2]	rjur[1]
光	明	道	住，	慧	明	眼	以	诸

乘回向乘，起慧光明，住光明道，以慧明眼

22.47.4

[illegible]	[illegible]	[illegible]，	[illegible]	[illegible]	[illegible]	[illegible]	[illegible]	[illegible]。
tsji̠r[1]	bio̠[1]	thju̠[1]	ŋowr[2]	ŋowr[2]	sjịj[2]	sjịj[2]	gu[1]	śjwo[1]
法	观	察，	皆	皆	智	智	发	起。
[illegible]	[illegible]	[illegible]	[illegible]	[illegible]	[illegible]	[illegible]，	[illegible]	[illegible]
ŋowr[2]	ŋowr[2]	sjịj[2]	sjịj[2]	ɣjiw[1]	ɣiwej[1]	kiẹj[2]	rjur[1]	dźiã[2]
皆	皆	智	智	摄	受	欲，	诸	情

观察诸法，而发起于一切智智。为欲摄取一切智智，为诸

22.47.5

[illegible]	[illegible]	[illegible]	[illegible]	[illegible]	[illegible]	[illegible]、	[illegible]	[illegible]
tśhju[1]	niọw[1]	pa[2]	zja[2]	po[1]	lo[1]	dzu[1]	thã[1]	no[1]
有	因	般	若	波	罗	蜜、	檀	那
[illegible]	[illegible]	[illegible]、	[illegible]	[illegible]	[illegible]	[illegible]、	[illegible]	[illegible]
po[1]	lo[1]	dzu[1]	śiə[1]	po[1]	lo[1]	dzu[1]	tśhia̠[2]	thji[1]
波	罗	蜜、	尸	波	罗	蜜、	羼	提

众生修行般若波罗蜜、檀那波罗蜜、尸罗波罗蜜、羼提

22.47.6

[illegible]	[illegible]	[illegible]、	[illegible]	[illegible]	[illegible]	[illegible]	[illegible]	[illegible]、
po[1]	lo[1]	dzu[1]	phji[2]	lji[1]	·ja[2]	po[1]	lo[1]	dzu[1]
波	罗	蜜、	毗	梨	耶	波	罗	蜜、

[illegible]	[illegible]	[illegible]	[illegible]	[illegible]	[illegible]。	[illegible]	[illegible]	[illegible]
śjã1	po1	lo1	dzu1	djọ2	dźjij1	ŋowr2	ŋowr2	źji2
禅	波	罗	蜜	修	行。	皆	皆	皆

波罗蜜、毗梨耶波罗蜜、禅波罗蜜①。一切皆

22.48.1

[illegible]	[illegible]	[illegible]	[illegible]	[illegible]，	[illegible]	[illegible]	[illegible]	[illegible]，
zjɨr1	ŋwu2	śji1	śio1	we2	zjɨr1	ŋwu2	djọ2	dzjɨ̱2
慧	以	先	导	为，	慧	以	修	习，
[illegible]	[illegible]	[illegible]	[illegible]	[illegible]，	[illegible]	[illegible]	[illegible]	[illegible]
zjɨr1	ŋwu2	ɣjiw1	·jij1	we2	·a	du̱2	tow1	lo1
慧	以	摄	持	成，	阿	耨	多	罗

以慧为先导，慧为修习，慧为摄持，回向阿耨多罗

22.48.2

[illegible]	[illegible]	[illegible]	[illegible]	[illegible]	[illegible]	[illegible]	[illegible]。	[illegible]
sã1	mjiw2	sã1	po1	tjɨj1	rjijr2	ljɨ1	tshwew1	tśhjɨ1
三	藐	三	菩	提	方	回	趣。	尔
[illegible]，	[illegible]	[illegible]	[illegible]	[illegible]	[illegible]	[illegible]	[illegible]	[illegible]，
zjọ2	bju2	mjij1	zjɨr1	po1	tsa1	ma2	ŋạ2	tsa1
时，	边	无	慧	菩	萨	摩	诃	萨，

三藐三菩提。尔时，无边慧菩萨摩诃萨，

汉文本

无边慧，诸菩萨摩诃萨被甲胄时，被慧甲胄，持慧刀仗，大慧回向，乘回向乘，起慧光明，住光明道，以慧明眼观察诸法，而发起于一切智智。为欲摄取一切智智，为诸众生修行般若波罗蜜、檀那波罗蜜、尸罗波罗蜜、羼提波罗蜜、毗梨耶波罗蜜、禅波罗蜜。一切皆以慧为先导，慧为修习，慧为摄持，回向阿耨多罗三藐三菩提。

① 这里出现的“般若波罗蜜”“檀那波罗蜜”“尸罗波罗蜜”“羼提波罗蜜”“毗梨耶波罗蜜”“禅波罗蜜”，西夏人采用了音译，分别作“[illegible]”“[illegible]”“[illegible]”“[illegible]”“[illegible]”“[illegible]”。

22.48.3

[illegible]	[illegible]①	[illegible]	[illegible]:	[illegible]	[illegible]	[illegible]	[illegible]!	[illegible]
tha^1	·jij^1	dạ^2	·jɨ^2	zjɨ̣r^1	dju^1	rjur^1	pjụ^1	rjur^1
佛	之	言	说:	希	有	世	尊!	诸
[illegible]	[illegible]	[illegible]	[illegible]	[illegible]	[illegible]	[illegible]②	[illegible]	[illegible],
po^1	tsa^1	ma^2	ŋạ^2	tsa^1	tśhjɨ^1	zjịj^1	sjịj^2	zjɨ̣r^1
菩	萨	摩	诃	萨	尔	时	智	慧,

白佛言:希有世尊! 诸菩萨摩诃萨若干智慧,

22.48.4

[illegible]	[illegible]	[illegible]	[illegible]	[illegible]	[illegible]	[illegible]	[illegible]	[illegible]	[illegible]
ŋowr^2	ŋowr^2	do^2	njɨ^2	źji^2	mjɨ^1	pjụ^1	rjur^1	tha^1	·jij^1
皆	皆	处	遍	悉	无	量	诸	佛	之
[illegible]	[illegible]	[illegible]	[illegible]	[illegible]。	[illegible]	[illegible],	[illegible]	[illegible]	
tsjir^1	ɣjiw^1	·jij^1	śjɨj^1	·jiw^2	tśhjɨ^1	zjọ^2	rjur^1	pjụ^1	
法	摄	持	成	就。	尔	时,	世	尊	

遍一切处悉能摄持成就无量诸佛之法。尔时,世尊

22.48.5

[illegible]	[illegible]	[illegible]	[illegible]	[illegible]	[illegible]	[illegible]	[illegible]	[illegible]
bju^2	mjij^1	zjɨ̣r^1	po^1	tsa^1	ma^2	ŋạ^2	tsa^1	·jij^1
边	无	慧	菩	萨	摩	诃	萨	之
[illegible]	[illegible]:	[illegible]	[illegible]	[illegible],	[illegible]	[illegible],	[illegible]	[illegible],
dạ^2	·jɨ^2	bju^2	mjij^1	zjɨ̣r^1	thjɨ^2	sju^2	thjɨ^2	sju^2
言	说:	边	无	慧,	是	如,	是	如,

告无边慧菩萨摩诃萨言:无边慧,如是,如是,

22.48.6

[illegible]	[illegible]	[illegible]	[illegible]。	[illegible]	[illegible]	[illegible]	[illegible]	[illegible]

① [illegible](之),宾格助词。

② [illegible],其中“[illegible]”为“[illegible]”的通假字。“[illegible]”,对译“若干”。同理,西夏译者把“少许”译作“[illegible]”(参见25.12.3)。

dạ^{2}	mjor^{1}	ŋwu^{2}	nja^{2}	rjur^{1}	po^{1}	tsa^{1}	ma^{2}	ŋạ^{2}
言	实	是	汝。	诸	菩	萨	摩	诃
□	□	□①	□	□，	□	□	□	□，
tsa^{1}	tśhjɨ^{1}	zjij^{1}	sjij^{2}	zjɨr^{1}	ŋowr^{2}	ŋowr^{2}	do^{2}	njɨ^{2}
萨	尔	时	智	慧，	皆	皆	处	遍，

如汝所说。诸菩萨摩诃萨若干智慧，遍一切处，

22.49.1

□	□	□	□，	□	□	□	□、	□
tsjịr^{1}	ŋowr^{2}	ŋowr^{2}	ɣjiw^{1}	ljịj^{2}	gjwɨ^{1}	zjir^{2}	tśhjwi^{1}	ljịj^{2}
法	皆	皆	摄，	大	甲	胄	被、	大
□	□	□、	□	□	□	□，	□	□
·ụ^{2}	bju^{1}	gjị^{2}	thja^{1}	ljịj^{2}	tśja^{1}	dźjij^{1}	ljɨ^{1}	ljɨ^{1}
乘	依	靠、	彼	大	道	住，	一	一

摄一切法，被大甲胄、乘于大乘、住斯大道，一一

22.49.2

□	□	□	□	□	□，	□	□	□
źji^{2}	zjɨr^{1}	ŋwu^{2}	śji^{1}	śio^{1}	we^{2}	thja^{2}	bju^{1}	śjwo^{1}
皆	慧	以	先	导	为，	彼	依	发
□	□。	□	□	□	□	□，	□②	□
tshwew^{1}	ljɨ^{1}	bju^{2}	mjij^{1}	zjɨr^{1}	dźiã^{2}	tsjij^{2}	tjij^{1}	sjij^{2}
趣	也。	边	无	慧	情	悟，	若	智

皆以慧为先导而发趣之。无边慧，

22.49.3

□	□③	□	□	□	□	□	□	□
zjɨr^{1}	djij^{2}	dźjij^{2}	zjɨr^{1}	ŋwu^{2}	śji^{1}	śio^{1}	mji^{1}	we^{2}
慧	△	有	慧	以	先	导	不	为

① □□，对译“若干”，其中西夏字“□”与“□”通假。
② □，与下面“□”字连用，连接分句，表示假设，相当于“如果……那么……”。
③ □，动词趋向前缀，表示未完成体向心方。

[illegible]	[illegible]	[illegible]	[illegible]	[illegible]	[illegible]	[illegible]	[illegible]。	[illegible]
ku^{1}	thjɨ^{2}	tśja^{1}	kha^{1}	śjwo^{1}	tshwew^{1}	mjɨ^{1}	njwi^{2}	tjij^{1}
则	此	道	中	发	趣	不	能。	若

设有智慧无慧先导,于此道中不能发趣。若

22.49.4

[illegible]	[illegible]	[illegible]	[illegible]	[illegible]	[illegible]	[illegible]	[illegible]	[illegible],
sjij^{2}	zjɨr^{1}	dźjij^{2}	zjɨr^{1}	ŋwu^{2}	śji^{1}	śio^{1}	we^{2}	ku^{1}
智	慧	有	慧	以	先	导	成	则,
[illegible]	[illegible]	[illegible]	[illegible]	[illegible]	[illegible]	[illegible]	[illegible],	[illegible]
ŋowr^{2}	ŋowr^{2}	do^{2}	njɨ^{2}	śjwo^{1}	bju^{1}	dźjij^{1}	bju^{1}	zjɨr^{1}
皆	皆	处	遍	生	随	行	随,	慧

有智慧以慧先导,遍一切处随转随行,

22.49.5

[illegible]	[illegible]	[illegible],	[illegible]	[illegible]	[illegible]	[illegible],	[illegible]	[illegible]
ŋwu^{2}	ɣjiw^{1}	·jij^{1}	zjɨr^{1}	ŋwu^{2}	khju^{2}	·wejr^{2}	tśhjɨ^{1}	bjij^{2}
以	摄	持,	慧	以	守	护,	尔	时
[illegible]	[illegible]	[illegible]	[illegible]	[illegible]、	[illegible]	[illegible]	[illegible]	[illegible]①、
tśhjwo^{1}	ljij^{2}	gjwɨ^{1}	zjir^{2}	tśhjwi^{1}	ljij^{2}	·u^{2}	bju^{1}	gji^{2}
故	大	甲	胄	被、	大	乘	依	靠、

以慧摄持,以慧防御,尔时乃名被大甲胄、乘于大乘、

22.49.6

[illegible]	[illegible]	[illegible]	[illegible],	[illegible]	[illegible]	[illegible]	[illegible]	[illegible]
thja^{1}	ljij^{2}	tśja^{1}	dźjij^{1}	no^{2}	nej^{2}	tsjir^{1}	ŋwu^{2}	rjur^{1}
彼	大	道	住,	安	稳	法	以	世
[illegible]	[illegible]	[illegible],	[illegible]	[illegible]	[illegible]	[illegible],	[illegible]	[illegible]
kha^{1}	mji^{2}	ɣie^{2}	zjɨr^{1}	mej^{1}	phie^{2}	njwi^{2}	mej^{1}	ŋwu^{2}
间	饶	益,	慧	眼	开	能,	眼	以

① [illegible],西夏文字面义是"依靠",对译"乘于大乘"中的第一个"乘"。

住斯大道，以安隐法饶益世间，能开慧眼，以眼

22.50.1

[illegible]	[illegible]，	[illegible]	[illegible]	[illegible]	[illegible]	[illegible]	[illegible]	[illegible]
bio̱^{1}	thju̱^{1}	zjɨr^1	lju̱^{2}	swew^1	swew^1	ljịj^2	bji^1	swew^1
观	察，	慧	身	明	照	大	光	明
[illegible]，	[illegible]	[illegible]	[illegible]	[illegible]	[illegible]	[illegible]	[illegible]	[illegible]
·wjạ^2	·a	du̱^{2}	tow^1	lo^1	sã^1	mjiw^2	sã^1	po^1
放，	阿	耨	多	罗	三	藐	三	菩

观察，慧身朗照放大光明，而发趣于阿耨多罗三藐三菩

22.50.2

[illegible]	[illegible]	[illegible]	[illegible]	[illegible]	[illegible]	[illegible]。	[illegible]	[illegible]
tjɨj^1	rjijr^2	śjwo^1	tshwew^1	mji̱j^2	mji̱j^2	we^2	bju^2	mjij^1
提	方	发	趣	者	名	为。	边	无
[illegible]	[illegible]	[illegible]，	[illegible]	[illegible]	[illegible]	[illegible]	[illegible]	[illegible]
zjɨr^1	dźiã^2	tsjij^2	thjɨ^2	tja^1	rjur^1	po^1	tsa^1	ma^2
慧	情	悟，	此	乃	诸	菩	萨	摩

提。无边慧，是为诸菩萨摩

22.50.3

[illegible]	[illegible]	[illegible]	[illegible]	[illegible]	[illegible]，	[illegible]	[illegible]	[illegible]
ŋạ^2	tsa^1	dja^2	tśhjwi^1	gjwɨ^1	zjir^2	gjwɨ^1	zjir^2	lju̱^{2}
诃	萨	△	被	甲	胄，	甲	胄	庄
[illegible]	[illegible]	[illegible]	[illegible]	[illegible]	[illegible]，	[illegible]	[illegible]	[illegible]
tshjij^2	kjɨ^1	bju^1	gjị^2	ljịj^2	·u̱^{2}	ljịj^2	·u̱^{2}	lju̱^{2}
严	△	依	靠	大	乘，	大	乘	庄

诃萨所被甲胄，甲胄庄严所乘大乘，大乘庄严

22.50.4

[illegible]	[illegible]	[illegible]	[illegible]	[illegible]，	[illegible]	[illegible]	[illegible]	[illegible]
tshjij^2	rjɨr^2	dźjij^1	ljịj^2	tśja^1	ljịj^2	tśja^1	lju̱^{2}	tshjij^2

严	△	行	大	道，	大	道	庄	严
[illegible]	[illegible]	[illegible]	[illegible]	[illegible]	[illegible]	[illegible]	[illegible]	[illegible]
·a	du̱^{2}	tow^{1}	lo^{1}	sã^{1}	mjiw^{2}	sã^{1}	po^{1}	tjɨj^{1}
阿	耨	多	罗	三	藐	三	菩	提

所行大道，大道庄严而发趣于阿耨多罗三藐三菩提。

22.50.5

[illegible]	[illegible]	[illegible]	[illegible]。	[illegible]	[illegible]	[illegible]	[illegible]	[illegible]，
rjijr^{2}	śjwo^{1}	tshwew^{1}	ŋwu^{2}	bju^{2}	mjij^{1}	zjɨr^{1}	dźiã^{2}	tsjij^{2}
方	发	趣	也。	边	无	慧	情	悟，
[illegible]	[illegible]	[illegible]	[illegible]，	[illegible]	[illegible]	[illegible]	[illegible]、	[illegible]
rjur^{1}	ne̱w^{2}	go̱r^{1}	kiej^{2}	gjwɨ^{1}	zjir^{2}	lju̱^{2}	tshji̱j^{2}	lji̱j^{2}
诸	善	男	子，	甲	胄	庄	严、	大

无边慧，诸善丈夫，甲胄庄严、大

22.50.6

[illegible]	[illegible]	[illegible]、	[illegible]	[illegible]	[illegible]	[illegible]、	[illegible]	[illegible]
·ụ^{2}	lju̱^{2}	tshji̱j^{2}	lji̱j^{2}	tśja^{1}	lju̱^{2}	tshji̱j^{2}	tśhja^{2}	·io̱w^{1}
乘	庄	严、	大	道	庄	严、	德	功
[illegible]	[illegible]	[illegible]	[illegible]	[illegible]	[illegible]，	[illegible]	[illegible]	[illegible]
ŋowr^{2}	ŋowr^{2}	mə^{2}	mə^{2}	lju̱^{2}	tshji̱j^{2}	ŋa^{2}	tjij^{1}	źji^{2}
皆	皆	种	种	庄	严，	我	若	具

乘庄严、大道庄严、一切功德种种庄严，我若具

22.51.1

[illegible]	[illegible]	[illegible]，	[illegible]	[illegible]	[illegible]	[illegible]	[illegible]	[illegible]
tshjij^{1}	ŋa^{2}	ku^{1}	mjɨ^{1}	pjụ^{1}	kja^{2}	zar^{2}	tsjɨ^{1}	tshjij^{1}
说	我	则，	无	量	劫	过	亦	说
[illegible]	[illegible]	[illegible]。	[illegible]	[illegible]	[illegible]	[illegible]	[illegible]	[illegible]
sji^{1}	tjị^{2}	mjij^{1}	nji^{2}	njɨ^{2}	·jij^{1}	nwə^{1}	tsjij^{2}	phji^{1}
尽	可	不。	汝	等	之	知	悟	令

说，于无量劫不可穷尽。为令汝等而了知

22.51.2

[illegible]，	[illegible]	[illegible]	[illegible]	[illegible]	[illegible]	[illegible]	[illegible]，	[illegible]
nio̱w¹	mjij²	ljịj²	rjur¹	ne̱w²	go̱r¹	kiej²	nio̱w¹	gjwɨ¹
因，	未	来	诸	善	男	子	因，	甲
[illegible]	[illegible]	[illegible]、	[illegible]	[illegible]	[illegible]	[illegible]、	[illegible]	[illegible]
zjir²	lju̱²	tshjịj²	ljịj²	·u̱²	lju̱²	tshjịj²	ljịj²	tśja¹
胄	庄	严、	大	乘	庄	严、	大	道

故，亦为未来诸善丈夫，甲胄庄严、大乘庄严、大道

22.51.3

[illegible]	[illegible]、	[illegible]	[illegible]	[illegible]	[illegible]①	[illegible]	[illegible]	[illegible]
lju̱²	tshjịj²	bju²	mjij¹	tśhja²	·io̱w¹	·wu̱²	dźjwij²	lju̱²
庄	严、	边	无	德	功	助	粮	庄
[illegible]，	[illegible]	[illegible]	[illegible]	[illegible]	[illegible]	[illegible]	[illegible]	[illegible]
tshjịj²	ŋa²	sjij¹	thjɨ²	kha¹	zjɨ̱r¹	phia̱²	zjịj¹	zjɨ̱r¹
严，	我	今	此	中	少	分	时	略

庄严、无边功德资粮庄严，我今于此略说少分。

22.51.4

[illegible]	[illegible]	[illegible]②。	[illegible]	[illegible]	[illegible]	[illegible]	[illegible]	[illegible]
rjɨr²	tshjịj¹	ŋa²	thja²	ne̱w²	go̱r¹	kiej²	tjịj¹	ŋa²
△	说	我。	彼	善	男	子	若	我
[illegible]	[illegible]，	[illegible]	[illegible]	[illegible]	[illegible]	[illegible]	[illegible]、	[illegible]
tsji̱r¹	mji¹	tsjɨ¹	ljịj²	gjwɨ¹	zjir²	tśhjwi¹	lew²	ljịj²
法	闻，	亦	大	甲	胄	被	当、	大

彼善丈夫若闻我法，亦当被大甲胄、乘于

22.51.5

[illegible]	[illegible]	[illegible]、	[illegible]	[illegible]	[illegible]	[illegible]，	[illegible]	[illegible]

① [illegible]，德功，即“功德”之习惯性颠倒译法。

② [illegible]，西夏语动词人称后缀，这里表示第一人称单数。

·ṵ^{2}	bju^{1}	gji̠^{2}	thja^{1}	lji̠j^{2}	tśja^{1}	dźjij^{1}	tśhja^{2}	·io̠w^{1}
乘	依	靠、	彼	大	道	住,	德	功
[illegible]	[illegible]	[illegible]	[illegible]	[illegible]	[illegible]。	[illegible]	[illegible]	[illegible]
lju̠^{2}	tshji̠j^{2}	ŋwu^{2}	śjwo^{1}	tshwew^{1}	ljɨ^{1}	tśhjɨ^{1}	zjọ^{2}	rjur^{1}
庄	严	以	发	趣	也。	尔	时	世

大乘、住斯大道,功德庄严而发趣之。尔时

22.51.6

[illegible]	[illegible]	[illegible]	[illegible]	[illegible]:
pjṵ^{1}	lja̠^{1}	dạ^{2}	rjɨr^{2}	tshji̠j^{1}
尊	偈	言	△	说:

世尊而说偈言:

22.52.1

[illegible]	[illegible]	[illegible]	[illegible]	[illegible],	[illegible]	[illegible]	[illegible]
ŋa^{2}	ŋowr^{2}	ŋowr^{2}	phja^{1}	tshji̠j^{1}	nio̠w^{1}	ljɨ̠r^{1}	lə^{2}
我	皆	皆	断	说,	又	四	念
[illegible]	[illegible],	[illegible]	[illegible]	[illegible]①	[illegible]	[illegible],	
dźji̠j^{1}	tshji̠j^{1}	ne̠w^{2}	tśier^{1}	·ju^{2}	ŋowr^{2}	ŋowr^{2}	
住	说,	善	利	寻	皆	皆,	

我说一切断,亦说四念住,一切善方便,

22.52.2

[illegible]	[illegible]	[illegible]	[illegible]	[illegible]。	[illegible]	[illegible]	[illegible]
thjɨ^{2}	nio̠w^{1}	mji^{1}	śja^{1}	·wją^{2}	tśhja^{2}	sjwɨ^{1}	lə^{2}
此	因	不	绳	放。	正	忆	念
[illegible]	[illegible],	[illegible]	[illegible]	[illegible]	[illegible]	[illegible],	
ŋowr^{2}	lhə	tsji̠r^{1}	ne̠w^{2}	ɣjɨr^{1}	bju^{1}	śjij^{1}	
俱	足,	法	善	巧	依	顺,	

斯由不放逸。具足正忆念,法善巧相应,

① [illegible][illegible],意思是"寻利",对译"方便"。

22.52.3

[illegible]	[illegible]	[illegible]	[illegible]	[illegible]，	[illegible]	[illegible]	[illegible]
kjir^{1}	·jiw^{2}	bju^{1}	lho	ka^{2}	thjɨ^{2}	nio̱w^{1}	mji^{1}
勇	男	依	出	离，	此	因	不
[illegible]	[illegible]。	[illegible]	[illegible]	[illegible]	[illegible]	[illegible]，	
śja^{1}	·wjạ^{2}	tśhji^{2}	ɣie^{1}	po^{1}	tjɨj^{1}	nio̱w^{1}	
绳	放。	根	力	菩	提	因，	

勇进①而出离，斯由不放逸。根力菩提分，

22.52.4

[illegible]	[illegible]	[illegible]	[illegible]	[illegible]，	[illegible]	[illegible]	[illegible]
zjir^{2}	tśhjwi^{1}	ljij^{2}	·ụ^{2}	gjị^{2}	thjɨ^{2}	ŋwu^{2}	tshji^{2}
甲	被	大	乘	依，	此	以	侍
[illegible]	[illegible]，	[illegible]	[illegible]	[illegible]	[illegible]	[illegible]。	
mjij^{2}	we^{2}	dźiã^{2}	tsjij^{2}	śjwo^{1}	tshwew^{1}	lew^{2}	
者	为，	情	悟	发	趣	当。	

被甲乘大乘，以此为侍卫，菩萨当发趣。

22.52.5

[illegible]	[illegible]	[illegible]	[illegible]	[illegible]，	[illegible]	[illegible]	[illegible]
śjã^{1}	djɨj^{2}	bu̱^{2}	bie^{2}	lhew^{2}	ka^{1}	·jij^{1}	nio̱w^{1}
禅	定	胜	解	脱，	等	持	及
[illegible]	[illegible]，	[illegible]	[illegible]	[illegible]	[illegible]	[illegible]，	
ka^{1}	njɨ^{2}	thjɨ^{2}	ŋwu^{2}	tshji^{2}	mjij^{2}	we^{2}	
等	至，	此	以	侍	者	为，	

禅定胜解脱，等持②及等至③，以此为侍卫，

22.52.6

[illegible]	[illegible]	[illegible]	[illegible]	[illegible]。	[illegible]	[illegible]	[illegible]

① 勇进，西夏文译作"勇男"。

② 等持，定之别名。梵语旧称三昧，译曰定，新称三摩地，译曰等持。

③ 等至，定之别名。梵名三摩钵底，在定中，身心平等安和谓之等，定能令至此平等位，故名为等至。

dźiã²	tsjij²	śjwo¹	tshwew¹	lew²	ljij²	njij²	·wju¹
情	悟	发	趣	当。	大	慈	悲
[illegible]	[illegible]，	[illegible]	[illegible]	[illegible]	[illegible]	[illegible]①，	
de²	dźjɨr¹	zjir²	tśhjwi¹	ljij²	·u²	gji²	
喜	舍，	甲	被	大	乘	依，	

菩萨当发趣。大慈悲喜舍，被甲乘大乘，

22.53.1

[illegible]	[illegible]	[illegible]	[illegible]	[illegible]，	[illegible]	[illegible]	[illegible]
thjɨ²	ŋwu²	tshji²	mjij²	we²	dźiã²	tsjij²	śjwo¹
此	以	侍	者	为，	情	悟	发
[illegible]	[illegible]。	[illegible]	[illegible]	[illegible]	[illegible]	[illegible]，	
tshwew¹	lew²	djɨj²	bio¹	niow¹	me²	rewr²	
趣	当。	定	观	及	神	足，	

以此为侍卫，菩萨当发趣。成就于止观，

22.53.2

[illegible]	[illegible]	[illegible]	[illegible]	[illegible]，	[illegible]	[illegible]	[illegible]
niow¹	me²	·wjɨ¹	śjɨj¹	·jiw²	thjɨ²	ŋwu²	tshji²
及	神	变	成	就，	此	以	侍
[illegible]	[illegible]，	[illegible]	[illegible]	[illegible]	[illegible]	[illegible]。	
mjij²	we²	tshjɨ¹	tsjij²	śjwo¹	tshwew¹	lew²	
者	为，	情	悟	发	趣	当。	

神足及神变，以此为侍卫，菩萨当发趣。

22.53.3

[illegible]	[illegible]	[illegible]	[illegible]	[illegible]，	[illegible]	[illegible]	[illegible]
mjɨ¹	pju¹	rjur¹	tśhja²	·iow¹	zjir²	tśhjwi¹	ljij²
无	量	诸	德	功，	甲	被	大
[illegible]	[illegible]，	[illegible]	[illegible]	[illegible]	[illegible]②	[illegible]，	

① [illegible]，对译“乘大乘”中的动词“乘”。本卷多译作“[illegible][illegible]”，此处为使五言句工整，省去“[illegible]”字。
② [illegible][illegible]，倦劳，即“劳倦”之颠倒译法。

·ụ^{2} gjị^{2} tśja^{1} ɣa^{2} dwər^{1} tjɨ^{2} mjij^{1}

乘 依， 道 于 倦 劳 无，

无量诸功德，被甲乘大乘，于道无疲倦，

22.53.4

[illegible] [illegible] [illegible] [illegible] [illegible]。 [illegible] [illegible]① [illegible]

dźiā^{2} tsjij^{2} śjwo^{1} tshwew^{1} lew^{2} khu^{1} dźjij^{1} mji^{1}

情 悟 发 趣 当。 进 精 不

[illegible] [illegible]， [illegible] [illegible] [illegible] [illegible] [illegible]，

śja^{1} ·wją^{2} zjir^{2} tśhjwi^{1} ljịj^{2} ·ụ^{2} gjị^{2}

绳 放， 甲 被 大 乘 依，

菩萨当发趣。精进不放逸，被甲乘大乘，

22.53.5

[illegible] [illegible] [illegible] [illegible] [illegible]， [illegible] [illegible] [illegible]

thja^{1} lə^{2} dźjij^{1} nwə^{1} tsjij^{2} dźiā^{2} tsjij^{2} śjwo^{1}

彼 念 处 知 悟， 情 悟 发

[illegible] [illegible]。 [illegible] [illegible] [illegible] [illegible] [illegible]，

tshwew^{1} lew^{2} bji^{1} swew^{1} ljịj^{2} gjwɨ^{1} zjir^{2}

趣 当。 光 明 大 甲 胄，

了知彼念处，菩萨当发趣。光明大甲胄，

22.53.6

[illegible] [illegible] [illegible] [illegible] [illegible]， [illegible] [illegible] [illegible]

rjur^{1} rjur^{1} kha^{1} rjur^{1} jar^{2} thja^{2} gjwɨ^{1} zjir^{2}

诸 世 间 降 伏， 彼 甲 胄

[illegible] [illegible]， [illegible] [illegible] [illegible] [illegible] [illegible]。

tśhjwi^{1} niow^{1} tśhjwo^{1} sjij^{2} mjịj^{2} mjij^{2} we^{2}

被 后， 故 智 者 名 为。

降伏诸世间，被斯甲胄已，乃名为智者。

① [illegible][illegible]，进精，即“精进”之颠倒译法。

22.54.1

[illegible]	[illegible]	[illegible]	[illegible]	[illegible],	[illegible]	[illegible]	[illegible]
ŋowr^{2}	ŋowr^{2}	sjịj^{2}	tśhja^{2}	tshwew^{1}	sọ^{1}	kięj^{2}	·u^{2}
皆	皆	智	正	趣,	三	界	中
[illegible]	[illegible],	[illegible]	[illegible]	[illegible]	[illegible]	[illegible],	
lho	ka^{2}	thja^{1}	ljịj^{2}	·ụ^{2}	bju^{1}	gjị^{2}	
出	离,	彼	大	乘	依	靠,	

正趣一切智,出过三界中,乘斯大乘已,

22.54.2

[illegible]	[illegible]	[illegible]	[illegible]	[illegible]。	[illegible]	[illegible]	[illegible]
tśhjwo^{1}	sjịj^{2}	mjịj^{2}	mjịj^{2}	we^{2}	ljịj^{2}	tśja^{1}	gji^{1}
故	智	者	名	为。	大	道	清
[illegible]	[illegible],	[illegible]	[illegible]	[illegible]	[illegible]	[illegible],	
sej^{1}	tśja^{1}	rjur^{1}	rjur^{1}	kha^{1}	dzjwo^{2}	mə^{1}	
净	道,	诸	世	间	人	天,	

乃名为智者。大道清净道,映蔽诸世间,

22.54.3

[illegible]	[illegible]	[illegible]	[illegible]	[illegible],	[illegible]	[illegible]	[illegible]
·a	sew^{2}	lo^{1}	·jwɨ̣^{1}	?	tśhjwo^{1}	njɨ^{2}	mji^{1}
阿	修	罗	蔽	遮,	故	遍	闻
[illegible]	[illegible]。	[illegible]	[illegible]	[illegible]	[illegible]	[illegible],	
mjịj^{2}	·jɨ^{2}	thjɨ^{2}	sju^{2}	rjur^{1}	dźiã^{2}	tsjịj^{2}	
者	谓。	此	如	诸	情	悟,	

天人阿修罗,乃名遍闻者。如是诸菩萨,

22.54.4

[illegible]	[illegible]	[illegible]	[illegible]	[illegible],	[illegible]	[illegible]	[illegible]
dźiã^{2}	tśhju^{1}	ŋowr^{2}	ŋowr^{2}	nio̱w^{1}	·ju^{2}	dzjɨj^{1}	ŋowr^{2}
情	有	皆	皆	因,	常	时	皆

ŋowr²	kha¹	khu¹	dźjij¹	gjwɨ¹	zjir²	tśhjwi¹
皆	中，	进	精	甲	胄	被。

普为诸众生，能于一切时，精进被甲胄。

22.54.5

dźiã²	tsjij²	thja¹	ljịj²	njij²	ljịj²	·wjụ¹	ljịj²
情	悟	彼	大	慈，	大	悲	大
de²	dźjịr¹	thja¹	njɨ²	mji¹	djọ²	ku¹	
喜	舍，	彼	等	不	修	则，	

菩萨不修习，大慈及大悲，大喜大舍等，

22.54.6

ljɨ²	tśhja̱¹	dźjij¹	lew²	nja̱²	dźiã²	tsjij²	mji¹
地	于	行	堪	不。	情	悟	不
djọ²	dzjɨ̱²	dźiã²	tśhju¹	ŋowr²	ŋowr²	ɣa²	
修	习，	情	有	皆	皆	于，	

大地不堪受。菩萨不修习，于彼诸众生，

22.55.1

dzjɨj¹	bju¹	mji¹	ɣie²	ku¹	ljɨ²	tśhja̱¹	dźjij¹
时	因	不	益	则，	地	于	行
lew²	nja̱²	dźiã²	tsjij²	mji¹	djọ²	dzjɨ̱²	
堪	不。	情	悟	不	修	习，	

知时饶益事，大地不堪受。菩萨不修习，

22.55.2

dźiã^{2}	tśhju^{1}	ŋowr^{2}	ŋowr^{2}	ɣa^{2}	·jij^{1}	sju^{2}	mji^{1}
情	有	皆	皆	于,	己	如	不
·wier^{1}	ku^{1}	ljɨ^{2}	tśhja̱^{1}	dźjij^{1}	lew^{2}	nja̱^{2}	
惜	则,	地	于	行	堪	不。	

于彼诸众生,爱之如己者,大地不堪受。

22.55.3

dźiã^{2}	tsjij^{2}	mji^{1}	djọ^{2}	dzjɨ̱^{2}	njij^{2}	ŋwu^{2}	ljịj^{2}
情	悟	不	修	习,	慈	以	大
·ụ^{2}	gjị^{2}	rjur^{1}	ŋər^{1}	nio̱w^{1}	ljịj^{2}	ŋjow^{2}	
乘	依,	诸	山	及	大	海,	

菩萨不修习,以慈乘大乘,诸山及大海,

22.55.4

ljɨ^{2}	tśhja̱^{1}	dźjij^{1}	lew^{2}	nja̱^{2}	dźiã^{2}	tsjij^{2}	mji^{1}
地	于	行	堪	不。	情	悟	不
djọ^{2}	dzjɨ̱^{2}	dźiã^{2}①	njij^{2}	śjow^{1}	mji^{1}	·wji^{1}	
修	习,	情	慈	悲	不	作,	

大地不堪受。菩萨不修习,慈念诸众生,

22.55.5

thjɨ^{2}	ljịj^{2}	·ụ^{2}	gjị^{2}	ku^{1}	dźiã^{2}	rjir^{2}	?

① □,即"□□"(有情),指众生。受五言句式限制,略去"□"(有)字。

此	大	乘	依	则，	情	与	亲
[illegible]	[illegible]。	[illegible]	[illegible]	[illegible]	[illegible]	[illegible]，	
lew^{2}	nja̱^{2}	tjij^{1}	thja^{1}	gjwɨ^{1}	zjir^{2}	tśhjwi^{1}	
当	不。	若	彼	甲	胄	被，	

乘于此大乘，众生不亲近。若被斯甲胄，

22.55.6

[illegible]	[illegible]	[illegible]	[illegible]	[illegible]，	[illegible]	[illegible]	[illegible]
njij^{2}	bji^{1}	ŋwu^{2}	mji^{1}	swew^{1}	thja^{2}	ljij^{2}	gjwɨ^{1}
慈	光	以	不	照，	彼	大	甲
[illegible]	[illegible]，	[illegible]	[illegible]	[illegible]	[illegible]	[illegible]。	
zjir^{2}	ɣa^{2}	dźiã^{2}	rjir^{2}	njij^{2}	lew^{2}	nja̱^{2}	
胄	于，	情	与	慈	当	非。	

慈光不照明，于彼大甲胄，众生不亲近。

22.56.1

[illegible]	[illegible]	[illegible]	[illegible]	[illegible]，	[illegible]	[illegible]	[illegible]
tjij^{1}	thja^{1}	gjwɨ^{1}	zjir^{2}	tśhjwi^{1}	tśhja^{2}	·io̱w^{1}	ŋjow^{2}
若	彼	甲	胄	被，	德	功	海
[illegible]	[illegible]，	[illegible]	[illegible]	[illegible]	[illegible]	[illegible]，	
bju^{2}	mjij^{1}	ljɨ̱r^{1}	ljij^{2}	kię̱j^{2}	·wu̱^{2}	bjij^{2}	
边	无，	四	大	界	加	助，	

若被斯甲胄，功德海无边，加持四大界，

22.56.2

[illegible]	[illegible]	[illegible]①	[illegible]	[illegible]②。	[illegible]	[illegible]	[illegible]
tśhjɨ^{1}	mja^{1}	nio̱w^{1}	lhjij^{2}	·u^{2}	dźiã^{2}	tśhju^{1}	ɣjiw^{1}
彼	然	后	受	任。	情	有	摄
[illegible]	[illegible]，	[illegible]	[illegible]	[illegible]	[illegible]	[illegible]，	
ɣiwej^{1}	ku^{1}	njij^{2}	ŋwu^{2}	bji^{1}	njɨ^{2}	swew^{1}	

① [illegible][illegible]，相当于汉语的"然后"，表示承接关系。
② [illegible][illegible]，西夏文字面义为"受任"，对译"荷负"。

受　则，　慈　以　光　普　照，

彼乃堪荷负。摄取众生故，普照以慈光，

22.56.3

[illegible]

ljɨr^{1} ljịj^{2} kiẹj^{2} ·wụ^{2} bjịj^{2} tśhjɨ^{1} mja^{1} nio̱w^{1}

四　大　界　加　助，　彼　然　后

[illegible]

lhjij^{2} ·u^{2} dźiã^{2} tśhju^{1} ɣjiw^{1} ɣiwej^{1} ku^{1}

受　任。　情　有　摄　受　则，

加持四大界，彼乃堪荷负。摄取众生故，

22.56.4

[illegible]

ljịj^{2} po^{1} tjɨj^{1} śjɨj^{1} ·jiw^{2} ljɨr^{1} ljịj^{2} kiẹj^{2}

大　菩　提　成　就，　四　大　界

[illegible]

·wụ^{2} bjịj^{2} tśhjɨ^{1} mja^{1} nio̱w^{1} lhjij^{2} ·u^{2}

加　助，　彼　然　后　受　任。

成就大菩提，加持四大界，彼乃堪荷负。

22.56.5

[illegible]

dźiã^{2} tśhju^{1} mji^{1} pjo^{1} zjị^{1} thja^{1} ljịj^{2} gjwɨ^{1}

情　有　不　讥　恼，　彼　大　甲

[illegible]

zjir^{2} tśhjwi^{1} ljịj^{2} ·ụ^{2} lho ka^{2} ku^{1}

胄　被，　大　乘　出　离　则，

不讥恼众生，被斯大甲胄，大乘而出离，

22.56.6

[illegible]

thjɨ[2] niọw[1] sjịj[2] mjịj[2] we[2] nẹw[2] ɣjɨr[1] ljịj[2]
此 因 智 者 为。 善 巧 大
[illegible] [illegible]， [illegible] [illegible] [illegible] [illegible] [illegible]，
tśier[1] ·ju[2] ŋowr[2] ŋowr[2] źji[2] ·wụ[2] bjịj[2]
利益 寻找， 皆 皆 悉 加 助，
斯名为智者。善巧大方便，一切悉加持，

22.57.1

[illegible] [illegible] [illegible] [illegible] [illegible]， [illegible] [illegible] [illegible]
źji[2] phju[2] lho ka[2] ku[1] thjɨ[2] niọw[1] sjịj[2]
最 上 出 离 则， 此 因 智
[illegible] [illegible]。 [illegible] [illegible] [illegible] [illegible] [illegible]，
mjịj[2] we[2] thjɨ[2] niọw[1] thja[1] ljịj[2] ljɨ[2]
者 为。 此 因 彼 大 地，
无上而出离，斯名为智者。由是此大地，

22.57.2

[illegible] [illegible] [illegible] [illegible] [illegible]， [illegible] [illegible] [illegible]
mji[1] bu[1] mji[1] tsjɨ[1] bji[2] zjɨ̱r[2] mə̱[1] ljɨ[1]
不 没 不 亦 下， 水 火 风
[illegible] [illegible]， [illegible] [illegible] [illegible] [illegible] [illegible]。
kiẹj[2] njɨ[2] ·wji[1] lew[2] ·wji[1] phji[1] njwi[2]
界 等， 作 所 作 令 能。
不没亦不倾，水火风界等，能作所应作。

22.57.3

[illegible] [illegible] [illegible] [illegible] [illegible]， [illegible] [illegible] [illegible]
thja[1] rjur[1] ljịj[2] dźiã[2] tsjij[2] tśhjwo[1] bju[2] mjij[1]
彼 诸 大 情 悟， 故 边 无
[illegible] [illegible]， [illegible] [illegible] [illegible] [illegible] [illegible]，
gjwɨ[1] zjir[2] thjɨ[2] ljịj[2] ·ụ[2] bju[1] gjị[2]
甲 胄， 此 大 乘 依 靠，

然诸大菩萨,被甲乃无边,乘于此大乘,

22.57.4

[illegible]	[illegible]	[illegible]	[illegible]	[illegible],	[illegible]	[illegible]	[illegible]
thja^{1}	tśja^{1}	bju^{1}	śjwo^{1}	tshwew^{1}	lew^{1}	we̱^{1}	tśiẹj^{2}
彼	道	而	发	趣,	一	生	补
[illegible]	[illegible],	[illegible]	[illegible]	[illegible]	[illegible]	[illegible],	
twẹ^{2}	śjịj^{1}	źji^{2}	mjịj^{2}	ljụ^{2}	ɣa^{2}	njɨ^{2}	
续	成,	最	末	身	于	至,	

以道而发趣。成就一生处,至于最后身,

22.57.5

[illegible]	[illegible]	[illegible]	[illegible]	[illegible],	[illegible]	[illegible]	[illegible]
phu^{2}	njij^{2}	khju^{1}	rjɨr^{2}	śji^{2}	gjwɨ^{1}	lwo^{2}	ljɨ^{2}
树	王	下	△	往,	坚	固	地
[illegible]	[illegible]。	[illegible]	[illegible]	[illegible]	[illegible]	[illegible],	
tśhja̱^{1}	dzu̱^{2}	nio̱w^{1}	thja^{1}	rejr^{2}	lhjo̱r^{1}	·u^{2}	
於	坐。	及	彼	道	场	中,	

往诣树王下,坐于坚固地。于此道场处,

22.57.6

[illegible]	[illegible]	[illegible]	[illegible]	[illegible],	[illegible]	[illegible]	[illegible]
kię^{1}	dźja^{2}	sju^{2}	no^{2}	dźjij^{1}	ljụ^{2}	njij^{1}	mji^{1}
金	刚	如	安	住,	身	心	不
[illegible]	[illegible],	[illegible]	[illegible]	[illegible]	[illegible]	[illegible]。	
dwər^{1}	tjị^{2}	ŋowr^{2}	ŋowr^{2}	sjịj^{2}	mjor^{1}	ljạ^{1}	
倦	劳,	皆	皆	智	现	证。	

安住如金刚,身心不疲倦,现证一切智。

22.58.1

[illegible]	[illegible]	[illegible]	[illegible]	[illegible],	[illegible]	[illegible]	[illegible]
le^{2}	mjij^{1}	mjij^{2}	dźiã^{2}	tsjij^{2}	ljɨ^{2}	mji^{1}	·wụ^{2}

惧	无	者	情	悟，	地	不	加
[illegible]	[illegible]，	[illegible]	[illegible]	[illegible]	[illegible]	[illegible]，	
bjịj2	ku1	thja1	ljɨ2	xja1	ljwu1	kwow1	
助	故，	彼	地	速	低	覆，	

菩萨无畏者，若不以加持，彼地当倾覆，

22.58.2

[illegible]	[illegible]	[illegible]	[illegible]	[illegible]。	[illegible]	[illegible]	[illegible]
ljịj2	nio̱w1	me2	mji1	śjɨj1	ljịj2	ljɨ2	kię̱j2
坏	及	肮脏	不	成。	大	地	界
[illegible]	[illegible]，	[illegible]	[illegible]	[illegible]	[illegible]①	[illegible]，	
ŋowr2	ŋowr2	tjij1	mji1	·wụ2	bjịj2	ku1	
皆	皆，	若	不	佑	助	故，	

坏已无复成。一切大地界，若不以加持，

22.58.3

[illegible]	[illegible]	[illegible]	[illegible]	[illegible]，	[illegible]	[illegible]	[illegible]
kię̱1	dźja2	ŋwu2	śjɨj1	tsjɨ1	mji1	kwow1	ljwu1
金	刚	以	成	虽，	不	覆	低
[illegible]	[illegible]。	[illegible]	[illegible]	[illegible]	[illegible]	[illegible]，	
tja1	mjij1	dźiã2	tsjij2	pjɨ1	njwo2	ɣa2	
者	无。	情	悟	昔	往	于，	

假使金刚成，无不倾覆者。菩萨于往昔，

22.58.4

[illegible]	[illegible]	[illegible]	[illegible]	[illegible]，	[illegible]	[illegible]	[illegible]
ljịj2	ŋwụ1	tjị1	lju̱2	tshjịj2	dźiã2	tśhju1	ŋowr2
大	誓	愿	庄	严，	情	有	皆
[illegible]	[illegible]，	[illegible]	[illegible]	[illegible]	[illegible]	[illegible]。	
ŋowr2	do2	ljịj2	njij2	lə2	śjwo1	tshwew1	

① [illegible][illegible]，意思是“佑助”，对译“加持”。

皆	于，	大	慈	念	起	趣。

大誓愿庄严，于诸众生所，已起大慈念。

22.58.5

[illegible]	[illegible]	[illegible]	[illegible]	[illegible]，	[illegible]	[illegible]	[illegible]
śja^{1}	rjijr^{2}	kiẹj^{2}	rjur^{1}	tha^{1}	lhjịj^{2}	·iọ^{1}	·u^{2}
十	方	界	诸	佛，	国	境	中
[illegible]	[illegible]，	[illegible]	[illegible]	[illegible]	[illegible]	[illegible]，	
mjor^{1}	dźjij^{1}	njɨ^{2}	nwə^{1}	njɨ̱^{1}	rewr^{2}	pjụ^{1}	
现	在，	遍	知	二	足	尊，	

现在十方界，诸佛刹土①中，遍知两足尊，

22.58.6

[illegible]	[illegible]	[illegible]	[illegible]	[illegible]。	[illegible]	[illegible]	[illegible]
ŋowr^{2}	ŋowr^{2}	źji^{2}	lə^{2}	·wejr^{2}	tjɨ^{1}	tjij^{1}	dzjij^{2}
皆	皆	皆	念	护。	若	若	余
[illegible]	[illegible]，	[illegible]	[illegible]	[illegible]	[illegible]	[illegible]，	
lụ^{1}	ŋər^{1}	sju^{2}	mji^{1}	ljɨ̣^{1}	lu^{2}	ŋər^{1}	
石	山，	须	弥	宝	位	山，	

一切皆护念。设复余石山，须弥卢宝山，

22.59.1

[illegible]	[illegible]	[illegible]	[illegible]	[illegible]，	[illegible]	[illegible]	[illegible]
kię^{1}	dźja^{2}	dziej^{2}	tśjɨ̣^{1}	ŋər^{1}	gjwɨ^{1}	lwo^{2}	mji^{1}
金	刚	轮	围	山，	坚	固	不
[illegible]	[illegible]。	[illegible]	[illegible]	[illegible]	[illegible]	[illegible]，	
mju^{2}	·wjij^{2}	sjij^{2}	zjɨr^{1}	mjij^{2}	dźiã^{2}	tsjij^{2}	
动	有。	智	慧	者	情	悟，	

金刚轮围山②，坚固嶷然住。菩萨智慧者，

① 刹土，西夏文字面意思是“国圆”。刹者，梵语差多罗之讹略，译曰土田，梵汉双举云刹土，即国土之义。

② 轮围山，具名，铁轮围山。围绕咸海而区划一小世界之铁山也，由铁而成，须弥山为中心，外有七山八海，第八海即咸海，赡部等四大洲在此，围绕此咸海者，即铁围山，此为一小世界。

22.59.2

[illegible]	[illegible]	[illegible]	[illegible]	[illegible]，	[illegible]	[illegible]	[illegible]
tjij^{1}	mji^{1}	·wụ^{2}	bjij^{2}	ku^{1}	thjɨ^{2}	sju^{2}	ljij^{2}
若	不	加	助	则，	此	如	大
[illegible]	[illegible]，	[illegible]	[illegible]	[illegible]	[illegible]	[illegible]。	
gjwɨ^{1}	zjir^{2}	to^{2}	źji^{2}	lhjij^{2}	mjɨ^{1}	·u^{2}	
甲	胄，	悉	皆	受	无	任。	

若不以加持，于斯大甲胄，不堪为荷负。

22.59.3

[illegible]	[illegible]	[illegible]	[illegible]	[illegible]，	[illegible]	[illegible]	[illegible]
rjur^{1}	tha^{1}	rjur^{1}	dźiā^{2}	tsjij^{2}	me̱^{2}	ɣie^{1}	·wụ^{2}
诸	佛	诸	情	悟，	神	力	加
[illegible]	[illegible]，	[illegible]	[illegible]	[illegible]	[illegible]	[illegible]，	
bjij^{2}	ku^{1}	dźiā^{2}	tśhju^{1}	nio̱w^{1}	ljij^{2}	ljɨ^{2}	
助	则，	情	有	及	大	地，	

诸佛诸菩萨，神力所加持，众生及大地，

22.59.4

[illegible]	[illegible]	[illegible]	[illegible]	[illegible]，	[illegible]	[illegible]	[illegible]
lhjij^{2}	·u^{2}	?	njij^{1}	lew^{2}	thja^{1}	ljij^{2}	gjwɨ^{1}
受	任	亲	近	堪，	彼	大	甲
[illegible]	[illegible]，	[illegible]	[illegible]	[illegible]	[illegible]	[illegible]，	
zjir^{2}	tśhjwi^{1}	dźiā^{2}	tśhju^{1}	·jij^{1}	mji^{1}	zjị^{1}	
胄	被，	情	有	之	不	恼，	

堪近堪荷负。被斯大甲胄，不为恼众生，

22.59.5

[illegible]	[illegible]	[illegible]	[illegible]	[illegible]，	[illegible]	[illegible]	[illegible]
gjwɨ^{1}	zjir^{2}	źji^{2}	phju^{2}	we^{2}	kjụ^{1}	ŋwu^{2}	śjwo^{1}
甲	胄	最	上	为，	求	以	发

[illegible]	[illegible]。	[illegible]	[illegible]	[illegible]	[illegible]	[illegible]，
tshwew^{1}	lew^{2}	thja^{1}	ljịj^{2}	gjwɨ^{1}	zjir^{2}	tśhjwi^{1}
趣	当。	彼	大	甲	胄	被，

甲胄无有上，以乘当发趣。被斯大甲胄，

22.59.6

[illegible]	[illegible]	[illegible]	[illegible]	[illegible]，	[illegible]	[illegible]	[illegible]
dźiã^{2}	tśhju^{1}	·jij^{1}	mji^{1}	tśjụ^{1}	gjwɨ^{1}	zjir^{2}	sẹw^{2}
情	有	之	不	害，	甲	胄	思
[illegible]	[illegible]①，	[illegible]	[illegible]	[illegible]	[illegible]	[illegible]。	
tshjij^{1}	mjij^{1}	·ụ^{2}	bju^{1}	śjwo^{1}	tshwew^{1}	lew^{2}	
议	不，	乘	如	发	趣	当。	

不为害众生，甲胄不思议，以乘当发趣。

22.60.1

[illegible]	[illegible]	[illegible]	[illegible]	[illegible]，	[illegible]	[illegible]	[illegible]
thja^{1}	ljịj^{2}	gjwɨ^{1}	zjir^{2}	tśhjwi^{1}	dźiã^{2}	tśhju^{1}	ljwịj^{1}
彼	大	甲	胄	被，	情	有	怨
[illegible]	[illegible]，	[illegible]	[illegible]	[illegible]	[illegible]	[illegible]，	
mji^{1}	we^{2}	dźiã^{2}	tśhju^{1}	ŋo^{2}	djị^{2}	niọw^{1}	
不	为，	情	有	病	治	因，	

被斯大甲胄，不为仇众生，为除众生病，

22.60.2

[illegible]	[illegible]	[illegible]	[illegible]	[illegible]。	[illegible]	[illegible]	[illegible]
·ụ^{2}	ŋwu^{2}	śjwo^{1}	tshwew^{1}	lew^{2}	bụ^{2}	gjij^{1}	tśja^{1}
乘	以	发	趣	当。	胜	殊	道
[illegible]	[illegible]，	[illegible]	[illegible]	[illegible]	[illegible]	[illegible]，	
ŋowr^{2}	lhə	źji^{2}	phju^{2}	źji^{2}	sej^{1}	djị^{2}	
俱	足，	最	上	皆	净	治，	

① [illegible][illegible][illegible]，不思议。甚深之理及希奇之思虑在言议之外，谓之不思议。

以乘当发趣。具足殊胜道，无上最净治，

22.60.3

[illegible]	[illegible]	[illegible]	[illegible]	[illegible]，	[illegible]	[illegible]	[illegible]
mji^{1}	zjị^{1}	mji̱j^{1}	ljwij^{1}	źjɨ̱^{1}	mji^{1}	tśju̱^{1}	tśhja^{2}
不	恼	不	怨	恨，	不	害	正
[illegible]	[illegible]。	[illegible]	[illegible]	[illegible]	[illegible]	[illegible]，	
no^{2}	dźji̱j^{1}	zjɨr^{1}	lji̱j^{2}	gjwɨ^{1}	zjir^{2}	tśhjwi^{1}	
安	住。	慧	大	甲	胄	被，	

不恼不仇怨，不害正安住。被慧大甲胄，

22.60.4

[illegible]	[illegible]	[illegible]	[illegible]	[illegible]，	[illegible]	[illegible]	[illegible]
zjɨr^{1}	ljɨ̱^{1}	tshwew^{1}	·ụ^{2}	gjị^{2}	gjwɨ^{1}	zjir^{2}	lji̱j^{2}
慧	回	趣	乘	依，	甲	胄	坏
[illegible]	[illegible]，	[illegible]	[illegible]	[illegible]	[illegible]	[illegible]。	
tjị^{2}	mjij^{1}	ljɨ̱^{1}	tshwew^{1}	dzjij^{1}	mji̱j^{2}	mjij^{1}	
处	无，	回	趣	过	者	无。	

乘慧回向乘，甲胄不可坏，回向无过上。

22.60.5

[illegible]	[illegible]	[illegible]	[illegible]	[illegible]，	[illegible]	[illegible]	[illegible]
bju^{1}	lho̱^{1}	mji̱j^{2}	dźiã^{2}	tsjij^{2}	tśja^{1}	zjɨr^{1}	dźji̱j^{1}
依	恃	者	情	悟，	道	慧	住
[illegible]	[illegible]，	[illegible]	[illegible]	[illegible]	[illegible]	[illegible]，	
bji^{1}	swew^{1}	zjɨr^{1}	ŋwu^{2}	rjur^{1}	tsji̱r^{1}	bio̱^{1}	
光	明，	慧	以	诸	法	观，	

菩萨依怙者，住道慧光明，以慧观诸法，

22.60.6

[illegible]	[illegible]	[illegible]	[illegible]	[illegible]。	[illegible]	[illegible]	[illegible]
źji^{2}	phju^{2}	bju^{1}	śjwo^{1}	tshwew^{1}	dźiã^{2}	tsjij^{2}	bu̱^{2}

最 上 而 发 趣。 情 悟 胜

[illegible] [illegible]， [illegible] [illegible] [illegible] [illegible] [illegible]，

gjij^{1} tśja^{1} gjwɨ^{1} zjir^{2} nio̱w^{1} ljịj^{2} ·ụ^{2}

殊 道， 甲 胄 及 大 乘，

无上而发趣。菩萨殊胜道，甲胄及大乘，

22.61.1

[illegible] [illegible] [illegible] [illegible] [illegible]， [illegible] [illegible] [illegible]

thjɨ^{2} nio̱w^{1} zjɨr^{1} bji^{1} śjwo^{1} tśhjwo^{1} thjɨ^{2} nji̱j^{1}

此 因 慧 光 起， 故 此 心

[illegible] [illegible]。 [illegible] [illegible] [illegible] [illegible] [illegible]，

gji^{1} sej^{1} rjur^{1} po^{1} lo^{1} dzu^{1} gjị^{2}

清 净。 诸 波 罗 蜜 依，

斯由慧光起，是故心清净。乘诸波罗蜜，

22.61.2

[illegible] [illegible] [illegible] [illegible] [illegible]， [illegible] [illegible] [illegible]

tha^{1} ljịj^{2} po^{1} tjɨj^{1} tshwew^{1} zjɨr^{1} ɣjiw^{1} zjɨr^{1}

佛 大 菩 提 趣， 慧 摄 慧

[illegible] [illegible]， [illegible] [illegible] [illegible] [illegible] [illegible]。

gji^{1} sej^{1} zjɨr^{1} ŋwu^{2} śji^{1} śio^{1} we^{2}

清 净， 慧 以 先 导 为。

趣佛大菩提，慧摄慧清净，以慧为先导。

22.61.3

[illegible] [illegible] [illegible] [illegible] [illegible]， [illegible] [illegible] [illegible]

rjur^{1} po^{1} lo^{1} dzu^{1} tsjɨ^{1} zjɨr^{1} ŋwu^{2} śji^{1}

诸 波 罗 蜜 亦， 慧 以 先

[illegible] [illegible]， [illegible] [illegible] [illegible] [illegible] [illegible]，

śio^{1} we^{2} zjɨr^{1} ɣjiw^{1} zjɨr^{1} gji^{1} sej^{1}

导 为， 慧 摄 慧 清 净，

一切波罗蜜，以此慧为先，慧摄慧清净，

22.61.4

[illegible]	[illegible]	[illegible]	[illegible]	[illegible]。	[illegible]	[illegible]	[illegible]
źji^{2}	phju^{2}	sjij^{2}	khjow^{1}	njwi^{2}	dźiã^{2}	tsjij^{2}	se̱w^{2}
最	上	智	授	能。	情	悟	思
[illegible]	[illegible]，	[illegible]	[illegible]	[illegible]	[illegible]	[illegible]，	
tshjij^{1}	mjij^{1}	bji^{1}	swew^{1}	zjɨr^{1}	śjwo^{1}	njwi^{2}	
议	不，	光	明	慧	起	能，	

能授无上智。菩萨不思议，能起慧光明，

22.61.5

[illegible]	[illegible]	[illegible]	[illegible]	[illegible]，	[illegible]	[illegible]	[illegible]
ljij^{2}	zjɨr^{1}	tjij^{1}	njwɨ^{2}	njwi^{2}	no^{2}	rejr^{2}	bju^{1}
大	慧	灯	燃	能，	安	乐	而
[illegible]	[illegible]。	[illegible]	[illegible]	[illegible]	[illegible]	[illegible]，	
śjwo^{1}	tshwew^{1}	zjɨr^{1}	bji^{1}	swew^{1}	śjwo^{1}	ku^{1}	
发	趣。	慧	光	明	起	则，	

能燃大慧灯，安乐而发趣。起慧光明故，

22.61.6

[illegible]	[illegible]	[illegible]	[illegible]	[illegible]，	[illegible]	[illegible]	[illegible]
zjɨr^{1}	mej^{1}	thjɨ^{2}	nio̱w^{1}	bie^{2}	tha^{1}	źji^{2}	phju^{2}
慧	眼	此	因	开，	佛	最	上
[illegible]	[illegible]，	[illegible]	[illegible]	[illegible]	[illegible]	[illegible]。	
sjij^{2}	ɣa^{2}	swew^{1}	ljij^{2}	bju^{1}	śjwo^{1}	tshwew^{1}	
智	于，	明	见	而	发	趣。	

慧眼由是开，于佛无上智，明见而发趣。

22.62.1

[illegible]	[illegible]	[illegible]	[illegible]	[illegible]，	[illegible]	[illegible]	[illegible]
kjir^{1}	·jiw^{2}	mjij^{2}	dźiã^{2}	tsjij^{2}	gjwɨ^{1}	zjir^{2}	tśhjwo^{1}
勇	男	者	情	悟，	甲	胄	故

[illegible]	[illegible],	[illegible]	[illegible]	[illegible]	[illegible]	[illegible],
bju^{2}	mjij^{1}	bju^{2}	mjij^{1}	lju̱^{2}	tshjịj^{2}	ku^{1}
边	无,	边	无	庄	严	故,

菩萨勇猛者,甲胄乃无边,无边庄严故,

22.62.2

[illegible]	[illegible]	[illegible]	[illegible]	[illegible]。	[illegible]	[illegible]	[illegible]
ljịj^{2}	gjwɨ^{1}	zjir^{2}	mjij^{2}	we^{2}	ljịj^{2}	sjịj^{2}	mjịj^{2}
大	甲	胄	名	为。	大	智	者
[illegible]	[illegible],	[illegible]	[illegible]	[illegible]	[illegible]	[illegible],	
dźiã^{2}	tsjij^{2}	ljịj^{2}	·ụ^{2}	ljịj^{2}	lju̱^{2}	tshjịj^{2}	
情	悟,	大	乘	大	庄	严,	

名为大甲胄。菩萨大智者,大乘大庄严,

22.62.3

[illegible]	[illegible]	[illegible]	[illegible]	[illegible],	[illegible]	[illegible]	[illegible]
tha^{1}	ŋowr^{2}	ŋowr^{2}	sjịj^{2}	ɣa^{2}	la̱^{1}	mjij^{1}	bju^{1}
佛	皆	皆	智	于,	染	无	而
[illegible]	[illegible]。	[illegible]	[illegible]	[illegible]	[illegible]	[illegible],	
śjwo^{1}	tshwew^{1}	ljịj^{2}	sjịj^{2}	mjịj^{2}	dźiã^{2}	tsjij^{2}	
发	趣。	大	智	者	情	悟,	

于佛一切智,无染而发趣。菩萨大智者,

22.62.4

[illegible]	[illegible]	[illegible]	[illegible]	[illegible],	[illegible]	[illegible]	[illegible]
ljịj^{2}	tśja^{1}	ljịj^{2}	lju̱^{2}	tshjịj^{2}	bu̱^{2}	gjij^{1}	se̱w^{2}
大	道	大	庄	严,	胜	殊	思
[illegible]	[illegible],	[illegible]	[illegible]	[illegible]	[illegible]	[illegible]。	
tshjịj^{1}	mjij^{1}	gji^{1}	sej^{1}	bju^{1}	śjwo^{1}	tshwew^{1}	
议	不,	清	净	而	发	趣。	

大道大庄严,殊胜不思议,清净而发趣。

22.62.5

[illegible]	[illegible]	[illegible]	[illegible]	[illegible]	[illegible]	[illegible]	[illegible]	[illegible]	[illegible]	[illegible]①
ljij^{2}	ljɨ̣^{1}	tśiow^{1}	lwər^{2}	lhejr^{2}	?	njɨ̣^{1}	ɣạ^{2}	njɨ̣^{1}	tsew^{2}	njo̱r^{1}
大	宝	积	经	契	卷	二	十	二	第	水

《大宝积经》卷第二十二　水

汉文本

尔时，无边慧菩萨摩诃萨，白佛言：希有世尊！诸菩萨摩诃萨若干智慧，遍一切处悉能摄持成就无量诸佛之法。尔时，世尊告无边慧菩萨摩诃萨言：无边慧，如是，如是，如汝所说。诸菩萨摩诃萨若干智慧，遍一切处，摄一切法，被大甲胄、乘于大乘、住斯大道，一一皆以慧为先导而发趣之。无边慧，设有智慧无慧先导，于此道中不能发趣。若有智慧以慧先导，遍一切处随转随行，以慧摄持，以慧防御，尔时乃名被大甲胄、乘于大乘、住斯大道，以安隐法饶益世间，能开慧眼以眼观察，慧身朗照放大光明，而发趣于阿耨多罗三藐三菩提。无边慧，是为诸菩萨摩诃萨所被甲胄，甲胄庄严所乘大乘，大乘庄严所行大道，大道庄严而发趣于阿耨多罗三藐三菩提。无边慧，诸善丈夫，甲胄庄严、大乘庄严、大道庄严、一切功德种种庄严，我若具说，于无量劫不可穷尽。为令汝等而了知故，亦为未来诸善丈夫，甲胄庄严、大乘庄严、大道庄严、无边功德资粮庄严，我今于此略说少分。彼善丈夫若闻我法，亦当被大甲胄、乘于大乘、住斯大道，功德庄严而发趣之。

尔时，世尊而说偈言：

我说一切断，亦说四念住，
一切善方便，斯由不放逸。
具足正忆念，法善巧相应，
勇进而出离，斯由不放逸。
根力菩提分，被甲乘大乘，
以此为侍卫，菩萨当发趣。
禅定胜解脱，等持及等至，
以此为侍卫，菩萨当发趣。
大慈悲喜舍，被甲乘大乘，
以此为侍卫，菩萨当发趣。
成就于止观，神足及神变，
以此为侍卫，菩萨当发趣。
无量诸功德，被甲乘大乘，
于道无疲倦，菩萨当发趣。
精进不放逸，被甲乘大乘，

① [illegible]，为函号，可译作"水"。

了知彼念处,菩萨当发趣。
光明大甲胄,降伏诸世间,
被斯甲胄已,乃名为智者。
正趣一切智,出过三界中,
乘斯大乘已,乃名为智者。
大道清净道,映蔽诸世间,
天人阿修罗,乃名遍闻者。
如是诸菩萨,普为诸众生,
能于一切时,精进被甲胄。
菩萨不修习,大慈及大悲,
大喜大舍等,大地不堪受。
菩萨不修习,于彼诸众生,
知时饶益事,大地不堪受。
菩萨不修习,于彼诸众生,
爱之如己者,大地不堪受。
菩萨不修习,以慈乘大乘,
诸山及大海,大地不堪受。
菩萨不修习,慈念诸众生,
乘于此大乘,众生不亲近。
若被斯甲胄,慈光不照明,
于彼大甲胄,众生不亲近。
若被斯甲胄,功德海无边,
加持四大界,彼乃堪荷负。
摄取众生故,普照以慈光,
加持四大界,彼乃堪荷负。
摄取众生故,成就大菩提,
加持四大界,彼乃堪荷负。
不讥恼众生,被斯大甲胄,
大乘而出离,斯名为智者。
善巧大方便,一切悉加持,
无上而出离,斯名为智者。
由是此大地,不没亦不倾,
水火风界等,能作所应作。
然诸大菩萨,被甲乃无边,
乘于此大乘,以道而发趣。
成就一生处,至于最后身,
往诣树王下,坐于坚固地。
于此道场处,安住如金刚,

身心不疲倦，现证一切智。
菩萨无畏者，若不以加持，
彼地当倾覆，坏已无复成。
一切大地界，若不以加持，
假使金刚成，无不倾覆者。
菩萨于往昔，大誓愿庄严，
于诸众生所，已起大慈念。
现在十方界，诸佛刹土中，
遍知两足尊，一切皆护念。
设复余石山，须弥卢宝山，
金刚轮围山，坚固嶷然住。
菩萨智慧者，若不以加持，
于斯大甲胄，不堪为荷负。
诸佛诸菩萨，神力所加持，
众生及大地，堪近堪荷负。
被斯大甲胄，不为恼众生，
甲胄无有上，以乘当发趣。
被斯大甲胄，不为害众生，
甲胄不思议，以乘当发趣。
被斯大甲胄，不为仇众生，
为除众生病，以乘当发趣。
具足殊胜道，无上最净治，
不恼不仇怨，不害正安住。
被慧大甲胄，乘慧回向乘，
甲胄不可坏，回向无过上。
菩萨依怙者，住道慧光明，
以慧观诸法，无上而发趣。
菩萨殊胜道，甲胄及大乘，
斯由慧光起，是故心清净。
乘诸波罗蜜，趣佛大菩提，
慧摄慧清净，以慧为先导。
一切波罗蜜，以此慧为先，
慧摄慧清净，能授无上智。
菩萨不思议，能起慧光明，
能燃大慧灯，安乐而发趣。
起慧光明故，慧眼由是开，
于佛无上智，明见而发趣。
菩萨勇猛者，甲胄乃无边，

无边庄严故,名为大甲胄。

菩萨大智者,大乘大庄严,

于佛一切智,无染而发趣。

菩萨大智者,大道大庄严,

殊胜不思议,清净而发趣。

《大宝积经》卷第二十二

西夏文《大宝积经》

·卷二十三·

《被甲庄严会》

第七之三整理与研究

内容和版本介绍

《大宝积经·被甲庄严会》的主要内容是:“佛住迦兰陀竹园,无边慧菩萨说偈问法,佛亦说偈许答。次正问被大甲胄,佛具答之:初一番长行、偈颂,列诸甲胄名;第二番长行、偈颂,明此甲胄无相无名,不可破坏;第三番长行、偈颂,明其乘于大乘;第四番长行、偈颂,明其住八正道;第五番长行、偈颂,明发趣摄取正道之法;第六番长行、偈颂,明一一皆以慧为先导;第七番长行、偈颂,明其随入一切法,大饶益众生;第八番长行、偈颂,引古栴檀香光明佛时,有转轮王名一切义成,能求此法,已成超无边境界王佛;第九番长行、偈颂,明于诸法得法光明,不堕诸见;第十番长行、偈颂,因胜慧菩萨问,明无所行而行;第十一番,胜慧说颂赞佛,誓愿持法;第十二番,佛说偈赞成之,并说古遍照佛时,勇猛军转轮王闻法受持,已成无边精进光明功德超胜王佛。次因无边胜菩萨问,为说长行、偈颂,明无住而住为如理住。次因无边慧问,为说长行、偈颂,明无所安立、无畏发趣之义。又说往古月灯王佛时,云音、无边音二大士闻此法门,皆已成佛。若有精勤修习者,当得一切法海印三昧,又能摄得“阿”字等诸三昧印。又说往古超过须弥光王佛时,勇猛军、勇猛力二大士受持此法,皆已成佛,一名无边辩才,一名最胜光明。次有慧义菩萨叹法希有,佛印成之。次加持付嘱流通。”(蕅益大师《阅藏知津》)

西夏文《大宝积经》卷二十三《被甲庄严会》第七之三,1909 年由科兹洛夫率领的俄国皇家蒙古四川地理考察队发现于黑水城遗址,现藏于俄罗斯科学院东方文献研究所。据克恰诺夫《西夏佛典目录》,该卷在第二部中,入藏号是 инв.№ 430,写本,经折装。残卷尾,共 58 折。天头 4.2 厘米,地脚 3 厘米。经名后有帙号并西夏仁宗皇帝尊号。инв.№ 430 首次刊布于《俄藏黑水城文献》第 21 册第 147~150 页,每折 6 行,每行 18 字。

西夏文《大宝积经》卷二十三(инв.№ 430)经名后有“奉天显道”四字,当是西夏仁宗皇帝尊号“奉天显道耀武宣文神谋睿智制义去邪惇睦懿恭”的简称,可知该本为西夏仁宗皇帝(1139—1193 年在位)时期的校译本。

下面的录文和释读依据 инв.№ 430,释读采用逐折、逐行对译的形式,并用数字标明西夏文录文的卷次、原版折面和行次,如 23.1.1,为第二十三卷第一折第一行。

文本释读

23.1.1

[Tangut] [Tangut] [Tangut] [Tangut] [Tangut] [Tangut] [Tangut] [Tangut] [Tangut] [Tangut] [Tangut]①

ljịj² ljɨ̣¹ tśiow¹ lwər² lhejr² ? njɨ̣¹ ɣạ² sọ¹ tsew² njọr¹

大 宝 积 经 契 卷 二 十 三 第 水

《大宝积经》卷第二十三　水

23.1.2

[Tangut] [Tangut] [Tangut] [Tangut]

ŋwər¹ bju¹ tśja¹ dźju¹

天 奉 道 显

奉天显道②

23.1.3

[Tangut] [Tangut] [Tangut] [Tangut] [Tangut] [Tangut] [Tangut] [Tangut] [Tangut]

zjir¹ tśhjwi¹ lju̱² tshjịj² ljwu² śja̱¹ tsew² ·jij¹ sọ¹

甲 被 庄 严 会 七 第 之 三

《被甲庄严会》第七之三③

23.1.4

[Tangut] [Tangut] [Tangut] [Tangut] [Tangut] [Tangut] [Tangut]④, [Tangut] [Tangut]

niọw¹ tśjɨ̣¹ bju² mjij¹ zjɨr¹ dźiã² tsjij² rjur¹ po¹

复 次 边 无 慧 情 悟, 诸 菩

[Tangut] [Tangut] [Tangut] [Tangut], [Tangut] [Tangut] [Tangut] [Tangut] [Tangut]

tsa¹ ma² ŋạ² tsa¹ bju² mjij¹ gjwɨ¹ zjir² mjɨ̱²

---

① [Tangut]，为帙号，可译为"水"。

② 此处为西夏仁宗皇帝尊号的简称，其全称是"奉天显道耀武宣文神谋睿智制义去邪惇睦懿恭"。据此可知俄藏 инв.№ 430 为西夏仁宗皇帝（1139—1193 年在位）时期的校译本。

③ 此处汉文本署"大唐三藏法师菩提流志奉诏译"，西夏文本无。

④ [Tangut][Tangut]，西夏文字面义为"情悟"，即"使有情觉悟"，对译"菩萨"。

萨	摩	诃	萨,	边	无	甲	胄	境

复次无边慧①,诸菩萨摩诃萨,乃于无边甲胄境

23.1.5

kięj2	bju2	mjij1	ljịj2	·ụ2	mjɨ̱2	kięj2	bju2	mjij1
界、	边	无	大	乘	境	界、	边	无
ljịj2	tśja1	mjɨ̱2	kięj2	bju1	śjwo1	tshwew1	njwi2	thjij2
大	道	境	界	于	发	趣	能。	何

界、无边大乘境界、无边大道境界而发趣之。

23.1.6

sjo2	ljɨ1	do2	ŋowr2	ŋowr2	ɣa2	bju1	·o2	njwi2
云	耶?	处	皆	皆	于	随	入	能
ljɨ1	rjur1	po1	tsa1	ma2	ŋạ2	tsa1	tsjɨ̱r1	ŋowr2
也。	诸	菩	萨	摩	诃	萨,	法	皆

何以故?于一切处能随入故。诸菩萨摩诃萨,

23.2.1

ŋowr2	bju1	·o2	kięj2	nio̱w1	ku1	ljịj2	gjwɨ1	zjir2
皆	随	入	欲	故	则,	大	甲	胄
śhjwi1	tsjɨ̱r1	ŋowr2	ŋowr2	bju1	·o2	kięj2	nio̱w1	ku1
被。	法	皆	皆	随	入	欲	故	则,

为欲随入一切法故被大甲胄。为欲随入一切法故

① 无边慧,西夏译本作"无边慧菩萨",全卷皆如此。

23.2.2

[illegible]	[illegible]	[illegible]	[illegible]，	[illegible]	[illegible]	[illegible]	[illegible]	[illegible]
ljij^{2}	·ụ^{2}	bju^{1}	gji^{2}	tsji̱r^{1}	ŋowr^{2}	ŋowr^{2}	bju^{1}	·o^{2}
大	乘	依	靠，	法	皆	皆	随	入
[illegible]	[illegible]	[illegible]，	[illegible]	[illegible]	[illegible]	[illegible]。	[illegible]	[illegible]
kięj^{2}	nio̱w^{1}	ku^{1}	thjɨ^{2}	ljij^{2}	tśja^{1}	dźjij^{1}	tsji̱r^{1}	ŋowr^{2}
欲	故	则，	斯	大	道	住。	法	皆

乘于大乘，为欲随入一切法故住斯大道。

23.2.3

[illegible]	[illegible]	[illegible]	[illegible]	[illegible]	[illegible]，	[illegible]	[illegible]	[illegible]
ŋowr^{2}	ɣa^{2}	tśhja^{2}	ka^{1}	rjir^{1}	ku^{1}	tśhjwo^{1}	śjwo^{1}	tshwew^{1}
皆	于	平	等	得	则，	故	发	趣
[illegible]。	[illegible]	[illegible]	[illegible]	[illegible]，	[illegible]	[illegible]	[illegible]	[illegible]
ljɨ^{1}	nio̱w^{1}	thjɨ^{2}	gjwɨ^{1}	zjir^{2}	zji̱r^{1}	zjij^{1}	tjij^{1}	·u^{2}
也。	然	此	甲	胄，	少	时	若	内

于一切法得平等故而发趣之。然此甲胄，不得少法若内

23.2.4

[illegible]	[illegible]、	[illegible]	[illegible]	[illegible]	[illegible]、	[illegible]	[illegible]	[illegible]
tjij^{1}	djɨr^{2}	tjij^{1}	tshu^{1}	tjij^{1}	sjij^{1}	tjij^{1}	khwa^{1}	tjij^{1}
若	外、	若	粗	若	细、	若	远	若
[illegible]、	[illegible]	[illegible]	[illegible]	[illegible]	[illegible]	[illegible]	[illegible]①、	[illegible]
njij^{1}	tjij^{1}	wjɨ^{2}	rar^{2}	mjor^{1}	dźjij^{1}	mjij^{2}	ljij^{2}	dźiəj^{2}
近、	若	△	过	现	在	未	来、	为

若外、若粗若细、若远若近、若过现未来、

23.2.5

[illegible]	[illegible]	[illegible]、	[illegible]	[illegible]	[illegible]	[illegible]	[illegible]	[illegible]。
lhe̱w^{2}	dźiəj^{2}	mə̣^{1}	dźjij^{1}	mji^{1}	dźjij^{1}	tsji̱r^{1}	mji^{1}	rjir^{1}

① [illegible]，意思是“过去现在未来”，对译“过现未来”。

有	为	无、	住	不	住	法	不	得。
[illegible]	[illegible]	[illegible]	[illegible]	[illegible]	[illegible]	[illegible]	[illegible]，	[illegible]
tjij1	thjɨ2	gjwɨ1	zjir2	tsjịr1	ŋowr2	ŋowr2	ɣa2	tsjịr1
若	此	甲	胄	法	皆	皆	于，	选

有为无为、住不住者。若此甲胄于一切法，

23.2.6

[illegible]	[illegible]	[illegible]、	[illegible]	[illegible]	[illegible]	[illegible]、	[illegible]	[illegible]
gjịj1	mjɨ1	njwi2	tśjɨ1	tsjij2	mjɨ1	njwi2	njɨ2	nwə1
择	不	能、	决	了	不	能、	遍	知
[illegible]	[illegible]、	[illegible]	[illegible]	[illegible]	[illegible]、	[illegible]	[illegible]①	[illegible]
mjɨ1	njwi2	bju1	·o2	mjɨ1	njwi2	mjor1	ljạ1	mjɨ1
不	能、	随	入	不	能、	实	证	不

不能选择、不能决了、不能遍知、不能随入、不能作证、

23.3.1

[illegible]、	[illegible]	[illegible]	[illegible]	[illegible]	[illegible]，	[illegible]	[illegible]	[illegible]
njwi2	gjịj1	dzjịj1	mjɨ1	njwi2	ku1	ljịj2	gjwɨ1	zjir2
能、	超	过	不	能	则，	大	甲	胄
[illegible]	[illegible]	[illegible]	[illegible]。	[illegible]	[illegible]	[illegible]	[illegible]，	[illegible]
śhjwi1	mjịj2	mji1	rjir1	tsjịr1	ŋowr2	ŋowr2	ɣa2	tjij1
被	名	不	得。	法	皆	皆	于，	若

不能超过，不可名为被大甲胄。于一切法，

23.3.2

[illegible]	[illegible]	[illegible]，	[illegible]	[illegible]	[illegible]	[illegible]，	[illegible]	[illegible]
tsjịr1	gjịj1	njwi2	tjij1	tśjɨ1	tsjij2	njwi2	tjij1	njɨ2
选	择	能，	若	醒	悟	能，	若	遍
[illegible]	[illegible]，	[illegible]	[illegible]	[illegible]	[illegible]，	[illegible]	[illegible]	[illegible]
nwə1	njwi2	tjij1	bju1	·o2	njwi2	tjij1	mjor1	ljạ1

① [illegible]，字面义为“实证”，对译“作证”。

知	能，	若	随	入	能，	若	实	证

若能选择，若能绝了，若能遍知，若能随入，若能作证，

23.3.3

[illegible]，	[illegible]	[illegible]	[illegible]	[illegible]	[illegible]，	[illegible]	[illegible]	[illegible]
njwi^{2}	tjij^{1}	gjij^{1}	dzjij^{1}	njwi^{2}	ku^{1}	tśhjwo^{1}	ljịj^{2}	gjwɨ^{1}
能，	若	超	过	能	则，	故	大	甲
[illegible]	[illegible]	[illegible]	[illegible]。	[illegible]	[illegible]	[illegible]	[illegible]	[illegible]
zjir^{2}	śhjwi^{1}	mjịj^{2}	rjir^{1}	nioౢw^{1}	thjɨ^{2}	ljịj^{2}	·ụ^{2}	tsjɨ^{1}
胄	被	名	得。	又	此	大	乘	亦

若能超过，则故得名①被大甲胄。又此大乘亦

23.3.4

[illegible]	[illegible]②	[illegible]	[illegible]	[illegible]	[illegible]，	[illegible]	[illegible]	[illegible]
zjɨr^{1}	zjij^{1}	tjij^{1}	·u^{2}	tjij^{1}	djɨr^{2}	rjɨr^{2}	njɨ^{2}	ŋowr^{2}
少	时	若	内	若	外，	乃	至	皆
[illegible]	[illegible]	[illegible]	[illegible]	[illegible]	[illegible]。	[illegible]	[illegible]	[illegible]
ŋowr^{2}	sjịj^{2}	sjịj^{2}	rjijr^{2}	ljɨ^{1}	tshwew^{1}	njɨ^{2}	nwə^{1}	bju^{1}
皆	智	智	向	回	趣。	遍	知	随

无少法若内若外，乃至一切回向智智。遍知随

23.3.5

[illegible]	[illegible]	[illegible]	[illegible]	[illegible]	[illegible]	[illegible]，	[illegible]	[illegible]
·o^{2}	mjor^{2}	ljạ^{1}	gjịj^{1}	dzjij^{1}	tsjịr^{1}	mjij^{1}	thjɨ^{2}	nioౢw^{1}
入	现	证	超	过	法	无，	是	故
[illegible]	[illegible]	[illegible]	[illegible]，	[illegible]	[illegible]、	[illegible]	[illegible]	[illegible]
thjɨ^{2}	ljịj^{2}	·ụ^{2}	tja^{1}	ljịj^{2}	·ụ^{2}	tsjịr^{1}	neౢw^{2}	ɣjɨr^{1}
此	大	乘	者，	大	乘、	法	善	巧

入作证超过，是故此乘名为大乘、法善巧

① 则故得名，汉文底本作"乃可名为"。

② [illegible][illegible]，其中"[illegible]"是"[illegible]"的通假字。"[illegible][illegible]"，意思是"少许"。

23.3.6

·ụ^{2}	djij^{2}	phã^{1}	·ụ^{2}	źji^{2}	phju^{2}	źji^{2}	phju^{2}	·ụ^{2}	ŋwer^{1}
乘、	涅	盘	乘	至、	上	最	上	乘、	等
ŋwer^{1}	mjij^{1}	·ụ^{2}	mji̱j^{2}	rjir^{1}	niọw^{1}	thjɨ^{2}	lji̱j^{2}	tśja^{1}	tsjɨ^{1}
等	无	乘	名	得。	又	此	大	道	亦

乘、至涅盘乘、无上上乘、无等等乘。又此大道

23.4.1

zjɨ̱r^{1}	zji̱j^{1}	tjij^{1}	·u^{2}	tjij^{1}	djɨr^{2}	rjɨr^{2}	njɨ^{2}	rjur^{1}
少	时	若	内	若	外，	△	至	诸
tsji̱r^{1}	ŋowr^{2}	ŋowr^{2}	tśhja^{2}	ka^{1}	lji̱j^{2}	tśja^{1}	śjwo^{1}	tshwew^{1}
法	皆	皆	平	正	大	道	发	趣

亦无少法若内若外，乃至能于一切诸法平正大道而发趣之。

23.4.2

sji^{2} ①	tsji̱r^{1}	mjij^{1}	thjɨ^{2}	tśhja^{3}	ka^{1}	tśja^{1}	zjɨ̱r^{1}	zji̱j^{1}
△	法	无。	此	平	正	道	少	许
mji^{1}	njɨ^{2}	nwə^{1}	tsji̱r^{1}	mjij^{1}	ku^{1}	thjɨ^{2}	tśja^{1}	tja^{1}
不	遍	知	法	无	则，	此	道	者，

此平正道无有少法不遍知者，是故此道

23.4.3

źji^{2}	phju^{2}	tśja^{1}	ŋewr^{2}	pjụ^{1}	mjij^{1}	tśja^{1}	ŋwer^{1}	ŋwer^{1}	mjij^{1}	tśja^{1}	mji̱j^{2}	rjir^{1}

① [illegible]，名物化助词。

最 上 道、数 量 无 道、等 等 无 道 名 得。

名为无上道、无数量道、无等等道。

汉文本

《大宝积经》卷第二十三

大唐三藏菩提流志奉诏译

《被甲庄严会》第七之三

复次无边慧,诸菩萨摩诃萨,乃于无边甲胄境界、无边大乘境界、无边大道境界而发趣之。何以故?于一切处能随入故。诸菩萨摩诃萨,为欲随入一切法故被大甲胄。为欲随入一切法故乘于大乘,为欲随入一切法故住斯大道。于一切法得平等故而发趣之。然此甲胄,不得少法若内若外、若粗若细、若远若近、若过现未来、有为无为、住不住者。若此甲胄,于一切法,不能选择、不能决了、不能遍知、不能随入、不能作证、不能超过,不可名为被大甲胄。于一切法,若能选择,若能决了,若能遍知,若能随入,若能作证,若能超过,乃可名为被大甲胄。又此大乘亦无少法若内若外,乃至一切回向智智。遍知随入作证超过,是故此乘名为大乘、法善巧乘、至涅盘乘、无上上乘、无等等乘。又此大道亦无少法若内若外,乃至能于一切诸法平正大道而发趣之。此平正道无有少法不遍知者,是故此道名为无上道、无数量道、无等等道。

23.4.3-23.4.4

[illegible]	[illegible]	[illegible]	[illegible]	[illegible],	[illegible]	[illegible]	[illegible]	[illegible]	[illegible]	[illegible]	[illegible]
bju^2	mjij^1	źjɨr^1	dźiã^2	tsjij^2	rjur^1	po^1	tsa^1	ma^2	ŋạ^2	tsa^1	ljịj^2
边	无	慧	情	悟,	诸	菩	萨	摩	诃	萨	大
[illegible]	[illegible]	[illegible]	[illegible],	[illegible]	[illegible]①	[illegible]	[illegible]	[illegible]	[illegible]	[illegible]	
gjwɨ^1	zjir^2	śhjwi^1	ku^1	dźiã^2	tśhju^1	ŋowr^2	ŋowr^2	·jij^1	njịj^1	njịj^1	
甲	胄	被	则,	情	有	皆	皆	之	心	心	

无边慧,诸菩萨摩诃萨被大甲胄,遍能随入一切众生心心

23.4.5

[illegible]	[illegible]	[illegible]	[illegible]	[illegible]	[illegible],	[illegible]	[illegible]	[illegible]
·jij^1	dźjɨ	źji^2	bju^1	·o^2	njwi^2	dźiã^2	tśhju^1	ŋowr^2
之	行	皆	随	入	能,	情	有	皆
[illegible]	[illegible]	[illegible]	[illegible]	[illegible]	[illegible]	[illegible]	[illegible]	[illegible]

① [illegible],意思是“有情”,对译“众生”。

ŋowr²	·jij¹	dza¹	la¹	źji̱¹	nji̱²	źji²	gji¹	sej¹
皆	之	杂	染	烦	恼	皆	清	净

所行，遍能清净一切众生杂染烦恼。

23.4.6

[illegible]。	[illegible]	[illegible]	[illegible]	[illegible]①	[illegible]，	[illegible]	[illegible]	[illegible]
njwi²	ljij²	·ṳ²	bju¹	gji̱²	ku¹	dźiã²	tśhju¹	·jij¹
能。	大	乘	依	靠	则，	情	有	之
[illegible]	[illegible]	[illegible]	[illegible]	[illegible]	[illegible]。	[illegible]	[illegible]	[illegible]
ne̱w²	tśhji²	ŋowr²	ŋowr²	lhu¹	dzja¹	thji²	ljij²	tśja¹
善	根	皆	皆	增	长。	斯	大	道

乘于大乘，增长众生一切善根。住斯大道，

23.5.1

[illegible]	[illegible]，	[illegible]	[illegible]	[illegible]	[illegible]	[illegible]	[illegible]	[illegible]
dźjij¹	ku¹	dźiã²	tśhju¹	·jij¹	ne̱w²	tsji̱r¹	ŋowr²	ŋowr²
住	则，	情	有	之	善	法	皆	皆
[illegible]	[illegible]。	[illegible]	[illegible]	[illegible]	[illegible]	[illegible]，	[illegible]	[illegible]
pjwi̱r¹	dzjij²	bju²	mjij¹	źjɨr¹	dźiã²	tsjij²	rjur¹	po¹
劝	化。	边	无	慧	情	悟，	诸	菩

劝化众生一切善法。无边慧，诸菩

23.5.2

[illegible]	[illegible]	[illegible]	[illegible]	[illegible]	[illegible]	[illegible]	[illegible]	[illegible]
tsa¹	ma²	ŋa̱²	tsa¹	ljɨ¹	ljɨ¹	dźiã²	tśhju¹	·jij¹
萨	摩	诃	萨	一	一	情	有	之
[illegible]	[illegible]	[illegible]	[illegible]	[illegible]	[illegible]	[illegible]	[illegible]	[illegible]，
ljɨ¹	ljɨ¹	njij¹	dźjɨ	bju¹	lhji²	we̱¹	zjo̱²	sji¹
一	一	心	行	随	死	生	际	尽，

萨摩诃萨为一一众生一一心行尽生死际，

① [illegible][illegible]，意思是“依靠”，对译“乘于大乘”中的动词“乘”。

23.5.3

[illegible]	[illegible]	[illegible]	[illegible]	[illegible]，	[illegible]	[illegible]	[illegible]	[illegible]，
gjɨ^{2}	zjir^{2}	kha^{1}	dźiə^{2}	dźiej^{2}	sjij^{2}	źjɨr^{1}	lhejr^{2}	kjụ^{1}
时	长	中	流	转，	智	慧	乐	求，
[illegible]	[illegible]	[illegible]	[illegible]，	[illegible]	[illegible]	[illegible]	[illegible]、	[illegible]
gjwɨ^{1}	zjir^{2}	mji^{1}	phjɨ^{1}	niọw^{1}	ljij^{2}	gjwɨ^{1}	zjir^{2}	mjɨ^{1}
甲	胄	不	舍，	又	大	甲	胄、	无

长时中流转，求智慧乐，不舍甲胄，而能坚固被大甲胄、

23.5.4

[illegible]	[illegible]	[illegible]、	[illegible]	[illegible]	[illegible]	[illegible]、	[illegible]	[illegible]
pjụ^{1}	gjwɨ^{1}	zjir^{2}	sew^{2}	gie^{1}	gjwɨ^{1}	zjir^{2}	gji^{1}	sej^{1}
量	甲	胄、	思	难	甲	胄、	清	净
[illegible]	[illegible]、	[illegible]	[illegible]	[illegible]	[illegible]、	[illegible]	[illegible]	[illegible]
gjwɨ^{1}	zjir^{2}	bju^{2}	mjij^{1}	gjwɨ^{1}	zjir^{2}	ljij^{1}	mjij^{1}	gjwɨ^{1}
甲	胄、	边	无	甲	胄、	取	无	甲

无量甲胄、难思甲胄、清净甲胄、无边甲胄、无取甲胄、

23.5.5

[illegible]、	[illegible]	[illegible]	[illegible]	[illegible]	[illegible]	[illegible]、	[illegible]	[illegible]
zjir^{2}	dźiã^{2}	tśhju^{1}	sjij^{2}	nwə^{1}	gjwɨ^{1}	zjir^{2}	dźiã^{2}	tśhju^{1}
胄、	情	有	想	知	甲	胄、	情	有
[illegible]	[illegible]	[illegible]	[illegible]、	[illegible]	[illegible]	[illegible]	[illegible]	[illegible]、
mjij^{1}	nwə^{1}	gjwɨ^{1}	zjir^{2}	ŋa^{2}	mjij^{1}	nwə^{1}	gjwɨ^{1}	zjir^{2}
无	知	甲	胄、	我	无	知	甲	胄、

知众生想甲胄、知无众生甲胄、知无我甲胄、

23.5.6

[illegible]	[illegible]	[illegible]	[illegible]	[illegible]	[illegible]	[illegible]、	[illegible]	[illegible]
dźiã^{2}	tśhju^{1}	·jij^{1}	sjij^{2}	nwə^{1}	gjwɨ^{1}	zjir^{2}	dźiã^{2}	tśhju^{1}
情	有	自	性	知	甲	胄、	情	有

[illegible]	[illegible]	[illegible]	[illegible]	[illegible]	[illegible]、	[illegible]	[illegible]	[illegible]
·jij^{1}	tsji̱r^{2}	bju^{1}	dwewr^{2}	gjwɨ^{1}	zjir^{2}	ŋa^{2}	·jij^{1}	tsji̱r^{2}
自	性	随	觉	甲	胄、	我	自	性

知众生自性甲胄、随觉众生自性甲胄、知我自性

23.6.1

[illegible]	[illegible]	[illegible]、	[illegible]	[illegible]	[illegible]	[illegible]	[illegible]	[illegible]
nwə^{1}	gjwɨ^{1}	zjir^{2}	ŋa^{2}	·jij^{1}	tsji̱r^{2}	bju^{1}	dwewr^{2}	gjwɨ^{1}
知	甲	胄、	我	自	性	随	觉	甲
[illegible]、	[illegible]	[illegible]	[illegible]	[illegible]	[illegible]	[illegible]、	[illegible]	[illegible]
zjir^{2}	·u^{2}	·jij^{1}	sjij^{2}	nwə^{1}	gjwɨ^{1}	zjir^{2}	·u^{2}	·jij^{1}
胄、	内	自	性	知	甲	胄、	内	自

甲胄、随觉我自性甲胄、知内自性甲胄、

23.6.2

[illegible]	[illegible]	[illegible]	[illegible]	[illegible]、	[illegible]	[illegible]	[illegible]	[illegible]
sjij^{2}	bju^{1}	dwewr^{2}	gjwɨ^{1}	zjir^{2}	djɨr^{2}	·jij^{1}	sjij^{2}	nwə^{1}
性	随	觉	甲	胄、	外	自	性	知
[illegible]	[illegible]、	[illegible]	[illegible]	[illegible]	[illegible]	[illegible]	[illegible]	[illegible]、
gjwɨ^{1}	zjir^{2}	djɨr^{2}	·jij^{1}	sjij^{2}	bju^{1}	dwewr^{2}	gjwɨ^{1}	zjir^{2}
甲	胄、	外	自	性	随	觉	甲	胄、

随觉内自性甲胄、知外自性甲胄、随觉外自性甲胄、

23.6.3

[illegible]	[illegible]	[illegible]	[illegible]	[illegible]	[illegible]	[illegible]、	[illegible]	[illegible]
·u^{2}	djɨr^{2}	·jij^{1}	sjij^{2}	nwə^{1}	gjwɨ^{1}	zjir^{2}	·u^{2}	djɨr^{2}
内	外	自	性	知	甲	胄、	内	外
[illegible]	[illegible]	[illegible]	[illegible]	[illegible]	[illegible]、	[illegible]	[illegible]	[illegible]
·jij^{1}	sjij^{2}	bju^{1}	dwewr^{2}	gjwɨ^{1}	zjir^{2}	tsjir^{1}	ŋowr^{2}	ŋowr^{2}
自	性	随	觉	甲	胄、	法	皆	皆

知内外自性甲胄、随觉内外自性甲胄、知一切法

23.6.4

[illegible]	[illegible]	[illegible]	[illegible]	[illegible]、	[illegible]	[illegible]	[illegible]	[illegible]
·jij[1]	sjij[2]	nwə[1]	gjwɨ[1]	zjir[2]	rjur[1]	tsji̱r[1]	·jij[1]	sjij[2]
自	性	知	甲	胄、	诸	法	自	性
[illegible]	[illegible]	[illegible]	[illegible]、	[illegible]	[illegible]	[illegible]	[illegible]	[illegible]
bju[1]	dwewr[2]	gjwɨ[1]	zjir[2]	tsji̱r[1]	ŋowr[2]	ŋowr[2]	rjir[1]	lew[2]
随	觉	甲	胄、	法	皆	皆	得	所

自性甲胄、随觉诸法自性甲胄、知一切法无所得

23.6.5

[illegible]	[illegible]	[illegible]、	[illegible]	[illegible]	[illegible]	[illegible]	[illegible]	[illegible]
mjij[1]	gjwɨ[1]	zjir[2]	rjur[1]	tsji̱r[1]	ŋowr[2]	ŋowr[2]	nwə[1]	tsjij[2]
无	甲	胄、	诸	法	皆	皆	知	悟
[illegible]	[illegible]、	[illegible]	[illegible]	[illegible]	[illegible]、	[illegible]	[illegible]	[illegible]
gjwɨ[1]	zjir[2]	bju[2]	mjij[1]	gjwɨ[1]	zjir[2]	gu[2]	mjij[1]	gjwɨ[1]
甲	胄、	边	无	甲	胄、	中	无	甲

甲胄、了知一切诸法甲胄①、无边甲胄、无中甲

23.6.6

[illegible]、	[illegible]	[illegible]	[illegible]	[illegible]	[illegible]、	[illegible]	[illegible]	[illegible]
zjir[2]	gu[2]	bju[2]	mjij[1]	gjwɨ[1]	zjir[2]	wjɨ[2]	rar[2]	nja̱[2]
胄、	中	边	无	甲	胄、	△	过	非
[illegible]	[illegible]、	[illegible]	[illegible]	[illegible]	[illegible]	[illegible]、	[illegible]	[illegible]
gjwɨ[1]	zjir[2]	mjij[2]	lji̱j[2]	nja̱[2]	gjwɨ[1]	zjir[2]	mjor[1]	dźji̱j[1]
甲	胄、	未	来	非	甲	胄、	现	在

胄、无中边甲胄、非过去甲胄、非未来甲胄、非现在

23.7.1

[illegible]	[illegible]	[illegible]、	[illegible]	[illegible]	[illegible]	[illegible]、	[illegible]
nja̱[2]	gjwɨ[1]	zjir[2]	wji[1]	mjij[1]	gjwɨ[1]	zjir[2]	wji[1]

① 了知一切诸法甲胄，句前西夏译文脱漏"知一切法自性无所得甲胄"。

非	甲	胄、	作	无	甲	胄、	作
□	□	□	□	□	□	□	□。
mjij²	mjij¹	gjwɨ¹	zjir²	gjwɨ¹	lwo²	gjwi²	njwi²
者	无	甲	胄	坚	固	被	能。

甲胄、无作甲胄、无作者甲胄。

汉文本

无边慧，诸菩萨摩诃萨被大甲胄，遍能随入一切众生心心所行，遍能清净一切众生杂染烦恼。乘于大乘，增长众生一切善根。住斯大道，劝化众生一切善法。无边慧，诸菩萨摩诃萨，为一一众生一一心行尽生死际，长时中流转，求智慧乐，不舍甲胄，而能坚固被大甲胄、无量甲胄、难思甲胄、清净甲胄、无边甲胄、无取甲胄、知众生想甲胄、知无众生甲胄、知无我甲胄、知众生自性甲胄、随觉众生自性甲胄、知我自性甲胄、随觉我自性甲胄、知内自性甲胄、随觉内自性甲胄、知外自性甲胄、随觉外自性甲胄、知内外自性甲胄、随觉内外自性甲胄、知一切法自性甲胄、随觉诸法自性甲胄、知一切法无所得甲胄、知一切法自性无所得甲胄、了知一切诸法甲胄、无边甲胄、无中甲胄、无中边甲胄、非过去甲胄、非未来甲胄、非现在甲胄、无作甲胄、无作者甲胄。

23.7.1–23.7.2

□	□	□	□	□，	□	□	□	□	□
bju²	mjij¹	zjɨr¹	dźiã²	tsjij²	rjur¹	po¹	tsa¹	ma²	ŋạ²
边	无	慧	情	悟，	诸	菩	萨	摩	诃
□	□	□	□	□，	□	□	□	□、	□
tsa¹	thjɨ²	gjwɨ¹	zjir²	ɣa²	gjwi²	lew²	tsjɨ¹	mjij¹	mji¹
萨	此	甲	胄	于，	被	所	亦	无、	不

无边慧，诸菩萨摩诃萨于此甲胄，亦无所被、

23.7.3

□	□、	□	□	□、	□	□	□、	□
bju¹	dwewr²	mji¹	tśjɨ¹	tsjij²	mji¹	lho	ka²	mji¹
随	觉、	不	决	了、	不	出	离、	不
□	□	□。	□	□	□	□	□	□
mjor¹	ljạ¹	ljɨ¹	gjwɨ¹	zjir²	mjij¹	ku¹	gjwɨ¹	zjir²
现	证	也。	甲	胄	无	则	甲	胄

亦不随觉、亦不决了、亦不出离、亦不现证。无甲胄故而

23.7.4

[illegible]	[illegible]，	[illegible]	[illegible]	[illegible]	[illegible]	[illegible]	[illegible]	[illegible]	[illegible]，
gjwi^{2}	ŋwu^{2}	mji^{1}	bju^{1}	dwewr^{2}	ku^{1}	śjwiw^{2}	dwewr^{2}	njwi^{2}	ŋwu^{2}
被	也，	不	随	觉	则	随	觉	能	也，
[illegible]	[illegible]	[illegible]	[illegible]	[illegible]	[illegible]	[illegible]	[illegible]，	[illegible]	[illegible]
mji^{1}	tśjɨ^{1}	tsjij^{2}	ku^{1}	tśjɨ^{1}	tsjij^{2}	njwi^{2}	ŋwu^{2}	mji^{1}	lho
不	决	了	则	醒	悟	能	也，	不	出

被甲胄，不随觉故而能随觉，不决了故而能决了，不出

23.7.5

[illegible]	[illegible]	[illegible]	[illegible]	[illegible]	[illegible]，	[illegible]	[illegible]	[illegible]	[illegible]
ka^{2}	ku^{1}	lho	ka^{2}	njwi^{2}	ŋwu^{2}	mji^{1}	mjor^{1}	ljạ^{1}	ku^{1}
离	则	出	离	能	也，	不	现	证	则
[illegible]	[illegible]	[illegible]	[illegible]，	[illegible]	[illegible]	[illegible]	[illegible]	[illegible]	
mjor^{1}	ljạ^{1}	njwi^{2}	ŋwu^{2}	bju^{1}	gjị^{2}	lew^{2}	mjij^{1}	ku^{1}	
现	证	能	也，	依	靠	所	无	则	

离故而能出离，不现证故而能现证，无所乘故

23.7.6

[illegible]	[illegible]	[illegible]	[illegible]	[illegible]。	[illegible]	[illegible]	[illegible]
ljij^{2}	·ụ^{2}	bju^{1}	gjị^{2}	ŋwu^{2}	ljij^{2}	·ụ^{2}	ɣa^{2}
大	乘	依	靠	也。	大	乘	于
[illegible]	[illegible]	[illegible]	[illegible]，	[illegible]	[illegible]	[illegible]	[illegible]
thu^{1}	phjij^{1}	mji^{1}	wji^{1}	thu^{1}	phjij^{1}	mjij^{1}	ŋwu^{2}
施	设	不	为，	施	设	无	以

而乘大乘。不于大乘而有施设，

23.8.1

[illegible]	[illegible]。	[illegible]①	[illegible]	[illegible]	[illegible]	[illegible]	[illegible]	[illegible]

① 此字西夏文译本原作“[illegible]”（不），据上下文义，应为“[illegible]”（又）之形误，故改。

we^{2}	ljɨ^{1}	nio̱w^{1}	ljịj^{2}	·ụ^{2}	ɣa^{2}	zjɨ̱r^{1}	zjịj^{1}	thu^{1}
为	也。	又	大	乘	于	少	时	施
[illegible]	[illegible]，	[illegible]	[illegible]	[illegible]	[illegible]	[illegible]，	[illegible]	[illegible]
phjij^{1}	mji^{1}	tjij^{1}	thu^{1}	phjij^{1}	lo	ku^{1}	thu^{1}	phjij^{1}
设	无，	若	施	设	有	则，	施	设

无所施设而为施设。然于大乘无少施设,若有施设,则非施设。

23.8.2

[illegible]。	[illegible]	[illegible]	[illegible]	[illegible]	[illegible]	[illegible]	[illegible]	[illegible]、
nja̱^{2}	thja^{1}	thu^{1}	phjij^{1}	ɣa^{2}	rjir^{1}	tji̱^{2}	mji^{1}	ljɨ^{1}
非。	彼	施	设	于	得	可	不	故、
[illegible]	[illegible]	[illegible]	[illegible]。	[illegible]	[illegible]	[illegible]	[illegible]	[illegible]
ljij^{2}	tji̱^{2}	mjij^{1}	ljɨ^{1}	mji^{1}	·ụ^{2}	ɣa^{2}	no^{2}	dźjij^{1}
见	可	不	故。	无	乘	以	安	住

于彼施设不可得故、不可见故。

23.8.3

[illegible]	[illegible]，	[illegible]	[illegible]	[illegible]	[illegible]	[illegible]	[illegible]	[illegible]
·ụ^{2}	tsjɨ^{1}	rjir^{1}	lew^{2}	mjij^{1}	ŋwu^{2}	ljịj^{2}	·ụ^{2}	ɣa^{2}
乘	亦，	得	所	无	以	大	乘	于
[illegible]，	[illegible]	[illegible]	[illegible]	[illegible]，	[illegible]	[illegible]	[illegible]	[illegible]，
dźjịj^{1}	śjwo^{1}	tshwew^{1}	lho	ka^{2}	źji^{2}	dźjwa^{1}	mjɨ^{1}	njɨ^{2}
住，	发	趣	远	离，	极	竟	不	至，

亦无有乘以乘安住,以无所得而住大乘,远离趣向,不至究竟,

23.8.4

[illegible]	[illegible]	[illegible]	[illegible]，	[illegible]	[illegible]	[illegible]	[illegible]	[illegible]
djij^{2}	phã^{1}	mjɨ^{1}	njɨ^{2}	rjir^{1}	tji̱^{2}	mjij^{1}	ku^{1}	tśja^{1}
涅	槃	不	到，	得	可	不	则	道
[illegible]	[illegible]	[illegible]	[illegible]。	[illegible]	[illegible]	[illegible]	[illegible]	[illegible]
nja̱^{2}	ŋwu^{2}	tśja^{1}	we^{2}	tśja^{1}	bju^{1}	śjwo^{1}	tshwew^{1}	tśhja^{2}
非	以	道	为。	道	于	发	趣	平

不到涅槃,不可得故非道为道。于道发趣

23.8.5

[illegible]	[illegible]	[illegible]，	[illegible]	[illegible]	[illegible]	[illegible]	[illegible]	[illegible]
dji̱j^{1}	nio̱w^{1}	ku^{1}	thjɨ^{2}	tśhja^{2}	dji̱j^{1}	tśja^{1}	thu^{1}	phjij^{1}
正	故	则，	此	平	正	道	施	设
[illegible]	[illegible]	[illegible]	[illegible]	[illegible]？	[illegible]	[illegible]	[illegible]	[illegible]？
nio̱w^{1}	thu^{1}	phjij^{1}	mji̱j^{2}	sjwɨ^{1}	ljọ^{2}	do^{2}	thu^{1}	phjij^{1}
及	施	设	者	谁？	何	处	施	设？

以平正故，此平正道无所施设，谁为施设？何处施设？

23.8.6

[illegible]	[illegible]	[illegible]	[illegible]？	[illegible]	[illegible]。	[illegible]	[illegible]	[illegible]
wa^{2}	ɣa^{2}	thu^{1}	phjij^{1}	źji^{2}	mjij^{1}	wji^{1}	lew^{2}	tsjɨ^{1}
何	从	施	设？	皆	无。	作	所	亦
[illegible]，	[illegible]	[illegible]	[illegible]	[illegible]，	[illegible]	[illegible]	[illegible]，	[illegible]
mjij^{1}	wji^{1}	mji̱j^{2}	tsjɨ^{1}	mjij^{1}	dzow^{1}	ŋwej^{2}	nja̱^{2}	mji^{1}
无，	作	者	亦	无，	和	合	非，	不

从何施设？亦无有作，亦无作者，亦非和合，非不

23.9.1

[illegible]	[illegible]	[illegible]，	[illegible]	[illegible]	[illegible]	[illegible]，	[illegible]	[illegible]
dzow^{1}	ŋwej^{2}	nja̱^{2}	ŋowr^{2}	ŋowr^{2}	khu^{1}	ka^{2}	ŋowr^{2}	ŋowr^{2}
和	合	非，	皆	皆	厌	离，	皆	皆
[illegible]	[illegible]，	[illegible]	[illegible]	[illegible]？	[illegible]	[illegible]	[illegible]	[illegible]
mji^{1}	kjụ^{1}	thjij^{2}	sjo^{2}	ljɨ^{1}	thjɨ^{2}	tśhja^{2}	dji̱j^{1}	tśja^{1}
不	求，	何	云	耶？	此	平	正	道

和合，一切厌离，一切不求，何以故？此平正道

23.9.2

[illegible]	[illegible]	[illegible]	[illegible]	[illegible]	[illegible]	[illegible]	[illegible]，	[illegible]
tsji̱r^{1}	ŋowr^{2}	ŋowr^{2}	rjir^{2}	mji^{1}	do^{2}	mji^{1}	hwu̱^{1}	mji^{1}
法	皆	皆	与	不	异	不	同，	不

[illegible]	[illegible]	[illegible]。	[illegible]	[illegible]	[illegible]	[illegible],	[illegible]	[illegible]
bju^{1}	śjij^{1}	ljɨ^{1}	tsji̱r^{1}	sji̱j^{2}	mji^{1}	śjwo^{1}	tsji̱r^{1}	ŋowr^{2}
相	应	也。	法	想	不	起,	法	皆

与一切法不异不同,不相应故。不起法想,

23.9.3

[illegible]	[illegible]	[illegible]	[illegible]	[illegible]	[illegible],	[illegible]	[illegible]	[illegible]
ŋowr^{2}	ka^{2}	tśior^{1}	mjij^{1}	sej^{1}	mjij^{1}	tsji̱r^{1}	tsji̱r^{2}	tsjɨ^{1}
皆	离	垢	无	净	无,	法	性	亦
[illegible]	[illegible]	[illegible]	[illegible]	[illegible]	[illegible],	[illegible]	[illegible]	[illegible]
thjɨ^{2}	sju^{2}	tśior^{1}	mjij^{1}	sej^{1}	mjij^{1}	thjɨ^{2}	nio̱w^{1}	thjɨ^{2}
此	如	垢	无	净	无,	是	故	此

离一切法无垢无净,法性亦尔无垢无净,是故此

23.9.4

[illegible]	[illegible]	[illegible]	[illegible]	[illegible]	[illegible],	[illegible]	[illegible]	[illegible]
tśja^{1}	la^{1}	mjij^{1}	tśja^{1}	mji̱j^{2}	we^{2}	tshwew^{1}	tji̱^{2}	mjij^{1}
道	染	无	道	名	为,	趣	可	不
[illegible]	[illegible]	[illegible]①	[illegible],	[illegible]	[illegible]	[illegible]	[illegible]	[illegible]
ŋwu^{2}	·jɨr^{2}	tshwew^{1}	we^{2}	ɣjiw^{1}	tji̱^{2}	mjij^{1}	ŋwu^{2}	ɣjiw^{1}
以	勤	趣	为,	摄	可	不	以	摄

道名无染道,以不可趣而为进趣,以不可摄

23.9.5

[illegible]	[illegible]。	[illegible]	[illegible]	[illegible]	[illegible],	[illegible]	[illegible]	[illegible]
ɣiwej^{1}	we^{2}	thjɨ^{2}	tśja^{1}	źji^{2}	na^{1}	we̱^{1}	mjij^{1}	śjwo^{1}
取	为。	此	道	甚	深,	生	无	起
[illegible]、	[illegible]	[illegible]	[illegible]	[illegible]、	[illegible]	[illegible]	[illegible]	[illegible]、
mjij^{1}	lho	mjij^{1}	wji^{1}	mjij^{1}	rjir^{1}	mjij^{1}	dźjij^{1}	mjij^{1}
无、	出	无	作	无、	得	无	行	无、

① [illegible],字面义为"勤趣",对译"进趣"。

而为摄取。此道甚深，无生无起、无出无作、无得无行、

23.9.6

[Tangut]	[Tangut]	[Tangut]	[Tangut]、	[Tangut]	[Tangut]	[Tangut]	[Tangut]，	[Tangut]
do^2	mjij^1	dźjij^1	mjij^1	lə^1	mjij^1	dạ^2	mjij^1	dạ^2
处	无	住	无、	障	无	事	无，	事
[Tangut]	[Tangut]	[Tangut]	[Tangut]	[Tangut]	[Tangut]	[Tangut]，	[Tangut]	[Tangut]
ŋowr^2	ŋowr^2	ɣa^2	źji^2	dźju^1	sjwij^1	njwi^2	dạ^2	ŋowr^2
皆	皆	于	皆	显	明	能，	事	皆

无处无住、无障无事，于一切事而能显了，

23.10.1

[Tangut]	[Tangut]	[Tangut]	[Tangut]	[Tangut]	[Tangut]，	[Tangut]	[Tangut]	[Tangut]
ŋowr^2	ɣa^2	do^2	pha^1	mji^1	lo	dạ^2	bju^1	mji^1
皆	于	差	别	无	有，	事	随	不
[Tangut]	[Tangut]	[Tangut]	[Tangut]	[Tangut]，	[Tangut]	[Tangut]	[Tangut]	[Tangut]。
śjwiw^2	dạ^2	mji^1	niọw^1	ku^1	źji^2	phju^2	do^2	njɨ^2
转	事	无	故	则，	最	上	处	至。

于一切事而无差别，不随事转以无事故，至无上处。

23.10.2

[Tangut]	[Tangut]	[Tangut]	[Tangut]	[Tangut]，	[Tangut]	[Tangut]	[Tangut]	[Tangut]
bju^2	mjij^1	zjɨr^1	dźiã^2	tsjij^2	rjur^1	po^1	tsa^1	ma^2
边	无	慧	情	悟，	诸	菩	萨	摩
[Tangut]	[Tangut]	[Tangut]	[Tangut]	[Tangut]、	[Tangut]	[Tangut]、	[Tangut]	[Tangut]
ŋạ^2	tsa^1	thjɨ^2	gjwɨ^1	zjir^2	thjɨ^2	·ụ^2	thjɨ^2	tśja^1
诃	萨	此	甲	胄、	此	乘、	此	道

无边慧，诸菩萨摩诃萨于此甲胄、此乘、此道

23.10.3

[Tangut]	[Tangut]。	[Tangut]	[Tangut]	[Tangut]	[Tangut]、	[Tangut]	[Tangut]	[Tangut]，
thjɨ^2	sju^2	niọw^1	thjɨ^2	gjwɨ^1	zjir^2	thjɨ^2	tśja^1	tja^1

是	如。	然	此	甲	胄、	此	道	者,
…	…	…	…,	…	…	…	…,	…
ljij^{2}	lew^{2}	mji^{1}	dju^{1}	nwə^{1}	tjị^{2}	tsjɨ^{1}	mjij^{1}	rjir^{1}
见	所	不	有,	知	可	亦	无,	得

应如是知。然此甲胄、此道①,无所可见,无所可知,

23.10.4

…	…	…。	…	…	…	…?	…	…
tjị^{2}	mjij^{1}	ljɨ^{1}	zjir^{2}	śhjwi^{1}	mjịj^{2}	sjwɨ^{1}	·ụ^{2}	bju^{1}
可	不	也。	甲	被	者	谁?	乘	依
…	…	…?	…	…	…	…?	…	…
gjị^{2}	mjịj^{2}	sjwɨ^{1}	tśja^{1}	dźjij^{1}	mjịj^{2}	sjwɨ^{1}	ljij^{2}	lew^{2}
靠	者	谁?	道	行	者	谁?	见	所

不可得故。谁为被甲?谁乘此乘?谁行此道?

23.10.5

…	…,	…	…	…	…,	…	…	…	…。
mji^{1}	dju^{1}	nwə^{1}	tjị^{2}	tsjɨ^{1}	mjij^{1}	rjir^{1}	tjị^{2}	mjij^{1}	ljɨ^{1}
不	有,	知	可	亦	无,	得	可	无	也。

亦不可见,亦不可知,亦不可得。

汉文本

无边慧,诸菩萨摩诃萨于此甲胄,亦无所被、亦不随觉、亦不决了、亦不出离、亦不现证。无甲胄故而被甲胄,不随觉故而能随觉,不决了故而能决了,不出离故而能出离,不现证故而能现证,无所乘故而乘大乘。不于大乘而有施设,无所施设而为施设。然于大乘无少施设,若有施设,则非施设。于彼施设不可得故、不可见故。亦无有乘以乘安住,以无所得而住大乘,远离趣向,不至究竟,不到涅槃,不可得故非道为道。于道发趣以平正故,此平正道无所施设,谁为施设?何处施设?从何施设?亦无有作,亦无作者,亦非和合,非不和合,一切厌离,一切不求,何以故?此平正道与一切法不异不同,不相应故。不起法想,离一切法无垢无净,法性亦尔无垢无净,是故此道名无染道,以不可趣而为进趣,以不可摄而为摄取。此道甚深,无生无起、无出无作、无得无行、无处无住、无障无事,于一切事而能显了,于一切事而无差别,不随事转以无事故,至无上处。无边慧,诸菩萨摩诃萨于此甲胄、此乘、此道应

① 此道,西夏文译本前脱“此乘”二字。

如是知。然此甲胄、此乘、此道，无所可见，无所可知，不可得故。谁为被甲？谁乘此乘？谁行此道？亦不可见，亦不可知，亦不可得。

23.10.5-23.10.6

[illegible]	[illegible]	[illegible]	[illegible]	[illegible]，	[illegible]	[illegible]	[illegible]	[illegible]	[illegible]	[illegible]	[illegible]	[illegible]
bju^{2}	mjij^{1}	zjɨr^{1}	dźiã^{2}	tsjij^{2}	tjij^{1}	rjur^{1}	po^{1}	tsa^{1}	ma^{2}	ŋạ^{2}	tsa^{1}	thjɨ^{2}
边	无	慧	情	悟，	若	诸	菩	萨	摩	诃	萨	斯
[illegible]	[illegible]	[illegible]	[illegible]	[illegible]	[illegible]	[illegible]，	[illegible]	[illegible]	[illegible]	[illegible]，	[illegible]	[illegible]
tsji̱r^{1}	mji^{1}	nio̱w^{1}	mji^{1}	tśjɨ̱r^{2}	mji^{1}	le^{2}	do^{1}	tshjɨ̱^{1}	nẹ^{1}	tshjij^{1}	tsji̱r^{1}	wo^{2}
法	闻	后	不	惊	不	怖，	读	诵	宣	说，	法	理

无边慧，若诸菩萨摩诃萨闻斯法已不惊不怖，读诵宣说，

23.11.1

[illegible]	[illegible]	[illegible]	[illegible]	[illegible]	[illegible]，	[illegible]	[illegible]	[illegible]
tshwew^{1}	rjir^{2}	ljwu^{1}	nu^{1}	lew^{2}	mjij^{1}	śjij^{1}	bju^{1}	djọ^{2}
趣	与	违	乖	所	无，	顺	随	修
[illegible]	[illegible]	[illegible]	[illegible]	[illegible]	[illegible]	[illegible]	[illegible]	[illegible]，
dźjij^{1}	dzu^{1}	ŋwe^{1}	njij^{1}	śjwo^{1}	bu̱^{2}	tsjij^{2}	ɣa^{2}	·o^{2}
行	爱	乐	心	生	胜	解	于	入，

于法理趣无所乖违，随顺修行而生爱乐入于胜解，

23.11.2

[illegible]	[illegible]	[illegible]	[illegible]，	[illegible]	[illegible]	[illegible]	[illegible]。	[illegible]
thjɨ^{2}	tsji̱r^{1}	nio̱w^{1}	ku^{1}	·jɨr^{2}	dźjij^{1}	śjwo^{1}	lew^{2}	tjij^{1}
斯	法	故	则，	勤	精	起	应。	若
[illegible]	[illegible]	[illegible]	[illegible]	[illegible]	[illegible]	[illegible]	[illegible]，	界
dzjwo^{2}	thjɨ^{2}	tsji̱r^{1}	kjɨ^{1}	djɨj^{2}	wo^{2}	tshwew^{1}	ɣa^{2}	ne̱w^{2}
人	斯	法	决	定	理	趣	于，	善

为斯法故，应勤精进，若于斯法决定理趣，

23.11.3

[illegible]	[illegible]	[illegible]	[illegible]	[illegible]，	[illegible]	[illegible]	[illegible]	[illegible]

ɣjɨr^{1} tśier^{1} ·ju^{2} dju^{1} ku^{1} thjɨ^{2} gjwɨ^{1} zjir^{2} gjwi^{2}
巧 方 便 有 则， 此 甲 胄 被
□， □ □ □ □ □， □ □ □
njwi^{2} thjɨ^{2} ·ụ^{2} bju^{1} gjị^{2} njwi^{2} thjɨ^{2} tśja^{1} dźjij^{1}
能， 此 乘 依 靠 能， 此 道 行

善巧方便有堪能者，被此甲胄，乘于此乘，行于此道。

23.11.4

□。 □ □ □ □， □ □ □ □，
njwi^{2} thjɨ^{2} na^{1} tsji̱r^{1} ɣa^{2} rjir^{1} lew^{2} mjij^{1} ku^{1}
能。 此 深 法 于， 得 所 无 则，
□ □ □ □， □ □ □ □。 □
thjɨ^{2} nio̱w^{1} śjwo^{1} tshwew^{1} lhji^{2} we̱^{1} bju^{2} sji^{1} tśhja^{2}
此 故 发 趣， 死 生 岸 尽。 正

于此深法，无所得故，而发趣之，尽生死岸。

23.11.5

□ □ □， □ □ □ □ □ □
dwewr^{2} mji̱j^{2} we^{2} bju^{2} mjij^{1} tśhja^{2} ·io̱w^{1} lju̱^{2} tshji̱j^{2}
觉 者 为， 边 无 德 功 庄 严
□ □ □ □ □ □。 □ □ □
ŋwu^{2} rjur^{1} kha^{1} to^{2} śja^{2} njwi^{2} bju^{2} mjij^{1} źjɨr^{1}
以 世 间 出 现 能。 边 无 慧

为正觉者，能以无边功德庄严出现世间。

23.11.6

□ □， □ □ □ □ □ □ □
dźiã^{2} tsjij^{2} rjur^{1} po^{1} tsa^{1} ma^{2} ŋạ^{2} tsa^{1} thjɨ^{2}
情 悟， 诸 菩 萨 摩 诃 萨 此
□ □ □ □ □ □ □ □ □
sju^{2} tsji̱r^{1} kha^{1} dzu^{1} ŋwe^{1} ljij^{2} khu^{1} dźjij^{1} mji^{1}
如 法 中 爱 乐 大、 进 精、 无

无边慧，诸菩萨摩诃萨于此法中应生爱乐，起大精进而无

23.12.1

[illegible]	[illegible]	[illegible]	[illegible]。	[illegible]	[illegible]	[illegible]	[illegible]，	[illegible]
śja1	wją2	śjwo1	lew2	tjɨ1	tjij1	dźiã2	tśhju1	thjɨ2
逸	放	生	应。	如	若	情	有，	此
[illegible]	[illegible]	[illegible]，	[illegible]	[illegible]	[illegible]	[illegible]	[illegible]	[illegible]，
na1	tsji̱r1	ɣa2	tsej2	zji̱j1	dzu1	ŋwe1	śjwo1	tsjɨ1
深	法	于，	须	臾	爱	乐	生	虽，

放逸。若有众生，于此深法，才生爱乐，

23.12.2

[illegible]	[illegible]	[illegible]	[illegible]	[illegible]	[illegible]	[illegible]	[illegible]	[illegible]，
ŋa2	thja1	dzjwo2	·jij1	lji̱j2	mji̱2	ɣie2	rjir1	tshji̱j1
我	彼	人	之	大	饶	益	得	说，
[illegible]	[illegible]	[illegible]	[illegible]，	[illegible]	[illegible]	[illegible]	[illegible]，	[illegible]
nio̱w1	·jɨr2	dźjij1	njwi2	śja1	wją2	mji1	wji1	kie1
复	勤	精	能，	逸	放	不	为，	戒

我说彼人得大饶益，况能精勤，不为放逸，

23.12.3

[illegible]	[illegible]	[illegible]	[illegible]	[illegible]	[illegible]	[illegible]	[illegible]	[illegible]①	[illegible]	[illegible]？
dźjɨ	gji1	sej1	śjwo1	tshwew1	mjij2	tja1	·jɨ2	tjị2	ljọ2	·wjij2
行	清	净	发	趣	者	△	谓	处	岂	有？

戒行清净而发趣者！

汉文本

无边慧，若诸菩萨摩诃萨闻斯法已不惊不怖，读诵宣说，于法理趣无所乖违，随顺修行而生爱乐入于胜解，为斯法故，应勤精进，若于斯法决定理趣，善巧方便有堪能者，被此甲胄，乘于此乘，行于此道。于此深法，无所得故，而发趣之，尽生死岸。为正觉者，能以无边功德庄严出现世间。无边慧，诸菩萨摩诃萨于此法中应生爱乐，起大精进而无放逸。若有众生，于此深法，才生爱乐，我说彼人得大饶益，

① [illegible]，附加在动词后面，具有把前面的动词名词化的作用。

况能精勤，不为放逸，戒行清净而发趣者！

23.12.3–23.12.4

[illegible]	[illegible]	[illegible]	[illegible]	[illegible]，	[illegible]	[illegible]	[illegible]	[illegible]	[illegible]	[illegible]	[illegible]	[illegible]，
bju^{2}	mjij^{1}	zjɨr^{1}	dźiã^{2}	tsjij^{2}	nji^{2}	sjij^{1}	thjɨ^{2}	tsjɨ̱r^{1}	tśhjɨ^{1}	zjij^{1}	wạ^{2}	ljịj^{2}
边	无	慧	情	悟，	汝	今	斯	法	尔	许	广	大，
[illegible]	[illegible]①	[illegible]	[illegible]，	[illegible]	[illegible]	[illegible]	[illegible]	[illegible]②	[illegible]	[illegible]③。	[illegible]	
tśhjɨ^{1}	zjij^{1}	bu̱^{2}	gjij^{1}	tśhjɨ^{1}	zjij^{1}	gji^{1}	sej^{1}	wjɨ^{2}	bjo̱^{1}	nja^{2}	ŋa^{2}	
尔	时	胜	殊，	尔	时	清	净	△	观	汝。	我	

无边慧，汝今④观斯法若干广大，若干殊胜，若干清净。

23.12.5

[illegible]	[illegible]	[illegible]	[illegible]	[illegible]	[illegible]	[illegible]，	[illegible]	[illegible]
dźiã^{2}	tśhju^{1}	·jij^{1}	dzu^{1}	ŋwe^{1}	gu^{1}	śjwo^{1}	dwər^{1}	ka^{2}
情	有	之	爱	乐	发	生，	厌	离
[illegible]	[illegible]，	[illegible]	[illegible]	[illegible]	[illegible]，	[illegible]	[illegible]	[illegible]
śjwo^{1}	phji^{1}	mjij^{1}	dzjar^{2}	rjir^{2}	phji^{1}	njɨ^{2}	nwə^{1}	rjir^{1}
生	令，	寂	灭	得	令，	遍	知	得

我于此法殷勤称赞，欲令众生而生爱乐，为厌离故、寂灭故、遍知故，

23.12.6

[illegible]，	[illegible]	[illegible]	[illegible]	[illegible]	[illegible]	[illegible]	[illegible]	[illegible]
phji^{1}	gjɨ^{2}	zjir^{2}	kha^{1}	gjij^{1}	ɣie^{2}	no^{2}	lhejr^{2}	rjir^{1}
令，	夜	长	中	利	益	安	乐	得
[illegible]	[illegible]	[illegible]，	[illegible]	[illegible]⑤	[illegible]	[illegible]	[illegible]	[illegible]。
phji^{1}	kięj^{2}	nio̱w^{1}	thjij^{2}	kjir^{2}	thjɨ^{2}	tsjɨ̱r^{1}	·jow^{2}	śja^{2}
令	欲	因，	何	敢	此	法	称	赞。

---

① [illegible]，对译“若干”，其中西夏字“[illegible]”与“[illegible]”（许）通假，二字拟音皆为 zjij^{1}。
② [illegible]，动词趋向前缀，表示完成体向远方。
③ [illegible]，为第二人称单数动词人称呼应后缀，与“[illegible]”（汝）呼应。
④ 今，汉文底本无。
⑤ [illegible]，字面意思为“何敢、何能”，此处对译汉文本“殷勤”。

当得长夜利益安乐。①

23.13.1

[illegible]	[illegible]	[illegible]	[illegible]	[illegible]，	[illegible]	[illegible]	[illegible]	[illegible]
bju^{2}	mjij^{1}	zjɨr^{1}	dźiã^{2}	tsjij^{2}	nji^{2}	nio̱w^{1}	bjo̱^{1}	lew^{2}
边	无	慧	情	悟，	汝	复	观	当
[illegible]	[illegible]	[illegible]	[illegible]，	[illegible]	[illegible]、	[illegible]	[illegible]	[illegible]
thjɨ^{2}	sju^{2}	rjur^{1}	tja^{1}	rjur^{1}	kha^{1}	rjur^{1}	kha^{1}	lho
是	如	诸	者，	世	间、	世	间	出

无边慧，汝当复观斯法②，能授世间、出世间具足安乐。

23.13.2

[illegible]	[illegible]	[illegible]	[illegible]	[illegible]	[illegible]	[illegible]	[illegible]。	[illegible]
mji̱j^{2}	·jij^{1}	ŋowr^{2}	lhə	no^{2}	lhejr^{2}	khjow^{1}	njwi^{2}	tśhjɨ^{1}
者	之	具	足	安	乐	授	能。	其
[illegible]	[illegible]	[illegible]	[illegible]	[illegible]	[illegible]，	[illegible]	[illegible]	[illegible]
zji̱j^{1}	rjur^{1}	sjwi^{1}	mjọ^{2}	dźiã^{2}	tśhju^{1}	thjɨ^{2}	sju^{2}	na^{1}
时	诸	匮	乏	情	有，	此	如	深

诸有若干匮乏众生，于此深

23.13.3

[illegible]	[illegible]	[illegible]	[illegible]	[illegible]，	[illegible]	[illegible]、	[illegible]	[illegible]
tsji̱r^{1}	lhji̱^{1}	phjɨ^{1}	nio̱w^{1}	ku^{1}	rjur^{1}	kha^{1}	rjur^{1}	kha^{1}
法	退	失	故	则，	世	间、	世	间
[illegible]、	[illegible]	[illegible]	[illegible]	[illegible]	[illegible]	[illegible]	[illegible]	[illegible]
lho	ŋowr^{2}	lhə	?	dzjɨ̣^{2}	no^{2}	lhejr^{2}	ŋowr^{2}	ŋowr^{2}
出、	具	足	俱	全	安	乐	皆	皆

法而退失故，远离世间及出世间，一切具足丰饶③安乐。

① 本段文字汉文底本作“我于此法殷勤称赞，欲令众生而生爱乐，当得长夜利益安乐，为厌离故、寂灭故、遍知故。”西夏文在翻译时，按照文义对语序有所调整，将“于此法殷勤称赞”放在句末，又将“当得长夜利益安乐”与“为厌离故、寂灭故、遍知故”前后颠倒。

② 斯法，西夏文本作“[illegible]”，字面意思为“诸如是者”。

③ 丰饶，西夏文译为“[illegible]”，字面意思为“俱全”。下同。

23.13.4

[illegible]	[illegible]	[illegible]。	[illegible]	[illegible]	[illegible]	[illegible]	[illegible]，	[illegible]
dza̱^{1}	ka^{2}	ljɨ^{1}	bju^{2}	mjij^{1}	zjɨr^{1}	dźiã^{2}	tsjij^{2}	nji^{2}
远	离	也。	边	无	慧	情	悟，	汝
[illegible]	[illegible]	[illegible]	[illegible]	[illegible]	[illegible]	[illegible]	[illegible]	[illegible]
niọw^{1}	bjo̱^{1}	lew^{2}	thjɨ^{2}	mjor^{1}	ljij^{2}	·ju^{2}	thjɨ^{2}	na^{1}
复	观	当	此	如	来	前	此	深

无边慧，汝当复观如来现前此深

23.13.5

[illegible]	[illegible]，	[illegible]	[illegible]	[illegible]	[illegible]、	[illegible]	[illegible]①	[illegible]
tsji̱r^{1}	ljɨ̣^{1}	tśhjɨ^{1}	zjij^{1}	?	dzjɨ̣^{2}	tśhjɨ^{1}	zjij^{1}	rjir^{1}
法	宝，	其	时	俱	全、	其	时	得
[illegible]。	[illegible]	[illegible]	[illegible]	[illegible]	[illegible]	[illegible]	[illegible]	[illegible]
ljɨ̣^{2}	nji^{2}	sjij^{1}	thjɨ^{2}	źji^{2}	na^{1}	tsji̱r^{1}	·jɨr^{2}	djọ^{2}
易。	汝	今	此	甚	深	法	勤	修

法宝，若干丰饶、若干易得。汝今于此甚深之法应勤

23.13.6

[illegible]	[illegible]。	[illegible]	[illegible]	[illegible]	[illegible]，	[illegible]	[illegible]	[illegible]
dzjɨ̱^{2}	lew^{2}	rjur^{1}	wẹ^{1}	lə^{2}	dzjwo^{2}	ŋa^{2}	thjɨ^{2}	tsji̱r^{1}
习	应。	诸	愚	痴	人，	我	此	法
[illegible]	[illegible]	[illegible]，	[illegible]	[illegible]	[illegible]	[illegible]，	[illegible]	[illegible]
ljɨ̣^{2}	tshjịj^{1}	zjij^{1}	mji^{1}	tsjɨ^{1}	mji^{1}	kiẹj^{2}	niọw^{1}	ɣiwej^{1}
宝	说	时，	闻	尚	不	欲，	复	受

修习。诸有愚夫，于我演说此法宝时，尚不欲闻，

23.14.1

[illegible]	[illegible]	[illegible]	[illegible]	[illegible]？	[illegible]	[illegible]	[illegible]	[illegible]
·jij^{1}	njwi^{2}	tjị^{2}	ljọ^{2}	wjij^{2}	mjor^{1}	ljij^{2}	·ju^{2}	rjir^{2}

① [illegible][illegible]，对译“若干”，其中“[illegible]”是“[illegible]”的通假字。

持	能	处	岂	有？	如	来	前	前
[illegible]	[illegible]	[illegible]	[illegible]，	[illegible]	[illegible]	[illegible]	[illegible]，	[illegible]
tsji̱r^{1}	ljɨ̣^{1}	?	dzjɨ̣^{2}	nji^{2}	lhjɨj^{1}	mji^{1}	dzu^{1}	ɣju^{1}
法	宝	俱	全，	听	闻	不	乐，	咨

况能受持？如来现前法宝丰饶，不乐听闻，

23.14.2

[illegible]	[illegible]	[illegible]	[illegible]。	[illegible]	[illegible]	[illegible]	[illegible]	[illegible]
·jɨr^{1}	tsjɨ^{1}	mjɨ^{1}	dźjij	nio̱w^{1}	mjij^{2}	tsji̱r^{1}	kha^{1}	kụ^{1}
问	亦	不	肯。	复	末	法	中	后
[illegible]	[illegible]	[illegible]	[illegible]	[illegible]	[illegible]	[illegible]	[illegible]，	[illegible]
ŋwə^{1}	·jir^{2}	kjiw^{1}	tśhja^{2}	tsji̱r^{1}	dzjar^{2}	·jij^{1}	zjịj^{1}	tha^{1}
五	百	岁	正	法	灭	将	时，	佛

不欲咨问，于末世后五百岁正法灭时，佛

23.14.3

[illegible]	[illegible]	[illegible]	[illegible]	[illegible]	[illegible]	[illegible]	[illegible]	[illegible]
nio̱w^{1}	tsji̱r^{1}	ljɨ̣^{1}	nio̱w^{1}	tsji̱r^{1}	·jij^{1}	mjij^{2}	sọ^{1}	·ju^{2}
及	法	宝	及	法	持	者	三	前
[illegible]	[illegible]，	[illegible]	[illegible]	[illegible]	[illegible]	[illegible]	[illegible]	[illegible]
mji^{1}	dźji̱j^{1}	mji^{1}	ŋwe^{1}	nio̱w^{1}	ɣju^{1}	·jɨr^{1}	dzu^{1}	tjị^{2}
不	住，	闻	乐	及	咨	问	爱	处

及法宝及持法者三不现前，何能欲闻爱乐咨问？

23.14.4

[illegible]	[illegible]？	[illegible]	[illegible]	[illegible]	[illegible]	[illegible]，	[illegible]	[illegible]
ljọ^{2}	wjij^{2}	bju^{2}	mjij^{1}	zjɨr^{1}	dźiã^{2}	tsjij^{2}	kụ^{1}	lja^{1}
岂	有？	边	无	慧	情	悟，	后	来
[illegible]	[illegible]，	[illegible]	[illegible]	[illegible]	[illegible]	[illegible]	[illegible]①	[illegible]②
zjọ^{2}	ɣa^{2}	tjij^{1}	dzjwo^{2}	mjor^{1}	ljij^{2}	dźjɨ	wji^{1}	kjɨ^{1}

① [illegible][illegible]，字面义为“行为”，西夏语施动助词。

② [illegible]，动词趋向前缀，表示完成体向近方。

世	于，	若	人	如	来	行	为	△

无边慧，然于后时①，若为如来

23.14.5

[illegible]	[illegible]	[illegible]，	[illegible]	[illegible]	[illegible]	[illegible]	[illegible]	[illegible]
·wụ^{2}	bjij^{2}	ku^{1}	thjɨ^{2}	na^{1}	tsji̱r^{1}	ljɨ^{1}	rjir^{1}	tji̱^{2}
助	祐	则，	此	深	法	宝	得	处
[illegible]②	[illegible]。	[illegible]	[illegible]	[illegible]	[illegible]	[illegible]，	[illegible]	[illegible]
dja^{2}	wjij^{2}	bju^{2}	mjij^{1}	zjɨr^{1}	dźiã^{2}	tsjij^{2}	kụ^{1}	kja̱^{1}
△	有。	边	无	慧	情	悟，	后	怖

善加持③者，此深法宝亦令可得。无边慧，

23.14.6

[illegible]	[illegible]	[illegible]	[illegible]，	[illegible]	[illegible]	[illegible]	[illegible]	[illegible]
le^{2}	mji̱j^{2}	tsji̱r^{1}	kha^{1}	thjɨ^{2}	na^{1}	ljɨ^{1}	ŋjwo^{2}	dzəj^{1}
畏	末	法	中，	此	深	宝	损	减
[illegible]	[illegible]，	[illegible]	[illegible]	[illegible]④	[illegible]。	[illegible]	[illegible]	[illegible]
lew^{2}	mjij^{1}	dzjar^{2}	sji^{1}	ljɨ^{1}	nja̱^{2}	lew^{1}	thjɨ^{2}	tsji̱r^{1}
所	无，	灭	尽	亦	无。	唯	此	法

彼末法中怖畏时，此深法宝实无损减，亦无灭尽。但于此法，

23.15.1

[illegible]，	[illegible]	[illegible]	[illegible]	[illegible]，	[illegible]	[illegible]	[illegible]	[illegible]，
ɣa^{2}	nji^{2}	lhjɨj^{1}	mji̱j^{2}	mjij^{1}	ɣiwej^{1}	·jij^{1}	mji̱j^{2}	mjij^{1}
于，	听	闻	者	无，	受	持	者	无，
[illegible]	[illegible]	[illegible]	[illegible]	[illegible]	[illegible]	[illegible]	[illegible]	[illegible]
śji^{1}	ŋa^{2}	do^{2}	nji^{2}	lhjɨj^{1}	sjụ^{1}	pa̱^{2}	gjwɨ^{1}	zjir^{2}
前	我	处	听	闻	仰	渴	甲	胄

无听闻者，无受持者，唯除我前渴仰听闻被甲胄者，

① 后时，西夏本作“后来世”。
② [illegible]，动词趋向前缀，表示完成体离心方。
③ 加持，西夏文本对译为“[illegible]”（祐助）。
④ [illegible]，义为“并”“及”，此处相当于汉文本的“亦”。

23.15.2

[illegible]	[illegible]，	[illegible]	[illegible]	[illegible]	[illegible]	[illegible]	[illegible]	[illegible]
gjwi^{2}	mji̱j^{2}	tśhjwo^{1}	tśhjɨ^{1}	zjij^{1}	thjɨ^{2}	tsji̱r^{1}	nji^{2}	lhjɨj^{1}
被	者，	故	彼	时	斯	法	听	闻
[illegible]	[illegible]	[illegible]	[illegible]。	[illegible]	[illegible]	[illegible]	[illegible]	[illegible]
dzu^{1}	ŋwe^{1}	njwi^{2}	ljɨ^{1}	tśhjɨ^{1}	dzjɨj^{1}	dźiã^{2}	tśhju^{1}	thjɨ^{2}
爱	乐	能	也。	彼	时	情	有	此

当于彼时乃能爱乐听受斯法。彼时众生

23.15.3

[illegible]	[illegible]	[illegible]	[illegible]	[illegible]	[illegible]	[illegible]	[illegible]，	[illegible]
tsji̱r^{1}	mji^{1}	nio̱w^{1}	sej^{1}	dźiej^{2}	śjwo^{1}	njwi^{2}	tsjɨ^{1}	ŋa^{2}
法	闻	复	净	信	生	能	亦，	我
[illegible]	[illegible]	[illegible]	[illegible]	[illegible]	[illegible]	[illegible]	[illegible]	[illegible]
thja^{1}	dzjwo^{2}	·jij^{1}	kụ^{1}	thjɨ^{2}	wạ^{2}	ljij^{2}	tsji̱r^{1}	śjɨj^{1}
彼	人	之	后	斯	广	大	法	成

闻此法已能生净信，我说彼人当得成就斯广大法，

23.15.4–23.15.5

[illegible]	[illegible]	[illegible]。	[illegible]	[illegible]	[illegible]	[illegible]	[illegible]	[illegible]，	[illegible]	[illegible]
·jiw^{2}	njwi^{2}	tshjij^{1}	nio̱w^{1}	thjɨ^{2}	wjɨ^{2}	thjɨ^{2}	tsji̱r^{1}	ɣa^{2}	sej^{1}	dźiej^{2}
就	能	说。	又	此	时	此	法	于，	净	信
[illegible]	[illegible]	[illegible]	[illegible]	[illegible]	[illegible]	[illegible]	[illegible]	[illegible]	[illegible]？	
njij^{1}	śjwo^{1}	·jɨr^{2}	djọ^{2}	dźjij^{1}	tja^{1}	·jɨ^{2}	tjị^{2}	ljọ^{2}	wjij^{2}	
心	生	勤	修	行	者	谓	处	岂	有？	

况于今时于此法中，能生净信勤修行者？

汉文本

无边慧，汝观斯法若干广大，若干殊胜，若干清净。我于此法殷勤称赞，欲令众生而生爱乐，当得长夜利益安乐，为厌离故、寂灭故、遍知故。无边慧，汝当复观斯法，能授世间、出世间具足安乐。诸有若干匮乏众生，于此深法而退失故，远离世间及出世间，一切具足丰饶安乐。无边慧，汝当复观如来现

前此深法宝，若干丰饶、若干易得。汝今于此甚深之法应勤修习。诸有愚夫，于我演说此法宝时，尚不欲闻，况能受持？如来现前法宝丰饶，不乐听闻，不欲咨问，若于末世后五百岁正法灭时，佛及法宝及持法者三不现前，何能欲闻爱乐咨问？无边慧，然于后时，若为如来善加持者，此深法宝亦令可得。无边慧，彼怖畏时，此深法宝实无损减，亦无灭尽。但于此法，无听闻者，无受持者，唯除我前渴仰听闻被甲胄者，当于彼时乃能爱乐听受斯法。彼时众生闻此法已能生净信，我说彼人当得成就斯广大法，况于今时于此法中，能生净信勤修行者？

23.15.5

[illegible]	[illegible]	[illegible]	[illegible]	[illegible]，	[illegible]	[illegible]	[illegible]
bju²	mjij¹	zjɨr¹	dźiã²	tsjij²	rjur¹	po¹	tsa¹
边	无	慧	情	悟，	诸	菩	萨
[illegible]	[illegible]	[illegible]	[illegible]	[illegible]	[illegible]	[illegible]、	
ma²	ŋạ²	tsa¹	źji²	phju²	gjwɨ¹	zjir²	
摩	诃	萨	最	上	甲	胄、	

无边慧，诸菩萨摩诃萨被无上甲胄、

23.15.6

[illegible]	[illegible]	[illegible]	[illegible]、	[illegible]	[illegible]	[illegible]	[illegible]	[illegible]，
mjɨ¹	pjụ¹	gjwɨ¹	zjir²	ljịj²	gjwɨ¹	zjir²	gjwi²	zjịj¹
无	量	甲	胄、	大	甲	胄	被	时，
[illegible]	[illegible]	[illegible]	[illegible]，	[illegible]	[illegible]	[illegible]	[illegible]、	[illegible]
thjɨ²	sju²	ljɨ̣r²	wji¹	ŋa²	kie¹	mji¹	dźjij²	rejr²
是	如	念	作，	我	戒	无	有、	多

无量甲胄、大甲胄时，应作是念：我为一切匮乏[1]众生[2]，所谓乏[3]于戒者，

23.16.1

[illegible]	[illegible]	[illegible]、	[illegible]	[illegible]	[illegible]、	[illegible]	[illegible]	[illegible]
mji¹	mji¹	tśhju¹	źjɨr¹	mji¹	tśhju¹	bie²	lhew²	mji¹
闻	无	有、	慧	无	有、	解	脱	无
[illegible]、	[illegible]	[illegible]	[illegible]	[illegible]	[illegible]	[illegible]	[illegible]，	[illegible]

① 匮乏，西夏文译为“[illegible][illegible]”，字面意思为“穷尽、缺乏”。下同。

② 我为一切匮乏众生，西夏文本此句与下句“所谓乏于戒者、乏于闻者、乏于慧者、乏解脱者、乏于解脱知见者”语序颠倒。

③ 乏，西夏文译为“[illegible][illegible]”，字面义为“不有”。

tśhju1	bie2	lhew2	nwə1	ljịj2	mji1	tśhju1	mjịj2	sjwi1
有、	解	脱	知	见	无	有	者，	匮

乏于闻者、乏于慧者、乏解脱者、乏于解脱知见者，

23.16.2

lụ2	dźiã2	tśhju1	ŋowr2	ŋowr2	·jij1 ①	thjɨ2	ljịj2	tsjịr1
乏	情	有	皆	皆	之	此	大	法
ŋwu2	sə1	lhə	phjo2 ②	ŋa2 ③	thjɨ2	ljịj2	tsjịr1	ŋwu2
以	丰	足	令	我。	此	大	法	以

以此大法而丰足之。由是大法

23.16.3

sə1	lhə	niọw1	ku1	sjwi1	mjọ2	ŋowr2	ŋowr2	źji2
丰	足	故	则，	匮	乏	皆	皆	皆
dźjɨr1	ka2	phjo2	ŋa2	kie1	·war2	rejr2	mji1	·war2
舍	离	令	我。	戒	财、	多	闻	财、

丰足之故，一切匮乏皆令舍离。戒财、闻财、

23.16.4

rejr2	mji1	·war2 ④	źjɨr1	·war2	bie2	lhew2	·war2	bie2
多	闻	财、	慧	财、	解	脱	财、	解
lhew2	nwə1	ljịj2	·war2	źji2	lhə	phjo2	ŋa2	lẹj2
脱	知	见	财，	皆	足	令	我。	贪

① □，宾格助词，表明其前“一切匮乏众生”为宾语。
② □，是使动词“□”的衍生式，这里用于第一人称单数。
③ □，动词人称呼应后缀，表示第一人称单数。
④ □□□，意思是“多闻财”，涉上重复，当删。

慧财、解脱财、解脱知见财，皆令富饶。

23.16.5

[illegible]	[illegible]	[illegible]，	[illegible]	[illegible]	[illegible]	[illegible]。	[illegible]	[illegible]
tshja̱^{1}	lə^{2}	mə̱^{1}	źji^{2}	lha^{1}	phjo^{2}	ŋa^{2}	rjur^{1}	ŋo^{2}
嗔	痴	火，	皆	灭	令	我。	众	病
[illegible]	[illegible]，	[illegible]	[illegible]	[illegible]	[illegible]	[illegible]。	[illegible]	[illegible]
ŋowr^{2}	ŋowr^{2}	źji^{2}	tjij^{1}	ŋwər^{2}	phjo^{2}	ŋa^{2}	źji^{2}	phju^{2}
皆	皆	皆	除	愈	令	我。	最	上

贪嗔痴火，皆令息灭。一切众病，皆令除愈。无上

23.16.6

[illegible]	[illegible]，	[illegible]	[illegible]	[illegible]	[illegible]。	[illegible]	[illegible]	[illegible]
tsə̱^{1}	ŋa̱^{2}	źji^{2}	thji^{1}	phjo^{2}	ŋa^{2}	thjɨ^{2}	tsə̱^{1}	thji^{1}
药	良，	皆	服	令	我。	斯	药	服
[illegible]①	[illegible]	[illegible]	[illegible]	[illegible]，	[illegible]	[illegible]	[illegible]	[illegible]，
nio̱w^{1}	·ji^{1}	ŋo^{2}	źji^{2}	ŋwər^{2}	ljij^{2}	no^{2}	lhejr^{2}	rjir^{2}
后	众	病	皆	消，	大	安	乐	获，

良药，皆令服之。服斯药故众病消除，获大安乐，

23.17.1

[illegible]	[illegible]	[illegible]	[illegible]。	[illegible]	[illegible]	[illegible]	[illegible]	[illegible]
tśjo	gjij^{2}	dju^{1}	ka^{2}	gji^{1}	śju̱^{1}	tsji̱r^{2}	źji^{2}	phju^{2}
永	余	有	离。	清	凉	性	最	上
[illegible]	[illegible]	[illegible]，	[illegible]	[illegible]	[illegible]	[illegible]	[illegible]	[illegible]
djij^{2}	phã^{1}	lja̱^{1}	nio̱w^{1}	dzjij^{2}	sjwɨ^{1}	sē^{1}	bjo̱^{1}	thju̱^{1}
涅	槃	证，	复	余	思	惟	观	察

永离有余。证清凉性无上涅槃，无复有余思惟观察，

23.17.2

[illegible]，	[illegible]	[illegible]	[illegible]	[illegible]	[illegible]	[illegible]	[illegible]	[illegible]

① 原作"[illegible]"（不），为"[illegible]"（后）之形误。

mjij^{1}	dźiəj^{2}	lhe̱w^{2}	dźiəj^{2}	mə̣^{1}	ŋowr^{2}	ŋowr^{2}	mji^{1}	kjụ^{1}
无，	为	有	为	无	皆	皆	不	求
[illegible]	[illegible]	[illegible]。	[illegible]	[illegible]	[illegible]？	[illegible]	[illegible]	[illegible]
phjo^{2}	ŋa^{2}	·jɨ^{2}	thjij^{2}	sjo^{2}	ljɨ^{1}	thjɨ^{2}	djịj^{2}	phā^{1}
使	我	谓。	何	云	耶？	此	涅	槃

不求一切有为无为。何以故？以此涅槃

23.17.3

[illegible]	[illegible]	[illegible]	[illegible]	[illegible]，	[illegible]	[illegible]	[illegible]	[illegible]
tja^{1}	źji^{2}	phju^{2}	no^{2}	lhejr^{2}	kjụ^{1}	lew^{2}	ŋowr^{2}	ŋowr^{2}
者	最	上	安	乐，	求	所	皆	皆
[illegible]	[illegible]	[illegible]	[illegible]，	[illegible]	[illegible]	[illegible]	[illegible]	[illegible]
źji^{2}	sji^{1}	mji^{1}	rjir^{2}	kjụ^{1}	lew^{2}	tśjo	ta̱^{1}	dzjar^{2}
皆	尽	无	余，	求	所	永	息	灭

最上安乐，一切所求更无余故，所求永息已灭尽故。

23.17.4

[illegible]	[illegible]	[illegible]。	[illegible]	[illegible]	[illegible]	[illegible]	[illegible]，	[illegible]
sji^{1}	nio̱w^{1}	ljɨ^{1}	bju^{2}	mjij^{1}	zjɨr^{1}	dźiã^{2}	tsjij^{2}	rjur^{1}
尽	故	也。	边	无	慧	情	悟，	诸
[illegible]	[illegible]	[illegible]	[illegible]	[illegible]	[illegible]	[illegible]	[illegible]	[illegible]
po^{1}	tsa^{1}	ma^{2}	ŋa̱^{2}	tsa^{1}	thjɨ^{2}	sju^{2}	ljij^{2}	gjwɨ^{1}
菩	萨	摩	诃	萨	是	如	大	甲

无边慧，诸菩萨摩诃萨被于如是大甲胄已，

23.17.5

[illegible]	[illegible]，	[illegible]	[illegible]	[illegible]	[illegible]	[illegible]	[illegible]	[illegible]
zjir^{2}	gjwi^{2}	nio̱w^{1}	rjur^{1}	dźiã^{2}	tśhju^{1}	ŋowr^{2}	ŋowr^{2}	·jij^{1}
胄	被，	又	诸	情	有	皆	皆	之
[illegible]	[illegible]	[illegible]	[illegible]	[illegible]	[illegible]，	[illegible]	[illegible]	[illegible]
njij^{2}	śjow^{1}	ɣjiw^{1}	ɣiwej^{1}	nio̱w^{1}	ku^{1}	thjɨ^{2}	ljij^{2}	·ụ^{2}
哀	愍	摄	取	故	则，	此	大	乘

又为哀愍①摄取一切诸众生故，乘②此

23.17.6

[illegible]	[illegible]。	[illegible]	[illegible]	[illegible]	[illegible]，	[illegible]	[illegible]	[illegible]
bju^1	gjị^2	thjɨ^2	ljịj^2	·ụ^2	tja^1	wjɨ^2	rar^2	rjur^1
依	靠。	此	大	乘	者，	△	过	诸
[illegible]	[illegible]	[illegible]	[illegible]	[illegible]	[illegible]	[illegible]	[illegible]	[illegible]，
tha^1	śji^1	rjɨr^2	bju^1	gjị^2	nio̱w^1	lho	ka^2	rjir^2
佛	前	△	依	靠	及	出	离	得，

大乘。此大乘者，过去诸佛已乘出离，

23.18.1

[illegible]	[illegible]	[illegible]	[illegible]	[illegible]	[illegible]	[illegible]	[illegible]	[illegible]
mjij^2	ljij^2	rjur^1	tha^1	kụ^1	bju^1	gjị^2	nio̱w^1	lho
未	来	诸	佛	后	依	靠	及	出
[illegible]	[illegible]	[illegible]，	[illegible]	[illegible]	[illegible]	[illegible]	[illegible]	[illegible]
ka^2	rjir^2	lew^2	mjor^1	dźjịj^1	rjur^1	tha^1	tsjɨ^1	mjor^1
离	得	当，	现	在	诸	佛	亦	今

未来诸佛当乘出离，现在诸佛今乘出离，

23.18.2

[illegible]	[illegible]	[illegible]	[illegible]	[illegible]	[illegible]，	[illegible]	[illegible]	[illegible]
bju^1	gjị^2	nio̱w^1	lho	ka^2	rjir^2	bju^1	gjị^2	mjịj^2
依	靠	及	出	离	得，	依	靠	者
[illegible]③，	[illegible]	[illegible]	[illegible]	[illegible]，	[illegible]	[illegible]	[illegible]	[illegible]。
mjij^1	bju^1	gjị^2	tjị^2	mjij^1	lho	ka^2	tsjɨ^1	mjij^1
无，	依	靠	处	无，	出	离	亦	无。

无有去者，亦无有乘，亦无出离。

---

① 哀愍，西夏文作“[illegible]”，字面义为“慈悯”。

② 乘，西夏文作“[illegible]”，字面义为“依靠、依倚”。

③ [illegible]，意思是“无有乘者”，汉文本作“无有去者”。

23.18.3

[illegible]	[illegible]	[illegible]？	[illegible]	[illegible]	[illegible]、	[illegible]	[illegible]、	[illegible]
thjij^{2}	sjo^{2}	ljɨ^{1}	ŋa^{1}	·jij^{1}	mjij^{1}	tji̱^{1}	mjij^{1}	we̱^{1}
何	云	耶？	空	相	无、	愿	无、	生
[illegible]、	[illegible]	[illegible]	[illegible]	[illegible]。	[illegible]	[illegible]	[illegible]	[illegible]，
mjij^{1}、	wji^{1}	mjij^{2}	mjij^{1}	ljɨ^{1}	śji^{1}	lho	ka^{2}	nja̱^{2}
无、	作	者	无	也。	前	出	离	非，

何以故？以空无相、无愿、无生、无作者故。非已出离，

23.18.4

[illegible]	[illegible]	[illegible]	[illegible]，	[illegible]	[illegible]	[illegible]	[illegible]	[illegible]，
sjij^{1}	lho	ka^{2}	nja̱^{2}	kụ^{1}	lho	ka^{2}	nja̱^{2}	ŋwu^{2}
今	出	离	非，	当	出	离	非	以，
[illegible]	[illegible]	[illegible]	[illegible]	[illegible]	[illegible]	[illegible]	[illegible]	[illegible]，
thjɨ^{2}	·ụ^{2}	bju^{1}	gji̱^{2}	thjɨ^{2}	sju^{2}	lho	ka^{2}	tja^{1}
此	乘	依	靠	是	如	出	离	者，

非今出离，非当出离，乘此乘者如是出离，

23.18.5

[illegible]	[illegible]	[illegible]	[illegible]	[illegible]	[illegible]	[illegible]	[illegible]。	[illegible]
lho	ka^{2}	iej^{1}	ŋwu^{2}	zow^{2}	zjij^{1}	mji^{1}	dju^{1}	tsji̱r^{1}
出	离	善	为	执	着	不	有。	法
[illegible]	[illegible]	[illegible]，	[illegible]	[illegible]	[illegible]，	[illegible]	[illegible]	[illegible]
ŋowr^{2}	ŋowr^{2}	ɣa^{2}	dzow^{1}	ŋwej^{2}	nja̱^{2}	mji^{1}	dzow^{1}	ŋwej^{2}
皆	皆	于，	和	合	非，	不	和	合

为善出离而无执着。于一切法，非有和合，非无和合，

23.18.6

[illegible]，	[illegible]	[illegible]	[illegible]	[illegible]。	[illegible]	[illegible]	[illegible]①	[illegible]
nja̱^{2}	lja^{1}	mjij^{1}	śji^{1}	mjij^{1}	thjɨ^{2}	·ụ^{2}	tśja^{1}	ɣa^{2}

① 据汉文底本和西夏译本重出之文，“[illegible]”（道）前漏译“[illegible]”（此）字。

非，	来	无	去	无。	此	乘	道	于
[illegible]	[illegible]	[illegible]	[illegible]，	[illegible]	[illegible]	[illegible]，	[illegible]	[illegible]
lho	ka^{2}	zjij^{1}	tsjɨ^{1}	dzow^{1}	ŋwej^{2}	nja̱^{2}	mji^{1}	dzow^{1}
出	离	时	亦，	和	合	非，	不	和

无来无去。此乘此道而出离时，亦非和合，非不和

23.19.1

[illegible]	[illegible]①，	[illegible]	[illegible]	[illegible]	[illegible]。	[illegible]	[illegible]	[illegible]
ŋwej^{2}	nja̱^{2}	lja^{1}	mjij^{1}	śjɨ^{1}	mjij^{1}	thjɨ^{2}	·ụ^{2}	thjɨ^{2}
合	非，	来	无	去	无。	此	乘	此
[illegible]	[illegible]	[illegible]	[illegible]	[illegible]	[illegible]	[illegible]	[illegible]	[illegible]，
tśja^{1}	ljịj^{2}	gjwɨ^{1}	zjir^{2}	ɣa^{2}	lho	ka^{2}	zjij^{1}	tsjɨ^{1}
道	大	甲	胄	于	出	离	时	亦，

合，无来无去。此乘此道于大甲胄而出离时，

23.19.2

[illegible]	[illegible]	[illegible]，	[illegible]	[illegible]	[illegible]	[illegible]，	[illegible]	[illegible]
dzow^{1}	ŋwej^{2}	nja̱^{2}	mji^{1}	dzow^{1}	ŋwej^{2}	nja̱^{2}	lja^{1}	mjij^{1}
和	合	非，	不	和	合	非，	来	无
[illegible]	[illegible]，	[illegible]	[illegible]	[illegible]	[illegible]。	[illegible]	[illegible]	[illegible]
śjɨ^{1}	mjij^{1}	rjir^{2}	tji̱^{2}	mjij^{1}	ljɨ^{1}	bju^{2}	mjij^{1}	źjɨr^{1}
去	无，	得	处	无	也。	边	无	慧

亦非和合，非不和合，无来无去，不可得故。无边慧，

23.19.3

[illegible]	[illegible]，	[illegible]	[illegible]	[illegible]	[illegible]	[illegible]	[illegible]	[illegible]
dźiã^{2}	tsjij^{2}	rjur^{1}	po^{1}	tsa^{1}	ma^{2}	ŋạ^{2}	tsa^{1}	thjɨ^{2}
情	悟，	诸	菩	萨	摩	诃	萨	此
[illegible]	[illegible]、	[illegible]	[illegible]、	[illegible]	[illegible]	[illegible]②	[illegible]	[illegible]
gjwɨ^{1}	zjir^{2}	thjɨ^{2}	·ụ^{2}	thjɨ^{2}	tśja^{1}	ŋwu^{2}	śjwo^{1}	tshwew^{1}

① [illegible]，意思是"非不和合"，汉文底本脱漏此句。

② 据汉文底本和西夏译本重出之文，"[illegible]"当为"[illegible]"的通假字。

甲	胄、	此	乘、	此	道	是	发	趣

诸菩萨摩诃萨以此甲胄、此乘、此道而发趣之。

23.19.4

[illegible]。	[illegible]	[illegible]	[illegible]	[illegible]、	[illegible]	[illegible]、	[illegible]	[illegible]
ljɨ^{1}	niọw^{1}	thjɨ^{2}	gjwɨ^{1}	zjir^{2}	thjɨ^{2}	·ụ^{2}	thjɨ^{2}	tśja^{1}
也。	又	此	甲	胄、	此	乘、	此	道
[illegible]	[illegible]	[illegible]	[illegible]，	[illegible]	[illegible]	[illegible]	[illegible]、	[illegible]
ŋwu^{2}	śjwo^{1}	tshwew^{1}	zji̱j^{1}	tjij^{1}	·ju^{2}	mur^{1}	tsji̱r^{1}	tjij^{1}
以	发	趣	时，	若	夫	愚	法、	若

又此甲胄、此乘、此道而发趣时，

23.19.5

[illegible]	[illegible]	[illegible]、	[illegible]	[illegible]	[illegible]	[illegible]、	[illegible]	[illegible]
ɣiẹ^{2}	mji^{1}	tsji̱r^{1}	tjij^{1}	tjij^{1}	dwewr^{2}	tsji̱r^{1}	tjij^{1}	rjur^{1}
声	闻	法、	若	独	觉	法、	若	诸
[illegible]	[illegible]，	[illegible]	[illegible]	[illegible]	[illegible]	[illegible]	[illegible]	[illegible]
tha^{1}	tsji̱r^{1}	thja^{1}	tsji̱r^{1}	ŋa^{2}	rjir^{2}	tjij^{1}	khwa^{1}	tjij^{1}
佛	法，	彼	法	我	与	若	远	若

不作是念：若凡夫法、若声闻法、若缘觉①法、若诸佛法，彼法于我若远若

23.19.6

[illegible]	[illegible]	[illegible]。	[illegible]	[illegible]	[illegible]	[illegible]、	[illegible]	[illegible]、
njij^{1}	mji^{1}	·jɨ^{2}	tjij^{1}	ŋa^{1}	·jij^{1}	mjij^{1}	tjị^{1}	mjij^{1}
近	不	谓。	若	空	相	无、	愿	无、
[illegible]	[illegible]、	[illegible]	[illegible]，	[illegible]	[illegible]	[illegible]	[illegible]	[illegible]
wẹ^{1}	mjij^{1}	wji^{1}	mjij^{1}	tsji̱r^{1}	ŋa^{2}	rjir^{2}	tjij^{1}	khwa^{1}
生	无、	作	无，	法	我	与	若	远

近。亦不作念：若空无相、无愿、无生、无作，彼法于我若远

① 缘觉，西夏文《大宝积经》统一译为“[illegible]”，字面义为“独觉”。

23.20.1–23.20.2

[illegible]

tjij[1] njij[1] mji[1] ·jɨ[2] tjij[1] dwər[1] tjij[1] ka[2] tjij[1] dzjar[2] rjɨr[2] njɨ[2] ljịj[2]

若 近 不 谓。若 厌 若 离 若 灭，乃 至 大

[illegible]

pa[2] djịj[2] phã[1] tsjịr[1] ŋa[2] rjir[2] tjij[1] khwa[1] tjij[1] njij[1] mji[1] ·jɨ[2] ljɨ[2]

般 涅 盘，法 我 与 若 远 若 近 不 谓 也。

若近。亦不作念：若厌若离若灭，乃至大般涅槃，彼法于我若远若近。

汉文本

无边慧，诸菩萨摩诃萨，被无上甲胄、无量甲胄、大甲胄时，应作是念：我为一切匮乏众生，所谓乏于戒者、乏于闻者、乏于慧者、乏解脱者、乏于解脱知见者，以此大法而丰足之。由是大法丰足之故，一切匮乏皆令舍离。戒财、闻财、慧财、解脱财、解脱知见财，皆令富饶。贪嗔痴火，皆令息灭。一切众病，皆令除愈。无上良药，皆令服之。服斯药故众病消除，获大安乐，永离有余。证清凉性无上涅槃，无复有余思惟观察，不求一切有为无为。何以故？以此涅槃最上安乐，一切所求更无余故，所求永息已灭尽故。

无边慧，诸菩萨摩诃萨被于如是大甲胄已，又为哀愍摄取一切诸众生故，乘此大乘。此大乘者，过去诸佛已乘出离，未来诸佛当乘出离，现在诸佛今乘出离，无有去者，亦无有乘，亦无出离。何以故？以空无相、无愿、无生、无作者故。非已出离，非今出离，非当出离，乘此乘者如是出离，为善出离而无执着。于一切法，非有和合，非无和合，无来无去。此乘此道而出离时，亦非和合，无来无去。此乘此道于大甲胄而出离时，亦非和合，非不和合，无来无去，不可得故。

无边慧，诸菩萨摩诃萨以此甲胄、此乘、此道而发趣之。又此甲胄、此乘、此道而发趣时，不作是念：若凡夫法、若声闻法、若缘觉法、若诸佛法，彼法于我若远若近。亦不作念：若空无相、无愿、无生、无作，彼法于我若远若近。亦不作念：若厌若离若灭，乃至大般涅槃，彼法于我若远若近。

23.20.2

[illegible]

bju[2] mjij[1] źjɨr[1] dźiã[2] tsjij[2] thjɨ[2] ljịj[2] gjwɨ[1] zjir[2] thjɨ[2]

边 无 慧 情 悟，此 大 甲 胄、此

无边慧，此大甲胄、此乘、此

23.20.3

[illegible]

·ụ^{2}	thjɨ^{2}	tśja^{1}	tja^{1}	tshjɨ^{2}	tsjij^{2}	ŋowr^{2}	ŋowr^{2}	ɣiẹ^{2}
乘、	此	道	者，	菩	萨	皆	皆、	声
mji^{1}	ŋowr^{2}	ŋowr^{2}	tjij^{1}	dwewr^{2}	ŋowr^{2}	ŋowr^{2}	dźiã^{2}	tśhju^{1}
闻	皆	皆、	独	觉	皆	皆、	情	有

道，一切菩萨、一切声闻、一切缘觉、一切众生，

23.20.4

ŋowr^{2}	ŋowr^{2}	mju̱^{2}	ljɨj^{2}	mjɨ^{1}	wjị^{2}	niọw^{1}	·a	dṵ^{2}
皆	皆	动	摇	不	能，	而	阿	耨
tow^{1}	lo^{1}	sã^{1}	mjiw^{2}	sã^{1}	po^{1}	tjɨj^{1}	śjwo^{1}	tshwew^{1}
多	罗	三	藐	三	菩	提	发	趣

所不能动，而发趣于阿耨多罗三藐三菩提①。

23.20.5

ljɨ^{2}	bju^{2}	mjij^{1}	źjɨr^{1}	dźiã^{2}	tsjij^{2}	rjur^{1}	tha^{1}	rjur^{1}
也。	边	无	慧	情	悟，	诸	佛	世
pjụ^{1}	thjɨ^{2}	gjwɨ^{1}	zjir^{2}	thjɨ^{2}	·ụ^{2}	thjɨ^{2}	tśja^{1}	mji^{1}
尊	此	甲	胄、	此	乘、	此	道	不

无边慧，诸佛世尊于此甲胄、此乘、此道

23.20.6

mju̱^{2}	ljɨj^{2}	ku^{1}	tśhjwo^{1}	pa^{2}	djij^{2}	phã^{1}	thjij^{2}	sjo^{2}
动	摇	则	故	般	涅	槃。	何	云

① 阿耨多罗三藐三菩提，梵文 Anuttara-samyak-saṃbodhi，义为"无上正遍知"。西夏文译作"[illegible]"，其中汉文本"藐"，西夏文用"[illegible]"（mjiw^{2}）对译，此为西夏仁宗校译本的译法。西夏惠宗初译本往往译作"[illegible]"（bia^{1}）。

② 该字旁边有"倒文"（√）符号，西夏文本倒作"[illegible]"。

[illegible]?	[illegible]	[illegible]	[illegible]	[illegible]	[illegible]	[illegible]	[illegible]	[illegible]。
ljɨ²	rjur¹	tsji̱r¹	ŋowr²	ŋowr²	mjṳ²	tji̱²	mjij¹	ljɨ²
耶?	诸	法	皆	皆	动	可	不	也。

得不动已而般涅槃。何以故?一切诸法不可动故。

23.21.1

[illegible]	[illegible]	[illegible]	[illegible]	[illegible]	[illegible]	[illegible]	[illegible],	[illegible]
tsji̱r¹	tsji̱r²	ŋowr²	ŋowr²	tsji̱r¹	tsji̱r²	·jij¹	·jij¹	·jij¹
法	性	皆	皆	法	性	之	相,	相
[illegible]	[illegible]	[illegible],	[illegible]	[illegible]	[illegible]	[illegible],	[illegible]①	[illegible]
khwa¹	ka²	ku¹	·jij¹	gji¹	sej¹	ku¹	thjɨ²	gji¹
远	离	则,	相	清	净	则,	此	清

一切法性法性之相,相远离故,相清净故,遍清净故,

23.21.2

[illegible]	[illegible],	[illegible]	[illegible]	[illegible]	[illegible]	[illegible]、	[illegible]	[illegible]
sej¹	ku¹	thja¹	·jij¹	ŋwu²	bjo̱¹	thju̱¹	bu̱²	bjo̱¹
净	故,	彼	相	以	观	察、	胜	观
[illegible]、	[illegible]	[illegible]	[illegible]	[illegible]	[illegible]②	[illegible]。	[illegible]	[illegible]
thju̱¹	njɨ²	bjo̱¹	thju̱¹	we²	tji̱²	mjij¹	tsji̱r¹	·jij¹
察、	遍	观	察	为	可	不。	法	相

不可以相而为观察、为胜观察、为遍观察。

23.21.3

[illegible]	[illegible]	[illegible]	[illegible]	[illegible]	[illegible],	[illegible]	[illegible]	[illegible]
ŋowr²	ŋowr²	tsji̱r¹	·jij¹	·jij¹	tsji̱r²	thja¹	tsji̱r²	ŋwu²
皆	皆	法	相	之	性,	彼	性	以
[illegible]	[illegible]、	[illegible]	[illegible]	[illegible]、	[illegible]	[illegible]	[illegible]	[illegible]
bjo̱¹	thju̱¹	bu̱²	bjo̱¹	thju̱¹	njɨ²	bjo̱¹	thju̱¹	we²
观	察、	胜	观	察、	遍	观	察	为

① [illegible],据汉文底本,或为“[illegible]”(遍)之误。

② [illegible],附加在动词后,表示动作发生和进行的可能。

一切法相法相之性，不可以性而为观察、为胜观察、为遍观察。

23.21.4

[illegible]	[illegible]。	[illegible]	[illegible]	[illegible]	[illegible]	[illegible]	[illegible]	[illegible]
tjị^{2}	mjij^{1}	rjur^{1}	tsji̠r^{1}	ŋowr^{2}	ŋowr^{2}	tsji̠r^{2}	mjij^{1}	·jij^{1}
可	不。	诸	法	皆	皆	性	无	相
[illegible]，	[illegible]	[illegible]	[illegible]	[illegible]、	[illegible]	[illegible]	[illegible]	[illegible]，
mjij^{1}	dźju^{1}	sjwij^{1}	tjị^{2}	mjij^{1}	nẹ^{1}	tshjij^{1}	tjị^{2}	mjij^{1}
无，	显	示	可	不、	言	说	可	不，

一切诸法无性无相，不可显示、不可言说，

23.21.5

[illegible]	[illegible]	[illegible]	[illegible]	[illegible]	[illegible]	[illegible]	[illegible]	[illegible]
thjɨ^{2}	tja^{1}	rjur^{1}	tsji̠r^{1}	·jij^{1}	zjɨr^{1}	ɣiej^{1}	tsji̠r^{2}	·jij^{1}
此	为	诸	法	之	真	实	性	相
[illegible]。	[illegible]	[illegible]	[illegible]	[illegible]	[illegible]，	[illegible]	[illegible]	[illegible]
ŋwu^{2}	bju^{2}	mjij^{1}	źjɨr^{1}	dźiã^{2}	tsjij^{2}	thjɨ^{2}	sju^{2}	gjwɨ^{1}
也。	边	无	慧	情	悟，	此	如	甲

是为诸法真实性相。无边慧，如此甲

23.21.6

[illegible]、	[illegible]	[illegible]、	[illegible]	[illegible]	[illegible]	[illegible]	[illegible]	[illegible]，
zjir^{2}	thjɨ^{2}	·ụ^{2}	thjɨ^{2}	tśja^{1}	·jij^{1}	zjɨr^{1}	ɣiej^{1}	·jij^{1}
胄、	此	乘、	此	道	之	实	真	相，
[illegible]	[illegible]	[illegible]	[illegible]，	[illegible]	[illegible]	[illegible]	[illegible]、	[illegible]
tsjɨ^{1}	thja^{1}	wjɨ^{2}	sju^{2}	dźju^{1}	sjwij^{1}	tjị^{2}	mjij^{1}	nẹ^{1}
亦	彼	△	如，	显	示	可	不、	言

胄、此乘、此道真实之相，不可显示、不可言说，亦复如是①。

23.22.1

[illegible]	[illegible]	[illegible]。	[illegible]	[illegible]	[illegible]	[illegible]	[illegible]	[illegible]

① 亦复如是，西夏译文中该句与上句“不可显示、不可言说”语序颠倒。

tshjij^{1}	tjị^{2}	mjij^{1}	rjur^{1}	dźiã^{2}	tśhju^{1}	·jij^{1}	nwə^{1}	tsjij^{2}
说	可	不。	诸	情	有	之	知	悟
[illegible]	[illegible]，	[illegible]	[illegible]	[illegible]	[illegible]	[illegible]	[illegible]	[illegible]
phji^{1}	niọw^{1}	tsjịr^{1}	bji^{1}	pjɨr^{1}	ŋowr^{2}	ŋowr^{2}	lhu^{1}	dzja^{1}
令	故，	法	光	明	皆	皆	增	长

为令众生当了知故，增长一切法光明故，

23.22.2

[illegible]	[illegible]	[illegible]，	[illegible]	[illegible]	[illegible]、	[illegible]	[illegible]、	[illegible]
phji^{1}	niọw^{1}	ku^{1}	thjɨ^{2}	gjwɨ^{1}	zjir^{2}	thjɨ^{2}	·ụ^{2}	thjɨ^{2}
令	故	则，	此	甲	胄、	此	乘、	此
[illegible]	[illegible]，	[illegible]	[illegible]	[illegible]	[illegible]	[illegible]	[illegible]	[illegible]
tśja^{1}	ɣa^{2}	dź-	bju^{1}	thu^{1}	phjij^{1}	ljow^{2}	zjij^{1}	nẹ^{1}
道	于，	假	以	施	设	略	时	言

于此甲胄、此乘、此道，假以施设而略说之。

23.22.3

[illegible]。	[illegible]	[illegible]	[illegible]	[illegible]	[illegible]	[illegible]、	[illegible]	[illegible]、
tshjij^{1}	nji^{2}	sjij^{1}	tjij^{1}	thjɨ^{2}	gjwɨ^{1}	zjir^{2}	thjɨ^{2}	·ụ^{2}
说。	汝	今	若	此	甲	胄、	此	乘、
[illegible]	[illegible]	[illegible]	[illegible]	[illegible]	[illegible]	[illegible]，	[illegible]	[illegible]
thjɨ^{2}	tśja^{1}	wo^{2}	bju^{1}	dźjij^{1}	kiẹj^{2}	ku^{1}	thu^{1}	phjij^{1}
此	道	义	随	行	欲	则，	施	设

汝今若欲于此甲胄、此乘、此道随义行者，

23.22.4

[illegible]	[illegible]	[illegible]、	[illegible]	[illegible]	[illegible]	[illegible]	[illegible]、	[illegible]
bju^{1}	tji^{1}	dźjij^{1}	dźju^{1}	sjwij^{1}	bju^{1}	tji^{1}	dźjij^{1}	nẹ^{1}
以	勿	行、	显	示	以	勿	行、	言
[illegible]	[illegible]	[illegible]	[illegible]，	[illegible]	[illegible]	[illegible]	[illegible]。	[illegible]
tshjij^{1}	bju^{1}	tji^{1}	dźjij^{1}	wo^{2}	bju^{1}	dźjij^{1}	lew^{2}	wo^{2}
说	以	勿	行，	义	随	行	应。	义

勿以施设、勿以显示、勿以言说，应随义行。

23.22.5

[illegible]	[illegible]	[illegible]，	[illegible]	[illegible]	[illegible]	[illegible]	[illegible]、	[illegible]
bju¹	dźjịj¹	tja¹	zjɨ̱r¹	zjịj¹	dźjịj¹	lew²	mjịj¹	zjɨ̱r¹
随	行	者，	少	许	行	应	无	少
[illegible]①	[illegible]	[illegible]。	[illegible]	[illegible]	[illegible]	[illegible]	[illegible]，	[illegible]
zjịj¹	bju¹	dźjịj¹	wo²	nja̱²	bju¹	tji¹	dźjịj¹	wo²
时	随	行。	义	非	随	不	行，	义

随义行者，无少应行、无少随行②。若于非义不应随行，

23.22.6

[illegible]	[illegible]	[illegible]	[illegible]。	[illegible]	[illegible]	[illegible]	[illegible]，	[illegible]
ŋwu²	bju¹	dźjịj¹	lew²	wo²	bju¹	dźjịj¹	zjịj¹	ɣiẹ²
是	随	行	应。	义	随	行	时，	声
[illegible]	[illegible]	[illegible]、	[illegible]	[illegible]	[illegible]	[illegible]、	[illegible]	[illegible]
bju¹	mji¹	dźjịj¹	dji²	bju¹	mji¹	dźjịj¹	ŋwu̱¹	bju¹
随	不	行、	字	随	不	行、	语	随

若于是义则应随行。随义行时，不随声行、不随字行、不随语行，

23.23.1

[illegible]	[illegible]，	[illegible]	[illegible]	[illegible]	[illegible]	[illegible]	[illegible]，	[illegible]
mji¹	dźjịj¹	dźjɨ	dźjịj¹	mjịj²	bju¹	mji¹	śjwo¹	thja²
不	行，	行	行	者	随	不	起，	彼
[illegible]	[illegible]	[illegible]。	[illegible]	[illegible]	[illegible]	[illegible]	[illegible]？	[illegible]
bju¹	mji¹	śjwiw²	wo²	tja¹	ljɨ̣¹	kjɨ¹	ŋwu²	dwu̱²
随	不	转。	义	者	何	△	为？	秘

不随行者，不随彼转。何者为义？

23.23.2

[illegible]	[illegible]	[illegible]。	[illegible]	[illegible]	[illegible]	[illegible]，	[illegible]	[illegible]

① [illegible][illegible]，即“[illegible][illegible]”，意思是“少许”。其中“[illegible]”是“[illegible]”的通假字。

② 无少随行，西夏文本作“少随行”，似脱漏一个“无”字。

rjɨj²	tshjịj¹	ŋwu²	dwụ²	rjɨj²	tshjịj¹	ɣa²	bju¹	dwewr²
秘	说	是。	秘	密	说	于,	随	觉
[illegible]	[illegible]	[illegible]	[illegible]	[illegible]	[illegible]	[illegible]	[illegible]	[illegible]
tsjij²	lew²	dźiej²	bju¹	dźjịj¹	lew²	dźiej²	bju¹	dźjịj¹
悟	应,	信	以	行	应。	信	以	行

谓秘密说。于秘密说,应随觉了,应以信行。以信行

23.23.3

[illegible]	[illegible]	[illegible]	[illegible]	[illegible]	[illegible]	[illegible]	[illegible]	[illegible]
tja¹	thjɨ²	sju²	wo²	kha¹	phjo²	kar²	lew²	mjij¹
者,	是	如	义	中	分	别	所	无,
[illegible]	[illegible]	[illegible]	[illegible]	[illegible]	[illegible]	[illegible]	[illegible]	[illegible]
kar²	lew²	mjij¹	ɣa²	thja¹	bju¹	dźjịj¹	lew²	thja¹
分	别	无	于,	彼	随	行	应。	彼

者,于是义中无所分别,于无分别,乃应随行。

23.23.4

[illegible]	[illegible]	[illegible]	[illegible]	[illegible]	[illegible]	[illegible]	[illegible]	[illegible]
bju¹	dźjịj¹	tsjɨ¹	bju¹	dźjịj¹	nja̱²	nio̱w¹	mji¹	bju¹
随	行	虽,	随	行	非	及	不	随
[illegible]	[illegible]	[illegible]	[illegible]	[illegible]	[illegible]	[illegible]	[illegible]	[illegible]
dźjịj¹	tsjɨ¹	nja̱²	thjij²	sjo²	ljɨ¹	thjɨ²	sju²	wo²
行	亦	非,	何	云	耶?	是	如	义

应随行者,乃为不行亦不随行,何以故? 于是义

23.23.5

[illegible]	[illegible]	[illegible]	[illegible]	[illegible]	[illegible]	[illegible]	[illegible]	[illegible]
kha¹	zjɨ̣r¹	zjij¹	dźjịj¹	mjij¹	zjɨ̣r¹	zjij¹	bju¹	dźjịj¹
中	少	时	行	无、	少	许	随	行
[illegible]	[illegible]	[illegible]	[illegible]	[illegible]	[illegible]	[illegible]	[illegible]	[illegible]
mjij¹	zjɨ̣r¹	zjij¹	njɨ²	dźjịj¹	mjij¹	dźjịj¹	khwa	ka²
无、	少	时	遍	行	无、	行	远	离

中无少有行、无少随行、无少遍行，远离行故，

23.23.6

[illegible]，	[illegible]	[illegible]	[illegible]	[illegible]，	[illegible]	[illegible]	[illegible]	[illegible]	[illegible]
ku^{1}	bju^{1}	ɣa^{2}	mji^{1}	dźjij^{1}	po^{1}	tjɨj^{1}	rjir^{2}	bju^{1}	śjij^{1}
故，	随	于	不	行，	菩	提	与	相	应
[illegible]	[illegible]	[illegible]，	[illegible]	[illegible]	[illegible]	[illegible]	[illegible]	[illegible]	
mji^{1}	bju^{1}	dźjij^{1}	dźiə^{2}	dźiej^{2}	rjir^{2}	bju^{1}	śjij^{1}	bju^{1}	
不	随	行，	流	转	与	依	顺	随	

不应随行，不随菩提相应而行，不随流转相应而行。

23.24.1–23.24.2

[illegible]	[illegible]。	[illegible]	[illegible]	[illegible]	[illegible]	[illegible]	[illegible]	[illegible]，	[illegible]	[illegible]	[illegible]	[illegible]，
mji^{1}	dźjij^{1}	thja^{1}	bju^{1}	śjij^{1}	mji^{1}	bju^{1}	śjij^{1}	ɣa^{2}	źji^{2}	phji^{1}	wji^{1}	nja̱^{2}
不	行。	彼	依	顺	不	依	顺	于，	皆	意	作	非，
[illegible]	[illegible]	[illegible]	[illegible]，	[illegible]	[illegible]	[illegible]	[illegible]，	[illegible]	[illegible]	[illegible]	[illegible]	[illegible]。
źji^{2}	tśhja^{2}	ljɨ̱r^{2}	nja̱^{2}	ljɨ̱r^{2}	gji^{1}	sej^{1}	ku^{1}	tśhjwo^{1}	dźjij^{1}	lew^{2}	nja̱^{2}	ljɨ^{1}
皆	正	念	非，	念	清	净	则，	故	行	应	不	也。

于彼相应及不相应，皆非作意，皆非正念，念清净故，故不应行。

汉文本

无边慧，此大甲胄、此乘、此道，一切菩萨、一切声闻、一切缘觉、一切众生所不能动，而发趣于阿耨多罗三藐三菩提。

无边慧，诸佛世尊于此甲胄、此乘、此道得不动已而般涅槃。何以故？一切诸法不可动故。一切法性法性之相，相远离故，相清净故，遍清净故，不可以相而为观察、为胜观察、为遍观察。一切法相法相之性，不可以性而为观察、为胜观察、为遍观察。一切诸法无性无相，不可显示、不可言说，是为诸法真实性相。

无边慧，如此甲胄、此乘、此道真实之相，不可显示、不可言说，亦复如是。为令众生当了知故，增长一切法光明故，于此甲胄、此乘、此道，假以施设而略说之。汝今若欲于此甲胄、此乘、此道随义行者，勿以施设、勿以显示、勿以言说，应随义行。随义行者，无少应行、无少随行。若于非义不应随行，若于是义则应随行。随义行时，不随声行、不随字行、不随语行，不随行者，不随彼转。何者为义？谓秘密说。于秘密说，应随觉了，应以信行。以信行者，于是义中无所分别，于无分别，乃应随行。应随行者，乃为不行亦不随行。何以故？于是义中无少有行、无少随行、无少遍行，远离行故，不应随行，不

随菩提相应而行,不随流转相应而行。于彼相应及不相应,皆非作意,皆非正念,念清净故,故不应行。

23.24.2

[illegible]	[illegible]	[illegible]	[illegible]	[illegible],	[illegible]	[illegible]	[illegible]	[illegible],	[illegible]
bju^{2}	mjij^{1}	źjɨr^{1}	dźiã^{2}	tsjij^{2}	thjɨ^{2}	sju^{2}	wo^{2}	kha^{1}	nji^{2}
边	无	慧	情	悟,	是	如	义	中,	汝

无边慧,于是义中,

23.24.3

[illegible]	[illegible]	[illegible],	[illegible]	[illegible]	[illegible]	[illegible],	[illegible]	[illegible]
bju^{1}	dźjịj^{1}	lew^{2}	do^{2}	bju^{1}	tji^{1}	dźjịj^{1}	tjij^{1}	do^{2}
随	行	应,	异	随	勿	行,	若	异
[illegible]	[illegible]	[illegible]	[illegible]	[illegible]	[illegible]	[illegible]。	[illegible]	[illegible]
bju^{1}	dźjịj^{1}	ku^{1}	dzji^{1}	dạ^{2}	mjij^{2}	we^{2}	mə^{2}	ɣię^{2}
随	行	则	妄	失	者	为。	音	声

汝应随行,勿异有行①,若异随行则为妄失。

23.24.4

[illegible]	[illegible]、	[illegible]	[illegible]	[illegible]	[illegible]、	[illegible]	[illegible]	[illegible]
bju^{1}	śjwiw^{2}	·jwɨr^{2}	dji^{2}	bju^{1}	śjwiw^{2}	ŋwu̱^{1}	dạ^{2}	bju^{1}
随	逐、	文	字	随	逐、	语	言	随
[illegible],	[illegible]	[illegible]	[illegible]	[illegible]	[illegible]	[illegible]	[illegible]	[illegible]。
śjwiw^{2}	thja^{1}	ŋwu̱^{1}	dạ^{2}	ɣa^{2}	dźjɨr^{1}	ka^{2}	mjɨ^{1}	njwi^{2}
逐,	彼	语	言	于	舍	离	不	能。

随逐音声、随逐文字、随逐语言,于彼语言不能舍离。

23.24.5

[illegible]	[illegible]	[illegible]	[illegible]	[illegible]	[illegible]	[illegible]	[illegible]	[illegible]
mə^{2}	ɣię^{2}	·jwɨr^{2}	dji^{2}	gjij^{1}	dzjij^{1}	źji^{2}	nwə^{1}	ŋwu̱^{1}
音	声	文	字	超	过	遍	知	语
[illegible]	[illegible]	[illegible]	[illegible],	[illegible]	[illegible]	[illegible]	[illegible],	[illegible]

① 勿异有行,西夏文作"勿异随行"。

dạ² bju¹ dwewr² ku¹ tśhjwo¹ mji¹ bju¹ dźjịj¹ mji¹

言 随 觉 则, 故 不 随 行, 不

遍知音声、超过文字①、随觉语言,则不随行,则不

23.24.6

[illegible]

dźiə² dźiej² ljɨ¹ thjɨ² sju² wo² kha¹ thjɨ² sju²

流 转 也。 是 如 义 中, 是 如

[illegible]

bju¹ dźjịj¹ thjɨ² sju² bju¹ ·o² ku¹ zjɨ̣r¹ zjịj¹

随 行、 是 如 随 入 则, 少 许

流转。于是义中,如是随行、如是随入,则无少行,

23.25.1

[illegible]

dźjịj¹ mjij¹ dźjịj¹ djɨj² tạ¹ ljɨ¹ bju² mjij¹ źjɨr¹

行 无, 行 息 止 也。 边 无 慧

[illegible]

dźiã² tsjij² wo² bju¹ dźjịj¹ zjij¹ dźjịj¹ ŋwu² wo²

情 悟, 义 于 行 时, 行 以 义

行止息故。无边慧,于义行时,

23.25.2

[illegible]

bju¹ tji¹ dźjịj¹ tjij¹ dźjịj¹ ŋwu² wo² bju¹ mji¹

于 勿 行。 若 行 以 义 随 不

[illegible]

dźjịj¹ ku¹ tśhjwo¹ mji¹ lja¹ we² niọw¹ mji¹ ŋwer²

行 则, 故 不 来 为, 复 不 退

勿复以行而行于义。若不以行而行于义,则为不来,不复退还。

① 遍知音声、超过文字,西夏译文并作"遍知超过音声文字"。

23.25.3

[illegible]。	[illegible]	[illegible]	[illegible]	[illegible]①	[illegible]	[illegible]	[illegible]	[illegible],
lhjwo[1]	tjij[1]	mji[1]	lja[1]	nio̱w[1]	ŋwer[2]	lhjwo[1]	rjir[1]	ku[1]
还。	若	不	来	复	退	还	得	则,
[illegible]	[illegible]	[illegible]、	[illegible]	[illegible]、	[illegible]	[illegible]	[illegible]	[illegible]
thjɨ[2]	gjwɨ[1]	zjir[2]	thjɨ[2]	·ụ[2]	thjɨ[2]	tśja[1]	śjij[1]	bju[1]
此	甲	胄、	此	乘、	此	道	顺	随

若得不来不复退还,于此甲胄、此乘、此道,随顺

23.25.4

[illegible]	[illegible]	[illegible]	[illegible]	[illegible]	[illegible]	[illegible]	[illegible]	[illegible]
·a	dụ[2]	tow[1]	lo[1]	sã[1]	mjiw[2]	sã[1]	po[1]	tjɨj[1]
阿	耨	多	罗	三	藐	三	菩	提
[illegible]	[illegible],	[illegible]	[illegible]	[illegible]	[illegible]	[illegible]	[illegible]	[illegible]
rijir[2]	tshwew[1]	rjur[1]	dźiã[2]	tśhju[1]	·jij[1]	ljij[2]	mji̱[2]	wji[1]
方	趣,	诸	情	有	之	大	饶	作

趣于阿耨多罗三藐三菩提,为诸众生作大饶益②。

23.25.5

[illegible]。	[illegible]	[illegible]	[illegible]	[illegible]	[illegible],	[illegible]	[illegible]	[illegible]
ljɨ[1]	bju[2]	mjij[1]	źjɨr[1]	dźiã[2]	tsjij[2]	tjij[1]	thjɨ[2]	tsji̱r[1]
也。	边	无	慧	情	悟,	若	此	法
[illegible]	[illegible]	[illegible]	[illegible]	[illegible]、	[illegible]	[illegible]	[illegible]	[illegible]、
bju[1]	thjɨ[2]	sju[2]	nẹ[1]	tshji̱j[1]	wo[2]	bju[1]	djọ[2]	dźjij[1]
依	是	如	宣	说、	义	随	修	行、

无边慧,若于此法如是说者、随义行者、

23.25.6

[illegible]	[illegible]	[illegible]	[illegible],	[illegible]	[illegible]	[illegible]	[illegible],	[illegible]

① “[illegible]”字下脱一“[illegible]”(不)字。

② 大饶益,西夏文作“[illegible][illegible]”(大饶),漏译“[illegible]”(益)字。

thjɨ^{2}	sju^{2}	bju^{1}	·o^{2}	njɨj^{1}	mji^{1}	tśhjɨ̠^{2}	tśhju̠^{2}	·jiw^{2}
是	如	随	入，	心	不	颠	倒，	疑
[illegible]	[illegible]	[illegible]，	[illegible]	[illegible]	[illegible]	[illegible]	[illegible]。	[illegible]
ljɨ̣j^{1}	mji^{1}	dju^{1}	bu̠^{2}	tsjij^{2}	ljɨ̣^{1}	śjɨj^{1}	·jiw^{2}	tjij^{1}
惑	无	有，	胜	解	及	成	就。	若

能随入者，心不颠倒，无有疑惑，成就胜解。

23.26.1

[illegible]	[illegible]	[illegible]、	[illegible]	[illegible]、	[illegible]	[illegible]	[illegible]	[illegible]
thjɨ^{2}	gjwɨ^{1}	zjir^{2}	thjɨ^{2}	·ụ^{2}	thjɨ^{2}	tśja^{1}	mjij^{2}	ɣjiw^{1}
此	甲	胄、	此	乘、	此	道	未	摄
[illegible]	[illegible]，	[illegible]	[illegible]	[illegible]	[illegible]	[illegible]	[illegible]	[illegible]
ɣiwej^{1}	ku^{1}	xja^{1}	ɣjiw^{1}	ɣiwej^{1}	njwi^{2}	xja^{1}	śjwo^{1}	tshwew^{1}
取	则，	速	摄	取	能，	速	发	趣

于此甲胄、此乘、此道若未摄取，能摄取之，速当发趣。

23.26.2

[illegible]。	[illegible]	[illegible]	[illegible]	[illegible]	[illegible]	[illegible]	[illegible]，	[illegible]
lew^{2}	tjij^{1}	thjɨ^{2}	gjwɨ^{1}	zjir^{2}	mjij^{2}	gjwi^{2}	ku^{1}	tśhjɨ^{2}
当。	若	斯	甲	胄	未	被	则，	忽
[illegible]	[illegible]	[illegible]；	[illegible]	[illegible]	[illegible]	[illegible]	[illegible]	[illegible]
rjar^{2}	gjwi^{2}	njwi^{2}	tjij^{1}	thjɨ^{2}	·ụ^{2}	ɣa^{2}	mjij^{2}	bju^{1}
速	被	能；	若	此	乘	于	未	依

若有未被斯甲胄者，则能速被；若有未乘于此乘者，

23.26.3

[illegible]	[illegible]，	[illegible]	[illegible]	[illegible]	[illegible]；	[illegible]	[illegible]	[illegible]
gjɨ̣^{2}	ku^{1}	tśhjɨ^{2}	bju^{1}	gjɨ̣^{2}	njwi^{2}	tjij^{1}	thjɨ^{2}	tśja^{1}
靠	则，	速	依	靠	能；	若	此	道
[illegible]	[illegible]	[illegible]	[illegible]，	[illegible]	[illegible]	[illegible]	[illegible]	[illegible]。
ɣa^{2}	mjij^{2}	dźjɨj^{1}	ku^{1}	tśhjɨ^{2}	rjar^{2}	dźjɨj^{1}	njwi^{2}	ljɨ^{1}
于	未	住	则，	忽	速	住	能	也。

则能速乘；若有未住于此道者，则能速住。

23.26.4

[illegible]	[illegible]	[illegible]	[illegible]	[illegible]，	[illegible]	[illegible]	[illegible]	[illegible]
bju^{2}	mjij^{1}	źjɨr^{1}	dźiã^{2}	tsjij^{2}	thja^{1}	rjur^{1}	dźiã^{2}	tśhju^{1}
边	无	慧	情	悟，	彼	诸	情	有
[illegible]	[illegible]	[illegible]	[illegible]	[illegible]	[illegible]	[illegible]	[illegible]	[illegible]，
kụ^{1}	wạ^{2}	ljịj^{2}	ljo^{1}	tśhja^{2}	·wụ^{2}	dźjwij^{2}	ɣjiw^{1}	njwi^{2}
后	广	大	福	德	资	粮	摄	能，

无边慧，彼诸众生当摄广大福德资粮，

23.26.5

[illegible]	[illegible]	[illegible]	[illegible]	[illegible]	[illegible]	[illegible]	[illegible]，	[illegible]
tha^{1}	rjur^{1}	pjụ^{1}	·jij^{1}	ljɨ̱r^{2}	·wejr^{2}	lew^{2}	we^{2}	tsji̱r^{1}
佛	世	尊	之	念	护	所	为，	法
[illegible]	[illegible]	[illegible]，	[illegible]	[illegible]	[illegible]	[illegible]	[illegible]。	[illegible]
rjir^{2}	mji^{1}	ljwu^{1}	sẽ^{1}	rjir^{2}	dźjɨ	thwu̱^{1}	ljɨ^{1}	bju^{2}
与	无	违，	僧	与	行	同	也。	边

为佛世尊之所护念，于法无违，与僧同行。

23.26.6

[illegible]	[illegible]	[illegible]	[illegible]，	[illegible]	[illegible]	[illegible]	[illegible]	[illegible]
mjij^{1}	źjɨr^{1}	dźiã^{2}	tsjij^{2}	nji^{2}	mjɨ^{1}	pjụ^{1}	ne̱w^{2}	tśhji^{2}
无	慧	情	悟，	汝	无	量	善	根
[illegible]	[illegible]	[illegible]	[illegible]，	[illegible]	[illegible]	[illegible]	[illegible]	[illegible]
źji^{2}	ɣjiw^{1}	ɣiwej^{1}	njwi^{2}	kụ^{1}	mjij^{2}	tsji̱r^{1}	kha^{1}	thjɨ^{2}
皆	摄	取	能，	后	末	法	中	此

无边慧，汝已摄取无量善根，于后末世

23.27.1–23.27.2

[illegible]	[illegible]	[illegible]	[illegible]	[illegible]	[illegible]	[illegible]	[illegible]	[illegible]，	[illegible]	[illegible]	[illegible]	[illegible]
sju^{2}	tsji̱r^{1}	ŋwu^{2}	rjur^{1}	dźiã^{2}	tśhju^{1}	·jij^{1}	ɣjiw^{1}	lew^{2}	rjur^{1}	dźiã^{2}	tśhju^{1}	nio̱w^{1}

如 法 以 诸 情 有 之 摄 当， 诸 情 有 为

[illegible]

·ụ2 ljɨ1 ·ụ2 wạ2 lhjụ2 rjir2 ljo1 tśhja2 tja1 pjụ1 tshjij1 tjị2 mjij1

荷 重 荷 担， 获 得 福 德 者 量 说 处 无。

当以此法摄诸众生，为诸众生荷负重担，所获福德其量难说。

汉文本

无边慧，于是义中，汝应随行，勿异有行，若异随行则为妄失。随逐音声、随逐文字、随逐语言，于彼语言不能舍离。遍知音声、超过文字、随觉语言，则不随行，则不流转。于是义中，如是随行、如是随入，则无少行，行止息故。

无边慧，于义行时，勿复以行而行于义。若不以行而行于义，则为不来，不复退还。若得不来不复退还，于此甲胄、此乘、此道，随顺趣于阿耨多罗三藐三菩提，为诸众生作大饶益。

无边慧，若于此法如是说者、随义行者、能随入者，心不颠倒，无有疑惑，成就胜解。于此甲胄、此乘、此道若未摄取，能摄取之，速当发趣。若有未被斯甲胄者，则能速被；若有未乘于此乘者，则能速乘；若有未住于此道者，则能速住。

无边慧，彼诸众生当摄广大福德资粮，为佛世尊之所护念，于法无违，与僧同行。

无边慧，汝已摄取无量善根，于后末世当以此法摄诸众生，为诸众生荷负重担，所获福德其量难说。

23.27.2

[illegible]①

tśhjɨ1 zjọ2 rjur1 pjụ1 tśhjwo1 ljạ1 dạ2 rjɨr2 tshjij1

尔 时 世 尊， 故 偈 言 △ 说：

尔时世尊而说偈言：

23.27.3

[illegible]

dźiã2 tsjij2 le2 mjij1 mjij2 thjɨ2 sju2 zjir2 gjwi2 zjij1 rjur1 dźiã2 tśhju1 gjij1 niow1

情 悟 畏 无 者， 是 如 甲 被 时， 诸 情 有 利 为，

菩萨无畏者，如是被甲时，为利诸众生，

① [illegible]，动词趋向前缀，表示完成体不定方。

23.27.4

tśhjw[1] bju[2] mjij[1] zjir[2] gjwi[2] tjij[1] dźiã[2] tśhju[1] sji[1] lụ[2] tśjị[1] lə[1] tsji̱r[1] ·war[2] mjij[1]

故 边 无 甲 被。若 情 有 贫 乏，苦 弊 法 财 无，

乃被无边甲。众生若贫乏，弊苦无法财，

23.27.5

kie[1] mjij[1] rejr[2] mji[1] mjij[1] źjɨr[1] mjij[1] bie[2] lhew[2] mjij[1] bju[2] mjij[1] zjir[2] gjwi[2] ku[1]

戒 无 多 闻 无，慧 无 解 脱 无。边 无 甲 被 则，

无戒无多闻，无慧无解脱。被此无边甲，

23.27.6

tsji̱r[1] ·war[2] sə[1] lhə phji[1] tsji̱r[1] ·war[2] sə[1] lhə nio̱w[1] to[2] źji[2] no[2] lhejr[2] lhjụ[2]

法 财 满 足 令，法 财 满 足，及 悉 皆 安 乐 获。

令法致丰饶①，以法丰饶故，一切获安乐。

23.28.1

rjur[1] lụ[2] tśjị[1] phjɨ[1] nio̱w[1] źji[2] phju[2] tsji̱r[1] nẹ[1] tshjij[1] mji[1] tja[1] źji[2] ror[2] ka[2]

诸 贫 苦 舍 为，最 上 法 演 说，闻 者 皆 尘 离，

为舍诸贫苦，演说无上法，闻者皆离尘，

23.28.2

thjɨ[2] lhejr[2] no[2] tśja[1] dźji̱[1] kie[1] ŋur[1] źji[2] ŋowr[2] lhə rejr[2] mji[1] ljij[2] ŋjow[2] sju[2]

斯 安 乐 道 住。戒 蕴 皆 充 足，多 闻 大 海 如，

住斯安乐道。戒蕴备充足，多闻如大海，

① 令法致丰饶，西夏文作"令法财丰饶"。丰饶，西夏译文作"[illegible]"，意思是"满足"。本卷上文，另使用"[illegible]"对译"丰饶"(参见23.13.3)。

23.28.3

[illegible]

xja^1 źji^2 phju^2 źjɨr^1 rjir^1 thjɨ^2 nio̱w^1 tśjɨ̱r^2 tjwɨ^1 njwi^2 bie^2 lhew^2 njɨ^2 swew^1 swew^1

便 最 上 慧 得，斯 由 缚 断 能。解 脱 遍 明 照，

便得最上慧，由斯能断缚。解脱遍照明，

23.28.4

[illegible]

bie^2 lhew^2 tśhja^2 nwə^1 ljij^2 tjij^1 mjor^1 lja̱^{1} njwi^2 ku^1 to^2 źji^2 no^2 lhejr^2 rjir^2

解 脱 正 知 见，若 现 证 能 则，悉 皆 安 乐 得。

解脱正知见，若能现证者，一切获安乐。

23.28.5

[illegible]①

le̱j^2 tshja̱^{1} lə^2 ljij^2 mə̱^{1} ·ju^2 lu^2 njɨ^2 pju^2 lu^2 dźiã^2 tśhju^1 thjɨ^2 nio̱w^1 tśji̱^{1}

贪 嗔 痴 大 火，恒 烧 等 炽 燃，情 有 是 由 苦，

贪嗔痴大火，恒烧遍炽燃，众生由是苦，

23.28.6

[illegible]

ŋa^2 thja^1 mə̱^{1} lwa̱^{1} phji^1 dźiã^2 tśhju^1 ·jij^1 tsə̱^{1} khjow^1 rjur^1 ŋo^2 źji^2 ŋwər^2 phji^1

我 彼 火 灭 令。情 有 之 药 授，诸 病 皆 除 令，

彼火我令灭。授诸众生药，一切病皆除，

23.29.1

[illegible]②

tjij^1 ŋo^2 dja^2 ŋwər^2 nio̱w^1 dji̱j^2 phã^1 kie̱j^2 njɨ^2 rjir^2 dzjij^2 ŋowr^2 ŋowr^2 tśjo phjɨ^1

若 病 △ 消 已，涅 槃 界 至 得。余 皆 皆 永 舍，

若病消除已，得至涅槃界。永舍一切余，

① [illegible]（njɨ^2），这里与“[illegible]”（njɨ^2）通假。

② [illegible]，动词趋向前缀，表示完成体离心方。

23.29.2

[illegible]

no^2 lhejr^2 do^2 rjijr^2 tshwew^1 nio̱w^1 thja^1 no^2 lhejr^2 kha^1 ·jị^2

安 乐 处 方 趣, 及 彼 安 乐 中, 更

[illegible]

ŋwer^2 lhjwo^1 mji̱j^2 mjij^1

退 还 者 无。

趣于安乐处,从彼安乐处,无有退还者。

23.29.3

[illegible]

dźiəj^2 lhe̱w^2 lhejr^2 ŋowr^2 ŋowr^2 thja^1 ɣa^2 mji^1 dzu^1 kju̱^{1} źji^2 phju^2 lji̱j^2 no^2 lhejr^2

为 有 乐 皆 皆, 彼 于 不 复 求, 最 上 大 安 乐,

一切有为乐,于彼不复求,无上大安乐,

23.29.4

[illegible]

thja^1 bju^1 źji^2 lja̱^{1} lew^2 khe̱j^1 ljɨ̣^{1} mjij^1 tsji̱r^1 ŋwu^2 dźiã^2 tśhju^1 ·jij^1 śjɨj^1 we^1

彼 于 皆 证 当。 戏 论 无 法 以, 情 有 之 成 熟,

于彼皆当证。以无戏论法,成熟诸众生,

23.29.5

[illegible]

źji^2 dźjwa^1 lji̱j^2 no^2 lhejr^2 ŋowr^2 ŋowr^2 źji^2 rjir^2 lew^2 thjɨ^2 sju^2 śjwo^1 tshwew^1 mji̱j^2

极 竟 大 安 乐, 皆 皆 皆 得 当。 是 如 发 趣 者,

究竟大安乐,一切皆当得。如是发趣者,

23.29.6

[illegible]

·ja śjij^1 ·ji̱^{2} mji^1 lhjwo^1 śjwo^1 tshwew^1 ɣa^2 gji̱j^1 dzji̱j^1 ·ju^2 bu̱^{2} no^2 lhejr^2 rjir^2

① 该字旁边有"倒文"(√)符号。

一 往 复 不 还， 发 趣 于 出 过， 常 胜 安 乐 得

一往不复还，出过于发趣，常得胜安乐。

23.30.1

thja^{1} ljịj^{2} no^{2} lhejr^{2} kha^{1} ŋwe^{1} kiẹj^{2} mji^{1} ŋwe^{1} kiẹj^{2} śjwo^{1} tshwew^{1} mji^{1} śjwo^{1} tshwew^{1}

彼 大 安 乐 中， 乐 欲 不 乐 欲， 发 趣 无 发 趣，

于大安乐中，乐欲不乐欲，发趣无发趣，

23.30.2

ŋowr^{2} ŋowr^{2} źji^{2} phja^{1} lew^{2} thjɨ^{2} sju^{2} zjir^{2} gjwi^{2} nio̱w^{1} thjɨ^{2} ·ụ^{2} ɣa^{2} bju^{1} gjị^{2}

皆 皆 皆 断 当。 是 如 甲 被 已， 此 乘 于 依 靠。

一切皆当断。如是被甲已，当乘于此乘，

23.30.3

dźiã^{2} tśhju^{1} njij^{2} śjow nio̱w^{1} ŋowr^{2} ŋowr^{2} źji^{2} ɣjiw^{1} ɣiwej^{1} ·wjɨ^{2} rar^{2} tśhja^{2} njɨ^{2} nwə^{1}

情 有 哀 愍 为， 皆 皆 皆 摄 取， △ 过 正 遍 知，

为愍诸众生，一切皆摄取。过去正遍知，

23.30.4

thjɨ^{2} ·ụ^{2} bju^{1} lho ka^{2} mjij^{2} ljịj^{2} tśhja^{2} njɨ^{2} nwə^{1} thjɨ^{2} ·ụ^{2} lho ka^{2} lew^{2}

此 乘 依 出 离， 未 来 正 遍 知， 此 乘 出 离 当。

此乘已出离，未来正遍知，此乘当出离。

23.30.5

mjor^{1} dźjịj^{1} tha^{1} rjur^{1} pjụ^{1} thjɨ^{2} ·ụ^{2} mjor^{1} lho ka^{2} tśhjwo^{1} thjɨ^{2} ljịj^{2} ·ụ^{2} ɣa^{2}

现 在 佛 世 尊， 此 乘 今 出 离， 故 此 大 乘 于，

现在佛世尊，此乘今出离，故于此大乘，

23.30.6

[illegible]

źji^{2} mji^{1} bju^{1} gjị^{2} mjij^{1} rjur^{1} źji^{2} bu̱^{2} ŋowr^{2} ŋowr^{2} rjur^{1} kha^{1} bju^{1} lho̱ tjị^{2}

皆 不 依 靠 无。诸 最 胜 皆 皆，世 间 依 怙 处，

无不皆乘者。一切诸最胜，世间大依怙，

23.31.1

[illegible]

thjɨ^{2} ·ụ^{2} bju^{1} lho ka^{2} ·ụ^{2} sjij^{2} mji^{1} gu^{1} śjwo^{1} ·ụ^{2} nja̱^{2} ŋwu^{2} ·ụ^{2} we^{2}

此 乘 依 出 离，乘 想 不 起 发。乘 非 以 乘 为，

以此乘出离，不起于乘想。非乘以为乘，

23.31.2

[illegible]

tśja^{1} nja̱^{2} ŋwu^{2} tśja^{1} we^{2} lho nja̱^{2} ŋwu^{2} lho we^{2} lho ka^{2} ku^{1} źji^{2} phju^{2}

道 非 以 道 为，出 非 以 出 为，出 离 则 最 上。

非道以为道，非出以为出，出离故无上。

23.31.3

[illegible]

thjɨ^{2} ·ụ^{2} lho ka^{2} zjij^{1} zjɨ̣r^{1} zjij^{1} lho ka^{2} mjij^{1} ŋa^{1} nio̱w^{1} ·jij^{1} mji^{1} dju^{1}

此 乘 出 离 时，少 时 出 离 无，空 及 相 无 有，

此乘出离时，曾无少出离，以空无有相，

23.31.4

[illegible]

tjị^{1} mjij^{1} ·wji^{1} mjij^{1} ljɨ^{1} ·ụ^{2} nja̱^{2} lho ka^{2} nja̱^{2} tśhjwo^{1} ljịj^{2} ·ụ^{2} mjij we^{2}

愿 无 作 无 也。乘 非 出 离 非，乃 大 乘 名 为。

无愿无作故。非乘非出离，乃名为大乘，

23.31.5

[illegible]

ŋowr2 ŋowr2 źji2 tśhja2 ka1 thjɨ2 niọw1 ku1 śjwo1 tshwew1 thjɨ2 ·ụ2 dzow1 ŋwej2 mjij1

皆 皆 悉 平 等， 是 由 则 发 趣。 此 乘 和 合 无，

一切悉平等，由是而发趣。此乘无和合，

23.31.6

[illegible]

mji1 dzow1 ŋwej2 tsjɨ1 mjij1 źji2 phju2 tśja1 śjwo1 tshwew1 mjor1 ljij2 no2 lhejr2 ljạ1

不 和 合 亦 无， 最 上 道 发 趣， 现 大 安 乐 证。

亦无不和合，发趣无上道，现证大安乐。

23.32.1

[illegible]

thjɨ2 ·ụ2 bju1 śjij1 mjij1 mji1 bju1 śjij1 tsjɨ1 mjij1 do2 mjij1 bju1 gjị2 mjij1

此 乘 相 应 无， 不 相 应 亦 无， 处 无 依 靠 无，

此乘无相应，亦无不相应，无处无所依，

23.32.2

[illegible]

thjɨ2 niọw1 ku1 śjwo1 tshwew1 thjɨ2 tśja1 lja1 mji1 dju1 thjɨ2 tśja1 śjɨ1 tsjɨ1 mjij1

是 由 则 发 趣。 此 道 来 无 有， 此 道 去 亦 无，

由是而发趣。此道无有来，此道亦无去，

23.32.3

[illegible]

thjɨ2 tśhja2 tśja1 dźjịj1 mjịj2 mjij1 sej1 ku1 śjwo1 tshwew1 ŋa2 thjɨ2 tśja1 thjɨ2 ·ụ2

斯 正 道 行 者， 寂 静 则 发 趣。 我 此 道 此 乘，

行斯正道者，寂静而发趣。我说于此道，

23.32.4

[illegible]

niọw1 thjɨ2 gjwɨ1 zjir2 tshjịj1 tsjịr1 ɣa2 bju1 gjị2 mjij1 mjij1 sej1 źji2 kha1 phju2

及 此 甲 胄 说， 法 于 依 靠 无， 寂 静 最 中 上。

此乘此甲胄,于法无所依,寂静最无上。

23.32.5

[illegible]

·ju2 mur1 tsji̱r1 ŋowr2 ŋowr2 ɣiẹ2 mji1 tsji̱r1 ŋowr2 ŋowr2 tjij1 dwewr2 tsji̱r1 ŋowr2 ŋowr2

凡 俗 法 皆 皆, 声 闻 法 皆 皆, 独 觉 法 皆 皆,

一切凡夫法,一切声闻法,一切缘觉法,

23.32.6

[illegible]

ŋowr2 ŋowr2 rjir1 tjị2 mjij1 rjur1 tha1 tsji̱r1 ŋowr2 ŋowr2 ror2 ka2 źji2 phju2 tsji̱r1

皆 皆 得 可 不。 诸 佛 法 皆 皆, 垢 离 最 上 法,

一切不可得。于佛一切法,离垢无上法,

23.33.1

[illegible]

mji1 khwa1 mji1 tsjɨ1 njij1 ŋowr2 ŋowr2 rjir1 tjị2 mjij1 ŋa1 nio̱w1 ·jij1 mjij1 tsji̱r1

不 远 不 亦 近, 皆 皆 得 可 不。 空 及 相 无 法,

不远亦不近,一切不可得。于空无相法,

23.33.2

[illegible]

tjị1 mjij1 ·wji1 mjij1 tsji̱r1 mji1 khwa1 mji1 tsjɨ1 njij1 ŋowr2 ŋowr2 rjir1 tjị2 mjij1

愿 无 作 无 法, 不 远 不 亦 近, 皆 皆 得 可 不。

无愿无作法,不远亦不近,一切不可得。

23.33.3

[illegible]

thja1 dwər1 ka2 dzjar2 tsji̱r1 dji̱j2 phã1 mjij1 sej1 tsji̱r1 mji1 khwa1 mji1 tsjɨ1 njij1

其 厌 离 灭 法, 涅 槃 寂 静 法, 不 远 不 亦 近,

其厌离灭法,涅槃寂静法,不远亦不近,

23.33.4

[illegible]

ŋowr^{2} ŋowr^{2} rjir^{1} tjị^{2} mjij^{1} thjɨ^{2} ·ụ^{2} thjɨ^{2} gjwɨ^{1} zjɨr^{2} thjɨ^{2} tśja^{1} lhjwi^{1} lew^{2} mjij^{1}

皆 皆 得 可 不。此 乘 此 甲 胄，此 道 取 所 无，

一切不可得。此乘此甲胄，此道无所取，

23.33.5

[illegible]

źji^{2} phju^{2} mju^{2} tjị^{2} mjij^{1} sji^{1} dźjwa^{1} rjir^{1} tjị^{2} mjij^{1} tsji̱r^{1} ·jij^{1} tsji̱r^{2} ŋowr^{2} ŋowr^{2}

最 上 动 可 不，尽 竟 得 可 不。法 自 性 皆 皆，

无上不可动，毕竟不可得。一切法自性，

23.33.6

[illegible]

zjɨr^{1} ɣiej^{1} zjɨr^{1} dju^{1} ·jij^{1} rjur^{1} tsji̱r^{1} tsji̱r^{2} ŋa^{1} ku^{1} źji^{2} thu^{1} phjij^{1} tjị^{2} mjij^{1}

真 实 希 有 相，诸 法 性 空 则，皆 施 设 可 不。

真实希有相，不可以施设，诸法性空故①。

23.34.1

[illegible]

thjɨ^{2} ·ụ^{2} thjɨ^{2} gjwɨ^{1} zjɨr^{2} thjɨ^{2} tśja^{1} dźju^{1} sjwij^{1} mjij^{1} rjur^{1} tsji̱r^{1} ·jij^{1} tsji̱r^{2} sju^{2}

此 乘 此 甲 胄，此 道 显 示 无，诸 法 自 性 如，

此乘此甲胄，此道无显示，如诸法自性，

23.34.2

[illegible]

thja^{1} tsji̱r^{2} tsjɨ^{1} ·ja tjịj^{2} rjur^{1} tsji̱r^{1} ŋowr^{2} ŋowr^{2} kha^{1} ·jij^{1} tsji̱r^{1} rjir^{1} tjị^{2} mjij^{1}

彼 性 亦 一 样。诸 法 皆 皆 中，相 法 得 可 不，

彼性亦如是。一切诸法中，相性②不可得，

---

① 诸法性空故，西夏文本与上一句“不可以施设”语序颠倒。

② 相性，西夏译文作“相法”。“[illegible]”（法）与“[illegible]”（性）字通假。

23.34.3

·jij1 tsji̱r2 mjij1 ɣa2 tsji̱r2 ŋa2 zji̱r1 zjij1 phie2 tshji̱j1 rjur1 tsji̱r1 ŋowr2 ŋowr2 kha1

相 性 无 于 性，我 少 许 开 示。诸 法 皆 皆 中，

于无相性法，我略为开示。一切诸法中，

23.34.4

·jij1 tsji̱r2 ·jij1 ŋowr2 ŋowr2 ŋa2 thjɨ2 sju2 tshji̱j1 bju1 sji1 dźjwa1 dju1 lew2 mjij1

自 性 相 皆 皆，我 是 如 说 依，尽 竟 有 所 无。

一切自性相，于我如是说，毕竟无所有。

23.34.5

thjɨ2 ·ụ2 nio̱w1 thjɨ2 tśja1 gjwɨ1 zjir2 ·jij1 tsji̱r2 ·jij1 thja1 ɣa2 ŋwu̱1 dạ2 kjụ1

此 乘 及 此 道，甲 胄 自 性 相，彼 于 言 说 求，

此乘及此道，甲胄自性相，于彼求言说，

23.34.6

nio̱w1 sji1 dźjwa1 mji1 dju1 ŋwu̱1 dạ2 mji1 dju1 ku1 tśhjwo1 zji̱r1 zjij1 ·jij1 ŋwu2

及 尽 竟 非 有。言 说 非 有 则，故 希 时 相 是，

毕竟亦非有。言说非有故，是为希有相，

23.35.1

nio̱w1 thja1 ŋwu̱1 dạ2 kha1 ŋwu̱1 ·jij1 tsjɨ1 mji1 dju1 rjur1 tsji̱r1 pjụ1 tji̱2 mjij1

及 彼 言 说 中，语 相 亦 非 有。诸 法 量 可 不，

于彼言说中，语相亦非有。诸法不可量，

---

① □，与“□”（法）字通假。

② □，是“□”的通假字。

23.35.2

bu̱2 mjij1 bju2 tsew2 mjij1 ŋowr2 ŋowr2 dza2 tji̱2 mjij1 thjɨ2 nio̱w1 tsji̱r1 źji2 phju2

胜 无 边 量 无, 皆 皆 测 可 不, 是 故 法 最 上。

无胜无边量,一切不可测,是故法无上。

23.35.3

thjɨ2 ·ụ2 thjɨ2 gjwɨ1 zjir2 thjɨ2 tśja1 tsjɨ1 thja1 sju2 thja2 nio̱w1 ·jij1 mjij1 kha1

此 乘 此 甲 胄, 此 道 亦 是 如, 彼 由 相 无 中,

此乘此甲胄,此道亦如是,于彼无相中,

23.35.4

thja1 sju2 bju1 ·o2 lew2 dźiã2 tśhju1 ŋowr2 ŋowr2 ·jij1 njɨ2 nwə1 ·jɨr2 djọ2 dzjɨ̱2

是 如 随 入 应。 情 有 皆 皆 之, 遍 知 勤 修 习,

如是应随入。为令诸众生,遍知勤修习,

23.35.5

xja1 tsji̱r1 bji1 rjir2 phji1 tśhjw1 ŋa2 thja1 sju2 tshjij1 rjur1 tsji̱r1 ŋwu̱1 dạ2 mjij1

速 法 光 得 令, 故 我 是 如 说。 诸 法 语 言 无,

速逮法光明,故我如是说。诸法无语言,

23.35.6

ŋowr2 ŋowr2 tshjij1 tji̱2 mjij1 thja1 tsji̱r1 ŋowr2 ŋowr2 kha1 ŋowr2 ŋowr2 bju1 ·o2 lew2

皆 皆 说 可 不, 彼 法 皆 皆 中, 皆 皆 随 入 应。

一切不可说,于彼诸法中,一切应随入。

23.36.1

tsji̱r^{1} ŋwu̱^{1} dạ^{2} mjij^{1} ku^{1} thja^{1} ɣa^{2} bju^{1} dźji̱j^{1} lew^{2} dźji̱j^{1} mjij^{1} zjɨ̱r^{1} dźji̱j^{1} mjij^{1}

法 语 言 无 则, 彼 于 随 行 应, 行 无 少 行 无,

以法无言故,于彼应随行,行无少有行,

23.36.2

[illegible]

tsji̱r^{1} ŋowr^{2} ŋowr^{2} dźji̱j^{1} mjij^{1} kjụ^{1} mjij^{1} do^{2} kjụ^{1} dzu^{1} dźji̱j^{1} mjij^{1} bju^{1} dźji̱j^{1} ku^{1}

法 皆 皆 行 无。 求 无 异 求 乐, 行 无 随 行 则,

一切法无行。无求而乐求,无行而随行,

23.36.3

[illegible]

thjɨ^{2} sju^{2} bju^{1} dźji̱j^{1} mji̱j^{2} wo^{2} ɣa^{2} mji^{1} bjo̱^{1} thju̱^{1} nji^{2} sjij^{1} zjɨr^{1} wo^{2} ɣa^{2}

是 如 随 行 者, 义 于 不 观 察。 汝 今 实 义 于,

如是随行者,于义不观察。汝今于实义,

23.36.4

[illegible]

ŋowr^{2} ŋowr^{2} bju^{1} dźji̱j^{1} lew^{2} mə^{2} ɣiẹ^{2} nio̱w^{1} ŋwu̱^{1} dạ^{2} thja^{1} ɣa^{2} tji^{1} bju^{1} dziej^{2}

皆 皆 随 行 应, 音 声 及 语 言, 彼 于 勿 随 转。

一切应随行,音声及语言,于彼勿随转。

23.36.5

[illegible]

mə^{2} ɣiẹ^{2} ŋwu̱^{1} dạ^{2} kha^{1} thja^{1} bju^{1} mji^{1} śjwị^{2} ku^{1} tśhjwo^{1} wo^{2} bju^{1} dźji̱j^{1} njwi^{2}

音 声 语 言 中, 其 依 不 随 则, 故 义 随 行 能。

音声语言中,若得不随转,于义乃随行,

23.36.6

[illegible]

thjɨ^{2} wo^{2} kjụ^{1} mji̱j^{2} ŋwu^{2} wo^{2} ·jɨ^{2} tja^{1} thjij^{2} sjo^{2} dwu̱^{2} rjɨj^{2} tshji̱j^{1} tja^{1} ŋwu^{2}

此 义 求 者 是。 义 谓 者 何 云? 秘 密 说 者 是,

是为求义者。何者名为义？应知秘密说，

23.37.1

[illegible]

dźiej^{2} phjo^{2} kar^{2} mjij^{1} nio̱w^{1} thja^{1} wo^{2} bju^{1} dźjịj^{1} lew^{2} thjɨ^{2} wo^{2} dźju^{1} sjwij^{1} ku^{1}

信 分 别 无 故， 其 义 随 行 应。 是 义 明 了 则，

以信无分别，是义乃随行。明了如是义，

23.37.2

[illegible]

tśhjwo^{1} dwu̱^{2} rjɨj^{2} tshji̱j^{1} ɣa^{2} zow^{2} mjij^{1} zjịj^{1} lew^{2} mjij^{1} mji^{1} dźjịj^{1} mji^{1} bju^{1} dziej^{2}

故 秘 密 说 于， 执 无 着 所 无， 不 行 不 随 转。

能于秘密说，无执无所着，不行不随转。

23.37.3

[illegible]

tjij^{1} dzjwo^{2} bju^{1} dźjịj^{1} ku^{1} thja^{1} dzjwo^{2} zow^{2} zjịj^{1} śjwị^{2} tjij^{1} bju^{1} dźjịj^{1} mjij^{1} ku^{1}

若 人 随 行， 则 彼 人 执 着 随， 若 随 行 无 则，

若有随行者，彼则随执着，若无随行者，

23.37.4

[illegible]

ŋowr^{2} ŋowr^{2} źji^{2} mji^{1} śjwị^{2} thja^{1} tśhja^{2} sjwɨ̱^{1} ljɨ̱r^{2} nio̱w^{1} bju^{1} śjwị^{2} źji^{2} lho ka^{2}

皆 皆 皆 不 转。 其 正 意 念 由， 随 转 皆 远 离，

一切不随转。由是正意念，远离于随转，

23.37.5

[illegible]

po^{1} tjɨj^{1} nio̱w^{1} lhji^{2} we̱^{1} njɨ̱^{1} zjɨ̣^{2} mji^{1} bju^{1} śjij^{1} thja^{1} ɣa^{2} ljɨ̱r^{2} tsjɨ^{1} mjij^{1}

菩 提 及 死 生， 二 俱 不 相 应。 彼 于 念 亦 无，

菩提及生死，二俱不相应。于彼亦无念，

23.37.6

[illegible]

ljɨ̱r^{2} mjij^{1} tśhja^{2} ljɨ̱r^{2} we^{2} ljɨ̱r^{2} ɣa^{2} gji^{1} sej^{1} ku^{1} gji^{1} sej^{1} mjịj^{2} we^{2} tshjij^{1}

念 无 正 念 为, 念 于 清 净 故, 清 净 者 为 说。

无念为正念,于念清净故,说为清净者。

23.38.1

[illegible]

thjɨ^{2} ka^{2} pha^{1} djọ^{2} ku^{1} źji^{2} phju^{2} tsji̱r^{1} lho ka^{2} nji^{2} thjɨ^{2} sju^{2} wo^{2} ɣa^{2}

此 离 异 修 则, 最 上 法 远 离, 汝 此 如 义 于,

若异此修行,远离无上法,汝应于是义,

23.38.2

[illegible]

tshjij^{1} bju^{1} djọ^{2} dźjịj^{1} lew^{2} tjij^{1} ŋwu̱^{1} dạ^{2} śjwɨ̣^{2} ku^{1} thja^{1} tsjɨ^{1} mə^{2} ɣiẹ^{2} śjwɨ̣^{2}

说 依 修 习 应。 若 语 言 随 则, 彼 亦 音 声 随,

如说而修习。若随语言者,是则随音声,

23.38.3

[illegible]

thja^{1} ɣa^{2} mji^{1} dzjịj^{1} ku^{1} rjur^{1} kha^{1} tsji̱r^{1} rjir^{2} thwu̱^{1} mə^{2} ɣiẹ^{2} niọw^{1} ·jwɨr^{2} dji^{2}

彼 于 不 过 则, 世 间 法 与 同。 音 声 及 文 字,

于彼不超过,同于世间法。音声及文字,

23.38.4

[illegible]

thja^{1} bju^{1} mji^{1} śjwɨ̣^{2} lew^{2} tśhjwo^{1} thjɨ^{2} zjɨr^{1} ɣiej^{1} wo^{2} dźjịj^{1} mjij^{1} bju^{1} dźjịj^{1} mjij^{1}

彼 随 不 转 应, 故 此 实 真 义, 行 无 随 行 无。

不应随彼转,应知真实义,无行以随行。

23.38.5

[illegible]

zjɨr^{1} wo^{2} mə^{2} ɣiẹ^{2} mjij^{1} ·jwɨr^{2} dji^{2} tsjɨ^{1} mji^{1} dju^{1} ŋwu̱^{1} dạ^{2} gji̱j^{1} dzji̱j^{1} ku^{1}

实 义 音 声 无, 文 字 亦 无 有, 语 言 超 过 则,

实义无音声,亦无有文字,超过语言故,

23.38.6

tśhjwo^{1} zjɨr^{1} ɣiej^{1} wo^{2} ·jɨ^{2} thjɨ^{2} wo^{2} bju^{1} dźji̱j^{1} lew^{2} thjɨ^{2} dźji̱j^{1} dju^{1} lew^{2} mjij^{1}

乃 实 真 义 谓。 是 义 随 行 应, 此 行 有 所 无,

乃名为实义。是义应随行,随行无所有,

23.39.1

dźji̱j^{1} djɨj^{2} tạ^{1} nio̱w^{1} ku^{1} tśhjwo^{1} zjɨr^{1} ɣiej^{1} wo^{2} ·jɨ^{2} thja^{1} zjɨr^{1} ɣiej^{1} wo^{2} kha^{1}

行 止 息 以 则, 乃 实 真 义 谓。 其 实 真 义 中,

以行止息故,乃名为实义。于真实义中,

23.39.2

mji^{1} dźji̱j^{1} ŋwu^{2} dźji̱j^{1} we^{2} thjɨ^{2} tja^{1} mji^{1} lhji̱^{1} lhjwo^{1} gjwɨ^{1} zjir^{2} mji^{1} phjɨ̱^{1} dźjɨ̱r^{1}

不 行 以 行 为, 斯 者 不 退 转, 甲 胄 不 舍 弃。

不行以为行,斯则不退转,不舍于甲胄。

23.39.3

ljij^{2} gjwɨ^{1} zjir^{2} ljij^{2} ·u̱^{2} nio̱w^{1} ljij^{2} tśja^{1} śjij^{1} ·wji^{1} no^{2} lhejr^{2} do^{2} rjɨr^{2} tshwew^{1}

大 甲 胄 大 乘, 及 大 道 顺 为, 安 乐 处 去 趣,

随顺大甲胄,大乘及大道,趣于安乐处,

23.39.4

dźiā^{2} tśhju^{1} ·jij^{1} gji̱j^{1} ɣie^{2} thjɨ^{2} rjur^{1} no^{2} nej^{2} tsji̱r^{1} ŋa^{2} sjij^{1} nja^{2} ·jij^{1} tshji̱j^{1}

情 有 之 利 益。 此 诸 安 稳 法, 我 今 汝 之 说,

利益诸众生。此诸安隐法,我今为汝说,

23.39.5

nji^{2} wo^{2} bju^{1} dźjij^{1} lew^{2}, nji^{2} ·jij^{1} ·jiw^{2} phja^{1} njwi^{2}。tjij^{1} thjɨ^{2} ·ụ^{2} bju^{1} gjị^{2},

汝 义 随 行 当, 汝 之 疑 断 能。 若 此 乘 依 靠,

汝当随义行,能断汝疑惑。若乘此乘者,

23.39.6

bju^{1} gjị^{2} niọw^{1} śjwo^{1} tshwew^{1}, xja^{1} ljịj^{2} po^{1} tjɨj^{1} tshwew^{1}, mjor^{1} źji^{2} phju^{2} dwewr^{2} ljạ^{1}。

依 靠 已 发 趣, 速 大 菩 提 诣, 现 最 上 觉 证。

乘已当发趣,速诣大菩提,现证无上觉。

23.40.1

thjɨ^{2} źji^{2} phju^{2} ·ụ^{2} ɣa^{2}, mji^{1} bju^{1} ŋwu^{2} bju^{1} we^{2}, tśja^{1} ɣa^{2} gjwɨ^{1} zjir^{2} ɣa^{2},

此 最 上 乘 于, 不 随 以 随 为, 道 于 甲 胄 于,

于此最上乘,不乘为速乘,于道于甲胄,

23.40.2

thja^{1} wo^{2} źji^{2} ·ja tjịj^{2}。thjɨ^{2} źji^{2} phju^{2} tsjɨr^{1} ɣa^{2}, tsu^{1} ŋwu^{2} djọ^{2} dzjɨ^{2} ku^{1},

其 义 皆 如 是。 此 最 上 法 于, 勤 以 修 习 则,

其义亦如是。于此无上法,精勤修习者,

23.40.3

thja^{1} rjur^{1} dźiã^{2} tśhju^{1} njɨ^{2}, tha^{1} ·jij^{1} tśjụ^{1} lew^{2} we^{2}。kụ^{1} lja^{1} mjij^{2} tsjɨr^{1} kha^{1},

彼 诸 情 有 等, 佛 之 护 所 为。 后 来 末 法 中,

彼诸众生等，为佛之护念①。于后怖畏时②，

23.40.4

[illegible]	[illegible]	[illegible]	[illegible]	[illegible]，	[illegible]	[illegible]	[illegible]	[illegible]	[illegible]，	[illegible]	[illegible]	[illegible]	[illegible]	[illegible]。
nji^{2}	thjɨ^{2}	tsji̱r^{1}	phie^{2}	tshji̱j^{1}	·wạ^{2}	rjur^{1}	dźiā^{2}	tśhju^{1}	·jij^{1}	ljịj^{2}	gji̱j^{1}	ɣie^{2}	·wji^{1}	lew^{2}
汝	此	法	开	示，	广	诸	情	有	之，	大	利	益	作	当。

汝当开此法，广为诸众生，而作利益者。

23.40.5

[illegible]	[illegible]	[illegible]	[illegible]	[illegible]，	[illegible]	[illegible]	[illegible]	[illegible]	[illegible]，	[illegible]③	[illegible]	[illegible]	[illegible]	[illegible]，
kụ^{1}	lja^{1}	mji̱j^{2}	tsji̱r^{1}	kha^{1}	tjij^{1}	thjɨ^{2}	tsji̱r^{1}	tshji̱j^{1}	kha^{1}	·ja$^{?}$	śjwo^{1}	źji^{2}	phju^{2}	ljo^{1}
后	来	末	法	中，	若	此	法	言	中，	△	生	最	上	福，

于后怖畏时，若能开此法，所生无上福，

23.40.6

[illegible]	[illegible]	[illegible]	[illegible]	[illegible]。
thja^{1}	ŋewr^{2}	pjụ^{1}	tjị^{2}	mjij^{1}
其	数	量	可	不。

其数不可量。

汉文本

尔时世尊而说偈言：

菩萨无畏者，如是被甲时，

为利诸众生，乃被无边甲。

众生若贫乏，弊苦无法财，

无戒无多闻，无慧无解脱。

被此无边甲，令法致丰饶，

以法丰饶故，一切获安乐。

为舍诸贫苦，演说无上法，

闻者皆离尘，住斯安乐道。

① 西夏译文漏译“护念”的“念”字。

② 于后怖畏时，西夏文本作“后来末法中”。下同。

③ [illegible]，趋向前缀，表示完成体向上方。

戒蕴备充足,多闻如大海,
便得最上慧,由斯能断缚。
解脱遍照明,解脱正知见,
若能现证者,一切获安乐。
贪嗔痴大火,恒烧遍炽燃,
众生由是苦,彼火我令灭。
授诸众生药,一切病皆除,
若病消除已,得至涅槃界。
永舍一切余,趣于安乐处,
从彼安乐中,无有退还者。
一切有为乐,于彼不复求,
无上大安乐,于彼皆当证。
以无戏论法,成熟诸众生,
究竟大安乐,一切皆当得。
如是发趣者,一往不复还,
出过于发趣,常得胜安乐。
于大安乐中,乐欲不乐欲,
发趣无发趣,一切皆当断。
如是被甲已,当乘于此乘,
为愍诸众生,一切皆摄取。
过去正遍知,此乘已出离,
未来正遍知,此乘当出离。
现在佛世尊,此乘今出离,
故于此大乘,无不皆乘者。
一切诸最胜,世间大依怙,
以此乘出离,不起于乘想。
非乘以为乘,非道以为道,
非出以为出,出离故无上。
此乘出离时,曾无少出离,
以空无有相,无愿无作故。
非乘非出离,乃名为大乘,
一切悉平等,由是而发趣。
此乘无和合,亦无不和合,
发趣无上道,现证大安乐。
此乘无相应,亦无不相应,
无处无所依,由是而发趣。
此道无有来,此道亦无去,
行斯正道者,寂静而发趣。

我说于此道，此乘此甲胄，
于法无所依，寂静最无上。
一切凡夫法，一切声闻法，
一切缘觉法，一切不可得。
于佛一切法，离垢无上法，
不远亦不近，一切不可得。
于空无相法，无愿无作法，
不远亦不近，一切不可得。
其厌离灭法，涅槃寂静法，
不远亦不近，一切不可得。
此乘此甲胄，此道无所取，
无上不可动，毕竟不可得。
一切法自性，真实希有相，
不可以施设，诸法性空故。
此乘此甲胄，此道无显示，
如诸法自性，彼性亦如是。
一切诸法中，相性不可得，
于无相性法，我略为开示。
一切诸法中，一切自性相，
于我如是说，毕竟无所有。
此乘及此道，甲胄自性相，
于彼求言说，毕竟亦非有。
言说非有故，是为希有相，
于彼言说中，语相亦非有。
诸法不可量，无胜无边量，
一切不可测，是故法无上。
此乘此甲胄，此道亦如是，
于彼无相中，如是应随入。
为令诸众生，遍知勤修习，
速逮法光明，故我如是说。
诸法无语言，一切不可说，
于彼诸法中，一切应随入。
以法无言故，于彼应随行，
行无少有行，一切法无行。
无求而乐求，无行而随行，
如是随行者，于义不观察。
汝今于实义，一切应随行，
音声及语言，于彼勿随转。

音声语言中,若得不随转,
于义乃随行,是为求义者。
何者名为义?应知秘密说,
以信无分别,是义乃随行。
明了如是义,能于秘密说,
无执无所着,不行不随转。
若有随行者,彼则随执着;
若无随行者,一切不随转。
由是正意念,远离于随转,
菩提及生死,二俱不相应。
于彼亦无念,无念为正念,
于念清净故,说为清净者。
若异此修行,远离无上法,
汝应于是义,如说而修习。
若随语言者,是则随音声,
于彼不超过,同于世间法。
音声及文字,不应随彼转,
应知真实义,无行以随行。
实义无音声,亦无有文字,
超过语言故,乃名为实义。
是义应随行,随行无所有,
以行止息故,乃名为实义。
于真实义中,不行以为行,
斯则不退转,不舍于甲胄。
随顺大甲胄,大乘及大道,
趣于安乐处,利益诸众生。
此诸安隐法,我今为汝说,
汝当随义行,能断汝疑惑。
若乘此乘者,乘已当发趣,
速诣大菩提,现证无上觉。
于此最上乘,不乘为速乘,
于道于甲胄,其义亦如是。
于此无上法,精勤修习者,
彼诸众生等,为佛之护念。
于后怖畏时,汝当开此法,
广为诸众生,而作利益者。
于后怖畏时,若能开此法,
所生无上福,其数不可量。

23.41.1

[illegible]	[illegible]	[illegible]	[illegible]	[illegible]，	[illegible]	[illegible]	[illegible]	[illegible]
bju^{2}	mjij^{1}	zjɨr^{1}	dźiã^{2}	tsjij^{2}	rjur^{1}	po^{1}	tsa^{1}	ma^{2}
边	无	慧	情	悟，	诸	菩	萨	摩
[illegible]	[illegible]	[illegible]	[illegible]	[illegible]	[illegible]	[illegible]	[illegible]	[illegible]
ŋạ^{2}	tsa^{1}	·jij^{1}	dja^{2}	gjwi^{2}	gjwɨ^{1}	zjir^{2}	mji̱j^{2}	tja^{1}
诃	萨	之	△	被	甲	胄	名	者

无边慧，诸菩萨摩诃萨所被甲胄名曰

23.41.2

[illegible]	[illegible]，	[illegible]	[illegible]	[illegible]	[illegible]	[illegible]、	[illegible]	[illegible]
ljij^{2}	bu̱^{2}	nio̱w^{1}	mji̱j^{2}	bju^{2}	mjij^{1}	bu̱^{2}	nio̱w^{1}	mji̱j^{2}
大	胜，	亦	名	边	无	胜、	亦	名
[illegible]	[illegible]	[illegible]。	[illegible]	[illegible]	[illegible]	[illegible]	[illegible]	[illegible]
ljij^{2}	lju̱^{2}	tshji̱j^{2}	bju^{1}	gjị^{2}	lew^{2}	·ụ^{2}	·jij^{1}	mji̱j^{2}
大	庄	严。	依	靠	所	乘	之	名

大胜，亦名无边胜、亦名大庄严。所乘之乘名

23.41.3

[illegible]	[illegible]	[illegible]	[illegible]，	[illegible]	[illegible]	[illegible]	[illegible]	[illegible]、
tja^{1}	źji^{2}	ljij^{2}	mji̱j^{2}	nio̱w^{1}	mji̱j^{2}	bju^{2}	mjij^{1}	bji^{1}
者	商	大	者，	亦	名	边	无	光、
[illegible]	[illegible]	[illegible]	[illegible]	[illegible]。	[illegible]	[illegible]	[illegible]	[illegible]
nio̱w^{1}	mji̱j^{2}	thjo̱^{1}	lju̱^{2}	tshji̱j^{2}	dźji̱j^{1}	lew^{2}	tśja^{1}	·jij^{1}
亦	名	妙	庄	严。	行	所	道	之

曰大商，亦名无边光、亦名妙庄严。

23.41.4

[illegible]	[illegible]	[illegible]	[illegible]	[illegible]	[illegible]	[illegible]	[illegible]，	[illegible]
mji̱j^{2}	tja^{1}	mjɨ^{1}	pjụ^{1}	lju̱^{2}	tshji̱j^{2}	·wụ^{2}	śjɨj^{1}	nio̱w^{1}
名	者	无	量	庄	严	资	粮，	亦

[illegible]	[illegible]	[illegible]	[illegible]	[illegible]	[illegible]	[illegible]。	[illegible]	[illegible]
mjij²	mjɨ¹	pjụ¹	tśier¹	·ju²	·wụ²	śjɨj¹	thjɨ²	tśja¹
名	无	量	利	寻	资	粮。	此	道

所行之道名曰无量庄严资粮,亦名无量方便资粮。以是道

23.41.5

[illegible]	[illegible],	[illegible]	[illegible]	[illegible]	[illegible]	[illegible]	[illegible]	[illegible]
nio̱w	ku¹	rjur	ne̱w	go̱r	kiej	·a	du̱²	tow¹
因	故,	诸	善	丈	夫	阿	耨	多
[illegible]	[illegible]	[illegible]	[illegible]	[illegible]	[illegible]	[illegible]	[illegible]	[illegible]。
lo¹	sã¹	mjiw²	sã¹	po¹	tjɨj¹	śjwo¹	tshwew¹	ljɨ¹
罗	三	藐	三	菩	提	发	趣	也。

故,诸善丈夫而发趣于阿耨多罗三藐三菩提。

汉文本

无边慧,诸菩萨摩诃萨所被甲胄名曰大胜,亦名无边胜、亦名大庄严。所乘之乘名曰大商,亦名无边光、亦名妙庄严。所行之道名曰无量庄严资粮,亦名无量方便资粮。以是道故,诸善丈夫而发趣于阿耨多罗三藐三菩提。

23.41.6

[illegible]	[illegible]	[illegible]	[illegible]	[illegible]	[illegible]	[illegible],	[illegible]	[illegible]
nio̱w¹	gie̱¹	bju²	mjij¹	zjɨr¹	dźiã²	tsjij²	dzjụ²	·wjɨ²
复	次	边	无	慧	情	悟,	昔	△
[illegible]	[illegible]	[illegible]	[illegible]	[illegible]①	[illegible]	[illegible],	[illegible]	[illegible]
rar²	mjɨ¹	pjụ¹	kja²	su¹	ɣwə²	rjir²	nio̱w¹	thja¹
过	无	量	劫	于	先	前,	复	是

复次无边慧,乃往古昔过无量劫,

23.42.1

[illegible]	[illegible]	[illegible],	[illegible]	[illegible]	[illegible]	[illegible]	[illegible]	[illegible],

① [illegible],西夏语的比较格词,可译为"于"。

ŋewr[2]	su[1]	dzjịj[1]	tha[1]	gjɨ[2]	rjur[1]	lho	to[2]	śja[2]
数	于	超，	佛	某	世	出	现	显，
[illegible]	[illegible]	[illegible]	[illegible]	[illegible]	[illegible]	[illegible]	[illegible]	[illegible]、
mjịj[2]	tja[1]	tśja[1]	tha[1]	śja[1]	bji[1]	swew[1]	mjor[1]	ljịj[2]
号	者	旃	檀	香	光	明	实	来、

复倍是数，有佛出世，号栴檀香光明如来、

23.42.2

[illegible]	[illegible]、	[illegible]	[illegible]	[illegible]、	[illegible]	[illegible]	[illegible]	[illegible]、
bju[1]	·wo[2]	tśhja[2]	njɨ[2]	nwə[1]	swew[1]	dźjịj[1]	·io̱[1]	sə[1]
应	供、	正	遍	知、	明	行	圆	满、
[illegible]	[illegible]、	[illegible]	[illegible]	[illegible]、	[illegible]	[illegible]	[illegible]	[illegible]
ne̱w[2]	bjij[2]	rjur[1]	kha[1]	tsjij[2]	go̱r[1]	kiej[2]	·jij[1]	rjur[1]
善	逝、	世	间	解、	丈	夫	之	调

应供①、正遍知、明行足、善逝、世间解、调御丈夫、

23.42.3

[illegible]、	[illegible]	[illegible]	[illegible]、	[illegible]	[illegible]	[illegible]、	[illegible]	[illegible]
jar[2]	źji[2]	phju[2]	mjij[2]	ŋwə[1]	dzjwo[2]	dzjịj[2]	tha[1]	rjur[1]
御、	最	上	士、	天	人	师、	佛	世
[illegible]。	[illegible]	[illegible]	[illegible]	[illegible]，	[illegible]	[illegible]	[illegible]	[illegible]。
pjụ[1]	kja[2]	mjịj[2]	lhja̱[1]	bji[1]	lhjịj[2]	mjịj[2]	bji[1]	swew[1]
尊。	劫	名	电	光，	国	名	光	明。

无上士②、天人师、佛世尊。劫名电光，国名光明。

23.42.4

[illegible]	[illegible]	[illegible]	[illegible]	[illegible]	[illegible]	[illegible]	[illegible]，	[illegible]	[illegible]
thja[1]	lhjịj[2]	·io̱[1]	ljɨ[2]	djij[1]	pja̱[1]	wji[2]	sju[2]	rjur[1]	dza[1]
彼	国	境	地	平	掌	底	如，	诸	杂
[illegible]	[illegible]	[illegible]	[illegible]	[illegible]	[illegible]	[illegible]，	[illegible]	[illegible]	[illegible]

① 应供，梵文 Arhant，通行译法为“阿罗汉”。佛教认为佛陀是断尽一切烦恼、智德圆满的觉者，应受人天供养、尊敬。西夏文译作“[illegible]”。

② 无上士，西夏文本与“调御丈夫”语序颠倒。

tśior[1]	ɣjɨ̣[1]	ɣa[1]	kə[1]	dze[2]	źji[2]	mjij[1]	kię[1]	nər[2]	ŋwo[2]
秽	瓦	砾	荆	棘	皆	无,	金	黄	银

时彼刹土地平如掌,无诸杂秽瓦砾荆棘,黄金

23.42.5

[illegible]	[illegible]	[illegible]	[illegible],	[illegible]	[illegible]	[illegible]	[illegible]	[illegible]
phiow[1]	bẹ[1]	tśiow[1]	dźjij[1]	lhjịj[2]	·iọ[1]	bio[1]	khjɨ[2]	ljij[2]
白	沙	聚	纯,	国	界	行	列	睹
[illegible]	[illegible]	[illegible]。	[illegible]	[illegible]	[illegible]	[illegible]	[illegible]	[illegible]
tja[1]	njịj[1]	ljɨ̣j[2]	dzjɨj[1]	ljɨ̣r[1]	mə[1]	khju[1]	mja[1]	·iọ[1]
者	欣	悦。	时	四	天	下	河	洲

白银而为沙聚,行列国界睹者欣悦。时四天下其洲

23.42.6

[illegible]	[illegible]	[illegible]	[illegible]	[illegible]	[illegible]①	[illegible],	[illegible]	[illegible]
twụ[1]	njɨ̣[1]	·jir[2]	·jiw[1]	sjwɨ[1]	rjar[1]	gji[2]	ljɨ[1]	ljɨ[1]
各	二	百	由	旬	远	广,	一	一
[illegible]	[illegible]	[illegible]	[illegible]	[illegible]	[illegible]	[illegible]	[illegible]	[illegible]
mja[1]	·iọ[1]	·u[2]	nio̱w[1]	ljɨ̣r[1]	khjɨ[2]	·jar[1]	tụ[1]	we[2]
河	洲	中	复	四	万	八	千	城

皆广二亿②由旬③,一一洲中复有四万八千大城。

23.43.1

[illegible]	[illegible]。	[illegible]	[illegible]	[illegible]	[illegible]	[illegible]	[illegible]	[illegible]
ljịj[2]	·wjij[2]	thja[1]	we[2]	ljɨ[1]	ljɨ[1]	low[2]	ɣạ[2]	·jiw[1]
大	有。	其	城	一	一	广	十	由
[illegible]	[illegible],	[illegible]	[illegible]	[illegible]	[illegible]	[illegible]	[illegible]	[illegible]
sjwɨ[1]	rjar[1]	dźjo[1]	zjir[2]	njɨ̣[1]	ɣạ[2]	·jiw[1]	sjwɨ[1]	rjar[1]
旬	远,	长	远	二	十	由	旬	远

---

① [illegible],用在长度单位之后的助词,表示距离。

② 二亿,西夏文误作“二百”。

③ 由旬,梵文 yojana,又作“逾缮那”。古印度计程单位,一般指“套一次牛所行的路程”,大概四十里。西夏文为其音译。

其城一一广十由旬，长二十由旬，

23.43.2

[illegible]，	[illegible]	[illegible]	[illegible]	[illegible]	[illegible]	[illegible]	[illegible]	[illegible]
gji^{2}	we^{2}	dzjwị^{1}	ɣu^{1}	mjij^{1}	lju̠^{2}	tshjij^{2}	śjɨ^{1}	wer^{1}
各，	墙	垣	首	尾	庄	严	饰	装
[illegible]	[illegible]	[illegible]	[illegible]，	[illegible]	[illegible]	[illegible]	[illegible]	[illegible]
śjwo^{2}	ŋạ^{2}	źji^{2}	so^{2}	nio̠w^{1}	ljɨ^{1}	ljɨ^{1}	we^{2}	·jar^{1}
严	丽	极	峻，	又	一	一	城	八

垣墙周回①美丽峻极，一一城有八

23.43.3

[illegible]	[illegible]	[illegible]	[illegible]	[illegible]	[illegible]	[illegible]，	[illegible]	[illegible]
kju^{1}	tśji^{2}	dzjwo^{2}	thja^{2}	·u^{2}	nji^{1}	dźjij^{1}	ɣạ^{2}	tụ^{1}
俱	胝	人	其	中	家	住，	十	千
[illegible]	[illegible]	[illegible]	[illegible]	[illegible]，	[illegible]	[illegible]	[illegible]	[illegible]。
nji^{1}	·wjụ^{2}	tụ^{1}	·iọ^{1}	bo^{1}	·wiọ^{1}	tśjị^{1}	lju̠^{2}	tshjij^{2}
家	村	千	园	林，	围	绕	庄	严。

俱胝②人止住其中，十千聚落一千园苑，围绕庄严。

23.43.4

[illegible]	[illegible]	[illegible]	[illegible]	[illegible]	[illegible]	[illegible]	[illegible]	[illegible]
nio̠w^{1}	thja^{1}	lhjịj^{2}	·u^{2}	mə^{2}	mə^{2}	wjạ^{1}	phu^{2}	mja̠^{1}
又	此	国	内	种	种	花	树	果
[illegible]	[illegible]	[illegible]	[illegible]	[illegible]	[illegible]	[illegible]	[illegible]	[illegible]
phu^{2}	śja^{1}	phu^{2}	lhwu^{1}	phu^{2}	phju^{2}	wjị^{1}	phu^{2}	nio̠w^{1}
树	香	树	衣	树	上	味	树	及

而此国界复有种种花树果树香树衣树上味之树及

① 周回，西夏译文作“[illegible][illegible]”，意思是“首尾”。

② 俱胝，梵文Koṭi，译曰“亿”。玄应《音义》五曰：“俱致，或言俱胝，此言千万，或言亿。”慧琳《音义》一曰：“俱胝音知，天竺国数法名也。案，《华严经·阿僧祇品》云：十万为一洛叉，此国以数一亿，一百洛叉为一俱胝，俱胝三等数法之中，此即中数之名也。”

23.43.5

[illegible]	[illegible]	[illegible]	[illegible]，	[illegible]	[illegible]	[illegible]	[illegible]。	[illegible]
kię^1	dźja^2	phu^2	dzjiw^1	tshjɨ̱^{1}	tshjɨ̱^{1}	śjɨ^1	wer^1	dźiəj^2
金	刚	树	有，	列	列	装	饰。	池
[illegible]	[illegible]	[illegible]	[illegible]	[illegible]	[illegible]	[illegible]，	[illegible]	[illegible]
rejr^2	rar^2	mə^2	bju^2	rewr^2	lju̱^{2}	twụ^1	·jar^1	tśhja^2
沼	流	泉	涯	岸	端	直，	八	德

金刚树间错装饰①。池沼泉流涯岸端直，八功德②

23.43.6

[illegible]	[illegible]	[illegible]	[illegible]③	[illegible]，	[illegible]	[illegible]	[illegible]	[illegible]、
zjɨ̱r^2	thja^1	kha^1	nja^1	swu^2	·jiw^1	po^1	lo^1	wją^1
水	其	中	△	满，	优	钵	罗	华、
[illegible]	[illegible]	[illegible]	[illegible]、	[illegible]	[illegible]	[illegible]	[illegible]、	[illegible]
po^1	thew^2	mo^2	wją^1	kju^1	·wər^1	thew^2	wją^1	xjwĩ^1
波	头	摩	华、	拘	物	头	华、	芬

水盈满其中，优钵罗华、波头摩华、拘物头华、芬

23.44.1

[illegible]	[illegible]	[illegible]，	[illegible]	[illegible]	[illegible]	[illegible]	[illegible]	[illegible]
thow^1	lji^1	wją^1	dza^1	tsə̣^{1}	bji^1	rur^2	·jij^1	gu^2
陀	利	华，	杂	色	光	洁	自	互
[illegible]	[illegible]	[illegible]	[illegible]	[illegible]	[illegible]。	[illegible]	[illegible]	[illegible]
dźjwɨ^1	śjɨ^1	rjur^1	rjur^1	źji^2	njɨ^2	thja^1	tha^1	tśja^1
相	饰	诸	诸	周	遍。	彼	檀	旃

陀利华④，杂色辉映靡不周遍。

---

① 间错装饰，西夏文译作“[illegible]”，字面意思为“列列装饰”。

② 功德，西夏译文当作“[illegible]”，此处漏译“[illegible]”(功)字。

③ [illegible](nja^1)，动词趋向前缀，表示完成体向下方。

④ “优钵罗华”“波头摩华”“拘物头华”“芬陀利华”分别与西夏文“[illegible]”“[illegible]”“[illegible]”“[illegible]”对译，皆为汉文本中汉字的音译。

23.44.2

[illegible]	[illegible]	[illegible]	[illegible]	[illegible]	[illegible]	[illegible]	[illegible]	[illegible]
śja^{1}	bji^{1}	swew^{1}	mjor^{1}	ljịj^{2}	zjọ^{2}	tsew^{2}	tśhjiw^{1}	ɣạ^{2}
香	光	明	如	来	寿	第	六	十
[illegible]	[illegible]	[illegible]	[illegible]	[illegible]	[illegible]	[illegible]，	[illegible]	[illegible]
·jar^{1}	kju^{1}	tśji^{2}	no^{1}	·jiw^{1}	thow^{1}	kjiw^{1}	nio̱w^{1}	tśhjiw^{1}
八	俱	胝	那	由	他	岁，	复	六

彼栴檀香光明如来寿六十八俱胝那由他岁，复有六

23.44.3

[illegible]	[illegible]	[illegible]	[illegible]	[illegible]	[illegible]	[illegible]	[illegible]	[illegible]
ɣạ^{2}	kju^{1}	tśji^{2}	no^{1}	·jiw^{1}	thow^{1}	rjur^{1}	ɣię^{2}	mji^{1}
十	俱	胝	那	由	他	诸	声	闻
[illegible]	[illegible]	[illegible]	[illegible]	[illegible]。	[illegible]	[illegible]	[illegible]	[illegible]
·ji^{1}	ŋwu^{2}	·wjị^{1}	dźjw^{1}	we^{2}	thja^{1}	zjọ^{2}	dźiã^{2}	tśhju^{1}
众	以	眷	属	为。	彼	时	情	有

十俱胝那由他诸声闻众以为眷属。彼时人民

23.44.4

[illegible]	[illegible]	[illegible]	[illegible]	[illegible]	[illegible]	[illegible]	[illegible]，	[illegible]
mjor^{1}	la̱^{1}	śjwo^{2}	lju̱^{2}	no^{2}	nej^{2}	bie̱j^{1}	rejr^{2}	le̱j^{2}
容	貌	端	正	安	稳	乐	乐，	贪
[illegible]	[illegible]	[illegible]	[illegible]	[illegible]	[illegible]	[illegible]，	[illegible]	[illegible]①
tshjạ^{1}	lə^{2}	bji^{1}	dzju^{1}	dzji̱j^{2}	ljɨ^{2}	ku^{1}	zjɨr^{1}	zjij^{1}
嗔	痴	薄	教	化	易	则，	少	时

颜貌端正安隐快乐，薄贪嗔痴易可开示，

23.44.5

[illegible]	[illegible]	[illegible]	[illegible]	[illegible]	[illegible]	[illegible]	[illegible]	[illegible]
pjwɨr^{1}	dzjij^{2}	rjur^{1}	tsji̱r^{1}	tsji̱r^{2}	·jij^{1}	źji^{2}	nwə^{1}	njwi^{2}

① [illegible]，是“[illegible]”的通假字。

劝	教	诸	法	性	相	遍	知	能
[illegible]。	[illegible]	[illegible]	[illegible]	[illegible]	[illegible]，	[illegible]	[illegible]	[illegible]
ljɨ^{1}	bju^{2}	mjij^{1}	zjɨr^{1}	dźiã^{2}	tsjij^{2}	thja^{1}	zjọ^{2}	dźiej^{2}
也。	边	无	慧	情	悟，	彼	时	轮

以少劝化而能遍知诸法性相。无边慧,复于彼时有转轮

23.44.6

[illegible]	[illegible]	[illegible]	[illegible]	[illegible]	[illegible]	[illegible]	[illegible]	[illegible]，
dẹj^{1}	njij^{2}	gjɨ^{2}	mjij^{2}	tja^{1}	wo^{2}	ŋowr^{2}	ŋowr^{2}	śjɨj^{1}
转	王	某	名	者	义	皆	皆	成，
[illegible]	[illegible]	[illegible]	[illegible]	[illegible]	[illegible]	[illegible]	[illegible]。	[illegible]
śjạ^{1}	ljɨ^{1}	ŋowr^{2}	lhə	ljɨ̣r^{1}	mə^{1}	khju^{1}	dzju^{2}	thjɨ^{2}
七	宝	具	足	四	天	下	俱。	彼

王名一切义成,七宝具足四天归化。

23.45.1

[illegible]	[illegible]	[illegible]	[illegible]	[illegible]	[illegible]	[illegible]	[illegible]，	[illegible]
·jã^{1}	xu^{1}	thji^{1}	·u^{2}	we^{2}	ljij^{2}	gjɨ^{2}	wjij^{2}	thja^{1}
阎	浮	提	内	城	大	一	有，	其
[illegible]	[illegible]	[illegible]	[illegible]	[illegible]	[illegible]	[illegible]	[illegible]，	[illegible]
we^{2}	zjir^{2}	low^{2}	ljɨ̣r^{1}	ɣạ^{2}	·jiw^{1}	sjwɨ^{1}	rjar^{1}	sjij^{2}
城	纵	广	四	十	由	旬	远，	人

彼阎浮洲①有一大城,其城纵广四十由旬,

23.45.2

[illegible]	[illegible]	[illegible]	[illegible]	[illegible]	[illegible]	[illegible]。	[illegible]	[illegible]
·ju^{2}	wejr^{1}	ljij^{1}	no^{2}	nej^{2}	bie̱j^{1}	rejr^{2}	mji̱^{1}	tjɨ^{2}
民	盛	增	安	稳	乐	乐。	居	处
[illegible]	[illegible]	[illegible]	[illegible]	[illegible]	[illegible]	[illegible]	[illegible]，	[illegible]

① 阎浮洲,“阎浮提”的省称,梵文 Jambudvīpa,旧称“阎浮提”“琰浮洲”“阎浮提鞞波”。新称“赡部洲”。当须弥山之南方大洲名,即吾人之住处。此洲之中心,有阎浮树之林,故以为洲名。《智度论》三十五曰:“如阎浮提者,阎浮树名,其林茂盛,此树于林中最大,提名为洲。”西夏文“[illegible]”(·jã^{1} xu^{1} thji^{1}),为汉语“阎浮提”的音译。

kụ^2	·wạ^2	we^2	·iọ^1	ŋwə^1	·jiw^1	sjwɨ^1	rjar^1	śjạ^1
内	宫	城	方	五	由	旬	远，	七

人民炽盛安隐丰乐。宫城之内广五由旬，

23.45.3

[illegible]	[illegible]	[illegible]	[illegible]	[illegible]	[illegible]，	[illegible]	[illegible]	[illegible]
ljị^1	ŋwu^2	tshji̠^{1}	tshji̠^{1}	tjạ^1	wer^1	thjo̠^{1}	tow^1	lo^1
宝	以	列	列	饰	装，	妙	多	罗
[illegible]	[illegible]	[illegible]	[illegible]	[illegible]	[illegible]，	[illegible]	[illegible]	[illegible]
phu^2	ɣa^2	rjur^1	zju̠^{1}	khu^1	xjwɨ̣j^2	kię^1	ɣiej^1	rjɨ̣j^2
树	于	诸	铃	铎	垂，	金	真	罗

间①以七宝而为装饰，妙多罗树垂诸铃铎，真金罗

23.45.4

[illegible]	[illegible]	[illegible]	[illegible]	[illegible]。	[illegible]	[illegible]	[illegible]	[illegible]
rer^2	thja^1	zjir^2	lə^1	ɣja^2	njij^2	·jij^1	tśhja^2	pjụ^2
网	其	遍	障	覆。	王	之	正	殿
[illegible]	[illegible]	[illegible]	[illegible]	[illegible]	[illegible]②	[illegible]，	[illegible]	[illegible]
tshjɨj^2	ŋwər^1	niạ^2	ɣjiw^2	ŋwu^2	dja^2	śjɨj^1	·iọ^1	·ja
绀	青	琉	璃	以	△	成，	方	一

网弥覆其上。王之正殿纯绀琉璃③，

23.45.5

[illegible]	[illegible]	[illegible]，	[illegible]	[illegible]	[illegible]	[illegible]	[illegible]，	[illegible]
·jiw^1	sjwɨ^1	rjar^1	ljɨ̣r^1	njijr^2	tụ^1	dzjị^2	dzu̠^{2}	thja^1
由	旬	远，	四	面	千	柱	竖，	其
[illegible]	[illegible]	[illegible]	[illegible]	[illegible]	[illegible]	[illegible]，	[illegible]	[illegible]
pjụ^2	tśhjạ^1	nio̠w^1	tụ^1	du^1	so^2	·wjij^2	thjo̠^{1}	so^2
殿	上	复	千	楼	高	有，	妙	高

① 间，西夏文本译为“[illegible]”，字面意思为“列列”。
② [illegible]，动词趋向前缀，表示完成体离心方。
③ 绀琉璃，西夏文作“[illegible]”，即“绀青琉璃”。

广一由旬,四面千柱,其殿之上复有千楼,高峻

23.45.6

[illegible]	[illegible],	[illegible]	[illegible]	[illegible]	[illegible]	[illegible]。	[illegible]	[illegible]
śjwo^{2}	ŋạ^{2}	·ji^{1}	ljɨ^{1}	ŋwu^{2}	lju̱^{2}	tshjịj^{2}	thja^{1}	pjụ^{2}
严	丽,	众	宝	以	庄	严。	其	殿
[illegible]	[illegible]	[illegible]	[illegible]	[illegible]	[illegible],	[illegible]	[illegible]	[illegible]
ɣwə^{2}	rjir^{2}	ljịj^{2}	śja^{1}	dźiəj^{2}	·wjij^{2}	·io̱^{1}	dźiej^{2}	gji^{1}
前	前	大	香	池	有,	周	环	清

严丽众宝装饰。于其殿前有大香池,周环澄澈,

23.46.1

[illegible],	[illegible]	[illegible]	[illegible]	[illegible]	[illegible]	[illegible]	[illegible]	[illegible]	[illegible]
sej^{1}	nio̱w^{1}	thja^{1}	bju^{2}	ɣa^{2}	ɣạ^{2}	tśhjiw^{1}	śja^{1}	bji^{1}	dźiəj^{2}
净,	复	其	旁	于	十	六	香	光	池
[illegible]	[illegible],	[illegible]	[illegible]	[illegible]	[illegible]	[illegible],	[illegible]	[illegible]	
tsəj^{1}	·wjij^{2}	śjạ^{1}	ljɨ^{1}	ŋwu^{2}	dja^{2}	śjɨj^{1}	ɣu^{1}	mjij^{1}	
小	有,	七	宝	以	△	成,	周	围	

其傍复有十六香光小池,七宝所成,布列围绕。

23.46.2

[illegible]	[illegible]。	[illegible]	[illegible]	[illegible]	[illegible]	[illegible]	[illegible]	[illegible]
bio^{1}	khjɨ̱^{2}	ljɨ^{1}	ljɨ^{1}	dźiəj^{2}	zjạ^{1}	gju^{1}	zjɨ̱r^{2}	lju̱^{1}
行	列。	一	一	池	间	渠	水	流
[illegible],	[illegible]	[illegible]	[illegible]	[illegible]	[illegible]	[illegible]	[illegible]	[illegible]。
rar^{2}	thjo̱^{1}	mə^{2}	ɣię̣^{2}	to^{2}	·ji^{1}	tshow^{1}	khu^{1}	sju^{2}
过,	妙	音	声	出	众	乐	奏	如。

一一池间流渠激注,出妙音声如奏众乐。

23.46.3

[illegible]	[illegible]	[illegible]	[illegible]	[illegible]	[illegible]	[illegible]	[illegible]	[illegible],
ljɨ^{1}	ljɨ^{1}	dźiəj^{2}	tsəj^{1}	twụ^{1}	·jar^{1}	lej^{2}	tśja^{1}	·wjij^{2}

一	一	池	小	各	八	阶	道	有，
[illegible]	[illegible]	[illegible]	[illegible]	[illegible]	[illegible]	[illegible]	[illegible]	[illegible]
thja¹	ljịj²	śja¹	dźiəj²	sọ¹	ɣạ²	njɨ¹	lej²	tśja¹
其	大	香	池	三	十	二	阶	道

一一小池有八阶道，香光大池①三十二道，

23.46.4

[illegible]，	[illegible]	[illegible]	[illegible]	[illegible]②	[illegible]	[illegible]	[illegible]	[illegible]
·wjij²	ljɨ¹	ljɨ¹	lej²	tśja¹	kię¹	ɣiej¹	ŋwu²	dja²
有，	一	一	阶	道	金	纯	以	△
[illegible]，	[illegible]	[illegible]	[illegible]	[illegible]	[illegible]	[illegible]	[illegible]	[illegible]，
śjɨj¹	ljɨ¹	phu²	bio¹	khjɨ²	ljɨ¹	rer²	lə¹	ɣja²
成，	宝	树	行	列	宝	网	障	覆，

一一阶道纯金所成，宝树行列宝网弥覆，

23.46.5

[illegible]	[illegible]	[illegible]	[illegible]	[illegible]	[illegible]	[illegible]	[illegible]，	[illegible]	[illegible]	[illegible]	[illegible]	[illegible]	[illegible]。
phju²	thjọ¹	mə²	lji²	we²	·u²	zjir²	mẹ¹	ku¹	tśhjwo¹	śja¹	dźiəj²	mjij²	we²
上	妙	香	气	城	中	遍	熏，	则	故	香	池	号	为。

上妙香气遍满城中，故号彼池名曰香光。

汉文本

复次无边慧，乃往古昔过无量劫，复倍是数，有佛出世，号栴檀香光明如来、应供、正遍知、明行足、善逝、世间解、无上士、调御丈夫、天人师、佛世尊。劫名电光，国名光明。时彼刹土地平如掌，无诸杂秽瓦砾荆棘，黄金白银而为沙聚，行列国界睹者欣悦。时四天下其洲皆广二亿由旬，一一洲中复有四万八千大城。其城一一广十由旬，长二十由旬，垣墙周回严丽峻极，一一城有八俱胝人止住其中，十千聚落一千园苑，围绕庄严。而此国界复有种种花树果树香树衣树上味之树及金刚树间错装饰。池沼泉流涯岸端直，八功德水盈满其中，优钵罗华、波头摩华、拘物头华、芬陀利华，杂色辉映靡不周遍。彼栴檀香光明如来寿六十八俱胝那由他岁，复有六十俱胝那由他诸声闻众以为眷属。彼时人民颜貌端正安隐快乐，薄贪嗔痴易可开示，以少劝化而能遍知诸法性相。

无边慧，复于彼时有转轮王名一切义成，七宝具足四天归化。彼阎浮洲有一大城，其城纵广四十

① 香光大池，西夏译文作"大香池"。
② 该字旁边有"倒文"(√)符号。

由旬,人民炽盛安隐丰乐。宫城之内广五由旬,间以七宝而为装饰,妙多罗树垂诸铃铎,真金罗网弥覆其上。王之正殿纯绀琉璃,广一由旬,四面千柱,其殿之上复有千楼,高峻严丽众宝装饰。于其殿前有大香池,周环澄澈,其傍复有十六香光小池,七宝所成,布列围绕。一一池间流渠激注,出妙音声如奏众乐。一一小池有八阶道,香光大池三十二道,一一阶道纯金所成,宝树行列宝网弥覆,上妙香气遍满城中,故号彼池名曰香光。

23.46.5-23.46.6

[illegible]	[illegible]	[illegible]	[illegible]	[illegible]，	[illegible]	[illegible]	[illegible]	[illegible]	[illegible]	[illegible]
bju^2	mjij^1	zjɨr^1	dźiã^2	tsjij^2	thja^1	dźiej^2	dẹj^1	njij^2	ljɨ̣r^1	ŋwər^1
边	无	慧	情	悟，	彼	轮	转	王	四	皇
[illegible]	[illegible]，	[illegible]	[illegible]	[illegible]	[illegible]，	[illegible]	[illegible]	[illegible]	[illegible]，	[illegible]
dzow^1	dźjij^2	lew^1	mjịj^2	bju^2	mjij^1	njɨ̣^{1}	mjịj^2	mẹ^2	nẹw^2	sọ^1
后	有，	一	名	边	无，	二	名	贤	善，	三

无边慧,彼转轮王有四夫人①:一名无边音②,二名贤善音③,三

23.47.1

[illegible]	[illegible]	[illegible]	[illegible]，	[illegible]	[illegible]	[illegible]	[illegible]	[illegible]
mjịj^2	·ji^1	thjọ^1	ɣiẹ^2	ljɨ̣r^1	mjịj^2	bã^1	ŋiạ^2	njij^2
名	众	妙	音，	四	名	鹅	鹅	王
[illegible]。	[illegible]	[illegible]	[illegible]	[illegible]	[illegible]	[illegible]	[illegible]	[illegible]，
ɣiẹ^2	ljɨ^1	ljɨ^1	ŋwər^1	dzow^1	twụ^1	njɨ̣^{1}	gji^2	dźjij^2
音。	一	一	皇	后	各	二	子	有，

名众妙音,四名鹅④王音。一一夫人各有二子:

23.47.2

[illegible]	[illegible]	[illegible]	[illegible]	[illegible]，	[illegible]	[illegible]	[illegible]	[illegible]，
lew^1	mjịj^2	mji^1	ŋa^1	bụ^2	njɨ̣^{1}	mjịj^2	mẹ^2	bụ^2
一	名	不	空	胜，	二	名	贤	胜，
[illegible]	[illegible]	[illegible]	[illegible]，	[illegible]	[illegible]	[illegible]	[illegible]，	[illegible]
sọ^1	mjịj^2	·we^1	bụ^2	ljɨ̣r^1	mjịj^2	bụ^2	ɣiẹ^2	ŋwə^1

① 四夫人,西夏文译作"四皇后"。
② 无边音,西夏文译作"无边",无"音"字。
③ 贤善音,西夏文译作"贤善",无"音"字。
④ 鹅,西夏文译为"[illegible][illegible]"(bã^1 ŋiạ^2),双音节词。

三	名	龙	胜，	四	名	胜	音，	五

一名不空胜，二名贤胜，三名龙胜，四名胜音，五

23.47.3

[illegible]	[illegible]	[illegible]，	[illegible]	[illegible]	[illegible]	[illegible]，	[illegible]	[illegible]
mji̱j^{2}	thjo̱^{1}	ɣię^{2}	tśhjiw^{1}	mji̱j^{2}	xiwã^{1}	ɣię^{2}	śja̱^{1}	mji̱j^{2}
名	妙	音，	六	名	梵	音，	七	名
[illegible]	[illegible]，	[illegible]	[illegible]	[illegible]	[illegible]。	[illegible]	[illegible]	[illegible]
bu̱^{2}	djɨj^{2}	·jar^{1}	mji̱j^{2}	djɨj^{2}	ɣię^{2}	lju̱^{2}	mjij^{1}	tśhjiw^{1}
胜	定，	八	名	定	音。	婇	女	六

名妙音，六名梵音，七名胜定①，八名定音②。婇女六

23.47.4

[illegible]，	[illegible]	[illegible]	[illegible]	[illegible]。	[illegible]	[illegible]	[illegible]	[illegible]
rjir^{2}	ɣa̱^{2}	tu̱^{1}	rjur^{1}	gji^{2}	tśhjɨ^{1}	zjo̱^{2}	thja^{1}	njij^{2}
亿，	十	千	诸	子。	尔	时	彼	王
[illegible]	[illegible]	[illegible]	[illegible]	[illegible]	[illegible]	[illegible]	[illegible]	[illegible]
ku̱^{2}	mjɨ^{1}	·u^{2}	tśjɨ^{1}	rjor^{2}	·wji̱^{1}	dźjwɨ^{1}	rjir^{2}	khe̱j^{1}
堂	宫	内	顷	刻	眷	属	与	嬉

亿，诸子十千。尔时彼王于内宫中与其眷属娱乐嬉戏，

23.47.5

[illegible]	[illegible]	[illegible]	[illegible]③，	[illegible]	[illegible]	[illegible]	[illegible]	[illegible]
·u^{2}	rejr^{2}	lhjij^{2}	djij^{2}	tśhjɨ^{2}	rjar^{2}	ŋa^{1}	gu^{2}	mjor^{1}
戏	乐	承	△，	立	即	空	中	如
[illegible]	[illegible]	[illegible]	[illegible]	[illegible]	[illegible]。	[illegible]	[illegible]	[illegible]
ljij^{2}	thjo̱^{1}	tsə^{1}	lju̱^{2}	gjɨ^{2}	ljij^{2}	dzjɨj^{1}	thja^{1}	mjor^{1}
来	妙	色	身	一	见。	时	彼	如

忽于空中见一如来妙色之身。时彼如

① 胜定，汉文底本作“胜云”。
② 定音，汉文底本作“云音”。
③ [illegible]，连词，在复句中表示转折。

23.47.6

[illegible]	[illegible]	[illegible]	[illegible]	[illegible]:	[illegible]	[illegible],	[illegible]	[illegible]
ljịj^{2}	njij^{2}	·jij^{1}	dạ^{2}	·jɨ^{1}	njij^{2}	ljịj^{2}	źji^{2}	phju^{2}
来	王	之	言	谓:	王	大,	最	上
[illegible]	[illegible]	[illegible],	[illegible]	[illegible]	[illegible]	[illegible]	[illegible]	[illegible]
gjwɨ^{1}	zjir^{2}	gjwi^{2}	źji^{2}	phju^{2}	·ụ^{2}	bju^{1}	gjị^{2}	·a
甲	胄	被,	最	上	乘	依	靠	阿

来即告王言:大王,应被无上甲胄,乘无上乘而发趣于阿

23.48.1

[illegible]	[illegible]	[illegible]	[illegible]	[illegible]	[illegible]	[illegible]	[illegible]	[illegible]
dụ^{2}	tow^{1}	lo^{1}	sã^{1}	mjiw^{2}	sã^{1}	po^{1}	tjɨj^{1}	śjwo^{1}
耨	多	罗	三	摩	三	菩	提	发
[illegible]	[illegible],	[illegible]	[illegible]	[illegible]	[illegible]	[illegible]	[illegible]	[illegible]
tshwew^{1}	lew^{2}	rjur^{1}	dźiã^{2}	tśhju^{1}	·jij^{1}	sjij^{2}	źjɨr^{1}	tsə̣^{1}
趣	应,	诸	情	有	之	智	慧	药

耨多罗三藐三菩提,授诸众生智慧之药,

23.48.2

[illegible]	[illegible],	[illegible]	[illegible]	[illegible]	[illegible]	[illegible]	[illegible]	[illegible]
khjow^{1}	lew^{2}	dzjwo^{2}	mə^{1}	kha^{1}	ŋwə^{1}	kięj^{2}	ɣa^{2}	tji^{1}
授	应,	人	天	中	五	欲	于	勿
[illegible]	[illegible]	[illegible]①。	[illegible]	[illegible]	[illegible]	[illegible]	[illegible]	[illegible]
dzu^{1}	zjij^{1}	nja^{2}	thjɨ^{2}	ljịj^{2}	gjwɨ^{1}	zjir^{2}	tja^{1}	źji^{2}
贪	着	汝。	此	大	甲	胄	者	最

勿得贪著人天五欲。此大甲胄

23.48.3

[illegible]	[illegible]	[illegible]	[illegible]	[illegible]	[illegible],	[illegible]	[illegible]	[illegible]
phju^{2}	no^{2}	lhejr^{2}	ɣjiw^{1}	ɣiwej^{1}	njwi^{2}	thjɨ^{2}	źji^{2}	phju^{2}

① [illegible],动词第二人称单数后缀。

上	安	乐	摄	受	能，	此	最	上
□	□	□	□	□	□	□	□	□
·ụ^{2}	tja^{1}	tśhjij^{1}	sjwi^{2}	ŋwu^{2}	źji^{2}	phju^{2}	·iọ^{2}	bo^{1}
乘	者	执	诱	以	最	上	园	林

而能摄受无上安乐，此无上乘而能诱入无上园苑，

23.48.4

□	□	□，	□	□	□	□	□	□
kha^{1}	·o^{2}	njwi^{2}	thjɨ^{2}	kha^{1}	·o^{2}	ku^{1}	·jị^{2}	mji^{1}
中	入	能，	此	中	入	则	复	不
□	□。	□	□	□	□	□	□	□
lhji̱^{1}	lhjwo^{1}	dzjwo^{2}	mə^{1}	kha^{1}	mə^{2}	mə^{2}	rjur^{1}	kięj^{2}
退	还。	人	天	中	种	种	诸	欲

入此中者不复退还。一切人天种种诸欲，

23.48.5

□	□，	□	□	□	□	□	□	□，
ŋowr^{2}	ŋowr^{2}	źji^{2}	mji^{1}	·ju^{2}	·wjɨ^{1}	ljij^{2}	tsji̱r^{1}	ŋwu^{2}
皆	皆，	皆	无	常	变	坏	法	以，
□	□	□	□	□	□	□	□	□。
rejr^{2}	dzjɨj^{1}	mji^{1}	ljij^{1}	tśhjɨ^{2}	rjar^{2}	dzjar^{2}	·jɨ^{2}	ljɨ^{1}
多	时	不	留	须	臾	灭	谓	也。

皆是无常变坏之法，势不久住须臾磨灭。

23.48.6

□	□	□	□	□，	□	□	□	□
bju^{2}	mjij^{1}	zjɨr^{1}	dźiã^{2}	tsjij^{2}	tśhjɨ^{1}	zjọ^{2}	wo^{2}	ŋowr^{2}
边	无	慧	情	悟，	尔	时	义	皆
□	□	□	□，	□	□	□	□	□
ŋowr^{2}	śjɨj^{1}	njij^{2}	ljij^{2}	thjɨ^{2}	dạ^{2}	mji^{1}	nio̱w^{1}	thja^{1}
皆	成	王	大，	此	说	闻	后	彼

无边慧，尔时一切义成大王，闻此说已于彼

23.49.1

[illegible]	[illegible]	[illegible]	[illegible]	[illegible]	[illegible]	[illegible]：	[illegible]	[illegible]
mjor^{1}	ljij^{2}	rjijr^{2}	thjɨ^{2}	sju^{2}	dạ^{2}	·jɨ^{1}	ŋa^{2}	·jij^{1}
如	来	方	此	如	言	曰：	我	之
[illegible]	[illegible]	[illegible]	[illegible]	[illegible]	[illegible]	[illegible]，	[illegible]	[illegible]
thjɨ^{2}	ljij^{2}	gjwɨ^{1}	zjir^{2}	nẹj^{2}	mjij^{2}	tja^{1}	sjwɨ^{1}	thja^{1}
斯	大	甲	胄	示	者	者，	谁	彼

如来而白言曰：其谁能示斯大甲胄，

23.49.2

[illegible]	[illegible]	[illegible]	[illegible]	[illegible]	[illegible]①	[illegible]？	[illegible]	[illegible]
gjwɨ^{1}	zjir^{2}	bju^{1}	ljụ^{2}	tshjij^{2}	sjwɨ	ŋa^{2}	niọw^{1}	ŋa^{2}
甲	胄	依	庄	严	谁	我？	复	我
[illegible]	[illegible]	[illegible]	[illegible]	[illegible]	[illegible]，	[illegible]	[illegible]	[illegible]
·jij^{1}	thjɨ^{2}	·ụ^{2}	nẹj^{2}	mjij^{2}	tja^{1}	sjwɨ^{1}	thja^{1}	ljij^{2}
之	斯	乘	示	者	者，	谁	彼	大

如彼甲胄而严被之？其谁能示斯之大乘，

23.49.3

[illegible]	[illegible]	[illegible]	[illegible]	[illegible]？	[illegible]	[illegible]	[illegible]	[illegible]
·ụ^{2}	bju^{1}	bju^{1}	gjị^{2}	ŋa^{2}	niọw^{1}	ŋa^{2}	·jij^{1}	thjɨ^{2}
乘	随	依	靠	我？	复	我	之	斯
[illegible]	[illegible]	[illegible]	[illegible]	[illegible]，	[illegible]	[illegible]	[illegible]	[illegible]
ljij^{2}	tśja^{1}	nẹj^{2}	mjij^{2}	tja^{1}	sjwɨ^{1}	thja^{1}	ljij^{2}	tśja^{1}
大	道	示	者	者，	谁	彼	大	道

如彼大乘而乘御之？其谁能示斯之大道，如彼大道

23.49.4

[illegible]	[illegible]	[illegible]②	[illegible]	[illegible]？	[illegible]	[illegible]	[illegible]	[illegible]

① [illegible]，该字衍。

② [illegible]与“[illegible]”(tshwew^{1})字通假。下同。

bju^1 śjwo^1 tshjwu^1 ŋa^2 ·jɨ^1 dzjɨj^1 thja^1 mjor^1 ljij^2
随 发 敬 我 谓？ 时 彼 如 来
[illegible] [illegible] [illegible] [illegible] [illegible] [illegible] [illegible] [illegible] [illegible]：
wo^2 ŋowr^2 ŋowr^2 śjɨj^1 njij^2 ljij^2 ·jij^1 dạ^2 ·jɨ^1
义 皆 皆 成 王 大 之 言 谓：

而发趣之？时彼如来告一切义成大王言：

23.49.5

[illegible] [illegible] [illegible] [illegible] [illegible] [illegible] [illegible] [illegible] [illegible]
njij^2 ljij^2 thja^1 tśja^1 tha^1 śja^1 bji^1 swew^1 mjor^1
王 大 彼 旃 檀 香 光 明 如
[illegible] [illegible] [illegible] [illegible]。 [illegible] [illegible] [illegible] [illegible] [illegible]
ljij^2 do^2 śjɨ^1 lew^2 thja^1 tha^1 njij^2 ljij^2 ·jij^1
来 处 诣 应。 彼 佛 王 大 之

大王当知①，有栴檀香光明如来，王应诣彼。

23.49.6–23.50.1

[illegible] [illegible] [illegible] [illegible]、 [illegible] [illegible] [illegible] [illegible] [illegible]、 [illegible] [illegible] [illegible] [illegible] [illegible] [illegible]
ljij^2 gjwɨ^1 zjir^2 śjij^1 ljij^2 ·u̱^{2} bju^1 gji̱^{2} śjij^1 ljij^2 tśja^1 tshwew^1 kjɨ^1 djɨj^2 tshji̱j^1
大 甲 胄 式、 大 乘 依 靠 式、 大 道 趣 △ 定 说
[illegible] [illegible]② [illegible]。 [illegible] [illegible] [illegible] [illegible] [illegible] [illegible] [illegible]， [illegible] [illegible] [illegible] [illegible]。
·wji^1 nja^2 ·jɨ^1 dzjɨj^1 thja^1 mjor^1 ljij^2 thjɨ^2 sju^2 tshji̱j^1 nio̱w^1 tśhjɨ^2 rjar^2 mji^1 śja^2
为 汝 谓。 时 彼 如 来 是 如 说 后， 立 即 不 现。

当为大王演说斯法，被大甲胄、乘于大乘、趣于大道。时彼如来如是说已，欻然不现。

汉文本

无边慧，彼转轮王有四夫人：一名无边音，二名贤善音，三名众妙音，四名鹅王音。一一夫人各有二子：一名不空胜，二名贤胜，三名龙胜，四名胜音，五名妙音，六名梵音，七名胜云，八名云音。婇女六亿，诸子十千。尔时彼王于内宫中与其眷属娱乐嬉戏，忽于空中见一如来妙色之身。时彼如来即告王言：大王，应被无上甲胄，乘无上乘而发趣于阿耨多罗三藐三菩提，授诸众生智慧之药，勿得贪著人天

① 当知，西夏文本漏译。
② [illegible]，动词人称后缀，此句省略了第二人称宾语。

五欲。此大甲胄而能摄受无上安乐，此无上乘而能诱入无上园苑，入此中者不复退还。一切人天种种诸欲，皆是无常变坏之法，势不久住须臾磨灭。

无边慧，尔时一切义成大王，闻此说已于彼如来而白言曰：其谁能示斯大甲胄，如彼甲胄而严被之？其谁能示斯之大乘，如彼大乘而乘御之？其谁能示斯之大道，如彼大道而发趣之？时彼如来告一切义成大王言：大王当知，有栴檀香光明如来，王应诣彼。当为大王演说斯法，被大甲胄、乘于大乘、趣于大道。时彼如来如是说已，欻然不现。

23.50.1–23.50.2

[illegible]	[illegible]	[illegible]	[illegible]	[illegible]，	[illegible]	[illegible]	[illegible]	[illegible]	[illegible]	[illegible]	[illegible]	[illegible]
bju^{2}	mjij^{1}	zjɨr^{1}	dźiā^{2}	tsjij^{2}	tśhjɨ^{1}	zjọ^{2}	wo^{2}	ŋowr^{2}	ŋowr^{2}	śjɨj	njij^{2}	ljij^{2}
边	无	慧	情	悟，	尔	时	义	皆	皆	成	王	大
[illegible]	[illegible]①	[illegible]	[illegible]，	[illegible]	[illegible]	[illegible]	[illegible]，	[illegible]	[illegible]	[illegible]	[illegible]，	
thjɨ^{2}	dạ^{2}	ljij^{2}	niọw^{1}	ljụ^{2}	mej^{2}	źji^{2}	dźia^{2}	zjɨr^{1}	lo	njịj^{1}	śjwo^{1}	
斯	言	睹	后，	身	毛	皆	竖，	希	有	心	发，	

无边慧，尔时一切义成大王睹斯事已，悚栗毛竖，发希有心，

23.50.3

[illegible]	[illegible]	[illegible]	[illegible]	[illegible]，	[illegible]	[illegible]	[illegible]	[illegible]
niọw^{1}	xja^{1}	kjạ	le	śjwo^{1}	dzjwo^{2}	mə^{1}	kha^{1}	mə^{2}
复	便	怖	畏	生，	人	天	中	种
[illegible]	[illegible]	[illegible]	[illegible]	[illegible]，	[illegible]	[illegible]	[illegible]	[illegible]
mə^{2}	kiẹj^{2}	rejr^{2}	mji^{1}	dzu^{1}	rjur^{1}	dźjịj^{1}	dźiəj^{2}	tśhjo^{1}
种	欲	乐	不	乐，	诸	行	为	有

便生怖畏，不乐人天种种欲乐，厌舍一切诸行有为，

23.50.4

[illegible]	[illegible]	[illegible]	[illegible]，	[illegible]	[illegible]	[illegible]、	[illegible]	[illegible]、
ŋowr^{2}	ŋowr^{2}	dwər^{1}	ka^{2}	ljij^{2}	gjwɨ^{1}	zjir^{2}	ljij^{2}	·ụ^{2}
皆	皆	厌	舍，	大	甲	胄、	大	乘、
[illegible]	[illegible]	[illegible]	[illegible]，	[illegible]	[illegible]	[illegible]	[illegible]	[illegible]
ljij^{2}	tśja^{1}	·jɨr^{2}	kjụ^{1}	tśhjɨ^{2}	rjar^{2}	·jar^{1}	gji^{2}	niọw^{1}
大	道	勤	求，	立	即	八	子	及

① [illegible]，是“[illegible]（事）”（dạ）的通假字。

求大甲胄、大乘、大道，即与八子及四夫人并余诸子婇女侍从，

23.50.5

[illegible]	[illegible]	[illegible]	[illegible]	[illegible]	[illegible]	[illegible]	[illegible]	[illegible]
ljɨ̠r^{1}	ŋwər^{1}	dzow^{1}	rjur^{1}	gji^{2}	śjwo^{2}	mjịj^{1}	tshji^{2}	mji̠j^{2}
四	皇	后	诸	子	美	女	侍	者
[illegible]	[illegible]	[illegible]，	[illegible]	[illegible]	[illegible]	[illegible]	[illegible]	[illegible]
rjir	śiə	śio	zji	tśja^{1}	tha^{1}	śja^{1}	bji^{1}	swew^{1}
与	伴	随，	皆	栴	檀	香	光	明

俱往诣彼栴檀香光明

23.50.6

[illegible]	[illegible]	[illegible]	[illegible]①	[illegible]	[illegible]，	[illegible]	[illegible]	[illegible]
mjor^{1}	ljịj^{2}	do^{2}	rjɨr^{2}	śji^{2}	njɨ^{2}	nio̠w^{1}	·jij^{1}	·wjị^{1}
如	来	处	△	往	至，	又	自	眷
[illegible]	[illegible]	[illegible]	[illegible]	[illegible]	[illegible]	[illegible]	[illegible]	[illegible]
dźjwɨ^{1}	rjir^{2}	tha^{1}	rewr^{2}	tśja^{1}	tshwew^{1}	bju^{1}	tjị^{1}	dzjwɨ̣^{1}
属	与	佛	足	礼	敬	依	归	恭

如来所。既到彼已，与其眷属恭敬作礼稽首佛足，

23.51.1

[illegible]，	[illegible]	[illegible]	[illegible]	[illegible]	[illegible]	[illegible]	[illegible]	[illegible]
rejr^{2}	xja^{1}	·jir^{2}	thã^{1}	lu^{1}	no^{1}	śjạ^{1}	ljɨ̣^{1}	dza^{1}
敬，	即	百	檀	卢	那	七	宝	杂
[illegible]	[illegible]	[illegible]	[illegible]、	[illegible]	[illegible]、	[illegible]	[illegible]	[illegible]
wjạ^{1}	ŋwu^{2}	mjor^{1}	ljịj^{2}	bju^{1}	·wo^{2}	tśhja^{2}	njɨ^{2}	nwə^{1}
花	以	如	来、	应	供、	正	遍	知

即以一百檀卢那七宝杂花散于如来、应②、正遍知，

---

① [illegible]，动词趋向前缀，表示完成体不定方。

② 应，为“应供”的简称，西夏文译作“[illegible]”。梵文 Arhant，通行译法为“阿罗汉”。佛教认为佛陀是断尽一切烦恼、智德圆满的觉者，应受人天供养、尊敬。

23.51.2

[illegible]	[illegible]①	[illegible]，	[illegible]	[illegible]	[illegible]	[illegible]	[illegible]	[illegible]
tśhja̱1	·wjɨ2	lju2	nio̱w1	mjɨ1	pjụ1	tśji1	pho1	lo1
上	△	散，	复	无	量	支	婆	罗
[illegible]	[illegible]	[illegible]	[illegible]	[illegible]	[illegible]	[illegible]	[illegible]	[illegible]
ŋwu2	mjor1	ljịj2	nio̱w1	ɣiẹ2	mji1	·ji1	·jij1	kjụ1
以	如	来	及	声	闻	众	之	供

复以无量支婆罗奉献如来及声闻众，

23.51.3

[illegible]，	[illegible]	[illegible]	[illegible]	[illegible]	[illegible]	[illegible]	[illegible]	[illegible]
tshwew1	nio̱w1	no2	lhejr2	·wụ2	gju2	ŋowr2	ŋowr2	ŋwu2
养，	复	安	乐	资	具	皆	皆	以
[illegible]	[illegible]	[illegible]	[illegible]	[illegible]	[illegible]	[illegible]	[illegible]。	[illegible]
ɣa̱2	tụ1	kjiw1	tśjɨj1	tha1	·jij1	kjụ1	tshwew1	thja1
十	千	岁	满	佛	之	供	养。	此

复以一切安乐资具满十千岁而供养之。

23.51.4

[illegible]	[illegible]	[illegible]	[illegible]	[illegible]	[illegible]，	[illegible]	[illegible]	[illegible]
nio̱w1	rjijr2，	njij2	lu2	·wjɨ2	dźjɨ̱r1	·jij1	·wjị1	dźjwɨ1
后	方，	王	位	△	弃，	自	眷	属
[illegible]	[illegible]	[illegible]	[illegible]	[illegible]	[illegible]	[illegible]	[illegible]	[illegible]
rjir2	thja1	tśja1	tha1	śja1	bji1	swew1	mjor1	ljịj2
与	彼	栴	檀	香	光	明	如	来

从是以后，弃舍王位，与其眷属于栴檀香光明如来

23.51.5

[illegible]	[illegible]	[illegible]	[illegible]	[illegible]②	[illegible]	[illegible]。	[illegible]	[illegible]

① [illegible]，动词趋向前缀，表示完成体向远方。

② [illegible]，字义为“平、等、并”，叠用意为“同时、一齐、俱”。“弃舍王位与其眷属于栴檀香光明如来法中出家”一句有两种断法，一为“弃舍王位与其眷属，于栴檀香光明如来法中出家”，一为“弃舍王位，与其眷属于栴檀香光明如来法中出家”，西夏文译者持后一种断法，故有此语。

·jij¹	tsjɨr¹	kha¹	ka¹	ka¹	nji¹	phjɨ¹	bju²	mjij¹
之	法	中	齐	齐	家	出。	边	无
zjɨr¹	dźiã²	tsjij²	dzjɨj¹	thja¹	tśja¹	tha¹	śja¹	bji¹
慧	情	悟，	时	彼	栴	檀	香	光

法中出家。无边慧，时彼栴檀香光

23.51.6

swew¹	mjor¹	ljịj²	wo²	ŋowr²	ŋowr²	śjɨj¹	phji²	khjiw²
明	如	来	义	皆	皆	成	比	丘
niọw¹	rjur¹	·wjị¹	dźjwɨ¹	·jij¹	kjur²	tjị¹	njịj¹	dwewr²
及	诸	眷	属	之	志	愿	心	知

明如来知一切义成比丘及其眷属至乐①之心，

23.52.1

ku¹	tśhjɨ²	rjar²	gjwɨ¹	zjir²	ljụ²	tshjịj²	ljịj²	·ụ²
则，	立	即	甲	胄	庄	严、	大	乘
ljụ²	tshjịj²	tshjịj¹	·wji¹	thja¹	tshjịj¹	mji¹	niọw¹	gjwɨ¹
庄	严	说	为。	彼	说	闻	后，	坚

便为开示甲胄庄严、大乘庄严。彼既闻已，

23.52.2

lwo²	njịj¹	śjwo¹	na¹	tsjɨr¹	niọw¹	ku¹	thja¹	·jij¹
固	心	发，	深	法	为	故，	其	自

① 至乐，西夏文作“[illegible]”，字面义为“志愿”。

·ja	zjọ^{2}	ɣa^{2}	dzu̱^{2}	djị^{2}	sjwɨ^{1}	sjịj^{2}	kjir^{1}	·jɨr^{2}
一	世	于,	坐	端	思	惟	精	勤

发坚固心,为深法故,尽其躯命①,端坐思惟精勤

23.52.3

[illegible]	[illegible],	[illegible]	[illegible]	[illegible]	[illegible]	[illegible]	[illegible],	[illegible]
mji^{1}	lhjwo^{1}	·ju^{2}	mjor^{1}	ljij^{2}	rjijr^{2}	?	njij^{1}	rjur^{1}
无	退,	常	如	来	于	亲	近,	世
[illegible]	[illegible]	[illegible]	[illegible]	[illegible]	[illegible]	[illegible]	[illegible]。	
kha^{1}	rjur^{1}	kiẹj^{2}	ŋowr^{2}	ŋowr^{2}	mju̱^{2}	mjɨ^{1}	wjị^{2}	
间	诸	欲	皆	皆	动	不	能。	

无退,常近如来,而于世间一切诸欲得无动念。

汉文本

无边慧,尔时一切义成大王睹斯事已,悚栗毛竖,发希有心,便生怖畏,不乐人天种种欲乐,厌舍一切诸行有为,求大甲胄、大乘、大道,即与八子及四夫人并余诸子婇女侍从,俱往诣彼栴檀香光明如来所。既到彼已,与其眷属恭敬作礼稽首佛足,即以一百檀卢那七宝杂花散于如来、应正遍知,复以无量支婆罗奉献如来及声闻众,复以一切安乐资具满十千岁而供养之。从是以后,弃舍王位,与其眷属于栴檀香光明如来法中出家。

无边慧,时彼栴檀香光明如来知一切义成比丘及其眷属至乐之心,便为开示甲胄庄严、大乘庄严。彼既闻已,发坚固心,为深法故,尽其躯命,端坐思惟精勤无退,常近如来,而于世间一切诸欲得无动念。

23.52.3–23.52.4

[illegible]	[illegible]	[illegible]	[illegible]	[illegible],	[illegible]	[illegible]	[illegible]	[illegible]	[illegible]
bju^{2}	mjij^{1}	zjɨr^{1}	dźiã^{2}	tsjij^{2}	dzjɨj^{1}	thja^{1}	mjor^{1}	ljij^{2}	wo^{2}
边	无	慧	情	悟,	时	彼	如	来	义
[illegible]	[illegible]	[illegible]	[illegible]	[illegible]	[illegible]	[illegible]	[illegible]:	[illegible]	
ŋowr^{2}	ŋowr^{2}	śjɨj^{1}	phji^{2}	khjiw^{2}	·jij^{1}	dạ^{2}	·jɨ^{1}	nẹw^{2}	
皆	皆	成	比	丘	之	谓	言:	善	

无边慧,时彼如来问一切义成比丘言:

① 尽其躯命,西夏译文作"[illegible]",即"于其一世",较为直白。

23.52.5

[illegible]	[illegible]，	[illegible]	[illegible]	[illegible]	[illegible]	[illegible]	[illegible]、	[illegible]
gọr^{1}	gji^{2}	thjɨ^{2}	·wjɨ^{2}	ljịj^{2}	gjwɨ^{1}	zjir^{2}	tśhjwi^{1}	ljịj^{2}
男	子，	今	时	大	甲	胄	被、	大
[illegible]	[illegible]	[illegible]、	[illegible]	[illegible]	[illegible]	[illegible]	[illegible]①	[illegible]？
·ụ^{2}	bju^{1}	gjị^{2}	tśja^{1}	rjijr^{2}	śjwo^{1}	tshjwu^{1}	nja^{2}	mo^{2}
乘	依	靠、	道	于	发	敬	汝	耶？

善男子，汝于今时被大甲胄、乘于大乘、发趣道耶？

23.52.6

[illegible]	[illegible]	[illegible]	[illegible]	[illegible]	[illegible]	[illegible]	[illegible]、	[illegible]
thja^{1}	tśja^{1}	niọw^{1}	ku^{1}	ŋowr^{2}	ŋowr^{2}	sjịj^{2}	sjịj^{2}	ŋwer^{1}
其	道	因	则	皆	皆	智	智、	等
[illegible]	[illegible]	[illegible]	[illegible]	[illegible]	[illegible]。	[illegible]	[illegible]	[illegible]
ŋwer^{1}	mjij^{1}	sjịj^{2}	śjɨj^{1}	·jiw^{2}	njwi^{2}	nji^{2}	wo^{2}	bju^{1}
等	无	智	成	就	能。	汝	理	如

以是道故而能成就一切智智、无等等智。汝当如理

23.53.1

[illegible]	[illegible]	[illegible]	[illegible]	[illegible]。	[illegible]	[illegible]	[illegible]	[illegible]
·jɨr^{2}	dźjij^{1}	djọ^{2}	dzjɨ̣^{2}	lew^{2}	wo^{2}	ŋowr^{2}	ŋowr^{2}	śjɨj^{1}
勤	精	修	习	当。	义	皆	皆	成
[illegible]	[illegible]	[illegible]	[illegible]	[illegible]	[illegible]	[illegible]	[illegible]	[illegible]
phji^{2}	khjiw^{2}	tśja^{1}	tha^{1}	śja^{1}	bji^{1}	swew^{1}	mjor^{1}	ljịj^{2}
比	丘	栴	檀	香	光	明	如	来

精勤修习。彼一切义成比丘白栴檀香光明如来

23.53.2

[illegible]	[illegible]	[illegible]：	[illegible]	[illegible]，	[illegible]	[illegible]	[illegible]	[illegible]
·jij^{1}	dạ^{2}	·jɨ^{1}	rjur^{1}	pjụ^{1}	ŋa^{2}	thjɨ^{2}	·wjɨ^{2}	gjwɨ^{1}

① [illegible]，西夏语动词人称后缀，此处西夏文本省略了前面的第二人称主语“汝”。

之	言	谓：	世	尊，	我	今	时	甲
[illegible]	[illegible]	[illegible]①	[illegible]	[illegible]	[illegible]	[illegible]	[illegible]，	[illegible]
zjir^{2}	mjịj^{2}	sji^{2}	tsjịr^{1}	mjɨ^{1}	tśhjɨ^{1}	ljij^{2}	ŋa^{2}	nio̱w^{1}
胄	名	△	法	不	尔	见	我，	复

言：世尊，我于今时乃不见有名甲胄法，

23.53.3

[illegible]	[illegible]	[illegible]	[illegible]	[illegible]	[illegible]	[illegible]	[illegible]	[illegible]，
gjwɨ^{1}	zjir^{2}	tśhjw^{1}	mjịj^{2}	tsjɨ^{1}	mjɨ^{1}	tśhjɨ^{1}	lji^{2}	ŋa^{2}
甲	胄	被	者	亦	不	尔	见	我，
[illegible]	[illegible]	[illegible]	[illegible]	[illegible]	[illegible]	[illegible]	[illegible]	[illegible]
thja^{1}	gjwɨ^{1}	zjir^{2}	ljọ^{2}	·wjɨ^{2}	ljịj^{2}	mjɨ^{1}	tśhjɨ^{1}	lji^{2}
其	甲	胄	何	△	来	不	尔	见

亦不见有能被甲胄者，亦不见有被甲所从，

23.53.4

[illegible]，	[illegible]	[illegible]	[illegible]	[illegible]	[illegible]	[illegible]	[illegible]	[illegible]
ŋa^{2}	nio̱w^{1}	gjwɨ^{1}	zjir^{2}	tśhjwi^{1}	tjị^{2}	tsjɨ^{1}	mjɨ^{1}	tśhjɨ^{1}
我，	复	甲	胄	被	处	亦	不	尔
[illegible]	[illegible]。	[illegible]	[illegible]，	[illegible]	[illegible]	[illegible]	[illegible]	[illegible]
lji^{2}	ŋa^{2}	rjur^{1}	pjụ^{1}	ŋa^{2}	·ụ^{2}	·jij^{1}	mjịj^{2}	sji^{2}
见	我。	世	尊，	我	乘	之	名	△

亦不见有被甲之处。世尊，我不见有名乘

23.53.5

[illegible]	[illegible]	[illegible]	[illegible]	[illegible]，	[illegible]	[illegible]	[illegible]	[illegible]
tsjịr^{1}	mjɨ^{1}	tśhjɨ^{1}	lji^{2}	ŋa^{2}	ljij^{2}	·ụ^{2}	bju^{1}	gjị^{2}
法	不	尔	见	我，	大	乘	依	靠
[illegible]	[illegible]	[illegible]	[illegible]	[illegible]	[illegible]，	[illegible]	[illegible]	[illegible]
mjịj^{2}	tsjɨ^{1}	mjɨ^{1}	tśhjɨ^{1}	lji^{2}	ŋa^{2}	thja^{1}	ljọ^{2}	·wjɨ^{2}

① [illegible]，名物化助词。

者	亦	不	尔	见	我，	其	何	△

之法，亦不见有乘大乘者，

23.53.6

[Tangut]	[Tangut]	[Tangut]	[Tangut]	[Tangut]	[Tangut]，	[Tangut]	[Tangut]	[Tangut]
ljij^{2}	tsjɨ^{1}	mjɨ^{1}	tśhjɨ^{1}	lji^{2}	ŋa^{2}	niow^{1}	ljij^{2}	·ụ^{2}
来	亦	不	尔	见	我，	复	大	乘
[Tangut]	[Tangut]	[Tangut]	[Tangut]	[Tangut]	[Tangut]	[Tangut]	[Tangut]。	[Tangut]
bju^{1}	gjị^{2}	tjị^{2}	tsjɨ^{1}	mjɨ^{1}	tśhjɨ^{1}	lji^{2}	ŋa^{2}	rjur^{1}
依	靠	处	亦	不	尔	见	我。	世

亦不见有乘之所从，亦不见有乘大乘处。

23.54.1

[Tangut]，	[Tangut]	[Tangut]	[Tangut]	[Tangut]	[Tangut]	[Tangut]	[Tangut]	[Tangut]
pjụ^{1}	ŋa^{2}	tśja^{1}	·jij^{1}	mjij^{2}	sji^{2}	tsjir^{1}	mjɨ^{1}	tśhjɨ^{1}
尊，	我	道	之	名	△	法	不	尔
[Tangut]	[Tangut]，	[Tangut]	[Tangut]	[Tangut]	[Tangut]	[Tangut]	[Tangut]	[Tangut]
lji^{2}	ŋa^{2}	thjị^{2}	tśja^{1}	niow^{1}	ku^{1}	śji^{1}	śjwo^{1}	tshwew^{1}
见	我，	此	道	由	则	前	发	趣

世尊，我不见有名道之法，亦复不见由此道故

23.54.2

[Tangut]、	[Tangut]	[Tangut]	[Tangut]	[Tangut]	[Tangut]	[Tangut]	[Tangut]	[Tangut]
mjij^{2}	mjor^{1}	śjwo^{1}	tshwew^{1}	mjij^{2}	tsjɨ^{1}	mjɨ^{1}	tśhjɨ^{1}	lji^{2}
者、	今	发	趣	者	亦	不	尔	见
[Tangut]，	[Tangut]	[Tangut]	[Tangut]	[Tangut]	[Tangut]	[Tangut]	[Tangut]	[Tangut]
ŋa^{2}	thjị^{2}	tśja^{1}	ljọ^{2}	·wjɨ^{2}	ljij^{2}	tsjɨ^{1}	mjɨ^{1}	tśhjɨ^{1}
我，	此	道	何	△	来	亦	不	尔

已发趣者、今发趣者，亦不见有道之所从，

23.54.3

[Tangut]	[Tangut]，	[Tangut]	[Tangut]	[Tangut]	[Tangut]	[Tangut]	[Tangut]	[Tangut]

lji^{2}	ŋa^{2}	thjɨ^{2}	tśja^{1}	·wjij^{2}	tji̱^{2}	tsjɨ^{1}	mjɨ^{1}	tśhjɨ^{1}
见	我，	此	道	有	处	亦	不	尔
[illegible]	[illegible]。	[illegible]	[illegible]，	[illegible]	[illegible]	[illegible]	[illegible]	[illegible]
lji^{2}	ŋa^{2}	rjur^{1}	pju̱^{1}	ŋa^{2}	·a	du̱^{2}	tow^{1}	lo^{1}
见	我。	世	尊，	我	阿	耨	多	罗

亦不见有道之处所。世尊，我于阿耨多罗

23.54.4

[illegible]	[illegible]	[illegible]	[illegible]	[illegible]	[illegible]	[illegible]	[illegible]	[illegible]、
sã^{1}	mjiw^{2}	sã^{1}	po^{1}	tjɨj^{1}	tjij^{1}	khwa^{1}	tjij^{1}	njij^{1}
三	藐	三	菩	提	若	远	若	近、
[illegible]	[illegible]	[illegible]	[illegible]	[illegible]	[illegible]	[illegible]	[illegible]，	[illegible]
tjij^{1}	·wjɨ^{2}	rar^{2}	mjij^{2}	ljij^{2}	mjor^{1}	dźjij^{1}	ɣa^{2}	rjir^{1}
若	△	过	未	来	现	在	于，	得

三藐三菩提若远若近、若去来今①，

23.54.5

[illegible]	[illegible]	[illegible]。	[illegible]	[illegible]	[illegible]	[illegible]	[illegible]	[illegible]，
mjij^{1}	ljij^{2}	mjij^{1}	ŋa^{2}	thjɨ^{2}	·wjɨ^{2}	bio̱^{1}	ŋa^{2}	zjij^{1}
无	见	无。	我	此	刻	观	我	时，
[illegible]	[illegible]②	[illegible]	[illegible]	[illegible]	[illegible]	[illegible]	[illegible]	[illegible]
zjɨ̱r^{1}	zjij^{1}	?	njij^{1}	lew^{2}	nio̱w^{1}	lja̱^{1}	lew^{2}	tsji̱r^{1}
少	时	亲	近	可	及	证	可	法

无得无见。如我今者作是观时，实无少法而可亲近而可证者。

23.54.6

[illegible]，	[illegible]	[illegible]	[illegible]	[illegible]	[illegible]	[illegible]	[illegible]，	[illegible]
mjij^{1}	tjij^{1}	lja̱^{1}	lew^{2}	lja̱^{1}	ljɨ̱^{1}	mjij^{1}	ljɨ̱^{1}	rjur^{1}
无。	若	我	证	可	虽	无	则，	世
[illegible]	[illegible]	[illegible]	[illegible]	[illegible]	[illegible]	[illegible]：	[illegible]	[illegible]

① 去来今，即指过去、未来、现在之三世，泛指一切有为诸法生灭变化过程之时间。

② [illegible]，其中“[illegible]”是“[illegible]”的通假字。“[illegible]”，意思是“少许”。

pjụ^1	thjij^2	sjo^2	ŋa^2	·jij^1	dja^2	·jɨr^1	nji^2	ljịj^2
尊	何	云	我	之	△	问:	汝	大

若我无证,世尊宁当而问我言:

23.55.1

[illegible]	[illegible]	[illegible]、	[illegible]	[illegible]	[illegible]	[illegible]、	[illegible]	[illegible]
gjwɨ^1	zjir^2	gjwi^2	ljịj^2	·ụ^2	bju^1	gjị^2	tśja^1	rjijr^2
甲	胄	被、	大	乘	依	靠、	道	于
[illegible]	[illegible]	[illegible]	[illegible]	[illegible]	[illegible]?	[illegible]	[illegible],	[illegible]
śjwo^1	tshjwu^1	nja^2	·jɨ^2	mo^2	ljɨ^1	rjur^1	pjụ^1	nwə^1
发	敬	△	谓	乎	耶?	世	尊,	知

被大甲胄、乘于大乘、发趣道耶?

23.55.2

[illegible]	[illegible]	[illegible]、	[illegible]	[illegible]	[illegible]	[illegible],	[illegible]	[illegible]
mjịj^2	ŋowr^2	ŋowr^2	ljij^2	mjịj^2	ŋowr^2	ŋowr^2	ŋa^2	njɨ^2
者	皆	皆、	见	者	皆	皆,	我	等
[illegible]	[illegible]	[illegible]	[illegible]	[illegible]	[illegible]	[illegible],	[illegible]	[illegible]
rjir^2	·ja	tjɨ̣j^2	tsjịr^1	bju^1	djọ^2	dźjij^1	lew^1	tha^1
与	一	样	法	依	修	行,	唯	佛

世尊,一切知者、一切见者,如我等比于法修行,

23.55.3

[illegible]	[illegible]	[illegible]	[illegible]	[illegible]	[illegible],	[illegible]	[illegible]	[illegible]
mjor^1	ljịj^2	tśhjwo^1	nwə^1	tsjij^2	njwi^2	rjur^1	ɣię̣^{2}	mji^1
如	来	乃	知	悟	能,	诸	声	闻
[illegible]	[illegible]	[illegible]	[illegible]	[illegible]	[illegible]	[illegible]	[illegible]。	[illegible]
tjij^1	dwewr^2	·jij^1	nwə^1	lew^2	mjɨ̱^{2}	kięj^2	nja̱^{2}	bju^2
独	觉	之	知	所	境	界	非。	边

唯有如来乃能了知,非诸声闻缘觉境界。

23.55.4

[illegible]	[illegible]	[illegible]	[illegible],	[illegible]	[illegible]	[illegible]	[illegible]	[illegible]

mjij^{1} zjɨr^{1} dźiã^{2} tsjij^{2} thja^{1} wo^{2} ŋowr^{2} ŋowr^{2} śjɨj^{1}

无 慧 情 悟， 彼 义 皆 皆 成

phji^{2} khjiw^{2} mjor^{1} ljij^{2} ·ju^{2} rjir^{2} thjɨ^{2} dạ^{2} ·jɨ^{1}

比 丘 如 来 面 前 是 言 说

无边慧，彼一切义成比丘于如来前作是说时，

23.55.5

zjọ^{2} thja^{1} ·wji̱^{1} dźjwɨ^{1} rjir^{2} xja^{1} dźiã^{2} tsjij^{2} ·jij^{1}

时， 其 眷 属 与 便 情 悟 之

we̱^{1} mjij^{1} tsji̱r^{1} ze̱w^{2} rjir^{2} tsji̱r^{1} ze̱w^{2} rjir^{2} ku^{1}

生 无 法 忍 得， 法 忍 得 则

与其眷属便得菩萨无生法忍，得法忍故

23.55.6

źji^{2} mji^{1} lhji̱^{1} lhjwo^{1} tśhjɨ^{1} zjọ^{2} tśja^{1} tha^{1} śja^{1}

皆 不 退 转。 尔 时 栴 檀 香

bji^{1} swew^{1} mjor^{1} ljij^{2} to^{2} źji^{2} kjɨ^{1} la^{1} ŋwə^{1}

光 明 如 来 悉 皆 △ 记， 五

皆不退转。尔时栴檀香光明如来悉为授记，

23.56.1

·jir^{2} ·a sẽ^{1} khji^{1} kja^{2} ·wjɨ^{2} zar^{2} nio̱w^{1} kjọ^{2}

百 阿 僧 祇 劫 △ 过 后， 愿

·a du̱^{2} tow^{1} lo^{1} sã^{1} mjiw^{2} sã^{1} po^{1} tjɨj^{1}

阿 耨 多 罗 三 藐 三 菩 提

过五百阿僧祇①劫，当证阿耨多罗三藐三菩提。

23.56.2-23.56.3

[illegible]	[illegible]	[illegible]。	[illegible]	[illegible]	[illegible]	[illegible]	[illegible]	[illegible]	[illegible]	[illegible]	[illegible]，
ljạ^{1}	lew^{2}	·jɨ^{1}	thja^{1}	la^{1}	ɣiwej^{1}	mji^{1}	nio̱w^{1}	njij^{1}	ljɨj^{2}	rjɨr^{2}	gjij^{1}
证	当	谓。	彼	记	授	闻	后	心	喜	△	跃，
[illegible]	[illegible]	[illegible]	[illegible]	[illegible]	[illegible]	[illegible]	[illegible]	[illegible]	[illegible]	[illegible]	
ŋa^{1}	gu^{2}	·wjɨ^{2}	śji^{2}	bji^{2}	bjij^{2}	śjạ^{1}	tow^{1}	lo^{1}	phu^{2}	zjij^{1}	
空	中	△	往	下	高	七	多	罗	树	许。	

彼闻授记欢喜踊跃，上升虚空高七多罗②。

汉文本

无边慧，时彼如来问一切义成比丘言：善男子，汝于今时被大甲胄、乘于大乘、发趣道耶？以是道故而能成就一切智智、无等等智。汝当如理精勤修习。彼一切义成比丘白栴檀香光明如来言：世尊，我于今时乃不见有名甲胄法，亦不见有能被甲胄者，亦不见有被甲所从，亦不见有被甲之处。世尊，我不见有名乘之法，亦不见有乘大乘者，亦不见有乘之所从，亦不见有乘大乘处。世尊，我不见有名道之法，亦复不见由此道故已发趣者、今发趣者，亦不见有道之所从，亦不见有道之处所。世尊，我于阿耨多罗三藐三菩提若远若近、若去来今，无得无见。如我今者作是观时，实无少法而可亲近而可证者。若我无证，世尊宁当而问我言：被大甲胄、乘于大乘、发趣道耶？世尊，一切知者、一切见者，如我等比于法修行，唯有如来乃能了知，非诸声闻缘觉境界。

无边慧，彼一切义成比丘于如来前作是说时，与其眷属便得菩萨无生法忍，得法忍故皆不退转。尔时栴檀香光明如来悉为授记，过五百阿僧祇劫，当证阿耨多罗三藐三菩提。彼闻授记欢喜踊跃，上升虚空高七多罗。

23.56.3

[illegible]	[illegible]	[illegible]	[illegible]	[illegible]	[illegible]	[illegible]	[illegible]：
xja^{1}	ljạ^{1}	dạ^{2}	ŋwu^{2}	mjor^{1}	ljij^{2}	·jij^{1}	·jow^{2}
即	偈	颂	以	如	来	之	赞：

即以偈颂赞如来曰：

① 阿僧祇，为印度数目之一，无量数或极大数之意。西夏文“[illegible]”为汉文音译。

② 多罗，即多罗树，极高者可达二十五公尺。故譬物体之高大，常谓七多罗树，言其较多罗树高出七倍。西夏文“[illegible]”为汉语音译。

23.56.4

[illegible]

mjɨ^{1} pjụ^{1} ljịj^{2} mjịj^{2} dźjwow^{1} lja^{1} lho ŋər^{1} njij^{2} sju^{2} rjur^{1} pjụ^{1} ŋowr^{2} ŋowr^{2} sjịj^{2}

无 量 大 名 称, 特 出 山 王 如, 世 尊 皆 皆 智,

无量大名称,挺特如山王,世尊一切智,

23.56.5

[illegible]

rjur^{1} tśhja^{2} ·io̱w^{1} tshjịj^{1} njwi^{2} tha^{1} mej^{1} źji^{2} dźju^{1} ljij^{2} be^{2} bji^{1} swew^{1} ·wjɨ^{2} sju^{2}

诸 德 功 演 能。佛 眼 悉 明 见, 日 光 照 犹 如,

能演诸功德。佛眼悉明见,犹如日照临,

23.56.6

[illegible]

pjụ^{1} lju̱^{2} ljịj^{2} bu^{2} kha^{1} ŋa^{2} tha^{1} ·jij^{1} rewr^{2} tshwew^{1} mjɨ^{1} pjụ^{1} tśhja^{2} ·wụ^{2} dźjwij^{2}

尊 严 大 会 中, 我 佛 之 足 礼。无 量 德 资 粮,

尊严大会中,我礼如来足。无量德资粮,

23.57.1

[illegible]

tha^{1} sjịj^{2} źji^{2} ·iọ^{1} sə^{1} ŋa^{2} njɨ^{2} tsjɨ^{1} rjir^{1} lew^{2} rjur^{1} pjụ^{1} źji^{2} phju^{2} sjịj^{2}

佛 智 皆 圆 满, 我 等 亦 得 当, 世 尊 最 上 智。

佛智已圆满,我等亦当得,世尊无上智。

23.57.2

[illegible]

źji^{2} phju^{2} ljịj^{2} bji^{1} swew^{1} dzjwo^{2} mə^{1} kha^{1} źji^{2} swew^{1} rjur^{1} tsji̱r^{1} ·ụ^{2} bju^{2} mjij^{1}

最 上 大 光 明, 人 天 中 普 照, 诸 法 藏 边 无,

无上大光明,普照于人天,开示诸法藏,

23.57.3

[illegible]

tśhja^{2} ·io̱w^{1} ŋjow^{2} phie^{2} ne̱j^{2} sji̱j^{2} źjɨr^{1} ·ju^{2} mji^{1} dạ^{2} tśhja^{2} dwewr^{2} zjị^{1} njɨ̱^{2} ka^{2}

德 功 海 开 示。 智 慧 常 不 失， 正 觉 烦 恼 离，

无边功德海。智慧常无失，正觉离烦恼，

23.57.4

[illegible]

źjɨr^{1} bji^{1} ljij^{2} khu^{1} dźjij^{1} ŋa^{2} na^{1} tśhja^{2} ·io̱w^{1} tshwew^{1} ljij^{2} ·we^{1} ljij^{2} lju̱^{2} tshjij^{2}

慧 光 大 进 精， 我 深 德 功 礼。 大 龙 大 庄 严，

慧光大精进，我礼深功德。大龙大庄严，

23.57.5

[illegible]

·ji^{1} ·jij^{1} lju̱^{2} lju̱^{2} tshjij^{2} sju^{2} mji^{1} sju^{2} no^{2} dźjij^{1} ·ji^{1} lwow^{1} ŋwer^{1} ka^{1} mjij^{1}

众 相 身 庄 严， 须 弥 如 安 住， 众 御 等 平 无。

众相以严身，安住如须弥，御众无伦匹。

23.57.6

[illegible]

rjur^{1} śio^{1} dzjij^{2} ·wji^{1} njwi^{2} dzjwo^{2} mə^{1} ·ji^{1} lə^{1} ? le^{2} lew^{2} mjij^{1} ne̱^{1} tshjij^{1}

世 导 师 为 能， 人 天 众 障 蔽， 畏 所 无 演 说，

能为世导师，映蔽人天众，演说无所畏，

23.58.1

[illegible]

bu̱^{2} go̱r^{1} kiej^{2} rjur^{1} pju̱^{1} ljij^{2} mo^{2} nji^{2} bju^{2} mjij^{1} tśhja^{2} ·io̱w^{1} tśja^{1} tshjwu^{1} ŋa^{2}

胜 丈 夫 世 尊， 大 牟 尼 边 无， 德 功 礼 敬 我。

我礼胜丈夫。世尊大牟尼，无边功德海①，

23.58.2

[illegible]

① 功德海，西夏文译作"功德"，受五言一句的限制，略去"海"字。

ŋa^{2} ·jij^{1} tsjɨr^{1} mej^{1} phie^{2} gjwɨ^{1} zjir^{2} gjwi^{2} phji^{1} njwi^{2} ŋa^{2} dzjɨj^{1} ŋowr^{2} ŋowr^{2} ɣa^{2}

我 之 法 眼 开, 甲 胄 被 令 能, 我 时 皆 皆 于,

能开我法眼,令我被甲胄。然我一切时

23.58.3

[illegible] [illegible] [illegible] [illegible] [illegible], [illegible] [illegible] [illegible] [illegible] [illegible], [illegible] [illegible] [illegible] [illegible] [illegible]。

ljij^{2} ·u̡^{2} bju^{1} mjij^{2} we^{2} ·ju^{2} thjɨ^{2} bu̱^{2} tśja^{1} rjijr^{2} śjwo^{1} tshwew^{1} dzjij^{2} mji^{1} rjir^{2}

大 乘 依 者 为, 常 此 胜 道 于, 发 趣 其 无 余。

为乘大乘者,常于此胜道,发趣更无余。

23.58.4

[illegible] [illegible] [illegible] [illegible] [illegible], [illegible] [illegible] [illegible] [illegible] [illegible], [illegible] [illegible] [illegible] [illegible] [illegible],

mo^{2} nji^{2} kjir^{1} ·jiw^{2} pju̡^{1} tsjɨr^{1} ŋowr^{2} ŋowr^{2} dwewr^{2} nwə^{1} rjur^{1} kha^{1} dzjɨj^{1} mjij^{2} mjij^{1}

牟 尼 勇 猛 尊, 法 皆 皆 觉 知, 世 中 过 者 无,

牟尼勇猛尊,觉知一切法,世无有过者,

23.58.5

[illegible] [illegible] [illegible] [illegible] [illegible]

ŋa^{2} njɨ^{2} źji^{2} bju^{1} tji̡^{1}

我 等 咸 依 归。

我等咸归命。

23.58.6

[illegible] [illegible] [illegible] [illegible] [illegible], [illegible] [illegible] [illegible] [illegible]

bju^{2} mjij^{1} zjɨr^{1} dźia^{2} tsjij^{2} thja^{1} tśja^{1} tha^{1} śja^{1}

边 无 慧 情 悟, 彼 栴 檀 香

[illegible] [illegible] [illegible] [illegible]、[illegible] [illegible]、[illegible] [illegible] [illegible]。

bji^{1} swew^{1} mjor^{1} ljij^{2} bju^{1} ·wo^{2} tśhja^{2} njɨ^{2} nwə^{1}

光 明 如 来、 供 应、 正 遍 知。

无边慧,彼栴檀香光明如来、应供、正遍知……

汉文本

即以偈颂赞如来曰：

无量大名称，挺特如山王，世尊一切智，能演诸功德。

佛眼悉明见，犹如日照临，尊严大会中，我礼如来足。

无量德资粮，佛智已圆满，我等亦当得，世尊无上智。

无上大光明，普照于人天，开示诸法藏，无边功德海。

智慧常无失，正觉离烦恼，慧光大精进，我礼深功德。

大龙大庄严，众相以严身，安住如须弥，御众无伦匹。

能为世导师，映蔽人天众，演说无所畏，我礼胜丈夫。

世尊大牟尼，无边功德海，能开我法眼，令我被甲胄。

然我一切时，为乘大乘者，常于此胜道，发趣更无余。

牟尼勇猛尊，觉知一切法，世无有过者，我等咸归命。

无边慧，彼栴檀香光明如来、应、正遍知……

西夏文《大宝积经》

·卷二十四·

《被甲庄严会》

第七之四整理与研究

内容和版本介绍

《大宝积经·被甲庄严会》的主要内容是："佛住迦兰陀竹园，无边慧菩萨说偈问法，佛亦说偈许答。次正问被大甲胄，佛具答之：初一番长行、偈颂，列诸甲胄名；第二番长行、偈颂，明此甲胄无相无名，不可破坏；第三番长行、偈颂，明其乘于大乘；第四番长行、偈颂，明其住八正道；第五番长行、偈颂，明发趣摄取正道之法；第六番长行、偈颂，明一一皆以慧为先导；第七番长行、偈颂，明其随入一切法，大饶益众生；第八番长行、偈颂，引古栴檀香光明佛时，有转轮王名一切义成，能求此法，已成超无边境界王佛；第九番长行、偈颂，明于诸法得法光明，不堕诸见；第十番长行、偈颂，因胜慧菩萨问，明无所行而行；第十一番，胜慧说颂赞佛，誓愿持法；第十二番，佛说偈赞成之，并说古遍照佛时，勇猛军转轮王闻法受持，已成无边精进光明功德超胜王佛。次因无边胜菩萨问，为说长行偈颂，明无住而住为如理住。次因无边慧问，为说长行、偈颂，明无所安立、无畏发趣之义。又说往古月灯王佛时，云音、无边音二大士闻此法门，皆已成佛。若有精勤修习者，当得一切法海印三昧，又能摄得"阿"字等诸三昧印。又说往古超过须弥光王佛时，勇猛军、勇猛力二大士受持此法，皆已成佛，一名无边辩才，一名最胜光明。次有慧义菩萨叹法稀有，佛印成之。次加持付嘱流通。"（蕅益大师《阅藏知津》）

西夏文《大宝积经》卷二十四《被甲庄严会》第七之四，1909 年由科兹洛夫率领的俄国皇家蒙古四川地理考察队发现于黑水城遗址，现藏于俄罗斯科学院东方文献研究所。据克恰诺夫《西夏佛典目录》，该卷在第二部中，入藏号是 инв.№ 432，写本，经折装。完整保存，共 62 折。天头 4 厘米，地脚 3 厘米。经名后有帙号并西夏仁宗皇帝尊号。卷尾有经名和帙号。инв.№ 432 首次刊布于《俄藏黑水城文献》第 21 册第 150～153 页，每折 6 行，每行 18 字。

西夏文《大宝积经》卷二十四（инв.№ 432）经名后有"奉天显道"四字，当是西夏仁宗皇帝尊号"奉天显道耀武宣文神谋睿智制义去邪惇睦懿恭"的简称，可知该本为西夏仁宗皇帝（1139—1193 年在位）时期的校译本。

下面的录文和释读依据 инв.№ 432，释读采用逐折、逐行对译的形式，并用数字标明西夏文录文的卷次、原版折面和行次，如 24.1.1，为第二十四卷第一折第一行。

文本释读

24.1.1

□	□	□	□	□	□	□	□	□	□	□①
ljij2	ljɨ̣1	tśiow1	lwər2	rejr2	?	njɨ̣1	ɣạ2	ljɨr1	tsew2	njo̱r1
大	宝	积	经	典	卷	二	十	四	第	水

《大宝积经》卷第二十四　水

24.1.2

□	□	□	□
tshjwu1	bju1	tśja1	dźju1
天	奉	道	显

奉天显道②

24.1.3

□	□③	□	□	□	□	□	□	□
zjir2	gjwi2	lju̱2	tshjịj2	ljwu2	śjạ1	tsew2	·jij1	ljɨ̱r1
甲	衣	庄	严	会	七	第	之	四

《被甲庄严会》第七之四④

24.1.4

□	□	□	□	□	□	□，	□	□
nio̱w1	tśjɨ1	bju2	mjij1	źjɨr1	dźiã2	tsjij2	rjur1	po1
复	次	边	无	慧	情	悟，	诸	菩
□	□	□	□，	□	□	□	□	□
tsa1	ma2	ŋạ2	tsa1	thjɨ2	sju2	tsjɨ̱r1	ŋowr2	ŋowr2

---

① □，为帙号，可译作“水”。

② 此为西夏仁宗皇帝尊号的简称，汉文本无。据此可知俄藏 инв.№ 432 为西夏仁宗皇帝（1139—1193 年在位）时期的校译本。

③ □，为名词“衣服”，应为动词“□”（穿）之形误。

④ 此处汉文本署“大唐三藏法师菩提流志奉诏译”，西夏文本无。

萨	摩	诃	萨，	此	如	法	皆	皆

复次无边慧①，诸菩萨摩诃萨，如是观察

24.1.5

[illegible]	[illegible]	[illegible]，	[illegible]	[illegible]	[illegible]	[illegible]	[illegible]	[illegible]
bio̱1	mej1	zjij1	xja1	rjur1	tsji̱r1	ɣa2	tsji̱r1	bji1
观	察	时，	便	诸	法	于	法	光
[illegible]	[illegible]。	[illegible]	[illegible]	[illegible]	[illegible]	[illegible]	[illegible]，	[illegible]
swew1	rjir1	ŋa1	kha1	ŋa1	mji1	ŋa1	ljij2	ka2
明	得。	空	中	空	不	空	见，	离

一切法时，便于诸法得法光明。不于空中而见于空，

24.1.6

[illegible]	[illegible]	[illegible]	[illegible]	[illegible]，	[illegible]	[illegible]	[illegible]	[illegible]
tsjɨ1	ŋa1	mji1	ljij2	ŋa1	nio̱w1	zjɨ̱r1	zjij1	ŋa1
亦	空	不	见	空，	又	少	许	空
[illegible]	[illegible]	[illegible]②、	[illegible]	[illegible]	[illegible]	[illegible]	[illegible]	[illegible]。
rjir2	bju1	śjij1	mji1	bju1	śjij1	tsji̱r1	mji1	ljij2
与	依	顺、	不	依	顺	法	不	见。

亦不离空而见于空，不见少法与空相应、若不相应。

24.2.1

[illegible]	[illegible]	[illegible]	[illegible]	[illegible]，	[illegible]	[illegible]	[illegible]	[illegible]	[illegible]，
ŋa1	tsjɨ1	ŋa1	mji1	ljij2	mji1	ŋa1	tsjɨ1	mji1	ljij2
空	亦	空	不	见，	不	空	亦	不	见，
[illegible]	[illegible]	[illegible]	[illegible]	[illegible]	[illegible]	[illegible]	[illegible]。	[illegible]	[illegible]
nio̱w1	ljij2	ŋwu2	tsji̱r1	ŋowr2	ŋowr2	mji1	bio̱1	thjɨ2	sju2
又	见	以	法	皆	皆	不	观。	此	如

不以空空不见于空③、不见不空，亦不以见观一切法。

---

① 无边慧，西夏译文作“[illegible]”，即“无边慧菩萨”。

② “[illegible]”，字面义为“依顺”，对译汉文本“相应”。

③ 不以空空不见于空，西夏译文作“空亦不见空”。

24.2.2

[illegible]	[illegible]，	[illegible]	[illegible]	[illegible]	[illegible]	[illegible]	[illegible]	[illegible]，
ljij^{2}	zjij^{1}	·jij^{1}	mjij^{1}	ɣa^{2}	·jij^{1}	mjij^{1}	mji^{1}	ljij^{2}
见	时，	相	无	于	相	无	不	见，
[illegible]	[illegible]	[illegible]①	[illegible]	[illegible]	[illegible]	[illegible]	[illegible]	[illegible]，
·jij^{1}	mjij^{1}	mji^{1}	ka^{2}	tsjɨ^{1}	·jij^{1}	mjij^{1}	mji^{1}	ljij^{2}
相	无	不	离	亦	相	无	不	见，

作是见时，不于无相而见无相，不异无相而见无相，

24.2.3

[illegible]	[illegible]	[illegible]②	[illegible]	[illegible]	[illegible]	[illegible]	[illegible]	[illegible]
niọw^{1}	zjɨ̱r^{1}	zjij^{1}	·jij^{1}	mjij^{1}	rjir^{2}	bju^{1}	śjij^{1}	mji^{1}
又	少	时	相	无	与	相	应	不
[illegible]	[illegible]	[illegible]	[illegible]	[illegible]。	[illegible]	[illegible]	[illegible]	[illegible]
bju^{1}	śjij^{1}	tsji̱r^{1}	mji^{1}	ljij^{2}	·jij^{1}	mjij^{1}	ŋwu^{2}	·jij^{1}
相	应	法	不	见。	相	无	以	相

亦无少法而与无相若相应、若不相应。

24.2.4

[illegible]	[illegible]	[illegible]，	[illegible]	[illegible]	[illegible]	[illegible]	[illegible]	[illegible]
mjij^{1}	mji^{1}	ljij^{2}	·jij^{1}	dju^{1}	ŋwu^{2}	·jij^{1}	dju^{1}	mji^{1}
无	不	见，	相	有	以	相	有	不
[illegible]，	[illegible]	[illegible]	[illegible]	[illegible]，	[illegible]	[illegible]	[illegible]	[illegible]。
ljij^{2}	·jij^{1}	dju^{1}	ljij^{2}	nja̱^{2}	·jij^{1}	mjij^{1}	ljij^{2}	nja̱^{2}
见，	相	有	见	非，	相	无	见	非。

不于无相以无相见，不于有相以有相见，非有相见、非无相见。

24.2.5

[illegible]	[illegible]	[illegible]	[illegible]	[illegible]	[illegible]	[illegible]	[illegible]。	[illegible]

① [illegible]（不），此字衍。加上此字，文义与汉文本相反。

② [illegible]，是"[illegible]"的通假字。"[illegible][illegible]"，意思是"少许"。

we̱^{1}	mjij^{1}	·wji^{1}	mjij^{1}	tsjɨ^{1}	thja^{1}	·wjɨ^{2}	sju^{2}	sji^{1}
生	无	作	无	亦	其	△	如。	尽
[illegible]	[illegible]	[illegible]	[illegible]，	[illegible]	[illegible]	[illegible]	[illegible]	[illegible]
kha^{1}	sji^{1}	mji^{1}	ljij^{2}	sji^{1}	ka^{2}	tsjɨ^{1}	sji^{1}	mji^{1}
中	尽	不	见，	尽	异	亦	尽	不

无生无作亦复如是。不于尽中而见于尽,亦不异尽而见于尽,

24.2.6

[illegible]，	[illegible]	[illegible]	[illegible]	[illegible]	[illegible]	[illegible]	[illegible]、	[illegible]
ljij^{2}	nio̱w^{1}	zjɨ̱r^{1}	zji̱j^{1}	sji^{1}	rjir^{2}	bju^{1}	śjij^{1}	mji^{1}
见，	又	少	许	尽	与	相	应、	不
[illegible]	[illegible]	[illegible]	[illegible]	[illegible]，	[illegible]	[illegible]	[illegible]	[illegible]
bju^{1}	śjij^{1}	tsji̱r^{1}	mji^{1}	ljij^{2}	sji^{1}	ŋwu^{2}	sji^{1}	mji^{1}
相	应	法	不	见，	尽	以	尽	不

不见少法与尽相应、若不相应,亦不于尽而以尽见,

24.3.1

[illegible]，	[illegible]	[illegible]	[illegible]	[illegible]	[illegible]	[illegible]	[illegible]，	[illegible]
ljij^{2}	sji^{1}	mjij^{1}	ŋwu^{2}	tsjɨ^{1}	sji^{1}	mji^{1}	ljij^{2}	sji^{1}
见，	尽	无	以	亦	尽	不	见，	尽
[illegible]	[illegible]	[illegible]	[illegible]	[illegible]	[illegible]	[illegible]。	[illegible]	[illegible]
ljij^{2}	nja̱^{2}	sji^{1}	mjij^{1}	ljij^{2}	tsjɨ^{1}	nja̱^{2}	rjur^{1}	po^{1}
见	非	尽	无	见	亦	非。	诸	菩

亦不于尽以无尽见,亦非尽见非无尽见。

24.3.2

[illegible]	[illegible]	[illegible]	[illegible]	[illegible]	[illegible]	[illegible]	[illegible]，	[illegible]
tsa^{1}	ma^{2}	ŋa̱^{2}	tsa^{1}	thjɨ^{2}	sju^{2}	ljij^{2}	zji̱j^{1}	zjɨ̱r^{1}
萨	摩	诃	萨	此	如	见	时，	少
[illegible]	[illegible]	[illegible]、	[illegible]	[illegible]	[illegible]、	[illegible]	[illegible]	[illegible]
zji̱j^{1}	rjir^{1}	lew^{2}	mji^{1}	rjir^{1}	lew^{2}	ljij^{2}	lew^{2}	mji^{1}
许	得	可、	不	得	可、	见	可	不

诸菩萨摩诃萨作是见时，无有少法若可得见、不可得见，

24.3.3

[illegible]	[illegible]，	[illegible]	[illegible]	[illegible]、	[illegible]	[illegible]	[illegible]	[illegible]，
ljij^{2}	lew^{2}	dźju^{1}	sjwij^{1}	lew^{2}	mji^{1}	dźju^{1}	sjwij^{1}	lew^{2}
见	可，	显	显	可、	不	显	显	可，
[illegible]	[illegible]	[illegible]、	[illegible]	[illegible]	[illegible]	[illegible]，	[illegible]	[illegible]
tshwew^{1}	·o^{2}	lew^{2}	mji^{1}	tshwew^{1}	·o^{2}	lew^{2}	nwə^{1}	dwewr^{2}
趣	入	可、	不	趣	入	可，	知	觉

若可显了、不可显了，若可趣入、不可趣入，

24.3.4

[illegible]、	[illegible]	[illegible]	[illegible]	[illegible]	[illegible]	[illegible]	[illegible]。	[illegible]
lew^{2}	mji^{1}	nwə^{1}	dwewr^{2}	lew^{2}	tsji̱r^{1}	źji^{2}	mjij^{1}	bju^{2}
可、	不	知	觉	可	法	皆	无。	边
[illegible]	[illegible]	[illegible]	[illegible]，	[illegible]	[illegible]	[illegible]	[illegible]	[illegible]
mjij^{1}	zjɨr^{1}	dźiã^{2}	tsjij^{2}	thjɨ^{2}	tja^{1}	po^{1}	tsa^{1}	ma^{2}
无	慧	情	悟，	此	者	菩	萨	摩

若可觉知、不可觉知。无边慧，

24.3.5

[illegible]	[illegible]	[illegible]	[illegible]	[illegible]	[illegible]	[illegible]	[illegible]	[illegible]
ŋạ^{2}	tsa^{1}	·jij^{1}	thjɨ^{2}	tśja^{1}	no^{2}	dźjij^{1}	ljij^{2}	tsji̱r^{1}
诃	萨	之	此	道	安	住	大	法
[illegible]	[illegible]	[illegible]。	[illegible]	[illegible]	[illegible]	[illegible]	[illegible]	[illegible]
bji^{1}	swew^{1}	ŋwu^{2}	bji^{1}	swew^{1}	niọw^{1}	ku^{1}	rjur^{1}	tsji̱r^{1}
光	明	是。	光	明	因	则	诸	法

是为菩萨摩诃萨安住斯道大法光明，法光明故见一切法悉无有边，

24.3.6

[illegible]	[illegible]	[illegible]	[illegible]	[illegible]	[illegible]。	[illegible]	[illegible]	[illegible]
ŋowr^{2}	ŋowr^{2}	źji^{2}	bju^{2}	mjij^{1}	ljij^{2}	bju^{2}	ɣa^{2}	gu^{2}

皆	皆	悉	边	无	见。	边	于	中
[illegible]	[illegible]	[illegible]	[illegible]	[illegible]。	[illegible]	[illegible]	[illegible]	[illegible]
ɣa^2	zow^2	zjịj^1	lew^2	mjij^1	zow^2	lew^2	mjij^1	ku^1
于	执	着	所	无。	执	所	无	则

于边于中亦无所执,

24.4.1

[illegible]	[illegible]	[illegible]	[illegible]	[illegible]	[illegible]	[illegible]	[illegible]。
thja^1	tha^1	tsjịr^1	kha^1	śjwo^1	tshwew^1	njwi^2	ljɨ^1
此	佛	法	中	发	趣	能	也。

无所执故于佛法中而发趣之。

汉文本

《大宝积经》卷第二十四

大唐三藏菩提流志奉诏译

《被甲庄严会》第七之四

复次无边慧,诸菩萨摩诃萨,如是观察一切法时,便于诸法得法光明。不于空中而见于空,亦不离空而见于空,不见少法与空相应、若不相应,不以空空不见于空、不见不空,亦不以见观一切法。作是见时,不于无相而见无相,不异无相而见无相,亦无少法而与无相若相应、若不相应。不于无相以无相见,不于有相以有相见,非有相见、非无相见,无生无作亦复如是。不于尽中而见于尽,亦不异尽而见于尽,不见少法与尽相应、若不相应,亦不于尽而以尽见,亦不于尽以无尽见,亦非尽见非无尽见。诸菩萨摩诃萨作是见时,无有少法若可得见、不可得见,若可显了、不可显了,若可趣入、不可趣入,若可觉知、不可觉知。无边慧,是为菩萨摩诃萨安住斯道大法光明,法光明故见一切法悉无有边,于边于中亦无所执,无所执故于佛法中而发趣之。

24.4.1

[illegible]	[illegible]	[illegible]	[illegible]
tśhjɨ^1	zjọ^2	rjur^1	pjụ^1
尔	时	世	尊

尔时世尊,

24.4.2

[illegible]	[illegible]	[illegible]	[illegible]：	[illegible]	[illegible]	[illegible]	[illegible]	[illegible]，	[illegible]	[illegible]	[illegible]	[illegible]	[illegible]。
lja̱^{1}	da̱^{2}	rjɨr^{2}	tshjij^{1}	ŋa^{1}	ɣa^{2}	ŋa^{1}	mji^{1}	ljij^{2}	ŋa^{1}	ka^{2}	ŋa^{1}	mji^{1}	ljij^{2}
偈	言	所	说：	空	于	空	不	见，	空	异	空	不	见。

而说偈言：不于空见空，不异空见空。

24.4.3

[illegible]	[illegible]	[illegible]	[illegible]	[illegible]，	[illegible]	[illegible]	[illegible]
thjɨ^{2}	sju^{2}	ljij^{2}	njwi^{2}	ku^{1}	ŋa^{1}	ljij^{2}	mji̱j^{2}
此	如	见	能	故，	空	见	者
[illegible]	[illegible]。	[illegible]	[illegible]	[illegible]	[illegible]	[illegible]，	
mji̱j^{2}	we^{2}	zjɨ̱r^{1}	zji̱j^{1}	tsji̱r^{1}	mji^{1}	dźji̱j^{1}	
名	是。	少	许	法	不	住，	

能作如是见，说名为见空。不住于少法，

24.4.4

[illegible]	[illegible]	[illegible]	[illegible]	[illegible]，	[illegible]	[illegible]	[illegible]
zjɨ̱r^{1}	zji̱j^{1}	thja^{1}	ŋa^{1}	rjir^{2}	bju^{1}	śjij^{1}	mji^{1}
少	许	其	空	与，	相	应	不
[illegible]	[illegible]，	[illegible]①	[illegible]	[illegible]	[illegible]	[illegible]。	
bju^{1}	śjij^{1}	tsji̱r^{1}	tsjɨ^{1}	mjɨ^{1}	tśhjɨ^{1}	ljij^{2}	
相	应，	法	亦	不	彼	见。	

亦不见少法，于彼空相应，及以不相应。②

24.4.5

[illegible]	[illegible]	[illegible]	[illegible]	[illegible]，	[illegible]	[illegible]	[illegible]
ŋa^{1}	·jij^{1}	tsji̱r^{2}	ŋa^{1}	nio̱w^{1}	ŋa^{1}	ɣa^{2}	lhjwi^{1}
空	自	性	空	因，	空	于	取
[illegible]	[illegible]，	[illegible]	[illegible]	[illegible]	[illegible]	[illegible]，	

① “[illegible]”字补写于所灭字“[illegible]”右侧。

② 西夏文“偈”的部分，受五言一句的限制，为了充分体现汉文文义，西夏译文对语句顺序作了调整。

lew^{2}	mjij^{1}	lhjwi^{1}	lew^{2}	mjij^{1}	nio̱w^{1}	ku^{1}
所	无，	取	所	无	因	则，

空以自性空，于空无所取，以无所取故，

24.4.6

[illegible]	[illegible]	[illegible]	[illegible]	[illegible]。	[illegible]	[illegible]	[illegible]
tsji̱r^{1}	ŋowr^{2}	ŋowr^{2}	nwə^{1}	njwi^{2}	ljij^{2}	ɣa^{2}	lhjwi^{1}
法	皆	皆	知	能。	见	于	取
[illegible]	[illegible]，	[illegible]	[illegible]	[illegible]	[illegible]	[illegible]，	
lew^{2}	mjij^{1}	bio̱^{1}	ɣa^{2}	zow^{2}	mji^{1}	dju^{1}	
所	无，	观	于	执	不	有，	

能知一切法。于见无所取，于观无所执，

24.5.1

[illegible]	[illegible]	[illegible]	[illegible]	[illegible]。	[illegible]	[illegible]	[illegible]
ljij^{2}	bio̱^{1}	njɨ^{1}	nwə^{1}	njwi^{2}	thjɨ^{2}	njɨ^{1}	zjɨ̣^{2}
见	观	二	知	能。	此	二	俱
[illegible]	[illegible]。	[illegible]	[illegible]	[illegible]	[illegible]	[illegible]。	
mji^{1}	zow^{2}	ljij^{2}	ɣa^{2}	źji^{2}	gji^{1}	sej^{1}	
不	受。	见	于	悉	清	净。	

能知见与观，此二俱不受。于见悉清净，

24.5.2

[illegible]	[illegible]	[illegible]	[illegible]	[illegible]，	[illegible]	[illegible]	[illegible]
bio̱^{1}	ɣa^{2}	rjir^{1}	tjị^{2}	mjij^{1}	thjɨ^{2}	sju^{2}	rjur^{1}
观	于	得	可	无，	此	如	诸
[illegible]	[illegible]，	[illegible]	[illegible]	[illegible]	[illegible]	[illegible]。	
tsji̱r^{1}	bio̱^{1}	sji^{1}	dźjwa^{1}	zow^{2}	lew^{2}	mjij^{1}	
法	观，	尽	竟	执	所	无。	

于观不可得，如是观诸法，毕竟无所执。

24.5.3

[illegible]	[illegible]	[illegible]	[illegible]	[illegible]，	[illegible]	[illegible]	[illegible]

·jij1	mjij1	ŋwu2	mji1	ljij2	·jij1	mjij1	ŋwu2
相	无	以	不	见，	相	无	以
[illegible]	[illegible]，	[illegible]	[illegible]	[illegible]	[illegible]	[illegible]，	
mji1	bio̱1	nio̱w1	tsjɨ1	·jij1	mjij1	ɣa2	
不	观，	复	亦	相	无	于，	

不以无相见，不以无相观，亦不于无相，

24.5.4

[illegible]	[illegible]	[illegible]	[illegible]	[illegible]。	[illegible]	[illegible]	[illegible]
·jij1	mjij1	we2	mji1	bio̱1	·jij1	mjij1	dźju1
相	无	为	不	观。	相	无	显
[illegible]	[illegible]，	[illegible]	[illegible]	[illegible]	[illegible]	[illegible]，	
lew2	mjij1	tjị1	mjij1	rjir1	tjị2	mjij1	
所	无，	愿	无	得	可	无，	

而作无相观。无相无所显，无愿不可得，

24.5.5

[illegible]	[illegible]	[illegible]	[illegible]	[illegible]，	[illegible]	[illegible]	[illegible]
zjɨ̱r1	tsji̱r1	kwər1	mji1	dju1	tśhjwo1	djo̱2	dzjɨ̱2
少	法	体	不	有，	故	修	习
[illegible]	[illegible]，	[illegible]	[illegible]	[illegible]	[illegible]	[illegible]，	
·wji1	tja1	·jij1	mjij1	ɣa2	mji1	ljɨ̱r2	
为	者，	相	无	于	不	念，	

无有少法体，而可修习者，不念于无相，

24.5.6

[illegible]	[illegible]	[illegible]	[illegible]	[illegible]，	[illegible]	[illegible]	[illegible]
ljɨ̱r2	mjij1	rjir2	tjị2	mjij1	zjɨ̱r1	zjij1	djo̱2
愿	无	得	可	无，	少	许	修
[illegible]	[illegible]，	[illegible]	[illegible]	[illegible]	[illegible]	[illegible]，	
dzjɨ̱2	lew2	thjɨ2	sju2	phjo2	kar2	mjij1	
习	所，	此	如	分	别	无，	

不可得无愿,应稍加修习,如是无分别,

24.6.1

[illegible]	[illegible]	[illegible]	[illegible]	[illegible],	[illegible]	[illegible]	[illegible]
tsji̱r^{1}	kwər^{1}	źji^{2}	mji^{2}	dju^{1}	·jij^{1}	·jij^{1}	mjij^{1}
法	体	皆	不	有,	相	相	无
[illegible]	[illegible]。	[illegible]	[illegible]	[illegible]	[illegible]	[illegible]。	
dźju^{1}	tsjij^{2}	·jij^{1}	mjij^{1}	ɣa^{2}	mji^{1}	ljɨ̱r^{2}	
显	知。	相	无	于	不	念。	

法体皆无有,显了相无相。① 不念于无相。

24.6.2

[illegible]	[illegible]	[illegible]	[illegible]	[illegible],	[illegible]	[illegible]	[illegible]
tjị^{1}	mjij^{1}	tsjɨ^{1}	mji^{1}	ljɨ̱r^{2}	thjɨ^{2}	sju^{2}	phjo^{2}
愿	无	亦	不	念,	此	如	分
[illegible]	[illegible],	[illegible]	[illegible]	[illegible]	[illegible]	[illegible]	
kar^{2}	mjij^{1}	·jij^{1}	·jij^{1}	mjij^{1}	dźju^{1}	sjwij^{1}	
别	无,	相	相	无	明	显。	

亦不念无愿,如是无分别,显了相无相。

24.6.3

[illegible]	[illegible]	[illegible]	[illegible]	[illegible]	[illegible]	[illegible]	[illegible]	[illegible]	[illegible],
·jij^{1}	mjij^{1}	rjijr^{2}	mji^{1}	tshwew^{1}	·jij^{1}	mjij^{1}	tsjɨ^{1}	mji^{1}	·o^{2}
相	无	于	不	趣,	相	无	亦	不	入,

不趣于无相,亦不入无相,

24.6.4

[illegible]	[illegible]	[illegible]	[illegible]	[illegible],	[illegible]	[illegible]	[illegible]
tshwew^{1}	mjij^{1}	·o^{2}	lew^{2}	mjij^{1}	tśhja^{2}	ka^{1}	dźjij^{1}
趣	无	入	所	无,	平	等	住

① 不念于无相,不可得无愿,应稍加修习,如是无分别,法体皆无有,显了相无相:此六句汉文本无。

[illegible]	[illegible]。	[illegible]	[illegible]	[illegible]	[illegible]	[illegible]，
dźju^{1}	sjwij^{1}	sjịj^{2}	dzjwo^{2}	·jij^{1}	mji^{1}	ljij^{2}
明	显。	智	人	相	不	见，

无趣无所入，显了平等住。智人不见相，

24.6.5

[illegible]	[illegible]	[illegible]	[illegible]	[illegible]，	[illegible]	[illegible]	[illegible]
·jij^{1}	mjij^{1}	tsjɨ^{1}	mji^{1}	ljij^{2}	mji^{1}	ljij^{2}	mji^{1}
相	无	亦	不	见，	不	见	不
[illegible]	[illegible]，	[illegible]	[illegible]	[illegible]	[illegible]	[illegible]。	
sjwɨ^{1}	sjịj^{2}	ŋowr^{2}	ŋowr^{2}	dźju^{1}	sjwij^{1}	mjij^{1}	
思	想，	皆	皆	明	显	无。	

亦不见无相，不见不思惟，一切无显了。

24.6.6

[illegible]	[illegible]	[illegible]	[illegible]	[illegible]，	[illegible]	[illegible]	[illegible]
tjij^{1}	dzjwo^{2}	·ju^{2}	sjwɨ^{1}	mjij^{1}	dźju^{1}	sjwij^{1}	mjij^{1}
若	人	常	思	无，	明	显	无
[illegible]	[illegible]，	[illegible]	[illegible]	[illegible]	[illegible]	[illegible]，	
sjwɨ^{1}	sjịj^{2}	sjwɨ^{1}	niọw^{1}	dźju^{1}	sjwij^{1}	ɣa^{2}	
思	想，	思	及	明	显	于，	

若人常思惟，无思无显了，①于思及显了，

24.7.1

[illegible]	[illegible]	[illegible]	[illegible]	[illegible]。	[illegible]	[illegible]	[illegible]
tśhja^{2}	ka^{1}	tśhja^{2}	ka^{1}	dźjij^{1}	·jij^{1}	mjij^{1}	ɣa^{2}
平	等	平	等	住。	相	无	于
[illegible]	[illegible]，	[illegible]	[illegible]	[illegible]	[illegible]	[illegible]，	
thjɨ^{2}	sju^{2}	·wji^{1}	mjij^{1}	tsjɨ^{1}	·a	tjịj^{2}	
此	如，	作	无	亦	一	式，	

① 受五言一句的限制，为了充分体现汉文文义，西夏译文对语序作了调整。

平等平等住。如是于无相,无作亦复然,

24.7.2

dźju^1	nio̱w^1	dźju^1	lew^2	mjij^1	sjwɨ^1	sji̱j^2	tsjij^2
显	又	显	所	无,	思	想	了
nwə^1	ku^1	we̱^{1}	mjij^1	tsjɨ^1	thjɨ^2	sju^2	
知	则,	生	无	亦	此	如,	

虽显无所显,思惟了知故,无生亦如是,

24.7.3

zji̱r^1	tsji̱r^1	śjwo^1	mjij^2	djij^2	·jij^1	tsji̱r^2	dju^1
少	法	生	未	曾,	自	性	有
lew^2	mjij^1	kwər^1	mjij^1	nwə^1	tsjij^2	dwewr^2	
所	无,	体	无	知	悟	觉。	

曾无少法生,自性无所有,显了而无体。

24.7.4

tjij^1	we̱^{1}	tjij^1	we̱^{1}	mjij^1	·wji^1	dju^1	nio̱w^1
若	生	若	生	无,	作	有	又
·wji^1	mjij^1	kwər^1	mjij^1	dźju^1	sjwij^1	ku^1	
作	无,	体	无	明	显	则,	

若生若无生,有作及无作,无体则显了①,

24.7.5

① 无体则显了,汉文本无此句。

zjɨr1	zji̱j1	zow2	lew2	mjij1	sji̱j2	dzjwo2	mji1
少	许	执	所	无，	智	人	不
[illegible]	[illegible]，	[illegible]	[illegible]	[illegible]	[illegible]	[illegible]，	
phjo2	kar2	ljɨ̱r2	zjɨr1	mju2	lew2	mjij1	
分	别，	念	慧	动	所	无，	

亦无少所执，智者不分别。念慧无所动，

24.7.6

[illegible]	[illegible]	[illegible]	[illegible]	[illegible]，	[illegible]	[illegible]	[illegible]
dźju1	sjwij1	se̱w2	sẽ1	mjij1	kwər1	dju1	nio̱w1
明	显	测	思	无，	体	有	及
[illegible]	[illegible]，	[illegible]	[illegible]	[illegible]	[illegible]	[illegible]。	
kwər1	mjij1	tśhja2	ka1	rjur1	tsji̱r2	ka2	
体	无，	平	等	诸	性	离。	

显了无思择，有体及无体，平等离诸性。

24.8.1

[illegible]	[illegible]	[illegible]	[illegible]	[illegible]，	[illegible]	[illegible]	[illegible]
sji1	ɣa2	sji1	mji1	ljij2	sji1	mjij1	tsjɨ1
尽	于	尽	不	见，	尽	无	亦
[illegible]	[illegible]，	[illegible]	[illegible]	[illegible]	[illegible]	[illegible]，	
mji1	ljij2	ljij2	lew2	mjij1	dźju1	sjwij1	
不	见，	见	所	无	明	显，	

不于尽见尽，亦不见无尽，显了无所见，

24.8.2

[illegible]	[illegible]	[illegible]	[illegible]	[illegible]。	[illegible]	[illegible]	[illegible]
sji1	sji̱j2	dzji̱j1	mjij2	mjij1	sji̱j2	ɣa2	sji1
尽	智	过	者	无。	智	于	尽
[illegible]	[illegible]，	[illegible]	[illegible]	[illegible]	[illegible]	[illegible]。	
mji1	ljij2	sji1	mji1	ljij2	tsjɨ1	mjij1	
不	见，	尽	不	见	亦	无。	

尽智无过上。不于智见尽，亦无不见尽，①

24.8.3

[illegible]	[illegible]	[illegible]	[illegible]	[illegible]，	[illegible]	[illegible]	[illegible]
tjij^{1}	sji^{1}	tjij^{1}	sji^{1}	mjij^{1}	zjɨ^{2}	njɨ^{1}	mji^{1}
若	尽	若	尽	无，	俱	二	不
[illegible]	[illegible]，	[illegible]	[illegible]	[illegible]	[illegible]	[illegible]，	
phjo^{2}	kar^{2}	phjo^{2}	kar^{2}	mjij^{1}	nio̱w^{1}	ku^{1}	
分	别，	分	别	无	因	故，	

若尽若无尽，二俱不分别，以无分别故，

24.8.4

[illegible]	[illegible]	[illegible]	[illegible]	[illegible]。	[illegible]	[illegible]	[illegible]
ljɨr^{2}	mjij^{1}	tśhja^{2}	ka^{1}	dźjij^{2}	thjɨ^{2}	sju^{2}	sji^{1}
念	无	平	等	住。	此	如	尽
[illegible]	[illegible]，	[illegible]	[illegible]	[illegible]	[illegible]	[illegible]，	
ljij^{2}	zjij^{1}	sji^{1}	mjij^{1}	sji^{1}	mji^{1}	zow^{2}	
见	时，	尽	无	尽	不	执，	

无念平等住②。如是见尽时，不执尽无尽。

24.8.5

[illegible]	[illegible]	[illegible]	[illegible]	[illegible]，	[illegible]	[illegible]	[illegible]
tjij^{1}	sji^{1}	sji^{1}	mjij^{1}	ɣa^{2}	ŋowr^{2}	ŋowr^{2}	zow^{2}
若	尽	尽	无	于，	皆	皆	执
[illegible]	[illegible]，	[illegible]	[illegible]	[illegible]	[illegible]	[illegible]，	
lew^{2}	mjij^{1}	zow^{2}	lew^{2}	mjij^{1}	nio̱w^{1}	ku^{1}	
所	无，	执	所	无	因	故，	

若于尽无尽，一切无所执，以无所执故，

24.8.6

[illegible]	[illegible]	[illegible]	[illegible]	[illegible]。	[illegible]	[illegible]	[illegible]

① 不于智见尽，亦无不见尽，汉文本无此二句。

② 无念平等住，句后汉文本有“于尽无尽见，亦无无尽见”二句，西夏译文缺。

sji^{1}	sjij^{2}	tśhjwo^{1}	dźju^{1}	sjwij^{1}	sji^{1}	sjij^{2}	·jij^{1}
尽	智	故	明	显。	尽	智	之
[illegible]	[illegible]，	[illegible]	[illegible]	[illegible]	[illegible]	[illegible]，	
mjɨ^{2}	kiej^{2}	sji^{1}	mjij^{1}	rjir^{1}	lew^{2}	ŋwu^{2}	
境	界，	尽	无	得	所	也，	

尽智当显了。尽智之境界，无尽之所得①，

24.9.1

[illegible]	[illegible]	[illegible]	[illegible]	[illegible]，	[illegible]	[illegible]	[illegible]	[illegible]	[illegible]。
thjɨ^{2}	tsjɨr^{1}	dźju^{1}	sjwij^{1}	ku^{1}	dźiã^{2}	tsjij^{2}	no^{2}	dźjij^{1}	njwi^{2}
此	法	明	显	故，	情	悟	安	住	善。

显了斯法故，菩萨善安住。

汉文本

尔时世尊而说偈言：
不于空见空，不异空见空，
能作如是见，说名为见空。
不住于少法，亦不见少法，
于彼空相应，及以不相应。
空以自性空，于空无所取，
以无所取故，能知一切法。
于见无所取，于观无所执，
能知见与观，此二俱不受。
于见悉清净，于观不可得，
如是观诸法，毕竟无所执。
不以无相见，不以无相观，
亦不于无相，而作无相观。
无相无所显，无愿不可得，
无有少法体，而可修习者。
不念于无相，亦不念无愿，
如是无分别，显了相无相。
不趣于无相，亦不入无相，
无趣无所入，显了平等住。

① 无尽之所得，汉文底本作"无畏之所得"，疑"畏"为"尽"之误。

智人不见相,亦不见无相,
不见不思惟,一切无显了。
若人常思惟,无思无显了,
于思及显了,平等平等住。
如是于无相,无作亦复然,
虽显无所显,思惟了知故。
无生亦如是,曾无少法生,
自性无所有,显了而无体。
若生若无生,有作及无作,
亦无少所执,智者不分别。
念慧无所动,显了无思择,
有体及无体,平等离诸性。
不于尽见尽,亦不见无尽,
显了无所见,尽智无过上。
若尽若无尽,二俱不分别,
以无分别故,无念平等住。
于尽无尽见,亦无无尽见,
如是见尽时,不执尽无尽。
若于尽无尽,一切无所执,
以无所执故,尽智当显了。
尽智之境界,无畏之所得,
显了斯法故,菩萨善安住。

24.9.2

[illegible]	[illegible],	[illegible]	[illegible]	[illegible]	[illegible]	[illegible]	[illegible]	[illegible]
tśhjɨ¹	zjọ²	·ji¹	kha¹	po¹	tsa¹	ma²	ŋạ²	tsa¹
尔	时,	众	中	菩	萨	摩	诃	萨
[illegible]	[illegible]	[illegible]	[illegible]	[illegible],	[illegible]	[illegible]	[illegible]①	[illegible],
gjɨ²	mjij²	tja¹	bu̱²	zjɨr¹	dzu̱²	tjị²	·a	wor¹
一	名	者	胜	慧,	坐	处	△	起,

尔时,众中复有菩萨摩诃萨名曰胜慧,从坐而起,

24.9.3

[illegible] [illegible] [illegible] [illegible], [illegible] [illegible] [illegible] [illegible], [illegible]

① [illegible],动词趋向前缀,表示完成体向上方。

kiwej1	·wạ2	pha1	gjwi2	tśier1	ŋwer2	ljɨ2	zjịj1	tha1
袖	肩	偏	衣，	右	膝	地	着，	佛
[illegible]	[illegible]	[illegible]，	[illegible]	[illegible]	[illegible]	[illegible]	[illegible]：	[illegible]
rjijr2	pjạ1	phjo̱2	rjur1	pjụ1	·jij1	dạ2	·jɨ1	rjur1
向	掌	合，	世	尊	之	言	谓：	诸

偏袒右肩，右膝着地，合掌向佛，白言世尊：

24.9.4

[illegible]	[illegible]	[illegible]	[illegible]	[illegible]	[illegible]	[illegible]	[illegible]	[illegible]
po1	tsa1	ma2	ŋạ2	tsa1	rjur1	tsji̱r1	sjij2	ɣjiw1
菩	萨	摩	诃	萨	诸	法	智	摄
[illegible]	[illegible]	[illegible]	[illegible]	[illegible]	[illegible]	[illegible]，	[illegible]	[illegible]
ɣiwej1	kiẹj2	nio̱w1	djo̱2	dźjịj1	śjwo1	ku1	tśhjwo1	thjɨ2
取	欲	因	修	行	起	则，	故	此

诸菩萨摩诃萨为欲摄取诸法智故起于修行，

24.9.5

[illegible]	[illegible]	[illegible]	[illegible]	[illegible]	[illegible]。	[illegible]	[illegible]	[illegible]	[illegible]
ljịj2	tsji̱r1	bji1	swew1	rjir1	njwi2	tsji̱r1	bji1	swew1	ɣa2
大	法	光	明	得	能。	法	光	明	于
[illegible]	[illegible]	[illegible]	[illegible]，	[illegible]	[illegible]	[illegible]	[illegible]	[illegible]	
zji̱r1	zjij1	ljij2	lew2	tsji̱r1	bji1	swew1	mjij1	dźiəj2	
少	许	见	当，	法	光	明	无	为	

乃能得此大法光明。于法光明无少可见，法光明故了一切法有为无为、

24.9.6

[illegible]	[illegible]、	[illegible]	[illegible]	[illegible]	[illegible]	[illegible]	[illegible]、	[illegible]
lhe̱w2	dźiəj2	na1	rjur1	kha1	rjur1	kha1	lho	tjij1
有	为、	深	世	间	世	间	出、	若
[illegible]	[illegible]	[illegible]、	[illegible]	[illegible]	[illegible]	[illegible]	[illegible]	[illegible]
śjij1	tjij1	lji̱1	tjij1	khe̱j1	ljị1	dju1	tjij1	khe̱j1
顺	若	逆、	若	戏	论	有	若	戏

世间出世间、若顺若逆、若有戏论若无戏论。

24.10.1

[illegible]	[illegible]	[illegible]	[illegible]	[illegible]	[illegible]	[illegible]。	[illegible]	[illegible]，
ljɨ^{1}	mjij^{1}	tsjịr^{1}	ŋowr^{2}	ŋowr^{2}	tsjij^{2}	ljɨ^{1}	rjur^{1}	pjụ^{1}
论	无	法	皆	皆	了	矣。	世	尊，
[illegible]	[illegible]	[illegible]	[illegible]	[illegible]，	[illegible]	[illegible]	[illegible]	[illegible]
thjɨ^{2}	tsjịr^{1}	bji^{1}	swew^{1}	tja^{1}	rjur^{1}	po^{1}	tsa^{1}	ma^{2}
此	法	光	明	者，	诸	菩	萨	摩

世尊，此法光明，岂诸菩萨摩

24.10.2

[illegible]	[illegible]	[illegible]	[illegible]	[illegible]	[illegible]	[illegible]	[illegible]	[illegible]
ŋạ^{2}	tsa^{1}	mji^{1}	djọ^{2}	dźjij^{1}	ku^{1}	·a	tśhjɨ^{1}	rjir^{1}
诃	萨	不	修	行	则	△	当	得
[illegible]？	[illegible]	[illegible]，	[illegible]	[illegible]	[illegible]	[illegible]	[illegible]	[illegible]
ljɨ^{1}	tśhjɨ^{1}	zjọ^{2}	rjur^{1}	pjụ^{1}	bụ^{2}	zjɨr^{1}	po^{1}	tsa^{1}
耶？	尔	时，	世	尊	胜	慧	菩	萨

诃萨无修行而当得耶？尔时，世尊告胜慧菩萨摩诃萨言：

24.10.3

[illegible]	[illegible]	[illegible]	[illegible]	[illegible]	[illegible]：	[illegible]	[illegible]	[illegible]
ma^{2}	ŋạ^{2}	tsa^{1}	·jij^{1}	dạ^{2}	·jɨ^{1}	bụ^{2}	zjɨr^{1}	dźiã^{2}
摩	诃	萨	之	言	谓：	胜	慧	情
[illegible]，	[illegible]	[illegible]	[illegible]	[illegible]	[illegible]	[illegible]	[illegible]	[illegible]
tsjij^{2}	rjur^{1}	po^{1}	tsa^{1}	ma^{2}	ŋạ^{2}	tsa^{1}	zjɨr^{1}	zjij^{1}
悟，	诸	菩	萨	摩	诃	萨	少	许

胜慧①，诸菩萨摩诃萨无少修行、

24.10.4

[illegible]	[illegible]	[illegible]、	[illegible]	[illegible]	[illegible]	[illegible]、	[illegible]	[illegible]

① 胜慧，西夏本作“胜慧菩萨”。

mji^{1}	djọ^{2}	dźjịj^{1}	bu̱^{2}	mjij^{1}	djọ^{2}	dźjịj^{1}	mji^{1}	śjwɨ̣^{2}
不	修	行、	胜	无	修	行、	不	随
[illegible]	[illegible]、	[illegible]	[illegible]	[illegible]	[illegible]	[illegible]，	[illegible]	
djọ^{2}	dźjịj^{1}	mji^{1}	njɨ^{2}	djọ^{2}	dźjịj^{1}	ku^{1}	bju^{2}	
修	行、	不	遍	修	行	则，	边	

无胜修行、不随修行、不遍修行，

24.10.5

[illegible]	[illegible]	[illegible]	[illegible]	[illegible]	[illegible]	[illegible]。	[illegible]	[illegible]
mjij^{1}	ljịj^{2}	tsji̱r^{1}	bji^{1}	swew^{1}	rjir^{1}	njwi^{2}	rjur^{1}	po^{1}
无	大	法	光	明	得	能。	诸	菩
[illegible]	[illegible]	[illegible]	[illegible]	[illegible]	[illegible]	[illegible]①	[illegible]	[illegible]
tsa^{1}	ma^{2}	ŋạ^{2}	tsa^{1}	tsjɨ^{1}	rjir^{1}	tjị^{2}	mjij^{1}	ljịj^{2}
萨	摩	诃	萨	亦	得	可	无	见

能得无边大法光明。诸菩萨摩诃萨尚不可得不可见耳，

24.10.6

[illegible]	[illegible]，	[illegible]	[illegible]	[illegible]	[illegible]	[illegible]	[illegible]	[illegible]
tjị^{2}	mjij^{1}	niọw^{1}	rjir^{1}	lew^{2}	ljịj^{2}	lew^{2}	dźiã^{2}	tsjịj^{2}
可	无，	复	得	当	见	当	情	悟
[illegible]	[illegible]	[illegible]？	[illegible]	[illegible]	[illegible]	[illegible]	[illegible]	[illegible]
dźjɨ	ljọ^{2}	dju^{1}	thjịj^{2}	sjo^{2}	tśhjɨ^{1}	zjịj^{1}	kja^{2}	dźjɨ
行	岂	有？	何	云	尔	许	劫	行

况菩萨行而当可得当可见乎？如何乃见若干劫行

24.11.1

[illegible]	[illegible]	[illegible]	[illegible]	[illegible]	[illegible]	[illegible]	[illegible]	[illegible]
ŋwu^{2}	bju^{2}	mjij^{1}	ljịj^{2}	tsji̱r^{1}	bji^{1}	swew^{1}	rjir^{1}	njwi^{2}
以	边	无	大	法	光	明	得	能
[illegible]？	[illegible]	[illegible]	[illegible]	[illegible]	[illegible]	[illegible]	[illegible]	[illegible]

① [illegible]，附加在动词后，表示动作发生和进行的可能。

ljɨ^{1}	rjur^{1}	po^{1}	tsa^{1}	ma^{2}	ŋạ^{2}	tsa^{1}	dźjɨ	ŋowr^{2}
耶?	诸	菩	萨	摩	诃	萨	行	皆

能得无边大法光明?诸菩萨摩诃萨一切行

24.11.2

[illegible]	[illegible]	[illegible]	[illegible]	[illegible]	[illegible]	[illegible]	[illegible]	[illegible]
ŋowr^{2}	tạ^{1}	dźjịj^{1}	lew^{2}	gji^{1}	sej^{1}	ku^{1}	tsji̱r^{1}	bji^{1}
皆	息	行	所	清	净	则	法	光
[illegible]	[illegible],	[illegible]	[illegible]	[illegible]	[illegible]	[illegible],	[illegible]	[illegible]
swew^{1}	rjir^{1}	tsji̱r^{1}	bji^{1}	swew^{1}	dźjɨ	tja^{1}	ŋewr^{2}	pjụ^{1}
明	得,	法	光	明	行	者,	数	量

息所行清净得法光明,法光明行非数量行、

24.11.3

[illegible]	[illegible]、	[illegible]	[illegible]	[illegible]	[illegible],	[illegible]	[illegible]	[illegible]
dźjɨ	nja̱^{2}	·jij^{1}	bju^{1}	dźjɨ	nja̱^{2}	wa^{2}	ɣa^{2}	rjur^{1}
行	非、	相	依	行	非,	何	于	诸
[illegible]	[illegible]	[illegible]	[illegible]	[illegible]?	[illegible]	[illegible]	[illegible]	[illegible]
dźjɨ	ŋowr^{2}	ŋowr^{2}	thu^{1}	phjij^{1}	nio̱w^{1}	thja^{1}	rjɨr^{2}	djọ^{2}
行	皆	皆	设	置?	又	其	所	修

非随相行,从何施设一切诸行?然所修行,

24.11.4

[illegible]	[illegible],	[illegible]	[illegible]	[illegible]	[illegible]	[illegible]	[illegible]	[illegible]
dźjɨ	tja^{1}	thu^{1}	phjij^{1}	dźjɨ	nja̱^{2}	nio̱w^{1}	tsjɨ^{1}	mji^{1}
行	者,	设	置	行	非	又	亦	不
[illegible]。	[illegible]	[illegible]	[illegible]	[illegible]	[illegible],	[illegible]	[illegible]	[illegible]
ka^{2}	bju^{2}	mjij^{1}	zjɨr^{1}	dźiã^{2}	tsjij^{2}	rjur^{1}	po^{1}	tsa^{1}
离。	边	无	慧	情	悟,	诸	菩	萨

非施设行而亦不离。胜慧,

24.11.5

[illegible]	[illegible]	[illegible]	[illegible]	[illegible]	[illegible]	[illegible],	[illegible]	[illegible]

ma^2	ŋạ^2	tsa^1	thjɨ^2	dźjɨ	dźjij^1	zji̱j^1	dźjɨ	ŋowr^2
摩	诃	萨	此	行	住	时，	行	皆
[illegible]	[illegible]	[illegible]	[illegible]	[illegible]	[illegible]。	[illegible]	[illegible]	[illegible]
ŋowr^2	phjɨ^1	zow^2	lhjwi^1	lew^2	mjij^1	thjɨ^2	dźjɨ	ŋowr^2
皆	舍	执	取	所	无。	此	行	俱

诸菩萨摩诃萨住此行时，舍一切行无所执取。具斯行

24.11.6

[illegible]	[illegible]	[illegible]	[illegible]	[illegible]、	[illegible]	[illegible]	[illegible]	[illegible]，
ku^1	ŋewr^2	pjụ^1	dźjɨ	nja̱^{2}	·jij^1	bju^1	dźjɨ	nja̱^{2}
则	数	量	行	非、	相	依	行	非，
[illegible]	[illegible]	[illegible]	[illegible]	[illegible]，	[illegible]	[illegible]	[illegible]	[illegible]
·jij^1	mjij^1	dźjɨ	mjij^1	ku^1	tśhjwo^1	thjɨ^2	ljij^2	tsji̱r^1
相	无	行	无	则，	故	此	大	法

者非数量行、非随相行，无相无行，

24.12.1

[illegible]	[illegible]	[illegible]	[illegible]	[illegible]。	[illegible]	[illegible]	[illegible]	[illegible]	[illegible]	[illegible]	[illegible]	[illegible]：
bji^1	swew^1	rjir^1	njwi^2	ljɨ^1	tśhjɨ^1	zjọ^2	rjur^1	pjụ^1	lja̱^{1}	dạ^2	rjɨr^2	tshji̱j^1
光	明	得	能	也。	尔	时	世	尊	偈	言	所	说：

乃能得此大法光明。尔时世尊而说偈言：

汉文本

尔时，众中复有菩萨摩诃萨名曰胜慧，从坐而起，偏袒右肩，右膝着地，合掌向佛，白言世尊：诸菩萨摩诃萨为欲摄取诸法智故起于修行，乃能得此大法光明。于法光明无少可见，法光明故了一切法有为无为、世间出世间、若顺若逆、若有戏论若无戏论。世尊，此法光明，岂诸菩萨摩诃萨无修行而当得耶？尔时，世尊告胜慧菩萨摩诃萨言：胜慧，诸菩萨摩诃萨无少修行、无胜修行、不随修行、不遍修行，能得无边大法光明。诸菩萨摩诃萨尚不可得不可见耳，况菩萨行而当可得当可见乎？如何乃见若干劫行能得无边大法光明？诸菩萨摩诃萨一切行息所行清净得法光明，法光明行非数量行、非随相行，从何施设一切诸行？然所修行，非施设行而亦不离。胜慧，诸菩萨摩诃萨住此行时，舍一切行无所执取。具斯行者非数量行、非随相行，无相无行，乃能得此大法光明。

24.12.2

[illegible]	[illegible]	[illegible]	[illegible]	[illegible]，	[illegible]	[illegible]	[illegible]
dźiã^{2}	tsjij^{2}	dźjij^{1}	lew^{2}	mjij^{1}	nio̱w^{1}	dźjɨ	tsjɨ^{1}
情	悟	行	所	无，	又	行	亦
[illegible]	[illegible]，	[illegible]	[illegible]	[illegible]	[illegible]	[illegible]，	
mji^{1}	dju^{1}	mji^{1}	dju^{1}	dźjɨ	rjir^{2}	ku^{1}	
不	有，	不	有	行	得	则，	

菩萨无所行，而亦无有行，得无有行者，

24.12.3

[illegible]	[illegible]	[illegible]	[illegible]	[illegible]。	[illegible]	[illegible]	[illegible]
tśhjwo^{1}	le^{2}	mjij^{1}	śjwo^{1}	tshwew^{1}	bu̱^{2}	dźjɨ	dju^{1}
故	畏	无	发	趣。	胜	行	有
[illegible]	[illegible]，	[illegible]	[illegible]	[illegible]	[illegible]	[illegible]，	
mjij^{2}	djij^{2}	njɨ^{2}	dźjɨ	tsjɨ^{1}	mji^{1}	dju^{1}	
未	曾，	遍	行	亦	不	有，	

无畏而发趣。未曾有胜行，亦无有遍行，

24.12.4

[illegible]	[illegible]	[illegible]	[illegible]	[illegible]，	[illegible]	[illegible]	[illegible]
dźjɨ	mjij^{1}	bu̱^{2}	dźjɨ	mjij^{1}	tśhja^{2}	ka^{1}	bju^{1}
行	无	胜	行	无，	平	等	依
[illegible]	[illegible]。	[illegible]	[illegible]	[illegible]	[illegible]	[illegible]，	
śjwo^{1}	tshwew^{1}	thjɨ^{2}	dźjɨ	dźju^{1}	nej̱^{2}	mjij^{1}	
发	趣。	此	行	显	示	无，	

无行无胜行，平等而发趣。此行无示现，

24.12.5

[illegible]	[illegible]	[illegible]	[illegible]	[illegible]，	[illegible]	[illegible]	[illegible]
rjur^{1}	·jij^{1}	mji^{1}	dju^{1}	nej̱^{2}	·jij^{1}	mjij^{1}	dźjij^{1}
诸	相	不	有	示，	相	无	行

[illegible]	[illegible]，	[illegible]	[illegible]	[illegible]	[illegible]	[illegible]。
mjij¹	ku¹	thjɨ²	tja¹	dźjịj¹	·jij¹	ŋwu²
无	则，	此	者	行	相	是。

示无有诸相，无相无行者，斯为行之相。

24.12.6

[illegible]	[illegible]	[illegible]	[illegible]	[illegible]，	[illegible]	[illegible]	[illegible]
dźiã²	tsjij²	·jij¹	mjij¹	dźjɨ	rjur¹	dạ²	ɣa²
情	悟	相	无	行，	诸	事	于
[illegible]	[illegible]，	[illegible]	[illegible]	[illegible]	[illegible]	[illegible]，	
mji¹	dźjịj¹	dźjɨ	mjij¹	dźjịj¹	lew²	mjij¹	
不	住，	行	无	住	所	无，	

菩萨无相行，不住于诸事，无行无所住，

24.13.1

[illegible]	[illegible]	[illegible]	[illegible]	[illegible]。	[illegible]	[illegible]	[illegible]
sjịj²	mjij²	tśhjwo¹	śjɨj¹	·jiw²	dźjịj¹	mjij¹	ku¹
智	者	故	成	就。	行	无	则
[illegible]	[illegible]，	[illegible]	[illegible]	[illegible]	[illegible]	[illegible]，	
mju²	mjij¹	thjɨ²	dźjịj¹	źji²	phju²	we²	
动	无，	斯	行	无	上	为，	

智者乃成就。无行则无动，斯行为无上，

24.13.2

[illegible]	[illegible]	[illegible]	[illegible]	[illegible]，	[illegible]	[illegible]	[illegible]
mji¹	mju²	dźjɨ	dźjịj¹	njwi²	kjir¹	·jɨr²	bju¹
不	动	行	行	能，	勇	勤	依
[illegible]	[illegible]，	[illegible]	[illegible]	[illegible]	[illegible]	[illegible]，	
śjwo¹	tshwew¹	dźiã²	tsjij²	rjir¹	tjị²	mjij¹	
发	趣，	情	悟	得	可	无，	

能行不动行，勇进而发趣。菩萨不可得，

24.13.3

[illegible]	[illegible]	[illegible]	[illegible]	[illegible]，	[illegible]	[illegible]	[illegible]
dźjɨ	tsjɨ^{1}	ljij^{2}	tjị^{2}	mjij^{1}	tsə̣^{1}	ljụ^{2}	tsjɨ^{1}
行	亦	见	可	无，	色	身	亦
[illegible]	[illegible]，	[illegible]	[illegible]	[illegible]	[illegible]	[illegible]。	
mji^{1}	ljij^{2}	śjij^{1}	·wji^{1}	njwi^{2}	mjij^{2}	ŋwu^{2}	
不	见，	顺	为	善	者	为。	

行亦不可见，亦不见色身，斯为善顺者。

24.13.4

[illegible]	[illegible]	[illegible]	[illegible]	[illegible]，	[illegible]	[illegible]	[illegible]
tsə̣^{1}	mjij^{1}	·jij^{1}	mjij^{1}	ku^{1}	tśhjwo^{1}	dźjɨ	ŋowr^{2}
色	无	相	无	则，	故	行	皆
[illegible]	[illegible]，	[illegible]	[illegible]	[illegible]	[illegible]	[illegible]，	
ŋowr^{2}	mjij^{1}	ljij^{2}	ɣa^{2}	lhjwi^{1}	mjij^{1}	ku^{1}	
皆	无，	见	于	取	无	则，	

无色无形相，故无一切行，于见无所取，

24.13.5

[illegible]	[illegible]	[illegible]	[illegible]	[illegible]。	[illegible]	[illegible]	[illegible]
tśhjwo^{1}	dzjọ^{1}	mjij^{1}	dźjɨ	ŋwu^{2}	dźiã^{2}	tsjij^{2}	źji^{2}
故	比	无	行	是。	情	悟	最
[illegible]	[illegible]，	[illegible]	[illegible]	[illegible]	[illegible]	[illegible]，	
phju^{2}	dźjɨ	thu^{1}	phjij^{1}	kha^{1}	mji^{1}	ljị^{1}	
上	行，	设	置	中	不	坠，	

斯为无比行。菩萨无上行，不堕于施设，

24.13.6

[illegible]	[illegible]	[illegible]	[illegible]	[illegible]，	[illegible]	[illegible]	[illegible]
·wjị^{1}	lej^{2}	tsjɨ^{1}	mji^{1}	dju^{1}	thja^{1}	kha^{1}	zow^{2}
变	迁	亦	不	有，	其	中	执

lew^{2} mjij^{1} dźjɨ thu^{1} phjij^{1} mjij^{1} ku^{1}

所 无。 行 设 置 无 则，

亦无有迁变，于中无所执。行无施设故，

24.14.1

tśhjwo^{1} źji^{2} phju^{2} dźjɨ ŋwu^{2} tjij^{1} thjɨ^{2} sju^{2}

故 最 上 行 为， 若 此 如

dźjɨ rjir^{2} ljij^{2} tsji̱r^{1} bji^{1} swew^{1} lhjụ^{2}

行 得， 大 法 光 明 获。

乃为无上行，若得如是行，获大法光明。

24.14.2

dźiã^{2} tsjij^{2} rjɨr^{2} djọ^{2} dźjɨ ŋwu̱^{1} mjij^{1} kja^{2}

情 悟 所 修 行， 言 无 劫

pjụ^{1} mjij^{1} nio̱w^{1} mjɨ^{1} pjụ^{1} kja^{2} ŋwu^{2}

量 无， 又 无 量 劫 以，

菩萨所修行，无言无劫量，能以无量劫，

24.14.3

rjur^{1} dźjɨ dźju^{1} tshjij^{1} njwi^{2} dźiã^{2} tsjij^{2} dźjɨ

诸 行 显 说 能。 情 悟 行

gji^{1} sej^{1} gji^{1} sej^{1} thjọ^{1} no^{2} dźji̱j^{1}

清 净， 清 净 妙 安 住，

显说于诸行。菩萨行清净，清净妙安住，

24.14.4

[illegible]	[illegible]	[illegible]	[illegible]	[illegible]，	[illegible]	[illegible]	[illegible]
dźjɨ	ŋowr^{2}	ŋowr^{2}	źji^{2}	phjɨ^{1}	ɣjiw^{1}	zow^{2}	dju^{1}
行	皆	皆	悉	舍，	摄	取	有
[illegible]	[illegible]。	[illegible]	[illegible]	[illegible]	[illegible]	[illegible]，	
mjij^{2}	djij^{2}	dźiã^{2}	tsjij^{2}	·ju^{2}	dźji̱r^{1}	dźji̱j^{1}	
未	曾。	情	悟	恒	舍	住，	

悉舍一切行，曾无摄取者。菩萨恒住舍，

24.14.5

[illegible]	[illegible]	[illegible]	[illegible]	[illegible]，	[illegible]	[illegible]	[illegible]
dźjɨ	ŋowr^{2}	ŋowr^{2}	khju̱^{2}	·wejr^{2}	niọw^{1}	dźjɨ	ŋowr^{2}
行	皆	皆	守	护，	又	行	皆
[illegible]	[illegible]，	[illegible]	[illegible]	[illegible]	[illegible]	[illegible]。	
ŋowr^{2}	phjɨ^{1}	dźji̱r^{1}	ɣa^{2}	thjọ^{1}	no^{2}	dźji̱j^{1}	
皆	舍，	舍	于	妙	安	住。	

守护于诸行，已舍一切行，于舍妙安住。

24.14.6

[illegible]	[illegible]	[illegible]	[illegible]	[illegible]，	[illegible]	[illegible]	[illegible]
dźiã^{2}	tsjij^{2}	bju^{2}	mjij^{1}	dźjɨ	bju^{2}	niọw^{1}	bju^{2}
情	悟	边	无	行，	边	又	边
[illegible]	[illegible]，	[illegible]	[illegible]	[illegible]	[illegible]	[illegible]，	
mjij^{1}	ka^{2}	thja^{1}	dźjɨ	mju^{2}	mjij^{1}	ku^{1}	
无	离，	彼	行	动	无	则，	

菩萨无边行，离边及无边，彼行无所动，

24.15.1

[illegible]	[illegible]	[illegible]	[illegible]	[illegible]。	[illegible]	[illegible]	[illegible]
źji^{2}	phju^{2}	dźjɨ	mjij^{2}	we^{2}	dźiã^{2}	tsjij^{2}	·jij^{1}
最	上	行	名	为。	情	悟	相

[illegible]	[illegible]，	[illegible]	[illegible]	[illegible]	[illegible]	[illegible]，
mjij^{1}	dźjɨ	thjɨ^{2}	dźjɨ	źji^{2}	phju^{2}	we^{2}
无	行，	斯	行	最	上	为，

名为无上行。菩萨无相行，斯行为无上，

24.15.2

[illegible]	[illegible]	[illegible]	[illegible]	[illegible]，	[illegible]	[illegible]	[illegible]
thja^{1}	dźjɨ	djọ^{2}	dźjij^{1}	zjij^{1}	rjur^{1}	ljij^{2}	kięj^{2}
此	行	修	行	时，	诸	魔	界
[illegible]	[illegible]。	[illegible]	[illegible]	[illegible]	[illegible]	[illegible]，	
gjij^{1}	dzjij^{1}	dźiã^{2}	tsjij^{2}	·jij^{1}	mjij^{1}	dźjɨ	
超	越。	情	悟	相	无	行，	

修行此行时，超越诸魔界。菩萨无相行，

24.15.3

[illegible]	[illegible]	[illegible]	[illegible]	[illegible]，	[illegible]	[illegible]	[illegible]
·jij^{1}	mjij^{1}	ɣa^{2}	dźju^{1}	tsjij^{2}	tjij^{1}	·jij^{1}	niọw^{1}
相	无	于	明	悟，	若	相	及
[illegible]	[illegible]，	[illegible]	[illegible]	[illegible]	[illegible]	[illegible]。	
·jij^{1}	mjij^{1}	ŋowr^{2}	ŋowr^{2}	bju^{1}	gjị^{2}	mjij^{1}	
相	无，	皆	皆	依	靠	无。	

明了于无相，若相及无相，一切无所依。

24.15.4

[illegible]	[illegible]	[illegible]	[illegible]	[illegible]，	[illegible]	[illegible]	[illegible]
dźiã^{2}	tsjij^{2}	thjɨ^{2}	sjij^{2}	dźjij^{1}	thjɨ^{2}	dźjɨ	śjɨj^{1}
情	悟	此	智	住，	此	行	成
[illegible]	[illegible]，	[illegible]	[illegible]①	[illegible]	[illegible]	[illegible]，	
·jiw^{2}	njwi^{2}	zjɨr^{1}	zjij^{1}	dźjij^{1}	lew^{2}	mjij^{1}	
就	善，	少	时	行	所	无，	

① [illegible][illegible]，其中“[illegible]”是“[illegible]”的通假字。“[illegible][illegible]”，意思是“少许”。

菩萨住此智,此行善成就,无有少所行,

24.15.5

[illegible]	[illegible]	[illegible]	[illegible]	[illegible]。	[illegible]	[illegible]	[illegible]
mji^{1}	dźjɨ	mjij^{2}	mjij^{2}	we^{2}	dźiã^{2}	tsjij^{2}	·ju^{2}
不	行	者	名	为。	情	悟	常
[illegible]	[illegible],	[illegible]	[illegible]	[illegible]	[illegible]	[illegible],	
gji^{1}	sej^{1}	dźjɨ	ɣa^{2}	le^{2}	lew^{2}	mjij^{1}	
清	净,	行	于	畏	所	无,	

说名不行者。菩萨常清净,于行无所畏,

24.15.6

[illegible]	[illegible]	[illegible]	[illegible]	[illegible],	[illegible]	[illegible]	[illegible]	[illegible]	[illegible]。
tśhja^{2}	ljɨ̣r^{2}	śjwo^{1}	tshwew^{1}	ku^{1}	no^{2}	dźjij^{1}	njwi^{2}	mjij^{2}	ŋwu^{2}
正	念	发	趣	则,	安	住	善	者	为。

正念而发趣,斯为善安住。

汉文本

尔时世尊而说偈言:

菩萨无所行,而亦无有行,
得无有行者,无畏而发趣。
未曾有胜行,亦无有遍行,
无行无胜行,平等而发趣。
此行无示现,示无有诸相,
无相无行者,斯为行之相。
菩萨无相行,不住于诸事,
无行无所住,智者乃成就。
无行则无动,斯行为无上,
能行不动行,勇进而发趣。
菩萨不可得,行亦不可见,
亦不见色身,斯为善顺者。
无色无形相,故无一切行,
于见无所取,斯为无比行。
菩萨无上行,不堕于施设,

亦无有迁变，于中无所执。
行无施设故，乃为无上行，
若得如是行，获大法光明。
菩萨所修行，无言无劫量，
能以无量劫，显说于诸行。
菩萨行清净，清净妙安住，
悉舍一切行，曾无摄取者。
菩萨恒住舍，守护于诸行，
已舍一切行，于舍妙安住。
菩萨无边行，离边及无边，
彼行无所动，名为无上行。
菩萨无相行，斯行为无上，
修行此行时，超越诸魔界。
菩萨无相行，明了于无相，
老相及无相，一切无所依。
菩萨住此智，此行善成就，
无有少所行，说名不行者。
菩萨常清净，于行无所畏，
正念而发趣，斯内善安住。

24.16.1

[illegible]	[illegible]	[illegible]	[illegible]	[illegible]	[illegible]	[illegible]	[illegible]	[illegible]
tśhjɨ^{1}	zjọ^{2}	bu̱^{2}	zji̱r^{1}	po^{1}	tsa^{1}	ma^{2}	ŋa̱^{2}	tsa^{1}
尔	时	胜	慧	菩	萨	摩	诃	萨
[illegible]	[illegible]	[illegible]	[illegible]	[illegible]：	[illegible]	[illegible]	[illegible]	[illegible]，
nio̱w^{1}	tha^{1}	·jij^{1}	da̱^{2}	·jɨ^{1}	zji̱r^{1}	dju^{1}	rjur^{1}	pju̱^{1}
复	佛	之	言	谓：	希	有	世	尊，

尔时胜慧菩萨摩诃萨复白佛言：希有世尊，

24.16.2

[illegible]	[illegible]	[illegible]	[illegible]	[illegible]	[illegible]①	[illegible]	[illegible]	[illegible]
rjur^{1}	ne̱w^{2}	go̱r^{1}	kiej^{2}	tśhjɨ^{1}	zjij^{1}	djọ^{2}	dźjij^{1}	tja^{1}
诸	善	丈	夫	尔	时	修	行	者

① [illegible]，其中“[illegible]”是“[illegible]”的通假字。“[illegible]”，对译“若干”。

[illegible]	[illegible]	[illegible]	[illegible]，	[illegible]	[illegible]	[illegible]	[illegible]	[illegible]
tśhjwo^{1}	źji^{2}	na^{1}	we^{2}	rjur^{1}	·jij^{1}	dju^{1}	dźiəj^{2}	tśhju^{1}
乃	甚	深	为，	诸	相	有	为	有

诸善丈夫若干修行乃为甚深，非诸愚夫有相

24.16.3

[illegible]	[illegible]	[illegible]	[illegible]	[illegible]	[illegible]	[illegible]	[illegible]	[illegible]
djọ^{2}	dźjij^{1}	mji̱j^{2}	wẹ^{1}	lə^{2}	dzjwo^{2}	·jij^{1}	dźjij^{1}	lew^{2}
修	行	者	愚	笨	人	之	行	所
[illegible]。	[illegible]	[illegible]，	[illegible]	[illegible]①	[illegible]	[illegible]	[illegible]	[illegible]
nja̱^{2}	rjur^{1}	pjụ^{1}	zji̱r^{1}	zjij^{1}	thjɨ^{2}	dźjɨ	kha^{1}	·o^{2}
非。	世	尊，	少	时	此	行	中	入

有为所修行者少能行之。世尊，无有少法

24.16.4

[illegible]	[illegible]	[illegible]，	[illegible]	[illegible]	[illegible]	[illegible]	[illegible]	[illegible]
tsji̱r^{1}	mjij^{1}	ku^{1}	thjɨ^{2}	nio̱w^{1}	thjɨ^{2}	dźjɨ	ŋe̱w^{2}	go̱r^{1}
法	无	则，	此	因	此	行	善	丈
[illegible]	[illegible]	[illegible]	[illegible]	[illegible]	[illegible]。	[illegible]	[illegible]，	[illegible]
kiej^{2}	·jij^{1}	tśhja^{2}	ka^{1}	dźjɨ	we^{2}	rjur^{1}	pjụ^{1}	ŋe̱w^{2}
夫	之	平	等	行	为。	世	尊，	善

入此行中，是故此行为善丈夫平等之行。世尊，

24.16.5

[illegible]	[illegible]	[illegible]	[illegible]	[illegible]，	[illegible]	[illegible]	[illegible]	[illegible]
go̱r^{1}	kiej^{2}	·jij^{1}	dźjɨ	tja^{1}	rjur^{1}	ŋewr^{2}	pjụ^{1}	bju^{2}
丈	夫	之	行	者，	诸	数	量	边
[illegible]	[illegible]	[illegible]	[illegible]	[illegible]	[illegible]。	[illegible]	[illegible]	[illegible]
ljow^{2}	ŋwu^{2}	dza^{2}	mjɨ^{1}	ljɨ^{1}	ljɨ^{1}	tśhjɨ^{1}	zjọ^{2}	bu̱^{2}
际	以	测	非	能	也。	尔	时	胜

① [illegible]，是“[illegible]”（许）的通假字。

善丈夫行非诸数量边际能测。尔时，胜

24.16.6

[illegible]	[illegible]	[illegible]	[illegible]	[illegible]	[illegible]	[illegible]
zjɨr^{1}	po^{1}	tsa^{1}	ma^{2}	ŋạ^{2}	tsa^{1}	xja^{1}
慧	菩	萨	摩	诃	萨	即
[illegible]	[illegible]	[illegible]	[illegible]	[illegible]	[illegible]	[illegible]：
lja̱^{1}	dạ^{2}	ŋwu^{2}	mjor^{1}	ljịj^{2}	·jij^{1}	·jow^{2}
偈	言	以	如	来	之	赞：

慧菩萨摩诃萨即以偈颂赞如来曰：

24.17.1

[illegible]	[illegible]①	[illegible]	[illegible]	[illegible]，	[illegible]	[illegible]	[illegible]
ljịj^{2}	kjir^{1}	tśhja^{2}	ka^{1}	dwewr^{2}	źji^{2}	phju^{2}	njɨ^{1}
大	雄	正	等	觉，	最	上	二
[illegible]	[illegible]，	[illegible]	[illegible]	[illegible]	[illegible]	[illegible]，	
rewr^{2}	pjụ^{1}	źji^{2}	na^{1}	dźjɨ	nẹ^{1}	tshjij^{1}	
足	尊，	甚	深	行	演	说，	

大雄正等觉，无上两足尊，演说甚深行，

24.17.2

[illegible]	[illegible]	[illegible]	[illegible]	[illegible]。	[illegible]	[illegible]	[illegible]
rjur^{1}	dźiã^{2}	tsjij^{2}	mji̱^{2}	ɣie^{2}	rjur^{1}	pjụ^{1}	thjo̱^{1}
诸	情	悟	饶	益。	世	尊	妙
[illegible]	[illegible]，	[illegible]	[illegible]	[illegible]	[illegible]	[illegible]，	
nwə	ŋwo^{2}	thja^{1}	tsew^{2}	dza^{2}	tjị^{2}	mjij^{1}	
辩	才，	其	量	测	可	无，	

饶益诸菩萨。世尊妙辩才，其量颇难测，

24.17.3

[illegible]	[illegible]	[illegible]	[illegible]	[illegible]，	[illegible]	[illegible]	[illegible]

① [illegible][illegible]，对译为“大雄”。大雄，佛之德号，佛有大力，能伏四魔，故名大雄。

bju^{2}	mjij^{1}	nwə	ŋwo^{2}	mjij^{2}	źji^{2}	bu̱^{2}	ljij^{2}
边	无	辩	才	者,	最	胜	大
□	□。	□	□	□	□	□,	□
go̱r^{1}	kiej^{2}	tsji̱r^{1}	njij^{2}	pjo^{1}	nji̱^{2}	ta̱^{1}	thjɨ^{2}
丈	夫。	法	王	讥	骂	息,	此

无边辩才者,最胜大丈夫。法王息讥论,

24.17.4

□	□	□	□	□,	□	□①	□
thjɨ^{2}	nio̱w^{1}	tśhja^{2}	njɨ^{2}	nwə^{1}	dźiã^{2}	tśhju^{1}	ŋowr^{2}
此	因	正	遍	知,	情	有	皆
□	□②,	□	□	□	□	□。	
ŋowr^{2}	·jij^{1}	thjɨ^{2}	źji^{2}	phju^{2}	dźjɨ	tshji̱j^{1}	
皆	之,	此	最	上	行	说。	

斯由正遍知,乃为诸菩萨,说此无上行。

24.17.5

□	□	□	□	□,	□	□	□
rjur^{1}	pjụ^{1}	dźjɨ	dzjar^{2}	sji^{2}	tśier^{1}	·ju^{2}	nẹ^{1}
世	尊	行	灭	用,	方	便	演
□	□,	□	□	□	□	□,	
tshji̱j^{1}	njwi^{2}	dźjɨ	ɣa^{2}	źji^{2}	gji̱j^{1}	dzji̱j^{1}	
说	能,	行	于	悉	超	过,	

世尊能演说,灭行之方便③,于行悉超过,

24.17.6

□④	□	□	□	□。	□	□	□
dzjij^{2}	dzjwo^{2}	śjwo^{1}	tshwew^{1}	lew^{2}	ljij^{2}	·we^{1}	se̱w^{2}
其	人	发	趣	当。	大	龙	思

① □□,字面义为"情有",即"有情",意思是"众生",汉文底本作"菩萨"。
② □,此处为宾格助词。
③ 受西夏语宾动结构的影响,西夏译文对语序作了调整。
④ □,根据文义,应为"□"(智)之形误。

[illegible]	[illegible],	[illegible]	[illegible]	[illegible]	[illegible]	[illegible],
tshji̱j^{1}	mjij^{1}	bju^{2}	mjij^{1}	sjịj^{2}	mjɨ̱^{2}	kiẹj^{2}
议	无,	边	无	智	境	界,

智人当发趣。大龙不思议,无边智境界,

24.18.1

[illegible]	[illegible]	[illegible]	[illegible]	[illegible],	[illegible]	[illegible]	[illegible]
njɨ^{2}	nwə^{1}	njɨ̱^{1}	rewr^{2}	pjụ^{1}	thjɨ^{2}	thjo̱^{1}	dźjɨ
遍	知	二	足	尊,	此	妙	行
[illegible]	[illegible]。	[illegible]	[illegible]	[illegible]	[illegible]	[illegible],	
tshji̱j^{1}	njwi^{2}	rjur^{1}	pjụ^{1}	mo^{2}	nji^{2}	·jij^{1}	
说	善。	世	尊	牟	尼	之,	

遍知两足尊,善开斯妙行。世尊所开示,

24.18.2

[illegible]	[illegible]	[illegible]	[illegible]	[illegible],	[illegible]	[illegible]	[illegible]
mji^{1}	mju^{2}	dźjɨ	phie^{2}	ne̱j^{2}	thjɨ^{2}	dźjɨ	mju̱^{2}
不	动	行	开	示,	此	行	动
[illegible]	[illegible],	[illegible]	[illegible]	[illegible]	[illegible]	[illegible]。	
tjị^{2}	mjij^{1}	tśhjwo^{1}	dzjọ^{1}	mjij^{1}	dźjɨ	·jɨ^{1}	
可	无,	故	比	无	行	谓。	

牟尼不动行,①此行无能动,故名无比行。

24.18.3

[illegible]	[illegible]	[illegible]	[illegible]	[illegible],	[illegible]	[illegible]	[illegible]
ljịj^{2}	kjir^{1}	ljịj^{2}	mo^{2}	nji^{2}	njwo^{2}	zjọ^{2}	rjɨr^{2}
大	雄	大	牟	尼,	昔	世	所
[illegible]	[illegible],	[illegible]	[illegible]	[illegible]	[illegible]	[illegible],	
djọ^{2}	dźjɨ	tjij^{1}	rejr^{2}	kja^{2}	dźjɨ	ŋwu^{2}	
修	行,	若	多	劫	行	以,	

① 受西夏语宾动结构的影响,西夏译文对语序作了调整。

大雄大牟尼,往昔所修行,设以多劫行,

24.18.4

[illegible]

nji^{2} njwi^{2} mjij^{2} tja^{1} mjij^{1} dźiã^{2} tsjij^{2} thjɨ^{2}

至 能 者 者 无。 情 悟 此

[illegible]

tsji̱r^{1} mji^{1} rjur^{1} kię̣^{2} kha^{1} kjɨ^{1} dźji̱j^{1}

法 闻, 世 界 中 △ 住,

无人能到者。菩萨闻斯法,虽住于世间,

24.18.5

[illegible]

thja^{1} rjur^{1} mə^{2} sji̱j^{2} ɣa^{2} mji^{1} khwa^{1} lja̱^{1}

其 诸 种 智 于, 不 久 证

[illegible]

rjir^{1} lew^{2} ŋa^{2} njɨ^{2} dźiã^{2} njij^{2} śjow^{1}

得 当。 我 等 情 慈 愍,

而于诸种智,不久亦当证。我等愍众生,

24.18.6

[illegible]

kụ^{1} thja^{1} mji̱j^{2} tsji̱r^{1}① kha^{1} thjɨ^{2} źji^{2} phju^{2}

后 此 末 法 中, 此 最 上

[illegible]

tsji̱r^{1} ·jij^{1} ·wejr^{2} ·ji̱j^{1} mji̱j^{2} we^{2} njwi^{2}

法 之, 护 持 者 为 能。

当于末世中,于此无上法,能为护持者。

24.19.1

[illegible]

---

① [illegible],字面义为"末法",对译"末世"。谓去佛世长远而教法转微末之时期。末世者,即末法时也。

ŋa^{2}	njɨ^{2}	thjɨ^{2}	tsji̱r^{1}	mji^{1}	kụ^{1}	thja^{1}	mji̱j^{2}
我	等	此	法	闻，	后	此	末
□	□，	□	□	□	□	□，	
tsji̱r^{1}	kha^{1}	rjur^{1}	dźiã^{2}	tśhju^{1}	nio̱w^{1}	ku^{1}	
法	中，	诸	情	有	因	故，	

我等闻斯法，当于末世中，为诸众生故，

24.19.2

□	□	□	□	□。	□	□	□
dźji̱j^{1}	njwi^{2}	tshji̱j^{1}	tsjɨ^{1}	njwi^{2}	ŋa^{2}	njɨ^{2}	bji^{1}
行	能	说	亦	能。	我	等	光
□	□，	□	□	□	□	□，	
swew^{1}	ŋwu^{2}	kụ^{1}	lja^{1}	mji̱j^{2}	tsji̱r^{1}	kha^{1}	
明	以，	后	来	末	法	中，	

能行亦能说。我等以光明，当于末世中，

24.19.3

□	□	□	□	□，	□	□	□
rjur^{1}	tsji̱r^{1}	kjụ^{1}	mji̱j^{2}	·jij^{1}	lji̱j^{2}	gji̱j^{1}	ɣie^{2}
诸	法	求	者	之，	大	利	益
□	□。	□	□	□	□	□，	
gu^{1}	śjwo^{1}	ŋa^{2}	njɨ^{2}	ŋwụ^{1}	tjị^{1}	bju^{1}	
兴	起。	我	等	誓	愿	依，	

为诸求法者，而兴大利益。我等发誓愿，

24.19.4

□	□	□	□	□，	□	□	□
kụ^{1}	lja^{1}	mji̱j^{2}	tsji̱r^{1}	kha^{1}	rjur^{1}	tshjɨ^{1}	tśhju^{1}
后	来	末	法	中，	诸	情	有
□	□，	□	□	□	□	□。	
nio̱w^{1}	ku^{1}	tsji̱r^{1}	·wejr^{2}	·jij^{1}	gu^{1}	śjwo^{1}	
因	则，	法	护	持	建	立。	

当于末世中,为诸众生故,护持而建立。

24.19.5

[illegible]	[illegible]	[illegible]	[illegible]	[illegible],	[illegible]	[illegible]	[illegible]
ŋa²	njɨ²	·ju²	sjwɨ¹	ljɨ̱r²	kụ¹	lja¹	mjij²
我	等	常	思	念,	后	来	末
[illegible]	[illegible],	[illegible]	[illegible]	[illegible]	[illegible]	[illegible],	
tsji̱r¹	kha¹	tha¹	tsji̱r¹	ŋjow²	kjụ¹	tshwew¹	
法	中,	佛	法	海	供	养,	

我等常思念,当于末世中,供养佛法海,

24.19.6

[illegible]	[illegible]	[illegible]	[illegible]	[illegible]。	[illegible]	[illegible]	[illegible]
źji²	phju²	tsji̱r¹	kjọ¹	·jij¹	ŋa²	njɨ²	tsji̱r¹
最	上	法	愿	持。	我	等	法
[illegible]①	[illegible],	[illegible]	[illegible]	[illegible]	[illegible]	[illegible],	
·ụ²	ɣa²	bu̱²	go̱r¹	kiej²	djij²	we²	
乘	于,	胜	丈	夫	当	为,	

愿持无上法。我等于法藏,当为胜丈夫,

24.20.1

[illegible]	[illegible]	[illegible]	[illegible]	[illegible],	[illegible]	[illegible]	[illegible]
thjɨ²	tsji̱r¹	ɣa¹	kjọ¹	·jij¹	khju̱²	·wejr²	tsiow
此	法	门	愿	持,	守	护	久
[illegible]	[illegible]。	[illegible]	[illegible]	[illegible]	[illegible]	[illegible],	
kjọ¹	dźjij¹	ŋa²	njɨ²	tsji̱r¹	zjɨ̱r²	kha¹	
愿	住。	我	等	法	水	中,	

愿持此法门,守护令久住。我等于法水,

24.20.2

[illegible]	[illegible]	[illegible]	[illegible]	[illegible],	[illegible]	[illegible]	[illegible]

① [illegible],为“[illegible]”(藏)之通假字。法藏,又曰佛法藏,一名如来藏。法性之理也。法性含藏无量之性德,故曰法藏。

to² źji² djij² djij² njwi² nio̱w¹ thjɨ² tsji̱r¹
皆 悉 饮 △ 能， 而 此 法
□ □， □ □ □ □ □。
ɣa¹ ·jij¹ khju̱² ·wejr² mji̱j² djij² we²
门 之， 守 护 者 当 为。

誓愿悉能饮，而于此法门，当为守护者。

24.20.3

□ □ □ □ □， □ □ □
ŋa² njɨ² tsji̱r¹ mji¹ nio̱w¹ kụ¹ lja¹ mji̱j²
我 等 法 闻 又， 后 来 末
□ □， □ □ □ □ □，
tsji̱r¹ kha¹ ljij² go̱r¹ kiej² djij² we²
法 中， 大 丈 夫 愿 为，

我等闻法已，当于末世中，愿为大丈夫，

24.20.4

□ □ □ □ □。 □ □ □
tha¹ tśhja² tsji̱r¹ zow² ·jij¹ ŋa² njɨ² kạ¹
佛 正 法 受 持。 我 等 命
□ □， □ □ □ □ □，
bja² tsjɨ¹ źji² phju² tsjir¹ mji¹ phjɨ¹
失 虽， 最 上 法 不 舍，

受持佛正法。我等宁失命，不舍无上法，

24.20.5

□ □ □ □ □， □ □ □
tji̱¹ thjɨ² thjo̱¹ tsji̱r¹ kha¹ tsji̱r¹ ·jij¹ mji̱j²
愿 此 妙 法 中， 法 持 者
□ □。 □ □ □ □ □，
djij² we² ŋa² njɨ² thjɨ² tsji̱r¹ ·jij¹
△ 为。 我 等 此 法 持，

愿于此法中,而为持法者。我等持此法,

24.20.6

[illegible]	[illegible]①	[illegible]	[illegible]	[illegible],	[illegible]	[illegible]	[illegible]
lhə	nwə^{1}	śjwo^{1}	mjij^{2}	djij^{2}	thjɨ^{2}	źji^{2}	na^{1}
足	知	生	未	曾,	此	甚	深
[illegible]	[illegible],	[illegible]	[illegible]	[illegible]	[illegible]	[illegible]。	
kjɨ^{1}	djɨj^{2}	lwər^{2}	rejr^{2}	mji^{1}	sju̱^{1}	pa̱^{2}	
决	定,	经	契	闻	慕	渴。	

未曾生喜足,渴闻斯甚深,决定契经故。②

24.21.1

[illegible]	[illegible]	[illegible]	[illegible]	[illegible],	[illegible]	[illegible]	[illegible]
ŋa^{2}	njɨ^{2}	mjij^{2}	tsji̱r^{1}	kha^{1}	rjur^{1}	tsji̱r^{1}	kju̱^{1}
我	等	末	法	中,	诸	法	求
[illegible]	[illegible],	[illegible]	[illegible]	[illegible]	[illegible]	[illegible],	
mji̱j^{2}	·jij^{1}	thjɨ^{2}	tśhja^{2}	tsji̱r^{1}	tshjij^{1}	ŋwu^{2}	
者	之,	此	正	法	演	以,	

我等于末世,为求诸法者,当演斯正法,

24.21.2

[illegible]	[illegible]	[illegible]	[illegible]	[illegible]。	[illegible]	[illegible]	[illegible]
źji^{2}	njij^{1}	ljɨj^{2}	phji^{1}	njwi^{2}	tsji̱r^{1}	njij^{2}	se̱w^{2}
悉	心	喜	令	能。	法	王	思
[illegible]	[illegible],	[illegible]	[illegible]	[illegible]	[illegible]	[illegible],	
tji̱^{2}	mjij^{1}	ljij^{2}	bju^{1}	lho̱^{1}	·wji^{1}	njwi^{2}	
可	无,	大	依	恃	作	能,	

能令悉欢喜。法王叵思议,能作大依怙,

---

① [illegible][illegible],意思是"知足",对译汉文本"喜足"。知足,又称知足天。兜率天也。《名义集》二曰:"兜率院,此云妙足,新云睹史院,此云知足。"弥勒之净土在此天。喜足,又称喜足天。梵音译作睹史多天,旧译兜率天。六欲天之一。妙欲资具胜于以下诸天,身心安适,且喜具足大乘法乐,故名喜足。两者都指"兜率天"。

② 受西夏语宾动结构的影响,西夏译文对语序作了调整。

24.21.3

[illegible]	[illegible]	[illegible]	[illegible]	[illegible],	[illegible]	[illegible]	[illegible]	[illegible]	[illegible]。
tsji̱r¹	·ji̱j¹	mji̱j²	ŋwu²	ŋa²	tjị¹	ŋa²	·jij¹	·wụ²	bjịj²
法	持	者	是	我,	愿	我	之	佑	助。

愿垂加护我,念我持法者。

汉文本

尔时胜慧菩萨摩诃萨复白佛言:希有世尊,诸善丈夫若干修行乃为甚深,非诸愚夫有相有为所修行者不能行之。世尊,无有分法入此行中,是故此行为善丈夫平等之行。世尊,善丈夫行非诸数量边际能测。尔时胜慧菩萨摩诃萨即以偈颂赞如来曰:

大雄正等觉,无上两足尊,
演说甚深行,饶益诸菩萨。
世尊妙辩才,其量颇难测,
无边辩才者,最胜大丈夫。
法王息讥论,斯由正遍知,
乃为诸菩萨,说此无上行。
世尊能演说,灭行之方便,
于行悉超过,智人当发趣。
大龙不思议,无边智境界,
遍知两足尊,善开斯妙行。
世尊所开示,牟尼不动行,
此行无能动,故名无比行。
大雄大牟尼,往昔所修行,
设以多劫行,无人能到者。
菩萨闻斯法,虽住于世间,
而于诸种智,不久亦当证。
我等愍众生,当于末世中,
于此无上法,能为护持者。
我等闻斯法,当于末世中,
为诸众生故,能行亦能说。
我等以光明,当于末世中,
为诸求法者,而兴大利益。
我等发誓愿,当于末世中,
为诸众生故,护持而建立。
我等常思念,当于末世中,

供养佛法海，愿持无上法。
我等于法藏，当为胜丈夫，
愿持此法门，守护令久住。
我等于法水，誓愿悉能饮，
而于此法门，当为守护者。
我等闻法已，当于末世中，
愿为大丈夫，受持佛正法。
我等宁失命，不舍无上法，
愿于此法中，而为持法者。
我等持此法，未曾生喜足，
渴闻斯甚深，决定契经故。
我等于末世，为求诸法者，
当演斯正法，能令悉欢喜。
法王叵思议，能作大依怙，
愿垂加护我，念我持法者。

24.21.4

[illegible]	[illegible]，	[illegible]	[illegible]	[illegible]	[illegible]	[illegible]	[illegible]	[illegible]
tśhjɨ^{1}	zjọ^{2}	rjur^{1}	pjụ^{1}	bu̱^{2}	zjɨr^{1}	po^{1}	tsa^{1}	ma^{2}
尔	时，	世	尊	胜	慧	菩	萨	摩
[illegible]	[illegible]	[illegible]	[illegible]	[illegible]：	[illegible]	[illegible]	[illegible]	[illegible]！
ŋạ^{2}	tsa^{1}	·jij^{1}	dạ^{2}	·jɨ^{1}	tjij^{2}	rjijr^{2}	tjij^{2}	rjijr^{2}
诃	萨	之	言	谓：	善	哉	善	哉！

尔时，世尊告胜慧菩萨摩诃萨言：善哉善哉！

24.21.5

[illegible]	[illegible]	[illegible]	[illegible]，	[illegible]	[illegible]	[illegible]	[illegible]	[illegible]，
bu̱^{2}	zjɨr^{1}	dźiā^{2}	tsjij^{2}	nji^{2}	kụ^{1}	mji̱j^{2}	tsji̱r^{1}	kha^{1}
胜	慧	情	悟，	汝	后	末	法	中，
[illegible]	[illegible]	[illegible]	[illegible]	[illegible]	[illegible]，	[illegible]	[illegible]	[illegible]
thjɨ^{2}	rjur^{1}	tsji̱r^{1}	·wejr^{2}	·jij^{1}	kiẹj^{2}	nio̱w^{1}	ljij^{2}	gjwɨ^{1}
此	诸	法	护	持	欲，	因	大	甲

胜慧，汝能于后末世之中，为欲护持此诸法，故被大甲胄。

24.21.6

zjir^{2}	tśhjwi^{1}	njwi^{2}	thja^{1}	·wjɨ^{2}	rar^{2}	rjur^{1}	po^{1}	tsa^{1}
胄	穿	能，	其	△	过	诸	菩	萨
ma^{2}	ŋa̱^{2}	tsa^{1}	rjur^{1}	źji^{2}	bu̱^{2}	do^{2}	kju̱^{1}	tshwew^{1}
摩	诃	萨	诸	最	胜	处，	供	养

亦如往昔诸菩萨摩诃萨于最胜所，供养

24.22.1

tshji^{2}	ljịj^{1}	rjur^{1}	new^{2}	tśhji^{2}	ljị^{1}	rejr^{2}	xiwã^{1}	dźjɨ
事	承、	诸	善	根	种、	久	梵	行
djo̱^{2}	ljịj^{2}	gjwɨ^{1}	zjir^{2}	tśhjwi^{1}	rjur^{1}	tha^{1}	rjur^{1}	pju̱^{1}
修、	大	甲	胄	被，	诸	佛	世	尊

承事、种诸善根、久修梵行、被大甲胄，

24.22.2

·jij^{1}	tsjir^{1}	·wejr^{2}	·jij^{1}	mjịj^{2}	rjir^{2}	mji^{1}	do^{2}	nja^{2}
之	法	护	持	者	与	不	异	使
ljɨ^{1}	tśhjɨ^{1}	zjo̱^{2}	rjur^{1}	pju̱^{1}	lja̱^{1}	da̱^{2}	rjɨr^{2}	tshjịj^{1}
也。	尔	时，	世	尊	颂	曰	而	言：

护持诸佛世尊法者而无异也。尔时，世尊而说偈言：

24.22.3

ku̱^{1}	lja^{1}	kja̱^{1}	le^{2}	zjij^{1}	nji^{2}	thjɨ^{2}	tsjir^{1}
后	来	怖	畏	时，	汝	此	法

[illegible]	[illegible],	[illegible]	[illegible]	[illegible]	[illegible]	[illegible],
·jij^{1}	lew^{2}	tshjɨ^{1}	tśhju^{1}	gjij^{1}	ɣie^{2}	niow^{1}
持	当,	情	有	利	益	因,

于后怖畏时,汝当持此法,为利诸众生,

24.22.4

[illegible]	[illegible]	[illegible]	[illegible]	[illegible]。	[illegible]	[illegible]	[illegible]
thjɨ^{2}	tsjir^{1}	ŋwu^{2}	phie^{2}	nej^{2}	kụ^{1}	lja^{1}	mjij^{2}
此	法	以	开	示。	后	来	末
[illegible]	[illegible],	[illegible]	[illegible]	[illegible]	[illegible]	[illegible],	
tsjir^{1}	zjij^{1}	nji^{2}	źji^{2}	bụ^{2}	tsjir^{1}	·jij^{1}	
法	时,	汝	最	胜	法	持,	

以此法开示。于后末世时,汝持最胜法,

24.22.5

[illegible]	[illegible]	[illegible]	[illegible]	[illegible],	[illegible]	[illegible]	[illegible]
tjij^{1}	thjɨ^{2}	tsjir^{1}	mji^{1}	mjij^{2}	źji^{2}	dzu^{1}	ŋwe^{1}
若	此	法	闻	者,	悉	爱	乐
[illegible]	[illegible]。	[illegible]	[illegible]	[illegible]	[illegible]	[illegible],	
śjwo^{1}	lew^{2}	kụ^{1}	lja^{1}	mjij^{2}	tsjir^{1}	kha^{1}	
生	当。	后	来	末	法	中,	

若闻斯法者,悉当生爱乐。于后末世时,

24.22.6

[illegible]	[illegible]	[illegible]	[illegible]	[illegible]①,	[illegible]	[illegible]	[illegible]
tsjir^{1}	·jij^{1}	mjij^{2}	ŋwu^{2}	nja^{2}	ŋa^{2}	źji^{2}	na^{1}
法	持	者	为	汝,	我	最	深
[illegible]	[illegible],	[illegible]	[illegible]	[illegible]	[illegible]	[illegible]。	
tsjir^{1}	tshjij^{1}	nji^{2}	·jij^{1}	zow^{2}	źji^{2}	lew^{2}	
法	说,	汝	持	执	悉	所。	

① [illegible],动词人称后缀,这里表示第二人称单数。

汝为持法者,我说甚深法,汝当悉受持。

24.23.1

[illegible]	[illegible]①	[illegible]	[illegible]	[illegible],	[illegible]	[illegible]	[illegible]
dwu̱^{2}	rjɨ̱j^{2}	sew^{2}	tow^{1}	lo^{1}	nji^{2}	mji^{1}	bju^{1}
密	谋	修	多	罗,	汝	闻	依
[illegible]	[illegible],	[illegible]	[illegible]	[illegible]	[illegible]	[illegible],	
ljɨ̱r^{2}	lew^{2}	thjɨ^{2}	tsjɨ̱r^{1}	·wo^{2}	tshwew^{1}	kha^{1}	
念	当,	此	法	理	趣	中,	

秘密修多罗,汝闻当忆念,于斯理趣中,

24.23.2

[illegible]	[illegible]	[illegible]	[illegible]	[illegible]。	[illegible]	[illegible]	[illegible]
·jiw^{2}	njɨ̱j^{1}	tji^{1}	śjwi^{1}	nja^{2}	kjɨ^{1}	djɨ̱j^{2}	źji^{2}
疑	心	不	生	汝。	决	定	甚
[illegible]	[illegible],	[illegible]	[illegible]	[illegible]	[illegible]	[illegible],	
na^{1}	·wo^{2}	nji^{2}	mji^{1}	bju^{1}	ljɨ̱r^{2}	lew^{2}	
深	义,	汝	闻	依	念	当,	

勿复有疑惑。决定甚深义,汝闻当忆念,

24.23.3

[illegible]	[illegible]	[illegible]	[illegible]	[illegible],	[illegible]	[illegible]	[illegible]
tshjɨ^{1}	tśhju^{1}	·jij^{1}	mji̱^{2}	ɣie^{2}	tsjɨ̱r^{1}	·ụ^{2}	·jɨ̱j^{1}
情	有	之	饶	益,	法	藏	持
[illegible]	[illegible]。	[illegible]	[illegible]	[illegible]	[illegible]	[illegible],	
mjɨ̱j^{2}	we^{2}	tsjɨ̱r^{1}	ŋwu^{2}	ŋowr^{2}	ŋowr^{2}	mji̱^{1}	
者	为。	法	以	皆	皆	施,	

饶益诸众生,为持法藏者。以法施一切,

24.23.4

[illegible]	[illegible]	[illegible]	[illegible]	[illegible],	[illegible]	[illegible]	[illegible]

① [illegible][illegible],字面义为"密谋",对译汉文本"秘密"。

tshjɨ^{1}	tśhju^{1}	·jij^{1}	źji^{2}	ɣie^{2}	mji^{1}	nio̱w^{1}	njij^{1}
情	有	之	皆	利，	闻	又	心
[illegible]	[illegible]，	[illegible]	[illegible]	[illegible]	[illegible]	[illegible]。	
·o^{2}	ku^{1}	ljụ^{2}	njij^{1}	de^{2}	ljɨ̣j^{2}	phji^{1}	
悦	则，	身	心	欢	喜	使。	

普润诸众生，闻已令充悦，身心遍欢喜。

24.23.5

[illegible]	[illegible]	[illegible]	[illegible]	[illegible]，	[illegible]	[illegible]	[illegible]
rjur^{1}	dźiã^{2}	tsjij^{2}	tśja^{1}	·jij^{1}	dźjij^{1}	lew^{2}	·wo^{2}
诸	情	悟	道	之，	行	所	理
[illegible]	[illegible]，	[illegible]	[illegible]	[illegible]	[illegible]	[illegible]，	
tshwew^{1}	we^{2}	nio̱w^{1}	thja^{1}	sew^{2}	tow^{1}	lo^{1}	
趣	为，	又	彼	修	多	罗，	

为诸菩萨道，所行之理趣，及彼修多罗，

24.23.6

[illegible]	[illegible]	[illegible]	[illegible]	[illegible]。	[illegible]	[illegible]	[illegible]
źji^{2}	dźjwa^{1}	zow^{2}	·jij^{1}	lew^{2}	nji^{2}	mjɨ^{1}	pjụ^{1}
极	竟	受	持	所。	汝	无	量
[illegible]	[illegible]，	[illegible]	[illegible]	[illegible]	[illegible]	[illegible]，	
tshjɨ^{1}	tśhju^{1}	to^{2}	źji^{2}	gju^{1}	dzjij^{1}	njwi^{2}	
情	有，	悉	皆	度	过	能，	

究竟受持故。汝当能广度，无量诸众生，

24.24.1

[illegible]	[illegible]	[illegible]	[illegible]	[illegible]，	[illegible]	[illegible]	[illegible]
rjur^{1}	kiej^{2}	ŋowr^{2}	ŋowr^{2}	kha^{1}	gju^{1}	dzjij^{1}	mjɨ^{1}
世	界	皆	皆	中，	度	过	不
[illegible]	[illegible]。	[illegible]	[illegible]	[illegible]	[illegible]	[illegible]，	
njwi^{2}	tja^{1}	nji^{2}	thjɨ^{2}	tsjir^{1}	·jij^{1}	ku^{1}	
能	者。	汝	此	法	持	则，	

一切世间中，所不能度者。汝持此法故，

24.24.2

[illegible]	[illegible]	[illegible]	[illegible]	[illegible]，	[illegible]	[illegible]	[illegible]
rjur^{1}	rjur^{1}	kha^{1}	mji̠^{2}	ɣie^{2}	bu̠^{2}	·ji^{1}	ljo^{1}
诸	世	中	饶	益，	胜	众	福
[illegible]	[illegible]，	[illegible]	[illegible]	[illegible]	[illegible]	[illegible]。	
tśiow^{1}	rjir^{2}	thjɨ^{2}	nio̠w^{1}	tśhjwo^{1}	śjwo^{1}	tshwew^{1}	
聚	获，	此	因	故	发	趣。	

饶益诸世间，获胜众福聚，以是而发趣。

24.24.3

[illegible]	[illegible]	[illegible]	[illegible]	[illegible]，	[illegible]	[illegible]	[illegible]
ŋa^{2}	sjij^{1}	thjɨ^{2}	tsji̠r^{1}	tshji̠j^{1}	nji^{2}	źji^{2}	zow^{2}
我	今	此	法	说，	汝	悉	受
[illegible]	[illegible]，	[illegible]	[illegible]	[illegible]	[illegible]	[illegible]，	
·ji̠j^{1}	lew^{2}	kụ^{1}	lja^{1}	mjij^{2}	tsji̠r^{1}	kha^{1}	
持	当，	后	来	末	法	中，	

我今说此法，汝当悉受持，于后末世中，

24.24.4

[illegible]	[illegible]	[illegible]	[illegible]	[illegible]	[illegible]	[illegible]	[illegible]
bju^{1}	dźjwo^{1}	mji̠j^{2}	·jij^{1}	tshji̠j^{1}	mjor^{1}	dźji̠j^{1}	mjij^{2}
聪	明	者	之	说。	现	在	未
[illegible]	[illegible]，	[illegible]	[illegible]	[illegible]	[illegible]	[illegible]，	
lji̠j^{2}	zjọ^{2}	thjɨ^{2}	tsji̠r^{1}	·ji̠j^{1}	njwi^{2}	ku^{1}	
来	世，	此	法	持	能	则，	

为诸聪慧说。现在未来世，能持斯法者，

24.24.5

[illegible]	[illegible]	[illegible]	[illegible]	[illegible]，	[illegible]	[illegible]	[illegible]
thjɨ^{2}	nio̠w^{1}	tụ^{1}	tha^{1}	·jij^{1}	tśhja^{2}	tsji̠r^{1}	zow^{2}

此	因	千	佛	之，	正	法	受
[illegible]	[illegible]。	[illegible]	[illegible]	[illegible]	[illegible]	[illegible]，	
·jij^{1}	njwi^{2}	rjur^{1}	tshjɨ^{1}	tśhju^{1}	nio̱w^{1}	ku^{1}	
持	能。	诸	情	有	因	则，	

则为能受持，千佛之正法。为诸众生故，

24.24.6

[illegible]	[illegible]	[illegible]	[illegible]	[illegible]，	[illegible]	[illegible]	[illegible]
thjɨ^{2}	tsji̱r^{1}	ɣa^{1}	·wejr^{2}	·jij^{1}	kụ^{1}	lja^{1}	mji̱j^{2}
此	法	门	护	持，	后	来	末
[illegible]	[illegible]，	[illegible]	[illegible]	[illegible]	[illegible]	[illegible]。	
tsji̱r^{1}	kha^{1}	ljij^{2}	mji̱^{2}	ɣie^{2}	gu^{1}	śjwo^{1}	
法	中，	大	饶	益	兴	起。	

护持斯法门，于后末世中，而兴大饶益。

24.25.1

[illegible]	[illegible]	[illegible]	[illegible]	[illegible]，	[illegible]	[illegible]	[illegible]
tjij^{1}	kụ^{1}	mji̱j^{2}	tsji̱r^{1}	kha^{1}	thjɨ^{2}	tsji̱r^{1}	·wejr^{2}
若	后	末	法	中，	此	法	护
[illegible]	[illegible]，	[illegible]	[illegible]	[illegible]	[illegible]	[illegible]，	
·jij^{1}	ku^{1}	thja^{2}	dzjwo^{2}	rejr^{2}	tha^{1}	do^{2}	
持	则，	彼	人	多	佛	于，	

若能于末世，护持斯法者，彼不于一佛，

24.25.2

[illegible]	[illegible]	[illegible]	[illegible]	[illegible]，	[illegible]	[illegible]	[illegible]
?	njij^{1}	tshji^{2}	ljij^{1}	djij^{2}	tjij^{1}	kụ^{1}	mji̱j^{2}
亲	近	侍	承	曾，	若	后	末
[illegible]	[illegible]，	[illegible]	[illegible]	[illegible]	[illegible]	[illegible]，	
tsji̱r^{1}	kha^{1}	thjɨ^{2}	tsji̱r^{1}	·wejr^{2}	·jij^{1}	ku^{1}	
法	中，	此	法	护	持	则，	

亲近而承事。若能于末世，护持斯法者，

24.25.3

[illegible]	[illegible]	[illegible]	[illegible]	[illegible]，	[illegible]	[illegible]	[illegible]
thja^{2}	thjɨ^{2}	tsji̱r^{1}	tshji̱j^{1}	mji̱j^{2}	rejr^{2}	zjij^{2}	tshji^{2}
彼	此	法	说	者，	多	多	事
[illegible]	[illegible]。	[illegible]	[illegible]	[illegible]	[illegible]	[illegible]，	
lji̱j^{1}	djij^{2}	nio̱w^{1}	thjɨ^{2}	sju^{2}	tsji̱r^{1}	kha^{1}	
承	曾。	又	此	如	法	中，	

彼已多承事，善说斯法者。能于此法中，

24.25.4

[illegible]	[illegible]①	[illegible]	[illegible]	[illegible]，	[illegible]	[illegible]	[illegible]
zjɨr^{1}	zjij^{1}	·jiw^{2}	njij^{1}	mjij^{1}	kụ^{1}	lja^{1}	tsji̱r^{1}
少	时	疑	心	无，	后	来	法
[illegible]	[illegible]，	[illegible]	[illegible]	[illegible]	[illegible]	[illegible]。	
·wejr^{2}	·jij^{1}	thjɨ^{2}	tja^{1}	zjɨr^{1}	dzjwo^{2}	ŋwu^{2}	
护	持，	此	者	慧	人	是。	

无有少疑惑，末世护持法，斯为聪慧者。

24.25.5

[illegible]	[illegible]	[illegible]	[illegible]	[illegible]，	[illegible]	[illegible]	[illegible]
lji̱j^{2}	bju^{2}	mjij^{1}	zjir^{2}	tśhjwi^{1}	ɣwej^{1}	dwər^{2}	bu̱^{2}
大	边	无	甲	被，	战	敌	胜
[illegible]	[illegible]，	[illegible]	[illegible]	[illegible]	[illegible]	[illegible]，	
rjir^{2}	ku^{1}	kụ^{1}	lja^{1}	mji̱j^{2}	tsji̱r^{1}	kha^{1}	
得	则，	后	来	末	法	中，	

被大无边甲，敌战为殊胜，而于末世中，

24.25.6

[illegible]	[illegible]	[illegible]	[illegible]	[illegible]。	[illegible]	[illegible]	[illegible]
tśhjwo^{1}	thjɨ^{2}	tsji̱r^{1}	·jij^{1}	njwi^{2}	thja^{2}	tha^{1}	tśhja^{2}

① [illegible]，是“[illegible]”的通假字。“[illegible][illegible]”，意思是“少许”。

故	此	法	持	能。	彼	佛	正
[illegible]	[illegible]，	[illegible]	[illegible]	[illegible]	[illegible]	[illegible]，	
tsjir¹	ɣa²	·jiw²	rer²	to²	źji²	phja¹	
法	于，	疑	网	悉	皆	断，	

乃能持此法。彼于佛正法，疑网悉已除，

24.26.1

[illegible]	[illegible]	[illegible]	[illegible]	[illegible]，	[illegible]	[illegible]	[illegible]	[illegible]	[illegible]。
tsjir¹	mji¹	le²	lew²	mjij¹	tśhjwo¹	thjɨ²	tsjir¹	·jij¹	njwi²
法	闻	畏	所	无，	故	此	法	持	能。

闻法无所畏，乃能持此法。

汉文本

尔时，世尊告胜慧菩萨摩诃萨言：善哉善哉！胜慧，汝能于后末世之中，为欲护持此诸法，故被大甲胄。亦如往昔诸菩萨摩诃萨于最胜所，供养承事、种诸善根、久修梵行、被大甲胄，护持诸佛世尊法者而无异也。尔时，世尊而说偈言：

于后怖畏时，汝当持此法，
为利诸众生，以此法开示。
于后末世时，汝持最胜法，
若闻斯法者，悉当生爱乐。
于后末世时，汝为持法者，
我说甚深法，汝当悉受持。
秘密修多罗，汝闻当忆念，
于斯理趣中，勿复有疑惑。
决定甚深义，汝闻当忆念，
饶益诸众生，为持法藏者。
以法施一切，普润诸众生，
闻已令充悦，身心遍欢喜。
为诸菩萨道，所行之理趣，
及彼修多罗，究竟受持故。
汝当能广度，无量诸众生，
一切世间中，所不能度者。
汝持此法故，饶益诸世间，
获胜众福聚，以是而发趣。
我今说此法，汝当悉受持，

于后末世中，为诸聪慧说。

现在未来世，能持斯法者，

则为能受持，千佛之正法。

为诸众生故，护持斯法门，

于后末世中，而兴大饶益。

若能于末世，护持斯法者，

彼不于一佛，亲近而承事。

若能于末世，护持斯法者，

彼已多承事，善说斯法者。

能于此法中，无有少疑惑，

末世护持法，斯为聪慧者。

被大无边甲，敌战为殊胜，

而于末世中，乃能持此法。

彼于佛正法，疑网悉已除，

闻法无所畏，乃能持此法。

24.26.2

[illegible]	[illegible]	[illegible]	[illegible]	[illegible]	[illegible]，	[illegible]	[illegible]	[illegible]
thjɨ^{2}	niọw^{1}	bu̱^{2}	zjɨr^{1}	dźiã^{2}	tsjij^{2}	tjij^{1}	ne̱w^{2}	go̱r^{1}
此	因	胜	慧	情	悟，	若	善	男
[illegible]	[illegible]	[illegible]	[illegible]	[illegible]	[illegible]	[illegible]	[illegible]	[illegible]
gji^{2}	ne̱w^{2}	sji^{2}	dzjwo^{2}	njɨ^{2}	źji^{2}	bu̱^{2}	ljịj^{2}	tśhja^{2}
子	善	女	人	等	最	胜	大	德

是故胜慧，若有善男子善女人勤求最胜大功德者，

24.26.3

[illegible]	[illegible]	[illegible]	[illegible]	[illegible]，	[illegible]	[illegible]	[illegible]	[illegible]
·io̱w^{1}	·jɨr^{2}	kjụ^{1}	kiẹj^{2}	niọw^{1}	kụ^{1}	mjịj^{2}	tsji̱r^{1}	kha^{1}
功	勤	求	欲	因，	后	末	法	中
[illegible]	[illegible]	[illegible]	[illegible]，	[illegible]	[illegible]	[illegible]	[illegible]	[illegible]
na^{1}	tsji̱r^{1}	niọw^{1}	ku^{1}	ljịj^{2}	gjwɨ^{1}	zjir^{2}	tśhjwi^{1}	zow^{2}
深	法	因	则，	大	甲	胄	被	受

于末世中为深法故，应被甲胄受持，

24.26.4

[illegible]，	[illegible]	[illegible]	[illegible]	[illegible]	[illegible]	[illegible]。	[illegible]	[illegible]
·jij^{1}	do^{1}	tshjɨ̣^{1}	·wo^{2}	phie^{2}	tshjịj^{1}	lew^{2}	niọw^{1}	tśjɨ̣^{1}
持，	读	诵	义	解	说	当。	复	次
[illegible]	[illegible]	[illegible]	[illegible]，	[illegible]	[illegible]	[illegible]	[illegible]	[illegible]
bụ^{2}	zjɨr^{1}	dźiã^{2}	tsjij^{2}	ŋa^{2}	ljịr^{2}	·wjɨ̣^{2}	rar^{2}	mjɨ^{1}
胜	慧	情	悟，	我	念	△	过	无

读诵解说其义。复次胜慧，我念往昔过

24.26.5

[illegible]	[illegible]	[illegible]	[illegible]	[illegible]①	[illegible]	[illegible]	[illegible]	[illegible]
pjụ^{1}	kja^{2}	su^{1}	ɣwə^{2}	rjir^{2}	niọw^{1}	thja^{1}	ŋewr^{2}	su^{1}
量	劫	于	前	前	又	其	数	于
[illegible]，	[illegible]	[illegible]	[illegible]	[illegible]	[illegible]，	[illegible]	[illegible]	[illegible]
dzjịj^{1}	tha^{1}	gjɨ^{2}	rjur^{1}	kha^{1}	to^{2}	śja^{2}	mjij^{2}	tja^{1}
过，	佛	一	世	中	生，	显	名	者

无量劫复倍是数，有佛出世，号曰

24.26.6

[illegible]	[illegible]	[illegible]	[illegible]、	[illegible]	[illegible]②、	[illegible]	[illegible]	[illegible]③、
njɨ^{2}	swew^{1}	mjor^{1}	ljij^{2}	bju^{1}	·wo^{2}	tśhja^{2}	ka^{1}	dwewr^{2}
遍	照	如	来、	依	应、	正	等	觉、
[illegible]	[illegible]	[illegible]	[illegible]、	[illegible]	[illegible]、	[illegible]	[illegible]	[illegible]④、
swew^{1}	dźjɨ	·iọ^{1}	sə^{1}	nẹw^{2}	bjịj^{2}	rjur^{1}	kha^{1}	tsjij^{2}
明	行	圆	满、	善	逝、	世	间	解、

遍照如来、应供、正遍知、明行足、善逝、世间解、

---

① [illegible][illegible]，字面义为“前前”，对译汉文本“往昔”。

② [illegible][illegible]，应供，如来十号之一。梵语，阿罗诃 Arhat，译曰应供。断一切之恶，应受人天之供养者。

③ [illegible][illegible][illegible]，字面义为“正等觉”，对译汉文本“正遍知”。正等觉、正遍知梵音译作三藐三菩提。如来殊胜功德之一类：真实如理，无有颠倒为正；证大涅槃，不住二边为等；二障永净，慧莲广开为觉。梵音三藐为正，三为等，菩提为觉。

④ [illegible][illegible][illegible]，世间解，佛十号之一。知世间有情非情之事也。

24.27.1

[illegible]	[illegible]	[illegible]	[illegible]	[illegible]、	[illegible]	[illegible]	[illegible]、	[illegible]
gọr^{1}	kiej^{2}	·jij^{1}	rjur^{1}	jar^{2}	źji^{2}	phju^{2}	mjịj^{2}	ŋwə^{1}
丈	夫	之	调	御、	最	上	者、	天
[illegible]	[illegible]①、	[illegible]、	[illegible]	[illegible]。	[illegible]	[illegible]	[illegible]	[illegible]、
dzjwo^{2}	dzjịj^{2}	tha^{1}	rjur^{1}	pjụ^{1}	kja^{2}	mjịj^{2}	bu̱^{2}	dzjịj^{1}
人	师、	佛、	世	尊。	劫	名	胜	超、

无上士、调御丈夫②、天人师、佛、世尊。劫名超胜，

24.27.2

[illegible]	[illegible]	[illegible]	[illegible]。	[illegible]	[illegible]	[illegible]	[illegible]	[illegible]
lhjịj^{2}	mjịj^{2}	ror^{2}	ka^{2}	thja^{2}	ljɨ̣^{2}	·iọ^{1}	djịj^{1}	tśhja^{2}
国	名	垢	离。	其	地	境	平	正
[illegible]	[illegible]	[illegible]	[illegible]，	[illegible]	[illegible]	[illegible]	[illegible]。	[illegible]
·wạ^{2}	zjij^{1}	lju̱^{2}	sej^{1}	śjạ^{1}	ljɨ̣^{1}	ŋwu^{2}	we^{2}	thja^{1}
广	博	严	净，	七	宝	以	成。	彼

国名离垢。其地平正广博严净，七宝所成。

24.27.3

[illegible]	[illegible]	[illegible]	[illegible]	[illegible]	[illegible]	[illegible]	[illegible]	[illegible]
ljịj^{2}	mja^{1}	·iọ^{1}	·wạ^{2}	dźjo^{1}	zjir^{2}	low^{2}	·iọ^{1}	tsew^{2}
大	河	洲	广	长	纵	阔	周	量
[illegible]	[illegible]	[illegible]	[illegible]③	[illegible]，	[illegible]	[illegible]	[illegible]	[illegible]
śjạ^{1}	khjɨ^{2}	·jiw^{1}	sjwɨ^{1}	rjar^{1}	thja^{2}	·u^{2}	niọw^{1}	tśhjiw^{1}
七	万	由	旬	远，	其	内	又	六

时彼大洲广长延袤七万由旬，于中复有

---

① [illegible]，天人师，如来十号之一。为天与人之教师，故名天人师。

② 无上士、调御丈夫，西夏译文语序颠倒。无上士，佛十号之一。无上之士夫也，人中最胜无有过之者，故云无上士。调御丈夫，佛十号之一，佛能教化引导一切可度者，佛陀大慈大智，能以种种方便调御修行者的心性，使往涅槃正道，正如驯马师善于调御马性，故名调御丈夫。

③ [illegible]，译为"由旬"。由旬，古印度长度单位，佛学常用语，梵语 yojana 之音译。又作逾阇那、逾缮那、瑜膳那、俞旬、由延。意译合、和合、限量、一程、驿等。据《大唐西域记》卷二载，一由旬指帝王一日行军之路程。

24.27.4

[illegible]	[illegible]	[illegible]	[illegible]。	[illegible]	[illegible]	[illegible]	[illegible]	[illegible]
khjɨ^{2}	we^{2}	ljij^{2}	·wjij^{2}	ljɨ^{1}	ljɨ^{1}	we^{2}	ljij^{2}	zjir^{2}
万	城	大	有。	一	一	城	大	纵
[illegible]	[illegible]	[illegible]	[illegible]	[illegible]	[illegible]	[illegible]	[illegible]	[illegible]，
low^{2}	tśhja^{2}	ka^{1}	ɣa̱^{2}	tśhjiw^{1}	·jiw^{1}	sjwɨ^{1}	rjar^{1}	gji^{2}
广	正	等	十	六	由	旬	远	各，

六万大城。一一大城纵广正等十六由旬，

24.27.5

[illegible]	[illegible]	[illegible]	[illegible]	[illegible]	[illegible]	[illegible]	[illegible]，	[illegible]
we^{2}	dzjwị^{1}	ɣu^{1}	tśhja̱^{1}	du^{1}	rjɨj^{2}	lju̱^{2}	tshjij^{2}	dźju^{2}
城	邑	头	上	楼	阁	庄	严，	结
[illegible]	[illegible]	[illegible]，	[illegible]	[illegible]	[illegible]	[illegible]，	[illegible]	[illegible]
ɣa^{1}	bu̱^{2}	gjij^{1}	ljij^{2}	tja^{1}	njɨj^{1}	ljɨ̣j^{2}	thjo̱^{1}	tow^{1}
门	胜	殊，	睹	者	心	悦，	妙	多

垣墙周匝楼雉严饰，门刹殊胜，睹者欢悦，

24.27.6

[illegible]	[illegible]	[illegible]	[illegible]	[illegible]	[illegible]，	[illegible]	[illegible]	[illegible]
lo^{1}	phu^{2}	ɣu^{1}	mjij^{1}	bio^{1}	khjɨ̱^{2}	·jir^{2}	tu̱^{1}	·io̱^{2}
罗	树	首	尾	列	行，	百	千	园
[illegible]	[illegible]	[illegible]	[illegible]	[illegible]。	[illegible]	[illegible]	[illegible]	[illegible]，
bo^{1}	źji^{2}	gu^{2}	lju̱^{2}	tshjij^{2}	rjur^{1}	·io̱^{2}	bo^{1}	kha^{1}
林	皆	共	庄	严。	诸	园	林	中，

妙多罗树行列围绕，百千园苑而共庄严。诸园苑中，

24.28.1

[illegible]	[illegible]	[illegible]	[illegible]	[illegible]	[illegible]	[illegible]	[illegible]，	[illegible]
njir^{2}	lu^{2}	dźjwi^{2}	lju^{1}	rjur^{1}	rjur^{1}	thu^{1}	phjij^{1}	dźiəj^{2}
台	座	床	席	处	处	设	置，	池

[illegible]	[illegible]	[illegible]	[illegible]	[illegible]	[illegible]	[illegible]，	[illegible]	[illegible]
rejr^{2}	gju^{1}	zjɨ̱r^{2}	ljɨ^{1}	ljɨ^{1}	źji^{2}	sə^{1}	rewr^{2}	bju^{2}
沼	渠	水	一	一	皆	满，	岸	边

台座床敷处处严设，池沼渠流一一盈满，

24.28.2

[illegible]	[illegible]	[illegible]	[illegible]	[illegible]	[illegible]	[illegible]，	[illegible]	[illegible]
lej^{2}	tśja^{1}	·ji^{1}	ljɨ̣^{1}	ŋwu^{2}	tja̱^{1}	wer^{1}	ɣu^{1}	mjiij^{1}
阶	道	众	宝	以	饰	装，	首	尾
[illegible]	[illegible]	[illegible]	[illegible]	[illegible]	[illegible]。	[illegible]	[illegible]	[illegible]
tśhja^{2}	djij^{1}	lho	·o^{2}	no^{2}	nej^{2}	thja^{2}	rewr^{2}	bju^{2}
正	平	出	入	稳	安。	其	岸	边，

涯岸阶砌饰以众宝，周回平正出入安隐。于其岸边，

24.28.3

[illegible]	[illegible]、	[illegible]	[illegible]、	[illegible]	[illegible]	[illegible]	[illegible]	[illegible]
zjɨ̱r^{2}	dji̱^{1}	tśja^{1}	thã^{1}	tow^{1}	mo^{2}	lo^{1}	njɨ^{2}	mə^{2}
水	沉、	栴	檀、	多	摩	罗	等	种
[illegible]	[illegible]	[illegible]	[illegible]	[illegible]	[illegible]	[illegible]。	[illegible]	[illegible]
·io̱^{2}	phu^{2}	dzu̱^{2}	tśjɨ̱^{1}	bju^{1}	bio^{1}	khjɨ̱^{2}	ljɨ^{1}	ljɨ^{1}
园	树	植	次	依	行	列。	一	一

沉水、①栴檀、②多摩罗③等杂香之树扶疏布列。彼一一城

24.28.4

[illegible]	[illegible]	[illegible]	[illegible]	[illegible]	[illegible]	[illegible]④	[illegible]	[illegible]
we^{2}	·u^{2}	twu̱^{1}	ɣa̱^{2}	tu̱^{1}	kju^{1}	tśji^{2}	sjij^{2}	·ju^{2}
城	内	处	十	千	俱	胝	人	民
[illegible]	[illegible]，	[illegible]	[illegible]	[illegible]	[illegible]	[illegible]	[illegible]	[illegible]
nji^{1}	dźjij^{1}	thja^{2}	rjur^{1}	dźiã^{2}	tśhju^{1}	to^{2}	źji^{2}	ɣa̱^{2}

① 沉水，略云沉香。《本草注》曰："时珍曰：木之心节，置水则沉，故名沉水，亦曰水沉。"
② 栴檀，梵文"栴檀那"的省称，古书上指檀香。
③ 多摩罗，指的应是多摩罗跋，《玄应音义》曰："多摩罗跋香，此云藿叶香。"
④ [illegible][illegible]，俱胝，梵语，数量名，有说一俱胝为十万，也有说百万、千万的。

家	住,	彼	诸	情	有	悉	皆	十

各有十千俱胝人民止住其中,彼诸众生悉

24.28.5

[illegible]	[illegible]	[illegible]	[illegible]	[illegible],	[illegible]	[illegible]	[illegible]	[illegible]
ne̱w^{2}	sjwɨj^{1}	śjɨj^{1}	·jiw^{2}	ku^{1}	ŋowr^{2}	ŋowr^{2}	źji^{2}	thjɨ^{2}
善	业	成	就	故,	皆	皆	皆	此
[illegible]	[illegible]	[illegible]	[illegible]。	[illegible]	[illegible]	[illegible]	[illegible],	[illegible]
sju^{2}	no^{2}	rejr^{2}	lhjịj^{2}	dzjɨj^{1}	thja^{1}	mjor^{1}	ljịj^{2}	ŋa^{2}
如	安	乐	受。	时	彼	如	来,	我

已成就十善业故,一切皆受如是安乐。时彼如来,

24.28.6

[illegible]	[illegible]	[illegible]	[illegible]	[illegible]	[illegible]	[illegible]	[illegible]	[illegible]
kja^{2}	ɣa^{2}	śjwo^{1}	njɨ̱^{1}	·jir^{2}	kja^{2}	dzjịj^{1}	thja^{2}	kha^{1}
劫	于	生	二	百	劫	过	彼	中
[illegible]	[illegible]	[illegible],	[illegible]	[illegible]	[illegible]	[illegible]	[illegible]	[illegible]
to^{2}	śja^{2}	ku^{1}	thjɨ^{2}	nio̱w^{1}	thja^{2}	kja^{2}	bu̱^{2}	dzjịj^{1}
出	现	则,	此	因	彼	劫	胜	超

始从初劫超二百劫于中出现,是故彼劫

24.29.1

[illegible]	[illegible]。	[illegible]	[illegible]	[illegible]	[illegible]	[illegible]	[illegible]	[illegible]
mjij^{2}	we^{2}	nio̱w^{1}	thja^{1}	kja^{2}	kha^{1}	ŋwə^{1}	·jir^{2}	mjor^{1}
名	为。	又	彼	劫	中	五	百	如
[illegible]	[illegible]	[illegible]	[illegible]	[illegible],	[illegible]	[illegible]	[illegible]	[illegible]
ljịj^{2}	tśjɨ̱^{1}	bju^{1}	to^{2}	śja^{2}	ljɨ^{1}	ljɨ^{1}	lhjịj^{2}	·iọ^{1}
来	次	依	出	现,	一	一	国	境

名曰超胜。于彼劫中有五百如来次第出现,一一刹土

24.29.2

[illegible]	[illegible]	[illegible]	[illegible]	[illegible]。	[illegible]	[illegible]	[illegible]	[illegible]

źji^{2}	śjạ^{1}	ljɨ̣^{1}	ŋwu^{2}	śjɨ̣j^{1}	thja^{1}	tha^{1}	dzjar^{2}	niọw^{1}
皆	七	宝	以	成。	其	佛	灭	后
[illegible]	[illegible]	[illegible]	[illegible]	[illegible]	[illegible]	[illegible]	[illegible]。	[illegible]
tśhja^{2}	tsji̱r^{1}	rjur^{1}	dźjij^{1}	twụ^{1}	ɣạ^{2}	tụ^{1}	kjiw^{1}	thjɨ^{2}
正	法	世	住	各	十	千	岁。	此

皆七宝成。其佛灭后正法住世各十千岁。

24.29.3

[illegible]	[illegible]	[illegible]	[illegible]	[illegible]	[illegible]	[illegible]	[illegible]	[illegible]，
sju^{2}	ŋwə^{1}	·jir^{2}	mjor^{1}	ljij^{2}	rjur^{1}	kha^{1}	dzju^{1}	dzjij^{2}
如	五	百	如	来	世	中	教	化，
[illegible]	[illegible]	[illegible]	[illegible]	[illegible]	[illegible]	[illegible]	[illegible]	[illegible]
ŋewr^{2}	dźjow^{1}	ɣię^{2}	mji^{1}	dźiã^{2}	tsjij^{2}	tsji̱r^{1}	ljwu^{2}	thu^{1}
数	次	声	闻	情	悟	法	会	设

如是五百如来现化于世，多有声闻菩萨法会，

24.29.4–24.29.5

[illegible]，	[illegible]	[illegible]	[illegible]	[illegible]	[illegible]	[illegible]	[illegible]	[illegible]	[illegible]	[illegible]	[illegible]	[illegible]
phjij^{1}	ljɨ^{1}	ljɨ^{1}	ljwu^{2}	kha^{1}	twụ^{1}	kju^{1}	tśji^{2}	no^{1}	·jiw^{1}	thow^{1}	ŋewr^{2}	mjɨ^{1}
置，	一	一	会	中	于	俱	胝	那	由	他	数	无
[illegible]	[illegible]	[illegible]	[illegible]	[illegible]	[illegible]	[illegible]	[illegible]	[illegible]	[illegible]	[illegible]	[illegible]。	
pjụ^{1}	dźiã^{2}	tsjij^{2}	lew^{1}	·ụ^{2}	tśja^{1}	tshwew^{1}	wẹ^{1}	mjij^{1}	tsji̱r^{1}	zẹw^{2}	rjir^{2}	
量	情	悟	一	乘	道	趣	生	无	法	忍	获。	

一一法会各有俱胝那由他数无量菩萨趣一乘道获无生忍。

汉文本

是故胜慧，若有善男子善女人勤求最胜大功德者，于末世中为深法故，应被甲胄受持，读诵解说其义。

复次胜慧，我念往昔过无量劫复倍是数，有佛出世，号曰遍照如来、应供、正遍知、明行足、善逝、世间解、无上士、调御丈夫、天人师、佛、世尊。劫名超胜，国名离垢。其地平正广博严净，七宝所成。时彼大洲广长延袤七万由旬，于中复有六万大城。一一大城纵广正等十六由旬，垣墙周匝楼雉严饰，门刹殊胜，睹者欢悦，妙多罗树行列围绕，百千园苑而共庄严。诸园苑中，台座床敷处处严设，池沼渠流

一一盈满,涯岸阶砌饰以众宝,周回平正出入安隐。于其岸边,沉水、栴檀、多摩罗等杂香之树扶疏布列。彼一一城各有十千俱胝人民止住其中,彼诸众生悉已成就十善业故,一切皆受如是安乐。时彼如来,始从初劫超二百劫于中出现,是故彼劫名曰超胜。于彼劫中有五百如来次第出现,一一刹土皆七宝成。其佛灭后正法住世各十千岁。如是五百如来现化于世,多有声闻菩萨法会,一一法会各有俱胝那由他数无量菩萨趣一乘道获无生忍。

24.29.5

[illegible]	[illegible]	[illegible]	[illegible]	[illegible]	[illegible]	[illegible]	[illegible]	[illegible]	[illegible]	[illegible]
dzjɨj[1]	thja[1]	kja[2]	kha[1]	dziej[2]	dej[1]	njij[2]	gjɨ[2]	mjij[2]	tja[1]	kjir[1]
时	彼	劫	中	轮	转	王	一	名	者	勇

时彼劫中有转轮王①名勇猛军,

24.29.6

[illegible]	[illegible],	[illegible]	[illegible]	[illegible]	[illegible]	[illegible]	[illegible]	[illegible]
·jiw[2]	gja[1]	śja[1]	ljɨ[1]	śjɨj[1]	·jiw[2]	ljɨr[1]	mə[1]	khju[1]
猛	军,	七	宝	成	就	四	天	下
[illegible]。	[illegible]	[illegible]	[illegible]	[illegible]	[illegible]	[illegible]	[illegible]	[illegible],
dzju[2]	·jã[1]	xu[1]	thji[1]	·u[2]	we[2]	ljij[2]	gjɨ[2]	·wjij[2]
王。	阎	浮	提	内	城	大	一	有,

七宝成就王四天下。于阎浮提②有一大城,

24.30.1

[illegible]	[illegible]	[illegible]	[illegible]	[illegible]	[illegible]	[illegible]	[illegible]	[illegible],
thja[2]	we[2]	·io[1]	tsew[2]	tśhjiw[1]	ɣa[2]	·jiw[1]	sjwɨ[1]	khwa[1]
其	城	周	量	六	十	由	旬	远,
[illegible]	[illegible]	[illegible]	[illegible]	[illegible]	[illegible]	[illegible]	[illegible]	[illegible]
niow[1]	·jar[1]	khjɨ[2]	kju[1]	tśji[2]	sjij[2]	·ju[2]	thja[2]	·u[2]
又	八	万	俱	胝	人	民	其	内

其城周回六十由旬,复有八万俱胝人民止住其中,

① 转轮王,此王身具三十二相,即位时,由天感得轮宝,转其轮宝,而降伏四方,故曰转轮王。又飞行空中,故曰飞行皇帝。在增劫,人寿至二万岁以上,则出世;在灭劫,人寿自无量岁至八万岁时乃出世。其轮宝有金、银、铜、铁四种。如其次第领四三二一之大洲,即金轮王为四洲,银轮王为东、西、南之三洲,铜轮王为东,南之二洲,铁轮王为南阎浮提之一洲也。

② 阎浮提,新称赡部洲,当须弥山之南方大洲名,即吾人之住处。阎浮者,新称赡部,树名。提为提鞞波之略,译曰洲。此洲之中心,有阎浮树之林,故以为洲名。又属南方,故曰南阎浮提。

24.30.2

[illegible]	[illegible]，	[illegible]	[illegible]	[illegible]	[illegible]	[illegible]	[illegible]	[illegible]①
nji^{1}	dźjij^{1}	no^{2}	nej^{2}	bie̱j^{1}	rejr^{2}	wer^{1}	rjijr^{1}	śjij^{1}
家	住，	稳	安	快	乐	丰	良	盛
[illegible]，	[illegible]②	[illegible]	[illegible]、	[illegible]	[illegible]	[illegible]	[illegible]、	[illegible]
ŋa̱^{2}	śja̱^{1}	ɣew^{1}	dzji̱j^{2}	śja̱^{1}	rjɨj^{2}	phu^{2}	khjɨ̠^{2}	śja̱^{1}
善，	七	壕	堑、	七	重	树	行、	七

安隐快乐丰饶炽盛，七重隍堑、七重行树、七

24.30.3

[illegible]	[illegible]	[illegible]、	[illegible]	[illegible]	[illegible]	[illegible]③、	[illegible]	[illegible]
rjɨj^{2}	rer^{2}	tśja^{1}	śja̱^{1}	rjɨj^{2}	dzjwɨ̣^{1}	la^{2}	śja̱^{1}	rjɨj^{2}
重	衢	道、	七	重	巫	户、	七	重
[illegible]	[illegible]，	[illegible]	[illegible]	[illegible]	[illegible]	[illegible]	[illegible]	[illegible]
zju̠^{1}	rer^{2}	tụ^{1}	·io̱^{2}	bo^{1}	njɨ^{2}	źji^{2}	gu^{2}	·wio̱^{1}
铃	网，	千	园	列	等	皆	共	围

重街道、七重表刹、七重铃网，一千园苑所共围

24.30.4

[illegible]	[illegible]	[illegible]	[illegible]	[illegible]。	[illegible]	[illegible]	[illegible]	[illegible]
tśjɨ̣^{1}	we^{2}	lji̱j^{2}	lju̠^{2}	tshji̱j^{2}	ljɨ^{1}	ljɨ^{1}	·io̱^{2}	bo^{1}
绕	城	大	庄	严。	一	一	园	林
[illegible]	[illegible]	[illegible]	[illegible]	[illegible]	[illegible]	[illegible]	[illegible]	[illegible]
zjir^{2}	·wa̱^{2}	tśhja^{2}	ka^{1}	twụ^{1}	njɨ̠^{1}	ɣa̱^{2}	·jiw^{1}	sjwɨ^{1}
纵	广	正	等	处	二	十	由	旬

绕庄严大城。一一园苑纵广正等二十由旬，

24.30.5

[illegible]	[illegible]，	[illegible]	[illegible]	[illegible]	[illegible]	[illegible]	[illegible]	[illegible]

① 此字有涂改的痕迹，原误作“[illegible]”。

② [illegible]，下疑脱“[illegible]”（重）字。

③ [illegible]，字面义为“巫户”，对译汉文本“表刹”，塔上高表出之幢竿曰表刹。

rjar¹	gji²	thja²	kha¹	·jij¹	twụ¹	śją¹	rjɨj²	we²
远	各，	其	中	自	处	七	重	墙
[illegible]、	[illegible]	[illegible]	[illegible]	[illegible]，	[illegible]	[illegible]	[illegible]	[illegible]，
dzjwị¹	śją¹	rjɨj²	rjɨj²	rer²	mə²	mə²	lju̱²	tshjij²
垣、	七	重	罗	网，	种	种	庄	严，

其中各有七重垣墙、七重罗网，种种庄严，

24.30.6

[illegible]	[illegible]	[illegible]	[illegible]，	[illegible]	[illegible]	[illegible]	[illegible]	[illegible]
ljɨ¹	ljɨ¹	źji²	thjo̱¹	·ji¹	ljị¹	rejr²	gju²	rjur¹
一	一	皆	妙，	众	宝	乐	具	诸
[illegible]	[illegible]	[illegible]。	[illegible]	[illegible]	[illegible]	[illegible]	[illegible]	[illegible]
mə¹	·wjɨ²	sju²	·jij¹	twụ¹	nio̱w¹	·jir²	gji²	dźiəj²
天	△	如。	自	处	复	百	各	池

一一微妙，众宝珍玩犹如诸天。各各复有一百

24.31.1

[illegible]	[illegible]，	[illegible]	[illegible]	[illegible]	[illegible]	[illegible]	[illegible]，	[illegible]
rejr²	·wji¹	nia̱²	ɣjị¹	ljị¹	ŋwu²	rewr²	we²	nji²
沼	为，	琉	璃	宝	以	岸	为，	珠
[illegible]①	[illegible]	[illegible]	[illegible]	[illegible]	[illegible]，	[illegible]	[illegible]	[illegible]
kjɨ¹	ɣjiw²	ŋwu²	lej²	tśja¹	we²	·ji¹	wją¹	bie²
斑	玉	以	阶	道	为，	众	花	敷

池沼，毗琉璃宝以为堤岸，玛瑙杂玉以为阶砌，众华敷

24.31.2

[illegible]	[illegible]	[illegible]	[illegible]	[illegible]。	[illegible]	[illegible]	[illegible]	[illegible]，
njwɨ¹	ljị¹	phu²	bio¹	khjɨ²	thja²	we²	ljij²	·u²
盛	宝	树	列	行。	其	城	大	内，
[illegible]	[illegible]	[illegible]	[illegible]	[illegible]②	[illegible]	[illegible]	[illegible]	[illegible]

① [illegible][illegible]，字面义为“斑珠”，对译“玛瑙”。

② [illegible]，常见义为“儒，才”，据上下文义，当为“[illegible]”（量）之形误。

njij^{2}	·jij^{1}	gu^{2}	pjụ^{2}	rjijr^{2}	·iọ^{1}	śjạ^{1}	·jiw^{1}	sjwɨ^{1}
王	之	中	宫	量	周	七	由	旬

荣宝树行列。于大城中，王之正殿量七由旬，

24.31.3

[illegible]	[illegible]	[illegible]	[illegible]	[illegible]	[illegible]	[illegible]	[illegible]	[illegible]
rjar^{1}	kię^{1}	nər^{2}	ŋwər^{1}	ljɨ̣^{1}	ŋwu^{2}	tshjɨ̱^{1}	tshjɨ̱^{1}	dja^{2}
远，	金	黄	青	宝	以	列	列	△
[illegible]，	[illegible]	[illegible]	[illegible]	[illegible]	[illegible]	[illegible]	[illegible]	[illegible]
śjij^{1}	ɣu^{1}	mjij^{1}	ljɨ̣^{1}	dzjị^{2}	nia̱^{2}	ɣjɨ̣^{1}	ŋwu^{2}	tjạ^{1}
成，	首	尾	宝	竿	琉	璃	以	饰

黄金青宝间错所成，周以宝竿饰以琉璃，

24.31.4

[illegible]，	[illegible]	[illegible]	[illegible]	[illegible]	[illegible]	[illegible]	[illegible]	[illegible]，
wer^{1}	mo^{2}	dzji^{1}	nji^{2}	rer^{2}	thja^{1}	zjir^{2}	lə^{1}	ɣja^{2}
装，	摩	尼	珠	网	其	遍	遮	盖，
[illegible]	[illegible]	[illegible]	[illegible]	[illegible]	[illegible]①	[illegible]	[illegible]。	[illegible]
rjur^{1}	tow^{1}	lo^{1}	phu^{2}	dźjwɨ^{1}	swew^{1}	lju̱^{2}	tshjij^{2}	njɨ̱^{1}
诸	多	罗	树	相	照	庄	严。	二

摩尼珠网弥覆其上，诸多罗树晖映庄严。

24.31.5

[illegible]	[illegible]	[illegible]	[illegible]	[illegible]	[illegible]	[illegible]，	[illegible]	[illegible]
ɣạ^{2}	dźiəj^{2}	na^{1}	ɣu^{1}	mjij^{1}	·wiọ^{1}	tśjɨ̣^{1}	kię^{1}	ŋwu^{2}
十	池	深	首	尾	围	绕，	金	以
[illegible]	[illegible]，	[illegible]	[illegible]	[illegible]	[illegible]，	[illegible]	[illegible]	[illegible]
wji^{2}	hụ^{2}	kię^{1}	rer^{2}	ŋwu^{2}	ɣja^{2}	nia̱^{2}	ɣjiw^{2}	ljɨ̣^{1}
底	里，	金	网	以	覆，	琉	璃	宝

二十渊池围绕萦带，底布真金，覆以金网，杂琉璃宝

① [illegible]，字面义为“相照”，对译汉文本“晖映”。

24.31.6

[illegible]	[illegible]	[illegible]，	[illegible]	[illegible]	[illegible]	[illegible]	[illegible]	[illegible]
ŋwu²	dzow¹	we²	thjo̱¹	kię¹	nər²	ŋwu²	lej²	tśja¹
以	桥	为，	妙	金	黄	以	阶	道
[illegible]。	[illegible]	[illegible]	[illegible]	[illegible]	[illegible]	[illegible]	[illegible]、	[illegible]
we²	thja¹	dźiəj²	kha¹	·jiw²	po¹	lo¹	wja̱¹	kju¹
为。	其	池	中	优	钵	罗	华、	拘

以为津桥，纯妙黄金而为阶道。于其池中，优钵罗华①、

24.32.1

[illegible]	[illegible]	[illegible]	[illegible]、	[illegible]	[illegible]	[illegible]	[illegible]	[illegible]
·wər¹	thew²	thew²	wja̱¹	xjwĩ¹	thow¹	lji¹	wja̱¹	bie²
勿	头	头	华、	芬	陀	利	花	敷
[illegible]	[illegible]	[illegible]。	[illegible]	[illegible]	[illegible]	[illegible]，	[illegible]	[illegible]
njwɨ¹	nja¹	swu²	thja²	dziej²	de̱j¹	njij²	njɨ̱¹	tu̱¹
盛	△	满。	其	轮	转	王，	二	千

拘勿头华②、芬陀利花③敷荣遍满。彼转轮王，二千

24.32.2

[illegible]	[illegible]	[illegible]	[illegible]	[illegible]	[illegible]，	[illegible]	[illegible]	[illegible]
śjwo²	mji̱j¹	tśhjiw¹	khjɨ²	rjur¹	gji²	nio̱w¹	·wji̱¹	dźjwɨ¹
美	女	六	万	诸	子，	又	亲	者
[illegible]	[illegible]	[illegible]	[illegible]	[illegible]	[illegible]	[illegible]	[illegible]	[illegible]
rjir²	śiə¹	śio¹	thja¹	·io̱²	bo¹	kha¹	tśjɨ¹	rjor²
与	引	导	彼	园	林	中	俄	顷

婇女六万诸子，与其眷属于彼园中

① 优钵罗华，梵文 utpala，又作乌钵罗花、沤钵罗花、郁钵罗花、优钵剌花、优婆罗花、嗢击罗花，即睡莲。

② 拘勿头华，梵语 kumuda，属睡莲科。又作俱物头华、究牟地华、矩母那华、究牟地华、句文罗华。花茎有刺，色白或赤，叶稍短。此处西夏文译作“[illegible][illegible][illegible][illegible][illegible]”，其中“[illegible]”字衍。

③ 芬陀利花，即白莲花，是梵文 puṇḍarīka 的音译。

24.32.3

[illegible]	[illegible]	[illegible]	[illegible]	[illegible]①	[illegible]，	[illegible]	[illegible]	[illegible]
ŋwə^{1}	kiẹj^{2}	rejr^{2}	lhjịj^{2}	djij^{2}	kha^{1}	njịj^{1}	khju^{1}	ljɨ̣r^{2}
五	欲	乐	受	△	中，	心	下	念
[illegible]：	[illegible]	[illegible]	[illegible]	[illegible]	[illegible]	[illegible]	[illegible]	[illegible]，
·wji^{1}	rjur^{1}	kiẹj^{2}	mji^{1}	·ju^{2}	mji^{1}	khwa^{1}	·wjɨ̣^{1}	ljịj^{2}
为：	诸	欲	不	常	不	久	变	坏，

五欲娱乐，窃作是念：诸欲无常不久变坏，

24.32.4

[illegible]	[illegible]	[illegible]	[illegible]	[illegible]	[illegible]	[illegible]	[illegible]	[illegible]
ŋa^{2}	njịj^{1}	tjị^{1}	ŋwu^{2}	kjɨ^{1}	djɨj^{2}	tha^{1}	tsjɨ̣r^{1}	kjụ^{1}
我	心	归	以	△	定	佛	法	求
[illegible]。	[illegible]	[illegible]	[illegible]	[illegible]	[illegible]	[illegible]	[illegible]	[illegible]，
lew^{2}	tjij^{1}	tsjɨ̣r^{1}	mjo^{1}	ŋa^{2}	tsjɨ̣r^{1}	bju^{1}	djọ^{2}	dźjɨ
当。	若	法	闻	我	法	依	修	行，

我当决定志求佛法。若闻法已如教修行，

24.32.5

[illegible]	[illegible]	[illegible]	[illegible]	[illegible]	[illegible]	[illegible]	[illegible]	[illegible]
gjɨ^{2}	zjir^{2}	kha^{1}	gjịj^{1}	ɣie^{2}	no^{2}	rejr^{2}	djij^{2}	rjor^{2}
夜	长	中	利	益	安	乐	令	得
[illegible]②	[illegible]。	[illegible]	[illegible]	[illegible]	[illegible]，	[illegible]	[illegible]	[illegible]
ŋa^{2}	·jɨ^{1}	thjɨ^{2}	sju^{2}	ljɨ̣r^{2}	dźjwa^{1}	tśhjɨ^{2}	rjar^{2}	mə^{1}
我	谓。	此	如	思	竟，	迅	急	天

令我长夜利益安乐。适思惟已，忽然有天

24.32.6

[illegible]	[illegible]	[illegible]	[illegible]	[illegible]	[illegible]，	[illegible]	[illegible]	[illegible]

① [illegible]，副词，放在动词之后，构成动作进行体，表示动作正在进行中。

② [illegible]，动词人称后缀，此处表示第一人称单数，句中主语被省略。

dzjwo^{2}	gjɨ^{2}	ŋa^{1}	gu^{2}	·wjɨ^{2}	śja^{2}	njij^{2}	·jij^{1}	tshji̱j^{1}
人	某	虚	中	△	显,	王	之	说
[illegible]:	[illegible]	[illegible]	[illegible]	[illegible]!	[illegible]	[illegible]	[illegible]	[illegible]
·jɨ^{1}	tjij^{2}	rjijr^{2}	go̱r^{1}	kiej^{2}	thjɨ^{2}	·wjɨ^{2}	njɨ^{2}	swew^{1}
谓:	善	哉	丈	夫!	此	刻	遍	照

现虚空中,告彼王言:善哉丈夫！今有遍照

24.33.1

[illegible]	[illegible]	[illegible]	[illegible]	[illegible]	[illegible],	[illegible]	[illegible]	[illegible]
mjor^{1}	ljij^{2}	rjur^{1}	kha^{1}	to^{2}	śja^{2}	tśhja^{2}	tsji̱r^{1}	nẹ^{1}
如	来	世	中	出	显,	正	法	演
[illegible]	[illegible]	[illegible]	[illegible]	[illegible],	[illegible]	[illegible]	[illegible]	[illegible]
tshji̱j^{1}	ɣu^{1}	gu^{2}	mji̱j^{2}	ne̱w^{2}	njij^{2}	xja^{1}	thja^{2}	tha^{1}
说	始	中	后	善,	王	速	彼	佛

如来出现于世,演说正法初中后善,王应速诣

24.33.2

[illegible]	[illegible]	[illegible],	[illegible]	[illegible]	[illegible]	[illegible]	[illegible]	[illegible],
do^{2}	śjɨ^{1}	ku^{1}	kjɨ^{1}	djɨj^{2}	tśhja^{2}	tsji̱r^{1}	mji^{1}	rjir^{2}
处	去	则,	△	定	正	法	闻	得,
[illegible]	[illegible]	[illegible]	[illegible]	[illegible]	[illegible]	[illegible],	[illegible]	[illegible]
gjɨ^{2}	zjir^{2}	kha^{1}	gji̱j^{1}	ɣie^{2}	no^{2}	rejr^{2}	tha^{1}	tsji̱r^{1}
夜	长	中	利	益	安	乐,	佛	法

于彼佛所,当闻正法,令王长夜利益安乐,

24.33.3

[illegible]	[illegible]	[illegible]	[illegible]	[illegible]	[illegible]	[illegible]	[illegible]	[illegible]。
śjɨj^{1}	·jiw^{2}	tha^{1}	tsji̱r^{1}	·iọ^{1}	sə^{1}	phji^{1}	nja^{2}	·jɨ^{1}
成	就	佛	法	圆	满	使	汝	谓。
[illegible]	[illegible]	[illegible]	[illegible]	[illegible]	[illegible]	[illegible]	[illegible],	[illegible]
njij^{2}	mə^{1}	tshji̱j^{1}	mji^{1}	nji̱j^{1}	ljɨj^{2}	rjɨr^{2}	gji̱j^{1}	·wji̱^{1}
王	天	言	闻	心	喜	△	戏,	亲

成就佛法圆满佛法。王闻天言踊跃欢喜，

24.33.4

[illegible]	[illegible]	[illegible]	[illegible]	[illegible]	[illegible]，	[illegible]	[illegible]	[illegible]
dźjwɨ1	tshji2	ljij1	rjir2	śiə1	śio1	njɨ2	swew1	mjor1
者	侍	奉	与	引	导，	遍	照	如
[illegible]	[illegible]	[illegible]	[illegible]。	[illegible]	[illegible]	[illegible]	[illegible]	[illegible]
ljịj2	do2	rjɨr2	śji2	ljụ2	njijr2	tśja1	tshwew1	tha1
来	处	△	往。	头	面	礼	敬	佛

与其眷属侍从围绕，即往遍照如来之所。

24.33.5

[illegible]	[illegible]	[illegible]：	[illegible]	[illegible]！	[illegible]	[illegible]	[illegible]	[illegible]
·jij1	tshjịj1	·jɨ1	rjur1	pjụ1	wa2	sju2	tsji̱r1	ŋwu2
之	说	曰：	世	尊！	何	如	法	以
[illegible]	[illegible]	[illegible]	[illegible]	[illegible]	[illegible]	[illegible]	[illegible]，	[illegible]
rjur1	tsji̱r1	ne̱w2	ɣjɨr1	tśier1	·ju2	ɣjiw1	njwi2	xiwã1
诸	法	善	巧	利	寻	摄	能，	梵

头面礼足而白佛言：世尊！以何等法能摄诸法善巧方便，

24.33.6

[illegible]	[illegible]	[illegible]	[illegible]	[illegible]？	[illegible]	[illegible]	[illegible]	[illegible]
dźjɨ	xja1	·ịo1	sə1	rjir1	ŋa2	djọ2	dźjɨ	kie̱j2
行	速	圆	满	得？	我	修	行	欲
[illegible]。	[illegible]	[illegible]	[illegible]	[illegible]，	[illegible]	[illegible]	[illegible]	[illegible]
ŋa2	thjɨ2	sju2	·jɨr1	nio̱w1	dzjịj1	thja2	mjor1	ljịj2
我。	此	如	问	后，	时	彼	如	来

能令梵行速得圆满？我当修行。如是问已，时彼如来

24.34.1

[illegible]	[illegible]	[illegible]	[illegible]。	[illegible]	[illegible]	[illegible]	[illegible]，	[illegible]
·wạ2	phie2	ne̱j2	·wji1	njij2	tsji̱r1	mji1	nio̱w1	·jij1

广	开	示	为。	王	法	闻	后，	自
[illegible]	[illegible]	[illegible]	[illegible]	[illegible]	[illegible]	[illegible]	[illegible]	[illegible]
·wjị1	dźjwɨ1	rjir2	źji2	no2	rejr2	·wụ2	gju2	·wjɨ2
亲	者	与	悉	安	乐	助	具	△

广为开示。王闻法已，与其眷属悉舍安乐资生之具，

24.34.2

[illegible]，	[illegible]	[illegible]	[illegible]	[illegible]	[illegible]	[illegible]	[illegible]	[illegible]
dźjɨ̱r1	njɨ2	swew1	mjor1	ljịj2	nio̱w1	rjur1	ljịj2	·ji1
舍，	遍	照	如	来	及	诸	大	众
[illegible]	[illegible]	[illegible]	[illegible]	[illegible]	[illegible]	[illegible]	[illegible]	[illegible]，
·jij1	kjụ1	tshwew1	dzjwị1	rejr2	njɨ̱1	khjɨ2	kjiw1	zar2
之	供	养	恭	敬	二	万	岁	过，

恭敬供养遍照如来及诸大众满二万岁，

24.34.3

[illegible]	[illegible]	[illegible]	[illegible]	[illegible]	[illegible]	[illegible]	[illegible]	[illegible]
thja1	njɨ2	swew1	mjor1	ljịj2	·jij1	tsjɨ̱r1	kha1	nji1
其	遍	照	如	来	之	法	中	家
[illegible]	[illegible]	[illegible]	[illegible]	[illegible]。	[illegible]	[illegible]	[illegible]	[illegible]，
phjɨ1	tśhja2	tsjɨ̱r1	djọ2	dźjij1	tsjɨ̱r1	mji1	nio̱w1	ku1
舍	正	法	修	行。	法	闻	因	则，

于遍照如来法中出家修行正法。以闻法故，

24.34.4

[illegible]	[illegible]	[illegible]	[illegible]	[illegible]	[illegible]、	[illegible]	[illegible]	[illegible]
thja2	tjị2	tsjɨ̱r1	lhjịj2	ne̱w2	tśhji2	·jij1	tsjɨ̱r1	ne̱w2
其	处	法	受	善	根、	持	法	善
[illegible]、	[illegible]	[illegible]	[illegible]	[illegible]	[illegible]	[illegible]，	[illegible]	[illegible]①
tśhji2	tsjɨ̱r1	tshjij1	ne̱w2	tśhji2	lhjụ2	rjir2	mji1	mji1

① 两个字叠加表示“所闻”。西夏语动词重叠后表示反复、持续、多次性的动作、行为或状态。

根、	法	说	善	根	获	得，	闻	闻

于时获得受法善根、持法善根、说法善根，有所闻

24.34.5

[illegible]	[illegible]	[illegible]	[illegible]	[illegible]	[illegible]，	[illegible]	[illegible]	[illegible]
tsjɨ̱r^{1}	bju^{1}	sjwɨ^{1}	sẽ^{1}	mji^{1}	mjɨ̣^{2}	mjɨ^{1}	pjụ^{1}	tśhja^{2}
法	依	思	惟	不	忘，	无	量	德
[illegible]	[illegible]	[illegible]	[illegible]	[illegible]，	[illegible]	[illegible]	[illegible]	[illegible]：
·io̱w^{1}	·jɨr^{2}	ŋwu^{2}	djọ^{2}	dzjɨ̱^{2}	tśhjwo^{1}	ŋwụ^{1}	tjị^{1}	śjwo^{1}
功	勤	以	修	习，	故	誓	愿	发：

法思惟不忘，无量功德精勤修习，乃发誓愿：

24.34.6

[illegible]	[illegible]	[illegible]	[illegible]	[illegible]	[illegible]	[illegible]	[illegible]	[illegible]
tjị^{1}	bju^{1}	mjor^{1}	ljij^{2}	sọ^{1}	dzjɨj^{1}	tśhja^{2}	tsjɨ̱r^{1}	·jij^{1}
愿	依	如	来	三	时	正	法	持
[illegible]，	[illegible]	[illegible]	[illegible]	[illegible]	[illegible]	[illegible]	[illegible]	[illegible]
ŋwu^{2}	rjur^{1}	dźiã^{2}	tśhju^{1}	·jij^{1}	mə^{2}	mə^{2}	kjọ^{1}	nẹ^{1}
以，	诸	情	有	之	种	种	△	演

愿持如来三时正法，为诸众生种种宣说。

24.35.1

[illegible]	[illegible]①	[illegible]。	[illegible]	[illegible]	[illegible]	[illegible]，	[illegible]	[illegible]
tshjij^{1}	ŋa^{2}	·jɨ^{1}	thjɨ^{2}	tjị^{1}	śjwo^{1}	nio̱w^{1}	bu̱^{2}	dzjij^{1}
说	我	谓。	此	愿	发	后，	胜	超
[illegible]	[illegible]	[illegible]	[illegible]	[illegible]	[illegible]，	[illegible]	[illegible]	[illegible]
kja^{2}	kha^{1}	rjur^{1}	mjor^{1}	ljij^{2}	do^{2}	ljɨ^{1}	ljɨ^{1}	?
劫	中	诸	如	来	处，	一	一	近

作是愿已，于胜超劫诸如来所，一一亲近

① [illegible]，动词人称后缀，此处表示第一人称单数，句中主语被省略。

24.35.2

[illegible]	[illegible]	[illegible]	[illegible]	[illegible]。	[illegible]	[illegible]	[illegible]	[illegible]
njij1	kjụ1	tshwew1	tshji2	ljij1	thja2	rjur1	mjor1	lji̱j2
亲	供	养	事	承。	彼	诸	如	来
[illegible]	[illegible]	[illegible]	[illegible]	[illegible]、	[illegible]	[illegible]	[illegible]	[illegible]、
·jij1	mjor1	·ju2	tśhja2	tsji̱r1	gu2	dzjɨj1	tśhja2	tsji̱r1
之	现	前	正	法、	中	时	正	法、

供养承事。彼诸如来现前正法、中时正法、

24.35.3

[illegible]	[illegible]	[illegible]	[illegible],	[illegible]	[illegible]	[illegible]	[illegible],
mji̱j2	dzjɨj1	tśhja2	tsji̱r1	źji2	ɣiwej1	·ji̱j1	njwi2
末	时	正	法,	悉	受	持	能,
[illegible]	[illegible]	[illegible]	[illegible]	[illegible]	[illegible]	[illegible]	[illegible]
ljɨ̱r1	khjɨ2	·jar1	tụ1	kju1	tśji2	no1	·jiw1
四	万	八	千	俱	胝	那	由

后时正法,悉能受持,教化成熟四万八千俱胝那由他

24.35.4

[illegible]	[illegible]	[illegible]	[illegible]	[illegible]	[illegible]	[illegible]	[illegible]	[illegible]
thow1	dźiã2	tśhju1	·jij1	źji2	dzju1	dzji̱j2	śjɨj1	we1
他	情	有	之	皆	教	化	成	熟
[illegible]	[illegible]	[illegible]	[illegible]	[illegible]	[illegible]	[illegible]	[illegible]	[illegible]①
·a	du̱2	tow1	lo1	sã1	mjiw2	sã1	po1	tjɨj1
阿	耨	多	罗	三	藐	三	菩	提

众生趣于阿耨多罗三藐三菩提,

24.35.5–24.35.6

[illegible]	[illegible],	[illegible]	[illegible]	[illegible]	[illegible]	[illegible]	[illegible]	[illegible]	[illegible]

① [illegible],译为“阿耨多罗三藐三菩提”,佛智名。旧译曰无上正遍知、无上正遍道。真正遍知。一切真理之无上智慧也。

rjijr²	tshwew¹	tśier¹	·ju²	ŋwu²	mjɨ¹	pjụ¹	dźiã²	tśhju¹	rjur¹
向	趣,	利	寻	以	无	量	情	有	调
[illegible]	[illegible]	[illegible]	[illegible]	[illegible]	[illegible]①	[illegible]	[illegible]	[illegible]。	
jar²	ɣię²	mji¹	tjij¹	dwewr²	·ụ²	ɣa²	dźjij¹	phji¹	
伏	声	闻	独	觉	乘	于	住	使。	

方便调伏无量众生住于声闻辟支佛乘。

汉文本

时彼劫中有转轮王名勇猛军,七宝成就王四天下。于阎浮提有一大城,其城周回六十由旬,复有八万俱胝人民止住其中,安隐快乐丰饶炽盛,七重隍堑、七重行树、七重街道、七重表刹、七重铃网,一千园苑所共围绕庄严大城。一一园苑纵广正等二十由旬,其中各有七重垣墙、七重罗网,种种庄严,一一微妙,众宝珍玩犹如诸天。各各复有一百池沼,毗琉璃宝以为堤岸,玛瑙杂玉以为阶砌,众华敷荣宝树行列。于大城中,王之正殿量七由旬,黄金青宝间错所成,周以宝竿饰以琉璃,摩尼珠网弥覆其上,诸多罗树晖映庄严。二十渊池围绕萦带,底布真金,覆以金网,杂琉璃宝以为津桥,纯妙黄金而为阶道。于其池中,优钵罗华、拘勿头华、芬陀利花敷荣遍满。彼转轮王,二千婇女六万诸子,与其眷属于彼园中五欲娱乐,窃作是念:诸欲无常不久变坏,我当决定志求佛法。若闻法已如教修行,令我长夜利益安乐。适思惟已,忽然有天现虚空中,告彼王言:善哉丈夫!今有遍照如来出现于世,演说正法初中后善,王应速诣于彼佛所,当闻正法,令王长夜利益安乐,成就佛法圆满佛法。王闻天言踊跃欢喜,与其眷属侍从围绕,即往遍照如来之所。头面礼足而白佛言:世尊!以何等法能摄诸法善巧方便,能令梵行速得圆满?我当修行。如是问已,时彼如来广为开示。王闻法已,与其眷属悉舍安乐资生之具,恭敬供养遍照如来及诸大众满二万岁,于遍照如来法中出家修行正法。以闻法故,于时获得受法善根、持法善根、说法善根,有所闻法思惟不忘,无量功德精勤修习,乃发誓愿:愿持如来三时正法,为诸众生种种宣说。作是愿已,于胜超劫诸如来所,一一亲近供养承事。彼诸如来现前正法、中时正法、后时正法,悉能受持,教化成熟四万八千俱胝那由他众生趣于阿耨多罗三藐三菩提,方便调伏无量众生住于声闻辟支佛乘。

24.35.6

[illegible]	[illegible]	[illegible]	[illegible]	[illegible]	[illegible]	[illegible],	[illegible]	[illegible]
thja¹	kja²	kha¹	źji²	mjij²	mjor¹	ljij²	mjij²	tja¹
彼	劫	中	最	后	如	来,	名	者
[illegible]	[illegible]。	[illegible]	[illegible]	[illegible]	[illegible]	[illegible]	[illegible]	

① [illegible],字面义为"独觉乘",即缘觉乘,对译"辟支佛乘",三乘中之中乘也。《法华经·譬喻品》曰:"若有众生,从佛世尊闻法信受,殷勤精进,求自然慧,乐独善寂,深知诸法因缘,是名辟支佛乘。"《大乘义章》十四曰:"辟支,胡语,此方翻译名因缘觉。藉现事缘而得觉悟,不假他教,名因缘觉。又于十二因缘法中而得觉悟,亦名缘觉。"

thjɨj¹	bji¹	thja²	kjir¹	·jiw²	gja¹	phji²	khjiw²
电	光。	彼	勇	猛	军	比	丘

彼劫之中最后如来，号曰电光。勇猛军比丘①

24.36.1

[illegible]	[illegible]	[illegible]	[illegible]	[illegible]	[illegible]	[illegible]	[illegible]，	[illegible]
thjɨj¹	bji¹	mjor¹	ljij²	tsji̱r¹	tshjij¹	mji¹	zjij¹	we̱¹
电	光	如	来	法	说	闻	时，	生
[illegible]	[illegible]	[illegible]	[illegible]，	[illegible]	[illegible]	[illegible]	[illegible]	[illegible]
mjij¹	ze̱w²	rjir²	dzjɨj¹	thjɨj¹	bji¹	mjor¹	ljij²	tśhjɨ²
无	忍	获	时，	电	光	如	来	迅

闻电光如来说法之时，获无生忍。电光如来即

24.36.2

[illegible]	[illegible]	[illegible]：	[illegible]	[illegible]	[illegible]	[illegible]！	[illegible]	[illegible]
rjar²	kjɨ¹	la¹	nji²	kjir¹	·jiw²	gja¹	mjij²	ljij²
急	△	记：	汝	勇	猛	军！	未	来
[illegible]	[illegible]	[illegible]	[illegible]	[illegible]	[illegible]	[illegible]	[illegible]	[illegible]
zjọ²	ɣa²	mjɨ¹	pjụ¹	tụ¹	tha¹	rjur¹	pjụ¹	·jij¹
世	于	无	量	千	佛	世	尊	之

为授记：汝勇猛军！于未来世供养无量千佛世尊，

24.36.3

[illegible]	[illegible]，	[illegible]	[illegible]	[illegible]	[illegible]	[illegible]	[illegible]	[illegible]
kjụ¹	tshwew¹	mjor¹	ljij²	·jij¹	sọ¹	dzjɨj¹	tśhja²	tsji̱r¹
供	养，	如	来	之	三	时	正	法
[illegible]	[illegible]，	[illegible]	[illegible]	[illegible]	[illegible]	[illegible]	[illegible]	[illegible]
ɣiwej¹	·jij¹	mjɨ¹	pjụ¹	ŋewr²	mjij¹	dźiã²	tśhju¹	·jij¹
受	持，	无	量	数	无	情	有	之

受持如来三时正法，利益无量无数众生，

---

① 比丘，又名苾刍、煏刍。为出家受具足戒者之通称。男曰比丘，女曰比丘尼。

24.36.4

[illegible]	[illegible]，	[illegible]	[illegible]	[illegible]	[illegible]	[illegible]	[illegible]	[illegible]
gjịj[1]	ɣie[2]	·jir[2]	tụ[1]	kju[1]	tśji[2]	no[1]	·jiw[1]	thow[1]
利	益，	百	千	俱	胝	那	由	他
[illegible]	[illegible]	[illegible]	[illegible]	[illegible]	[illegible]	[illegible]	[illegible]	[illegible]
dźiã[2]	tśhju[1]	·jij[1]	gu[1]	śjwo[1]	·a	du̱[2]	tow[1]	lo[1]
情	有	之	安	立	阿	耨	多	罗

安立百千俱胝那由他众生于阿耨多罗

24.36.5

[illegible]	[illegible]①	[illegible]	[illegible]	[illegible]	[illegible]	[illegible]，	[illegible]	[illegible]②
sã[1]	bia[1]	sã[1]	po[1]	tjɨj[1]	rjijr[2]	tshwew[1]	mjɨ[1]	mjɨ[1]
三	藐	三	菩	提	向	趣，	无	无
[illegible]	[illegible]	[illegible]	[illegible]	[illegible]	[illegible]	[illegible]	[illegible]	[illegible]。
pjụ[1]	dźiã[2]	tśhju[1]	ɣiẹ[2]	mji[1]	·ụ[2]	ɣa[2]	dźjij[1]	phji[1]
量	情	有	声	闻	乘	于	住	使。

三藐三菩提，无量众生住声闻乘。

24.36.6

[illegible]	[illegible]	[illegible]	[illegible]	[illegible]	[illegible]	[illegible]	[illegible]，	[illegible]
thjɨ[2]	sju[2]	ŋwu[2]	·a	sẽ[1]	khji[1]	kja[2]	zar[2]	tśhjwo[1]
此	如	以	阿	僧	祇	劫	过，	故
[illegible]	[illegible]	[illegible]③	[illegible]	[illegible]	[illegible]	[illegible]	[illegible]	[illegible]
·a	du̱[2]	tow[1]	lo[1]	sã[1]	mjiw[2]	sã[1]	po[1]	tjɨj[1]
阿	耨	多	罗	三	藐	三	菩	提

如是乃过阿僧祇劫，证阿耨多罗三藐三菩提，

24.37.1

[illegible]，	[illegible]	[illegible]	[illegible]	[illegible]	[illegible]	[illegible]	[illegible]	[illegible]

① [illegible]，对应汉文本“邈”，西夏惠宗初译本用字，仁宗校译本多用“[illegible]”，此处校改未净。

② 此处“[illegible]”字重复，当为衍文。

③ 该字旁边有“倒文”(√)符号，西夏文倒作“[illegible][illegible]”。

ljạ1	mji̱j2	tja1	bju2	mjij1	khu1	dźjij1	bji1	swew1
证，	名	者	边	无	进	精	光	明
[illegible]	[illegible]	[illegible]	[illegible]	[illegible]	[illegible]	[illegible]。	[illegible]	[illegible]
tśhja2	·io̱w1	bu̱2	dzji̱j1	njij2	mjor1	lji̱j2	thja1	tha1
德	功	胜	超	王	如	来。	其	佛

号曰无边精进光明功德超胜王如来。

24.37.2

[illegible]	[illegible]	[illegible]	[illegible]	[illegible]	[illegible]	[illegible]	[illegible]	[illegible]
lhji̱j2	·u2	mjɨ1	pjụ1	gji1	sej1	tśhja2	·io̱w1	tśiow1
国	内	无	量	清	净	德	功	积
[illegible]，	[illegible]	[illegible]	[illegible]	[illegible]，	[illegible]	[illegible]	[illegible]	[illegible]，
dzjɨ2	wer1	rjijr1	no2	rejr2	sjij2	·ju2	nja1	swu2
聚，	丰	良	稳	安，	人	民	△	满，

其佛刹土积集无量清净功德,安隐丰乐,人民充满,

24.37.3

[illegible]	[illegible]	[illegible]	[illegible]	[illegible]	[illegible]	[illegible]。	[illegible]	[illegible]
ɣiẹ2	mji1	nio̱w1	dźiã2	tsjij2	·ji1	rejr2	thja1	tha1
声	闻	及	情	悟	众	多。	其	佛
[illegible]	[illegible]	[illegible]	[illegible]	[illegible]	[illegible]，	[illegible]	[illegible]	[illegible]
zjọ2	tsew2	ŋwə1	kja2	tsəj1	dźji̱j1	gju1	dzjar2	nio̱w1
寿	量	五	劫	小	住，	度	灭	后

多有声闻及菩萨众。其佛寿命至五小劫①,灭后正

24.37.4

[illegible]②	[illegible]	[illegible]	[illegible]	[illegible]	[illegible]	[illegible]，	[illegible]	[illegible]
kjọ1	tśhja2	tsji̱r1	lew1	kja2	tsəj1	dźji̱j1	tsji̱r1	tshjij1
愿	正	法	一	劫	小	住，	法	说

① 小劫,依《俱舍论》,则人寿自八万岁,每百年减一年而至十岁;又人寿自十岁,每百年增一年而至八万岁。此增劫及减劫,一一名为小劫。依《智度论》,则合此一增一减而为小劫。

② [illegible],为“[illegible]”(方)之形误。

[illegible]	[illegible]	[illegible]	[illegible]	[illegible]	[illegible]，	[illegible]	[illegible]	[illegible]
de̱j^{1}	dźji̱j^{1}	dzjwo^{2}	mə^{1}	ɣiwej^{1}	·ji̱j^{1}	śja^{1}	lji^{2}	bə^{2}
传	行	人	天	受	持，	舍	利	塔

法住一小劫，法教流布天人受持，舍利塔

24.37.5

[illegible]	[illegible]	[illegible]	[illegible]	[illegible]。	[illegible]	[illegible]	[illegible]	[illegible]
du^{2}	rjur^{1}	rjur^{1}	lhji̱j^{2}	njɨ^{2}	bu̱^{2}	zjɨr^{1}	dźiã^{2}	tsjij^{2}
庙	诸	诸	刹	遍。	胜	慧	情	悟
[illegible]	[illegible]，	[illegible]	[illegible]	[illegible]	[illegible]	[illegible]	[illegible]	[illegible]
thjɨ^{2}	nio̱w^{1}	rjur^{1}	po^{1}	tsa^{1}	ma^{2}	ŋa̱^{2}	tsa^{1}	thjɨ^{2}
此	因，	诸	菩	萨	摩	诃	萨	此

庙遍诸刹土。是故胜慧，诸菩萨摩诃萨

24.37.6

[illegible]	[illegible]	[illegible]	[illegible]	[illegible]	[illegible]，	[illegible]	[illegible]	[illegible]
gji^{1}	sej^{1}	źji^{2}	na^{1}	tsji̱r^{1}	ɣa^{2}	pju̱^{1}	bju̱^{1}	ɣiwej^{1}
清	净	最	深	法	于，	尊	敬	受
[illegible]	[illegible]	[illegible]，	[illegible]	[illegible]	[illegible]	[illegible]	[illegible]	[illegible]
·ji̱j^{1}	djo̱^{2}	dzji̱^{2}	tsji̱r^{1}	śjwo^{2}	gju^{2}	ŋwu^{2}	lju̱^{2}	ɣa^{2}
持	修	习，	法	严	具	以	身	于

于此清净甚深之法，应当尊重受持修习，以法严具

24.38.1

[illegible]	[illegible]，	[illegible]	[illegible]	[illegible]	[illegible]	[illegible]	[illegible]	[illegible]
lju̱^{2}	tshji̱j^{2}	tsji̱r^{1}	lju̱^{2}	tshji̱j^{2}	ku^{1}	mjor^{1}	lji̱j^{2}	·jij^{1}
庄	严，	法	庄	严	则	如	来	之
[illegible]	[illegible]	[illegible]	[illegible]	[illegible]	[illegible]	[illegible]	[illegible]	[illegible]
kię^{1}	dźja$^{?}$	dja^{2}	śjɨ̱^{1}	lji̱j^{2}	no^{1}	lo^{1}	·jã^{2}	gjwɨ^{1}
金	刚	△	成	大	那	罗	延	坚

庄严其身,法庄严故证得如来金刚所成大那罗延①

24.38.2

[illegible]	[illegible]	[illegible]	[illegible]。	[illegible]	[illegible]	[illegible]	[illegible]	[illegible]
lwo^{2}	ljụ^{2}	rjir^{2}	ljạ^{1}	tjɨ^{1}	tjij^{1}	sọ^{1}	tụ^{1}	ljij^{2}
固	身	得	证。	如	若	三	千	大
[illegible]	[illegible]	[illegible]	[illegible]	[illegible]	[illegible]	[illegible]	[illegible]	[illegible]
tụ^{1}	rjur^{1}	kiẹj^{2}	·u^{2}	dźiã^{2}	tśhju^{1}	ŋowr^{2}	ŋowr^{2}	bji^{1}
千	世	界	内	情	有	皆	皆	力

坚固之身。假使三千大千世界一切众生尽其躯力,

24.38.3

[illegible]	[illegible],	[illegible]	[illegible]	[illegible]	[illegible]	[illegible]	[illegible]	[illegible]
ɣie^{1}	ŋwu^{2}	gjwɨ^{1}	lwo^{2}	ljụ^{2}	·jij^{1}	thjij^{2}	kjir^{2}	kjọ^{1}
力	以,	坚	固	身	之	何	能	△
[illegible]	[illegible]	[illegible],	[illegible]	[illegible]	[illegible]	[illegible]。	[illegible]	[illegible]
ŋwo^{2}	ljij^{2}	tsjɨ^{1}	ljij^{2}	mjɨ^{1}	wji^{2}	ljɨ^{1}	rjur^{1}	kha^{1}
损	坏	亦,	毁	无	能	矣。	世	中

而欲破坏坚固之身,乃无有能摧伏之者。

24.38.4

[illegible]	[illegible]	[illegible]	[illegible]	[illegible]	[illegible]	[illegible]	[illegible]	[illegible],
ŋowr^{2}	ŋowr^{2}	dzjwo^{2}	mə^{1}	·a	sew^{2}	lo^{1}	·ji^{1}	kha^{1}
皆	皆	人	天	阿	修	罗	众	中,
[illegible]	[illegible]	[illegible]	[illegible]	[illegible]	[illegible]	[illegible]	[illegible]	[illegible]
tsji̱r^{1}	bji^{1}	swew^{1}	tshjịj^{1}	zjịj^{1}	tsjɨ^{1}	tha^{1}	rjir^{2}	·jɨr^{1}
法	光	明	说	时	亦	佛	与	问

一切世间天人阿修罗众中,演法光明亦无有

① 那罗延,天上力士之名。那罗,汉译为人。延,为生本。梵王是众生之祖父,故云生本。

24.38.5

[illegible]①	[illegible]	[illegible]	[illegible]。	[illegible]	[illegible]	[illegible]	[illegible]	[illegible]
·jɨr^{1}	kjir^{2}	tja^{1}	mjij^{1}	tjɨ^{1}	tjij^{1}	dźiã^{2}	tśhju^{1}	thjɨ^{2}
问	敢	者	无。	如	若	情	有	此
[illegible]	[illegible]	[illegible]	[illegible]	[illegible]	[illegible]	[illegible]	[illegible]	[illegible]
na^{1}	tsji̠r^{1}	ɣa^{2}	ɣiwej^{1}	·jij^{1}	do^{1}	tshjɨ̠^{1}	·jɨr^{2}	dźjij^{1}
深	法	于	受	持	读	诵	勤	精

能敌论之者。若有众生于此深法受持读诵精勤

24.38.6

[illegible]	[illegible]，	[illegible]	[illegible]	[illegible]	[illegible]	[illegible]	[illegible]	[illegible]
djọ^{2}	dzjɨ̠^{2}	·jij^{1}	kjɨ^{1}	dzu^{1}	bju^{1}	gji^{1}	sej^{1}	mə^{2}
修	习，	己	△	喜	依	清	净	族
[illegible]	[illegible]	[illegible]，	[illegible]	[illegible]	[illegible]	[illegible]	[illegible]	[illegible]
lji̠j^{2}	nji^{1}	we̠^{1}	rjɨr^{2}	njɨ^{2}	po^{1}	tjɨj^{1}	phu^{2}	khju^{1}
大	家	生，	△	至	菩	提	树	下

修习，随其意乐生于清净大族姓家，乃至坐于菩提树下，

24.39.1

[illegible]，	[illegible]	[illegible]	[illegible]	[illegible]，	[illegible]	[illegible]	[illegible]	[illegible]，
dzu̠^{2}	mji̠j^{2}	dźjwow^{1}	ŋowr^{2}	lhə	rjur^{1}	kiẹj^{2}	rjar^{1}	gjij^{1}
坐，	名	称	具	足，	世	界	妙	殊，
[illegible]	[illegible]	[illegible]	[illegible]，	[illegible]	[illegible]②	[illegible]	[illegible]	[illegible]
do^{2}	tśja^{1}	mji^{1}	lwu^{1}	sej^{1}	tjị^{1}	tśja^{1}	lo^{1}	kja^{1}
异	道	不	杂，	净	归	遮	罗	迦

名称具足，世界殊妙，不杂异道，尚无梵志遮罗迦名，

24.39.2

[illegible]	[illegible]	[illegible]，	[illegible]	[illegible]	[illegible]	[illegible]	[illegible]	[illegible]

① [illegible]，有“反复讨论”的意思。西夏语动词重叠后表示反复、持续、多次性的动作、行为或状态。

② [illegible]，字面义为“净归”，对译“梵志”。以净行为志者名为梵志。

mji̱j²	tsjɨ¹	mjij¹	nio̱w¹	niow²	ljij²	dow¹	kjụ¹	mji̱j²
名	虽	无,	又	恶	见	邪	求	者
[illegible]	[illegible]?	[illegible]	[illegible]	[illegible]	[illegible]	[illegible]	[illegible]	[illegible]
ljọ²	dju¹	rjur¹	mji¹	ne̱w²	tsji̱r¹	tsjɨ¹	mjij²	mji¹
何	有?	诸	不	善	法	虽	未	闻

况有恶见邪求之辈。诸不善法亦尝未闻,

24.39.3

[illegible]	[illegible],	[illegible]	[illegible]	[illegible]	[illegible]	[illegible]	[illegible]	[illegible]
mjij²	djij²	nio̱w¹	mji¹	ne̱w²	tśhji²	djọ²	dzjɨ̱²	mji̱j²
未	曾,	又	不	善	根	修	习	者
[illegible]	[illegible]?	[illegible]	[illegible]	[illegible]	[illegible]	[illegible]	[illegible]	[illegible]
ljọ²	dju¹	nio̱w¹	rewr²	no̱¹	ɣa²	ljịj²	bji¹	·wjạ²
岂	有?	又	足	指	于	大	光	放

宁有习行不善根者?能以足指放大光明,

24.39.4

[illegible],	[illegible]	[illegible]	[illegible]	[illegible]	[illegible]	[illegible]	[illegible]	[illegible],
swew¹	bju²	mjij¹	rjur¹	kiẹj²	ŋowr²	ŋowr²	zjir²	swew¹
明,	边	无	世	界	皆	皆	遍	照,
[illegible]	[illegible]	[illegible]	[illegible]	[illegible]	[illegible]	[illegible]	[illegible]	[illegible]
tshjɨ¹	tśhju¹	ŋowr²	ŋowr²	thja¹	bji¹	rjir²	ber²	ku¹
情	有	皆	皆	彼	光	与	遇	则

遍照无边一切世界,一切众生遇斯光者

24.39.5

[illegible]	[illegible]	[illegible]	[illegible],	[illegible]	[illegible]	[illegible]	[illegible]	[illegible]
źji²	no²	rejr²	rjir²	kụ¹	·a	dụ²	tow¹	lo¹
皆	安	乐	得,	后	阿	耨	多	罗
[illegible]	[illegible]	[illegible]	[illegible]	[illegible]	[illegible]。	[illegible]	[illegible]	[illegible]
sã¹	mjiw²	sã¹	po¹	tjɨj¹	ljạ¹	bụ²	zjɨr¹	dźiã²
三	藐	三	菩	提	证。	胜	慧	情

皆得安乐，当证阿耨多罗三藐三菩提。是故胜慧，

24.39.6

[illegible]	[illegible]	[illegible]，	[illegible]	[illegible]	[illegible]	[illegible]	[illegible]	[illegible]
tsjij²	thjɨ²	nio̱w¹	tjij¹	po¹	tsa¹	ma²	ŋa̱²	tsa¹
悟	此	因，	若	菩	萨	摩	诃	萨
[illegible]	[illegible]	[illegible]	[illegible]	[illegible]	[illegible]	[illegible]	[illegible]，	[illegible]
ŋa²	tha¹	tsji̱r¹	kha¹	·jɨr²	djo̱²	dźjij¹	ku¹	thjɨ²
我	佛	法	中	勤	修	行	则，	此

若诸菩萨摩诃萨于我法中勤修行者，

24.40.1

[illegible]	[illegible]	[illegible]	[illegible]	[illegible]	[illegible]	[illegible]。	[illegible]	[illegible]
sju²	bu̱²	gjij¹	tśhja²	·io̱w¹	lhju̱²	rjir²	tjij¹	ŋowr²
如	胜	殊	德	功	获	得。	若	具
[illegible]	[illegible]	[illegible]，	[illegible]	[illegible]	[illegible]①	[illegible]	[illegible]。	
tshjij¹	ŋa²	ku¹	dja²	sji¹	tji̱²	mjij¹	ljɨ¹	
说	我	则，	△	穷	处	无	矣。	

当获如是殊胜功德。我若具说，不可穷尽。

汉文本

彼劫之中最后如来，号曰电光。勇猛军比丘闻电光如来说法之时，获无生忍。电光如来即为授记：汝勇猛军！于未来世供养无量千佛世尊，受持如来三时正法，利益无量无数众生，安立百千俱胝那由他众生于阿耨多罗三藐三菩提，无量众生住声闻乘。如是乃过阿僧祇劫，证阿耨多罗三藐三菩提，号曰无边精进光明功德超胜王如来。其佛刹土积集无量清净功德，安隐丰乐，人民充满，多有声闻及菩萨众。其佛寿命至五小劫，灭后正法住一小劫，法教流布天人受持，舍利塔庙遍诸刹土。是故胜慧，诸菩萨摩诃萨于此清净甚深之法，应当尊重受持修习，以法严具庄严其身，法庄严故证得如来金刚所成大那罗延坚固之身。假使三千大千世界一切众生尽其躯力，而欲破坏坚固之身，乃无有能摧伏之者。一切世间天人阿修罗众中，演法光明亦无有能敌论之者。若有众生于此深法受持读诵精勤修习，随其意乐生于清净大族姓家，乃至坐于菩提树下，名称具足，世界殊妙，不杂异道，尚无梵志遮罗迦名，况有恶见邪求之辈。诸不善法亦尝未闻，宁有习行不善根者？能以足指放大光明，遍照无边一切世界，一切众生遇斯光者皆得安乐，当证阿耨多罗三藐三菩提。是故胜慧，若诸菩萨摩诃萨于我法中勤

① “[illegible]”附加在动词后，表示动作发生和进行的可能。

修行者,当获如是殊胜功德。我若具说,不可穷尽。

24.40.2

[illegible]	[illegible]	[illegible]	[illegible]	[illegible]	[illegible]	[illegible]	[illegible]	[illegible]
tśhjɨ1	zjọ2	rjur1	pjụ1	bju2	mjij1	zjɨr1	po1	tsa1
尔	时	世	尊	边	无	慧	菩	萨
[illegible]	[illegible]	[illegible]	[illegible]	[illegible]	[illegible]:	[illegible]	[illegible]	[illegible]
ma2	ŋạ2	tsa1	·jij1	tshjịj1	·jɨ1	bju2	mjij1	zjɨr1
摩	诃	萨	之	言	曰:	边	无	慧

尔时世尊告无边慧菩萨摩诃萨言:无边慧,

24.40.3

[illegible]	[illegible],	[illegible]	[illegible]	[illegible]	[illegible]	[illegible]	[illegible]	[illegible],
dźiã2	tsjij2	tjij1	thjɨ2	dźiã2	tsjij2	tśja1	dźjij1	ku1
情	悟,	若	此	情	悟	道	住	则,
[illegible]	[illegible]	[illegible]	[illegible]	[illegible]	[illegible]	[illegible]	[illegible],	[illegible]
thjɨ2	sju2	gji1	sej1	na1	tsji̱r1	·jɨr2	djọ2	ŋa1
此	如	清	净	深	法	勤	修,	空

若有住斯菩萨道者勤修如是清净深法,

24.40.4

[illegible]	[illegible]	[illegible]、	[illegible]	[illegible]	[illegible]	[illegible]	[illegible],	[illegible]
rjir2	bju1	śjij1	mjij1	sej1	rjir2	bju1	śjij1	tsji̱r1
与	相	应、	寂	静	与	相	应,	法
[illegible]	[illegible]	[illegible]。	[illegible]	[illegible]	[illegible]	[illegible],	[illegible]	[illegible]
bji1	swew1	rjir2	tsji̱r1	bji1	swew1	ŋwu2	rjur1	tsji̱r1
光	明	得。	法	光	明	以,	诸	法

与空相应、寂静相应,得法光明。以法光明,

24.40.5

[illegible]	[illegible]	[illegible]	[illegible]	[illegible]	[illegible]	[illegible],	[illegible]	[illegible]
ŋowr2	ŋowr2	·jij1	tsji̱r2	do2	mjij1	ljij2	tsji̱r2	do2

皆	皆	自	性	异	无	见，	性	异
[illegible]	[illegible]，	[illegible]	[illegible]	[illegible]	[illegible]，	[illegible]	[illegible]	[illegible]
mjij^{1}	ku^{1}	ljij^{2}	lew^{2}	gji^{1}	sej^{1}	ljij^{2}	gji^{1}	sej^{1}
无	则，	见	所	清	净，	见	清	净

见一切法自性无异，性无异故所见清净，见清净

24.40.6

[illegible]	[illegible]	[illegible]	[illegible]	[illegible]，	[illegible]	[illegible]	[illegible]	[illegible]
ku^{1}	tśhjwo^{1}	tsji̱r^{1}	ljij^{2}	mjij^{1}	tsji̱r^{1}	tsjɨ^{1}	mji^{1}	dju^{1}
则	故	法	见	无，	法	亦	不	有
[illegible]	[illegible]	[illegible]	[illegible]，	[illegible]	[illegible]	[illegible]	[illegible]	[illegible]
·jij^{1}	tsji̱r^{2}	ljij^{2}	ka^{2}	tsji̱r^{1}	ljij^{2}	gji^{1}	sej^{1}	gji^{1}
自	性	见	离，	法	见	清	净	清

故则无法见，亦无有法离自性见，法见清净

24.41.1

[illegible]	[illegible]	[illegible]，	[illegible]	[illegible]	[illegible]	[illegible]，	[illegible]	[illegible]
sej^{1}	tsjɨ^{1}	mjij^{1}	gji^{1}	sej^{1}	mji̱j^{2}	mjij^{1}	gji^{1}	sej^{1}
净	亦	无，	清	净	者	无，	清	净
[illegible]	[illegible]，	[illegible]	[illegible]	[illegible]	[illegible]	[illegible]	[illegible]	[illegible]
mjij^{1}	zjij^{1}	gji^{1}	sej^{1}	sjij^{2}	·jij^{1}	mjɨ̱^{2}	kie̱j^{2}	rjir^{2}
无	时，	清	净	智	之	境	界	得

亦无清净，无清净者，无清净时，能得清净智①之境界。

24.41.2

[illegible]。	[illegible]	[illegible]	[illegible]	[illegible]	[illegible]	[illegible]	[illegible]	[illegible]
njwi^{2}	thja^{1}	rjur^{1}	tsji̱r^{1}	kie̱j^{2}	kie̱j^{2}	nja̱^{2}	mji^{1}	kie̱j^{2}
能。	其	诸	法	界	界	非	不	界
[illegible]	[illegible]，	[illegible]	[illegible]	[illegible]	[illegible]，	[illegible]	[illegible]	[illegible]
nja̱^{2}	ljij^{2}	kie̱j^{2}	ljij^{2}	gji^{1}	sej^{1}	rjur^{1}	kie̱j^{2}	mə^{2}

① 清净智，无漏智也。

非	见，	界	见	清	净，	诸	界	种

见诸法界非界非非界，界见清净，远离诸界

24.41.3

[illegible]	[illegible]	[illegible]	[illegible]	[illegible]，	[illegible]	[illegible]	[illegible]	[illegible]
mə^2	tsji̠r^2	sẽ^1	khwa^1	ka^2	tsji̠r^2	sẽ^1	ka^2	ku^1
种	性	想	远	离，	性	想	离	则
[illegible]	[illegible]	[illegible]	[illegible]	[illegible]	[illegible]①	[illegible]	[illegible]	[illegible]
kię̣j^2	·jij^1	·wo^2	tshwew^1	dwu̠^{2}	rjɨj^2	ŋwu̠^{1}	tshji̠j^1	źji^2
界	之	理	趣	密	谋	言	说	皆

种种性想，离性想故于界理趣秘密言辞而能觉了，

24.41.4

[illegible]	[illegible]	[illegible]，	[illegible]	[illegible]	[illegible]	[illegible]	[illegible]	[illegible]
dwewr^2	tsjij^2	njwi^2	nio̠w^1	rjur^1	tsji̠r^1	kię̣j^2	nja̠^{2}	źji^2
觉	悟	能，	又	诸	法	界	非	遍
[illegible]，	[illegible]	[illegible]	[illegible]	[illegible]	[illegible]、	[illegible]	[illegible]	[illegible]、
nwə^1	tsji̠r^1	kię̣j^2	do^2	pha^1	mjij^1	lji̠j^2	tji̠^{2}	mjij^1
知，	法	界	差	别	无、	坏	可	无、

亦能遍知诸法非界，以见法界无差别故、不可坏故、

24.41.5

[illegible]	[illegible]	[illegible]	[illegible]	[illegible]，	[illegible]	[illegible]	[illegible]	[illegible]
·wjɨ̣^{1}	lej^2	mjij^1	ljij^2	ku^1	tśhjwo^1	tsji̠r^1	kię̣j^2	ŋowr^2
变	化	无	见	则，	故	法	界	皆
[illegible]	[illegible]	[illegible]	[illegible]	[illegible]	[illegible]	[illegible]	[illegible]	[illegible]。
ŋowr^2	·wo^2	tshwew^1	nẹw^2	ɣjɨr^1	tśier^1	·ju^2	lhju̠^{2}	rjir^2
皆	理	趣	善	巧	利	寻	获	得。

不变异故，便获一切法界理趣善巧方便。

---

① [illegible][illegible]，字面义为“密谋”，对译汉文本“秘密”。

24.41.6

[illegible]	[illegible]	[illegible]	[illegible]	[illegible]	[illegible]	[illegible]	[illegible]	[illegible]
nẹw^{2}	tśier^{1}	·ju^{2}	ŋwu^{2}	tsjɨr^{1}	kięj^{2}	·wo^{2}	tshwew^{1}	źji^{2}
善	利	寻	以	法	界	理	趣	遍
[illegible]	[illegible]	[illegible]，	[illegible]	[illegible]	[illegible]	[illegible]	[illegible]	[illegible]
nwə^{1}	tsjij^{2}	nẹw^{2}	ka^{1}	·jij^{1}	ɣie^{1}	ŋwu^{2}	rjur^{1}	tsjɨr^{1}
知	悟	能，	等	持	力	以	诸	法

以善方便遍能了知法界理趣，以等持力于诸法

24.42.1

[illegible]	[illegible]	[illegible]	[illegible]	[illegible]	[illegible]	[illegible]	[illegible]	[illegible]。
kięj^{2}	do^{2}	pha^{1}	·wo^{2}	tshwew^{1}	śjij^{1}	bju^{1}	·o^{2}	njwi^{2}
界	差	别	理	趣	顺	依	入	能。
[illegible]	[illegible]	[illegible]	[illegible]，	[illegible]	[illegible]	[illegible]	[illegible]	[illegible]
thjɨ^{2}	dźjɨ	dźjij^{1}	zjij^{1}	tsjɨr^{1}	ŋowr^{2}	ŋowr^{2}	nẹw^{2}	ɣjɨr^{1}
此	行	住	时，	法	皆	皆	善	巧

界差别理趣随顺能入。住此行时，以一切法

24.42.2

[illegible]	[illegible]	[illegible]，	[illegible]	[illegible]	[illegible]	[illegible]	[illegible]①	[illegible]
tśier^{1}	·ju^{2}	ŋwu^{2}	tsjɨr^{1}	ŋowr^{2}	ŋowr^{2}	ɣa^{2}	zjij^{1}	dźjij^{1}
利	寻	以，	法	皆	皆	于	着	住
[illegible]	[illegible]	[illegible]，	[illegible]	[illegible]	[illegible]	[illegible]	[illegible]	[illegible]
mjij^{1}	zjij^{1}	mjij^{1}	zjij^{1}	lew^{2}	mjij^{1}	ku^{1}	tsjɨr^{1}	kięj^{2}
无	着	无，	着	所	无	则	法	界

善巧方便，于一切法无住无着，无所着故能于一切法

24.42.3

[illegible]	[illegible]	[illegible]	[illegible]	[illegible]	[illegible]	[illegible]	[illegible]	[illegible]
ŋowr^{2}	ŋowr^{2}	·wo^{2}	tshwew^{1}	dzjɨj^{2}	bju^{1}	mə^{2}	mə^{2}	phie^{2}

① “[illegible]”（着）字衍。

皆	皆	理	趣	合	依	种	种	开
[illegible]	[illegible]。	[illegible]	[illegible]	[illegible]	[illegible]	[illegible]，	[illegible]	[illegible]
ne̱j^{2}	njwi^{2}	ka^{1}	·jij^{1}	ɣie^{1}	nio̱w^{1}	ku^{1}	mjij^{1}	sjwɨ^{1}
示	能。	等	持	力	因	故，	静	虑

界理趣随其所应种种开示。等持力故，

24.42.4

[illegible]	[illegible]	[illegible]	[illegible]	[illegible]	[illegible]	[illegible]	[illegible]，	[illegible]
bie^{2}	lhew^{2}	ka^{1}	·jij^{1}	ka^{1}	njɨ^{2}	to^{2}	we̱^{1}	me̱^{2}
解	脱	等	持	等	至	生	产，	神
[illegible]	[illegible]	[illegible]	[illegible]	[illegible]	[illegible]	[illegible]，	[illegible]	[illegible]
mjij^{2}	khe̱j^{1}	dźjij^{1}	lew^{1}	lej^{2}	rejr^{2}	we^{2}	rejr^{2}	lej^{2}
通	戏	游	一	变	多	为，	多	变

复能出生静虑解脱等持等至,游戏神通变一为多,变多

24.42.5

[illegible]	[illegible]，	[illegible]	[illegible]	[illegible]	[illegible]	[illegible]	[illegible]	[illegible]
lew^{1}	we^{2}	dźjwow^{1}	dźjij^{1}	·jij^{1}	dzju^{2}	ŋər^{1}	kə^{1}	we^{2}
一	为，	飞	行	自	主	山	石	墙
[illegible]	[illegible]	[illegible]	[illegible]	[illegible]。	[illegible]	[illegible]	[illegible]	[illegible]
dzjwɨ̣^{1}	źji^{2}	ɣiẹ^{1}	lew^{2}	mjij^{1}	ljɨr^{1}	kiẹj^{2}	dzow^{1}	ŋwej^{2}
壁	皆	损	所	无。	四	界	和	合

为一,山石墙壁飞行自在而无罣碍。善巧能知四界

24.42.6

[illegible]	[illegible]	[illegible]	[illegible]	[illegible]	[illegible]	[illegible]	[illegible]，	[illegible]
ne̱w^{2}	ɣjɨr^{1}	nwə^{1}	njwi^{2}	kiẹj^{2}	ɣa^{2}	mji^{1}	dźjij^{1}	rjur^{1}
善	巧	知	能	界	于	不	住，	诸
[illegible]	[illegible]	[illegible]	[illegible]	[illegible]	[illegible]	[illegible]，	[illegible]	[illegible]
kiẹj^{2}	ŋowr^{2}	ŋowr^{2}	ŋa^{1}	kiẹj^{2}	rjir^{2}	phjo̱^{2}	tsho̱^{2}	ŋa^{1}
界	皆	皆	空	界	与	合，	虚	空

和合不住于界,知一切界与空界合,于虚空

24.43.1

kięj^2	ɣa^2	zjij^1	mjij^1	bej^1	mjij^1	kięj^2	dzow^1	ŋwej^2
界	于	着	无	系	无，	界	和	合
ne̱w^2	ɣjɨr^1	sjij^2	nio̱w^1	ku^1	kięj^2	ŋowr^2	ŋowr^2	bju^1
善	巧	智	故	则，	界	皆	皆	依

界无着无系，以界和合善巧智故。于一切界

24.43.2

tśier^1	·ju^2	djọ^2	dzjɨ̱^{2}	djọ^2	dzjɨ̱^{2}	nio̱w^1	ku^1	zjɨ̱r^2	kięj^2	tśjɨ^1
方	便	修	习，	修	习	因	则	水	界	醒
tsjij^2	thja^1	zjɨ̱r^2	kięj^2	ɣa^2	tjij^1	ɣju^1	to^2	phji^1	tjij^1	
悟，	其	水	界	于	或	烟	生	使、	或	

方便修习，以修习故决了水界，能于水界或令起烟、

24.43.3

ljo̱r^1	to^2	phji^1	nio̱w^1	tsjɨ^1	thja^1	kha^1	ɣju^1	ljo̱r^1
焰	出	使、	又	亦	其	中	烟	焰
zjɨ̱^{2}	njɨ^1	to^2	phji^1	rjɨr^2	njɨ^2	mjɨ^1	pjụ^1	mə^2
俱	二	生	使，	△	至	无	量	种

或令发焰、或复于中烟焰俱炽，乃至无量种

24.43.4

mə^2	·wjɨ̱^{1}	śja^2	rjur^1	dźiã^2	tśhju^1	·jij^1	ljịj^2	mji̱^{2}
种	变	现，	诸	情	有	之	大	饶

[illegible]	[illegible]。	[illegible]	[illegible]	[illegible]	[illegible]	[illegible]	[illegible]	[illegible]
ɣie^{2}	·wji^{1}	tsji̱r^{1}	kie̱j^{2}	·wo^{2}	tshwew^{1}	ne̱w^{2}	ɣjɨr^{1}	tśier^{1}
益	作。	法	界	理	趣	善	巧	利

种变现,为诸众生作大饶益。以能安住法界理趣

24.43.5

[illegible]	[illegible]	[illegible]	[illegible]	[illegible]	[illegible]	[illegible]	[illegible],	[illegible]
·ju^{2}	no^{2}	dźji̱j^{1}	mju^{2}	lew^{2}	mjij^{1}	nio̱w^{1}	ku^{1}	nji̱j^{1}
寻	安	住	动	所	无	因	则,	心
[illegible]	[illegible]	[illegible],	[illegible]	[illegible]	[illegible]	[illegible]	[illegible]	[illegible]
kjɨ^{1}	dzu^{1}	bju^{1}	wa^{2}	tha^{1}	lhji̱j^{2}	·u^{2}	we̱^{1}	śjɨ^{1}
△	爱	依,	何	佛	刹	内	生	往

善巧方便而无所动,随其意乐,随何佛刹能

24.43.6

[illegible]	[illegible]	[illegible]	[illegible]	[illegible]	[illegible]	[illegible]	[illegible]	[illegible]
bju^{1}	bju^{1}	rjur^{1}	dju^{1}	·o^{1}	·ụ^{2}	ljụ^{2}	lej^{2}	dji̱^{2}
依	依	诸	有	胎	藏	形	变	化
[illegible]	[illegible]	[illegible],	[illegible]	[illegible]	[illegible]	[illegible]	[illegible]	[illegible]
we̱^{1}	ljụ^{2}	lhji̱j^{2}	·ju^{2}	śja^{1}	rjijr^{2}	rjur^{1}	kie̱j^{2}	ŋowr^{2}
生	身	受,	常	十	方	世	界	皆

于诸有转胎藏形受化生身,常见十方一切

24.44.1

[illegible]	[illegible]	[illegible]	[illegible]	[illegible]	[illegible]	[illegible]	[illegible]。	[illegible]
ŋowr^{2}	·u^{2}	rjur^{1}	tha^{1}	mjor^{1}	ljij^{2}	·jij^{1}	ljij^{2}	thja^{1}
皆	内	诸	佛	如	来	之	见。	彼
[illegible]	[illegible]	[illegible],	[illegible]	[illegible]	[illegible]	[illegible]、	[illegible]	[illegible]
rjur^{1}	mjor^{1}	ljij^{2}	thjɨ^{2}	sju^{2}	mjij^{2}	·we^{2}	thjɨ^{2}	sju^{2}
诸	如	来,	此	如	名	号、	此	如

世界诸佛如来。彼诸如来,如是名号、如是

24.44.2

[illegible]	[illegible]、	[illegible]	[illegible]	[illegible]	[illegible]、	[illegible]	[illegible]	[illegible]
mə²	sjwɨ¹	thjɨ²	sju²	·ji¹	ljwu²	thjɨ²	sju²	tsji̱r¹
姓	族、	此	如	众	会、	此	如	法
[illegible]，	[illegible]	[illegible]	[illegible]	[illegible]。	[illegible]	[illegible]	[illegible]	[illegible]
tshjiij¹	źji²	phjo²	kar²	nwə¹	tśhjɨ¹	zjọ²	·ji¹	kha¹
说，	悉	分	别	知。	尔	时	众	中

族姓、如是众会、如是说法，悉分别知。尔时众中

24.44.3

[illegible]	[illegible]	[illegible]	[illegible]	[illegible]	[illegible]	[illegible]	[illegible]	[illegible]
nio̱w¹	po¹	tsa¹	ma²	ŋạ²	tsa¹	gjɨ²	mjij²	tja¹
复	菩	萨	摩	诃	萨	某	名	者
[illegible]	[illegible]	[illegible]，	[illegible]	[illegible]	[illegible]	[illegible]：	[illegible]	[illegible]，
bju²	mjij¹	bu̱²	tha¹	·jij¹	tshjiij¹	·jɨ¹	rjur¹	pjụ¹
边	无	胜，	佛	之	说	谓：	世	尊，

复有菩萨摩诃萨名无边胜，前白佛言：世尊，

24.44.4-24.44.5

[illegible]	[illegible]	[illegible]	[illegible]	[illegible]	[illegible]	[illegible]	[illegible]	[illegible]	[illegible]	[illegible]，
rjur¹	po¹	tsa¹	ma²	ŋạ²	tsa¹	wa²	sju²	tsji̱r¹	dźjij¹	ku¹
诸	菩	萨	摩	诃	萨	何	如	法	住	则，
[illegible]	[illegible]	[illegible]	[illegible]	[illegible]	[illegible]	[illegible]	[illegible]	[illegible]	[illegible]	[illegible]？
tha¹	śji¹	rjɨr²	tshjiij¹	źji²	bu̱²	tśhja²	·ịow¹	rjir²	njwi²	ljɨ¹
佛	初	△	说	最	胜	德	功	得	能	耶？

诸菩萨摩诃萨住何等法，如佛所说能得如是最胜功德？

汉文本

尔时世尊告无边慧菩萨摩诃萨言：无边慧，若有住斯菩萨道者勤修如是清净深法，与空相应、寂静相应，得法光明。以法光明，见一切法自性无异，性无异故所见清净，见清净故则无法见，亦无有法离自性见，法见清净亦无清净，无清净者，无清净时，能得清净智之境界。见诸法界非界非非界，界见清

净,远离诸界种种性想,离性想故于界理趣秘密言辞而能觉了,亦能遍知诸法非界,以见法界无差别故、不可坏故、不变异故,便获一切法界理趣善巧方便。以善方便遍能了知法界理趣,以等持力于诸法界差别理趣随顺能入。住此行时,以一切法善巧方便,于一切法无住无着,无所着故能于一切法界理趣随其所应种种开示。等持力故,复能出生静虑解脱等持等至,游戏神通变一为多,变多为一,山石墙壁飞行自在而无罣碍。善巧能知四界和合不住于界,知一切界与空界合,于虚空界无着无系,以界和合善巧智故。于一切界方便修习,以修习故决了水界,能于水界或令起烟、或令发焰、或复于中烟焰俱炽,乃至无量种种变现,为诸众生作大饶益。以能安住法界理趣善巧方便而无所动,随其意乐,随何佛刹能于诸有转胎藏形受化生身,常见十方一切世界诸佛如来。彼诸如来,如是名号、如是族姓、如是众会、如是说法、悉分别知。尔时众中复有菩萨摩诃萨名无边胜,前白佛言:世尊,诸菩萨摩诃萨住何等法,如佛所说能得如是最胜功德?

24.44.5

[illegible]	[illegible]	[illegible]	[illegible]	[illegible]	[illegible]	[illegible]
tśhjɨ^{1}	zjọ^{2}	rjur^{1}	pjụ^{1}	bju^{2}	mjij^{1}	bu̱^{2}
尔	时	世	尊	边	无	胜
[illegible]	[illegible]	[illegible]	[illegible]	[illegible]	[illegible]	[illegible]
po^{1}	tsa^{1}	ma^{2}	ŋạ^{2}	tsa^{1}	·jij^{1}	tshji̱j^{1}
菩	萨	摩	诃	萨	之	言

尔时世尊告无边胜菩萨摩诃萨言:

24.44.6

[illegible]:	[illegible]	[illegible]	[illegible]	[illegible]	[illegible],	[illegible]	[illegible]	[illegible]
·jɨ^{1}	bju^{2}	mjij^{1}	bu̱^{2}	dźiã^{2}	tsjij^{2}	rjur^{1}	po^{1}	tsa^{1}
谓:	边	无	胜	情	悟,	诸	菩	萨
[illegible]	[illegible]	[illegible]	[illegible]	[illegible]	[illegible]	[illegible]	[illegible]	[illegible]
ma^{2}	ŋạ^{2}	tsa^{1}	tsji̱r^{1}	ŋowr^{2}	ŋowr^{2}	ɣa^{2}	dźji̱j^{1}	lew^{2}
摩	诃	萨	法	皆	皆	于	住	所

无边胜,诸菩萨摩诃萨于一切法无所住者,

24.45.1

[illegible]	[illegible],	[illegible]	[illegible]	[illegible]	[illegible]	[illegible]	[illegible],	[illegible]
mjij^{1}	ku^{1}	thjɨ^{2}	sju^{2}	śji^{1}	ŋa^{2}	rjɨr^{2}	tshji̱j^{1}	źji^{2}
无	则,	此	如	初	我	△	说,	最
[illegible]	[illegible]	[illegible]	[illegible]	[illegible]	[illegible]。	[illegible]	[illegible]	[illegible]

bu̠^{2}	tśhja^2	·io̠w^1	rjir^1	njwi^2	ljɨ^1	bju^2	mjij^1	bu̠^{2}
胜	德	功	得	能	矣。	边	无	胜

如我所说，能得如是最胜功德。无边胜，

24.45.2

[illegible]	[illegible]，	[illegible]	[illegible]	[illegible]	[illegible]	[illegible]	[illegible]	[illegible]
dźiã^2	tsjij^2	rjur^1	po^1	tsa^1	ma^2	ŋa̠^{2}	tsa^1	tjij^1
情	悟，	诸	菩	萨	摩	诃	萨	若
[illegible]	[illegible]	[illegible]	[illegible]	[illegible]	[illegible]、	[illegible]	[illegible]	[illegible]
tsə̣^{1}	lhjij^2	sjij^2	dźjɨ	sjij^2	dźjij^1	tjij^1	ljɨ^2	kię̣j^2
色	受	想	行	识	住、	若	地	界

诸菩萨摩诃萨若住于色受想行识、若住地界

24.45.3

[illegible]	[illegible]	[illegible]	[illegible]	[illegible]	[illegible]	[illegible]	[illegible]	[illegible]、
zjɨ̠r^2	kię̣j^2	mə̣^{1}	kię̣j^2	ljɨ^1	kię̣j^2	ŋa^1	kię̣j^2	dźjij^1
水	界	火	界	风	界	空	界	住、
[illegible]	[illegible]	[illegible]	[illegible]	[illegible]	[illegible]	[illegible]	[illegible]	[illegible]
tjij^1	kię̣j^2	kię̣j^2	tsə̣^{1}	kię̣j^2	tsə̣^{1}	mjij^1	kię̣j^2	dźjij^1
若	欲	界	色	界	色	无	界	住

水界火界风界空界、若住欲界色界无色界，

24.45.4

[illegible]，	[illegible]	[illegible]	[illegible]	[illegible]	[illegible]	[illegible]	[illegible]	[illegible]
ku^1	ŋa^2	thjɨ^2	lwər^2	rejr^2	kha^1	thjɨ^2	rjur^1	tśhja^2
则，	我	此	经	典	中	此	诸	德
[illegible]	[illegible]	[illegible][1]	[illegible]	[illegible]。	[illegible]	[illegible]	[illegible]	[illegible]
·io̠w^1	dźjo^2	ŋa^2	mji^1	·jɨ^2	rjur^1	po^1	tsa^1	ma^2
功	有	我	不	说。	诸	菩	萨	摩

我于此经则不说有斯诸功德。然诸菩萨摩

① [illegible]，动词人称后缀，表示主语是第一人称单数。

24.45.5

[illegible]	[illegible]	[illegible]	[illegible]	[illegible]	[illegible]	[illegible]	[illegible]	[illegible]
ŋạ^{2}	tsa^{1}	tsji̠r^{1}	ŋowr^{2}	ŋowr^{2}	ɣa^{2}	dźji̠j^{1}	lew^{2}	mjij^{1}
诃	萨	法	皆	皆	于	住	所	无
[illegible]	[illegible]①,	[illegible]	[illegible]	[illegible]	[illegible]	[illegible],	[illegible]	[illegible]
mji^{1}	dju^{1}	mji^{1}	lho	mji^{1}	·o^{2}	ku^{1}	ŋa^{2}	thja^{2}
不	有,	不	出	不	入	则,	我	彼

诃萨于一切法而无所住,不入不出,

24.45.6

[illegible]	[illegible]	[illegible]	[illegible]	[illegible]	[illegible]	[illegible]	[illegible]	[illegible]
·jij^{1}	bju^{2}	mjij^{1}	lji̠j^{2}	tśhja^{2}	·io̠w^{1}	ŋjow^{2}	rjor^{2}	·jɨ^{1}
之	边	无	大	德	功	海	得	谓
[illegible]。	[illegible]	[illegible]	[illegible]?	[illegible]	[illegible]	[illegible]	[illegible]	[illegible]
ŋa^{2}	thjij^{2}	sjo^{2}	ljɨ^{1}	rjur^{1}	po^{1}	tsa^{1}	ma^{2}	ŋạ^{2}
我。	何	云	耶?	诸	菩	萨	摩	诃

故我说彼当得无边大功德海。何以故?诸菩萨摩诃

24.46.1

[illegible]	[illegible]	[illegible]	[illegible]	[illegible]	[illegible]	[illegible]	[illegible],	[illegible]
tsa^{1}	zjɨr^{1}	zji̠j^{1}	rjir^{1}	lew^{2}	tsji̠r^{1}	mji^{1}	dju^{1}	nio̠w^{1}
萨	少	许	得	所	法	不	有,	又
[illegible]	[illegible]②	[illegible]	[illegible]	[illegible]	[illegible]	[illegible]	[illegible],	[illegible]
zjɨr^{1}	zji̠j^{1}	tjij^{1}	·o^{2}	tjij^{1}	lho	tsji̠r^{1}	mjij^{1}	rjur^{1}
少	时	若	入	若	出	法	无,	诸

萨无有少法可得可住,亦无少法若入若出,

24.46.2

[illegible]	[illegible]	[illegible]	[illegible]	[illegible]	[illegible]	[illegible]	[illegible]	[illegible]。

① [illegible][illegible],字面义为“不有”,意思是“不仅……”。

② [illegible],是“[illegible]”的通假字。“[illegible][illegible]”,意思是“少许”。

tsji̠r¹	·wo²	tshwew¹	no²	dźji̠j¹	mju²	ljɨ̠j²	lew²	mjij¹
法	理	趣	安	住	动	摇	所	无。
[illegible]	[illegible]	[illegible]	[illegible]?	[illegible]	[illegible]	[illegible]	[illegible]	[illegible]
thjɨ²	tja¹	thjij²	sjo²	rjur¹	po¹	tsa¹	ma²	ŋạ²
此	者	何	云?	诸	菩	萨	摩	诃

善能安住诸法理趣而无所动。何以故?诸菩萨摩诃

24.46.3

[illegible]	[illegible]	[illegible]	[illegible]	[illegible]	[illegible]。	[illegible]	[illegible]	[illegible]
tsa¹	dźji̠j¹	mjij¹	mju²	mjij¹	ljɨ¹	mju²	mjij¹	nio̠w¹
萨	住	无	动	无	矣。	动	无	因
[illegible]	[illegible]	[illegible]	[illegible]	[illegible],	[illegible]	[illegible]	[illegible]	[illegible]
ku¹	bji²	mjij¹	bjij²	mjij¹	bji²	bjij²	mjij¹	ku¹
则	下	无	高	无,	下	高	无	则

萨无住无动。以无动故无高无下,无高下故

24.46.4

[illegible]	[illegible]	[illegible]	[illegible]	[illegible]	[illegible]	[illegible]	[illegible],	[illegible]
bjij²	rjir²	khwa¹	ka²	bji²	ɣa²	mji¹	dźji̠j¹	mji¹
高	与	远	离	下	于	不	住,	不
[illegible]	[illegible]	[illegible]	[illegible]	[illegible]	[illegible]	[illegible],	[illegible]	[illegible]
dźji̠j¹	nio̠w¹	ku¹	ne̠w²	do²	dźji̠j¹	·jɨ¹	ne̠w²	do²
住	因	则	善	处	住	谓,	善	处

远离于高不住于下,以不住故名善处住,

24.46.5

[illegible]	[illegible]	[illegible]	[illegible]	[illegible]	[illegible],	[illegible]	[illegible]	[illegible]
dźji̠j¹	ku¹	mjij¹	do²	no²	dźji̠j¹	mjij¹	do²	dźji̠j¹
住	则	无	处	安	住,	无	处	住
[illegible]	[illegible]	[illegible]	[illegible]	[illegible]	[illegible]。	[illegible]	[illegible]	[illegible]
ku¹	do²	ɣa²	mji¹	dźji̠j¹	ljɨ¹	rjur¹	po¹	tsa¹
则	处	于	不	住	矣。	诸	菩	萨

善处住者于无处住,无处住者不住于处。诸菩萨

24.46.6

[illegible]	[illegible]	[illegible]	[illegible]	[illegible]	[illegible]	[illegible]	[illegible]	[illegible]
ma^{2}	ŋa̱^{2}	tsa^{1}	zjɨ̱r^{1}	zjij^{1}	tsji̱r^{1}	ɣa^{2}	mji^{1}	gu^{1}
摩	诃	萨	少	许	法	于	不	安
[illegible]、	[illegible]	[illegible]	[illegible]，	[illegible]	[illegible]	[illegible]	[illegible]、	[illegible]
śjwo^{1}	mji^{1}	tśiow^{1}	dzjị^{2}	do^{2}	mjij^{1}	dźji̱j^{1}	mjij^{1}	śjwo^{1}
立、	不	集	聚，	处	无	住	无、	起

摩诃萨不于少法若有安立、若有积集,无处无住、

24.47.1

[illegible]	[illegible]	[illegible]。	[illegible]	[illegible]	[illegible]？	[illegible]	[illegible]	[illegible]
mjij^{1}	·wji^{1}	mjij^{1}	thjij^{2}	sjo^{2}	ljɨ^{1}	do^{2}	rjir^{2}	tji̱^{2}
无	作	无。	何	云	耶？	处	得	可
[illegible]。	[illegible]	[illegible]	[illegible]	[illegible]	[illegible]	[illegible]	[illegible]	[illegible]，
mjij^{1}	do^{2}	mjij^{1}	nio̱w^{1}	ku^{1}	phjo^{2}	kar^{2}	tsjɨ^{1}	mjij^{1}
无。	处	无	因	则	分	别	亦	无，

无起无作。何以故？处不可得。以无处故则无分别，

24.47.2

[illegible]	[illegible]	[illegible]	[illegible]	[illegible]	[illegible]	[illegible]	[illegible]	[illegible]
phjo^{2}	kar^{2}	mjij^{1}	ku^{1}	do^{2}	dźji̱j^{1}	mji^{1}	mju^{2}	tsji̱r^{1}
分	别	无	则	处	住	不	动	法
[illegible]	[illegible]	[illegible]。	[illegible]	[illegible]	[illegible]	[illegible]	[illegible]	[illegible]
kiẹj^{2}	dźji̱j^{1}	sju^{2}	mji^{1}	dju^{1}	do^{2}	dźji̱j^{1}	ku^{1}	dźji̱j^{1}
界	住	如。	不	有	处	住	则	住

无分别故不动处住如法界住。无有处住则

24.47.3

[illegible]	[illegible]	[illegible]	[illegible]，	[illegible]	[illegible]	[illegible]	[illegible]	[illegible]
dźji̱j^{1}	tsjɨ^{1}	mji^{1}	dju^{1}	do^{2}	do^{2}	mjij^{1}	ɣa^{2}	zow^{2}

住	亦	不	有，	处	处	无	于	执
[illegible]	[illegible]	[illegible]	[illegible]	[illegible]	[illegible]	[illegible]。	[illegible]	[illegible]
zjịj¹	mjij¹	ku¹	dźji̱j¹	njwi²	mji̱j²	we²	bju²	mjij¹
着	无	则	住	善	名	为。	边	无

无有住，于处无处无所执着名为善住。无边胜，

24.47.4

[illegible]	[illegible]	[illegible]，	[illegible]	[illegible]	[illegible]	[illegible]	[illegible]	[illegible]
bu̱²	dźiã²	tsjij²	rjur¹	po¹	tsa¹	ma²	ŋạ²	tsa¹
胜	情	悟，	诸	菩	萨	摩	诃	萨
[illegible]	[illegible]	[illegible]	[illegible]	[illegible]	[illegible]	[illegible]	[illegible]，	[illegible]
tsji̱r¹	·wo²	tshwew¹	ɣa²	no²	dźji̱j¹	njwi²	ku¹	thjɨ²
法	理	趣	于	安	住	能	故，	此

诸菩萨摩诃萨于法理趣而安住者，

24.47.5

[illegible]	[illegible]	[illegible]	[illegible]	[illegible]	[illegible]	[illegible]。	[illegible]	[illegible]
sju²	gu¹	śjwo¹	dźji̱j¹	mjij¹	ɣa²	dźji̱j¹	dźji̱j¹	tjị²
如	安	立	住	无	于	住。	住	处
[illegible]	[illegible]，	[illegible]	[illegible]	[illegible]	[illegible]	[illegible]	[illegible]	[illegible]
mjij¹	dźji̱j¹	tsji̱r¹	ŋowr²	ŋowr²	ljij²	phjo²	kar²	mji¹
无	住，	法	皆	皆	见	分	别	不

如是安立住于无住。无住处住，见一切法无有分别，

24.47.6

[illegible]，	[illegible]	[illegible]	[illegible]	[illegible]	[illegible]	[illegible]	[illegible]	[illegible]。
dju¹	thjɨ²	sju²	phjo²	kar²	mjij¹	dźjɨ	ɣa²	dźji̱j¹
有，	此	如	分	别	无	行	于	住。
[illegible]	[illegible]	[illegible]	[illegible]，	[illegible]	[illegible]	[illegible]	[illegible]	[illegible]
thjɨ²	sju²	dźjɨ	ŋwu²	tsji̱r¹	ŋowr²	ŋowr²	ljij²	mju²
此	如	行	以，	法	皆	皆	见	动

住于如是无分别行。以如是行，见一切法而

24.48.1

[illegible]	[illegible]	[illegible],	[illegible]	[illegible]	[illegible]	[illegible]	[illegible]	[illegible]
lew^{2}	mjij^{1}	ku^{1}	tśhjwo^{1}	·wo^{2}	bju^{1}	dźjịj^{1}	rjir^{2}	bju^{1}
所	无	则,	故	理	依	住	与	依
[illegible]、	[illegible]	[illegible]	[illegible]	[illegible]	[illegible]	[illegible]	[illegible]、	[illegible]
śjij^{1}	·wo^{2}	bju^{1}	mji^{1}	mju^{2}	rjir^{2}	bju^{1}	śjij^{1}	·wo^{2}
顺、	理	依	不	动	与	依	顺、	理

无所动,则与如理而住相应、则与如理不动相应、

24.48.2

[illegible]	[illegible]	[illegible]	[illegible]	[illegible]	[illegible]。	[illegible]
bju^{1}	mji^{1}	lhjwi^{1}	rjir^{2}	bju^{1}	śjij^{1}	tśhjɨ^{1}
依	不	取	与	依	顺。	尔
[illegible]	[illegible]	[illegible]	[illegible]	[illegible]	[illegible]	[illegible]:
zjọ^{2}	rjur^{1}	pjụ^{1}	ljạ^{1}	dạ^{2}	rjɨr^{2}	tshjịj^{1}
时	世	尊	偈	曰	所	言:

则与如理不取相应。尔时世尊而说偈言:

汉文本

尔时世尊告无边胜菩萨摩诃萨言:无边胜,诸菩萨摩诃萨于一切法无所住者,如我所说,能得如是最胜功德。无边胜,诸菩萨摩诃萨若住于色受想行识、若住地界水界火界风界空界、若住欲界色界无色界,我于此经则不说有斯诸功德。然诸菩萨摩诃萨于一切法而无所住,不入不出,故我说彼当得无边大功德海。何以故?诸菩萨摩诃萨无有少法可得可住,亦无少法若入若出,善能安住诸法理趣而无所动。何以故?诸菩萨摩诃萨无住无动。以无动故无高无下,无高下故远离于高不住于下,以不住故名善处住,善处住者于无处住,无处住者不住于处。诸菩萨摩诃萨不于少法若有安立、若有积集,无处无住、无起无作。何以故?处不可得。以无处故则无分别,无分别故不动处住如法界住。无有处住则无有住,于处无处无所执着名为善住。无边胜,诸菩萨摩诃萨于法理趣而安住者,如是安立住于无住。无住处住,见一切法无有分别,住于如是无分别行。以如是行,见一切法而无所动,则与如理而住相应、则与如理不动相应、则与如理不取相应。

24.48.3

[illegible]	[illegible]	[illegible]	[illegible]	[illegible],	[illegible]	[illegible]	[illegible]

dźiã^{2}	tsjij^{2}	tśhja^{2}	ljɨ̣r^{2}	sjwɨ^{1}	·wo^{2}	bju^{1}	sjwɨ^{1}
情	悟	正	忆	念,	义	依	虑
[illegible]	[illegible],	[illegible]	[illegible]	[illegible]	[illegible]	[illegible],	
sẽ^{1}	njwi^{2}	rjur^{1}	tsji̱r^{1}	mji^{1}	dźji̱j^{1}	ku^{1}	
思	善,	诸	法	不	住	则,	

菩萨正忆念,于义善思惟,不住诸法中,

24.48.4

[illegible]	[illegible]	[illegible]	[illegible]	[illegible]。	[illegible]	[illegible]	[illegible]
tśhjwo^{1}	sjij^{2}	mji̱j^{2}	mji̱j^{2}	we^{2}	zjɨ̣r^{1}	zjij^{1}	gu^{1}
故	智	者	名	为。	少	许	安
[illegible]	[illegible],	[illegible]	[illegible]	[illegible]	[illegible]	[illegible],	
śjwo^{1}	lew^{2}	tsji̱r^{1}	dju^{1}	mjɨ^{1}	tśhjɨ^{1}	djij^{2}	
立	当,	法	有	未	彼	曾,	

说名为智者。未曾有少法,可为安立者。

24.48.5

[illegible]	[illegible]	[illegible]	[illegible]	[illegible],	[illegible]	[illegible]	[illegible]
gu^{1}	śjwo^{1}	mjij^{1}	nio̱w^{1}	ku^{1}	le^{2}	mjij^{1}	bju^{1}
安	立	无	因	则,	畏	无	依
[illegible]	[illegible]。	[illegible]	[illegible]	[illegible]	[illegible]	[illegible],	
śjwo^{1}	tshwew^{1}	rjur^{1}	tsə̣^{1}	mji^{1}	gu^{1}	śjwo^{1}	
发	趣。	诸	色	不	安	立,	

以无安立故,无畏而发趣。不立于诸色,

24.48.6

[illegible]	[illegible]	[illegible]	[illegible]	[illegible],	[illegible]	[illegible]	[illegible]
rjur^{1}	lhjij^{2}	mji^{1}	gu^{1}	śjwo^{1}	rjur^{1}	sẽ^{1}	nio̱w^{1}
诸	受	不	安	立,	诸	想	及
[illegible]	[illegible],	[illegible]	[illegible]	[illegible]	[illegible]	[illegible]。	
rjur^{1}	dźjɨ	sjij^{2}	njɨ^{2}	źji^{2}	thja^{2}	sju^{2}	
诸	行,	识	等	皆	彼	如。	

亦不立诸受,诸想及诸行,识等亦如是。

24.49.1

[illegible]	[illegible]	[illegible]	[illegible]	[illegible],	[illegible]	[illegible]	[illegible]
rjur^{1}	ŋur^{1}	ɣa^{2}	mji^{1}	dźjịj^{1}	rjur^{1}	kię̣j^{2}	niọw^{1}
诸	蕴	于	不	住,	诸	界	及
[illegible]	[illegible],	[illegible]	[illegible]	[illegible]	[illegible]	[illegible],	
rjur^{1}	do^{2}	tjij^{1}	do^{2}	tjij^{1}	do^{2}	nja̱^{2}	
诸	处,	若	处	若	处	非,	

不住于诸蕴,诸界及诸处,若处若非处,

24.49.2

[illegible]	[illegible]	[illegible]	[illegible]	[illegible]。	[illegible]	[illegible]	[illegible]
thja^{1}	ɣa^{2}	·ju^{2}	mji^{1}	dźjịj^{1}	ljɨ̣^{2}	kię̣j^{2}	ɣa^{2}
其	于	常	不	住。	地	界	于
[illegible]	[illegible],	[illegible]	[illegible]	[illegible]	[illegible]	[illegible],	
mji^{1}	dźjịj^{1}	zjɨ̣r^{2}	kię̣j^{2}	tsjɨ^{1}	mji^{1}	dźjịj^{1}	
不	住,	水	界	亦	不	住,	

亦常无所住。不住于地界,亦不住水界,

24.49.3

[illegible]	[illegible]	[illegible]	[illegible]	[illegible],	[illegible]	[illegible]	[illegible]
mə̣^{1}	kię̣j^{2}	niọw^{1}	ljɨ^{1}	kię̣j^{2}	thja^{2}	ɣa^{2}	·ju^{2}
火	界	及	风	界,	彼	于	常
[illegible]	[illegible]。	[illegible]	[illegible]	[illegible]	[illegible]	[illegible],	
mji^{1}	dźjịj^{1}	kię̣j^{2}	kię̣j^{2}	niọw^{1}	tsə̣^{1}	kię̣j^{2}	
不	住。	欲	界	又	色	界,	

火界及风界,亦常无所住。不住于欲界,

24.49.4

[illegible]	[illegible]	[illegible]	[illegible]	[illegible],	[illegible]	[illegible]	[illegible]
tsə̣^{1}	mjij^{1}	kię̣j^{2}	mji^{1}	dźjịj^{1}	gu^{1}	śjwo^{1}	mjij^{1}

色	无	界	不	住，	安	立	无
[illegible]	[illegible]，	[illegible]	[illegible]	[illegible]	[illegible]	[illegible]。	
rjir²	ku¹	sọ¹	kięj²	ɣa²	mji¹	dźjij¹	
得	则，	三	界	于	不	住。	

色界无色界，得无安立故，不住于三界。

24.49.5

[illegible]	[illegible]	[illegible]	[illegible]	[illegible]，	[illegible]	[illegible]	[illegible]
niọw¹	tshọ²	ŋa¹	kięj²	njɨ²	thja²	ɣa²	dźjij¹
及	虚	空	界	等，	彼	于	住
[illegible]	[illegible]，	[illegible]	[illegible]	[illegible]	[illegible]	[illegible]，	
lew²	mjij¹	dźjij¹	lew²	mji¹	dju¹	ku¹	
所	无，	住	所	不	有	则，	

及以虚空界，于彼无所住，以无有所住，

24.49.6

[illegible]	[illegible]	[illegible]	[illegible]	[illegible]。	[illegible]	[illegible]	[illegible]
tśhja²	ka¹	bju¹	gu¹	śjwo¹	tśhjwo¹	zjɨr¹	zjij¹
平	等	依	发	生。	故	少	时
[illegible]	[illegible]，	[illegible]	[illegible]	[illegible]	[illegible]	[illegible]，	
dźjij¹	lew²	tsjir¹	źji²	mji¹	dju¹	ljɨ¹	
住	所，	法	皆	不	有	矣，	

平等而发趣。故无有少法，于中而可住，

24.50.1

[illegible]	[illegible]	[illegible]	[illegible]	[illegible]，	[illegible]	[illegible]	[illegible]
tjij¹	dźjij¹	lew²	mjij¹	rjir¹	tśhjwo¹	thjo̱¹	sjij²
若	住	所	无	得，	故	妙	智
[illegible]	[illegible]。	[illegible]	[illegible]	[illegible]	[illegible]	[illegible]，	
mjij²	we²	thjo̱¹	sjij²	dźjij¹	lew²	mjij¹	
者	为。	妙	智	住	所	无，	

若得无所住，斯为妙智者。妙智无所住，

24.50.2

[illegible]	[illegible]	[illegible]	[illegible]	[illegible]，	[illegible]	[illegible]	[illegible]
dźjịj^{1}	mjij^{1}	dźiã^{2}	tsjịj^{2}	we^{2}	thjɨ^{2}	sju^{2}	dźjịj^{1}
住	无	情	悟	为，	此	如	住
[illegible]	[illegible]，	[illegible]	[illegible]	[illegible]	[illegible]	[illegible]。	
rjir^{2}	njwi^{2}	tśhjwo^{1}	tsjịr^{1}	kięj^{2}	kha^{1}	dźjịj^{1}	
得	能，	故	法	界	中	住。	

无住为菩萨,能得如是住,则住法界中。

24.50.3

[illegible]	[illegible]	[illegible]	[illegible]	[illegible]，	[illegible]	[illegible]	[illegible]
dźjịj^{1}	mjij^{1}	bju^{1}	śjij^{1}	ku^{1}	thja^{2}	·ju^{2}	nęw^{2}
住	无	依	顺	则，	彼	常	善
[illegible]	[illegible]，	[illegible]	[illegible]	[illegible]	[illegible]	[illegible]，	
dźjịj^{1}	njwi^{2}	dźjịj^{1}	mjij^{1}	bju^{1}	gjị^{2}	mjij^{1}	
住	能，	住	无	依	止	无，	

无住相应故,彼常能善住,无住无依止,

24.50.4

[illegible]	[illegible]	[illegible]	[illegible]	[illegible]。	[illegible]	[illegible]	[illegible]
tsjịr^{1}	ɣa^{2}	no^{2}	dźjịj^{1}	rjir^{2}	tjij^{1}	mji^{1}	bju^{1}
法	于	安	住	得。	若	不	依
[illegible]	[illegible]，	[illegible]	[illegible]	[illegible]	[illegible]	[illegible]，	
gjị^{2}	rjir^{1}	tśhjwo^{1}	·ju^{2}	mju^{2}	lew^{2}	mjij^{1}	
止	得，	故	常	动	所	无，	

于法得安住。若得不依止,则常无所动,

24.50.5

[illegible]	[illegible]	[illegible]	[illegible]	[illegible]，	[illegible]	[illegible]	[illegible]
mji^{1}	·o^{2}	niọw^{1}	mji^{1}	lho	tśhja^{2}	ka^{1}	no^{2}
不	入	又	不	出，	平	等	安

[illegible]	[illegible]。	[illegible]	[illegible]	[illegible]	[illegible]	[illegible]，
dźjij^{1}	njwi^{2}	tsji̱r^{1}	ɣa^{2}	thjɨ^{2}	sju^{2}	dźjij^{1}
住	善。	法	于	此	如	住，

不入亦不出，平等善安住。于法如是住，

24.50.6

[illegible]	[illegible]	[illegible]	[illegible]	[illegible]，	[illegible]	[illegible]	[illegible]
kjir^{1}	·jiw^{2}	mjij^{2}	mjij^{2}	we^{2}	tsji̱r^{1}	ŋowr^{2}	ŋowr^{2}
勇	猛	者	名	为，	法	皆	皆
[illegible]	[illegible]，	[illegible]	[illegible]	[illegible]	[illegible]	[illegible]。	
bjij^{2}	mjij^{1}	tsji̱r^{1}	ŋowr^{2}	ŋowr^{2}	bji^{2}	mjij^{1}	
高	无，	法	皆	皆	下	无。	

斯为勇猛者，一切法无高，一切法无下。

24.51.1

[illegible]	[illegible]	[illegible]	[illegible]	[illegible]，	[illegible]	[illegible]	[illegible]
thjɨ^{2}	sju^{2}	mju^{2}	lew^{2}	mjij^{1}	tsji̱r^{1}	kięj^{2}	no^{2}
此	如	动	所	无，	法	界	安
[illegible]	[illegible]，	[illegible]	[illegible]	[illegible]	[illegible]	[illegible]，	
dźjij^{1}	njwi^{2}	no^{2}	dźjij^{1}	mji^{1}	mju^{2}	ku^{1}	
住	善，	安	住	不	动	则，	

如是无所动，法界善安住，安住不动故，

24.51.2

[illegible]	[illegible]	[illegible]	[illegible]	[illegible]。	[illegible]	[illegible]	[illegible]
tśhjwo^{1}	źji^{2}	phju^{2}	dźjij^{1}	rjir^{2}	mji^{1}	dźjij^{1}	dźjij^{1}
故	最	上	住	得。	不	住	住
[illegible]	[illegible]，	[illegible]	[illegible]	[illegible]	[illegible]	[illegible]，	
bju^{1}	śjij^{1}	kjir^{1}	·jiw^{2}	mjij^{2}	mjij^{2}	we^{2}	
相	应，	勇	猛	者	名	为，	

便得无上住。不住住相应，斯为勇猛者，

24.51.3

□	□	□	□	□,	□	□	□
dźjịj1	tjị2	ɣa2	mji1	dźjịj1	do2	ɣa2	mju2
住	处	于	不	住,	处	于	动
□	□。	□	□	□	□	□,	
lew2	mjij1	dźjịj1	tjị2	mjij1	śjɨj1	·jiw2	
所	无。	住	处	无	成	就,	

不住于住处,于处无所动。成就无住处,

24.51.4

□	□	□	□	□,	□	□	□
tśhjwo1	no2	dźjịj1	rjir2	njwi2	tjij1	do2	tjij1
故	安	住	得	善,	若	处	若
□	□,	□	□	□	□	□。	
do2	nja2	ŋowr2	ŋowr2	mju2	lew2	mjij1	
处	非,	皆	皆	动	所	无。	

而得善安住,若处若非处,一切无所动。

24.51.5

□	□	□	□	□,	□	□	□
mji1	mju2	do2	ɣa2	dźjịj1	tśhjwo1	mji1	mju2
不	动	处	于	住,	故	不	动
□	□,	□	□	□	□	□,	
mjịj2	we2	tjij1	mji1	mju2	do2	dźjịj1	
名	为,	若	不	动	处	住,	

住于不动处,乃名为不动,若住不动处,

24.51.6

□	□	□	□	□①。	□	□	□
ŋowr2	ŋowr2	·wji1	lew2	mjij1	do2	do2	nja2

① □□□□□,意思是“一切无所作”,汉文本作“一切无所住”。

皆　皆　作　所　无。　处　处　非

[illegible]　[illegible]，　[illegible]　[illegible]　[illegible]　[illegible]　[illegible]，

mji[1]　ljɨr[2]　·ju[2]　dźjij[1]　phjo[2]　kar[2]　mjij[1]

不　念，　常　住　分　别　无，

一切无所住。不念处非处，常住无分别，

24.52.1

[illegible]　[illegible]　[illegible]　[illegible]　[illegible]，　[illegible]　[illegible]　[illegible]

do[2]　ɣa[2]　mji[1]　dźjij[1]　ku[1]　tśhjwo[1]　mju[2]　lew[2]

处　于　不　住　则，　故　动　所

[illegible]　[illegible]。　[illegible]　[illegible]　[illegible]　[illegible]　[illegible]，

mji[1]　dju[1]　do[2]　ɣa[2]　mju[2]　lew[2]　mjij[1]

不　有。　处　于　动　所　无，

不住于处故，则无有所动。于处无所动，

24.52.2

[illegible]　[illegible]　[illegible]　[illegible]　[illegible]，　[illegible]　[illegible]　[illegible]

ŋowr[2]　ŋowr[2]　dźjij[1]　mjij[1]　rjir[2]　do[2]　mji[1]　dźjij[1]

皆　皆　住　无　得，　处　不　住

[illegible]　[illegible]，　[illegible]　[illegible]　[illegible]　[illegible]　[illegible]。

rjir[2]　ku[1]　do[2]　do[2]　nja̱[2]　mji[1]　mju[2]

得　则，　处　处　非　不　动。

一切得无住，若得不住处，处非处不动。

24.52.3

[illegible]　[illegible]　[illegible]　[illegible]　[illegible]，　[illegible]　[illegible]　[illegible]

do[2]　ɣa[2]　mji[1]　mju[2]　ku[1]　tśhjwo[1]　do[2]　ɣa[2]

处　于　不　动　则，　故　处　于

[illegible]　[illegible]，　[illegible]　[illegible]　[illegible]　[illegible]　[illegible]，

dźjij[1]　njwi[2]　do[2]　no[2]　dźjij[1]　dźjij[1]　ku[1]

住　善，　处　安　住　住　故，

若于处不动，乃善住于处，善住处安住，

24.52.4

[illegible]	[illegible]	[illegible]	[illegible]	[illegible],	[illegible]	[illegible]	[illegible]
dźji̱j^{1}	ɣa^{2}	dźji̱j^{1}	lew^{2}	mjij^{1}	tsji̱r^{1}	ŋowr^{2}	ŋowr^{2}
住	于	住	所	无,	法	皆	皆
[illegible]	[illegible],	[illegible]	[illegible]	[illegible]	[illegible]	[illegible]。	
ljij^{2}	njwi^{2}	tsji̱r^{1}	dźji̱j^{1}	bju^{1}	śjij^{1}	dźji̱j^{1}	
见	能,	法	住	相	应	住。	

则住无所住,能见一切法,住法相应住。

24.52.5

[illegible]	[illegible]	[illegible]	[illegible]	[illegible],	[illegible]	[illegible]	[illegible]
thjɨ^{2}	sju^{2}	rjur^{1}	tsji̱r^{1}	ljij^{2}	mə^{2}	mə^{2}	dźji̱j^{1}
此	如	诸	法	见,	种	种	住
[illegible]	[illegible],	[illegible]	[illegible]	[illegible]	[illegible]	[illegible],	
lew^{2}	mjij^{1}	dźji̱j^{1}	mjij^{1}	no^{2}	dźji̱j^{1}	mjij^{1}	
所	无,	住	无	安	住	无,	

如是见诸法,种种无所住,无住无安住,

24.52.6

[illegible]	[illegible]	[illegible]	[illegible]	[illegible]。	[illegible]	[illegible]	[illegible]
ne̱w^{2}	ɣjɨr^{1}	tsji̱r^{1}	ɣa^{2}	dźji̱j^{1}	rjur^{1}	tsji̱r^{1}	ɣa^{2}
善	巧	法	于	住。	诸	法	于
[illegible]	[illegible],	[illegible]	[illegible]	[illegible]	[illegible]	[illegible],	
·ju^{2}	dźji̱j^{1}	nio̱w^{1}	mji^{1}	dju^{1}	phjo^{2}	kar^{2}	
常	住,	又	不	有	分	别,	

善巧于法住。常住于诸法,而无有分别,

24.53.1

[illegible]	[illegible]	[illegible]	[illegible]	[illegible],	[illegible]	[illegible]	[illegible]
rjur^{1}	phjo^{2}	kar^{2}	ka^{2}	ku^{1}	mji^{1}	mju^{2}	mji̱j^{2}
诸	分	别	离	故,	不	动	者

□	□。	□	□	□	□	□①,
mji̱j^{2}	we^{2}	tjij^{1}	dźji̱j^{1}	tjij^{1}	mji^{1}	mju^{2}
名	为。	若	住	若	不	动,

离诸分别故,斯为不动者。若能住不动,

24.53.2

□	□	□	□	□,	□	□	□
dźjɨ	ɣa^{2}	phjo^{2}	kar^{2}	mjij^{1}	do^{2}	do^{2}	nja̱^{2}
行	于	分	别	无,	处	处	非
□	□,	□②	□	□	□	□,	
khwa^{1}	ka^{2}	dźjɨ	thju̱^{1}	mji̱j^{2}	mji̱j^{2}	we^{2}	
远	离,	行	察	者	名	为,	

于行无分别,远离处非处,斯为观察者。

24.53.3

□	□	□	□	□,	□	□	□
tjij^{1}	mji^{1}	mju^{2}	bio̱^{1}	njwi^{2}	ŋowr^{2}	ŋowr^{2}	mju^{2}
若	不	动	观	能,	皆	皆	动
□	□,	□	□	□	□	□,	
lew^{2}	mjij^{1}	rjur^{1}	tsji̱r^{1}	·ju^{2}	tśhja^{2}	ka^{1}	
所	无,	诸	法	常	平	等,	

若能观不动,一切无所动,诸法常平等,

24.53.4

□	□	□	□	□。	□	□	□
thjɨ^{2}	sju^{2}	ŋwu^{2}	śjwo^{1}	tshwew^{1}	·wo^{2}	bju^{1}	dźji̱j^{1}
此	如	以	发	趣。	理	依	住
□	□,	□	□	□	□	□,	
bju^{1}	śjij^{1}	·wo^{2}	bju^{1}	mji^{1}	mju^{2}	ljɨ̱j^{2}	
相	应,	理	依	不	动	摇,	

① □□□□□,意思是“若住若不动”,汉文本作“若能住不动”。

② □,据上下文义,当为“□”(bio̱^{1},观)之形误。

如是而发趣。如理住相应,如理而不动,

24.53.5

[illegible]	[illegible]	[illegible]	[illegible]	[illegible],	[illegible]	[illegible]	[illegible]	[illegible]	[illegible]。
mju²	mjij¹	do²	dźjịj¹	rjir²	·ju²	do²	mjij¹	ɣa²	dźjịj¹
动	无	处	住	得,	常	处	无	于	住。

得无动处者,常住于无处。

汉文本

尔时世尊而说偈言:

菩萨正忆念,于义善思维,
不住诸法中,说名为智者。
未曾有少法,可为安立者,
以无安立故,无畏而发趣。
不立于诸色,亦不立诸受,
诸想及诸行,识等亦如是。
不住于诸蕴,诸界及诸处,
若处若非处,亦常无所住。
不住于地界,亦不住水界,
火界及风界,亦常无所住。
不住于欲界,色界无色界,
得无安立故,不住于三界。
及以虚空界,于彼无所住,
以无有所住,平等而发趣。
故无有少法,于中而可住,
若得无所住,斯为妙智者。
妙智无所住,无住为菩萨,
能得如是住,则住法界中。
无住相应故,彼常能善住,
无住无依止,于法得安住。
若得不依止,则常无所动,
不入亦不出,平等善安住。
于法如是住,斯为勇猛者,
一切法无高,一切法无下。
如是无所动,法界善安住,

安住不动故，便得无上住。
不住住相应，斯为勇猛者，
不住于住处，于处无所动。
成就无住处，而得善安住，
若处若非处，一切无所动。
住于不动处，乃名为不动，
若住不动处，一切无所住。
不念处非处，常住无分别，
不住于处故，则无有所动。
于处无所动，一切得无住，
若得不住处，处非处不动。
若于处不动，乃善住于处，
善住处安住，则住无所住，
能见一切法，住法相应住。
如是见诸法，种种无所住，
无住无安住，善巧于法住。
常住于诸法，而无有分别，
离诸分别故，斯为不动者。
若能住不动，于行无分别，
远离处非处，斯为观察者。
若能观不动，一切无所动，
诸法常平等，如是而发趣。
如理住相应，如理而不动，
得无动处者，常住于无处。

24.53.6

[illegible]	[illegible]	[illegible]	[illegible]	[illegible]	[illegible]	[illegible]	[illegible]	[illegible]
tśhjɨ^{1}	zjọ^{2}	bju^{2}	mjij^{1}	bu̱^{2}	po^{1}	tsa^{1}	ma^{2}	ŋạ^{2}
尔	时	边	无	胜	菩	萨	摩	诃
[illegible]	[illegible]	[illegible]	[illegible]	[illegible]	[illegible]：	[illegible]	[illegible]	[illegible]
tsa^{1}	nio̱w^{1}	tha^{1}	·jij^{1}	tshji̱j^{1}	·jɨ^{1}	zjɨ̱r^{1}	dju^{1}	rjur^{1}
萨	复	佛	之	说	曰：	少	有	世

尔时无边胜菩萨摩诃萨复白佛言：希有世尊，

24.54.1

[illegible]，	[illegible]	[illegible]	[illegible]	[illegible]	[illegible]	[illegible]	[illegible]	[illegible]

pjụ¹　rjur¹　po¹　tsa¹　ma²　ŋạ²　tsa¹　·jij¹　tsji̱r¹
尊，　诸　菩　萨　摩　诃　萨　之　法
缪　蘵　紕　豜　瓻，　脁　禠　敓　烿、
·wo²　tshwew¹　ɣa²　gu¹　śjwo¹　phej¹　tśjịr²　mji¹　dju¹
理　趣　于　安　立，　系　缚　不　有、

乃能安立诸菩萨摩诃萨于法理趣，无有系缚、

24.54.2

绯　築　敓　烿　祀　媛　癹①。　彘　翍，
bie²　lhew²　mji¹　dju¹　phji¹　njwi²　nja²　rjur¹　pjụ¹
解　脱　不　有　使　能　汝。　世　尊，
庣　豨　豜　旞　瓻　豜　秝　礻　缪
rjur¹　po¹　tsa¹　ma²　ŋạ²　tsa¹　·jij¹　tsji̱r¹　·wo²
诸　菩　萨　摩　诃　萨　之　法　理

无有解脱。世尊，诸菩萨摩诃萨于法理

24.54.3

蘵　紕　縍　禐　豜　瓻　媛　绛，　敓
tshwew¹　ɣa²　ne̱w²　ɣjịr¹　gu¹　śjwo¹　njwi²　ku¹　mji¹
趣　于　善　巧　安　立　能　则，　不
祇　禐　兹　菔　巍　襁　菔　敓　巍
zjịr¹　tsji̱r¹　rjir²　tjij¹　bju¹　śjij¹　tjij¹　mji¹　bju¹
少　法　与　若　相　应　若　不　相

趣善巧安立，不与少法若相应若不相应、

24.54.4

襁、　菔　禤　諹　菔　敓　禤　諹、　菔
śjij¹　tjij¹　dzow¹　ŋwej²　tjij¹　mji¹　dzow¹　ŋwej²　tjij¹
应、　若　和　合　若　不　和　合、　若
纎　彨　菔　敓　纎　彨、　菔　巍　蘵

① 癹，动词人称后缀，表示主语是第二人称单数。

ɣjiw^{1}	lhjwi^{1}	tjij^{1}	mji^{1}	ɣjiw^{1}	lhjwi^{1}	tjij^{1}	bju^{1}	tshwew^{1}
摄	取	若	不	摄	取、	若	依	趣

若和合若不和合、若摄取若不摄取、

24.54.5

[illegible]	[illegible]	[illegible]	[illegible]	[illegible]、	[illegible]	[illegible]	[illegible]①	[illegible]
dju^{1}	tjij^{1}	bju^{1}	tshwew^{1}	mjij^{1}	tjij^{1}	lẹj^{2}	lẹj^{2}	ka^{2}
有	若	依	趣	无、	若	贪	贪	离
[illegible]	[illegible]	[illegible]	[illegible]	[illegible]	[illegible]	[illegible]。	[illegible]	[illegible]，
tjij^{1}	tshjạ^{1}	tshjạ^{1}	ka^{2}	dạ^{2}	źji^{2}	mjij^{1}	rjur^{1}	pjụ^{1}
若	嗔	嗔	离	事	皆	无。	世	尊，

若有所归若无所归、若贪离贪、若嗔离嗔。世尊，

24.54.6

[illegible]	[illegible]	[illegible]	[illegible]	[illegible]	[illegible]	[illegible]	[illegible]	[illegible]
rjur^{1}	po^{1}	tsa^{1}	ma^{2}	ŋạ^{2}	tsa^{1}	tsjɨr^{1}	ŋowr^{2}	ŋowr^{2}
诸	菩	萨	摩	诃	萨	法	皆	皆
[illegible]	[illegible]	[illegible]	[illegible]	[illegible]	[illegible]	[illegible]	[illegible]	[illegible]，
·wo^{2}	tshwew^{1}	kha^{1}	nẹw^{2}	ɣjɨr^{1}	gu^{1}	śjwo^{1}	njwi^{2}	ku^{1}
理	趣	中	善	巧	安	立	能	则，

诸菩萨摩诃萨于一切法理趣之中善巧安立，

24.55.1

[illegible]	[illegible]	[illegible]	[illegible]	[illegible]	[illegible]	[illegible]	[illegible]	[illegible]，
tjɨ^{1}	tjij^{1}	dźiã^{2}	tsjij^{2}	kjụ^{1}	tshwew^{1}	dzjwɨ̣^{1}	rejr^{2}	zjịj^{1}
如	若	情	悟	供	养	恭	敬	时，
[illegible]	[illegible]	[illegible]	[illegible]	[illegible]，	[illegible]	[illegible]	[illegible]	[illegible]
lẹj^{2}	dzu^{1}	njij^{1}	mji^{1}	śjwo^{1}	tjij^{1}	pjo^{1}	tsjij^{2}	tha
贪	爱	心	不	生，	若	谤	诽	迫

设有众生供养恭敬，不生贪爱，毁辱逼恼，

① 该字旁边有“倒文”(√)符号，西夏文倒作“[illegible][illegible]”。

24.55.2

[illegible]	[illegible]，	[illegible]	[illegible]	[illegible]	[illegible]，	[illegible]	[illegible]	[illegible]
njij^{2}	zjij^{1}	tshjạ^{1}	kwow^{2}	mji^{1}	śjwo^{1}	mə^{2}	mə^{2}	sjịj^{2}
逼	时，	嗔	怒	不	生，	种	种	想
[illegible]，	[illegible]	[illegible]	[illegible]	[illegible]。	[illegible]	[illegible]	[illegible]	[illegible]①
mjij^{1}	tsjɨr^{1}	ŋowr^{2}	ŋowr^{2}	ka^{2}	zjɨr^{1}	zjij^{1}	tsjɨr^{1}	mji^{1}
无，	法	皆	皆	离。	少	许	法	不

不生嗔恚，无种种想，离一切法。不见少法

24.55.3

[illegible]	[illegible]	[illegible]	[illegible]	[illegible]	[illegible]	[illegible]	[illegible]	[illegible]
zjɨr^{1}	zjij^{1}	tsjɨr^{1}	rjir^{2}	tjij^{1}	bju^{1}	śjij^{1}	tjij^{1}	mji^{1}
少	时	法	与	若	依	顺	若	不
[illegible]	[illegible]	[illegible]	[illegible]，	[illegible]	[illegible]	[illegible]	[illegible]	[illegible]
bju^{1}	śjij^{1}	mji^{1}	ljij^{2}	bju^{1}	śjij^{1}	gjịj^{1}	dzjịj^{1}	mji^{1}
依	顺	不	见，	依	顺	超	过	不

能与少法若相应若不相应，超过相应不

24.55.4

[illegible]	[illegible]	[illegible]，	[illegible]	[illegible]	[illegible]	[illegible]	[illegible]	[illegible]
bju^{1}	śjij^{1}	ku^{1}	bju^{1}	śjij^{1}	mji^{1}	bju^{1}	śjij^{1}	sjịj^{2}
相	应	则，	相	应	不	相	应	想
[illegible]	[illegible]，	[illegible]	[illegible]	[illegible]	[illegible]	[illegible]	[illegible]	[illegible]。
khwa^{1}	ka^{2}	bju^{1}	śjij^{1}	mji^{1}	bju^{1}	śjij^{1}	sjịj^{2}	nwə^{1}
远	离，	依	顺	不	依	顺	想	知。

相应故，远离相应不相应想，了知相应不相应想。

24.55.5

[illegible]	[illegible]	[illegible]	[illegible]	[illegible]，	[illegible]	[illegible]	[illegible]	[illegible]

① [illegible]（不），该字衍。

gjịj^{1} dzjịj^{1} nwə^{1} tsjij^{2} ku^{1} zjɨ̣r^{1} zjịj^{1} tsjịr^{1} ɣa^{2}

超 过 知 了 则, 少 许 法 于

[illegible]①、

tjij^{1} ·jɨr^{2} tjij^{1} low^{2} tjij^{1} tshwew^{1} lew^{2} dju^{1} tjij^{1}

若 勤 若 怠、 若 趣 所 有 若

超过了知,不于少法若勤若怠、若有所趣若

24.55.6

[illegible]。

tshwew^{1} lew^{2} mjij^{1} bju^{1} śjij^{1} mji^{1} ·wji^{1} thja^{2} tsjịr^{1}

趣 所 无 依 顺 不 作。 其 法

[illegible]②,

ŋowr^{2} ŋowr^{2} ·wo^{2} tshwew^{1} kha^{1} lwo^{2} ljɨ̣r^{2} mji^{1} śjwo^{1}

皆 皆 理 趣 中 固 念 不 生,

无所趣而作相应。于一切法理趣之中而无妄念,

24.56.1

[illegible]③ ,。,

lwo^{2} lew^{2} tsjɨ^{1} mjij^{1} ne̱w^{2} tśier^{1} ·ju^{2} ŋwu^{2} tsjịr^{1}

固 所 亦 无, 善 方 便 以 法

[illegible]。,

tsjịr^{2} mji^{1} ljij^{2} rjur^{1} pju̱^{1} rjur^{1} po^{1} tsa^{1} ma^{2}

性 不 坏。 世 尊, 诸 菩 萨 摩

亦无所取,以善方便不坏法性。世尊,诸菩萨摩诃萨

24.56.2

[illegible]

ŋa̱^{2} tsa^{1} tsjịr^{1} ŋowr^{2} ŋowr^{2} ɣa^{2} thjɨ^{2} sju^{2} dźjịj^{1}

诃 萨 法 皆 皆 于 此 如 住

---

① [illegible],意思是“若勤若怠”,汉文本作“若进若退”。

② [illegible],对译为“固念”,汉文本为“妄念”。

③ [illegible],据上下文义,当为“[illegible]”(lhjwi^{1},取)之形误。

[illegible]，	[illegible]	[illegible]	[illegible]	[illegible]	[illegible]	[illegible]	[illegible]	[illegible]
zjij^{1}	nẹw^{2}	ɣjɨr^{1}	ŋwu^{2}	tsji̠r^{1}	kiẹj^{2}	·wo^{2}	tshwew^{1}	ŋowr^{2}
时，	善	巧	以	法	界	理	趣	皆

于一切法如是住时，能以善巧宣说一切法界理趣，

24.56.3

[illegible]	[illegible]	[illegible]，	[illegible]	[illegible]	[illegible]	[illegible]	[illegible]	[illegible]	[illegible]	[illegible]	[illegible]	[illegible]。
ŋowr^{2}	nẹ^{1}	tshjij^{1}	tha^{1}	tsji̠r^{1}	ŋowr^{2}	ŋowr^{2}	xja^{1}	·iọ^{1}	sə^{1}	rjir^{2}	njwi^{2}	ljɨ^{1}
皆	宣	说，	佛	法	皆	皆	速	圆	满	得	能	矣。

一切佛法速得圆满。

汉文本

尔时无边胜菩萨摩诃萨复白佛言：希有世尊，乃能安立诸菩萨摩诃萨于法理趣，无有系缚、无有解脱。世尊，诸菩萨摩诃萨于法理趣善巧安立，不与少法若相应若不相应、若和合若不和合、若摄取若不摄取、若有所归若无所归、若贪离贪、若嗔离嗔。世尊，诸菩萨摩诃萨于一切法理趣之中善巧安立，设有众生供养恭敬，不生贪爱，毁辱逼恼，不生嗔恚，无种种想，离一切法。不见少法能与少法若相应若不相应，超过相应不相应故，远离相应不相应想，了知相应不相应想。超过了知，不于少法若勤若怠、若有所趣若无所趣而作相应。于一切法理趣之中而无妄念，亦无所取，以善方便不坏法性。世尊，诸菩萨摩诃萨于一切法如是住时，能以善巧宣说一切法界理趣，一切佛法速得圆满。

24.56.3–24.56.4

[illegible]	[illegible]	[illegible]	[illegible]	[illegible]	[illegible]	[illegible]	[illegible]	[illegible]	[illegible]	[illegible]	[illegible]
tśhjɨ^{1}	zjọ^{2}	rjur^{1}	pjụ^{1}	bju^{2}	mjij^{1}	zjɨr^{1}	po^{1}	tsa^{1}	ma^{2}	ŋạ^{2}	tsa^{1}
尔	时	世	尊	边	无	慧	菩	萨	摩	诃	萨
[illegible]	[illegible]	[illegible]：	[illegible]	[illegible]	[illegible]	[illegible]	[illegible]，	[illegible]	[illegible]	[illegible]	
·jij^{1}	tshjij^{1}	·jɨ^{1}	bju^{2}	mjij^{1}	zjɨr^{1}	dźiã^{2}	tsjij^{2}	rjur^{1}	po^{1}	tsa^{1}	
之	说	曰：	边	无	慧	情	悟，	诸	菩	萨	

尔时世尊告无边慧菩萨摩诃萨言：无边慧，

24.56.5

[illegible]	[illegible]	[illegible]	[illegible]	[illegible]	[illegible]	[illegible]	[illegible]	[illegible]
ma^{2}	ŋạ^{2}	tsa^{1}	thja^{2}	tha^{1}	tsji̠r^{1}	kha^{1}	gu^{1}	śjwo^{1}

摩	诃	萨	其	佛	法	中	安	立
[illegible]	[illegible]、	[illegible]	[illegible]	[illegible]	[illegible]，	[illegible]	[illegible]	[illegible]
lew^{2}	mjij^{1}	dźji̱j^{1}	lew^{2}	mjij^{1}	zji̱j^{1}	tśhjwo^{1}	tha^{1}	tsji̱r^{1}
所	无、	住	所	无	时，	故	佛	法

诸菩萨摩诃萨于佛法中无所安立、无所住时，则见佛法

24.56.6

[illegible]	[illegible]	[illegible]	[illegible]、	[illegible]	[illegible]	[illegible]	[illegible]、	[illegible]
gu^{1}	śjwo^{1}	mji^{1}	dju^{1}	dźji̱j^{1}	lew^{2}	mji^{1}	dju^{1}	bu̱^{2}
安	立	不	有、	住	所	不	有、	胜
[illegible]	[illegible]	[illegible]、	[illegible]	[illegible]	[illegible]	[illegible]	[illegible]，	[illegible]
dźjij^{1}	tsjɨ^{1}	mjij^{1}	njɨ^{2}	dźji̱j^{1}	tsjɨ^{1}	mjij^{1}	ljij^{2}	tha^{1}
住	亦	无、	遍	住	亦	无	见，	佛

无有安立、无有所住、亦无胜住、亦无遍住，

24.57.1

[illegible]	[illegible]	[illegible]	[illegible]	[illegible]、	[illegible]	[illegible]	[illegible]、	[illegible]
tsji̱r^{1}	dźji̱j^{1}	mji^{1}	mju^{2}	ljɨ̱j^{2}	mji^{1}	źiə^{2}	dziej^{2}	mji^{1}
法	住	不	动	摇、	不	流	转、	不
[illegible]	[illegible]	[illegible]，	[illegible]	[illegible]	[illegible]	[illegible]	[illegible]	[illegible]
·wjɨ̱^{1}	lej^{2}	nio̱w^{1}	tsji̱r^{1}	kięj^{2}	ŋowr^{2}	ŋowr^{2}	bju^{1}	śjij^{1}
变	化	因，	法	界	皆	皆	依	顺

见佛法住不倾动故、不流转故、不变异故，一切法界相应

24.57.2

[illegible]	[illegible]	[illegible]，	[illegible]	[illegible]	[illegible]	[illegible]	[illegible]	[illegible]
dźjij^{1}	ljij^{2}	ku^{1}	tśhjwo^{1}	tsji̱r^{1}	kięj^{2}	ŋowr^{2}	ŋowr^{2}	·wo^{2}
住	见	则，	故	法	界	皆	皆	理
[illegible]	[illegible]	[illegible]	[illegible]	[illegible]	[illegible]	[illegible]。	[illegible]	[illegible]
tshwew^{1}	ne̱w^{2}	ɣjɨr^{1}	gu^{1}	śjwo^{1}	mji̱j^{2}	we^{2}	bju^{2}	mjij^{1}
趣	善	巧	安	立	名	为。	边	无

而住，乃名一切法界理趣善巧安立。

24.57.3

[西夏字]	[西夏字]	[西夏字]，	[西夏字]	[西夏字]	[西夏字]	[西夏字]	[西夏字]	[西夏字]
zjɨr¹	dźiã²	tsjij²	rjur¹	po¹	tsa¹	ma²	ŋạ²	tsa¹
慧	情	悟，	诸	菩	萨	摩	诃	萨
[西夏字]	[西夏字]	[西夏字]，	[西夏字]	[西夏字]	[西夏字]	[西夏字]	[西夏字]、	[西夏字]
tha¹	tsji̱r¹	kha¹	dźji̱j¹	mjij¹	mji¹	dźji̱j¹	mjij¹	bṳ²
佛	法	中，	住	无	不	住	无、	胜

无边慧！诸菩萨摩诃萨于佛法中，无住无不住、

24.57.4

[西夏字]	[西夏字]	[西夏字]	[西夏字]	[西夏字]、	[西夏字]	[西夏字]	[西夏字]	[西夏字]
dźji̱j¹	mjij¹	njɨ²	dźji̱j¹	mjij¹	do²	dźji̱j¹	mjij¹	do²
住	无	遍	住	无、	处	住	无	处
[西夏字]	[西夏字]	[西夏字]、	[西夏字]	[西夏字]	[西夏字]，	[西夏字]	[西夏字]	[西夏字]
nja̱²	dźji̱j¹	mjij¹	mju²	lew²	mjij¹	phjo²	kar²	tsjɨ¹
非	住	无、	动	所	无，	分	别	亦

无胜住无遍住、无处住无非处住，亦无所动，亦无分别、

24.57.5

[西夏字]、	[西夏字]	[西夏字]	[西夏字]	[西夏字]，	[西夏字]	[西夏字]	[西夏字]	[西夏字]
mjij¹	bṳ²	phjo²	kar²	mjij¹	njɨ²	phjo²	kar²	mjij¹
无、	胜	分	别	无，	遍	分	别	无
[西夏字]，	[西夏字]	[西夏字]	[西夏字]	[西夏字]	[西夏字]	[西夏字]	[西夏字]	[西夏字]
ku¹	tśhjwo¹	tsji̱r¹	kiẹj²	ŋowr²	ŋowr²	·wo²	tshwew¹	ne̱w²
则，	故	法	界	皆	皆	理	趣	善

无胜分别、无遍分别，乃名一切法界理趣善

24.57.6

[西夏字]	[西夏字]	[西夏字]	[西夏字]	[西夏字]。	[西夏字]	[西夏字]	[西夏字]	[西夏字]
ɣjɨr¹	gu¹	śjwo¹	mji̱j²	we²	bju²	mjij¹	zjɨr¹	dźiã²
巧	安	立	名	为。	边	无	慧	情

[illegible],	[illegible]	[illegible]	[illegible]	[illegible]	[illegible]	[illegible]	[illegible]	[illegible]
tsjij^{2}	rjur^{1}	po^{1}	tsa^{1}	ma^{2}	ŋa̱^{2}	tsa^{1}	zjɨ̱r^{1}	zjij^{1}
悟,	诸	菩	萨	摩	诃	萨	少	时

巧安立。无边慧,诸菩萨摩诃萨不见少法

24.58.1

[illegible]①	[illegible]	[illegible]	[illegible]	[illegible]	[illegible]	[illegible],	[illegible]	[illegible]
tsji̱r^{1}	·jij^{1}	gu^{1}	śjwo^{1}	tja^{1}	mji^{1}	ljij^{2}	nio̱w^{1}	tsji̱r^{1}
法	之	安	立	者	不	见,	又	法
[illegible]	[illegible]	[illegible]	[illegible]	[illegible]	[illegible]	[illegible]	[illegible]	[illegible],
do^{2}	ŋowr^{2}	ŋowr^{2}	bu̱^{2}	gu^{1}	śjwo^{1}	dju^{1}	mji^{1}	ljij^{2}
处	皆	皆	胜	安	立	有	不	见,

能与少法而为安立,亦不见有一切法处为胜安立,

24.58.2

[illegible]	[illegible]	[illegible]	[illegible]、	[illegible]	[illegible]	[illegible]	[illegible]、	[illegible]
phjo^{2}	kar^{2}	tsjɨ^{1}	mjij^{1}	bu̱^{2}	phjo^{2}	kar^{2}	mjij^{1}	njɨ^{2}
分	别	亦	无、	胜	分	别	无、	遍
[illegible]	[illegible]	[illegible]	[illegible],	[illegible]	[illegible]	[illegible]	[illegible]	[illegible]
phjo^{2}	kar^{2}	mjij^{1}	ku^{1}	tśhjwo^{1}	tsji̱r^{1}	kię̱j^{2}	ŋowr^{2}	ŋowr^{2}
分	别	无	则,	故	法	界	皆	皆

亦无分别、无胜分别、无遍分别,乃名一切法界

24.58.3

[illegible]	[illegible]	[illegible]	[illegible]	[illegible]	[illegible]	[illegible]	[illegible]。	[illegible]
·wo^{2}	tshwew^{1}	ne̱w^{2}	ɣjɨr^{1}	gu^{1}	śjwo^{1}	mji̱j^{2}	we^{2}	bju^{2}
理	趣	善	巧	安	立	名	为。	边
[illegible]	[illegible]	[illegible]	[illegible],	[illegible]	[illegible]	[illegible]	[illegible]	[illegible]
mjij^{1}	zjɨr^{1}	dźiã^{2}	tsjij^{2}	rjur^{1}	po^{1}	tsa^{1}	ma^{2}	ŋa̱^{2}
无	慧	情	悟,	诸	菩	萨	摩	诃

① 据上下文义,下缺"[illegible]"(少许法与)四字。

理趣善巧安立。无边慧,诸菩萨摩诃

24.58.4

[illegible]	[illegible]	[illegible]	[illegible]	[illegible]	[illegible]	[illegible]	[illegible]	[illegible]
tsa^{1}	zjɨ̱r^{1}	zji̱j^{1}	tjij^{1}	dźji̱j^{1}	tjij^{1}	śjɨ^{1}	tsji̱r^{1}	mji^{1}
萨	少	许	若	住	若	去	法	不
[illegible],	[illegible]	[illegible]	[illegible]	[illegible]、	[illegible]	[illegible]	[illegible]	[illegible]、
ljij^{2}	phjo^{2}	kar^{2}	tsjɨ^{1}	mjij^{1}	bu̱^{2}	phjo^{2}	kar^{2}	mjij^{1}
见,	分	别	亦	无、	胜	分	别	无、

萨不见少法若住若去,亦无分别、无胜分别、

24.58.5

[illegible]	[illegible]	[illegible]	[illegible],	[illegible]	[illegible]	[illegible]	[illegible]	[illegible]
njɨ^{2}	phjo^{2}	kar^{2}	mjij^{1}	tsji̱r^{1}	ŋowr^{2}	ŋowr^{2}	sej^{1}	tshọ^{2}
遍	分	别	无,	法	皆	皆	净	虚
[illegible]	[illegible]	[illegible],	[illegible]	[illegible]	[illegible]	[illegible]	[illegible]	[illegible]
ŋa^{1}	sju^{2}	ljij^{2}	bji^{1}	swew^{1}	dźju^{1}	swew^{1}	zji̱^{1}	njɨ̱^{2}
空	如	见,	光	明	显	照	烦	恼

无遍分别,见一切法如净虚空,光明显照远离烦恼,

24.58.6

[illegible]	[illegible],	[illegible]	[illegible]	[illegible]	[illegible]	[illegible]	[illegible]	[illegible]
khwa^{1}	ka^{2}	tsji̱r^{1}	ŋowr^{2}	ŋowr^{2}	ɣa^{2}	bji^{1}	swew^{1}	swew^{1}
远	离,	法	皆	皆	于	光	明	照
[illegible],	[illegible]	[illegible]	[illegible]	[illegible]	[illegible]	[illegible]	[illegible]	[illegible]
ku^{1}	tśhjwo^{1}	tsji̱r^{1}	kie̱j^{2}	ŋowr^{2}	ŋowr^{2}	·wo^{2}	tshwew^{1}	mji̱j^{2}
则,	故	法	界	皆	皆	理	趣	名

于一切法光明照故,乃名一切法界理趣

24.59.1

[illegible],	[illegible]	[illegible]	[illegible]	[illegible]	[illegible]	[illegible]	[illegible]	[illegible]
we^{2}	ne̱w^{2}	tśier^{1}	·ju^{2}	rjir^{2}	gu^{1}	śjwo^{1}	ŋwu^{2}	tsji̱r^{1}

为，	善	利	寻	与	安	立	以	法
[illegible]	[illegible]	[illegible]。	[illegible]	[illegible]	[illegible]？	[illegible]	[illegible]	[illegible]
kiẹj^{2}	mji^{1}	bio̱^{1}	thjij^{2}	sjo^{2}	ljɨ^{1}	tsji̱r^{1}	kiẹj^{2}	ɣa^{2}
界	不	观。	何	云	耶？	法	界	于

得善方便不以安立而观法界。何以故？不于法界

24.59.2

[illegible]	[illegible]	[illegible]	[illegible]	[illegible]	[illegible]。	[illegible]	[illegible]	[illegible]
zjɨ̱r^{1}	zjij^{1}	mji^{1}	gu^{1}	śjwo^{1}	ljɨ^{1}	dzjọ^{1}	sju^{2}	tshọ^{2}
少	许	不	安	立	也。	譬	如	虚
[illegible]	[illegible]	[illegible]	[illegible]	[illegible]	[illegible]	[illegible]	[illegible]	[illegible]，
ŋa^{1}	nio̱w^{1}	ljɨ^{1}	kiẹj^{2}	njɨ^{2}	dźjij^{1}	tjị^{2}	mji^{1}	dju^{1}
空	及	风	界	等	住	处	不	有，

少安立故。譬如虚空及以风界无有处所，

24.59.3

[illegible]	[illegible]	[illegible]	[illegible]、	[illegible]	[illegible]	[illegible]	[illegible]、	[illegible]
ljij^{2}	lew^{2}	tsjɨ^{1}	mjij^{1}	gu^{1}	śjwo^{1}	tjị^{2}	mjij^{1}	bju^{1}
见	所	亦	无、	安	立	可	无、	依
[illegible]	[illegible]	[illegible]、	[illegible]	[illegible]	[illegible]	[illegible]。	[illegible]	[illegible]
gjị^{2}	tjị^{2}	mjij^{1}	ne̱j^{2}	śja^{2}	lew^{2}	mjij^{1}	tsji̱r^{1}	kiẹj^{2}
止	可	无、	示	现	所	无。	法	界

亦无可见、无安立处、无依止处、无可示现。

24.59.4

[illegible]	[illegible]	[illegible]，	[illegible]	[illegible]	[illegible]	[illegible]	[illegible]、	[illegible]
tsjɨ^{1}	thja^{1}	sju^{2}	do^{2}	·o^{2}	tjị^{2}	mji^{1}	dju^{1}	ljij^{2}
亦	彼	如，	处	入	可	不	有、	见
[illegible]	[illegible]	[illegible]、	[illegible]	[illegible]	[illegible]	[illegible]、	[illegible]	[illegible]
tjị^{2}	mji^{1}	dju^{1}	gu^{1}	śjwo^{1}	tjị^{2}	mjij^{1}	bju^{1}	gjị^{2}
可	不	有、	安	立	可	无、	依	止

法界亦尔，无可入处、无可见处、无安立处、无依止处，

24.59.5

[illegible]	[illegible]、	[illegible]	[illegible]	[illegible]	[illegible]、	[illegible]	[illegible]	[illegible]
tjị²	mjij¹	nwə¹	tsjij²	tsjɨ¹	mjij¹	nej̣²	śja²	tsjɨ¹
可	无、	知	悟	亦	无、	示	现	亦
[illegible]。	[illegible]	[illegible]	[illegible]	[illegible]	[illegible]	[illegible]	[illegible]	[illegible]
mjij¹	rjur¹	po¹	tsa¹	ma²	ŋạ²	tsa¹	nej̣²	śja²
无。	诸	菩	萨	摩	诃	萨	示	现

亦无了知、亦无示现。诸菩萨摩诃萨无示现故,

24.59.6

[illegible]	[illegible],	[illegible]	[illegible]	[illegible]	[illegible]	[illegible]	[illegible]	[illegible]
mjij¹	ku¹	mjor¹	mjor¹	kiej̣²	rjir²	bju¹	śjij¹	dźjij¹
无	则,	如	如	界	与	依	顺	住
[illegible]。	[illegible]	[illegible]	[illegible]	[illegible]	[illegible],	[illegible]	[illegible]	[illegible]
ljɨ¹	bju²	mjij¹	zjɨr¹	dźiã²	tsjij²	tsji̱r¹	kiej̣²	ŋowr²
也。	边	无	慧	情	悟,	法	界	皆

与如如界相应而住。无边慧,

24.60.1

[illegible]	[illegible]	[illegible]	[illegible]	[illegible]	[illegible]	[illegible]	[illegible]	[illegible]、
ŋowr²	wej̣¹	mjij¹	kạ¹	mjij¹	nar²	mjij¹	sjɨ¹	mjij¹
皆	生	无	命	无	老	无	死	无、
[illegible]	[illegible]	[illegible]	[illegible]	[illegible]	[illegible]	[illegible]①	[illegible],	[illegible]
dźjwow¹	mjij¹	djị¹	mjij¹	nej̣²	śja²	kiej̣²	tja¹	mjor¹
升	无	沉	无	示	现	欲	者,	实

一切法界无生无命无老无死、无升无沉无示现界,

24.60.2

[illegible]	[illegible]	[illegible]。	[illegible]	[illegible]	[illegible]	[illegible]	[illegible]	[illegible]
tsji̱r¹	kiej̣²	ŋwu²	mji¹	·wjị¹	lej²	kiej̣²	tja¹	mjor¹

① [illegible],为"[illegible]"(无)的通假字,其下脱一"[illegible]"(无)字。

法	界	也。	不	变	化	界	者	实
[illegible]	[illegible]	[illegible]，	[illegible]	[illegible]	[illegible]	[illegible]	[illegible]	[illegible]
tsji̱r^{1}	kięj^{2}	ŋwu^{2}	tsji̱r^{1}	kięj^{2}	tja^{1}	ŋowr^{2}	ŋowr^{2}	do^{2}
法	界	也，	法	界	者	皆	皆	处

是为法界。无变异界是为法界，而法界者遍一切处。

24.60.3

[illegible]	[illegible]。	[illegible]	[illegible]	[illegible]	[illegible]	[illegible]，	[illegible]	[illegible]
njɨ^{2}	ljɨ^{1}	bju^{2}	mjij^{1}	zjɨr^{1}	dźiã^{2}	tsjij^{2}	tsji̱r^{1}	kięj^{2}
遍	也。	边	无	慧	情	悟，	法	界
[illegible]	[illegible]	[illegible]	[illegible]	[illegible]	[illegible]	[illegible]，	[illegible]	[illegible]
śjɨ^{1}	mjij^{1}	njɨ^{2}	śjɨ^{1}	tji̱^{2}	tsjɨ^{1}	mjij^{1}	śjɨ^{1}	tji̱^{2}
去	无	至	去	处	亦	无，	去	处

无边慧，法界无去亦无去处，

24.60.4

[illegible]	[illegible]	[illegible]	[illegible]	[illegible]	[illegible]	[illegible]	[illegible]	[illegible]。
mjij^{1}	ku^{1}	tśhjwo^{1}	tsji̱r^{1}	kięj^{2}	bju^{1}	śjij^{1}	dźjij^{1}	·jɨ^{1}
无	则	故	法	界	依	顺	住	谓。
[illegible]	[illegible]	[illegible]	[illegible]	[illegible]	[illegible]	[illegible]	[illegible]	[illegible]
mjor^{1}	mjor^{1}	tsji̱r^{1}	kięj^{2}	thja^{2}	kha^{1}	do^{2}	mjij^{1}	do^{2}
如	如	法	界	其	中	处	无	处

无去处故乃名法界相应而住。如如法界于中无处亦无非处。

24.60.5

[illegible]	[illegible]	[illegible]。	[illegible]	[illegible]	[illegible]？	[illegible]	[illegible]	[illegible]
nja̱^{2}	tsjɨ^{1}	mjij^{1}	thjij^{2}	sjo^{2}	ljɨ^{1}	mjor^{1}	mjor^{1}	tsji̱r^{1}
非	亦	无。	何	云	耶？	如	如	法
[illegible]	[illegible]	[illegible]	[illegible]	[illegible]	[illegible]	[illegible]	[illegible]	[illegible]。
kięj^{2}	mjor^{1}	mjor^{1}	·jij^{1}	tsji̱r^{2}	dju^{1}	lew^{2}	mjij^{1}	ljɨ^{1}
界	如	如	自	性	有	所	无	也。

何以故？如如法界、如如自性无所有故。

汉文本

尔时世尊告无边慧菩萨摩诃萨言:无边慧,诸菩萨摩诃萨于佛法中无所安立、无所住时,则见佛法无有安立、无有所住,亦无胜住、亦无遍住,见佛法住不倾动故、不流转故、不变异故,一切法界相应而住,乃名一切法界理趣善巧安立。无边慧,诸菩萨摩诃萨于佛法中,无住无不住、无胜住无遍住、无处住无非处住,亦无所动,亦无分别、无胜分别、无遍分别,乃名一切法界理趣善巧安立。无边慧,诸菩萨摩诃萨不见少法能与少法而为安立,亦不见有一切法处为胜安立,亦无分别、无胜分别、无遍分别,乃名一切法界理趣,善巧安立。无边慧,诸菩萨摩诃萨不见少法若住若去,亦无分别、无胜分别、无遍分别,见一切法如净虚空,光明显照远离烦恼,于一切法光明照故,乃名一切法界理趣,得善方便不以安立而观法界。何以故?不于法界少安立故。譬如虚空及以风界无有处所,亦无可见、无安立处、无依止处、无可示现。法界亦尔,无可入处、无可见处、无安立处、无依止处,亦无了知、亦无示现。诸菩萨摩诃萨无示现故,与如如界相应而住。无边慧,一切法界无生无命无老无死、无升无沉无示现界,是为法界。无变异界是为法界,而法界者遍一切处。无边慧,法界无去亦无去处,无去处故乃名法界相应而住。如如法界于中无处亦无非处。何以故?如如法界、如如自性无所有故。

24.60.6

[illegible]	[illegible]	[illegible]	[illegible]	[illegible],	[illegible]	[illegible]	[illegible]	[illegible]
bju^{2}	mjij^{1}	zjɨr^{1}	dźiã^{2}	tsjij^{2}	rjur^{1}	po^{1}	tsa^{1}	ma^{2}
边	无	慧	情	悟,	诸	菩	萨	摩
[illegible]	[illegible]	[illegible]	[illegible]	[illegible]	[illegible]	[illegible],	[illegible]	[illegible]
ŋạ^{2}	tsa^{1}	ŋa^{2}	rjɨr^{2}	tshjịj^{1}	mji^{1}	ku^{1}	tsjɨ̱r^{1}	kiẹj^{2}
诃	萨	我	所	说	闻	则,	法	界

无边慧,诸菩萨摩诃萨闻我此说,法界①……

24.61.1

[illegible]	[illegible]	[illegible]	[illegible],	[illegible]	[illegible]	[illegible]	[illegible],
tsjɨ̱r^{1}	kiẹj^{2}	wẹ^{1}	mjij^{1}	kạ^{1}	mjij^{1}	nar^{2}	mjij^{1}
法	界	生	无,	命	无	老	无,
[illegible]	[illegible]	[illegible]	[illegible],	[illegible]	[illegible]	[illegible]	[illegible]。
sjɨ^{1}	mjij^{1}	djị^{1}	mjij^{1}	lho	ka^{2}	tsjɨ^{1}	mjij^{1}
死	无	沉	无,	出	离	亦	无。

法界无生,无命无老,无死无沉,亦无出离。

① 以下大段缺失。

24.61.2

[illegible]	[illegible]	[illegible]	[illegible]，	[illegible]	[illegible]	[illegible]	[illegible]，
tsji̱r1	kięj2	se̱w2	gie1	lja1	mjij1	śjɨ1	mjij1
法	界	思	难，	来	无	往	无，
[illegible]	[illegible]	[illegible]	[illegible]，	[illegible]	[illegible]	[illegible]	[illegible]。
tsji̱r1	kięj2	ŋur1	nja̱2	kięj2	nja̱2	do2	nja̱2
法	界	蕴	非，	界	非	处	非。

法界难思，无来无去，法界非蕴，非界非处。

24.61.3

[illegible]	[illegible]	[illegible]	[illegible]，	[illegible]	[illegible]	[illegible]	[illegible]，
do2	rjir2	mji1	ka2	mju2	ljɨj2	lew2	mjij1
处	与	不	离，	动	摇	所	无，
[illegible]	[illegible]	[illegible]	[illegible]①，	[illegible]	[illegible]	[illegible]	[illegible]。
tsji̱r1	kięj2	mjor1	ɣiej1	·jij1	tsji̱r2	mji1	dju1
法	界	如	真，	自	性	不	有。

亦不离处，而无所动，法界如如，自性非有。

24.61.4

[illegible]	[illegible]	[illegible]	[illegible]，	[illegible]	[illegible]	[illegible]	[illegible]，
dźiã2	tsjij2	ŋowr2	ŋowr2	thjɨ2	sju2	tsji̱r1	kięj2
情	悟	皆	皆，	此	如	法	界，
[illegible]	[illegible]	[illegible]	[illegible]，	[illegible]	[illegible]	[illegible]	[illegible]。
se̱w2	gie1	tsjij2	ku1	tsji̱r1	bji1	swew1	rjir1
思	难	悟	故，	法	光	明	得。

一切菩萨，如是了知，法界难思，得法光明。

24.61.5

[illegible]	[illegible]	[illegible]	[illegible]，	[illegible]	[illegible]	[illegible]	[illegible]，
thjɨ2	nio̱w1	śjwo1	tshwew1	rejr2	lhjo̱r1	·u2	śjɨ1

① [illegible][illegible]，意思是"真如"，汉文本作"如如"。

此	因	发	趣,	道	场	内	往,
[illegible]	[illegible]	[illegible]	[illegible],	[illegible]	[illegible]	[illegible]	[illegible]。
nio̱w^{1}	tha^{1}	tsji̱r^{1}	ɣa^{2}	·jiw^{2}	ljɨ̱j^{1}	mji^{1}	dju^{1}
又	佛	法	于,	疑	惑	不	有。

由是发趣,往诣道场,而于佛法,无有疑惑。

24.61.6

[illegible]	[illegible]	[illegible]	[illegible],	[illegible]	[illegible]	[illegible]	[illegible],
mjɨ^{1}	mju̱^{2}	mjɨ^{1}	wji̱^{2}	tsji̱r^{1}	bji^{1}	swew^{1}	ŋwu^{2}
彼	动	不	能,	法	光	明	以,
[illegible]	[illegible]	[illegible]	[illegible],	[illegible]	[illegible]	[illegible]	[illegible]。
rjur^{1}	tshjɨ^{1}	tśhju^{1}	·jij^{1}	lji̱j^{2}	no^{2}	rejr^{2}	rjir^{2}
诸	情	有	之,	大	安	乐	获。

不为所动,以法光明,令诸众生,获大安乐。

汉文本

无边慧,诸菩萨摩诃萨闻我此说,[则于一切]法界[理趣,便获无边大法光明,以法光明得无生忍,速能圆满如来十力十八不共一切佛法。为欲成熟一切众生广大善根胜资粮故,如来种性无断绝故,速诣道场转于法轮。蔽诸魔宫摧伏异论,作善丈夫大狮子吼。为诸众生演说妙法,随其乐欲,随其志愿,随其发趣正解脱故。皆令趣于阿耨多罗三藐三菩提。尔时世尊而说偈言:

一切菩萨,不住诸法,
于佛法中,无所安立。
一切菩萨,无安立故,
于佛法中,无畏发趣。
一切菩萨,见诸佛法,
无住无处,妙善安立。
一切菩萨,不住于处,
能见诸法,无住无退。
一切菩萨,见法无住,
不动佛法,不求佛法。
一切菩萨,见法不异,
不动佛法,亦不推寻。
一切菩萨,见法如是,
于法善巧,方便而住。

一切菩萨，见常平等，
不住佛法，亦非不住，
常无住处，亦非无处，
常不分别，非不分别，
种种分别，常无所有。
一切菩萨，无住相应，
于诸时处，而无所动。
一切菩萨，于法理趣，
平等住时，名为善住。
一切菩萨，于法理趣，
不见少法，可平等住。
一切菩萨，能见诸法，
无有处所，亦不离处，
得无所动，亦无亲近。
一切菩萨，于一切法，
理趣善巧，方便安住，
住无所住，名为菩萨。
一切菩萨，不于少法，
若去若来，分别而住，
尔时乃住，诸法理趣。
一切菩萨，于法理趣，
种种安住，能起无边，
大法光明，以法光明。
住平等见，见一切法，
及法理趣，如净虚空，
如影如像，平等无垢。
一切菩萨，于见了知，
亦无了知，远离自性。
一切菩萨，如是观察，
于一切法，理趣而住。
能于法界，坚固勤修，
说名法界，理趣方便。
一切菩萨，不住法界，
观诸法界，毕竟非有。
一切菩萨，决了法界，
见一切法，如虚空风。
无有安立，遍一切处，
法界亦尔，遍一切处。

法界难思，无可示现，
于诸智者，不作亲近。
无示现界，乃为法界，
无有住处，名为住者。]
法界无生，无命无老，
无死无沉，亦无出离。
法界难思，无来无去，
法界非蕴，非界非处。
亦不离处，而无所动，
法界如如，自性非有。
一切菩萨，如是了知，
法界难思，得法光明。
由是发趣，往诣道场，
而于佛法，无有疑惑。
不为所动，以法光明，
令诸众生，获大安乐。

24.62.1

[illegible]	[illegible]	[illegible]	[illegible]	[illegible]，	[illegible]	[illegible]	[illegible]	[illegible]
bju^{2}	mjij^{1}	zjɨr^{1}	dźiã^{2}	tsjij^{2}	rjur^{1}	po^{1}	tsa^{1}	ma^{2}
边	无	慧	情	悟，	诸	菩	萨	摩
[illegible]	[illegible]	[illegible]	[illegible]	[illegible]	[illegible]	[illegible]	[illegible]	[illegible]
ŋạ^{2}	tsa^{1}	thjɨ^{2}	sju^{2}	źji^{2}	na^{1}	tsji̱r^{1}	bju^{1}	·jɨr^{2}
诃	萨	此	如	甚	深	法	依	勤

无边慧，诸菩萨摩诃萨能于如是甚深之法勤

24.62.2

[illegible]	[illegible]	[illegible]，	[illegible]	[illegible]	[illegible]	[illegible]	[illegible]	[illegible]
djọ^{2}	dźjij^{1}	ku^{1}	tśhjwo^{1}	thjɨ^{2}	sju^{2}	ljij^{2}	tsji̱r^{1}	bji^{1}
修	行	故，	故	此	如	大	法	光
[illegible]	[illegible]，	[illegible]	[illegible]	[illegible]	[illegible]	[illegible]	[illegible]	[illegible]
swew^{1}	rjir^{2}	thjɨ^{2}	sjij^{2}	zjɨr^{1}	ŋwu^{2}	tśhjwo^{1}	·a	du̱^{2}
明	得，	此	智	慧	以	故	阿	耨

修行者，乃得如是大法光明，以此智慧而发趣于阿耨

24.62.3

[illegible]	[illegible]	[illegible]	[illegible]	[illegible]	[illegible]	[illegible]	[illegible]	[illegible]	[illegible]	[illegible]。
tow^{1}	lo^{1}	sã^{1}	mjiw^{2}	sã^{1}	po^{1}	tjɨj^{1}	rjijr^{2}	śjwo^{1}	tshwew^{1}	ljɨ^{1}
多	罗	三	藐	三	菩	提	于	发	趣	也。

多罗三藐三菩提。

24.62.4

[illegible]	[illegible]	[illegible]	[illegible]	[illegible]	[illegible]	[illegible]	[illegible]	[illegible]	[illegible]	[illegible]
ljịj^{2}	ljị^{1}	tśiow^{1}	lwər^{2}	rejr^{2}	?	njɨ̱^{1}	ɣạ^{2}	ljɨ̱r^{1}	tsew^{2}	njo̱r^{1}
大	宝	积	经	典	卷	二	十	四	第	水

《大宝积经》卷第二十四　水

汉文本

无边慧，诸菩萨摩诃萨能于如是甚深之法勤修行者，乃得如是大法光明，以此智慧而发趣于阿耨多罗三藐三菩提。

《大宝积经》卷第二十四

西夏文《大宝积经》

·卷二十五·

《被甲庄严会》

第七之五整理与研究

内容和版本介绍

《大宝积经·被甲庄严会》的主要内容是:“佛住迦兰陀竹园,无边慧菩萨说偈问法,佛亦说偈许答。次正问被大甲胄,佛具答之:初一番长行、偈颂,列诸甲胄名;第二番长行、偈颂,明此甲胄无相无名,不可破坏;第三番长行、偈颂,明其乘于大乘;第四番长行、偈颂,明其住八正道;第五番长行、偈颂,明发趣摄取正道之法;第六番长行、偈颂,明一一皆以慧为先导;第七番长行、偈颂,明其随入一切法,大饶益众生;第八番长行、偈颂,引古栴檀香光明佛时,有转轮王名一切义成,能求此法,已成超无边境界王佛;第九番长行、偈颂,明于诸法得法光明,不堕诸见;第十番长行、偈颂,因胜慧菩萨问,明无所行而行;第十一番,胜慧说颂赞佛,誓愿持法;第十二番,佛说偈赞成之,并说古遍照佛时,勇猛军转轮王闻法受持,已成无边精进光明功德超胜王佛。次因无边胜菩萨问,为说长行、偈颂,明无住而住为如理住。次因无边慧问,为说长行、偈颂,明无所安立、无畏发趣之义。又说往古月灯王佛时,云音、无边音二大士闻此法门,皆已成佛。若有精勤修习者,当得一切法海印三昧,又能摄得“阿”字等诸三昧印。又说往古超过须弥光王佛时,勇猛军、勇猛力二大士受持此法,皆已成佛,一名无边辩才,一名最胜光明。次有慧义菩萨叹法希有,佛印成之。次加持付嘱流通。”(蕅益大师《阅藏知津》)

西夏文《大宝积经》卷二十五《被甲庄严会》第七之五,1909 年由科兹洛夫率领的俄国皇家蒙古四川地理考察队发现于黑水城遗址,现藏于俄罗斯科学院东方文献研究所。据克恰诺夫《西夏佛典目录》,该卷在第二部中,入藏号是 инв.№ 434,写本,经折装。完整保存,共 72 折。天头 4.7 厘米,地脚 2.3 厘米。经名后有帙号并西夏仁宗皇帝尊号。卷尾有经名和帙号。инв.№ 434 首次刊布于《俄藏黑水城文献》第 21 册第 154~157 页,每折 6 行,每行 18 字。

西夏文《大宝积经》卷二十五(инв.№ 434)经名后有“奉天显道”四字,当是西夏仁宗皇帝尊号“奉天显道耀武宣文神谋睿智制义去邪惇睦懿恭”的简称,可知该本为西夏仁宗皇帝(1139—1193 年在位)时期的校译本。

下面的录文和释读依据 инв.№ 434,释读采用逐折、逐行对译的形式,并用数字标明西夏文录文的卷次、原版折面和行次,如 25.1.1,为第二十五卷第一折第一行。

文本释读

25.1.1

[illegible]	[illegible]	[illegible]	[illegible]	[illegible]	[illegible]	[illegible]	[illegible]	[illegible]	[illegible]	[illegible]①
tha^{2}	ljɨ̣^{1}	tśiow^{1}	lwər^{2}	lhejr^{2}	?	njɨ̱^{1}	ɣa^{2}	ŋwə^{1}	tsew^{2}	njo̱r^{1}
大	宝	积	经	契	卷	二	十	五	第	水

《大宝积经》卷第二十五　水

25.1.2

[illegible]	[illegible]	[illegible]	[illegible]
tshjwu^{1}	bju^{1}	tśja^{1}	dźju^{1}
天	奉	道	显

奉天显道②

25.1.3

[illegible]	[illegible]	[illegible]	[illegible]	[illegible]	[illegible]	[illegible]	[illegible]	[illegible]
zjir^{2}	tśhjwi^{1}	lju̱^{2}	tshjịj^{2}	ljwu^{2}	śjạ^{1}	tsew^{2}	·jij^{1}	ŋwə^{1}
甲	被	庄	严	会	七	第	之	五

《被甲庄严会》第七之五

25.1.4

[illegible]	[illegible]	[illegible]	[illegible]	[illegible]	[illegible]	[illegible]③，	[illegible]	[illegible]	[illegible]④	[illegible]
nio̱w^{1}	tśjɨ̱^{1}	bju^{2}	mjij^{1}	zjɨr^{1}	tshjɨ^{1}	tsjij^{2}	ŋa^{2}	njwo^{2}	·wjɨ^{2}	rar^{2}
复	次	边	无	慧	情	悟，	我	昔	△	过
[illegible]	[illegible]	[illegible]	[illegible]	[illegible]	[illegible]	[illegible]，				
njɨ̱^{1}	·a	sẽ^{1}	khji^{1}	kja^{2}	ɣwə^{2}	rjir^{2}				

① [illegible]，汉译为"水"，这里为佛经函号。

② 此为西夏仁宗皇帝尊号之简称，全称为"奉天显道耀武宣文神谋睿智制义去邪惇睦懿恭"。据此可知俄藏инв.№ 434为西夏仁宗皇帝（1139—1193年在位）时期的校译本。

③ [illegible]，菩萨。字面义为"情悟"，即"使众生觉悟"。

④ [illegible]，动词趋向前缀，表示完成体向远方。

二　阿　僧　祇　劫　前　前，

复次无边慧，我念往昔过二阿僧祇劫①，

25.1.5

[illegible]	[illegible]	[illegible]	[illegible]	[illegible]	[illegible]	[illegible]	[illegible]，	[illegible]
tśhjɨ1	dzjɨj1	tha1	gji2	rjur1	kha1	to2	śja2	mjij2
尔	时	佛	一	世	间	出	现，	名
[illegible]	[illegible]	[illegible]	[illegible]	[illegible]	[illegible]、	[illegible]	[illegible]、	[illegible]
tja1	lhjịj2	tjij1	njij2	mjor1	ljij2	bju1	·wo2	tśhja2
者	月	灯	王	如	来、	供	应、	正

尔时有佛出现世间，号曰月灯王如来、应供、

25.1.6

[illegible]	[illegible]、	[illegible]	[illegible]	[illegible]	[illegible]、	[illegible]	[illegible]、	[illegible]
njɨ2	nwə1	swew1	dźjɨ	·io̱1	sə1	new̱2	bjịj2	rjur1
遍	知、	明	行	圆	满、	善	逝、	世
[illegible]	[illegible]、	[illegible]	[illegible]	[illegible]	[illegible]	[illegible]、	[illegible]	[illegible]
kha1	tsjij2	go̱r1	kiej2	·jij1	rjur1	·jar2	źji2	phju2
间	解、	男	子	△	降	伏、	最	上

正遍知、明行足、善逝、世间解、调御丈夫、无上士、

25.2.1

[illegible]、	[illegible]	[illegible]	[illegible]、	[illegible]	[illegible]	[illegible]，	[illegible]	[illegible]
mjịj2	ŋwə1	dzjwo2	dzjịj2	tha1	rjur1	pju̱1	kja2	mjij2
士、	天	人	师、	佛	世	尊，	劫	名
[illegible]	[illegible]，	[illegible]	[illegible]	[illegible]	[illegible]，	[illegible]	[illegible]	[illegible]
zər2	ljɨ̣j2	low2	mjịj2	gji1	sej1	thja2	tha1	rjur1
露	甘，	国	名	清	净，	彼	佛	世

天人师、佛世尊，劫名甘露，国名清净，彼佛世界，

① 阿僧祇劫，佛教语，无数劫也。阿僧祇在佛教中表示时间的概念。

25.2.2

□，	□	□	□	□①	□，	□	□	□
kiẹj^{2}	pho^{1}	lji^{1}	ŋwu^{2}	dja^{2}	śjɨj^{1}	·ju^{2}	swew^{1}	bji^{1}
界，	玻	璃	以	△	成，	常	明	光
□	□	□	□	□。	□	□	□	□②
śjwo^{1}	thja^{1}	low^{2}	zjir^{2}	swew^{1}	tjɨ^{1}	tjij^{1}	dźiã^{2}	tśhju^{1}
生	其	土	遍	照。	如	若	情	有

玻璃所成,常有光明遍照其土。若有众生

25.2.3

□	□	□	□	□，	□	□	□	□，
thja^{1}	bji^{1}	rjir^{2}	ber^{2}	mjor^{1}	sej^{1}	thjo̱^{1}	śjwo^{2}	lju̱^{2}
斯	光	与	遇	则，	净	妙	严	端，
□	□	□	□	□	□	□	□	□，
tśhjwo^{1}	thjɨ^{2}	nio̱w^{1}	rjur^{1}	kiẹj^{2}	gji^{1}	sej^{1}	mji̱j^{2}	we^{2}
故	是	因	世	界	清	净	名	为，

遇斯光者,净妙端严,是故世界名为清净,

25.2.4

□	□	□	□	□	□	□	□	□③
dzjij^{2}	we^{2}	dzjwɨ̣^{1}	nji^{1}	·wjụ^{2}	do^{2}	pha^{1}	mji̱j^{2}	mji̱j^{2}
其	城	邑	聚	落	差	别	名	名
□	□	□	□，	□	□	□	□	□④
tśja^{1}	lhejr^{2}	thjo̱^{1}	gjij^{1}	kiẹ^{1}	lu^{2}	ŋwu^{2}	kiẹj^{2}	rjar^{1}
道	路	妙	殊，	金	绳	以	界	缚

无别城邑聚落之名。交道殊妙,金绳界饰,

① □,动词趋向前缀,表示完成体离心方。

② □□,意思是"有情",对译"众生"。旧译曰众生,新译曰有情。有情识者,有爱情者。总名动物。

③ □,是"□"(无)的通假字。

④ □,常用在长度单位之后,表示距离远近。这里有"束缚"义,见西夏文《孙子兵法三注》"□□□□□□□",字面义为"军卒之耳目束缚",对译"一人之耳目"。

25.2.5

[illegible]。	[illegible]	[illegible]	[illegible]	[illegible]	[illegible]	[illegible]	[illegible]	[illegible]①
we^{2}	rjur^{1}	tśja^{1}	lhejr^{2}	źjạ^{1}	ljɨ^{1}	ljɨ^{1}	tshjɨ̣^{1}	ljwu^{1}
为。	诸	道	路	间	一	一	行	间
[illegible]	[illegible]	[illegible]	[illegible]	[illegible]	[illegible]。	[illegible]	[illegible]	[illegible]
khwə^{1}	kju^{1}	lu^{1}	śja^{1}	rjar^{1}	gji^{2}	ljɨ^{1}	ljɨ^{1}	tśja^{1}
半	俱	卢	舍	远	各。	一	一	道

诸交道间,一一等量半俱卢舍。一一道间,

25.2.6

[illegible],	[illegible]	[illegible]	[illegible]	[illegible]	[illegible]	[illegible]	[illegible]	[illegible]
·u^{2}	swew^{1}	bji^{1}	ljɨ̣^{1}	dzjị^{2}	dza^{1}	tow^{1}	lo^{1}	phu^{2}
间,	明	光	宝	柱	杂	多	罗	树
[illegible],	[illegible]	[illegible]	[illegible]	[illegible]	[illegible]	[illegible]	[illegible]	[illegible]
twụ^{1}	·jar^{1}	ɣạ^{2}	ljɨ̣r^{1}	gji^{2}	dzjiw^{1}	lwu^{1}	lwu^{1}	bio^{1}
处,	八	十	四	各	有	混	合	行

光明宝柱杂多罗树,各八十四辉映行列。

25.3.1

[illegible]。	[illegible]	[illegible]	[illegible]	[illegible],	[illegible]	[illegible]	[illegible]	[illegible],
khjɨ̣^{2}	nio̱w^{1}	ljɨ̣r^{1}	dźiəj^{2}	wjij^{2}	dzjɨ̣j^{2}	rewr^{2}	·wio̱^{1}	tśjɨ̣^{1}
列。	复	四	池	有,	沟	岸	围	绕,
[illegible]	[illegible]	[illegible]	[illegible]	[illegible]	[illegible]	[illegible]	[illegible]。	[illegible]
śjạ^{1}	ljɨ̣^{1}	du^{1}	njir^{2}	sjij^{2}	·ju^{2}	bju^{1}	dźjij^{1}	źju̱^{1}
七	宝	楼	台	庶	民	依	住。	铃

复有四池堤塘围绕,七宝台观人民止住。

25.3.2

[illegible]	[illegible]	[illegible],	[illegible]	[illegible]	[illegible]	[illegible],	[illegible]	[illegible]
rer^{2}	lə^{2}	ɣja^{2}	mə^{2}	·jɨr^{2}	zu^{1}	xjwɨj^{2}	tjạ^{1}	wer^{1}

① [illegible][illegible],字面义为“行间”,对译“等量”,西夏文译者采用了意译。后文“等量”译为“[illegible][illegible]”(参见25.52.5)。

网	覆	盖，	诸	缯	带	悬，	饰	饰
[illegible]	[illegible]	[illegible]	[illegible]	[illegible]	[illegible]。	[illegible]	[illegible]	[illegible]
śjwo^{2}	ŋa̱^{2}	rjur^{1}	mə^{1}	·wjɨ^{2}	sju^{2}	thja^{1}	kię̱j^{2}	dźiā^{2}
严	好	诸	天	△	如。	彼	界	情

覆以铃网，悬诸缯带，花饰珍玩犹如诸天。彼界众

25.3.3

[illegible]	[illegible]	[illegible]	[illegible]	[illegible]，	[illegible]	[illegible]	[illegible]	[illegible]
tśhju^{1}	mjij^{1}	sej^{1}	no^{2}	rejr^{2}	ɣa̱^{2}	ne̱w^{2}	sjwɨj^{1}	tśja^{1}
有	寂	静	乐	安，	十	善	业	道
[illegible]	[illegible]	[illegible]	[illegible]。	[illegible]	[illegible]①	[illegible]	[illegible]，	[illegible]
to^{2}	źji^{2}	śjɨj^{1}	·jiw^{2}	mjor^{1}	la̱^{1}	śjwo^{2}	lju̱^{2}	zjo̱^{2}
悉	皆	成	就。	实	貌	严	端，	寿

生寂静安乐，十善业道悉已成就。颜貌端严，

25.3.4

[illegible]	[illegible]	[illegible]，	[illegible]	[illegible]	[illegible]	[illegible]，	[illegible]	[illegible]
tsew^{2}	źji^{2}	dźjo^{1}	lej^{2}	tshja̱^{1}	lə	bji^{1}	mji^{1}	bju^{1}
限	最	长，	贪	嗔	痴	薄，	闻	依
[illegible]	[illegible]，	[illegible]	[illegible]	[illegible]②	[illegible]	[illegible]	[illegible]	[illegible]
xja^{1}	tsjij^{2}	zjɨr^{1}	tśier^{1}	·ju^{2}	ŋwu^{2}	rjur^{1}	tsjɨr^{1}	·wa̱^{2}
速	悟，	少	利	寻	以	诸	法	广

寿命长远，薄贪嗔痴易可开悟，以少方便广知诸法。

25.3.5

[illegible]。	[illegible]	[illegible]	[illegible]	[illegible]	[illegible]	[illegible]	[illegible]	[illegible]，
na^{1}	thja^{1}	tha^{1}	zjo̱^{2}	tsew^{2}	tu̱^{1}	kju^{1}	tśji^{2}	kjiw^{1}
知。	彼	佛	寿	限	千	俱	胝	岁，
[illegible]	[illegible]	[illegible]	[illegible]③	[illegible]	[illegible]	[illegible]④	[illegible]	[illegible]

① [illegible]，字面义为“实貌”，对译“颜貌”。
② [illegible]，意思是“寻利”，对译“方便”。
③ [illegible]，字面义为“后方”，意思是“……之后”。
④ [illegible]，“[illegible]”（世）之讹字，形近致误。

gju¹	dzjar²	nio̱w¹	rjijr²	tśhja²	tsji̱r¹	rjur¹	dźji̱j¹	lew¹
度	灭	后	方	正	法	诸	住	一

彼佛寿命千俱胝①岁,灭度之后正法住世一

25.3.6

[illegible]	[illegible]	[illegible]。	[illegible]	[illegible]	[illegible]	[illegible],	[illegible]	[illegible]
kju¹	tśji²	kjiw¹	ɣạ²	ljwu²	tsji̱r¹	tshjij¹	ljɨ¹	ljɨ¹
俱	胝	岁。	十	会	法	说,	一	一
[illegible]	[illegible]	[illegible]	[illegible]	[illegible]	[illegible]	[illegible]	[illegible]	[illegible]
tsji̱r¹	ljwu²	kha¹	ɣiew¹	ljɨ̣²	dźji̱j¹	mji̱j²	rjur¹	ɣiẹ²
法	会	间	学	地	住	者	诸	声

俱胝岁。十会说法,诸声闻众住学地者,一一法会

25.4.1

[illegible]	[illegible]	[illegible]	[illegible]	[illegible]	[illegible]	[illegible]	[illegible]	[illegible]
mji¹	·ji¹	twụ¹	njɨ¹	ɣạ²	kju¹	tśji²	no¹	·jiw¹
闻	众	处	二	十	俱	胝	那	由
[illegible];	[illegible]	[illegible]	[illegible]	[illegible]	[illegible]	[illegible]	[illegible]	[illegible],
thow¹	lew¹	·ụ²	tshwew¹	mji̱j²	rjur¹	dźiã²	tsjij²	·ji¹
他;	一	乘	趣	者	诸	情	悟	众,

各有二十俱胝那由他;诸菩萨众趣一乘者,

25.4.2

[illegible]	[illegible]	[illegible]	[illegible]。	[illegible]	[illegible]	[illegible]	[illegible]	[illegible],
ŋewr²	mjɨ¹	pjụ¹	ljɨ¹	bju²	mjij¹	zjɨr¹	dźiã²	tsjij²
数	无	量	也。	边	无	慧	情	悟,
[illegible]	[illegible]	[illegible]	[illegible]	[illegible]	[illegible]	[illegible]	[illegible]	[illegible]
thja¹	lhjij²	tjij¹	njij²	mjor¹	ljij²	·jij¹	ljɨ¹	po¹
其	月	灯	王	如	来	之	宝	菩

其数无量。无边慧,彼月灯王如来宝菩

① 俱胝,梵文 Koṭi,数名,译曰“亿”。《玄应音义》五曰:“俱致,或言俱胝,此言千万,或言亿。”

25.4.3

[illegible]	[illegible]	[illegible]，	[illegible]	[illegible]	[illegible]	[illegible]	[illegible]	[illegible]，
tjɨj^{1}	phu^{2}	tja^{1}	·iọ^{1}	ŋwə^{1}	ɣạ^{2}	·jiw^{1}	sjwɨ^{1}	rjar^{1}
提	树	者，	周	五	十	由	旬	远，
[illegible]	[illegible]	[illegible]	[illegible]	[illegible]	[illegible]，	[illegible]	[illegible]	[illegible]
bji^{2}	bjij^{2}	·jir^{2}	·jiw^{1}	sjwɨ^{1}	rjar^{1}	śiwə^{1}	khiwə^{1}	ŋwu^{2}
下	高	百	由	旬	远，	珊	瑚	以

提树，周五十由旬①，高一百由旬，珊瑚为根，

25.4.4

[illegible]	[illegible]，	[illegible]	[illegible]②	[illegible]	[illegible]	[illegible]，	[illegible]	[illegible]
tśhji^{2}	we^{2}	nia̱^{2}	ɣjɨ̣^{1}	ŋwu^{2}	ka̱^{2}	we^{2}	kię^{1}	nər^{2}
根	为，	明	石	以	干	为，	金	黄
[illegible]	[illegible]	[illegible]，	[illegible]	[illegible]③	[illegible]	[illegible]	[illegible]。	[illegible]
ŋwu^{2}	war^{2}	we^{2}	nji	kjɨ̣^{1}	ŋwu^{2}	ba̱^{2}	we^{2}	lhejr^{2}
以	枝	为，	珠	斑	以	叶	为。	道

琉璃为干，黄金为枝，玛瑙为叶。

25.4.5

[illegible]	[illegible]	[illegible]④	[illegible]	[illegible]	[illegible]	[illegible]，	[illegible]	[illegible]
lhjo̱r^{1}	·iọ^{1}	rjijr^{2}	·jir^{2}	·jiw^{1}	sjwɨ^{1}	rjar^{1}	njir^{2}	tśja^{1}
场	周	量	百	由	旬	远，	台	道
[illegible]	[illegible]，	[illegible]	[illegible]	[illegible]	[illegible]，	[illegible]	[illegible]	[illegible]
ɣu^{1}	mjij^{1}	sji^{1}	tụ^{1}	·wiọ^{1}	tśjɨ̣^{1}	thjo̱^{1}	tow^{1}	lo^{1}
首	尾，	树	网	围	绕，	妙	多	罗

道场纵广一百由旬，基陛周匝，栏楯围绕，妙多罗

① 由旬，梵文 yojana，又作"逾缮那"。古印度计程单位，一般指"套一次牛所行的路程"，大概四十里。

② [illegible]，字面义为"明壁"，对译"琉璃"。《玄应音义》二十三曰："琉璃，吠琉璃也，亦云毗琉璃，又言鞞头梨。从山为名，谓远山宝也，远山即须弥山也。此宝青色，一切宝皆不可坏。"

③ [illegible]，字面义为"斑珠"，对译"玛瑙"。

④ [illegible]，意为"儒、士、才"，据文义，当为"[illegible]"（量）之形误，本卷多次出现。

25.4.6

[illegible]	[illegible]	[illegible]	[illegible]	[illegible]，	[illegible]	[illegible]	[illegible]	[illegible]
phu^{2}	lwu^{1}	dzjiw^{1}	bio^{1}	khjɨ̱^{2}	kiẹ^{1}	źjṳ^{1}	ljɨ̣^{1}	rer^{2}
树	混	植	行	列，	金	铃	宝	网
[illegible]	[illegible]	[illegible]	[illegible]。	[illegible]	[illegible]	[illegible]	[illegible]	[illegible]
lə^{2}	ɣja^{2}	lju̱^{2}	tshjịj^{2}	tha^{2}	po^{1}	tjij^{1}	lu^{2}	bji^{2}
蔽	覆	庄	严。	大	菩	提	座	下

树布植行列，金铃宝网弥覆庄严。大菩提①座

25.5.1

[illegible]	[illegible]	[illegible]	[illegible]	[illegible]，	[illegible]	[illegible]	[illegible]	[illegible]
bjij^{2}	sọ^{1}	·jiw^{1}	sjwɨ^{1}	rjar^{1}	wə̣^{1}	lhjị^{1}	·wo^{1}	lju^{1}
高	三	由	旬	远，	细	软	枕	席
[illegible]	[illegible]	[illegible]	[illegible]，	[illegible]	[illegible]	[illegible]	[illegible]	[illegible]
thja^{2}	tśhja̱^{1}	thu^{1}	·ji̱r^{2}	·jir^{2}	tụ^{1}	thjo̱^{1}	lhwu^{1}	·o^{1}
其	上	施	张，	百	千	妙	衣	悬

高三由旬，细软敷具张施其上，妙衣百千间

25.5.2

[illegible]	[illegible]	[illegible]，	[illegible]	[illegible]	[illegible]	[illegible]	[illegible]	[illegible]
xjwɨj^{2}	tjạ^{1}	wer^{1}	njɨ^{1}	ɣạ^{2}	ljɨ^{1}	dźjow^{1}	ɣu^{1}	mjij^{1}
垂	饰	饰，	二	十	幡	幢	首	尾
[illegible]	[illegible]。	[illegible]	[illegible]	[illegible]	[illegible]	[illegible]	[illegible]	[illegible]
bio^{1}	khjɨ̱^{2}	lhjij^{2}	tjij^{1}	njij^{2}	tha^{1}	thja^{2}	lu^{2}	tśhja̱^{1}
行	列。	月	灯	王	佛	此	座	上

饰垂下，幢幡二十树列其傍。月灯王佛于此座上，

25.5.3

[illegible]，	[illegible]	[illegible]	[illegible]	[illegible]	[illegible]	[illegible]	[illegible]	[illegible]

① 大菩提，佛之菩提，对于声闻缘觉之菩提，谓之大菩提。《唯识论》一曰："由断碍解所知障故得大菩提。"《法华论》曰："菩提有三种：一声闻菩提，二缘觉菩提，三无上菩提。"无上菩提即佛果菩提也，今指之为佛菩提。

dzu̱²	·a	du̱²	tow¹	lo¹	sã¹	mjiw²	sã¹	po¹
坐，	阿	耨	多	罗	三	藐	三	菩
[illegible]	[illegible]。	[illegible]	[illegible]	[illegible]	[illegible]	[illegible]	[illegible]	[illegible]
tjɨj¹	lja̱¹	zjij¹	thja²	lhjịj	·io̱¹	·u²	so̱¹	niow²
提	证。	时	彼	国	界	中	三	恶

证阿耨多罗三藐三菩提①。时彼国界无三恶趣②

25.5.4

[illegible]	[illegible]	[illegible]	[illegible]	[illegible]，	[illegible]	[illegible]	[illegible]	[illegible]
tshwew¹	niow²	tshwew¹	mjij²	mjij¹	rjur¹	ŋjir¹	nio̱w¹	rjur¹
趣	恶	趣	名	无，	诸	难	及	诸
[illegible]	[illegible]	[illegible]	[illegible]。	[illegible]	[illegible]	[illegible]③	[illegible]	[illegible]
ŋjir¹	mjij²	tsjɨ¹	mjij¹	lhjịj²	tjij¹	lu²	tha¹	·ju²
难	名	亦	无。	月	灯	座	佛	常

及恶趣名，亦无诸难及诸难名。月灯王佛常

25.5.5

[illegible]	[illegible]	[illegible]	[illegible]	[illegible]，	[illegible]	[illegible]	[illegible]	[illegible]④
rjur¹	kiẹj²	ŋowr²	ŋowr²	kha¹	lju̱²	śja²	tśhja²	tsji̱r¹
世	界	皆	皆	中，	身	现	正	法
[illegible]	[illegible]⑤。	[illegible]	[illegible]	[illegible]	[illegible]	[illegible]，	[illegible]	[illegible]
dźiej²	de̱j¹	bju²	mjij¹	zjɨr¹	dźiã²	tsjij²	thja¹	lhjịj²
轮	转。	边	无	慧	情	悟，	彼	月

于一切诸世界中，化现其身转于法轮。无边慧，彼月

25.5.6

[illegible]	[illegible]	[illegible]	[illegible]	[illegible]	[illegible]	[illegible]	[illegible]，	[illegible]
tjij¹	njij²	mjor¹	ljij²	njɨ̱¹	dźiã²	tsjij²	dźjij²	lew¹

① 阿耨多罗三藐三菩提，佛智名。义为"无上正遍知"，一切真理之无上智慧也。
② 恶趣，众生以恶业之因而趣之所，即地狱畜生等。
③ [illegible]，据文义，当为"[illegible]"（王）之形讹。
④ [illegible][illegible]，正法，真正之道法也。理无差曰正。
⑤ 该字原件后有符号"√"，表明倒文。

灯	王	如	来	二	情	悟	有，	一
[illegible]	[illegible]	[illegible]，	[illegible]	[illegible]	[illegible]	[illegible]	[illegible]。	[illegible]
mjij²	djɨj²	ɣię²	njɨ¹	mjij²	bju²	mjij¹	ɣię²	thja²
名	云	音，	二	名	边	无	音。	彼

灯王如来有二菩萨,一名云音,二名无边音。是

25.6.1

[illegible]	[illegible]	[illegible]	[illegible]	[illegible]	[illegible]	[illegible]①	[illegible]：	[illegible]
njɨ¹	dźiã²	tsjij²	thja²	mjor¹	ljij²	·jij¹	·jɨ¹	rjur¹
二	情	悟	彼	如	来	之	言：	世
[illegible]，	[illegible]	[illegible]	[illegible]	[illegible]	[illegible]	[illegible]	[illegible]	[illegible]
pjụ¹	rjur¹	po¹	tsa¹	ma²	ŋạ²	tsa¹	thjij²	sjo²
尊，	诸	菩	萨	摩	诃	萨	何	云

二菩萨于彼如来白言:世尊,云何诸菩萨摩诃萨

25.6.2

[illegible]	[illegible]	[illegible]	[illegible]	[illegible]	[illegible]	[illegible]	[illegible]	[illegible]
rjur¹	tsjir¹	ŋowr²	ŋowr²	·wo²	tshwew¹	kha¹	new²	ɣjɨr¹
诸	法	皆	皆	理	趣	中	善	巧
[illegible]	[illegible]	[illegible]	[illegible]	[illegible]	[illegible]？	[illegible]	[illegible]	[illegible]
tśier¹	·ju²	gu¹	śjwo¹	rjir¹	ljɨ¹	dzjɨj¹	thja¹	mjor¹
利	寻	立	发	得	也？	时	其	如

于一切法理趣之中,而得善巧方便安立?时彼如

25.6.3

[illegible]	[illegible]	[illegible]	[illegible]	[illegible]	[illegible]	[illegible]	[illegible]	[illegible]
ljij²	rjur¹	po¹	tsa¹	ma²	ŋạ²	tsa¹	·jij¹	rjur¹
来	诸	菩	萨	摩	诃	萨	之	诸
[illegible]	[illegible]	[illegible]	[illegible]	[illegible]	[illegible]，	[illegible]	[illegible]	[illegible]
tsjir¹	ŋowr²	ŋowr²	·wo²	tshwew¹	kha¹	new²	ɣjɨr¹	tśier¹

① [illegible],宾格助词。

法　皆　皆　理　趣　中，　善　巧　利

来欲令诸菩萨摩诃萨①于一切法理趣之中，而得善巧方

25.6.4

[illegible] [illegible] [illegible] [illegible] [illegible] [illegible] [illegible]， [illegible] [illegible]

·ju^{2}　gu^{1}　śjwo^{1}　rjir^{2}　phji^{1}　kiẹj^{2}　nio̱w^{1}　thja^{1}　nji̱^{1}

寻　立　起　得　令　欲　故，　此　二

[illegible] [illegible] [illegible] [illegible] [illegible] [illegible] [illegible] [illegible] [illegible]

dźiã^{2}　tsjij^{2}　·jij^{1}　thjɨ^{2}　tsji̱r^{1}　·wạ^{2}　tshji̱j^{1}　·wji^{1}　dzjɨj^{1}

情　悟　之　斯　法　广　说　为。　时

便安立，为二菩萨广说斯法。时

25.6.5

[illegible] [illegible] [illegible] [illegible] [illegible] [illegible] [illegible] [illegible] [illegible]

rjur^{1}　po^{1}　tsa^{1}　ma^{2}　ŋạ^{2}　tsa^{1}　thjɨ^{2}　tsji̱r^{1}　mji^{1}

诸　菩　萨　摩　诃　萨　斯　法　闻

[illegible]，　[illegible] [illegible] [illegible] [illegible] [illegible] [illegible] [illegible]， [illegible]

nio̱w^{1}　rjur^{1}　tsji̱r^{1}　ŋowr^{2}　ŋowr^{2}　·wo^{2}　tshwew^{1}　kha^{1}　tśhjɨ^{2}

后，　诸　法　皆　皆　理　趣　中，　迅

诸菩萨摩诃萨闻斯法已，于一切法理趣之中，

25.6.6

[illegible] [illegible] [illegible] [illegible] [illegible] [illegible] [illegible] [illegible]。 [illegible]

rjar^{2}　ne̱w^{2}　ɣjɨr^{1}　tśier^{1}　·ju^{2}　gu^{1}　śjwo^{1}　rjir^{1}　thja^{1}

速　善　巧　方　便　立　起　得。　是

[illegible] [illegible] [illegible] [illegible] [illegible] [illegible]②， [illegible] [illegible] [illegible]

nji̱^{1}　dźiã^{2}　tsjij^{2}　thja^{1}　nio̱w^{1}　rjijr^{2}　nji̱^{1}　khjɨ^{2}　kjiw^{1}

二　情　悟　彼　后　方，　二　万　岁

便获善巧方便安立。是二菩萨从是已后，于二万岁

① 菩萨摩诃萨，具名菩提萨埵摩诃萨埵。菩提萨埵作道众生，新译曰觉有情。摩诃萨埵作大众生，新译曰大有情。

② [illegible][illegible]，意思为"……之后"。

25.7.1

[illegible]	[illegible]	[illegible]	[illegible],	[illegible]	[illegible]	[illegible]	[illegible]	[illegible],
kha^{1}	·jɨ^{2}	me^{2}	mji^{1}	lwã^{2}	kiẹj^{2}	tshjạ^{1}	źjị^{1}	mjij^{1}
中	睡	眠	无,	乱	欲	嗔	恼	无,
[illegible]	[illegible]	[illegible]	[illegible],	[illegible]	[illegible]	[illegible]	[illegible],	[illegible]
tjị^{1}	sjịj^{2}	mji^{1}	śjwo^{1}	gjwɨr^{1}	sjịj^{2}	mji^{1}	śjwo^{1}	ŋo^{2}
食	想	不	起,	卧	想	不	生,	病

无有睡眠,无欲恚恼,不起食想,不生卧想,

25.7.2

[illegible]	[illegible]	[illegible]	[illegible]	[illegible]	[illegible]	[illegible],	[illegible]	[illegible]
·jiw^{1}	sju^{2}	tsə̣^{1}	njɨ^{2}	sjịj^{2}	tsjɨ^{1}	mjij^{1}	rjur^{1}	kha^{1}
缘	汤	药	等	想	亦	无,	世	间
[illegible]	[illegible]	[illegible]	[illegible]	[illegible]	[illegible]。	[illegible]	[illegible]	[illegible]
bio̱^{1}	dźjij^{1}	·u^{2}	dạ^{2}	mjij^{1}	dzu^{1}	thja^{1}	mjor^{1}	ljịj^{2}
观	游	戏	言	不	乐。	彼	如	来

亦无病缘汤药等想,不乐世间游观谈戏。于彼如来

25.7.3

[illegible]	[illegible]	[illegible],	[illegible]	[illegible]	[illegible]	[illegible]	[illegible]	[illegible]
tsji̱r^{1}	tshjịj^{1}	zjọ^{2}	nji^{2}	lu^{2}	bjij^{2}	rjijr^{2}	we̱^{1}	mjij^{1}
法	说	时,	汝	座	近	侧	生	无
[illegible]	[illegible]。	[illegible]	[illegible]	[illegible]	[illegible]	[illegible]	[illegible]	[illegible]
ze̱w^{2}	rjir^{2}	dzjɨj^{1}	thja^{1}	mjor^{1}	ljịj^{2}	dạ^{2}	·jɨr^{1}	ne̱w^{2}
忍	得。	时	彼	如	来	曰	问	善

说法之时,即于法座得无生忍①。时彼如来而问之曰:

25.7.4

[illegible]	[illegible],	[illegible]	[illegible]	[illegible]	[illegible]	[illegible]	[illegible]	[illegible]

① 无生忍,安住于无生无灭之理而不动也。《仁王经》说五忍,此为第四。或为初地之证名,或为七八九地之悟名。

go̱r^{1}	gji^{2}	rjur^{1}	tsji̱r^{1}	ŋowr^{2}	ŋowr^{2}	·wo^{2}	tshwew^{1}	kha^{1}
男	子，	诸	法	皆	皆	理	趣	中
[illegible]	[illegible]	[illegible]	[illegible]	[illegible]	[illegible]	[illegible]	[illegible]，	[illegible]
thjɨ^{2}	sju^{2}	ne̱w^{2}	ɣjɨr^{1}	tśier^{1}	·ju^{2}	gu^{1}	śjwo^{1}	nji^{2}
此	如	善	巧	方	便	立	起，	汝

善男子，于一切法理趣之中如是善巧方便安立，

25.7.5

[illegible]	[illegible]	[illegible]	[illegible]？	[illegible]	[illegible]	[illegible]	[illegible]	[illegible]
njɨ^{2}	kjụ^{1}	tsjɨ^{1}	mo^{2}	thja^{2}	nji̱^{1}	dźiā^{2}	tsjij^{2}	xja^{1}
等	求	亦	耶？	彼	二	情	悟	即
[illegible]	[illegible]	[illegible]	[illegible]：	[illegible]	[illegible]，	[illegible]	[illegible]	[illegible]
tha^{1}	·jij^{1}	dạ^{2}	·jɨ^{1}	rjur^{1}	pjụ^{1}	ŋa^{2}	njɨ^{2}	rjur^{1}
佛	之	曰	言：	世	尊，	我	等	诸

汝今求耶？是二菩萨即白佛言：世尊①，

25.7.6

[illegible]	[illegible]	[illegible]	[illegible]	[illegible]	[illegible]	[illegible]	[illegible]	[illegible]
tsji̱r^{1}	ŋowr^{2}	ŋowr^{2}	·wo^{2}	tshwew^{1}	ne̱w^{2}	ɣjɨr^{1}	gu^{1}	śjwo^{1}
法	皆	皆	理	趣	善	巧	立	起
[illegible]	[illegible]	[illegible]	[illegible]	[illegible]	[illegible]②，	[illegible]	[illegible]	[illegible]
mjij^{2}	tsjɨ^{1}	mjɨ^{1}	tśhjɨ^{1}	ljij^{2}	kjɨ^{1}	rjur^{1}	tsji̱r^{1}	ŋowr^{2}
名	亦	无	尔	见	△，	诸	法	皆

我尚不见有一切法理趣善巧③安立之名，

25.8.1

[illegible]	[illegible]	[illegible]	[illegible]	[illegible]	[illegible]	[illegible]	[illegible]	[illegible]
ŋowr^{2}	·wo^{2}	tshwew^{1}	ne̱w^{2}	ɣjɨr^{1}	gu^{1}	śjwo^{1}	tsji̱r^{1}	tsjɨ^{1}
皆	理	趣	善	巧	立	起	法	亦

① 世尊，佛之尊号。以佛具万德世所尊重故也。又，于世独尊也。《阿含经》及《成实论》以之为佛号中之第十，以具上之九号，故曰世尊。《涅槃经》及《智度论》置之于十号之外。

② [illegible]，这里为第一人称双数后缀。

③ 善巧，善良巧妙之方便也。《佛地论》七曰："称顺机宜，故名善巧。"

[illegible]	[illegible]	[illegible]	[illegible],	[illegible]	[illegible]	[illegible]	[illegible]	[illegible]
mjɨ¹	tśhjɨ¹	ljij²	kjɨ¹	nio̱w¹	rjur¹	tsji̱r¹	ŋowr²	ŋowr²
无	尔	见	△,	又	诸	法	皆	皆

亦复不见有一切法理趣善巧安立之法,况一切法

25.8.2

[illegible]	[illegible]	[illegible]	[illegible]	[illegible]	[illegible]	[illegible]	[illegible]	[illegible]
·wo²	tshwew¹	ne̱w²	ɣjɨr¹	tśier¹	·ju²	gu¹	śjwo¹	ljo̱²
理	趣	善	巧	利	寻	立	起	岂
[illegible]?	[illegible]	[illegible],	[illegible]	[illegible]	[illegible]	[illegible]	[illegible]	[illegible]
dju¹	rjur¹	pju̱¹	ŋa²	njɨ²	rjur¹	tsji̱r¹	ŋowr²	ŋowr²
有?	世	尊,	我	等	诸	法	皆	皆

理趣善巧方便安立? 世尊,我亦不得一切诸法,

25.8.3

[illegible]	[illegible],	[illegible]	[illegible]	[illegible]	[illegible]	[illegible]	[illegible]	[illegible]
mjij¹	rjir¹	nio̱w¹	rjur¹	tsji̱r¹	gu¹	śjwo¹	tsjɨ¹	mjij¹
不	得,	又	诸	法	立	起	亦	不
[illegible],	[illegible]	[illegible]	[illegible]	[illegible]	[illegible]	[illegible]	[illegible]	[illegible]
rjir¹	tsji̱r¹	ŋowr²	ŋowr²	ɣa²	dźji̱j¹	mjij¹	mjij¹	dźji̱j¹
得,	法	皆	皆	于	住	无	不	住

我亦不得诸法安立,于一切法无住无不住。

25.8.4

[illegible]	[illegible]。	[illegible]	[illegible],	[illegible]	[illegible]	[illegible]	[illegible]	[illegible]
tsjɨ¹	mjij¹	rjur¹	pju̱¹	ŋa²	njɨ²	thjɨ²	sju²	ljɨ¹
亦	无。	世	尊,	我	等	是	如	△
[illegible]	[illegible],	[illegible]	[illegible]	[illegible]	[illegible]	[illegible]	[illegible]	[illegible]
ljij²	kjɨ¹	nio̱w¹	rjur¹	tsji̱r¹	ŋowr²	ŋowr²	·wo²	tshwew¹
见	△,	又	诸	法	皆	皆	理	趣

世尊,我如是见,宁复说言于一切法理趣

25.8.5

[illegible]，	[illegible]	[illegible]	[illegible]	[illegible]	[illegible]	[illegible]	[illegible]	[illegible]，
kha^{1}	thjɨ^{2}	sju^{2}	nẹw^{2}	ɣjɨr^{1}	tśier^{1}	·ju^{2}	gu^{1}	śjwo^{1}
中，	是	如	善	巧	利	寻	立	起，
[illegible]	[illegible]	[illegible]	[illegible]	[illegible]	[illegible]	[illegible]？	[illegible]	[illegible]，
kjụ^{1}	mjij^{1}	kjụ^{1}	thjij^{2}	sjo^{2}	·jɨ^{2}	kjɨ^{1}	rjur^{1}	pjụ^{1}
求	不	求	何	云	谓	△？	世	尊，

之中，如是善巧方便安立，为求耶？为不求耶？世尊，

25.8.6

[illegible]	[illegible]	[illegible]	[illegible]①	[illegible]	[illegible]	[illegible]，	[illegible]	[illegible]
ŋa^{2}	njɨ^{2}	tsji̱r^{1}	ŋowr^{2}	·wo^{2}	tshwew^{1}	kha^{1}	thjɨ^{2}	sju^{2}
我	等	法	皆	理	趣	中，	是	如
[illegible]	[illegible]	[illegible]	[illegible]	[illegible]	[illegible]	[illegible]	[illegible]，	[illegible]
nẹw^{2}	ɣjɨr^{1}	tśier^{1}	·ju^{2}	gu^{1}	śjwo^{1}	kjụ^{1}	mjịj^{2}	tsjɨ^{1}
善	巧	方	便	立	起	求	者，	亦

我亦不见于一切法理趣之中，如是善巧方便安立而作求者，

25.9.1

[illegible]	[illegible]	[illegible]	[illegible]，	[illegible]	[illegible]	[illegible]	[illegible]	[illegible]、
mjɨ^{1}	tśhjɨ^{1}	ljij^{2}	kjɨ^{1}	niọw^{1}	tjij^{1}	·u^{2}	tjij^{1}	djɨr^{2}
无	尔	见	△，	又	若	内	若	外、
[illegible]	[illegible]	[illegible]、	[illegible]	[illegible]	[illegible]	[illegible]、	[illegible]	[illegible]
tjij^{1}	njɨ^{1}	źjạ^{1}	tjij^{1}	tsji̱r^{1}	ŋowr^{2}	ŋowr^{2}	tjij^{1}	tsji̱r^{1}
若	二	间、	若	法	皆	皆、	若	法

亦不见有若内若外、若二中间、若一切法、

25.9.2

[illegible]	[illegible]	[illegible]	[illegible]	[illegible]	[illegible]	[illegible]	[illegible]	[illegible]
·wo^{2}	tshwew^{1}	nẹw^{2}	ɣjɨr^{1}	tśier^{1}	·ju^{2}	gu^{1}	śjwo^{1}	mjịj^{2}

① [illegible]，该字下脱一“[illegible]”（皆）字。

理	趣	善	巧	利	寻	立	起	者
[illegible]	[illegible]	[illegible]	[illegible]	[illegible],	[illegible]	[illegible]	[illegible]	[illegible]
tsjɨ^{1}	mjɨ^{1}	tśhjɨ^{1}	ljij^{2}	kjɨ^{1}	tjij^{1}	·u^{2}	tjij^{1}	djɨr^{2}
亦	无	尔	见	△，	若	内	若	外

若法理趣善巧方便而安立者，

25.9.3

[illegible]	[illegible]	[illegible]、	[illegible]	[illegible]	[illegible]	[illegible]、	[illegible]	[illegible]
tjij^{1}	njɨ̱^{1}	źja̱^{1}	tjij^{1}	tsjɨ̱r^{1}	ŋowr^{2}	ŋowr^{2}	tjij^{1}	tsjɨ̱r^{1}
若	二	间、	若	法	皆	皆、	若	法
[illegible]	[illegible]	[illegible]	[illegible]	[illegible]	[illegible]	[illegible]	[illegible]	[illegible]
·wo^{2}	tshwew^{1}	ne̱w^{2}	ɣjɨr^{1}	tśier^{1}	·ju^{2}	gu^{1}	lew^{2}	tsjɨ^{1}
理	趣	善	巧	方	便	起	可	亦

亦不见法若内若外、若二中间、若一切法、若法理趣善巧方便而可安立。

25.9.4

[illegible]	[illegible]	[illegible]	[illegible]。	[illegible]	[illegible]，	[illegible]	[illegible]	[illegible]①
mjɨ^{1}	tśhjɨ^{1}	ljij^{2}	kjɨ^{1}	rjur^{1}	pju̱^{1}	nio̱w^{1}	ŋa^{2}	rjɨr^{2}
无	尔	见	△。	世	尊，	又	我	△
[illegible]	[illegible]	[illegible]	[illegible]	[illegible]	[illegible]	[illegible]	[illegible]	[illegible]
njɨ^{2}	zjɨ̱r^{1}	zjij^{1}	tsjɨ̱r^{1}	·u^{2}	djɨr^{2}	njɨ̱^{1}	źja̱^{1}	·wo^{2}
至	少	许	法	内	外	二	间	理

世尊，我亦不见乃至少法内外中间理

25.9.5

[illegible]	[illegible]	[illegible]	[illegible]	[illegible]	[illegible]	[illegible]	[illegible]	[illegible]
tshwew^{1}	ne̱w^{2}	ɣjɨr^{1}	tśier^{1}	·ju^{2}	gu^{1}	śjwo^{1}	tshwew^{1}	nio̱w^{1}
趣	善	巧	利	寻	立	起	趣	及
[illegible]	[illegible]	[illegible]	[illegible]	[illegible]	[illegible]	[illegible]	[illegible]。	[illegible]
?	njij^{1}	lew^{2}	tsjɨ^{1}	mjɨ^{1}	tśhjɨ^{1}	ljij^{2}	kjɨ^{1}	rjur^{1}

① [illegible]，动词趋向前缀，表示完成体不定方。

亲	近	可	亦	无	尔	见	△。	世

趣善巧方便安立而可趣向，而可亲近。世

25.9.6

□，	□	□	□	□	□、	□	□	□
pjụ^{1}	tjij^{1}	zji̠r^{1}	zjij^{1}	tshwew^{1}	lew^{2}	?	njij^{1}	lew^{2}
尊，	若	少	许	趣	可、	亲	近	可
□	□	□，	□	□	□	□	□	□
tsji̠r^{1}	tsjɨ^{1}	mjij^{1}	ŋa^{2}	njɨ^{2}	thjɨ^{2}	kha^{1}	wa^{2}	ɣa^{2}
法	亦	无，	我	等	此	中	何	于

尊，既无少法而可趣向，而可亲近，我于其中当何安立？

25.10.1

□	□	□？	□	□，	□	□	□	□
gu^{1}	śjwo^{1}	kjɨ^{1}	rjur^{1}	pjụ^{1}	ŋa^{2}	njɨ^{2}	·wjɨ^{2}	rar^{2}
立	起	△？	世	尊，	我	等	△	过
□	□	□	□	□	□	□	□	□
mjij^{2}	ljij^{2}	mjor^{1}	dźjij^{1}	gu^{1}	śjwo^{1}	tjị^{2}	mjɨ^{1}	tśhjɨ^{1}
未	来	现	住	立	起	处	无	尔

世尊，我亦不见过现未来为安立处。

25.10.2

□	□。	□	□	□	□	□	□	□
ljij^{2}	kjɨ^{1}	tjij^{1}	gu^{1}	śjwo^{1}	tjị^{2}	mjij^{1}	ljị^{1}	dju^{1}
见	△。	若	立	起	处	不	△	有
□，	□	□	□	□	□	□	□？	□
ku^{1}	ŋa^{2}	njɨ^{2}	wa^{2}	ɣa^{2}	gu^{1}	śjwo^{1}	kjɨ^{1}	rjur^{1}
则，	我	等	何	于	立	起	△？	世

若安立处无所有者，我于何处而可安立？

25.10.3

[illegible]，	[illegible]	[illegible]	[illegible]	[illegible]，	[illegible]	[illegible]	[illegible]①	[illegible]，
pjụ^{1}	gu^{1}	śjwo^{1}	mjij^{1}	ku^{1}	dźji̱j^{1}	bju^{1}	śjij^{1}	nja̱^{2}
尊，	立	起	无	则，	住	依	顺	非，
[illegible]	[illegible]	[illegible]	[illegible]	[illegible]，	[illegible]	[illegible]	[illegible]	[illegible]，
mjij^{1}	dźji̱j^{1}	bju^{1}	śjij^{1}	nja̱^{2}	sji^{1}	mjij^{1}	bju^{1}	śjij^{1}
不	住	依	顺	非，	尽	无	依	顺，

世尊，无安立故，非住相应，非不住相应，无尽相应，

25.10.4

[illegible]	[illegible]	[illegible]	[illegible]	[illegible]。	[illegible]	[illegible]，	[illegible]	[illegible]
we̱^{1}	mjij^{1}	bju^{1}	śjij^{1}	ljɨ^{1}	rjur^{1}	pjụ^{1}	ŋa^{2}	njɨ^{2}
生	无	依	顺	也。	世	尊，	我	等
[illegible]	[illegible]	[illegible]、	[illegible]	[illegible]、	[illegible]	[illegible]、	[illegible]	[illegible]，
sjwɨ^{2}	nji̱^{2}	bju^{1}	sjwɨ^{2}	nio̱w^{1}	wa^{2}	do^{2}	wa^{2}	dzjɨj^{1}
谁	何	从、	谁	由、	何	处、	何	时，

无生相应。世尊，我亦不见从谁、由谁、何处、何时，

25.10.5

[illegible]	[illegible]	[illegible]	[illegible]	[illegible]	[illegible]，	[illegible]	[illegible]	[illegible]
ŋa^{2}	njɨ^{2}	·jij^{1}	nji̱j^{1}	phji^{1}	sjij^{2}	tjij^{1}	śjwo^{1}	tjij^{1}
我	等	之	心	意	识，	若	生	若
[illegible]，	[illegible]	[illegible]	[illegible]	[illegible]	[illegible]	[illegible]，	[illegible]	[illegible]
dzjar^{2}	dźji̱j^{1}	tsjɨ^{1}	mjɨ^{1}	tśhjɨ^{1}	ljij^{2}	kjɨ^{1}	nio̱w^{1}	nji̱j^{1}
灭，	住	亦	无	尔	见	△，	又	心

我心意识，若生若灭，

25.10.6

[illegible]	[illegible]	[illegible]	[illegible]	[illegible]	[illegible]	[illegible]	[illegible]	[illegible]
phji^{1}	sjij^{2}	ŋwu^{2}	tsji̱r^{1}	ŋowr^{2}	ŋowr^{2}	·wo^{2}	tshwew^{1}	kha^{1}

① [illegible][illegible]，字面义为“依顺”，对译“相应”。

意	识	以	法	皆	皆	理	趣	中
[illegible]	[illegible]	[illegible]	[illegible]	[illegible]	[illegible]	[illegible]	[illegible]	[illegible]
ne̱w²	ɣjɨr¹	tśier¹	·ju²	gu¹	śjwo¹	tja¹	thjij²	sjo²
善	巧	利	寻	立	起	者	何	云

当何说言以心意识于一切法理趣善巧方便安立?

25.11.1

·jɨ²	kjɨ¹?	bju²	mjij¹	zjɨr¹	tshjɨ¹	tsjij²,	thja¹	njɨ̱¹
谓	△?	边	无	慧	情	悟,	是	二
dźiã²	tsjij²	mjor¹	ljịj²	·ju²	rjir²	thjɨ²	sju²	tshjij¹
情	悟	如	来	前	前	是	如	说

无边慧,是二菩萨于如来前如是说时,

25.11.2

zjọ²,	tụ¹	dźiã²	tsjij²	we̱¹	mjij¹	tsji̱r¹	ze̱w²	rjir²,
时,	千	情	悟	生	无	法	忍	得,
tụ¹	kju¹	tśji²	dźiã²	tsjij²	po¹	tjɨj¹	njị̈j¹	śjwo¹。
千	俱	胝	情	悟	菩	提	心	发。

一千菩萨得无生忍,千俱胝菩萨发菩提心。

25.11.3

tśhjɨ¹	zjọ²,	lhjij²	tjij¹	njij²	mjor¹	ljịj²	nio̱w¹	thja²
尔	时,	月	灯	王	如	来	复	其
·jij¹	dạ²	tshjij¹:	ne̱w²	go̱r¹	gji²,	nji²	njɨ²	dźjij¹
△	曰	说:	善	男	子,	汝	等	住

尔时,月灯王如来复告之曰:善男子,

25.11.4

[illegible]	[illegible]	[illegible]	[illegible]	[illegible]	[illegible]，	[illegible]	[illegible]	[illegible]
mjij1	bju1	dźjịj1	do2	mjij1	bju1	dźjịj1	tsji̱r1	ŋowr2
无	以	住	处	无	而，	住	法	皆
[illegible]	[illegible]	[illegible]	[illegible]	[illegible]	[illegible]	[illegible]	[illegible]	[illegible]
ŋowr2	ɣa2	·wo2	tshwew1	ne̱w2	ɣjɨr1	tśier1	·ju2	gu1
皆	于	理	趣	善	巧	利	寻	立

汝以无住而住无处，而住于一切法理趣善巧方便安立。

25.11.5

[illegible]。	[illegible]	[illegible]	[illegible]，	[illegible]	[illegible]	[illegible]	[illegible]	[illegible]
śjwo1	ne̱w2	go̱r1	gji2	rjur1	tsji̱r1	ŋowr2	ŋowr2	tsjɨ1
起。	善	男	子，	诸	法	皆	皆	亦
[illegible]	[illegible]	[illegible]。	[illegible]	[illegible]	[illegible]	[illegible]	[illegible]	[illegible]
thja1	·wjɨ2	sju2	mjor1	ljịj2	rjur1	mur1	tśja1	śjij1
是	△	如。	如	来	世	俗	道	顺

善男子，一切诸法亦复如是。如来随顺世俗道故，

25.11.6

[illegible]	[illegible]，	[illegible]	[illegible]	[illegible]	[illegible]	[illegible]	[illegible]	[illegible]
·wji1	ku1	mjor1	·a	du̱2	tow1	lo1	sã1	mjiw2
作	则，	现	阿	耨	多	罗	三	藐
[illegible]	[illegible]	[illegible]	[illegible]。	[illegible]	[illegible]	[illegible]	[illegible]	
sã1	po1	tjɨj1	lja̱1	tjij1	mjor1	ljịj2	rjur1	
三	菩	提	证。	若	如	来	世	

现证阿耨多罗三藐三菩提。若于如来

25.12.1

[illegible]	[illegible]	[illegible]	[illegible]	[illegible]	[illegible]，	[illegible]	[illegible]	[illegible]
mur1	bju1	śjij1	mjij1	·wji1	ku1	mjor1	·a	du̱2
俗	依	顺	不	作	则，	现	阿	耨

[illegible]	[illegible]	[illegible]	[illegible]	[illegible]	[illegible]	[illegible]	[illegible]，	[illegible]
tow^1	lo^1	sã^1	mjiw^2	sã^1	po^1	tjɨj^1	lja̱^{1}	tsjɨ^1
多	罗	三	藐	三	菩	提	证，	

不随世俗，现证阿耨多罗三藐三菩提，亦复如是。

25.12.2

[illegible]	[illegible]	[illegible]。	[illegible]	[illegible]	[illegible]，	[illegible]	[illegible]	[illegible]
thja^1	·wjɨ^2	sju^2	ne̱w^2	go̱r^1	gji^2	rjur^1	tsji̱r^1	do^2
其	△	如。	善	男	子，	诸	法	处
[illegible]	[illegible]	[illegible]	[illegible]	[illegible]，	[illegible]	[illegible]	[illegible]	[illegible]
mjij^1	do^2	mjij^1	tsjɨ^1	nja̱^{2}	tjij^1	do^2	do^2	mjij^1
无	处	无	亦	非，	若	处	处	无

善男子，诸法无处亦非无处，若处无处

25.12.3

[illegible]	[illegible]	[illegible]	[illegible]	[illegible]	[illegible]	[illegible]。	[illegible]	[illegible]
lew^2	źji^2	rjur^1	mur^1	rjir^2	bju^1	śjij^1	tjij^1	rjur^1
可	皆	世	俗	与	依	顺。	若	世
[illegible]	[illegible]	[illegible]	[illegible]	[illegible]，	[illegible]	[illegible]	[illegible]	[illegible]①
mur^1	rjir^2	bju^1	śjij^1	ku^1	thja^1	kha^1	zjɨ̱r^1	zjij^1
俗	与	依	顺	则，	其	中	少	时

皆随世俗。若随世俗，则于其中无有少法而可生者，

25.12.4

[illegible]	[illegible]、	[illegible]	[illegible]	[illegible]	[illegible]。	[illegible]	[illegible]，	[illegible]
śjwo^1	lew^2	tsjij^2	lew^2	tsji̱r^1	mjij^1	thjɨ^2	nio̱w^1	ne̱w^2
生	可、	悟	可	法	无。	是	故，	善
[illegible]	[illegible]，	[illegible]	[illegible]	[illegible]	[illegible]	[illegible]	[illegible]，	[illegible]
go̱r^1	gji^2	nji^2	njɨ^2	·jɨr^2	khu^1	dźjij^1	ku^1	xja^1
男	子，	汝	等	勤	进	精	则，	速

① [illegible][illegible]，“[illegible]”是“[illegible]”的通假字。“[illegible][illegible]”，意思是“少许”。同理，西夏文译者把“若干”写作“[illegible][illegible]”（参见22.48.3）。

而可了者。是故,善男子,应加精勤,

25.12.5

[illegible]	[illegible]	[illegible]	[illegible]	[illegible]	[illegible]	[illegible]①。	[illegible]	[illegible]
rjur[1]	tsjɨr[1]	ɣa[2]	bie[2]	lhew[2]	rjir[1]	tsjɨ[1]	thja[1]	njɨ[1]
诸	法	于	解	脱	得	△。	其	二
[illegible]	[illegible]	[illegible]	[illegible]	[illegible]	[illegible]	[illegible]	[illegible]	[illegible]
dźiã[2]	tsjij[2]	mjor[1]	ljij[2]	·ju[2]	rjir[2]	thjɨ[2]	tsjɨr[1]	mji[1]
情	悟	如	来	前	前	斯	法	闻

速于诸法逮得解脱。是二菩萨于如来前闻斯法已,

25.12.6

[illegible],	[illegible]	[illegible]	[illegible]	[illegible],	[illegible]	[illegible]	[illegible]	[illegible]	[illegible]	[illegible]:
niow[1]	ŋa[1]	gu[2]	·wjɨ[2]	śji[2]	lja[1]	ŋwu[2]	mjor[1]	ljij[2]	·jij[1]	·jow[2]
后,	空	中	△	往,	偈	以	如	来	△	赞:

飞腾虚空,即以偈颂赞如来曰:

汉文本

《大宝积经》卷第二十五

大唐三藏菩提流志奉诏译

《被甲庄严会》第七之五

复次无边慧,我念往昔过二阿僧祇劫,尔时有佛出现世间,号曰月灯王如来、应供、正遍知、明行足、善逝、世间解、调御丈夫、无上士、天人师、佛世尊,劫名甘露,国名清净,彼佛世界,玻璃所成,常有光明遍照其土。若有众生遇斯光者,净妙端严,是故世界名为清净,无别城邑聚落之名。交道殊妙,金绳界饰,诸交道间,一一等量半俱卢舍。一一道间,光明宝柱杂多罗树,各八十四辉映行列。复有四池堤塘围绕,七宝台观人民止住。覆以铃网,悬诸缯带,花饰珍玩犹如诸天。彼界众生寂静安乐,十善业道悉已成就。颜貌端严,寿命长远,薄贪嗔痴易可开悟,以少方便广知诸法。彼佛寿命千俱胝岁,灭度之后正法住世一俱胝岁。十会说法,诸声闻众住学地者,一一法会各有二十俱胝那由他;诸菩萨众趣一乘者,其数无量。

无边慧,彼月灯王如来宝菩提树,周五十由旬,高一百由旬,珊瑚为根,琉璃为干,黄金为枝,玛瑙为叶。道场纵广一百由旬,基陛周匝,栏楯围绕,妙多罗树布植行列,金铃宝网弥覆庄严。大菩提座高三由旬,细软敷具张施其上,妙衣百千间饰垂下,幢幡二十树列其傍。月灯王佛于此座上,证阿耨多罗

① [illegible],这里是第二人称双数后缀。

三藐三菩提。时彼国界无三恶趣及恶趣名，亦无诸难及诸难名。月灯王佛常于一切诸世界中，化现其身转于法轮。

无边慧，彼月灯王如来有二菩萨，一名云音，二名无边音。是二菩萨于彼如来白言：世尊，云何诸菩萨摩诃萨于一切法理趣之中，而得善巧方便安立？时彼如来欲令诸菩萨摩诃萨于一切法理趣之中，而得善巧方便安立，为二菩萨广说斯法。时诸菩萨摩诃萨闻斯法已，于一切法理趣之中，便获善巧方便安立。是二菩萨从是已后，于二万岁无有睡眠，无欲恚恼，不起食想，不生卧想，亦无病缘汤药等想，不乐世间游观谈戏。于彼如来说法之时，即于法座得无生忍。时彼如来而问之曰：善男子，于一切法理趣之中如是善巧方便安立，汝今求耶？是二菩萨即白佛言：世尊，我尚不见有一切法理趣善巧安立之名，亦复不见有一切法理趣善巧安立之法，况一切法理趣善巧方便安立，世尊，我亦不得一切诸法，我亦不得诸法安立，于一切法无住无不住。世尊，我如是见，宁复说言于一切法理趣之中，如是善巧方便安立，为求耶？为不求耶？世尊，我亦不见于一切法理趣之中，如是善巧方便安立而作求者，亦不见有若内若外、若二中间、若一切法、若法理趣善巧方便而安立者，亦不见法若内若外、若二中间、若一切法、若法理趣善巧方便而可安立。世尊，我亦不见乃至少法内外中间理趣善巧方便安立而可趣向，而可亲近。世尊，既无少法而可趣向，而可亲近，我于其中当何安立？世尊，我亦不见过现未来为安立处。若安立处无所有者，我于何处而可安立？世尊，无安立故，非住相应，非不住相应，无尽相应，无生相应。世尊，我亦不见从谁、由谁、何处、何时，我心意识，若生若灭。当何说言以心意识于一切法理趣善巧方便安立？

无边慧！是二菩萨于如来前如是说时，一千菩萨得无生忍，千俱胝菩萨发菩提心。尔时，月灯王如来复告之曰：善男子，汝以无住而住无处，而住于一切法理趣善巧方便安立。善男子，一切诸法亦复如是。如来随顺世俗道故，现证阿耨多罗三藐三菩提。若于如来不随世俗，现证阿耨多罗三藐三菩提，亦复如是。善男子，诸法无处亦非无处，若处无处皆随世俗。若随世俗，则于其中无有少法而可生者，而可了者。是故，善男子，应加精勤，速于诸法逮得解脱。是二菩萨于如来前闻斯法已，飞腾虚空，即以偈颂赞如来曰：

25.13.1

[illegible]	[illegible]	[illegible]	[illegible]	[illegible]，	[illegible]	[illegible]	[illegible]	[illegible]	[illegible]，
tsji̱r^{1}	njij^{2}	se̱w^{2}	tshji̱j^{1}	mjij^{1}	dju^{1}	mjij^{2}	djij^{2}	tsji̱r^{1}	rjir^{2}
法	王	思	议	无，	有	未	曾	法	得，
[illegible]	[illegible]	[illegible]	[illegible]	[illegible]，					
njɨ^{2}	nwə^{1}	njɨ̱^{1}	rewr^{2}	pjụ^{1}					
遍	知	两	足	尊，					

法王不思议，得未曾有法，遍知两足尊，

25.13.2

[illegible]	[illegible]	[illegible]	[illegible]	[illegible]，	[illegible]	[illegible]	[illegible]	[illegible]	[illegible]，

tha^{1} tsji̱r^{1} dzjij^{1} mji̱j^{2} mjij^{1} tsji̱r^{1} dzjij^{1} mji̱j^{2} mjij^{1} ku^{1}

佛 法 过 者 无, 法 过 者 无 则,

[illegible]

mjor^{1} ljij^{2} rjur^{1} ŋwer^{1} mjij^{1}

如 来 世 等 无。

佛法无过上,以法无上故,如来世无等。

25.13.3

[illegible]

tsji̱r^{1} ŋowr^{2} ŋowr^{2} we̱^{1} mjij^{1} ŋa^{2} sjij^{1} thjɨ^{2} ze̱w^{2} rjir^{2}

法 皆 皆 生 无, 我 今 此 忍 获,

[illegible]

tjij^{1} we̱^{1} tjij^{1} we̱^{1} mjij^{1}

若 生 若 生 无,

一切法无生,我今获此忍,若生若无生,

25.13.4

[illegible]

ŋa^{2} ·ju^{2} mjij^{1} phjo^{2} kar^{2} thjɨ^{2} sju^{2} tsjɨ^{1} mjij^{1} lə

我 常 不 分 别, 是 如 亦 不 念,

[illegible]

ŋowr^{2} ŋowr^{2} phjo^{2} kar^{2} mjij^{1}

皆 皆 分 别 无。

我常不分别①,如是亦不念,一切无分别。

25.13.5

[illegible]

tsji̱r^{1} njij^{2} tha^{2} mo^{2} nji^{2} tśhja^{2} ·io̱w^{1} ŋwu̱^{1} lə ka^{2}

法 王 大 牟 尼, 功 德 言 念 离

[illegible]

① 该句与上句“若生若无生”西夏本语序颠倒。

tjị^{1} gji^{1} sej^{1} tsjịr^{1} tshjịj^{1}

愿 清 净 法 说，

法王大牟尼，功德离言念，愿说清净法，

25.13.6

[illegible]。 [illegible]，

·ji^{1} dja^{2} njịj^{1} ljɨj^{2} phjo^{2} tha^{1} bṳ^{2} tśhja^{2} ·iọw^{1} ɣa^{2}

众 △ 心 欢 令。 佛 胜 功 德 于，

[illegible]，

bju^{2} ljow^{2} nwə^{1} kiẹj^{2} ku^{1}

边 际 知 欲 则，

令众皆欢喜。于佛胜功德，欲知其边际，

25.14.1

[illegible]， [illegible]。

mjɨ^{1} pjụ^{1} kja^{2} zar^{2} tsjɨ^{1} bju^{2} ljow^{2} rjir^{2} tji^{2} mjij^{1}

无 量 劫 经 虽， 边 际 得 可 不。

[illegible]，

tśhja^{2} ·iọw^{1} bju^{2} mjij^{1} ku^{1}

功 德 边 无 则，

设经无量劫，而亦不可得。功德无边故，

25.14.2

[illegible]， [illegible]，

źji^{2} bṳ^{2} dzjịj^{1} mjịj^{2} mjij^{1} tsjịr^{1} ŋowr^{2} ŋowr^{2} wḛ^{1} mjij^{1}

最 胜 过 者 无， 法 皆 皆 生 无，

[illegible]。

ŋa^{2} thja^{2} mjij^{1} phjo^{2} kar^{2}

我 彼 不 分 别。

最胜无过上，一切法无生，我亦不分别。

25.14.3

[illegible]， [illegible]，

ŋa^2	thjɨ^2	tha^1	tsji̱r^1	kha^1	ŋwo^2	ljij^2	·wji^1	mjij^2	djij^2
我	此	佛	法	中，	损	坏	△	未	曾，
[illegible]	[illegible]	[illegible]	[illegible]	[illegible]，					
·ji^1	ne̱w^2	tśhji^2	thjij^2	sjo^2					
众	善	根	何	云，					

我于佛法中,未曾有毁坏,不谓众善根,

25.14.4

[illegible]	[illegible]	[illegible]	[illegible]	[illegible]？	[illegible]	[illegible]	[illegible]	[illegible]	[illegible]，
lhjụ^2	rjor^2	ŋa^2	mjij^1	·jɨ^1	rjur^1	tsji̱r^1	dźju^1	sjwij^1	mjij^1
获	得	我	不	言？	诸	法	显	明	无，
[illegible]	[illegible]	[illegible]	[illegible]	[illegible]，					
we̱^{1}	mjij^1	·jij^1	tsjɨ^1	mjij^1					
生	无	相	亦	无，					

云何当可得？诸法无示现,无生亦无相,

25.14.5

[illegible]	[illegible]	[illegible]	[illegible]	[illegible]，	[illegible]	[illegible]	[illegible]	[illegible]	[illegible]。
thjɨ^2	sju^2	·jij^1	mjij^1	ze̱w^2	thjɨ^2	ɣa^2	tsjɨ^1	źji^2	lja̤^{1}
是	如	相	无	忍，	此	于	亦	皆	证。
[illegible]	[illegible]	[illegible]	[illegible]	[illegible]，					
sjij^1	rjor^2	ŋa^2	ze̱w^2	tja^1					
今	得	我	忍	者，					

如是无相忍,于此亦皆证。我今所得忍,

25.14.6

[illegible]	[illegible]	[illegible]	[illegible]	[illegible]，	[illegible]	[illegible]	[illegible]	[illegible]	[illegible]，
sji^1	dźjwa^1	lhji̱^{1}	lhjwo^1	mjij^1	tśhjwo^1	ŋowr^2	ŋowr^2	sjij^2	ɣa^2
毕	竟	退	转	无，	故	皆	皆	智	于，
[illegible]	[illegible]	[illegible]	[illegible]	[illegible]。					
thjɨ^2	nio̱w^1	njij^1	ljɨ̣j^2	śjwo^1					
此	因	心	欢	生。					

毕竟无退转，故于一切智，以此生欢喜。

25.15.1

[illegible]	[illegible]	[illegible]	[illegible]	[illegible]，	[illegible]	[illegible]	[illegible]	[illegible]	[illegible]，
ŋa^{2}	mjor^{1}	ljij^{2}	tsji̱r^{1}	ɣa^{2}	kjɨ^{1}	djɨj^{1}	njij^{1}	mjij^{1}	·jiw^{2}
我	如	来	法	于，	△	定	心	不	疑，
[illegible]	[illegible]	[illegible]	[illegible]	[illegible]，					
tsji̱r^{1}	ŋowr^{2}	ŋowr^{2}	ɣa^{2}	tsjɨ^{1}					
法	皆	皆	于	亦，					

我于如来法，决定不犹豫，亦于一切法，

25.15.2

[illegible]	[illegible]	[illegible]	[illegible]	[illegible]。	[illegible]	[illegible]	[illegible]	[illegible]	[illegible]，
·ji^{1}	·jiw^{2}	ljɨj^{1}	khwa^{1}	ka^{2}	źji^{2}	phju^{2}	tha^{1}	tsji̱r^{1}	kha^{1}
众	疑	惑	远	离。	最	上	佛	法	中，
[illegible]	[illegible]	[illegible]	[illegible]	[illegible]，					
sjij^{1}	thjɨ^{2}	ze̱w^{2}	rjor^{2}	ŋa^{2}					
今	此	忍	得	我，					

远离众疑惑。无上佛法中，我今得此忍，

25.15.3

[illegible]	[illegible]	[illegible]	[illegible]	[illegible]，	[illegible]	[illegible]	[illegible]	[illegible]	[illegible]。
ŋa^{2}	nio̱w^{1}	mjij^{1}	phjo^{2}	kar^{2}	mjij^{1}	phjo^{2}	kar^{2}	tsjɨ^{1}	mjij^{1}
我	亦	不	分	别，	不	分	别	亦	无。

我亦不分别，亦无不分别。

汉文本

法王不思议，得未曾有法，
遍知两足尊，佛法无过上，
以法无上故，如来世无等。
一切法无生，我今获此忍，
我常不分别，若生若无生，

如是亦不念,一切无分别。
法王大牟尼,功德离言念,
愿说清净法,令众皆欢喜。
于佛胜功德,欲知其边际,
设经无量劫,而亦不可得。
功德无边故,最胜无过上,
一切法无生,我亦不分别。
我于佛法中,未曾有毁坏,
不谓众善根,云何当可得?
诸法无示现,无生亦无相,
如是无相忍,于此亦皆证。
我今所得忍,毕竟无退转,
故于一切智,以此生欢喜。
我于如来法,决定不犹豫,
亦于一切法,远离众疑惑。
无上佛法中,我今得此忍,
我亦不分别,亦无不分别。

25.15.4

[illegible]	[illegible]	[illegible]	[illegible]	[illegible],	[illegible]	[illegible]	[illegible]	[illegible]
bju^{2}	mjij^{1}	zjɨr^{1}	dźiã^{2}	tsjij^{2}	thja^{1}	njɨ̱^{1}	dźiã^{2}	tsjij^{2}
边	无	慧	情	悟,	其	二	情	悟
[illegible]	[illegible]	[illegible]	[illegible],	[illegible]	[illegible]	[illegible]	[illegible]	[illegible]
thjɨ^{2}	lja̱^{1}	tshji̱j^{1}	dźjwa^{1}	lhjịj^{2}	tjij^{1}	njij^{2}	mjor^{1}	ljịj^{2}
此	颂	说	已,	月	灯	王	如	来

无边慧,是二菩萨说此偈已,于月灯王如来

25.15.5

[illegible]	[illegible]	[illegible]	[illegible]	[illegible],	[illegible]	[illegible]	[illegible]、	[illegible]
·jij^{1}	sọ^{1}	dźjow^{1}	tśier^{1}	ror^{2}	mə^{1}	thjo̱^{1}	wjạ^{1}	tśja^{1}
之	三	遍	右	绕,	天	妙	华、	栴
[illegible]、	[illegible]	[illegible]	[illegible]	[illegible]	[illegible]	[illegible]	[illegible]。	[illegible]
thã^{1}	śja^{1}	mẹ^{2}	ŋwu^{2}	tha^{1}	tśhja̱^{1}	·wjɨ^{2}	lju^{2}	dzjɨj^{1}
檀、	香	末	以	佛	上	△	散。	时

右绕三匝,以天妙华、栴檀、末香而散佛上。时

25.15.6

[illegible]	[illegible]	[illegible]	[illegible]	[illegible]	[illegible]	[illegible]	[illegible]，	[illegible]
thja1	mjor1	ljịj2	xja1	thja1	·jij1	kjɨ1	la1	thja2
彼	如	来	即	彼	之	△	记，	其
[illegible]	[illegible]	[illegible]：	[illegible]	[illegible]	[illegible]	[illegible]，	[illegible]	[illegible]
·jij1	dạ2	·jɨ1	nji2	sjo2	ɣiẹ2	nji2	njɨ̱1	khjɨ2
之	曰	言：	汝	云	音	等，	二	万

彼如来即为授记,而告之曰:汝云音等,过二万

25.16.1

[illegible]	[illegible]	[illegible]，	[illegible]	[illegible]	[illegible]	[illegible]	[illegible]	[illegible]
kja2	nio̱w1	rjijr2	·a	du̱2	tow1	lo1	sã1	mjiw2
劫	后	△，	阿	耨	多	罗	三	藐
[illegible]	[illegible]	[illegible]	[illegible]	[illegible]。	[illegible]	[illegible]	[illegible]	[illegible]，
sã1	po1	tjɨj1	lja̱1	lew2	thja1	njɨ̱1	dźiã2	tsjij2
三	菩	提	证	当。	是	二	情	悟，

劫,当证阿耨多罗三藐三菩提。是二菩萨,

25.16.2

[illegible]	[illegible]	[illegible]	[illegible]	[illegible]，	[illegible]	[illegible]	[illegible]	[illegible]，
mjor1	ljịj2	kjɨ1	la1	mji1	nji̱j1	ljɨ̣j2	rjɨr2	gji̱j1
如	来	△	记	闻，	心	欢	△	跃，
[illegible]	[illegible]	[illegible]	[illegible]	[illegible]，	[illegible]	[illegible]	[illegible]	[illegible]
mjor1	ljịj2	·jij1	bio̱1	thju̱1	rjur1	śjã1	djɨj1	·o2
如	来	之	观	察，	诸	禅	定	入

闻如来记,踊跃欢喜,谛观如来,入于诸禅

25.16.3

[illegible]	[illegible]	[illegible]	[illegible]，	[illegible]	[illegible]	[illegible]	[illegible]，	[illegible]
me̱2	mjij2	khej1	·u2	lho	·o2	·jij1	dzju2	ɣju1
神	通	戏	游，	出	入	自	主，	烟

[illegible]	[illegible]	[illegible]，	[illegible]	[illegible]	[illegible]	[illegible]	[illegible]	[illegible]
ljo̱r^1	bji^1	to^2	nio̱w^1	dźiã^2	tśhju^1	·jij^1	tsji̱r^1	tshjịj^1
焰	晖	发，	复	情	有	之	法	说

游戏神通，出没自在，烟焰晖发，复为众生说法

25.16.4

[illegible]	[illegible]，	[illegible]	[illegible]	[illegible]	[illegible]	[illegible]	[illegible]	[illegible]
phie^2	nej^2	nji̱^{1}	ɣạ^2	lji̱r^1	kju^1	tśji^2	dzjwo^2	mə^1
开	示，	二	十	四	俱	胝	人	天
[illegible]	[illegible]	[illegible]	[illegible]	[illegible]	[illegible]	[illegible]	[illegible]	[illegible]
·jij^1	·a	du̱^{2}	tow^1	lo^1	sã^1	mjiw^2	sã^1	po^1
之	阿	耨	多	罗	三	藐	三	菩

开示，令二十四俱胝人天趣于阿耨多罗三藐三菩提。

25.16.5

[illegible]	[illegible]	[illegible]	[illegible]。	[illegible]	[illegible]	[illegible]	[illegible]，	[illegible]
tjɨj^1	rjijr^2	tshwew^1	phji^1	thja^2	njịj^1	dźiã^2	tsjij^2	zjọ^2
提	方	趣	令。	其	二	情	悟，	命
[illegible]	[illegible]	[illegible]	[illegible]	[illegible]	[illegible]	[illegible]，	[illegible]	[illegible]
ɣa^2	kjɨ^1	njɨ^2	xiwã^1	dźjɨ	·jɨr^2	djọ^2	thja^2	mjor^1
于	△	至	梵	行	勤	修，	彼	如

是二菩萨，乃至尽命勤修梵行，于彼如

25.16.6

[illegible]	[illegible]	[illegible]	[illegible]	[illegible]	[illegible]、	[illegible]	[illegible]	[illegible]
ljịj^2	·jij^1	gu^2	dzjɨj^1	tśhja^2	tsji̱r^1	mjịj^2	dzjɨj^1	tśhja^2
来	之	中	时	正	法、	后	时	正
[illegible]	[illegible]	[illegible]	[illegible]。	[illegible]	[illegible]	[illegible]	[illegible]	[illegible]
tsji̱r^1	·wejr^2	·jij^1	njwi^2	nio̱w^1	tśhjɨ^1	bjij^2	zjij^1	lji̱r^1
法	护	持	能。	复	尔	时	时，	四

来中时正法、后时正法悉能护持。复于尔时，

25.17.1

[illegible]	[illegible]	[illegible]	[illegible]	[illegible]	[illegible]	[illegible]	[illegible]	[illegible]
kju^{1}	tśji^{2}	dźiã^{2}	tśhju^{1}	·jij^{1}	dzju^{1}	dzji̱j^{2}	śjɨj^{1}	we^{1}
俱	胝	情	有	之	教	化	成	熟
[illegible]	[illegible]	[illegible]	[illegible]	[illegible]	[illegible]	[illegible]	[illegible]	[illegible]
·a	du̱^{2}	tow^{1}	lo^{1}	sã^{1}	mjiw^{2}	sã^{1}	po^{1}	tjɨj^{1}
阿	耨	多	罗	三	藐	三	菩	提

教化成熟四俱胝众生趣于阿耨多罗三藐三菩提。

25.17.2

[illegible]	[illegible]	[illegible]。	[illegible]	[illegible]	[illegible]	[illegible]，	[illegible]	[illegible]
rjijr^{2}	tshwew^{1}	phji^{1}	thja^{2}	njɨ̱^{1}	dźiã^{2}	tsjij^{2}	tśjɨ̱^{1}	bju^{1}
方	趣	令。	是	二	情	悟，	次	依
[illegible]	[illegible]	[illegible]	[illegible]	[illegible]	[illegible]	[illegible]	[illegible]	[illegible]
rejr^{2}	·jir^{2}	tụ^{1}	tha^{1}	·jij^{1}	?	njij^{1}	tshji^{2}	ljịj^{1}
多	百	千	佛	之	亲	近	事	奉

是二菩萨，次第供养亲近承事多百千佛，

25.17.3

[illegible]	[illegible]，	[illegible]	[illegible]	[illegible]	[illegible]	[illegible]	[illegible]	[illegible]
kjụ^{1}	tshwew^{1}	nio̱w^{1}	rjur^{1}	mjor^{1}	ljịj^{2}	·jij^{1}	sã^{1}	mej^{2}
供	养，	及	诸	如	来	之	三	昧
[illegible]	[illegible]	[illegible]	[illegible]	[illegible]	[illegible]。	[illegible]	[illegible]	[illegible]
tśhja^{2}	tsji̱r^{1}	ljɨ^{1}	ljɨ^{1}	ɣiwej^{1}	·ji̱j^{1}	njɨ̱^{1}	khjɨ^{2}	kja^{2}
正	法	一	一	持	受。	二	万	劫

及诸如来三昧正法一一受持。过二万劫，

25.17.4

[illegible]	[illegible]，	[illegible]	[illegible]	[illegible]	[illegible]	[illegible]	[illegible]，	[illegible]
nio̱w^{1}	rjijr^{2}	ljɨ̣^{1}	dźjow^{1}	mjor^{1}	ljịj^{2}	rjir^{2}	ber^{2}	tsji̱r^{1}
后	方，	宝	幢	如	来	与	遇，	法

[illegible]	[illegible]	[illegible],	[illegible]	[illegible]	[illegible]	[illegible]	[illegible]	[illegible]
dźiej2	dej1	bju1	mjɨ1	pjụ1	dźiã2	tśhju1	·jij1	dzju1
轮	转	依,	无	量	情	有	之	教

复值宝幢如来,随转法轮,教化成熟无量众生

25.17.5

[illegible]	[illegible]	[illegible]	[illegible]	[illegible]	[illegible]	[illegible]	[illegible]	[illegible]
dzjij2	śjɨj1	we1	·a	dụ2	tow1	lo1	sã1	mjiw2
化	成	熟	阿	耨	多	罗	三	藐
[illegible]	[illegible]	[illegible]	[illegible]	[illegible]	[illegible]。	[illegible]	[illegible]	[illegible]
sã1	po1	tjɨj1	rjijr2	tshwew1	phji1	thja2	ljɨ̣1	dźjow1
三	菩	提	方	趣	令。	彼	宝	幢

趣于阿耨多罗三藐三菩提。宝幢

25.17.6

[illegible]	[illegible]	[illegible]	[illegible]	[illegible]	[illegible]	[illegible],	[illegible]	[illegible]
mjor1	ljij2	lhjij	iọ1	·u2	gji1	sej1	rjur1	ɣiẹ2
如	来	刹	境	内	清	净,	诸	声
[illegible]	[illegible],	[illegible]	[illegible]	[illegible]	[illegible]	[illegible]	[illegible]	[illegible]
mji1	mjij1	lew1	lew1	wẹ1	tśiẹj2	twẹ2	dźiã2	tsjij2
闻	无,	唯	一	生	连	续	情	悟

如来刹土清净,无诸声闻,唯有一生补处菩萨①。

25.18.1

[illegible]	[illegible]。	[illegible]	[illegible]	[illegible]	[illegible]	[illegible]	[illegible]	[illegible]
dźjij1	dźjij1	ljɨ1	dźjow1	mjor1	ljij2	gju1	dzjar2	·jij1
唯	有。	宝	幢	如	来	度	灭	将
[illegible]	[illegible]	[illegible]	[illegible]	[illegible]	[illegible]:	[illegible]	[illegible]	[illegible]
zjij1	thja1	nji2	·jij1	la1	ɣiwej1	ŋa2	gju1	dzjar2

① 一生补处菩萨,西夏文作“一生连续菩萨”。《大毗卢遮那成佛经疏》卷第六:“今此经宗,言一生者,谓从一而生也。初得净菩提心时,从一实之地发生无量无边三昧总持门。如是一一地中次第增长,当知亦尔。迄至第十地满足,未至第十一地,尔时从一实境界,具足发生一切庄严。唯少如来一位,未得证知。更有一转法性生,即补佛处,故名一生补处”。“一一地中次第增长”,当为西夏译文所本。

时 彼 等 之 记 授: 我 度 灭

宝幢如来将灭度时乃为授记:我灭度

25.18.2

[illegible] [illegible], [illegible] [illegible] [illegible] [illegible] [illegible] [illegible] [illegible]

niọw1 rjijr2 djɨ̣j2 ɣiẹ2 dźiã2 tsjij2 tśjɨ1 bju1 ·a

后 方, 云 音 情 悟 次 依 阿

[illegible] [illegible] [illegible] [illegible] [illegible] [illegible] [illegible] [illegible] [illegible],

du̱2 tow1 lo1 sã1 mjiw2 sã1 po1 tjɨj1 ljạ1

耨 多 罗 三 藐 三 菩 提 证,

后,云音菩萨次当现证阿耨多罗三藐三菩提,

25.18.3

[illegible] [illegible] [illegible] [illegible] [illegible] [illegible] [illegible]。 [illegible] [illegible]

mji̱j2 tja1 be2 tjij1 njij2 mjor1 ljij2 thja2 tha1

名 者 日 灯 王 如 来。 其 佛

[illegible] [illegible] [illegible] [illegible] [illegible] [illegible], [illegible] [illegible] [illegible]

lhjij iọ1 śjɨj1 ·jiw2 lju̱2 tshji̱j2 mjɨ1 pjụ1 bju2

刹 境 成 就 庄 严, 无 量 边

号曰日灯王如来。其佛刹土成就庄严,积集无量

25.18.4

[illegible] [illegible] [illegible] [illegible] [illegible], [illegible] [illegible] [illegible] [illegible]

mjij1 tśhja2 ·iọw1 tśiow1 dzjɨ̣2 dźiã2 tsjij2 ɣiẹ2 mji1

无 功 德 积 集, 情 悟 声 闻

[illegible] [illegible] [illegible] [illegible]。 [illegible] [illegible] [illegible] [illegible] [illegible]

ljij2 ·ji1 iọ1 sə1 be2 tjij1 njij2 mjor1 ljij2

大 众 圆 满。 日 灯 王 如 来

无边功德,菩萨声闻大众圆满。日灯王如来

25.18.5

[illegible] [illegible] [illegible] [illegible], [illegible] [illegible] [illegible] [illegible] [illegible],

gju^{1}	dzjar^{2}	nio̱w^{1}	rjijṟ^{2}	bju^{2}	mjij^{1}	ɣię^{2}	dźiã^{2}	tsjij^{2}
度	灭	后	方,	边	无	音	情	悟
[illegible]	[illegible]	[illegible]	[illegible]	[illegible]	[illegible]	[illegible]	[illegible]	[illegible]
tśjɨ̱^{1}	bju^{1}	·a	du̱^{2}	tow^{1}	lo^{1}	sã^{1}	mjiw^{2}	sã^{1}
次	依	阿	耨	多	罗	三	藐	三

灭度之后,无边音菩萨次当现证阿耨多罗三藐三

25.18.6

[illegible]	[illegible]	[illegible]	[illegible]。	[illegible]	[illegible]	[illegible]	[illegible]	[illegible],
po^{1}	tjɨj^{1}	ljạ^{1}	·jɨ^{1}	bju^{2}	mjij^{1}	zjɨr^{1}	dźiã^{2}	tsjij^{2}
菩	提	证	△。	边	无	慧	情	悟,
[illegible]	[illegible]	[illegible]①	[illegible]	[illegible]	[illegible]	[illegible],	[illegible]	[illegible]
thjɨ^{2}	tsji̱r^{1}	ɣa^{2}	rjir^{1}	lew^{2}	mjij^{1}	ku^{1}	ŋwu̱^{1}	dạ^{2}
此	法	门	得	所	无	则,	言	说

菩提。无边慧,以此法门无所得故,

25.19.1

[illegible]	[illegible],	[illegible]	[illegible]	[illegible]	[illegible],	[illegible]	[illegible]	[illegible]
mjij^{1}	ku^{1}	we̱^{1}	mjij^{1}	dzjar^{2}	mjij^{1}	dźju^{1}	sjwij^{1}	tji̱^{2}
无	则,	生	无	灭	无,	显	明	可
[illegible]。	[illegible]	[illegible]	[illegible]	[illegible]	[illegible]	[illegible],	[illegible]	[illegible]
mjij^{1}	rjur^{1}	po^{1}	tsa^{1}	ma^{2}	ŋạ^{2}	tsa^{1}	·wo^{2}	tshwew^{1}
不。	诸	菩	萨	摩	诃	萨,	理	趣

无言说故,无生无灭②,不可示现。诸菩萨摩诃萨,

25.19.2

[illegible]	[illegible]	[illegible]	[illegible]。	[illegible]	[illegible]	[illegible]	[illegible],	[illegible]
·jɨr^{2}	djọ^{2}	dzji̱^{2}	lew^{2}	tjɨ^{1}	tjij^{1}	dźiã^{2}	tsjij^{2}	tsji̱r^{1}
勤	修	习	应。	如	若	情	悟,	法
[illegible]	[illegible]	[illegible]	[illegible]	[illegible]	[illegible]	[illegible]	[illegible]	[illegible]

① [illegible][illegible],对译"法门"。"[illegible]"是"[illegible]"(ɣa^{1})的通假字。

② 西夏译本此句,与"不可示现"语序颠倒。

ŋowr² ŋowr² ·wo² tshwew¹ ne̱w² ɣjɨr¹ tśier¹ ·ju² gu¹

皆 皆 理 趣 善 巧 利 寻 立

当应如理精勤修习。若有菩萨，住一切法理趣善巧方便安立，

25.19.3

[illegible]

śjwo¹ dźjij¹ rjir¹ lew² mjij¹ nio̱w¹ we̱¹ mjij¹ ze̱w²

起 住 得 所 无 以 生 无 忍

[illegible]

rjir¹ tha¹ tsjir¹ io̱¹ sə¹ mjɨ¹ pjụ¹ tśhja² ·io̱w¹

获， 佛 法 圆 满 无 量 功 德

以无所得获无生忍，圆满佛法无量功德

25.19.4

[illegible]

ŋwu² lju̱² tshjij² ·a du̱² tow¹ lo¹ sã¹ mjiw²

以 庄 严， 阿 耨 多 罗 三 藐

[illegible]

sã¹ po¹ tjɨj¹ rjijr² śjwo¹ tshwew¹ bju² mjij¹ zjɨr¹

三 菩 提 方 发 趣。 边 无 慧

以为庄严，而发趣于阿耨多罗三藐三菩提。无边慧，

25.19.5

[illegible]

dźiã² tsjij² ŋa² śji¹ rjur¹ po¹ tsa¹ ma² ŋạ²

情 悟， 我 前 诸 菩 萨 摩 诃

[illegible]

tsa¹ thjɨ² tsjir¹ rjɨr² nio̱w¹ pha¹ zjɨr¹ zjij¹ ŋowr²

萨 此 法 除 外， 别 少 许 皆

我曾不说诸菩萨摩诃萨离此法外，别有少法

25.19.6

[illegible]	[illegible]	[illegible]	[illegible]	[illegible]	[illegible]	[illegible]①	[illegible]	[illegible]
ŋowr²	sjịj²	sjịj²	xja¹	śjɨj¹	njwi²	sji²	tsjɨ̠r¹	tshjịj¹
皆	智	智	速	成	能	△	法	说
[illegible]	[illegible]	[illegible]	[illegible]。	[illegible]	[illegible]	[illegible]	[illegible]	[illegible]
mjɨ¹	tśhjɨ¹	dji²	ŋa²	tjij¹	dzjwo²	thjɨ²	we̠¹	mjij¹
无	尔	曾	我。	若	人	此	生	无

速能成就一切智智。若有于此无生

25.20.1

[illegible]	[illegible]	[illegible]	[illegible]	[illegible]	[illegible]	[illegible]	[illegible]	[illegible]
dzjar²	mjij¹	źji²	na¹	ŋa¹	tsjɨ̠r¹	bju¹	·jɨr²	djọ²
灭	无	甚	深	空	法	依	勤	修
[illegible]	[illegible],	[illegible]	[illegible]	[illegible]	[illegible]	[illegible]	[illegible]	[illegible]
dźjij¹	ku¹	tśhjɨ²	rjar²	dźiã²	tsjij²	·jij¹	tsjɨ̠r¹	kiẹj²
行	则,	迅	急	情	悟	之	法	界

无灭甚深空法勤修行者,速得菩萨法界

25.20.2

[illegible]	[illegible]	[illegible]	[illegible]	[illegible]	[illegible]	[illegible]	[illegible]	[illegible]
·wo²	tshwew¹	ne̠w²	ɣjɨr¹	tśier¹	·ju²	niọw¹	thow¹	lo¹
理	趣	善	巧	利	寻	及	陀	罗
[illegible]	[illegible],	[illegible]	[illegible]	[illegible]	[illegible],	[illegible]	[illegible]	[illegible]
dzji¹	rjir²	nwə	ŋwo²	ŋowr²	lhə	ɣiew¹	dzjɨ̠²	phju²
尼	得,	辩	才	具	足,	摄	化	上

理趣善巧方便及陀罗尼②,具足辩才,无上摄化,

---

① [illegible],名物化助词。

② 陀罗尼,又曰陀罗那、陀邻尼。译作持、总持、能持能遮。以名持善法不使散,持恶法不使起之力用,分之为四种:一法陀罗尼,于佛之教法闻持而不忘也,又名闻陀罗尼。二义陀罗尼,于诸法之义总持而不忘也。三咒陀罗尼,依禅定发秘密语,有不测之神验,谓之咒,咒陀罗尼者,于咒总持而不失也。四忍陀罗尼,于法之实相安住,谓之忍,持忍名为忍陀罗尼。

25.20.3

[illegible],	[illegible]	[illegible]	[illegible]	[illegible]	[illegible]	[illegible]	[illegible]	[illegible]
tsew^{2}	rjur^{1}	tha^{1}	rjur^{1}	pjụ^{1}	·jij^{1}	·jow^{2}	śja^{2}	lew^{2}
限,	诸	佛	世	尊	之	称	赞	所
[illegible],	[illegible]	[illegible]	[illegible]	[illegible]	[illegible]	[illegible]	[illegible],	[illegible]
we^{2}	tsji̱r^{1}	lju̱^{2}	tshjịj^{2}	gju^{2}	ŋwu^{2}	lju̱^{2}	tshjịj^{2}	mji̱^{1}
为,	法	庄	严	具	以	庄	严,	施

诸佛世尊之所称赞,以法严具而庄严之,能圆满施,

25.20.4

[illegible]	[illegible]	[illegible],	[illegible]	[illegible]	[illegible]	[illegible],	[illegible]	[illegible]
iọ^{1}	sə^{1}	njwi^{2}	gji^{1}	sej^{1}	kie^{1}	dźjij^{1}	gji^{1}	sej^{1}
圆	满	能,	清	净	戒	住,	清	净
[illegible]、	[illegible]	[illegible]	[illegible]	[illegible]、	[illegible]①	[illegible]	[illegible]	[illegible]
ze̱w^{2}	źji^{2}	phju^{2}	khu^{1}	dźjij^{1}	thju̱^{1}	mjij^{1}	śjã^{1}	djɨj^{1}
忍、	最	上	进	精、	缘	无	禅	定

住清净戒,得清净忍、无上精进、无缘禅定,

25.20.5

[illegible],	[illegible]	[illegible]	[illegible]	[illegible]	[illegible]	[illegible]	[illegible]	[illegible]
rjir^{2}	tha^{2}	sjịj^{2}	zjɨr^{1}	ŋwu^{2}	·a	du̱^{2}	tow^{1}	lo^{1}
得,	大	智	慧	以	阿	耨	多	罗
[illegible]	[illegible]	[illegible]	[illegible]	[illegible]	[illegible]	[illegible]	[illegible],	[illegible]
sã^{1}	mjiw^{2}	sã^{1}	po^{1}	tjɨj^{1}	rjijr^{2}	śjwo^{1}	tshwew^{1}	bu̱^{2}
三	藐	三	菩	提	方	发	趣,	胜

以大智慧而发趣于阿耨多罗三藐三菩提,

25.20.6

[illegible]	[illegible]	[illegible]	[illegible]	[illegible]	[illegible]	[illegible],	[illegible]	[illegible]
ŋowr^{2}	ŋowr^{2}	kha^{1}	źji^{2}	rjar^{1}	gjij^{1}	we^{2}	xja^{1}	ŋowr^{2}

① [illegible],义为"窥""察""观"等,此处对译"无缘禅定"的"缘"。无缘,无心识之攀缘也。

皆	皆	中	最	殊	特	为，	速	皆
[illegible]	[illegible]	[illegible]	[illegible]	[illegible]	[illegible]	[illegible]	[illegible]	[illegible]，
ŋowr^{2}	sjịj^{2}	mjịj^{2}	mjịj^{2}	rjir^{2}	lhejr^{2}	lhjo̱r^{1}	·u^{2}	dzu̱^{2}
皆	智	者	名	得	道	场	内	坐，

于诸胜中最为殊胜，速得名为一切智者坐于道场，

25.21.1

[illegible]	[illegible]	[illegible]	[illegible]	[illegible]	[illegible]	[illegible]	[illegible]	[illegible]
ljɨr^{1}	tha^{2}	ŋwər^{1}	njij^{2}	ɣja^{2}	zow^{2}	tsji̱r^{1}	dźiej^{2}	de̱j^{1}
四	大	天	王	盖	持	法	轮	转
[illegible]①	[illegible]，	[illegible]	[illegible]	[illegible]	[illegible]	[illegible]	[illegible]	[illegible]
gji̱^{1}	lja^{1}	rjur^{1}	dzjwo^{2}	ŋwə^{1}	·jij^{1}	tha^{2}	bji^{1}	swew^{1}
诣请	来，	诸	人	天	之	大	光	明

四大天王持盖来诣请转法轮，为诸人天作大光明，

25.21.2

[illegible]，	[illegible]	[illegible]	[illegible]	[illegible]	[illegible]	[illegible]	[illegible]	[illegible]	[illegible]	[illegible]	[illegible]	[illegible]	[illegible]。
·wji^{1}	źji^{2}	·a	du̱^{2}	tow^{1}	lo^{1}	sã^{1}	mjiw^{2}	sã^{1}	po^{1}	tjɨj^{1}	rjijr^{2}	tshwew^{1}	phji^{1}
作，	皆	阿	耨	多	罗	三	藐	三	菩	提	方	趣	令。

皆令趣于阿耨多罗三藐三菩提。

汉文本

无边慧，是二菩萨说此偈已，于月灯王如来右绕三匝，以天妙华、栴檀、末香而散佛上。时彼如来即为授记，而告之曰：汝云音等，过二万劫，当证阿耨多罗三藐三菩提。是二菩萨，闻如来记，踊跃欢喜，谛观如来，入于诸禅游戏神通，出没自在，烟焰晖发，复为众生说法开示，令二十四俱胝人天趣于阿耨多罗三藐三菩提。是二菩萨，乃至尽命勤修梵行，于彼如来中时正法、后时正法悉能护持。复于尔时，教化成熟四俱胝众生趣于阿耨多罗三藐三菩提。是二菩萨，次第供养亲近承事多百千佛，及诸如来三昧正法一一受持。过二万劫，复值宝幢如来，随转法轮，教化成熟无量众生趣于阿耨多罗三藐三菩提。宝幢如来刹土清净，无诸声闻，唯有一生补处菩萨。宝幢如来将灭度时乃为授记：我灭度后，云音菩萨次当现证阿耨多罗三藐三菩提，号曰日灯王如来。其佛刹土成就庄严，积集无量无边功德，菩萨声闻大众圆满。日灯王如来灭度之后，无边音菩萨次当现证阿耨多罗三藐三菩提。无边慧，以此法

① [illegible]，该字有“连接”义，这里与“四大天王持盖来诣请转法轮”的“诣请”对译。

门无所得故，无言说故，不可示现，无生无灭。诸菩萨摩诃萨，当应如理精勤修习。若有菩萨，住一切法理趣善巧方便安立，以无所得获无生忍，圆满佛法无量功德以为庄严，而发趣于阿耨多罗三藐三菩提。无边慧，我曾不说诸菩萨摩诃萨离此法外，别有少法速能成就一切智智。若有于此无生无灭甚深空法勤修行者，速得菩萨法界理趣善巧方便及陀罗尼，具足辩才，无上摄化，诸佛世尊之所称赞，以法严具而庄严之，能圆满施，住清净戒，得清净忍、无上精进、无缘禅定，以大智慧而发趣于阿耨多罗三藐三菩提，于诸胜中最为殊胜，速得名为一切智者坐于道场，四大天王持盖来诣请转法轮，为诸人天作大光明，皆令趣于阿耨多罗三藐三菩提。

25.21.3

[illegible]	[illegible]	[illegible]	[illegible]	[illegible]	[illegible]	[illegible]，	[illegible]	[illegible]
nio̱w^{1}	tśjɨ̱^{1}	bju^{2}	mjij^{1}	zjɨr^{1}	dźiã^{2}	tsjij^{2}	tjij^{1}	rjur^{1}
复	次	边	无	慧	情	悟，	若	诸
[illegible]	[illegible]	[illegible]	[illegible]	[illegible]	[illegible]	[illegible]	[illegible]	[illegible]
po^{1}	tsa^{1}	ma^{2}	ŋạ^{2}	tsa^{1}	rjur^{1}	tsji̱r^{1}	ŋowr^{2}	ŋowr^{2}
菩	萨	摩	诃	萨	诸	法	皆	皆

复次无边慧，若诸菩萨摩诃萨于一切

25.21.4

[illegible]	[illegible]	[illegible]	[illegible]	[illegible]	[illegible]	[illegible]	[illegible]，	[illegible]
ŋjow^{2}	tjɨ̣j^{2}	sã^{1}	mej^{2}	·jɨr^{2}	djọ^{2}	dźjịj^{1}	ku^{1}	rjur^{1}
海	印	三	昧	勤	修	行	则，	诸
[illegible]	[illegible]	[illegible]	[illegible]	[illegible]	[illegible]	[illegible]	[illegible]，	[illegible]
tsji̱r^{1}	ŋowr^{2}	ŋowr^{2}	tsji̱r^{1}	kiẹj^{2}	rjir^{2}	thwu̱^{1}	ljij^{2}	thjɨ^{2}
法	皆	皆	法	界	与	同	见，	此

法海印三昧勤修行者，见一切法同于法界，

25.21.5

[illegible]	[illegible]	[illegible]，	[illegible]	[illegible]	[illegible]	[illegible]	[illegible]	[illegible]
sju^{2}	ljij^{2}	zjịj^{1}	tsji̱r^{1}	kiẹj^{2}	ɣa^{2}	tsji̱r^{1}	ŋowr^{2}	ŋowr^{2}
如	见	时，	法	界	于	法	皆	皆
[illegible]	[illegible]，	[illegible]	[illegible]	[illegible]	[illegible]	[illegible]	[illegible]	[illegible]。
mjij^{1}	ljij^{2}	rjur^{1}	tsji̱r^{1}	ɣa^{2}	tsji̱r^{1}	kiẹj^{2}	mjij^{1}	ljij^{2}
不	见，	诸	法	于	法	界	不	见。

如是见时，不于法界见一切法，不于诸法见于法界。

25.21.6

[illegible]	[illegible]	[illegible]	[illegible]，	[illegible]	[illegible]	[illegible]	[illegible]	[illegible]
khu^{1}	dźjij^{1}	djọ^{2}	dzjɨ̣^{2}	tsji̱r^{1}	ŋowr^{2}	ŋowr^{2}	rjur^{1}	kiẹj^{2}
进	精	修	习，	法	皆	皆	诸	界
[illegible]	[illegible]	[illegible]	[illegible]	[illegible]	[illegible]	[illegible]，	[illegible]	
dzow^{1}	ŋwej^{2}	ne̱w^{2}	ɣjɨr^{1}	tśier^{1}	·ju^{2}	ŋwu^{2}	tsji̱r^{1}	
和	合	善	巧	利	寻	以，	法	

精进修习，以一切法诸界和合善巧方便，

25.22.1

[illegible]	[illegible]	[illegible]	[illegible]	[illegible]	[illegible]	[illegible]，	[illegible]	[illegible]
ŋowr^{2}	ŋowr^{2}	rjur^{1}	kiẹj^{2}	dzow^{1}	ŋwej^{2}	ɣa^{2}	zow^{2}	zjij^{1}
皆	皆	诸	界	和	合	于，	执	着
[illegible]	[illegible]，	[illegible]	[illegible]	[illegible]	[illegible]，	[illegible]	[illegible]	[illegible]
lew^{2}	mjij^{1}	mju^{2}	lew^{2}	tsjɨ^{1}	mjij^{1}	tsji̱r^{1}	ŋowr^{2}	ŋowr^{2}
所	无，	动	所	亦	无，	法	皆	皆

于一切法诸界和合，无所执着，亦无所动，于一切法

25.22.2

[illegible]	[illegible]	[illegible]	[illegible]	[illegible]	[illegible]	[illegible]	[illegible]	[illegible]，
rjur^{1}	kiẹj^{2}	dzow^{1}	ŋwej^{2}	ne̱w^{2}	ɣjɨr^{1}	tśier^{1}	·ju^{2}	ɣa^{2}
诸	界	和	合	善	巧	利	寻	于，
[illegible]	[illegible]	[illegible]	[illegible]，	[illegible]	[illegible]	[illegible]	[illegible]。	[illegible]
zow^{2}	zjij^{1}	mjij^{1}	dju^{1}	phjo^{2}	kar^{2}	tsjɨ^{1}	mjij^{1}	lew^{1}
执	着	不	有，	分	别	亦	无。	一

诸界和合善巧方便，亦无执着，亦无分别。

25.22.3

[illegible]	[illegible]	[illegible]	[illegible]，	[illegible]	[illegible]	[illegible]	[illegible]	[illegible]
tsji̱r^{1}	dzow^{1}	ŋwej^{2}	kha^{1}	rjur^{1}	tsji̱r^{1}	ŋowr^{2}	ŋowr^{2}	dzow^{1}

法	和	合	中，	诸	法	皆	皆	和
[illegible]	[illegible]	[illegible]，	[illegible]	[illegible]	[illegible]	[illegible]	[illegible]	[illegible]
ŋwej^{2}	ljij^{2}	njwi^{2}	rjur^{1}	tsji̠r^{1}	dzow^{1}	ŋwej^{2}	kha^{1}	lew^{1}
合	见	能，	诸	法	和	合	中	一

能于一法和合之中而见一切诸法和合，能于一切诸法和合而复见于一法和合，

25.22.4

[illegible]	[illegible]	[illegible]	[illegible]	[illegible]，	[illegible]	[illegible]	[illegible]	[illegible]
tsji̠r^{1}	dzow^{1}	ŋwej^{2}	ljij^{2}	njwi^{2}	rjur^{1}	tsji̠r^{1}	ŋowr^{2}	ŋowr^{2}
法	和	合	见	能，	诸	法	皆	皆
[illegible]	[illegible]	[illegible]	[illegible]	[illegible]	[illegible]	[illegible]	[illegible]	[illegible]
dzow^{1}	ŋwej^{2}	kha^{1}	lew^{1}	tsji̠r^{1}	dzow^{1}	ŋwej^{2}	ɣa^{2}	mjij^{1}
和	合	中	一	法	和	合	于	不

不于一切诸法和合而亲近于一法和合，

25.22.5

[illegible]	[illegible]	[illegible]，	[illegible]①	[illegible]	[illegible]	[illegible]	[illegible]	[illegible]
?	njij^{1}	ku^{1}	tsji̠r^{1}	dzow^{1}	ŋwej^{2}	kha^{1}	rjur^{1}	tsji̠r^{1}
亲	近	则，	法	和	合	中	诸	法
[illegible]	[illegible]	[illegible]	[illegible]	[illegible]	[illegible]	[illegible]。	[illegible]	[illegible]
ŋowr^{2}	ŋowr^{2}	dzow^{1}	ŋwej^{2}	mjij^{1}	?	njij^{1}	thjɨ^{2}	lew^{1}
皆	皆	和	合	不	亲	近。	此	一

不于一法和合之中亲近一切诸法和合。

25.22.6

[illegible]	[illegible]	[illegible]	[illegible]	[illegible]，	[illegible]	[illegible]	[illegible]	[illegible]
tsji̠r^{1}	nwə^{1}	tsjij^{2}	njwi^{2}	ku^{1}	rjur^{1}	tsji̠r^{1}	ŋowr^{2}	ŋowr^{2}
法	知	晓	能	则，	诸	法	皆	皆
[illegible]	[illegible]	[illegible]	[illegible]，	[illegible]	[illegible]	[illegible]	[illegible]	[illegible]
tsjɨ^{1}	nwə^{1}	tsjij^{2}	njwi^{2}	rjur^{1}	tsji̠r^{1}	ŋowr^{2}	ŋowr^{2}	nwə^{1}

① [illegible]，上脱漏“[illegible]”（一）字。

亦	知	晓	能，	诸	法	皆	皆	知

以能了知此一法故，亦能了知一切诸法；以能了知一切法故，

25.23.1

[illegible]	[illegible]	[illegible]，	[illegible]	[illegible]	[illegible]	[illegible]	[illegible]	[illegible]
tsjij2	njwi2	ku1	thjɨ2	lew1	tsji̱r1	ɣa2	nwə1	tsjij2
晓	能	则，	此	一	法	于	知	晓
[illegible]	[illegible]	[illegible]	[illegible]	[illegible]	[illegible]，	[illegible]	[illegible]	[illegible]
·wo2	twụ1	tsjɨ1	nwə1	tsjij2	njwi2	rjur1	tsji̱r1	ŋwu2
应	处	亦	知	晓	能，	诸	法	以

于此一法应了知处亦能了知，不以诸法

25.23.2

[illegible]	[illegible]	[illegible]	[illegible]	[illegible]。	[illegible]	[illegible]	[illegible]	[illegible]
lew1	tsji̱r1	mjij1	?	njij1	rjur1	lhjwi1	ŋur1	dzow1
一	法	不	亲	近。	诸	取	蕴	和
[illegible]	[illegible]，	[illegible]	[illegible]	[illegible]	[illegible]；	[illegible]	[illegible]	[illegible]
ŋwej2	kha1	źji2	nwə1	tsjij2	njwi2	ku1	lhjwi1	ŋur1
合	中，	皆	知	晓	能；	则	取	蕴

亲近一法。于诸取蕴①和合之中，悉能了知；

25.23.3

[illegible]	[illegible]	[illegible]	[illegible]	[illegible]	[illegible]	[illegible]	[illegible]、	[illegible]
mə2	mə2	tsji̱r2	·jij1	tjij1	dzow1	ŋwej2	dju1	tjij1
种	种	性	相	若	和	合	有、	若
[illegible]	[illegible]	[illegible]	[illegible]	[illegible]	[illegible]	[illegible]	[illegible]。	[illegible]
dzow1	ŋwej2	mjij1	ɣa2	zow2	zji̱j1	mjij1	śjwo1	rjur1
和	合	无	于	执	着	不	生。	诸

不于取蕴种种性相若有和合、若无和合而生执着。

① 取蕴，取为烦恼之异名，由烦恼而生蕴，由五蕴而生烦恼，故曰取蕴。

25.23.4

[illegible]

po[1] tsa[1] ma[2] ŋạ[2] tsa[1] thjɨ[2] sju[2] dźjịj[1] zjịj[1]

菩 萨 摩 诃 萨 是 如 行 时,

[illegible]

tśhio̱w[1] tśhio̱w[1] rjur[1] tsji̱r[1] ·ji[1] ·jiw[1] ·jiw[1] dzow[1] ŋwej[2]

或 或 诸 法 众 因 缘 和 合

诸菩萨摩诃萨如是行时,若有诸法以众因缘和合

25.23.5

[illegible]

bju[1] śjwo[1] tśhio̱w[1] tśhio̱w[1] rjur[1] tsji̱r[1] ·ji[1] ·jiw[1] ·jiw[1]

而 生, 或 或 诸 法 众 因 缘

[illegible]

dzow[1] ŋwej[2] bju[1] śjɨj[1] thja[2] rjur[1] tsji̱r[1] ɣa[2] źji[2]

和 合 而 成, 彼 诸 法 于 悉

而生,若有诸法以众因缘和合而成,于彼诸法悉

25.23.6

[illegible]

nwə[1] tsjij[2] njwi[2] tśhio̱w[1] tśhio̱w[1] rjur[1] tsji̱r[1] ·jiw[1] nio̱w[1]

知 晓 能。 或 或 诸 法 因 缘

[illegible]

dzow[1] ŋwej[2] mə[2] mə[2] tsji̱r[2] rjir[2] bju[1] śjij[1] nio̱w[1]

和 合, 种 种 性 与 依 顺 因

能了知。若有诸法因缘和合,以种种性相应而起,

25.24.1

[illegible]

śjwo[1] thja[2] rjur[1] tsji̱r[1] ɣa[2] źji[2] nwə[1] tsjij[2] njwi[2]

起, 彼 诸 法 于 悉 知 晓 能

zow^{2}	zjįj^{1}	tsjɨ^{1}	mjij^{1}	rjur^{1}	tsjir̠^{1}	ŋowr^{2}	ŋowr^{2}	thu^{1}
执	着	亦	无。	诸	法	皆	皆	施

于彼诸法亦能了知亦无执着。

25.24.2

phjij^{1}	·jij^{1}	tsjɨ^{1}	nwə^{1}	tsjij^{2}	njwi^{2}	tjij^{1}	·jij^{1}	·jij^{1}
设	相	亦	知	晓	能,	若	相	相
mjij^{1}	tsjɨ^{1}	nwə^{1}	njwi^{2}	tsjij^{2}	rjur^{1}	kięj^{2}	pha^{1}	do^{2}
无	亦	知	能	晓①,	诸	界	别	差、

随顺了知一切诸法施设之相,亦能了知若相无相,

25.24.3

rjur^{1}	kięj^{2}	mə^{2}	mə^{2}	tsjir̠^{2}	·jij^{1}	do^{2}	pha^{1}	tsjɨ^{1}
诸	界	种	种	性	相	差	别	亦
nwə^{1}	tsjij^{2}	njwi^{2}	nio̱w^{1}	sjwɨ^{2}	ŋwu^{2}	·jiw^{1}	we^{2}	njwi^{2}
知	晓	能,	复	谁	以	因	为	能

亦能了知诸界差别、诸界种种性相差别,亦能了知以谁为因,

25.24.4

nwə^{1}	tsjij^{2}	źji̱^{1}	njɨ^{2}	ŋwu^{2}	rjur^{1}	nio̱w^{1}	śjwo^{1}	tsjir̠^{1}
知	晓,	烦	恼	以	诸	缘	起	法
mjij^{1}	?	njij^{1}	mjij^{1}	tshwew^{1}	rjur^{1}	kha^{1}	rjur^{1}	kha^{1}
不	亲	近	不	趣,	世	间、	世	间

① 该字原件旁有符号"√",表明倒文。

不以烦恼亲近趣向诸缘起法，

25.24.5

□	□	□	□	□	□，	□	□	□
lho	tsji̱r^{1}	ɣa^{2}	mjij^{1}	ljwu^{1}	nu^{1}	śjij^{1}	bju^{1}	nwə^{1}
出	法	于	不	违	背，	顺	依	知
□	□	□、	□	□	□	□	□	□
tsjij^{2}	rjur^{1}	kha^{1}	rjur^{1}	kha^{1}	lho	rjur^{1}	tsji̱r^{1}	ŋowr^{2}
晓	世	间、	世	间	出	诸	法	皆

亦于世间、出世间法不相违背，随顺了知世间、出世间一切诸法，

25.24.6

□，	□	□	□	□	□	□	□	□。
ŋowr^{2}	rjur^{1}	kha^{1}	·jij^{1}	tjɨj^{2}	to^{2}	źji^{2}	nwə^{1}	tsjij^{2}
皆，	世	间	相	印	皆	皆	知	晓。
□	□	□	□	□	□	□	□	□
lew^{1}	tsji̱r^{1}	ɣa^{1}	ŋwu^{2}	tsji̱r^{1}	ɣa^{1}	ŋowr^{2}	ŋowr^{2}	nwə^{1}
一	法	门	以	法	门	皆	皆	知

世间相印皆遍了知。以一法门而能了知一切法门，

25.25.1

□	□，	□	□	□	□	□	□	□
tsjij^{2}	njwi^{2}	rjur^{1}	tsji̱r^{1}	ɣa^{1}	ŋwu^{2}	nio̱w^{1}	lew^{1}	tsji̱r^{1}
晓	能，	诸	法	门	以	复	一	法
□	□	□	□，	□	□	□	□	□
ɣa^{1}	nwə^{1}	tsjij^{2}	njwi^{2}	rjur^{1}	tsji̱r^{1}	ŋowr^{2}	ŋowr^{2}	ɣa^{1}
门	知	晓	能，	诸	法	皆	皆	门

以诸法门复能了知一法之门，

25.25.2

□	□	□	□	□	□	□，	□	□
ŋwu^{2}	lew^{1}	tsji̱r^{1}	ɣa^{1}	mjij^{1}	?	njij^{1}	lew^{1}	tsji̱r^{1}

以	一	法	门	不	亲	近，	一	法
[illegible]	[illegible]	[illegible]	[illegible]	[illegible]	[illegible]	[illegible]	[illegible]。	[illegible]
ɣa[1]	ŋwu[2]	rjur[1]	tsji̱r[1]	ɣa[1]	mjij[1]	?	njij[1]	thjɨ[2]
门	以	诸	法	门	不	亲	近。	是

不以一切诸法之门而亲近于一法之门，亦复不以一法之门而亲近于诸法之门。

25.25.3

[illegible]	[illegible]	[illegible]	[illegible]	[illegible]	[illegible]	[illegible]	[illegible]。	[illegible]
sju[2]	tsji̱r[1]	ɣa[1]	źji[2]	sej[1]	dji̱[2]	njwi[2]	ljɨ[1]	bju[2]
如	法	门	皆	净	治	能	也。	边
[illegible]	[illegible]	[illegible]	[illegible]，	[illegible]	[illegible]	[illegible]	[illegible]	[illegible]
mjij[1]	zjɨr[1]	dźiã[2]	tsjij[2]	rjur[1]	po[1]	tsa[1]	ma[2]	ŋa̱[2]
无	慧	情	悟，	诸	菩	萨	摩	诃

如是法门悉能净治。无边慧，诸菩萨摩诃萨

25.25.4

[illegible]	[illegible]	[illegible]	[illegible]	[illegible]	[illegible]	[illegible]	[illegible]，	[illegible]
tsa[1]	thjɨ[2]	tsji̱r[1]	kha[1]	·jɨr[2]	djo̱[2]	dźji̱j[1]	ku[1]	lew[1]
萨	此	法	中	勤	修	行	则，	一
[illegible]	[illegible]	[illegible]	[illegible]	[illegible]	[illegible]	[illegible]，	[illegible]	[illegible]
·wo[2]	tshwew[1]	ŋwu̱[1]	da̱[2]	tsji̱r[1]	ɣa[1]	ŋwu[2]	rjur[1]	tsji̱r[1]
理	趣	言	说	法	门	以，	诸	法

于此法中勤修习者，以一理趣言教之门，

25.25.5

[illegible]	[illegible]	[illegible]	[illegible]	[illegible]	[illegible]	[illegible]	[illegible]	[illegible]，
ŋowr[2]	ŋowr[2]	tsji̱r[1]	lew[1]	wji̱[1]	thwu̱[1]	nwə[1]	tsjij[2]	njwi[2]
皆	皆	法	一	味	同	知	晓	能，
[illegible]	[illegible]	[illegible]	[illegible]	[illegible]	[illegible]	[illegible]	[illegible]，	[illegible]
tsji̱r[1]	ŋowr[2]	ŋowr[2]	ɣa[2]	bu̱[2]	dze̱j[1]	mjij[1]	rjir[1]	·wo[2]
法	皆	皆	于	胜	净	无	得，	理

而能了知一切诸法性同一味，于一切法得胜无净，

25.25.6

[illegible]	[illegible]	[illegible]	[illegible]	[illegible]	[illegible]	[illegible]，	[illegible]	[illegible]
bju^{1}	mjij^{1}	sej^{1}	dźjwɨ^{1}	mjij^{1}	ljwu^{1}	nu^{1}	tha^{2}	·ji^{1}
如	寂	静	相	不	违	背，	大	众
[illegible]	[illegible]	[illegible]	[illegible]	[illegible]	[illegible]，	[illegible]	[illegible]	[illegible]
ljwu^{2}	kha^{1}	thjɨ^{2}	tsji̠r^{1}	·jow^{2}	tshji̠j^{1}	·jɨr^{2}	ŋwu^{2}	djọ^{2}
会	中	此	法	赞	说，	勤	以	修

如理寂静不相违背，能于大会赞说斯法，精勤

25.26.1

[illegible]	[illegible]	[illegible]	[illegible]	[illegible]	[illegible]	[illegible]	[illegible]	[illegible]。
dzjɨ̠^{2}	tsji̠r^{1}	ŋowr^{2}	ŋowr^{2}	ŋjow^{2}	tjɨ̠j^{2}	sã^{1}	mej^{2}	rjir^{1}
习	法	皆	皆	海	印	三	昧	得。
[illegible]	[illegible]	[illegible]	[illegible]	[illegible]，	[illegible]	[illegible]	[illegible]	[illegible]、
thjɨ^{2}	sju^{2}	djọ^{2}	dzjɨ̠^{2}	zji̠j^{1}	tjij^{1}	ɣwej^{1}	dze̠j^{1}	dju^{1}
是	如	修	习	时，	若	诤	论	有、

修习得一切法海印三昧。如是修习，若有诤论、

25.26.2

[illegible]	[illegible]	[illegible]	[illegible]，	[illegible]	[illegible]	[illegible]	[illegible]	[illegible]
tjij^{1}	ɣwej^{1}	dze̠j^{1}	mjij^{1}	źji^{2}	mjij^{1}	sej^{1}	phji^{1}	·wo^{2}
若	诤	论	无，	皆	寂	静	令	理
[illegible]	[illegible]	[illegible]，	[illegible]	[illegible]①	[illegible]	[illegible]②	[illegible]	[illegible]
bju^{1}	no^{2}	dźjij^{1}	mjɨ^{1}	gjiw^{1}	śja^{1}	wją^{2}	śjij^{1}	bju^{1}
如	乐	住，	不	恭	绳	放	顺	依

若无诤论，皆令寂静如理而住，随顺断除憍慢放逸，

25.26.3

[illegible]	[illegible]，	[illegible]	[illegible]	[illegible]	[illegible]	[illegible]	[illegible]	[illegible]

① [illegible][illegible]，意思是“不恭”，对译汉文“憍慢”。

② [illegible][illegible]，意思是“松开绳索”，对译“放逸”。

tjij^{1}	phja^{1}	kjɨ^{1}	djɨj^{1}	tshjɨj^{1}	ɣa^{2}	do^{2}	ŋwụ^{1}	dạ^{2}
除	断，	△	定	说	于	差	言	说
[illegible]	[illegible]	[illegible]，	[illegible]	[illegible]	[illegible]	[illegible]	[illegible]	[illegible]
ɣiwej^{1}	·jij^{1}	njwi^{2}	niọw^{1}	tsjɨr^{1}	kiẹj^{2}	·wo^{2}	tshwew^{1}	dwewr^{2}
持	受	能，	复	法	界	理	趣	觉

于决定说善能受持差别名言，亦能觉了法界理趣，

25.26.4

[illegible]	[illegible]，	[illegible]	[illegible]	[illegible]	[illegible]，	[illegible]	[illegible]	[illegible]
tsjij^{2}	njwi^{2}	tśier^{1}	·ju^{2}	·jɨr^{2}	djọ^{2}	rjur^{1}	tsjɨr^{1}	ɣa^{1}
晓	能，	利	寻	勤	修，	诸	法	门
[illegible]	[illegible]	[illegible]	[illegible]	[illegible]	[illegible]	[illegible]	[illegible]	[illegible]
ɣa^{2}	thjɨ^{2}	sju^{2}	tsjɨr^{1}	ŋwu^{2}	wa^{2}	tsjɨr^{1}	bju^{1}	śjij^{1}
于	是	如	法	以	何	法	依	顺

方便勤修，于诸法门善寂思念，当以何法何法相应

25.26.5

[illegible]	[illegible]	[illegible]	[illegible]	[illegible]	[illegible]	[illegible]	[illegible]，	[illegible]
tjij^{1}	mjij^{1}	bju^{1}	śjij^{1}	mjij^{1}	sjwɨ^{1}	lə	njwi^{2}	tśier^{1}
若	不	依	顺	寂	愁	思	能，	利
[illegible]	[illegible]	[illegible]	[illegible]	[illegible]	[illegible]	[illegible]	[illegible]	[illegible]
·ju^{2}	ŋwu^{2}	kjɨ^{1}	djɨj^{1}	·wo^{2}	ɣa^{2}	gji^{1}	sej^{1}	lə
寻	以	△	定	义	于	清	净	念

若不相应，能以方便于决定义住清净念。

25.26.6

[illegible]	[illegible]	[illegible]。	[illegible]	[illegible]	[illegible]	[illegible]	[illegible]，	[illegible]
dźjij^{1}	njwi^{2}	ljɨ^{1}	bju^{2}	mjij^{1}	zjɨr^{1}	dźiā^{2}	tsjij^{2}	rjur^{1}
住	能	也。	边	无	慧	情	悟，	诸
[illegible]	[illegible]	[illegible]	[illegible]	[illegible]	[illegible]	[illegible]	[illegible]	[illegible]
po^{1}	tsa^{1}	ma^{2}	ŋạ^{2}	tsa^{1}	thjɨ^{2}	tsjɨr^{1}	ɣa^{1}	ɣa^{2}
菩	萨	摩	诃	萨	此	法	门	于

无边慧，诸菩萨摩诃萨于此法门

25.27.1

thjɨ^{2}	sju^{2}	dźji̱j^{1}	ku^{1}	ɣie^{1}	tha^{2}	mjij^{1}	śjɨ^{1}	tsji̱r^{1}
是	如	住	则，	力	大	不	往	法
ŋowr^{2}	ŋowr^{2}	ŋjow^{2}	tji̱j^{2}	sã^{1}	mej^{2}	rjir^{1}	thjɨ^{2}	mjɨ^{1}
皆	皆	海	印	三	昧	得。	是	无

如是住者，以少加行①得一切法海印三昧。

25.27.2

pjụ^{1}	tsji̱r^{1}	ŋjow^{2}	sã^{1}	mej^{2}	ŋwu^{2}	·a	du̱^{2}	tow^{1}
量	法	海	三	昧	以，	阿	耨	多
lo^{1}	sã^{1}	mjiw^{2}	sã^{1}	po^{1}	tjij^{1}	rjijr^{2}	śjwo^{1}	tshwew^{1}
罗	三	藐	三	菩	提	方	发	趣。

以此无量法海三昧而发趣于阿耨多罗三藐三菩提。

汉文本

复次无边慧，若诸菩萨摩诃萨于一切法海印三昧勤修行者，见一切法同于法界，如是见时，不于法界见一切法，不于诸法见于法界。精进修习，以一切法诸界和合，善巧方便，于一切法诸界和合，无所执着，亦无所动，于一切法诸界和合善巧方便，亦无执着，亦无分别。能于一法和合之中而见一切诸法和合，能于一切诸法和合而复见于一法和合，不于一切诸法和合而亲近于一法和合，不于一法和合之中亲近一切诸法和合。以能了知此一法故，亦能了知一切诸法；以能了知一切法故，于此一法应了知处亦能了知，不以诸法亲近一法。于诸取蕴和合之中，悉能了知；不于取蕴种种性相若有和合、若无和合而生执着。诸菩萨摩诃萨如是行时，若有诸法以众因缘和合而生，若有诸法以众因缘和合而成，于彼诸法悉能了知。若有诸法因缘和合，以种种性相应而起，于彼诸法亦能了知亦无执着。随顺了知一切诸法施设之相，亦能了知若相无相，亦能了知诸界差别、诸界种种性相差别，亦能了知以谁为因，不以烦恼亲近趣向诸缘起法，亦于世间、出世间法不相违背，随顺了知世间、出世间一切诸法，世间相印皆遍了知。以一法门而能了知一切法门，以诸法门复能了知一法之门，不以一切诸法之门而亲近于一

① 以少加行，西夏译文作“[illegible]”，意思是“大力不往”，即不费力气。

法之门，亦复不以一法之门而亲近于诸法之门。如是法门悉能净治。无边慧，诸菩萨摩诃萨于此法中勤修习者，以一理趣言教之门，而能了知一切诸法性同一味，于一切法得胜无诤，如理寂静不相违背，能于大会赞说斯法，精勤修习得一切法海印三昧。如是修习，若有诤论、若无诤论，皆令寂静如理而住，随顺断除憍慢放逸，于决定说善能受持差别名言，亦能觉了法界理趣，方便勤修，于诸法门善寂思念，当以何法何法相应若不相应，能以方便于决定义住清净念。无边慧，诸菩萨摩诃萨于此法门如是住者，以少加行得一切法海印三昧，以此无量法海三昧而发趣于阿耨多罗三藐三菩提。

25.27.3

[illegible]	[illegible]，	[illegible]	[illegible]	[illegible]	[illegible]	[illegible]	[illegible]：
tśhjɨ[1]	zjọ[2]	rjur[1]	pjụ[1]	ljạ[1]	dạ[2]	rjɨr[2]	tshjịj[1]
尔	时	世	尊	偈	言	△	说：

尔时世尊而说偈言：

25.27.4

[illegible]	[illegible]	[illegible]	[illegible]	[illegible]，	[illegible]	[illegible]	[illegible]	[illegible]	[illegible]，
nji[2]	tsji̱r[1]	ŋowr[2]	ŋowr[2]	bio̱[1]	źji[2]	tsji̱r[1]	kięj[2]	kha[1]	·o[2]
汝	法	皆	皆	观，	皆	法	界	中	入，
[illegible]	[illegible]	[illegible]	[illegible]	[illegible]，					
rjur[1]	tsji̱r[1]	kięj[2]	tsji̱r[1]	thwu̱[1]					
诸	法	界	法	同，					

汝观一切法，流入法界中，诸法同法界，

25.27.5

[illegible]	[illegible]	[illegible]	[illegible]	[illegible]。	[illegible]	[illegible]	[illegible]	[illegible]	[illegible]，
·wo[2]	tshwew[1]	źji[2]	tśhja[2]	ka[1]	nio̱w[1]	tsji̱r[1]	kięj[2]	bio̱[1]	mej[1]
理	趣	皆	平	等。	复	法	界	观	察，
[illegible]	[illegible]	[illegible]	[illegible]	[illegible]，					
tsji̱r[1]	ŋowr[2]	ŋowr[2]	kha[1]	·o[2]					
法	皆	皆	中	入，					

理趣悉平等。复观于法界，流入诸法中，

25.27.6

[illegible]	[illegible]	[illegible]	[illegible]	[illegible]，	[illegible]	[illegible]	[illegible]	[illegible]	[illegible]。

tsji̱r^1 kiẹj^2 rjur^1 tsji̱r^1 thwu̱^{1} ·wo^2 tshwew^1 tsjɨ^1 tśhja^2 ka^1
法 界 诸 法 同， 理 趣 亦 平 等。
[illegible]
tsji̱r^1 kiẹj^2 kha^1 rjur^1 tsji̱r^1
法 界 中 诸 法，
法界同诸法，理趣亦平等。不于法界中，

25.28.1

[illegible]
ŋowr^2 ŋowr^2 mjij^1 bio̱^{1} mej^1 nio̱w^1 tsji̱r^1 kiẹj^2 mjij^1 ka^2
皆 皆 不 观 察， 亦 法 界 不 离，
[illegible]
tsji̱r^1 ŋowr^2 ŋowr^2 źji^2 ljij^2
法 皆 皆 皆 见。
观察一切法，亦不离法界，而见于诸法。

25.28.2

[illegible]
rjur^1 tsji̱r^1 ŋowr^2 ŋowr^2 kha^1 tsji̱r^1 kiẹj^2 mjij^1 bio̱^{1} mej^1
诸 法 皆 皆 中， 法 界 不 观 察，
[illegible]
tsji̱r^1 ŋowr^2 ŋowr^2 mjij^1 ka^2
法 皆 皆 不 离，
不于诸法中，观察于法界，亦不离诸法，

25.28.3

[illegible]
nio̱w^1 tsjɨ^1 tsji̱r^1 kiẹj^2 ljij^2 mə^2 mə^2 kiẹj^2 tsji̱r^1 kiẹj^2
复 亦 法 界 见。 种 种 界 法 界，
[illegible]
mə^2 mə^2 tsji̱r^1 nwə^1 ljij^2
种 种 法 知 见，

而见于法界。了知种种界,法界种种性,

25.28.4

[illegible] [illegible] [illegible] [illegible] [illegible], [illegible] [illegible] [illegible] [illegible] [illegible]。

tsji̱r^1 ŋowr^2 ŋowr^2 dzow^1 ŋwej^2 ne̱w^2 ɣjɨr^1 dźji̱j^1 lew^2 mjij^1

法 皆 皆 和 合, 善 巧 住 所 无。

[illegible] [illegible] [illegible] [illegible] [illegible],

dzjɨj^1 ŋowr^2 ŋowr^2 nio̱w^1 do^2

时 皆 皆 及 处,

一切法和合,善巧无所住。一切时及处,

25.28.5

[illegible] [illegible] [illegible] [illegible] [illegible], [illegible] [illegible] [illegible] [illegible] [illegible],

mə^2 mə^2 tsji̱r^2 dzow^1 ŋwej^2 dźji̱j^1 mjij^1 lew^2 gji̱^{2} mjij^1

种 种 性 和 合, 住 无 所 倚 无,

[illegible] [illegible] [illegible] [illegible] [illegible]。

nio̱w^1 lhjwi^1 lew^2 mjij^1 dju^1

亦 取 所 无 有。

种种性和合,无住无所依,亦无有所取。

25.28.6

[illegible] [illegible] [illegible] [illegible] [illegible], [illegible] [illegible] [illegible] [illegible] [illegible],

dzow^1 ŋwej^2 do^2 do^2 tsji̱r^2 phjo^2 kar^2 mjij^1 phjo^2 kar^2

和 合 差 差 性, 分 别 不 分 别,

[illegible] [illegible] [illegible] [illegible] [illegible],

thja^1 ɣa^2 njɨ^1 zjɨ̣^{2} mjij^1

彼 于 二 俱 无,

和合差别性,分别不分别,于彼二俱无,

25.29.1

[illegible] [illegible] [illegible] [illegible] [illegible]。 [illegible] [illegible] [illegible] [illegible] [illegible],

sjij^2 mji̱j^2 tśhja^2 ka^1 ljij^2 lew^1 dzow^1 ŋwej^2 nwə^1 ku^1

智 者 平 等 见。 一 和 合 知 故，

□ □ □ □ □，

rjur^{1} dzow^{1} ŋwej^{2} tsjɨ^{1} nwə^{1}

诸 和 合 亦 知

智者平等见。知一和合故，则知诸和合，

25.29.2

□ □ □ □ □， □ □ □ □ □。

rjur^{1} dzow^{1} ŋwej^{2} nwə^{1} ku^{1} lew^{1} dzow^{1} ŋwej^{2} tsjɨ^{1} nwə^{1}

诸 和 合 知 故， 一 和 合 亦 知。

□ □ □ □ □，

dzow^{1} ŋwej^{2} mjij^{1} dzow^{1} ŋwej^{2}

和 合 不 和 合，

知诸和合故，则知一和合。和合不和合，

25.29.3

□ □① □ □ □， □ □ □ □ □，

lew^{1} tsji̱r^{1} do^{2} pha^{1} tsji̱r^{2} mjij^{1} ? mjij^{1} phjo^{2} kar^{2}

一 法 差 别 性， 不 亲 不 分 别，

□ □ □ □ □。

zow^{2} mjij^{1} zjij^{1} lew^{2} mjij^{1}

执 无 着 所 无。

一性差别性，不近不分别，无执无所着。

25.29.4

□ □ □ □ □， □ □ □ □ □，

tsji̱r^{1} ŋowr^{2} ŋowr^{2} nwə^{1} tsjij^{2} thja^{1} tsji̱r^{1} dzow^{1} ŋwej^{2} mjij^{1}

法 皆 皆 知 晓， 彼 法 和 合 无，

□ □ □ □ □，

nio̱w^{1} dzow^{1} ŋwej^{2} mjij^{1} lə

① □，与“□”（性）同音通假。

亦	和	合	不	念,

了知一切法,彼法无和合,亦不念和合,

25.29.5

[illegible]	[illegible]	[illegible]	[illegible]	[illegible]。	[illegible]	[illegible]	[illegible]	[illegible]	[illegible],
zow^{2}	mjij^{1}	zjij^{1}	lew^{2}	mjij^{1}	mə^{2}	ŋowr^{2}	ŋowr^{2}	nwə^{1}	tsjij^{2}
执	无	着	所	无。	种	皆	皆	知	晓,
[illegible]	[illegible]	[illegible]	[illegible]	[illegible],					
thja^{1}	tsji̱r^{1}	thu^{1}	phjij^{1}	·jij^{1}					
彼	法	施	设	相,					

无执无所着。了知一切种,彼法施设相,

25.29.6

[illegible]	[illegible]	[illegible]	[illegible]	[illegible],	[illegible]	[illegible]	[illegible]	[illegible]	[illegible]。
niọw^{1}	?	njij^{1}	mjij^{1}	lə	zow^{2}	mjij^{1}	zjij^{1}	lew^{2}	mjij^{1}
亦	亲	近	不	念,	执	无	着	所	无。
[illegible]	[illegible]	[illegible]	[illegible]	[illegible],					
sjwɨj^{1}	niọw^{1}	sjwɨj^{1}	mja̱^{2}	tshja^{2}					
业	及	业	果	报,					

亦不念亲近,无执无所着。业及业果报,

25.30.1

[illegible]	[illegible]	[illegible]	[illegible]	[illegible],	[illegible]	[illegible]	[illegible]	[illegible]	[illegible],
ŋowr^{2}	ŋowr^{2}	źji^{2}	nwə^{1}	njwi^{2}	thja^{1}	ɣa^{2}	mjij^{1}	ljwu^{1}	ku^{1}
皆	皆	皆	知	能,	彼	于	不	违	故,
[illegible]	[illegible]	[illegible]	[illegible]	[illegible]。					
·jɨr^{2}	khu^{1}	dźjij^{1}	mji̱j^{2}	ŋwu^{2}					
勤	进	精	者	也。					

一切悉能知,于彼不相违,斯为精进者。

25.30.2

[illegible]	[illegible]	[illegible]	[illegible]	[illegible],	[illegible]	[illegible]	[illegible]	[illegible]	[illegible],

sjwɨj^{1} nio̱w^{1} sjwɨj^{1} ·wji^{1} mji̱j^{2} thjɨ^{2} njɨ̱^{1} dzow^{1} ŋwej^{2} ·jij^{1}

业 及 业 作 者， 此 二 和 合 相，

[illegible] [illegible] [illegible] [illegible] [illegible]，

thja^{1} ·jij^{1} ·jij^{1} mjij^{1} nwə^{1}

彼 相 相 无 知，

业及业作者，此二和合相，知彼相无相，

25.30.3

[illegible] [illegible] [illegible] [illegible] [illegible]。 [illegible] [illegible] [illegible] [illegible] [illegible]，

·jɨr^{2} khu^{1} dźjij^{1} mji̱j^{2} ŋwu^{2} rjur^{1} kiẹj^{2} dzow^{1} ŋwej^{2} ɣa^{2}

勤 进 精 者 也。 诸 界 和 合 于，

[illegible] [illegible] [illegible] [illegible] [illegible]，

rjur^{1} kiẹj^{2} do^{2} pha^{1} tsji̱r^{2}

诸 界 差 别 性，

斯为精进者。于诸界和合，诸界差别性，

25.30.4

[illegible] [illegible] [illegible] [illegible] [illegible]， [illegible] [illegible] [illegible] [illegible] [illegible]。

thja^{2} ·ju^{2} tśhja^{2} ka^{1} nwə^{1} ·jɨr^{2} khu^{1} dźjij^{1} mji̱j^{2} ŋwu^{2}

彼 常 平 等 知， 勤 进 精 者 也。

[illegible] [illegible] [illegible] [illegible] [illegible]，

·jiw^{1} mja̱^{2} dźjwɨ^{1} gu^{2} bej^{1}

因 果 相 共 系，

知彼常平等，斯为精进者。因果相系属，

25.30.5

[illegible] [illegible] [illegible] [illegible] [illegible]， [illegible] [illegible] [illegible] [illegible] [illegible]，

ŋowr^{2} ŋowr^{2} źji^{2} nwə^{1} njwi^{2} thja^{1} rjur^{1} ·jiw^{1} tsji̱r^{1} ɣa^{2}

皆 皆 皆 知 能， 彼 诸 缘 法 于，

[illegible] [illegible] [illegible] [illegible] [illegible]。

zjir^{2} tśhjwi^{1} ·wo^{2} bju^{1} dźjij^{1}

甲 被 理 如 住。

一切悉能知,于彼诸缘法,被甲如理住。

25.30.6

[illegible]	[illegible]	[illegible]	[illegible]	[illegible],	[illegible]	[illegible]	[illegible]	[illegible]	[illegible],
rjur¹	lho	tsji̠r¹	nwə¹	njwi²	rjur¹	rjur¹	kha¹	tsji̠r¹	ɣa²
世	出	法	知	能,	诸	世	间	法	于,
[illegible]	[illegible]	[illegible]	[illegible]	[illegible],					
zji̠ɨr¹	zjij¹	mjij¹	ljwu¹	nu¹					
少	时	无	违	背,					

能知出世法,于诸世间法,无有少相违,

25.31.1

[illegible]	[illegible]	[illegible]	[illegible]	[illegible]。	[illegible]	[illegible]	[illegible]	[illegible]	[illegible],
thjɨ²	sju²	tśhja²	ka¹	dźjij¹	nio̠w¹	rjur¹	kha¹	tsji̠r¹	nwə¹
是	如	平	等	住。	亦	世	间	法	知,
[illegible]	[illegible]	[illegible]	[illegible]	[illegible],					
rjur¹	rjur¹	lho	tsji̠r¹	ɣa²					
诸	世	出	法	于,					

如是平等住。亦知世间法,于诸出世法,

25.31.2

[illegible]	[illegible]	[illegible]	[illegible]	[illegible],	[illegible]	[illegible]	[illegible]	[illegible]	[illegible]。
zji̠ɨr¹	zjij¹	mjij¹	ljwu¹	nu¹	thjɨ²	sju²	tśhja²	ka¹	dźjij¹
少	略	无	违	背,	是	如	平	等	住。
[illegible]	[illegible]	[illegible]	[illegible]	[illegible],					
rjur¹	rjur¹	kha¹	·wji¹	lew²					
诸	世	间	作	应,					

亦无少相违,如是平等住。世间所应作,

25.31.3

[illegible]	[illegible]	[illegible]	[illegible]	[illegible],	[illegible]	[illegible]	[illegible]	[illegible]	[illegible],
rjur¹	·jij¹	ŋowr²	ŋowr²	tjɨj²	śjij¹	bju¹	bio̠¹	mej¹	njwi²

诸 相 皆 皆 印， 顺 依 观 察 能，
[illegible] [illegible] [illegible] [illegible] [illegible]。
nji^{2} nwə^{1} tśhja^{2} ka^{1} dźjij^{1}
遍 知 平 等 住。

一切诸相印，随顺能观察，遍知平等住。

25.31.4

[illegible] [illegible] [illegible] [illegible] [illegible]， [illegible] [illegible] [illegible] [illegible] [illegible]，
tjij^{1} lew^{1} tsjɨr^{1} ɣa^{1} ŋwu^{2} rjur^{1} tsjɨr^{1} ɣa^{1} tsjij^{2} njwi^{2}
若 一 法 门 以， 诸 法 门 晓 能，
[illegible] [illegible] [illegible] [illegible] [illegible]，
niow^{1} rjur^{1} tsjɨr^{1} ɣa^{1} ŋwu^{2}
亦 诸 法 门 以，

能以一法门，了知诸法门，亦以诸法门，

25.31.5

[illegible] [illegible] [illegible] [illegible] [illegible]。 [illegible] [illegible] [illegible] [illegible] [illegible]，
lew^{1} tsjɨr^{1} ɣa^{1} tsjij^{2} tsjij^{2} mjij^{1} lew^{1} tsjɨr^{1} ɣa^{1} ŋwu^{2}
一 法 门 晓 晓。 不 一 法 门 以，
[illegible] [illegible] [illegible] [illegible] [illegible]，
rjur^{1} tsjɨr^{1} ɣa^{1} mjij^{1} ?
诸 法 门 不 亲，

了知一法门。不以一法门，亲近诸法门，

25.31.6

[illegible] [illegible] [illegible] [illegible] [illegible]， [illegible] [illegible] [illegible] [illegible] [illegible]。
mjij^{1} rjur^{1} tsjɨr^{1} ɣa^{1} ŋwu^{2} lew^{1} tsjɨr^{1} ɣa^{1} ? njij^{1}
不 诸 法 门 以， 一 法 门 亲 近。
[illegible] [illegible] [illegible] [illegible] [illegible]，
tsjɨr^{1} ɣa^{1} ŋowr^{2} ŋowr^{2} kha^{1}
法 门 皆 皆 中，

不以诸法门，亲近一法门。一切法门中，

25.32.1

[Tangut]	[Tangut]	[Tangut]	[Tangut]	[Tangut]，	[Tangut]	[Tangut]	[Tangut]	[Tangut]	[Tangut]，
tśhja^{2}	ka^{1}	njɨ^{2}	gji^{1}	sej^{1}	tsji̱r^{1}	ɤa^{2}	do^{2}	·jij^{1}	mjij^{1}
平	等	遍	清	净，	法	于	异	相	无，
[Tangut]	[Tangut]	[Tangut]	[Tangut]	[Tangut]。					
bio̱^{1}	mej^{1}	njwi^{2}	mji̱j^{2}	ŋwu^{2}					
观	察	能	者	也。					

平等遍清净，于法无异相，斯为观察者。

25.32.2

[Tangut]	[Tangut]	[Tangut]	[Tangut]	[Tangut]，	[Tangut]	[Tangut]	[Tangut]	[Tangut]	[Tangut]，
rjur^{1}	tsji̱r^{1}	ŋwu̱^{1}	dạ^{2}	bju^{1}	tśhja^{2}	ka^{1}	phie^{2}	tshji̱j^{1}	njwi^{2}
诸	法	言	说	于，	平	等	宣	说	能，
[Tangut]	[Tangut]	[Tangut]	[Tangut]	[Tangut]，					
·ju^{2}	tśhja^{2}	ka^{1}	tsji̱r^{2}	dźji̱j^{1}					
常	平	等	性	住，					

于诸法言教，而能平等说，常住平等性，

25.32.3

[Tangut]	[Tangut]	[Tangut]	[Tangut]	[Tangut]。	[Tangut]	[Tangut]	[Tangut]	[Tangut]	[Tangut]，
bio̱^{1}	mej^{1}	njwi^{2}	mji̱j^{2}	ŋwu^{2}	rjur^{1}	tsji̱r^{1}	ŋwu̱^{1}	dạ^{2}	bju^{1}
观	察	能	者	也。	诸	法	言	说	于，
[Tangut]	[Tangut]	[Tangut]	[Tangut]	[Tangut]，					
·wo^{2}	bju^{1}	tsjij^{2}	ljij^{2}	njwi^{2}					
理	如	知	见	能，					

斯为观察者。于诸法言教，如理能知见，

25.32.4

[Tangut]	[Tangut]	[Tangut]	[Tangut]	[Tangut]，	[Tangut]	[Tangut]	[Tangut]	[Tangut]	[Tangut]。
xja^{1}	bju^{1}	śjij^{1}	njwi^{2}	ku^{1}	tśier^{1}	·ju^{2}	·wji^{1}	mji̱j^{2}	we^{2}
速	依	顺	能	故，	利	寻	为	者	为。

[illegible]

ɣwej^1 dzẹj^1 mjij^1 gu^1 śjwo^1

诤 论 不 发 起，

便得善相应，斯为方便者。不起于诤论，

25.32.5

[illegible]

dzẹj^1 ·jiw^1 nio̱w^1 mjij^1 ·wji^1 ŋowr^2 ŋowr^2 mjij^1 ljwu^1 ku^1

诤 缘 因 不 作， 皆 皆 不 违 则，

[illegible]

bju^1 śjij^1 njwi^2 mji̱j^2 we^2

依 顺 能 者 为。

不作诤因缘，一切不相违，斯为相应者。

25.32.6

[illegible]

·ju^2 dzẹj^1 mjij^1 gu^1 śjwo^1 dzẹj^1 mjij^1 rjir^2 bju^1 śjij^1

常 诤 无 发 起， 诤 无 与 依 顺，

[illegible]

tśhja^2 ka^1 mjij^1 ljwu^1 ku^1

平 等 不 违 则，

常起于无诤，无诤得相应，平等不相违，

25.33.1

[illegible]

thja^1 sjij^2 zjir^1 mji̱j^2 ŋwu^2 rjur^1 tsji̱r^1 ·wo^2 tshwew^1 kha^1

斯 智 慧 者 也。 诸 法 理 趣 中，

[illegible]

tsiow rjur^1 ɣwej^1 dzẹj^1 tạ^1

永 诸 诤 论 息，

斯为智慧者。于法理趣中，永息诸诤论，

25.33.2

[illegible]	[illegible]	[illegible]	[illegible]	[illegible],	[illegible]	[illegible]	[illegible]	[illegible]	[illegible]。
zjir^{2}	tśhjwi^{1}	·wo^{2}	bju^{1}	djọ^{2}	kjir^{1}	·jiw^{2}	njwi^{2}	mji̱j^{2}	ŋwu^{2}
甲	被	理	如	修,	猛	勇	能	者	也。
[illegible]	[illegible]	[illegible]	[illegible]	[illegible],					
thjɨ^{2}	sju^{2}	njɨ^{2}	bio̱^{1}	mej^{1}					
是	如	遍	观	察,					

被甲如理修,斯为勇猛者。如是遍观察,

25.33.3

[illegible]	[illegible]	[illegible]	[illegible]	[illegible],	[illegible]	[illegible]	[illegible]	[illegible]	[illegible],
lew^{1}	dźjij^{1}	ljwu^{1}	dze̱j^{1}	mjij^{1}	tha^{2}	·ji^{1}	tsji̱r^{1}	ljwu^{2}	kha^{1}
一	纯	违	诤	无,	大	众	法	会	中,
[illegible]	[illegible]	[illegible]	[illegible]	[illegible]。					
źji^{2}	phju^{2}	tsji̱r^{1}	·jow^{2}	tshji̱j^{1}					
最	上	法	赞	说。					

纯一无违诤,能于法会中,赞说无上法。

25.33.4

[illegible]	[illegible]	[illegible]	[illegible]	[illegible],	[illegible]	[illegible]	[illegible]	[illegible]	[illegible],
thjɨ^{2}	sju^{2}	rjur^{1}	tshjɨ^{1}	tsjij^{2}	tsji̱r^{1}	ŋowr^{2}	ŋowr^{2}	ŋjow^{2}	tjɨ̱j^{2}
是	如	诸	情	悟,	法	皆	皆	海	印,
[illegible]	[illegible]	[illegible]	[illegible]	[illegible],					
sã^{1}	mej^{2}	kjụ^{1}	njwi^{2}	ku^{1}					
三	昧	求	能	则,					

如是诸菩萨,成就一切法,大海印三昧,

25.33.5

[illegible]	[illegible]	[illegible]	[illegible]	[illegible]。	[illegible]	[illegible]	[illegible]	[illegible]	[illegible],
tśhja^{2}	lə	njwi^{2}	mji̱j^{2}	ŋwu^{2}	thjɨ^{2}	sju^{2}	·jɨr^{2}	djọ^{2}	dzjɨ̱^{2}
正	念	能	者	也。	是	如	勤	修	习,

[illegible]	[illegible]	[illegible]	[illegible]	[illegible],
lew^{1}	dźjij^{1}	ljwu^{1}	dzej^{1}	mjij^{1}
一	纯	违	诤	无,

斯为正念者。如是勤修习,纯一无违诤,

25.33.6

[illegible]	[illegible]	[illegible]	[illegible]	[illegible],	[illegible]	[illegible]	[illegible]	[illegible]	[illegible]。
ɣwej^{1}	dzej^{1}	ta̱^{1}	bju^{1}	śjij^{1}	thjɨ^{2}	sã^{1}	mej^{2}	śjɨj^{1}	njwi^{2}
诤	论	息	依	顺,	是	三	昧	成	能。
[illegible]	[illegible]	[illegible]	[illegible]	[illegible],					
·wo^{2}	tshwew^{1}	bju^{1}	no^{2}	dźjij^{1}					
理	趣	依	安	住,					

息诤论相应,成就此三昧。如理而安住,

25.34.1

[illegible]	[illegible]	[illegible]	[illegible]	[illegible],	[illegible]	[illegible]	[illegible]	[illegible]	[illegible],
dwu̱^{2}	rjɨj^{2}	tshjij^{1}	tsjij^{2}	njwi^{2}	ŋa^{2}	nio̱w^{1}	ŋa^{2}	khwe̱j^{1}	tsjij^{2}
秘	密	说	知	能,	我	及	我	慢	知,
[illegible]	[illegible]	[illegible]	[illegible]	[illegible],					
khwe̱j^{1}	·jij^{1}	bjij^{1}	phja^{1}	sji^{1}					
慢	自	高	断	绝,					

能知秘密说,知我及我慢,断慢绝矜高,

25.34.2

[illegible]	[illegible]	[illegible]	[illegible]	[illegible],	[illegible]	[illegible]	[illegible]	[illegible]	[illegible],
kjɨ^{1}	djɨj^{1}	ŋwu̱^{1}	da̱^{2}	kha^{1}	ne̱w^{2}	tśier^{1}	·ju^{2}	śjɨj^{1}	njwi^{2}
△	定	言	说	中,	善	利	寻	成	能,
[illegible]	[illegible]	[illegible]	[illegible]	[illegible],					
do^{2}	pha^{1}	mjij^{2}	tsjij^{2}	ku^{1}					
差	别	名	知	故,					

决定言教中,成就善方便,亦知差别名,

25.34.3

[illegible]	[illegible]	[illegible]	[illegible]	[illegible]。	[illegible]	[illegible]	[illegible]	[illegible]	[illegible]，
thjɨ^{2}	sji̱j^{2}	dźjij^{2}	mji̱j^{2}	ŋwu^{2}	rjur^{1}	tsji̱r^{1}	·wo^{2}	tshwew^{1}	kha^{1}
是	智	有	者	也。	诸	法	理	趣	中，
[illegible]	[illegible]	[illegible]	[illegible]	[illegible]，					
·wo^{2}	bju^{1}	·jɨr^{2}	djọ^{2}	dzjɨ̱^{2}					
理	如	勤	修	习，					

斯为有智者。诸法理趣中，如理勤修习，

25.34.4

[illegible]	[illegible]	[illegible]	[illegible]	[illegible]，	[illegible]	[illegible]	[illegible]	[illegible]	[illegible]。
rjur^{1}	tsji̱r^{1}	ɣa^{1}	ljij^{2}	ku^{1}	tsji̱r^{1}	ljij^{2}	njwi^{2}	mji̱j^{2}	ŋwu^{2}
诸	法	门	见	则，	法	见	能	者	也。
[illegible]	[illegible]	[illegible]	[illegible]	[illegible]，					
thjɨ^{2}	sju^{2}	·jɨr^{2}	djọ^{2}	dzjɨ̱^{2}					
是	如	勤	修	习，					

能见诸法门，斯为见法者。如是勤修习，

25.34.5

[illegible]	[illegible]	[illegible]	[illegible]	[illegible]，	[illegible]	[illegible]	[illegible]	[illegible]	[illegible]，
rjur^{1}	tsji̱r^{1}	ŋowr^{2}	ŋowr^{2}	rjir^{2}	wa^{2}	sju^{2}	tsji̱r^{1}	bju^{1}	śjij^{1}
诸	法	皆	皆	与，	何	如	法	依	顺，
[illegible]	[illegible]	[illegible]	[illegible]	[illegible]。					
wa^{2}	tsji̱r^{1}	mjij^{1}	bju^{1}	tsjij^{2}					
何	法	不	相	知。					

能知一切法，何法共相应，何法不相应。

25.34.6

[illegible]	[illegible]	[illegible]	[illegible]	[illegible]，	[illegible]	[illegible]	[illegible]	[illegible]	[illegible]，
rjur^{1}	tsji̱r^{1}	ŋowr^{2}	ŋowr^{2}	kha^{1}	sjwɨj^{1}	lə	gji^{1}	sej^{1}	mji̱j^{2}
诸	法	皆	皆	中，	业	念	清	净	者，

[illegible]	[illegible]	[illegible]	[illegible]	[illegible]，
thjɨ^{2}	kjɨ^{1}	djɨj^{1}	·wo^{2}	ɣa^{2}
是	△	定	义	于，

一切诸法中，念业清净者，能于决定义，

25.35.1

[illegible]	[illegible]	[illegible]	[illegible]	[illegible]。	[illegible]	[illegible]	[illegible]	[illegible]	[illegible]，
nẹw^{2}	ɣjɨr^{1}	tśier^{1}	·ju^{2}	rjir^{2}	rjur^{1}	tsjịr^{1}	ŋowr^{2}	ŋowr^{2}	kha^{1}
善	巧	利	寻	得。	诸	法	皆	皆	中，
[illegible]	[illegible]	[illegible]	[illegible]	[illegible]，					
khu^{1}	dźjij^{1}	sjwɨ^{1}	sjịj^{2}	mjịj^{2}					
精	进	思	惟	者，					

而得善方便。一切诸法中，精进思惟者，

25.35.2

[illegible]	[illegible]	[illegible]	[illegible]	[illegible]，	[illegible]	[illegible]	[illegible]	[illegible]	[illegible]。
tsjịr^{1}	ŋowr^{2}	ŋowr^{2}	tsjij^{2}	ku^{1}	tśhjwo^{1}	thjɨ^{2}	sã^{1}	mej^{2}	rjir^{2}
法	皆	皆	晓	则，	故	此	三	昧	得。

了知一切法，乃获此三昧。

汉文本

尔时世尊而说偈言：

汝观一切法，流入法界中，
诸法同法界，理趣悉平等。
复观于法界，流入诸法中，
法界同诸法，理趣亦平等。
不于法界中，观察一切法，
亦不离法界，而见于诸法。
不于诸法中，观察于法界，
亦不离诸法，而见于法界。
了知种种界，法界种种性，
一切法和合，善巧无所住。
一切时及处，种种性和合，

无住无所依,亦无有所取。
和合差别性,分别不分别,
于彼二俱无,智者平等见。
知一和合故,则知诸和合,
知诸和合故,则知一和合。
和合不和合,一性差别性,
不近不分别,无执无所著。
了知一切法,彼法无和合,
亦不念和合,无执无所著。
了知一切种,彼法施设相,
亦不念亲近,无执无所著。
业及业果报,一切悉能知,
于彼不相违,斯为精进者。
业及业作者,此二和合相,
知彼相无相,斯为精进者。
于诸界和合,诸界差别性,
知彼常平等,斯为精进者。
因果相系属,一切悉能知,
于彼诸缘法,被甲如理住。
能知出世法,于诸世间法,
无有少相违,如是平等住。
亦知世间法,于诸出世法,
亦无少相违,如是平等住。
世间所应作,一切诸相印,
随顺能观察,遍知平等住。
能以一法门,了知诸法门,
亦以诸法门,了知一法门。
不以一法门,亲近诸法门,
不以诸法门,亲近一法门。
一切法门中,平等遍清净,
于法无异相,斯为观察者。
于诸法言教,而能平等说,
常住平等性,斯为观察者。
于诸法言教,如理能知见,
便得善相应,斯为方便者。
不起于诤论,不作诤因缘,
一切不相违,斯为相应者。
常起于无诤,无诤得相应,

平等不相违,斯为智慧者。
于法理趣中,永息诸诤论,
被甲如理修,斯为勇猛者。
如是遍观察,纯一无违诤,
能于法会中,赞说无上法。
如是诸菩萨,成就一切法,
大海印三昧,斯为正念者。
如是勤修习,纯一无违诤,
息诤论相应,成就此三昧。
如理而安住,能知秘密说,
知我及我慢,断慢绝矜高。
决定言教中,成就善方便,
亦知差别名,斯为有智者。
诸法理趣中,如理勤修习,
能见诸法门,斯为见法者。
如是勤修习,能知一切法,
何法共相应,何法不相应。
一切诸法中,念业清净者,
能于决定义,而得善方便。
一切诸法中,精进思惟者,
了知一切法,乃获此三昧。

25.35.3

[illegible]	[illegible]	[illegible]	[illegible]	[illegible]	[illegible]	[illegible],	[illegible]	[illegible]
nio̱w^{1}	tśjɨ̱^{1}	bju^{2}	mjij^{1}	zjɨr^{1}	dźiã^{2}	tsjij^{2}	rjur^{1}	po^{1}
复	次	边	无	慧	情	悟,	诸	菩
[illegible]	[illegible]	[illegible]	[illegible]	[illegible]	[illegible]	[illegible]	[illegible]	[illegible]
tsa^{1}	ma^{2}	ŋạ^{2}	tsa^{1}	thjɨ^{2}	sju^{2}	tsji̱r^{1}	kha^{1}	·jɨr^{2}
萨	摩	诃	萨	是	如	法	中	勤

复次无边慧,诸菩萨摩诃萨于此法中勤

25.35.4

[illegible]	[illegible]	[illegible],	[illegible]	[illegible]	[illegible]	[illegible]	[illegible]①	[illegible]
djọ^{2}	dzjɨ̱^{2}	ku^{1}	nio̱w^{1}	sã^{1}	mej^{2}	ɣjiw^{1}	sji^{2}	tsji̱r^{1}

① [illegible],名物化助词。

修	习	者，	复	三	昧	摄	△	法
□。	□	□！	□	□！	□	□	□	□，
dju^{1}	djị^{2}	nji^{2}	djị^{2}	nji^{2}	njij^{1}	tjị^{1}	lə	lew^{2}
有。	谛	听！	谛	听！	心	归	念	应，

修习者，复有能摄三昧之法。谛听！谛听！善思念之，

25.35.5

□	□	□	□	□。	□	□	□	□，
ŋa^{2}	sjij^{1}	tshjij^{1}	ŋa^{2}	·jij^{1}	bju^{2}	mjij^{1}	zjɨr^{1}	dạ^{2}
我	今	说	我	当。	边	无	慧	言，
□	□	□	□	□	□	□①，	□	□
lew^{1}	tjị^{1}	rjur^{1}	pjụ^{1}	rjɨr^{2}	tshjij^{1}	nja^{2}	ŋa^{2}	tsjɨ^{1}
唯	愿	世	尊	△	说	△，	我	亦

吾当解说。无边慧言②，唯然世尊，愿乐欲闻。

25.35.6

□	□。	□	□，	□	□	□	□	□
mji^{1}	ŋwe^{1}	tśhjɨ^{1}	zjọ^{2}	rjur^{1}	pjụ^{1}	bju^{2}	mjij^{1}	zjɨr^{1}
闻	乐。	尔	时，	世	尊	边	无	慧
□	□	□	□	□	□	□	□：	□
po^{1}	tsa^{1}	ma^{2}	ŋạ^{2}	tsa^{1}	·jij^{1}	dạ^{2}	·jɨ^{2}	bju^{2}
菩	萨	摩	诃	萨	之	说	谓：	边

尔时，世尊告无边慧菩萨摩诃萨言：

25.36.1

□	□	□	□，	□	□	□	□	□
mjij^{1}	zjɨr^{1}	dźiã^{2}	tsjij^{2}	rjur^{1}	po^{1}	tsa^{1}	ma^{2}	ŋạ^{2}
无	慧	情	悟，	诸	菩	萨	摩	诃
□	□	□	□	□	□	□，	□	□
tsa^{1}	·jij^{1}	tsji̱r^{1}	bji^{1}	swew^{1}	ɣa^{1}	tja^{1}	rjur^{1}	tsji̱r^{1}

① □，为动词人称后缀，表示第二人称单数。
② 无边慧言，汉文本无此句。

萨	之	法	光	明	门	者，	诸	法

无边慧，有诸菩萨摩诃萨法光明门，

25.36.2

[illegible]	[illegible]	[illegible]	[illegible]	[illegible]	[illegible]	[illegible]	[illegible]	[illegible]，
·wo^{2}	tshwew^{1}	ne̱w^{2}	ɣjɨr^{1}	tśier^{1}	·ju^{2}	to^{2}	we̱^{1}	njwi^{2}
理	趣	善	巧	利	寻	出	生	能，
[illegible]	[illegible]	[illegible]	[illegible]	[illegible]	[illegible]	[illegible]	[illegible]，	[illegible]
ni̱ow^{1}	tsji̱r^{1}	ŋowr^{2}	ŋowr^{2}	tjɨ̱j^{2}	to^{2}	we̱^{1}	njwi^{2}	tsji̱r^{1}
亦	法	皆	皆	印	出	生	能，	法

而能出生诸法理趣善巧方便，亦能出生一切法印，

25.36.3

[illegible]	[illegible]	[illegible]	[illegible]	[illegible]	[illegible]，	[illegible]	[illegible]	[illegible]
ŋowr^{2}	ŋowr^{2}	tjɨ̱j^{2}	ɣa^{1}	·o^{2}	njwi^{2}	tsji̱r^{1}	ŋowr^{2}	ŋowr^{2}
皆	皆	印	门	入	能，	法	皆	皆
[illegible]	[illegible]	[illegible]	[illegible]	[illegible]	[illegible]	[illegible]，	[illegible]	[illegible]
·wji^{1}	lew^{2}	ɣa^{2}	tsa^{1}	njwi^{2}	·o^{2}	njwi^{2}	tsji̱r^{1}	bji^{1}
作	应	于	晓	能	入	能，	法	光

能入一切法印之门，于一切法所应作者能了能入，

25.36.4

[illegible]	[illegible]	[illegible]	[illegible]	[illegible]	[illegible]，	[illegible]	[illegible]	[illegible]
swew^{1}	ɣa^{2}	rjir^{1}	njwi^{2}	tshji̱j^{1}	njwi^{2}	tsji̱r^{1}	bji^{1}	swew^{1}
明	于	得	能	说	能，	法	光	明
[illegible]	[illegible]	[illegible]	[illegible]	[illegible]	[illegible]	[illegible]	[illegible]	[illegible]
ŋwu^{2}	rjur^{1}	tsji̱r^{1}	gjwi^{2}	ɣa^{1}	kha^{1}	bju^{1}	śjij^{1}	tshwew^{1}
以	诸	法	句	门	中	依	顺	趣

于法光明能得能说，以法光明随顺趣入诸法句门。

25.36.5

[illegible]。	[illegible]	[illegible]	[illegible]	[illegible]	[illegible]	[illegible]	[illegible]	[illegible]

·o^2	tsji̱r^1	bji^1	swew^1	ɣa^1	tja^1	ljɨ^1	kjɨ^1	ŋwu^2
入。	法	光	明	门	者	何	△	也
[illegible]	[illegible]	[illegible]	[illegible]	[illegible]	[illegible]	[illegible]？	[illegible]	[illegible]
ne̱w^2	ɣjɨr^1	bji^1	swew^1	to^2	we̱^{1}	njwi^2	do^2	mjij^2
善	巧	光	明	出	生	能？	异	名

何者名为法光明门而能出生善巧光明？

25.36.6

[illegible]	[illegible]、	[illegible]	[illegible]	[illegible]	[illegible]、	[illegible]	[illegible]	[illegible]
tsji̱r^1	ɣa^1	dwu̱^{2}	rjɨj^2	tsji̱r^1	ɣa^1	do^2	mjij^2	da̱^{2}
教	门、	秘	密	教	门、	异	名	事
[illegible]①、	[illegible]	[illegible]	[illegible]	[illegible]、	[illegible]	[illegible]	[illegible]	[illegible]
ɣa^2	ɣjiw^1	lhjwi^1	da̱^{2}	ɣa^1	rjur^1	do^2	pha^1	ɣa^1
于、	摄	取	事	门、	诸	差	别	门

谓能了知异名教门、秘密教门、异名事门、摄取事门、诸差别门。

25.37.1

[illegible]	[illegible]	[illegible]。	[illegible]	[illegible]	[illegible]	[illegible]	[illegible]	[illegible]
tsjij^2	tsa^1	njwi^2	thjij^2	sjo^2	thja^1	ɣa^2	tsjij^2	tsa^1
知	晓	能。	何	云	彼	于	知	晓
[illegible]？	[illegible]	[illegible]	[illegible]	[illegible]	[illegible]	[illegible]	[illegible]	[illegible]。
rjir^2	nio̱w^1	sã^1	mej^2	ɣa^1	we̱^{1}	to^2	njwi^2	ljɨ^1
得？	又	三	昧	门	生	出	能	也。

云何于彼而得了知？乃能出生三昧之门。

25.37.2

[illegible]	[illegible]	[illegible]	[illegible]	[illegible]	[illegible]	[illegible]，	[illegible]	[illegible]
tsji̱r^1	kie̱j^2	·wo^2	tshwew^1	ɣa^1	ŋowr^2	ŋowr^2	lew^1	·wo^2
法	界	理	趣	门	皆	皆，	一	义
[illegible]	[illegible]	[illegible]，	[illegible]	[illegible]	[illegible]	[illegible]	[illegible]	[illegible]

① [illegible]，为“[illegible]”（门）的通假字。

ɣa^{2}	·o^{2}	ku^{1}	rjur^{1}	tsji̠r^{1}	bji^{1}	swew^{1}	bju^{1}	tśjɨ^{1}
于	入	则，	诸	法	光	明	相	悟

一切法界理趣之门，入于一义，能随解了诸法光明。

25.37.3

[illegible]	[illegible]	[illegible]。	[illegible]	[illegible]	[illegible]	[illegible]	[illegible]，	[illegible]
tsa^{1}	njwi^{2}	ljɨ^{1}	bju^{2}	mjij^{1}	zjɨr^{1}	dźiã^{2}	tsjij^{2}	rjur^{1}
晓	能	也。	边	无	慧	情	悟，	诸
[illegible]	[illegible]	[illegible]	[illegible]	[illegible]	[illegible]	[illegible]	[illegible]	[illegible]
po^{1}	tsa^{1}	ma^{2}	ŋạ^{2}	tsa^{1}	thjɨ^{2}	źji^{2}	na^{1}	rjur^{1}
菩	萨	摩	诃	萨	此	甚	深	诸

无边慧，诸菩萨摩诃萨于此甚深诸

25.37.4

[illegible]	[illegible]	[illegible]	[illegible]	[illegible]	[illegible]	[illegible]	[illegible]，	[illegible]
tsji̠r^{1}	·wo^{2}	tshwew^{1}	nẹw^{2}	ɣjɨr^{1}	tśier^{1}	·ju^{2}	bju^{1}	tjij^{1}
法	理	趣	善	巧	利	寻	于，	若
[illegible]	[illegible]	[illegible]、	[illegible]	[illegible]	[illegible]	[illegible]，	[illegible]	[illegible]
mjor^{1}	djọ^{2}	dźjij^{1}	tjij^{1}	dzjwɨr^{1}	djọ^{2}	dźjij^{1}	tjij^{1}	mjor^{1}
现	修	行、	若	当	修	行，	若	现

法理趣善巧方便，若现修行、若当修行，若现

25.37.5

[illegible]	[illegible]、	[illegible]	[illegible]	[illegible]	[illegible]	[illegible]，	[illegible]	[illegible]
kjụ^{1}	·ju^{2}	tjij^{1}	dzjwɨr^{1}	kjụ^{1}	·ju^{2}	ku^{1}	thjɨ^{2}	tsji̠r^{1}
求	寻、	若	当	求	寻	则，	此	法
[illegible]	[illegible]，	[illegible]	[illegible]	[illegible]	[illegible]	[illegible]	[illegible]	[illegible]
ɣa^{1}	mji^{1}	ɣie^{1}	tha^{2}	mjij^{1}	śjɨ^{1}	tha^{2}	bji^{1}	swew^{1}
门	闻，	力	大	不	往	大	光	明

求者、若当求者，闻此法门，以少加行得大光明，入诸法门，

25.37.6

[illegible]，	[illegible]	[illegible]	[illegible]	[illegible]，	[illegible]	[illegible]	[illegible]	[illegible]

rjir²	rjur¹	tsji̱r¹	ɣa¹	·o²	thjɨ²	tsji̱r¹	ɣa¹	bju¹
得，	诸	法	门	入，	此	法	门	于
[illegible]	[illegible]	[illegible]	[illegible]，	[illegible]	[illegible]	[illegible]	[illegible]	[illegible]
nio̱w¹	bji¹	swew¹	śjwo¹	thjɨ²	bji¹	swew¹	nio̱w¹	wa²
复	光	明	起，	是	光	明	因	何

从此法门复起光明，以是光明

25.38.1

[illegible]	[illegible]、	[illegible]	[illegible]	[illegible]	[illegible]	[illegible]，	[illegible]	[illegible]
tsji̱r¹	ɣa¹	bju¹	wa²	dźji̱j¹	lew²	bju¹	·o²	lew²
法	门、	随	何	行	所	依，	入	应
[illegible]	[illegible]，	[illegible]	[illegible]	[illegible]	[illegible]，	[illegible]	[illegible]	[illegible]
dźji̱j¹	lew²	thja¹	·wo²	tshwew¹	bju¹	sã¹	mej²	ɣie¹
行	应，	其	理	趣	如，	三	昧	力

随何法门、随何所行，应入应行，如其理趣，以三昧力

25.38.2

[illegible]	[illegible]	[illegible]	[illegible]	[illegible]，	[illegible]	[illegible]	[illegible]	[illegible]
ŋwu²	rjur¹	tsji̱r¹	ɣa¹	bio̱¹	sã¹	mej²	ɣa¹	bju¹
以	诸	法	门	观，	三	昧	门	于
[illegible]	[illegible]	[illegible]	[illegible]，	[illegible]	[illegible]	[illegible]	[illegible]	[illegible]
sjij²	zjɨr¹	we̱¹	to²	zjɨr¹	bju¹	·wo²	tshwew¹	tsa¹
智	慧	生	出，	实	如	理	趣	晓

观诸法门，于三昧门出生智慧，而能了知如实理趣。

25.38.3

[illegible]	[illegible]。	[illegible]	[illegible]	[illegible]	[illegible]，	[illegible]	[illegible]	[illegible]
tsjij²	njwi²	sã¹	mej²	ɣie¹	nio̱w¹	tsji̱r¹	ɣa¹	bio̱¹
知	能。	三	昧	力	故，	法	门	观
[illegible]，	[illegible]	[illegible]	[illegible]	[illegible]，	[illegible]	[illegible]	[illegible]	[illegible]
thju̱¹	sjij²	zjɨr¹	gu¹	śjwo¹	sã¹	mej²	ɣa¹	ŋwu²
察，	智	慧	发	起，	三	昧	门	以

三昧力故，观法门故，生智慧故，以三昧门

25.38.4

tsji̱r¹	kie̱j²	tsjij²	tsa¹	ne̱w²	tśier¹	·ju²	dźjij¹	tsji̱r¹
法	界	知	晓，	善	利	寻	住，	法
ɣa¹	bji¹	swew¹	ŋowr²	ŋowr²	śjwo¹	tsji̱r¹	ŋowr²	ŋowr²
门	光	明	皆	皆	起，	法	皆	皆

了知法界，住善方便，能起一切法门光明，得一切法海印三昧。

25.38.5

ŋjow²	tjɨj²	sã¹	mej²	rjir²	njwi²	ljɨ¹	bju²	mjij¹
海	印	三	昧	得	能	也。	边	无
zjɨr¹	dźiã²	tsjij²	tsji̱r¹	ɣa¹	tja¹	ljɨ¹	kjɨ¹	ŋwu²
慧	情	悟，	法	门	者	何	△	是？

无边慧，云何法门？

25.38.6

·a	dji²	tjɨj²	ŋwu²	tsji̱r¹	ŋowr²	ŋowr²	tjɨj²	bju¹
阿	字	印	谓，	法	皆	皆	印，	明
mjij¹	·wji¹	lew²	dźjɨ	io̱¹	sə¹	rjir²	·a	dji²
无	作	所，	行	圆	满	得。	阿	字

谓阿字印，印一切法，无明所作，行得圆满。阿字

25.39.1

ɣu¹	we²	bju¹	mjij¹	ta̱¹	ta̱¹	·wji¹	lew²	mjij¹

首 为, 明 无 止 息, 作 所 无

[illegible]

ku^{1} rjur^{1} po^{1} tsa^{1} ma^{2} ŋạ^{2} tsa^{1} ·jij^{1} mjij^{1}

则, 诸 菩 萨 摩 诃 萨 相 无

为首,无明止息,无所作故,诸菩萨摩诃萨

25.39.2

[illegible]

tjɨj^{2} ɣa^{2} ·o^{2} lew^{2} ɣew^{1} dji^{2} tjɨj^{2} ŋwu^{2} tsjɨr^{1}

印 于 入 应。 𢹂 字 印 以 法

[illegible]

ŋowr^{2} ŋowr^{2} tjɨj^{2} sjwɨj^{1} do^{2} ŋwu^{2} mja̱^{2} we^{1} sjwɨj^{1}

皆 皆 印, 业 异 以 果 熟, 业

应入无相印门。以𢹂字印印一切法,业异熟果,

25.39.3

[illegible]

·wji^{1} lew^{2} sjwɨj^{1} mja̱^{2} dzow^{1} ŋwej^{2} sjwɨj^{1} mja̱^{2} dzow^{1}

作 所, 业 果 和 合, 业 果 和

[illegible]

ŋwej^{2} ·jiw^{1} nio̱w^{1} tsjij^{2} tsa^{1} ku^{1} rjur^{1} po^{1} tsa^{1}

合 因 缘 知 晓 则, 诸 菩 萨

业所应作,业果和合,了知业果和合缘故,诸菩萨

25.39.4

[illegible]

ma^{2} ŋạ^{2} tsa^{1} sjwɨj^{1} mjij^{1} mja̱^{2} mjij^{1} dzow^{1} ŋwej^{2}

摩 诃 萨 业 无 果 无 和 合

[illegible]①

mjij^{1} dju^{1} ·jiw^{1} mjij^{1} tjɨj^{2} ɣa^{2} ·o^{2} lew^{2} rjur^{1}

① 原为“[illegible]”(因)字,字上有擦痕,补写一草书“[illegible]”(无)字。

无	有	缘	无	印	门	入	应。	诸

摩诃萨应入无业无果无有和合无缘印门。

25.39.5

[illegible]	[illegible]	[illegible]①	[illegible]	[illegible]	[illegible]，	[illegible]	[illegible]	[illegible]
dźjɨ	tjɨj^{2}	ŋwu^{2}	ŋowr^{2}	ŋowr^{2}	tjɨj^{2}	mə^{2}	mə^{2}	sjwɨj^{1}
行	印	以	皆	皆	印，	种	种	业
[illegible]	[illegible]	[illegible]	[illegible]，	[illegible]	[illegible]	[illegible]	[illegible]	[illegible]
nio̱w^{1}	sjwɨj^{1}	·wji^{1}	lew^{2}	tsji̱r^{1}	ŋowr^{2}	ŋowr^{2}	sjij^{2}	bji^{1}
及	业	作	所，	法	皆	皆	智	光

以诸行印印一切法，于种种业，业所应作，起一切法智光明故，

25.39.6

[illegible]	[illegible]	[illegible]，	[illegible]	[illegible]	[illegible]	[illegible]	[illegible]	[illegible]
swew^{1}	śjwo^{1}	ku^{1}	rjur^{1}	po^{1}	tsa^{1}	ma^{2}	ŋạ^{2}	tsa^{1}
明	起	则，	诸	菩	萨	摩	诃	萨
[illegible]	[illegible]	[illegible]	[illegible]	[illegible]	[illegible]	[illegible]	[illegible]	[illegible]
rjur^{1}	dźjɨ	ne̱w^{2}	ɣjɨr^{1}	ŋowr^{2}	ŋowr^{2}	tjɨj^{2}	ɣa^{1}	·o^{2}
诸	行	善	巧	皆	皆	印	门	入

诸菩萨摩诃萨应入一切诸行善巧印门。

25.40.1

[illegible]。	[illegible]	[illegible]	[illegible]	[illegible]	[illegible]	[illegible]	[illegible]	[illegible]，
lew^{2}	no^{2}	dji^{2}	tjɨj^{2}	ŋwu^{2}	tsji̱r^{1}	ŋowr^{2}	ŋowr^{2}	tjɨj^{2}
应。	搙	字	印	以	法	皆	皆	印，
[illegible]	[illegible]	[illegible]	[illegible]，	[illegible]	[illegible]	[illegible]	[illegible]	[illegible]
mo^{2}	dji^{2}	ŋwu^{2}	bji̱j	ŋwu̱^{1}	dạ^{2}	thu^{1}	phjij^{1}	mə^{2}
么	字	以	助，	语	言	施	设	种

以搙字印印一切法，以么字助，施设名言与种种法而作相应，

① 此字下疑脱"[illegible]"（法）字。

25.40.2

[illegible]	[illegible]	[illegible]	[illegible]	[illegible],	[illegible]	[illegible]	[illegible]	[illegible]
mə^{2}	tsji̱r^{1}	rjir^{2}	bju^{1}	śjij^{1}	no^{2}	mo^{2}	dźjwɨ^{1}	bji̱j
种	法	与	依	顺,	㨾	么	相	助
[illegible]	[illegible]	[illegible],	[illegible]	[illegible]	[illegible]	[illegible]	[illegible]	[illegible]
tsa^{1}	ljɨ^{1}	ku^{1}	rjur^{1}	po^{1}	tsa^{1}	ma^{2}	ŋạ^{2}	tsa^{1}
晓	也	则,	诸	菩	萨	摩	诃	萨

了知㨾么而相助故,诸菩萨摩诃萨

25.40.3

[illegible]	[illegible]	[illegible]	[illegible]	[illegible]	[illegible]	[illegible]	[illegible]	[illegible]
phjo̱^{2}	mjij^{1}	bji̱j	mjij^{1}	mji̱j^{2}	mjij^{1}	tjɨ̱j^{2}	ɣa^{1}	·o^{2}
合	无	助	无	名	无	印	门	入
[illegible]。	[illegible]	[illegible]	[illegible]	[illegible]	[illegible]	[illegible]	[illegible]	[illegible],
lew^{2}	bju^{2}	mjij^{1}	tjɨ̱j^{2}	ŋwu^{2}	tsji̱r^{1}	ŋowr^{2}	ŋowr^{2}	tjɨ̱j^{2}
应。	边	无	印	以	法	皆	皆	印,

应入无合无助无名印门。以无边印印一切法,

25.40.4

[illegible]	[illegible]	[illegible]	[illegible]	[illegible]	[illegible]	[illegible]	[illegible],	[illegible]
phjo^{2}	kar^{2}	ŋowr^{2}	ŋowr^{2}	źji^{2}	rjir^{2}	tji̱^{2}	mjij^{1}	phjo^{2}
分	别	皆	皆	皆	得	可	不,	分
[illegible]	[illegible]	[illegible],	[illegible]	[illegible]	[illegible]	[illegible]	[illegible]	[illegible]
kar^{2}	ka^{2}	ku^{1}	rjur^{1}	po^{1}	tsa^{1}	ma^{2}	ŋạ^{2}	tsa^{1}
别	离	则,	诸	菩	萨	摩	诃	萨

一切分别而不可得,离分别故,诸菩萨摩诃萨

25.40.5

[illegible]	[illegible]	[illegible]	[illegible]	[illegible]	[illegible]	[illegible]。	[illegible]	[illegible]
phjo^{2}	kar^{2}	mjij^{1}	tjɨ̱j^{2}	ɣa^{1}	·o^{2}	lew^{2}	bju^{2}	mjij^{1}
分	别	无	印	门	入	应。	边	无

[illegible]	[illegible]	[illegible]	[illegible]	[illegible]	[illegible]，	[illegible]	[illegible]	[illegible]
tjɨj^{2}	ŋwu^{2}	tsji̱r^{1}	ŋowr^{2}	ŋowr^{2}	tjɨj^{2}	bju^{2}	mjij^{1}	dzow^{1}
印	以	法	皆	皆	印，	际	不	和

应入无分别印门。以无际印印一切法，际不和合，

25.40.6

[illegible]，	[illegible]	[illegible]	[illegible]	[illegible]，	[illegible]	[illegible]	[illegible]	[illegible]
ŋwej^{2}	bju^{2}	ljow^{2}	sji^{1}	ku^{1}	rjur^{1}	po^{1}	tsa^{1}	ma^{2}
合，	边	际	尽	则，	诸	菩	萨	摩
[illegible]	[illegible]	[illegible]	[illegible]	[illegible]	[illegible]	[illegible]	[illegible]	[illegible]
ŋạ^{2}	tsa^{1}	se̱w^{2}	mjij^{1}	me̱j^{2}	mjij^{1}	ŋwu̱^{1}	dạ^{2}	mjij^{1}
诃	萨	思	无	揣	无	语	言	无

尽于际故，诸菩萨摩诃萨应入无寻无伺无言说印门。

25.41.1

[illegible]	[illegible]	[illegible]	[illegible]。	[illegible]	[illegible]	[illegible]	[illegible]	[illegible]
tjɨj^{2}	ɣa^{1}	·o^{2}	lew^{2}	mə^{2}	mə^{2}	·jij^{1}	tsji̱r^{2}	mjij^{1}
印	门	入	应。	种	种	自	性	无
[illegible]	[illegible]	[illegible]	[illegible]	[illegible]	[illegible]，	[illegible]	[illegible]	[illegible]
tjɨj^{2}	ŋwu^{2}	tsji̱r^{1}	ŋowr^{2}	ŋowr^{2}	tjɨj^{2}	lew^{1}	·jij^{1}	tsji̱r^{2}
印	以	法	皆	皆	印，	一	自	性

以无种种自性之印印一切法，以一自性

25.41.2

[illegible]	[illegible]	[illegible]	[illegible]	[illegible]	[illegible]	[illegible]	[illegible]	[illegible]
bju^{1}	rjɨr^{2}	śjwo^{1}	rjɨr^{2}	·wji^{1}	·jij^{1}	ŋwu^{2}	mə^{2}	mə^{2}
依	△	起	△	作	相	以	种	种
[illegible]	[illegible]	[illegible]	[illegible]	[illegible]，	[illegible]	[illegible]	[illegible]	[illegible]
·jij^{1}	tsji̱r^{2}	sjij^{2}	phja^{1}	ku^{1}	rjur^{1}	po^{1}	tsa^{1}	ma^{2}
自	性	想	断	则，	诸	菩	萨	摩

起作之相断除种种自性想故，诸菩萨摩

25.41.3

[illegible]	[illegible]	[illegible]	[illegible]	[illegible]	[illegible]	[illegible]	[illegible]	[illegible]
ŋạ^{2}	tsa^{1}	mə^{2}	mə^{2}	·jij^{1}	tsji̱r^{2}	tjɨj^{2}	ɣa^{1}	·o^{2}
诃	萨	种	种	自	性	印	门	入
[illegible]。	[illegible]	[illegible]	[illegible]	[illegible]	[illegible]	[illegible]	[illegible]	[illegible]
lew^{2}	kięj^{2}	rjir^{2}	bju^{1}	śjij^{1}	dzow^{1}	ŋwej^{2}	tjɨj^{2}	ŋwu^{2}
应。	欲	与	依	顺	和	合	印	以

诃萨应入种种自性印门。以欲相应和合之印

25.41.4

[illegible]	[illegible]	[illegible]	[illegible]，	[illegible]	[illegible]	[illegible]	[illegible]，	[illegible]
tsji̱r^{1}	ŋowr^{2}	ŋowr^{2}	tjɨj^{2}	dźiəj^{2}	lhe̱w^{2}	gu^{1}	śjwo^{1}	rjur^{1}
法	皆	皆	印，	为	有	发	起，	诸
[illegible]	[illegible]	[illegible]，	[illegible]	[illegible]	[illegible]	[illegible]，	[illegible]	[illegible]
dźjɨ	io̱^{1}	sə^{1}	kięj^{2}	ka^{2}	mjij^{1}	dzjar^{2}	dzow^{1}	ŋwej^{2}
行	圆	满，	欲	离	寂	静，	和	合

印一切法，现起有为，诸行圆满，离欲寂静，无和合故，

25.41.5

[illegible]	[illegible]，	[illegible]	[illegible]	[illegible]	[illegible]	[illegible]	[illegible]	[illegible]
mjij^{1}	ku^{1}	rjur^{1}	po^{1}	tsa^{1}	ma^{2}	ŋạ^{2}	tsa^{1}	kięj^{2}
无	则，	诸	菩	萨	摩	诃	萨	欲
[illegible]	[illegible]	[illegible]①	[illegible]	[illegible]	[illegible]	[illegible]	[illegible]	[illegible]
sji^{1}	ɣa^{2}	ljij^{2}	dzow^{1}	ŋwej^{2}	mjij^{1}	tjɨj^{2}	ɣa^{2}	·o^{2}
尽	于	见	和	合	无	印	于	入

诸菩萨摩诃萨应入尽欲智见无和合印门。

25.41.6

[illegible]。	[illegible]	[illegible]	[illegible]	[illegible]	[illegible]，	[illegible]	[illegible]	[illegible]
lew^{2}	bju^{2}	mjij^{1}	zjɨr^{1}	dźiā^{2}	tsjij^{2}	thjɨ^{2}	tja^{1}	po^{1}

① “[illegible]”（见）上脱漏“[illegible]”（智）字。

应。	边	无	慧	情	悟，	此	者	菩
[illegible]	[illegible]	[illegible]	[illegible]	[illegible]	[illegible]	[illegible]	[illegible]	[illegible]
tsa^{1}	ma^{2}	ŋạ^{2}	tsa^{1}	·jij^{1}	tjɨ̣j^{2}	ɣa^{1}	tsji̱r^{1}	ŋowr^{2}
萨	摩	诃	萨	之	印	门	法	皆

无边慧，是为菩萨摩诃萨印门印一切法。

25.42.1

[illegible]	[illegible]	[illegible]。	[illegible]	[illegible]	[illegible]	[illegible]	[illegible]	[illegible]
ŋowr^{2}	tjɨ̣j^{2}	ŋwu^{2}	thjɨ^{2}	tjɨ̣j^{2}	ɣa^{1}	ŋwu^{2}	tsji̱r^{1}	ŋowr^{2}
皆	印	也。	此	印	门	以	法	皆
[illegible]	[illegible]	[illegible]	[illegible]。	[illegible]	[illegible]	[illegible]	[illegible]	[illegible]，
ŋowr^{2}	kha^{1}	·o^{2}	lew^{2}	bju^{2}	mjij^{1}	zjɨr^{1}	dźiã^{2}	tsjij^{2}
皆	中	入	应。	边	无	慧	情	悟，

以此印门而应入于一切法中。无边慧，

25.42.2

[illegible]	[illegible]	[illegible]	[illegible]	[illegible]、	[illegible]	[illegible]	[illegible]	[illegible]
nio̱w^{1}	ɣiẹ^{2}	lụ^{2}	mjij^{1}	ɣa^{1}	dzow^{1}	ŋwej^{2}	mjij^{1}	ɣa^{1}
复	障	碍	无	门、	和	合	无	门
[illegible]，	[illegible]	[illegible]	[illegible]	[illegible]	[illegible]	[illegible]	[illegible]	[illegible]
dju^{1}	rjur^{1}	po^{1}	tsa^{1}	ma^{2}	ŋạ^{2}	tsa^{1}	thja^{1}	bju^{1}
有，	诸	菩	萨	摩	诃	萨	其	随

复有无障碍门、无和合门，诸菩萨摩诃萨应随悟入。

25.42.3

[illegible]	[illegible]	[illegible]。	[illegible]	[illegible]	[illegible]	[illegible]、	[illegible]	[illegible]
tsa^{1}	·o^{2}	lew^{2}	ɣiẹ^{2}	lụ^{2}	mjij^{1}	ɣa^{1}	dzow^{1}	ŋwej^{2}
悟	入	应。	障	碍	无	门、	和	合
[illegible]	[illegible]	[illegible]	[illegible]	[illegible]	[illegible]？	[illegible]	[illegible]	[illegible]
mjij^{1}	ɣa^{1}	tja^{1}	ljɨ^{1}	kjɨ^{1}	ŋwu^{2}	tshọ^{2}	ŋa^{1}	ŋwu^{2}
无	门	者	何	△	谓？	虚	空	谓

云何无障碍门、无和合门？谓虚空

25.42.4

[illegible]	[illegible]	[illegible]	[illegible]	[illegible]，	[illegible]	[illegible]	[illegible]	[illegible]
tjɨ̣j^{2}	tsji̱r^{1}	ŋowr^{2}	ŋowr^{2}	tjɨ̣j^{2}	rjur^{1}	po^{1}	tsa^{1}	ma^{2}
印	法	皆	皆	印，	诸	菩	萨	摩
[illegible]	[illegible]，	[illegible]	[illegible]	[illegible]	[illegible]	[illegible]	[illegible]。	[illegible]
ŋạ^{2}	tsa^{1}	zjịj^{1}	mjij^{1}	tjɨ̣j^{2}	ɣa^{1}	·o^{2}	lew^{2}	ŋa^{1}
诃	萨，	着	无	印	门	入	应。	空

印印一切法，诸菩萨摩诃萨应入无着印门。

25.42.5

[illegible]	[illegible]	[illegible]	[illegible]	[illegible]	[illegible]	[illegible]，	[illegible]	[illegible]
mjij^{1}	tjɨ̣j^{2}	ŋwu^{2}	tsji̱r^{1}	ŋowr^{2}	ŋowr^{2}	tjɨ̣j^{2}	rjur^{1}	po^{1}
闲	印	以	法	皆	皆	印，	诸	菩
[illegible]	[illegible]	[illegible]	[illegible]	[illegible]	[illegible]	[illegible]	[illegible]	[illegible]
tsa^{1}	ma^{2}	ŋạ^{2}	tsa^{1}	njɨ̱^{1}	mjij^{1}	tjɨ̣j^{2}	ɣa^{1}	·o^{2}
萨	摩	诃	萨	二	无	印	门	入

以空闲印印一切法，诸菩萨摩诃萨应入无二印门。

25.42.6

[illegible]。	[illegible]	[illegible]	[illegible]	[illegible]	[illegible]	[illegible]	[illegible]	[illegible]，
lew^{2}	mjij^{1}	sej^{1}	tjɨ̣j^{2}	ŋwu^{2}	tsji̱r^{1}	ŋowr^{2}	ŋowr^{2}	tjɨ̣j^{2}
应。	寂	静	印	以	法	皆	皆	印，
[illegible]	[illegible]	[illegible]	[illegible]	[illegible]	[illegible]	[illegible]	[illegible]	[illegible]
rjur^{1}	po^{1}	tsa^{1}	ma^{2}	ŋạ^{2}	tsa^{1}	tạ^{1}	tạ^{1}	tjɨ̣j^{2}
诸	菩	萨	摩	诃	萨	止	息	印

以寂静印印一切法，诸菩萨摩诃萨应入止息印门。

25.43.1

[illegible]	[illegible]	[illegible]。	[illegible]	[illegible]	[illegible]	[illegible]	[illegible]	[illegible]
ɣa^{1}	·o^{2}	lew^{2}	ɣa^{1}	mjij^{1}	tjɨ̣j^{2}	ŋwu^{2}	tsji̱r^{1}	ŋowr^{2}
门	入	应。	门	无	印	以	法	皆

[illegible]	[illegible]，	[illegible]	[illegible]	[illegible]	[illegible]	[illegible]	[illegible]①	[illegible]
ŋowr^{2}	tjɨj^{2}	rjur^{1}	po^{1}	tsa^{1}	ma^{2}	ŋạ^{2}	tsa^{1}	mju^{2}
皆	印，	诸	菩	萨	摩	诃	萨	动

以无门印印一切法，诸菩萨摩诃萨

25.43.2

[illegible]	[illegible]	[illegible]	[illegible]。	[illegible]	[illegible]	[illegible]	[illegible]	[illegible]
tjɨj^{2}	ɣa^{1}	·o^{2}	lew^{2}	do^{2}	mjij^{1}	tjɨj^{2}	ŋwu^{2}	tsji̱r^{1}
印	门	入	应。	处	无	印	以	法
[illegible]	[illegible]	[illegible]，	[illegible]	[illegible]	[illegible]	[illegible]	[illegible]	[illegible]
ŋowr^{2}	ŋowr^{2}	tjɨj^{2}	rjur^{1}	po^{1}	tsa^{1}	ma^{2}	ŋạ^{2}	tsa^{1}
皆	皆	印，	诸	菩	萨	摩	诃	萨

应入不动印门。以无处印印一切法，诸菩萨摩诃萨

25.43.3

[illegible]	[illegible]	[illegible]	[illegible]	[illegible]	[illegible]。	[illegible]	[illegible]	[illegible]
la̱^{1}	mjij^{1}	tjɨj^{2}	ɣa^{1}	·o^{2}	lew^{2}	tsji̱r^{2}	ŋa^{1}	tjɨj^{2}
染	无	印	门	入	应。	性	空	印
[illegible]	[illegible]	[illegible]	[illegible]	[illegible]，	[illegible]	[illegible]	[illegible]	[illegible]
ŋwu^{2}	tsji̱r^{1}	ŋowr^{2}	ŋowr^{2}	tjɨj^{2}	rjur^{1}	po^{1}	tsa^{1}	ma^{2}
以	法	皆	皆	印，	诸	菩	萨	摩

应入无染印门。以性空印印一切法，诸菩萨摩

25.43.4

[illegible]	[illegible]	[illegible]	[illegible]	[illegible]	[illegible]	[illegible]	[illegible]。	[illegible]
ŋạ^{2}	tsa^{1}	rjir^{2}	mjij^{1}	tjɨj^{2}	ɣa^{1}	·o^{2}	lew^{2}	·jij^{1}
诃	萨	得	无	印	门	入	应。	相
[illegible]	[illegible]	[illegible]	[illegible]	[illegible]	[illegible]	[illegible]，	[illegible]	[illegible]
mjij^{1}	tjɨj^{2}	ŋwu^{2}	tsji̱r^{1}	ŋowr^{2}	ŋowr^{2}	tjɨj^{2}	rjur^{1}	po^{1}
无	印	以	法	皆	皆	印，	诸	菩

① 此字下疑脱“[illegible]”（不）字。

诃萨应入无得印门。以无相印印一切法,诸菩

25.43.5

[illegible]	[illegible]	[illegible]	[illegible]①	[illegible]	[illegible]	[illegible]	[illegible]	[illegible]	[illegible]
tsa^{1}	ma^{2}	ŋạ^{2}	tsa^{1}	n̠ew^{2}	ɣjɨr^{1}	djọ^{2}	ɣiew^{1}	tśier^{1}	·ju^{2}
萨	摩	诃	萨	善	巧	修	习	利	寻
[illegible]	[illegible]	[illegible]	[illegible]。	[illegible]	[illegible]	[illegible]	[illegible]	[illegible]	
tjɨj^{2}	ɣa^{1}	·o^{2}	lew^{2}	tjị^{1}	mjij^{1}	tjɨj^{2}	ŋwu^{2}	tsjɨ̱r^{1}	
印	门	入	应。	愿	无	印	以	法	

萨摩诃萨应入善巧修习方便印门。以无愿印

25.43.6

[illegible]	[illegible]	[illegible],	[illegible]	[illegible]	[illegible]	[illegible]	[illegible]	[illegible]
ŋowr^{2}	ŋowr^{2}	tjɨj^{2}	rjur^{1}	po^{1}	tsa^{1}	ma^{2}	ŋạ^{2}	tsa^{1}
皆	皆	印,	诸	菩	萨	摩	诃	萨
[illegible]	[illegible]	[illegible]	[illegible]	[illegible]	[illegible]	[illegible]	[illegible]	[illegible]
n̠ew^{2}	mjij^{1}	sej^{1}	tjị^{1}	bji^{1}	swew^{1}	tjɨj^{2}	ɣa^{1}	·o^{2}
善	寂	静	愿	光	明	印	门	入

印一切法,诸菩萨摩诃萨应入善寂静愿光明印门。

25.44.1

[illegible]。	[illegible]	[illegible]	[illegible]	[illegible]	[illegible]	[illegible]	[illegible]	[illegible],
lew^{2}	lẹj^{2}	mjij^{1}	tjɨj^{2}	ŋwu^{2}	tsjɨ̱r^{1}	ŋowr^{2}	ŋowr^{2}	tjɨj^{2}
应。	贪	无	印	以	法	皆	皆	印,
[illegible]	[illegible]	[illegible]	[illegible]	[illegible]	[illegible]	[illegible]	[illegible]	[illegible]
rjur^{1}	po^{1}	tsa^{1}	ma^{2}	ŋạ^{2}	tsa^{1}	njɨ^{2}	tsjij^{2}	phjo^{2}
诸	菩	萨	摩	诃	萨	遍	知	分

以无贪印印一切法,诸菩萨摩诃萨

25.44.2

[illegible]	[illegible]	[illegible]	[illegible]	[illegible]	[illegible]	[illegible]。	[illegible]	[illegible]

① [illegible],音译“萨”,西夏译文脱,据重出之文补。

kar^{2}	zjɨr^{1}	bju^{1}	tjɨj^{2}	ɣa^{1}	·o^{2}	lew^{2}	to^{2}	mjij^{1}
别	实	如	印	门	入	应。	生	无
[illegible]	[illegible]	[illegible]	[illegible]	[illegible]	[illegible],	[illegible]	[illegible]	[illegible]
tjɨj^{2}	ŋwu^{2}	tsji̱r^{1}	ŋowr^{2}	ŋowr^{2}	tjɨj^{2}	rjur^{1}	po^{1}	tsa^{1}
印	以	法	皆	皆	印,	诸	菩	萨

应入遍知分别如实印门。以无生印印一切法,诸菩萨

25.44.3

[illegible]	[illegible]	[illegible]	[illegible]	[illegible]	[illegible]	[illegible]	[illegible]①	[illegible]
ma^{2}	ŋa̱^{2}	tsa^{1}	tśhja^{2}	sji̱j^{2}	ljij^{2}	śjwo^{1}	gu^{1}	to^{2}
摩	诃	萨	正	智	见	生	△	生
[illegible]	[illegible]	[illegible]	[illegible]	[illegible]。	[illegible]	[illegible]	[illegible]	[illegible]
mjij^{1}	tjɨj^{2}	ɣa^{1}	·o^{2}	lew^{2}	mjij^{1}	dzjar^{2}	tjɨj^{2}	ŋwu^{2}
无	印	门	入	应。	寂	灭	印	以

摩诃萨应入生正智见无生印门。以寂灭印

25.44.4

[illegible]	[illegible]	[illegible]	[illegible],	[illegible]	[illegible]	[illegible]	[illegible]	[illegible]
tsji̱r^{1}	ŋowr^{2}	ŋowr^{2}	tjɨj^{2}	rjur^{1}	po^{1}	tsa^{1}	ma^{2}	ŋa̱^{2}
法	皆	皆	印,	诸	菩	萨	摩	诃
[illegible]	[illegible]	[illegible]	[illegible]	[illegible]	[illegible]	[illegible]。	[illegible]	[illegible]
tsa^{1}	ŋur^{1}	ka^{2}	tjɨj^{2}	ɣa^{1}	·o^{2}	lew^{2}	·jij^{1}	sji^{1}
萨	蕴	离	印	门	入	应。	相	尽

印一切法,诸菩萨摩诃萨应入离蕴印门。以尽相

25.44.5

[illegible]	[illegible]	[illegible]	[illegible]	[illegible]	[illegible],	[illegible]	[illegible]	[illegible]
tjɨj^{2}	ŋwu^{2}	tsji̱r^{1}	ŋowr^{2}	ŋowr^{2}	tjɨj^{2}	rjur^{1}	po^{1}	tsa^{1}
印	以	法	皆	皆	印,	诸	菩	萨
[illegible]	[illegible]	[illegible]	[illegible]	[illegible]	[illegible]	[illegible]	[illegible]	[illegible]。

① [illegible],名物化助词。

ma²	ŋạ²	tsa¹	to²	sji¹	tjɨj²	ɣa¹	·o²	lew²
摩	诃	萨	生	尽	印	门	入	应。

印印一切法,诸菩萨摩诃萨应入生尽印门。

25.44.6

[illegible]	[illegible]	[illegible]	[illegible]	[illegible]	[illegible]	[illegible]	[illegible],	[illegible]
tsji̠r¹	kię̣j²	tjɨj²	ŋwu²	tsji̠r¹	ŋowr²	ŋowr²	tjɨj²	rjur¹
法	界	印	以	法	皆	皆	印,	诸
[illegible]	[illegible]	[illegible]	[illegible]	[illegible]	[illegible]	[illegible]	[illegible]	[illegible]
po¹	tsa¹	ma²	ŋạ²	tsa¹	tsji̠r¹	kię̣j²	dźju¹	sjwij¹
菩	萨	摩	诃	萨	法	界	显	现

以法界印印一切法,诸菩萨摩诃萨应入显现法界

25.45.1

[illegible]	[illegible]	[illegible]	[illegible]	[illegible]	[illegible]。	[illegible]	[illegible]	[illegible]
new̠²	ɣjɨr¹	tjɨj²	ɣa¹	·o²	lew²	lə	mjij¹	tjɨj²
善	巧	印	门	入	应。	念	无	印
[illegible]	[illegible]	[illegible]	[illegible]	[illegible],	[illegible]	[illegible]	[illegible]	[illegible]
ŋwu²	tsji̠r¹	ŋowr²	ŋowr²	tjɨj²	rjur¹	po¹	tsa¹	ma²
以	法	皆	皆	印,	诸	菩	萨	摩

善巧印门。以无念印印一切法,诸菩萨摩

25.45.2

[illegible]	[illegible]	[illegible]	[illegible]	[illegible]	[illegible]	[illegible]	[illegible]	[illegible]
ŋạ²	tsa¹	zjɨr¹	phjo²	kar²	mjij¹	tśhja²	ka¹	tjɨj²
诃	萨	实	分	别	无	平	等	印
[illegible]	[illegible]	[illegible]。	[illegible]	[illegible]	[illegible]	[illegible]	[illegible]	[illegible]
ɣa¹	·o²	lew²	tsjir²	ka²	tjɨj²	ŋwu²	tsji̠r¹	ŋowr²
门	入	应。	性	离	印	以	法	皆

诃萨应入实无分别平等印门。以离性印印一切法,

25.45.3

[illegible]	[illegible],	[illegible]	[illegible]	[illegible]	[illegible]	[illegible]	[illegible]	[illegible]

ŋowr^{2} tjɨj^{2} rjur^{1} po^{1} tsa^{1} ma^{2} ŋạ^{2} tsa^{1} ·jij^{1}

皆 印， 诸 菩 萨 摩 诃 萨 自

[illegible] [illegible] [illegible] [illegible] [illegible] [illegible] [illegible] [illegible] [illegible]。

dzju^{2} ŋowr^{2} ŋowr^{2} njɨ^{2} tsjij^{2} tjɨj^{2} ɣa^{1} ·o^{2} lew^{2}

主 皆 皆 遍 知 印 门 入 应。

诸菩萨摩诃萨应入遍知一切自性印门。

25.45.4

[illegible] [illegible] [illegible] [illegible] [illegible] [illegible] [illegible] [illegible]， [illegible]

djij^{2} phã^{1} tjɨj^{2} ŋwu^{2} tsjir^{1} ŋowr^{2} ŋowr^{2} tjɨj^{2} rjur^{1}

涅 槃 印 以 法 皆 皆 印， 诸

[illegible] [illegible] [illegible] [illegible] [illegible] [illegible] [illegible] [illegible] [illegible]

po^{1} tsa^{1} ma^{2} ŋạ^{2} tsa^{1} zjɨr^{1} bju^{1} mjij^{1} sej^{1}

菩 萨 摩 诃 萨 实 如 寂 静

以涅槃印印一切法，诸菩萨摩诃萨应入如实寂静

25.45.5

[illegible] [illegible] [illegible] [illegible] [illegible] [illegible]。 [illegible] [illegible] [illegible]

dzjar^{2} bju^{1} tjɨj^{2} ɣa^{1} ·o^{2} lew^{2} bju^{2} mjij^{1} zjɨr^{1}

灭 顺 印 门 入 应。 边 无 慧

[illegible] [illegible]， [illegible] [illegible] [illegible] [illegible] [illegible] [illegible] [illegible]

dźiã^{2} tsjij^{2} thjɨ^{2} tja^{1} rjur^{1} po^{1} tsa^{1} ma^{2} ŋạ^{2}

情 悟， 是 者 诸 菩 萨 摩 诃

顺灭印门。无边慧，是为诸菩萨摩诃

25.45.6

[illegible] [illegible] [illegible] [illegible] [illegible] [illegible] [illegible] [illegible] [illegible]

tsa^{1} ·jij^{1} tsjir^{1} ŋowr^{2} ŋowr^{2} ɣa^{2} ɣiẹ^{2} lụ^{2} mjij^{1}

萨 之 法 皆 皆 于 障 碍 无

[illegible]、 [illegible] [illegible] [illegible] [illegible]①、 [illegible] [illegible] [illegible] [illegible]

① [illegible]，"[illegible]"（ɣa^{1}，门）的通假字。

ɣa^{1}	dzow^{1}	ŋwej^{2}	mjij^{1}	ɣa^{2}	bja^{2}	·ju^{2}	ljij^{2}	ŋowr^{2}
门、	和	合	无	门、	断	常	见	皆

萨于一切法无障碍门、不和合门、

25.46.1

ŋowr^{2}	gjij^{1}	dzjij^{1}	ɣa^{1}	bju^{2}	ljow^{2}	mjij^{1}	ɣa^{1}	śji^{1}
皆	超	过	门、	边	际	无	门、	前
dzjwɨr^{1}	zjọ^{2}	ɣa^{1}	ŋwu^{2}	dwər^{1}	ka^{2}	nio̱w^{1}	mjij^{1}	dzjar^{2}
后	际	门	也。	厌	离	故，	寂	灭

超过一切断常见门、无边际门、前后际门。以厌离故，寂灭

25.46.2

tạ^{1}	tạ^{1}	nio̱w^{1}	gji^{1}	śju̱^{1}	·jiw^{1}	nio̱w^{1}	ku^{1}	rjur^{1}
止	息	故，	清	凉	故	因	则，	诸
po^{1}	tsa^{1}	ma^{2}	ŋạ^{2}	tsa^{1}	thjɨ^{2}	tsjir^{1}	ŋowr^{2}	ŋowr^{2}
菩	萨	摩	诃	萨	此	法	皆	皆

故，止息故，清凉故，诸菩萨摩诃萨于此一切法

25.46.3

tjịj^{2}	ɣa^{1}	bju^{1}	ɣiew^{1}	njwi^{2}	·o^{2}	njwi^{2}	thjɨ^{2}	rjur^{1}
印	门	于	学	能	入	能。	此	诸
tsjir^{1}	ɣa^{1}	djọ^{2}	dźjij^{1}	njwi^{2}	ku^{1}	tsjir^{1}	ŋowr^{2}	ŋowr^{2}
法	门	修	行	善	则，	法	皆	皆

印之门随学随入。以善修行此诸法门，得一切法

25.46.4

ŋjow^{2}	tjɨ̣j^{2}	sã^{1}	mej^{2}	rjir^{2}	thjɨ^{2}	sã^{1}	mej^{2}	tja^{1}
海	印	三	昧	得。	此	三	昧	者
[illegible]	[illegible]	[illegible]	[illegible]	[illegible]，	[illegible]	[illegible]	[illegible]	[illegible]
zjɨr^{1}	ɣiej^{1}	rjir^{2}	bju^{1}	śjij^{1}	rjur^{1}	tsji̠r^{1}	ne̠w^{2}	tśier^{1}
实	真	与	依	顺，	诸	法	善	利

海印三昧。此三昧者，如实相应，能摄诸法善方

25.46.5

[illegible]	[illegible]	[illegible]	[illegible]	[illegible]，	[illegible]	[illegible]	[illegible]	[illegible]
·ju^{2}	sjij^{2}	ɣjiw^{1}	njwi^{2}	ku^{1}	thjɨ^{2}	nio̠w^{1}	rjur^{1}	po^{1}
寻	智	摄	能	则，	是	故	诸	菩
[illegible]	[illegible]	[illegible]	[illegible]	[illegible]	[illegible]	[illegible]	[illegible]	[illegible]
tsa^{1}	ma^{2}	ŋạ^{2}	tsa^{1}	thjɨ^{2}	tjɨ̣j^{2}	ɣa^{1}	bju^{1}	·jɨr^{2}
萨	摩	诃	萨	此	印	门	于	勤

便智，是故诸菩萨摩诃萨于此印门

25.46.6

[illegible]	[illegible]	[illegible]，	[illegible]	[illegible]	[illegible]	[illegible]	[illegible]	[illegible]
ŋwu^{2}	djọ^{2}	dzjɨ̠^{2}	tsji̠r^{1}	ŋowr^{2}	ŋowr^{2}	ŋjow^{2}	tjɨ̣j^{2}	sã^{1}
以	修	习，	法	皆	皆	海	印	三
[illegible]	[illegible]，	[illegible]	[illegible]	[illegible]	[illegible]，	[illegible]	[illegible]	[illegible]
mej^{2}	dźjij^{1}	tsji̠r^{1}	ŋowr^{2}	ŋowr^{2}	bio̠^{1}	mjɨ^{1}	pjụ^{1}	bju^{2}
味	住，	法	皆	皆	观，	无	量	边

应善修习，住一切法海印三昧，观一切法，

25.47.1

[illegible]	[illegible]	[illegible]	[illegible]	[illegible]	[illegible]	[illegible]	[illegible]。	[illegible]
mjij^{1}	tha^{2}	tsji̠r^{1}	bji^{1}	swew^{1}	we̠^{1}	to^{2}	lew^{2}	bju^{2}
无	大	法	光	明	出	生	应。	边
[illegible]	[illegible]	[illegible]	[illegible]，	[illegible]	[illegible]	[illegible]	[illegible]	[illegible]
mjij^{1}	zjɨr^{1}	dźiã^{2}	tsjij^{2}	dzjọ^{1}	sju^{2}	tha^{2}	ŋjow^{2}	zjɨ̠r^{2}
无	慧	情	悟，	譬	如	大	海	水

而能出生无量无边大法光明。无边慧，譬如大海水

25.47.2

[illegible]	[illegible]	[illegible]，	[illegible]	[illegible]	[illegible]	[illegible]	[illegible]	[illegible]
mjɨ^{1}	pjụ^{1}	tśhju^{1}	thja^{1}	tsew^{2}	pjụ^{1}	dza^{2}	njwi^{2}	mjij̱^{2}
无	量	有，	其	限	量	测	能	者
[illegible]，	[illegible]	[illegible]	[illegible]	[illegible]	[illegible]	[illegible]	[illegible]	[illegible]，
mjij^{1}	rjur^{1}	tsji̱r^{1}	ŋowr^{2}	ŋowr^{2}	tsjɨ^{1}	thja^{1}	·wjɨ^{2}	sju^{2}
无，	诸	法	皆	皆	亦	彼	△	如，

乃无量而无有能测其量者，一切诸法亦复如是，

25.47.3

[illegible]	[illegible]	[illegible]	[illegible]	[illegible]	[illegible]。	[illegible]	[illegible]	[illegible]
tśjo	pjụ^{1}	dza^{2}	njwi^{2}	mjij̱^{2}	mjij^{1}	nio̱w^{1}	dzjọ^{1}	tha^{2}
终	量	测	能	者	无。	又	如	大
[illegible]	[illegible]	[illegible]	[illegible]	[illegible]	[illegible]	[illegible]	[illegible]	[illegible]，
ŋjow^{2}	·ji^{1}	zjɨ̱r^{2}	ŋowr^{2}	ŋowr^{2}	to^{2}	źji^{2}	dzjɨj^{2}	·o^{2}
海	众	流	皆	皆	悉	皆	陷	入，

终无有能测其量者。又如大海一切众流悉入其中，

25.47.4

[illegible]	[illegible]	[illegible]	[illegible]	[illegible]	[illegible]	[illegible]	[illegible]，	[illegible]
rjur^{1}	tsji̱r^{1}	ŋowr^{2}	ŋowr^{2}	tsji̱r^{1}	tjɨ̱j^{2}	kha^{1}	·o^{2}	tsjɨ^{1}
诸	法	皆	皆	法	印	中	入，	亦
[illegible]	[illegible]	[illegible]	[illegible]，	[illegible]	[illegible]	[illegible]	[illegible]，	[illegible]
thja^{1}	·wjɨ^{2}	sju^{2}	ku^{1}	tśhjwo^{1}	ŋjow^{2}	tjɨ̱j^{2}	·ji^{1}	tsji̱r^{1}
彼	△	如	则，	故	海	印	名，	法

一切诸法入法印中，亦复如是，故名海印，

25.47.5

[illegible]	[illegible]	[illegible]，	[illegible]	[illegible]	[illegible]	[illegible]	[illegible]	[illegible]
ŋowr^{2}	ŋowr^{2}	tjɨ̱j^{2}	źji^{2}	rjur^{1}	tsji̱r^{1}	ŋjow^{2}	tjɨ̱j^{2}	kha^{1}

皆	皆	印，	悉	诸	法	海	印	中
[illegible]。	[illegible]	[illegible]	[illegible]	[illegible]，	[illegible]	[illegible]	[illegible]	[illegible]
·o^{2}	niọw^{1}	thjɨ^{2}	tjɨ̣j^{2}	kha^{1}	tsji̱r^{1}	ŋowr^{2}	ŋowr^{2}	tsji̱r^{1}
入。	又	此	印	中，	法	皆	皆	法

印一切法，悉入诸法海印之中。于此印中，见一切法

25.47.6

[illegible]	[illegible]	[illegible]	[illegible]。	[illegible]	[illegible]	[illegible]	[illegible]	[illegible]
tjɨ̣j^{2}	rjir^{2}	thwu̱^{1}	ljij^{2}	dzjọ^{1}	sju^{2}	we^{1}	tha^{2}	rjur^{1}
印	与	同	见。	譬	如	龙	大	诸
[illegible]	[illegible]	[illegible]	[illegible]	[illegible]	[illegible]	[illegible]，	[illegible]	[illegible]
we^{1}	·ji^{1}	rjur^{1}	ljụ^{2}	tha^{2}	dźiã^{2}	tśhju^{1}	tha^{2}	ŋjow^{2}
龙	众	诸	身	大	情	有，	大	海

同于法印。又如大龙及诸龙众诸大身众，能有大海、

25.48.1

[illegible]	[illegible]，	[illegible]	[illegible]	[illegible]	[illegible]	[illegible]，	[illegible]	[illegible]
dju^{1}	ku^{1}	tha^{2}	ŋjow^{2}	kha^{1}	·o^{2}	njwi^{2}	thja^{1}	tha^{2}
有	则，	大	海	中	入	能，	彼	大
[illegible]	[illegible]	[illegible]	[illegible]	[illegible]。	[illegible]	[illegible]	[illegible]	[illegible]
ŋjow^{2}	kha^{1}	dźji̱j^{1}	tjị^{2}	we^{2}	rjur^{1}	po^{1}	tsa^{1}	ma^{2}
海	中	住	处	为。	诸	菩	萨	摩

能入大海，于彼大海以为住处。诸菩萨摩

25.48.2

[illegible]	[illegible]	[illegible]	[illegible]	[illegible]	[illegible]，	[illegible]	[illegible]	[illegible]
ŋạ^{2}	tsa^{1}	tsjɨ^{1}	thja^{1}	·wjɨ^{2}	sju^{2}	mjɨ^{1}	pjụ^{1}	·jir^{2}
诃	萨	亦	彼	△	如，	无	量	百
[illegible]	[illegible]	[illegible]	[illegible]	[illegible]	[illegible]	[illegible]	[illegible]，	[illegible]
tụ^{1}	kja^{2}	kha^{1}	rjur^{1}	sjwɨj^{1}	djọ^{2}	njwi^{2}	ku^{1}	tśhjwo^{1}
千	劫	中	诸	业	修	善	则，	故

诃萨亦复如是，而于无量百千劫中善修诸业，

25.48.3

thjɨ^2	sã^1	mej^2	tjɨj^2	ɣa^1	·o^2	njwi^2,	thja^2	tjɨj^2
此	三	昧	印	门	入	能，	彼	印
ɣa^1	bju^1	dźjij^1	tjị^2	we^2,	rjur^1	tha^1	·jij^1	tsji̱r^1
门	于	住	处	为，	诸	佛	之	法

乃能入此三昧印门，于彼印门以为住处，

25.48.4

ljạ^1,	ŋowr^2	ŋowr^2	sjij^2	nẹw^2	ɣjɨr^1	iọ^1	sə^1	kiẹj^2
证，	皆	皆	智	善	巧	圆	满	欲
niọw^1,	thjɨ^2	sju^2	rjur^1	tsji̱r^1	tjɨj^2	ɣa^2	śjɨj^1	·jiw^2
因，	是	如	诸	法	印	门①	成	就

为欲证得诸佛法故，善巧圆满一切智故，成就如是诸法印门。

25.48.5

ljɨ^1。	rjur^1	po^1	tsa^1	ma^2	ŋạ^2	tsa^1	thjɨ^2	sju^2
也。	诸	菩	萨	摩	诃	萨	是	如
tsji̱r^1	ɣa^1	·jɨr^2	djọ^2	ɣiew^1	zjij^1,	tsji̱r^1	ɣa^1	ŋowr^2
法	门	勤	修	学	时，	法	门	皆

诸菩萨摩诃萨精勤修学此法门时，

25.48.6

ŋowr^2	źji^2	djọ^2	ɣiew^1	njwi^2	ljɨ^1。	tsji̱r^1	ɣa^1	ŋowr^2

① [西夏字]，“[西夏字]”(ɣa^1，门)的通假字。

皆 皆 修 学 能 也。 法 门 皆

[illegible] [illegible] [illegible] [illegible] [illegible] [illegible] [illegible]， [illegible] [illegible]

ŋowr^{2} thjɨ^{2} ɣa^{1} kha^{1} wjij^{1} ljij^{2} ku^{1} rjur^{1} tsji̱r^{1}

皆 此 门 中 有 见 则， 诸 法

则能修学一切法门。见诸法门在此门故，

25.49.1

[illegible] [illegible] [illegible] [illegible]， [illegible] [illegible] [illegible] [illegible] [illegible]

bji^{1} swew^{1} gu^{1} śjwo^{1} tsji̱r^{1} ŋowr^{2} ŋowr^{2} ŋjow^{2} kha^{1}

光 明 发 起， 法 皆 皆 海 中

[illegible] [illegible]。 [illegible] [illegible] [illegible] [illegible] [illegible] [illegible] [illegible]

·o^{2} njwi^{2} tśhjwo^{1} nio̱w^{1} thjɨ^{2} tsji̱r^{1} tsji̱r^{1} ŋowr^{2} ŋowr^{2}

入 能。 故 因 此 法 法 皆 皆

而能发起诸法光明，入于一切法海之中。是故此法名一切法

25.49.2

[illegible] [illegible] [illegible] [illegible] [illegible]。 [illegible] [illegible] [illegible] [illegible]

ŋjow^{2} tjɨ̱j^{2} sã^{1} mej^{2} ·jɨ^{1} dzjo̱^{1} sju^{2} tha^{2} ŋjow^{2}

海 印 三 昧 谓。 譬 如 大 海

[illegible] [illegible] [illegible] [illegible] [illegible] [illegible] [illegible] [illegible]。 [illegible]

tha^{2} kiwej^{2} ljɨ̱^{1} ·jij^{1} tśiow^{1} dzjɨ̱^{2} tji̱^{2} ŋwu^{2} thjɨ^{2}

大 珍 宝 之 积 集 处 也。 此

海印三昧。又如大海是大珍宝积集之处，此

25.49.3

[illegible] [illegible] [illegible] [illegible] [illegible] [illegible]， [illegible] [illegible] [illegible]

sã^{1} mej^{2} tsjɨ^{1} thja^{1} ·wjɨ^{2} sju^{2} rjur^{1} tsji̱r^{1} ŋowr^{2}

三 昧 亦 彼 △ 如， 诸 法 皆

[illegible] [illegible] [illegible] [illegible] [illegible] [illegible] [illegible] [illegible] [illegible]

ŋowr^{2} nio̱w^{1} tsji̱r^{1} ne̱w^{2} ɣjɨr^{1} tśiow^{1} dzjɨ̱^{2} tji̱^{2} ljɨ^{1}

皆 及 法 善 巧 积 集 处 也。

三昧者亦复如是，是一切法及法善巧积集之处。

汉文本

复次无边慧,诸菩萨摩诃萨于此法中勤修习者,复有能摄三昧之法。谛听!谛听!善思念之,吾当解说。

唯然世尊,愿乐欲闻。

尔时世尊告无边慧菩萨摩诃萨言:无边慧,有诸菩萨摩诃萨法光明门,而能出生诸法理趣善巧方便,亦能出生一切法印,能入一切法印之门,于一切法所应作者能了能入,于法光明能得能说,以法光明随顺趣入诸法句门。何者名为法光明门而能出生善巧光明?谓能了知异名教门、秘密教门、异名事门、摄取事门、诸差别门。云何于彼而得了知?乃能出生三昧之门。一切法界理趣之门,入于一义,能随解了诸法光明。

无边慧,诸菩萨摩诃萨于此甚深诸法理趣善巧方便,若现修行、若当修行,若现求者、若当求者,闻此法门,以少加行得大光明,入诸法门,从此法门复起光明,以是光明随何法门、随何所行,应入应行,如其理趣,以三昧力观诸法门,于三昧门出生智慧,而能了知如实理趣。三昧力故,观法门故,生智慧故,以三昧门了知法界,住善方便,能起一切法门光明,得一切法海印三昧。

无边慧,云何法门?谓阿字印,印一切法,无明所作,行得圆满。阿字为首,无明止息,无所作故,诸菩萨摩诃萨应入无相印门。以榎字印印一切法,业异熟果,业所应作,业果和合,了知业果和合缘故,诸菩萨摩诃萨应入无业无果无有和合无缘印门。以诸行印印一切法,于种种业,业所应作,起一切法智光明故,诸菩萨摩诃萨应入一切诸行善巧印门,以㨶字印印一切法,以么字助,施设名言与种种法而作相应,了知㨶么而相助故。诸菩萨摩诃萨应入无合无助无名印门。以无边印印一切法,一切分别而不可得,离分别故,诸菩萨摩诃萨应入无分别印门。以无际印印一切法,际不和合,尽于际故,诸菩萨摩诃萨应入无寻无伺无言说印门。以无种种自性之印印一切法,以一自性起作之相断除种种自性想故,诸菩萨摩诃萨应入种种自性印门。以欲相应和合之印印一切法,现起有为,诸行圆满,离欲寂静,无和合故,诸菩萨摩诃萨应入尽欲智见无和合印门。无边慧,是为菩萨摩诃萨印门印一切法。以此印门而应入于一切法中。

无边慧,复有无障碍门、无和合门,诸菩萨摩诃萨应随悟入。云何无障碍门、无和合门?谓虚空印印一切法,诸菩萨摩诃萨应入无着印门。以空闲印印一切法,诸菩萨摩诃萨应入无二印门。以寂静印印一切法,诸菩萨摩诃萨应入止息印门。以无门印印一切法,诸菩萨摩诃萨应入不动印门。以无处印印一切法,诸菩萨摩诃萨应入无染印门。以性空印印一切法,诸菩萨摩诃萨应入无得印门。以无相印印一切法,诸菩萨摩诃萨应入善巧修习方便印门。以无愿印印一切法,诸菩萨摩诃萨应入善寂静愿光明印门。以无贪印印一切法,诸菩萨摩诃萨应入遍知分别如实印门。以无生印印一切法,诸菩萨摩诃萨应入生正智见无生印门。以寂灭印印一切法,诸菩萨摩诃萨应入离蕴印门。以尽相印印一切法,诸菩萨摩诃萨应入生尽印门。以法界印印一切法,诸菩萨摩诃萨应入显现法界善巧印门。以无念印印一切法,诸菩萨摩诃萨应入实无分别平等印门。以离性印印一切法,诸菩萨摩诃萨应入遍知一切自性印门。以涅槃印印一切法,诸菩萨摩诃萨应入如实寂静顺灭印门。无边慧,是为诸菩萨摩诃萨于一切法无障碍门、不和合门、超过一切断常见门、无边际门。前后际门,以厌离故,寂灭故,止息故,清凉故,诸菩萨摩诃萨于此一切法印之门随学随入。以善修行此诸法门,得一切法海印三昧。此三昧者,如实相应,能摄诸法善方便智,是故诸菩萨摩诃萨于此印门应善修习,住一切法海印三昧,观一切法,而能出生无量无边大法光明。无边慧，譬如大海水乃无量而无有能测其量者，一切诸法亦复如是，终无有能测其量者。又如大海一切众流悉入其中，一切诸法入法印中，亦复如是，故名海印，印一切法，悉入诸法海印之中。于此印中，见一切法同于法印。又如大龙及诸龙众诸大身众，能有大海、能入大海，于彼大海以为住处。诸菩萨摩诃萨亦复如是，而于无量百千劫中善修诸业，乃能入此三昧印门，于彼印门以为住处，为欲证得诸佛法故，善巧圆满一切智故，成就如是诸法印门。诸菩萨摩诃萨精勤修学此法门时，则能修学一切法门。见诸法门在此门故，而能发起诸法光明，入于一切法海之中。是故此法名一切法海印三昧。又如大海是大珍宝积集之处，此三昧者亦复如是，是一切法及法善巧积集之处。

25.49.4

[illegible]	[illegible]	[illegible]	[illegible]	[illegible]，	[illegible]	[illegible]	[illegible]	[illegible]
bju^{2}	mjij^{1}	zjɨr^{1}	dźiã^{2}	tsjij^{2}	tjɨ^{1}	tjij^{1}	dźiã^{2}	tśhju^{1}
边	无	慧	情	悟，	如	若	情	有
[illegible]	[illegible]	[illegible]	[illegible]	[illegible]	[illegible]	[illegible]	[illegible]，	
źji^{2}	phju^{2}	tha^{1}	·jij^{1}	tsjij^{2}	ljij^{2}	rjir^{2}	kiẹj^{2}	
最	上	佛	之	知	见	得	欲，	

无边慧，若有众生为得无上佛之知见，

25.49.5

[illegible]	[illegible]	[illegible]	[illegible]，	[illegible]	[illegible]	[illegible]	[illegible]、	[illegible]
thjɨ^{2}	sã^{1}	mej^{2}	bju^{1}	tjij^{1}	śji^{1}	kjụ^{1}	·ju^{2}	tjij^{1}
此	三	昧	于，	若	前	求	寻、	若
[illegible]	[illegible]	[illegible]、	[illegible]	[illegible]	[illegible]	[illegible]	[illegible]，	[illegible]
dzjwɨr^{1}	kjụ^{1}	·ju^{2}	tjij^{1}	mjor^{1}	kjụ^{1}	·ju^{2}	ku^{1}	tsjịr^{1}
后	求	寻、	若	现	求	寻	则，	法

于此三昧，若已求者、若当求者、若现求者，

25.49.6

[illegible]	[illegible]	[illegible]	[illegible]	[illegible]	[illegible]	[illegible]	[illegible]	[illegible]。
ŋowr^{2}	ŋowr^{2}	ŋjow^{2}	iọ^{1}	sə^{1}	sjij^{2}	zjɨr^{1}	kjụ^{1}	njwi^{2}
皆	皆	海	圆	满	智	慧	求	能。
[illegible]	[illegible]	[illegible]	[illegible]，	[illegible]	[illegible]	[illegible]	[illegible]	[illegible]
thjɨ^{2}	·wo^{2}	niọw^{1}	ku^{1}	ŋa^{2}	thjɨ^{2}	tsjịr^{1}	tjɨ̣j^{2}	nji^{2}
是	义	因	则，	我	此	法	印	汝

彼则能求一切法海圆满智慧。以是义故,我此法印

25.50.1

[illegible]	[illegible]	[illegible],	[illegible]	[illegible]	[illegible]	[illegible]①	[illegible]	[illegible]
·jij^1	tśjɨ^1	lu^2	nji^2	mjij^2	ljịj^2	zjọ^2	ɣa^2	dzjwɨr^1
之	付	嘱,	汝	未	来	世	于	后
[illegible]	[illegible]	[illegible]	[illegible]	[illegible]	[illegible]	[illegible]	[illegible],	[illegible]
ŋwə^1	ɣạ^2	kjiw^1	tśhja^2	tsji̱r^1	dzjar^2	·jij^1	zjịj^1	thjɨ^2
五	十	岁	正	法	灭	将	时,	此

付嘱于汝。汝于末世后五十岁正法灭时,

25.50.2

[illegible]	[illegible]	[illegible]	[illegible]	[illegible]	[illegible]	[illegible]	[illegible]。	[illegible]
tsji̱r^1	tjịj^2	ŋwu^2	rjur^1	dźiã^2	tśhju^1	·jij^1	tjịj^2	thjɨ^2
法	印	以	诸	情	有	之	印。	此
[illegible]	[illegible]	[illegible]	[illegible]	[illegible]	[illegible]	[illegible],	[illegible]	[illegible]
tsji̱r^1	tjịj^2	ŋwu^2	nja^1	tjịj^2	niọw^1	ku^1	źji^2	·a
法	印	以	△	印	为	则,	皆	阿

以此法印印诸众生。为此法印而印之者,

25.50.3

[illegible]	[illegible]	[illegible]	[illegible]	[illegible]	[illegible]	[illegible]	[illegible]	[illegible]
du̱^{2}	tow^1	lo^1	sã^1	mjiw^2	sã^1	po^1	tjɨj^1	ɣa^2
耨	多	罗	三	藐	三	菩	提	于
[illegible]	[illegible]	[illegible]	[illegible],	[illegible]	[illegible]	[illegible]	[illegible],	[illegible]
mjij^1	lhji̱^{1}	lhjwo^1	rjir^2	tha^1	tsji̱r^1	śjɨj^1	·jiw^2	lhejr^2
不	退	转	得,	佛	法	成	就,	道

皆于阿耨多罗三藐三菩提得不退转,成就佛法,速诣道

25.50.4

[illegible]	[illegible]	[illegible],	[illegible]	[illegible]	[illegible]	[illegible],	[illegible]	[illegible]

① [illegible],意思是"未来世",对译"末世"。

lhjo̱r1	·u2	śjɨ1	źji2	phju2	dźiej2	dej1	tha1	lu2
场	内	诣，	最	上	轮	转，	佛	种
[illegible]	[illegible]	[illegible]	[illegible]	[illegible]	[illegible]	[illegible]	[illegible]	[illegible]
tśiẹj2	twẹ1	ŋowr2	ŋowr2	sjij2	ljɨ̣2	śjij1	·wji1	no2
连	袭，	皆	皆	智	地	顺	为	安

场，转无上轮，绍隆佛种，随顺住于一切智地，

25.50.5

[illegible]，	[illegible]	[illegible]	[illegible]	[illegible]	[illegible]	[illegible]	[illegible]	[illegible]
dźji̱j1	źji2	phju2	tha2	pa2	djij2	phã1	bju1	pa2
住，	最	上	大	般	涅	槃	于	般
[illegible]	[illegible]	[illegible]，	[illegible]	[illegible]	[illegible]	[illegible]	[illegible]	[illegible]
djij2	phã1	·o2	rjur1	dzjwo2	mə1	·jij1	tśhja2	tsjɨ̱r1
涅	槃	入，	诸	人	天	之	正	法

能于无上大般涅槃①而般涅槃，令诸天人受持正法。

25.50.6

[illegible]②	[illegible]	[illegible]。	[illegible]	[illegible]	[illegible]	[illegible]	[illegible]，	[illegible]
ɣiwej1	njwi2	phji1	bju2	mjij1	zjɨr1	dźiã2	tsjij2	rjur1
持	能	令。	边	无	慧	情	悟，	诸
[illegible]	[illegible]	[illegible]	[illegible]	[illegible]	[illegible]	[illegible]	[illegible]	[illegible]
po1	tsa1	ma2	ŋạ2	tsa1	tjij1	thjɨ2	sju2	mjɨ1
菩	萨	摩	诃	萨	若	是	如	无

无边慧，诸菩萨摩诃萨若欲摄取如是无

25.51.1

[illegible]	[illegible]	[illegible]	[illegible]	[illegible]	[illegible]	[illegible]	[illegible]	[illegible]，
pjụ1	bu̱2	gjij1	tśhja2	·io̱w1	ɣjiw1	ɣiwej1	kiẹj2	ku1
量	胜	殊	德	功	摄	持	欲	则，

① 涅槃，又作泥曰、泥洹、泥畔、涅槃那等。旧译诸师，译为灭、灭度、寂灭、不生、无为、安乐、解脱等。新译曰波利匿缚喃，译为圆寂。

② 此字下疑脱“[illegible]”（受）字，“[illegible][illegible]”对译“受持”。

thjɨ²	na¹	tsji̱r¹	ɣa²	·jɨr²	dźjij¹	dzu¹	ŋwe¹	śja¹
此	深	法	于，	勤	精	爱	乐	绳

量殊胜功德，于此深法精勤爱乐

25.51.2

wja̱²	mjij¹	śjwo¹	lew²
放	不	起	应。

而无放逸。

汉文本

无边慧，若有众生为得无上佛之知见，于此三昧，若已求者、若当求者、若现求者，彼则能求一切法海圆满智慧。以是义故，我此法印付嘱于汝。汝于末世后五十岁正法灭时，以此法印印诸众生。为此法印而印之者，皆于阿耨多罗三藐三菩提得不退转，成就佛法，速诣道场，转无上轮，绍隆佛种，随顺住于一切智地，能于无上大般涅槃而般涅槃，令诸天人受持正法。无边慧，诸菩萨摩诃萨若欲摄取如是无量殊胜功德，于此深法精勤爱乐而无放逸。

25.51.3

nio̱w¹	tśjɨ¹	bju²	mjij¹	zjɨr¹	dźiã²	tsjij²,	ŋa²	njwo²
复	次	边	无	慧	情	悟，	我	昔
·wjɨ²	rar²	mjɨ¹	pju̱¹	·a	sẽ¹	khji¹	kja²	su¹
△	过	无	量	阿	僧	祇	劫	于

复次无边慧，我念往昔过大无量阿僧祇劫

25.51.4

ɣwə²	rjir²	nio̱w¹	thja¹	ŋewr²	su¹	dzjij¹	tśhjɨ¹	zjo̱²
前	前	复	彼	数	于	过，	尔	时

tha[1] gjɨ[2] rjur[1] kha[1] to[2] śja[2] mjịj[2] tja[1] sju[2]
佛 一 世 间 出 现, 名 者 须

复倍是数,尔时有佛出现世间,

25.51.5

[illegible]

mji[1] gjịj[1] dzjịj[1] bji[1] njij[2] mjor[1] ljịj[2] bju[1] ·wo[2]
弥 超 过 光 王 如 来、 应 供、

[illegible]

tśhja[2] njɨ[2] nwə[1] swew[1] dźjɨ ·ịọ[1] sə[1] new[2] bjịj[2]
正 遍 知、 明 行 圆 满、 善 逝、

号曰超过须弥光王如来、应供、正遍知、明行足、善逝、

25.51.6

[illegible]

rjur[1] kha[1] tsjịj[2] gor[1] kiej[2] ·jij[1] rjur[1] ·jar[2] źji[2]
世 间 解、 男 子 之 降 伏、 最

[illegible]

phju[2] mjịj[2] ŋwə[1] dzjwo[2] dzjịj[2] tha[1] rjur[1] pjụ[1] kja[2]
上 者、 天 人 师、 佛 世 尊, 劫

世间解、调御丈夫、无上士①、天人师、佛世尊,

25.52.1

[illegible]

mjịj[2] njwi[2] dźjịj[1] low[2] mjịj[2] njij[1] ·o[2] dzjɨj[1] thja[1]
名 善 住, 国 名 心 悦。 时 彼

[illegible]

kja[2] kha[1] dźiã[2] tśhju[1] zjọ[2] dźjo[1] tsew[2] lə[1] mjij[1]
劫 中, 情 有 寿 长 限 障 不

劫名善住,国名悦意。时彼劫中,众生寿命不可限量,

① 夏译本"无上士"与"调御丈夫"语序颠倒。

25.52.2

dju¹	wer¹	rjijr¹	śjij¹	ŋạ²	·ji¹	new̱²	tsji̱r¹	dźji̱j¹
有,	丰	良	盛	善,	众	善	法	住
ku¹	thjɨ²	nio̱w¹	thja²	kja²	njwi²	dźji̱j¹	mji̱j²	we²
则,	是	故	彼	劫	善	住	名	为。

安隐丰饶,住众善法,是故彼劫名为善住。

25.52.3

thja¹	tha¹	low²	·u²	·wạ²	zjij¹	lju̱²	tshjij²	rjur¹
彼	佛	国	内	广	博	庄	严,	诸
lju̱²	thjo̱¹	rejr²	ljij²	tja¹	nji̱j¹	ljɨ̱j²	nji̱j¹	·o²
美	妙	多,	见	者	心	欢	心	悦,

彼佛国界广博严饰,多诸美妙,见者和乐悦意,

25.52.4

śja¹	ŋạ²	rjur¹	rjur¹	me̱¹	ku¹	thjɨ²	nio̱w¹	thja²
香	美	诸	诸	熏	则,	是	故	彼
low²	mji̱j²	nji̱j¹	·o²	mji̱j²	we²	dzjɨj¹	ljɨ̱r¹	mja¹
国	名	心	悦	名	为。	时	四	河

名香周流普遍,是故彼国名为悦意。时四洲

25.52.5

·io̱¹	kha¹	so̱¹	mja¹	·io̱¹	tsew²	ka¹	twụ¹	·jar¹
洲	中,	三	河	洲	量	等	处	八

khjɨ^2	·jiw^1	sjwɨ^1	rjar^1	gji^2	ljɨ^1	ljɨ^1	mja^1	·io̱^{1}
万	由	旬	远	各。	一	一	河	洲

中,三洲等量八万由旬。一一洲

25.52.6

·u^2	twu̱^{1}	njɨ̱^{1}	khjɨ^2	we^2	wjij^2	ljɨ^1	ljɨ^1	we^2
内	处	二	万	城	有,	一	一	城
tsew^2	twu̱^{1}	ɣa̱^{2}	·jiw^1	tsew^2	rjar^1	gji^2	lew^1	·jã^1
量	处	十	由	旬	远	各。	唯	阎

中有二万城,一一城量各十由旬。唯有阎

25.53.1

xu^1	thji^1	·a	mja^1	·io̱^{1}	tsew^2	kju^1	tśji^2	·jiw^1
浮	提	一	河	洲	量	俱	胝	由
sjwɨ^1	rjar^1	·jar^1	khjɨ^2	we^2	wjij^2	ljɨ^1	ljɨ^1	we^2
旬	远,	八	万	城	有。	一	一	城

浮提①一洲,广量俱胝由旬,有八万城。一一城

25.53.2

tsew^2	twu̱^{1}	njɨ̱^{1}	ɣa̱^{2}	·jiw^1	sjwɨ^1	rjar^1	gji^2	du^1
量	处	二	十	由	旬	远	各,	楼
rjɨj^2	dzjwɨ̱	la^2 ②	we^2	dzjwɨ^1	ɣu^1	mjɨ̱j^1	mə^2	mə^2

① 阎浮提,简称“阎浮”,梵文 Jambudvīpa,旧称“阎浮提”“琰浮洲”“阎浮提鞞波”。新称“赡部洲”。当须弥山之南方大洲名,即吾人之住处。此洲之中心,有阎浮树之林,故以为洲名。《智度论》三十五曰:“如阎浮提者,阎浮树名,其林茂盛,此树于林中最大,提名为洲。”

② [illegible],字面义为“巫户”,对译汉文本“表刹”,塔上高表出之幢竿曰表刹。

阁	巫	户，	城	墙	首	尾，	种	种

量二十由旬，重楼表刹，垣墙周匝，种种

25.53.3

[西夏字]	[西夏字]、	[西夏字]	[西夏字]	[西夏字]	[西夏字]、	[西夏字]	[西夏字]	[西夏字]
lhwu^{1}	phu^{2}	mə^{2}	mə^{2}	wjị^{1}	phu^{2}	rjur^{1}	dza^{1}	wjạ^{1}
衣	树、	种	种	味	树、	诸	杂	华
[西夏字]、	[西夏字]	[西夏字]	[西夏字]	[西夏字]	[西夏字]	[西夏字]	[西夏字]	[西夏字]。
phu^{2}	ljɨ̣^{1}	tow^{1}	lo^{1}	phu^{2}	lju̠^{2}	tshjij^{2}	tjạ^{1}	wer^{1}
树、	宝	多	罗	树	庄	严	饰	饰。

衣树、种种味树、诸杂华树、宝多罗树而庄严之。

25.53.4

[西夏字]	[西夏字]	[西夏字]	[西夏字]，	[西夏字]	[西夏字]	[西夏字]	[西夏字]。	[西夏字]
lhjij	·iọ^{1}	no^{2}	nej^{2}	sjij^{2}	·ju^{2}	nja^{1}	swu^{2}	thja^{1}
国	界	安	乐，	百	姓	△	满。	其
[西夏字]	[西夏字]	[西夏字]	[西夏字]	[西夏字]	[西夏字]	[西夏字]	[西夏字]	[西夏字]
kha^{1}	we^{2}	tha^{2}	gjɨ^{2}	wjij^{2}	·iọ^{1}	·jir^{2}	·jiw^{1}	sjwɨ^{1}
中	城	大	一	有	周	百	由	旬

国界安乐，人民充满。其中复有最大都城周百由旬，

25.53.5

[西夏字]，	[西夏字]	[西夏字]	[西夏字]	[西夏字]	[西夏字]	[西夏字]	[西夏字]	[西夏字]。
rjar^{1}	njɨ̣^{1}	khjɨ^{2}	·iọ^{2}	bo^{1}	ɣu^{1}	mjij^{1}	·wiọ^{1}	tśjɨ̣^{1}
远，	二	万	园	苑	首	尾	围	绕。
[西夏字]	[西夏字]	[西夏字]	[西夏字]，	[西夏字]	[西夏字]	[西夏字]	[西夏字]，	[西夏字]
rjur^{1}	·iọ^{2}	bo^{1}	·u^{2}	gji^{1}	sej^{1}	zjɨr^{2}	dźjij^{1}	rjur^{1}
诸	园	林	中，	清	净	水	纯，	处

二万园苑而围绕之。诸园苑中，澄潭溯流，处

25.53.6

[西夏字]	[西夏字]	[西夏字]，	[西夏字]	[西夏字]	[西夏字]	[西夏字]，	[西夏字]	[西夏字]

rjur^{1}	lju^{1}	rar^{2}	thjo̱^{1}	wja̱^{1}	mja̱^{2}	ljɨ̣j^{2}	ljɨ^{1}	ljɨ^{1}
处	流	过，	妙	华	实	甘，	一	一
[illegible]	[illegible]，	[illegible]	[illegible]	[illegible]	[illegible]，	[illegible]	[illegible]	[illegible]
wejr^{1}	njwɨ^{1}	śja^{1}	ŋạ^{2}	me̱^{1}	lew^{2}	dwewr^{2}	tja^{1}	njij^{1}
荣	茂，	香	美	熏	郁，	闻	者	心

处盈注，华蕊甘实，一一荣茂，名香普熏、闻者欣

25.54.1

[illegible]，	[illegible]	[illegible]	[illegible]	[illegible]，	[illegible]	[illegible]	[illegible]	[illegible]。
ljɨ̣j^{2}	ljwɨ̣^{1}	dźjwow^{1}	bji^{2}	bji^{2}	ɣiẹ^{2}	mə^{2}	njwɨ^{1}	śjwi̱^{2}
欢，	兽	鸟	和	鸣，	声	音	善	和。
[illegible]	[illegible]	[illegible]	[illegible]	[illegible]	[illegible]	[illegible]	[illegible]	[illegible]
tśhjɨ^{1}	zjọ^{2}	thja^{1}	tha^{1}	lew^{1}	·iọ^{2}	kha^{1}	dźjij^{1}	·ji^{1}
尔	时	彼	佛	一	园	中	住	众

悦，鸟兽和鸣，其声雅亮。尔时彼佛住一园中为众

25.54.2

[illegible]	[illegible]	[illegible]。	[illegible]	[illegible]	[illegible]	[illegible]	[illegible]，	[illegible]
·jij^{1}	tsji̱r^{1}	tshjij^{1}	bju^{2}	mjij^{1}	zjɨr^{1}	dźiã^{2}	tsjij^{2}	sju^{2}
之	法	说。	边	无	慧	情	悟，	须
[illegible]	[illegible]	[illegible]	[illegible]	[illegible]	[illegible]	[illegible]	[illegible]	[illegible]
mji^{1}	gjij^{1}	dzjij^{1}	bji^{1}	njij^{2}	mjor^{1}	ljij^{2}	·jij^{1}	zjọ^{2}
弥	超	过	光	王	如	来	之	寿

说法。无边慧，超过须弥光王如来寿

25.54.3

[illegible]	[illegible]	[illegible]	[illegible]，	[illegible]	[illegible]	[illegible]	[illegible]，	[illegible]
tsew^{2}	ɣạ^{2}	kja^{2}	tsəj^{1}	gju^{1}	dzjar^{2}	nio̱w^{1}	rjijr^{2}	tśhja^{2}
限	十	劫	小，	度	灭	后	方，	正
[illegible]	[illegible]	[illegible]	[illegible]	[illegible]	[illegible]	[illegible]。	[illegible]	[illegible]
tsji̱r^{1}	rjur^{1}	kha^{1}	·a	kja^{2}	tsəj^{1}	dźjij^{1}	dzjɨj^{1}	thja^{1}
法	世	间	一	劫	小	住。	时	彼

十小劫,灭度之后,正法住世满一小劫。时彼

25.54.4

[illegible]	[illegible]	[illegible]	[illegible]	[illegible]	[illegible]。	[illegible]	[illegible]	[illegible]
mjor1	ljij2	ljɨ̱r1	ljwu2	tsji̱r1	tshjij1	ljɨ1	ljɨ1	tsji̱r1
如	来	四	会	法	说。	一	一	法
[illegible]	[illegible],	[illegible]	[illegible]	[illegible]	[illegible]	[illegible]	[illegible]	[illegible]
ljwu2	kha1	ɣiew1	ljɨ̣2	dźjij1	mjij2	rjur1	ɣię2	mji1
会	间,	学	地	住	者	诸	声	闻

如来四会说法。一一法会,诸声闻众住学地者,

25.54.5

[illegible],	[illegible]	[illegible]	[illegible]	[illegible]	[illegible]	[illegible]	[illegible]	[illegible]。
·ji1	twụ1	ŋwə1	·jir2	kju1	tśji2	no1	·jiw1	thow1
众,	各	五	百	俱	胝	那	由	他。
[illegible]	[illegible]	[illegible]	[illegible]	[illegible]	[illegible]	[illegible]	[illegible],	[illegible]
rjur1	·a	lo1	xã1	nio̱w1	dźiã2	tsjij2	·ji1	twụ1
诸	阿	罗	汉	及	情	悟	众,	各

各有五百俱胝那由他。诸阿罗汉及菩萨众,各

25.54.6

[illegible]	[illegible]	[illegible]	[illegible]	[illegible]	[illegible]	[illegible]。	[illegible]	[illegible]	[illegible]
ŋwə1	ɣạ2	kju1	tśji2	no1	·jiw1	thow1	dzjɨj1	thja1	mjor1
五	十	俱	胝	那	由	他。	时	彼	如
[illegible]	[illegible]	[illegible]	[illegible]	[illegible],	[illegible]	[illegible]	[illegible]	[illegible]	
ljij2	njɨ̱1	dźiã2	tsjij2	dźjij2	lew1	mjij2	kjir1	·jiw2	
来	二	情	悟	有,	一	名	猛	勇	

有五十俱胝那由他。时彼如来有二菩萨,一名勇猛

25.55.1

[illegible],	[illegible]	[illegible]	[illegible]	[illegible]	[illegible]。	[illegible]	[illegible]	[illegible]
gja1	njɨ̱1	mjij2	kjir1	·jiw2	ɣie1	thja1	njɨ̱1	dźiã2

军,	二	名	猛	勇	力。	是	二	情
[illegible]	[illegible]	[illegible]	[illegible]	[illegible],	[illegible]	[illegible]	[illegible]	[illegible],
tsjij²	me̱²	mji̱j²	ŋowr²	lhə	to²	mjij¹	ze̱w²	rjir²
悟	神	通	具	足,	生	无	忍	得,

军,二名勇猛力。是二菩萨具足神通,得无生忍,

25.55.2

[illegible]	[illegible]	[illegible]	[illegible]:	[illegible]	[illegible],	[illegible]	[illegible]	[illegible]
tha¹	·jij¹	da̱²	·jɨ¹	rjur¹	pjṳ¹	wa²	sju²	tsji̱r¹
佛	之	言	谓:	世	尊,	何	如	法
[illegible]	[illegible]	[illegible]	[illegible]	[illegible]	[illegible]	[illegible]	[illegible]	[illegible]
ŋwu²	po¹	tsa¹	ma²	ŋa̱²	tsa¹	·jij¹	rjur¹	tsji̱r¹
以	菩	萨	摩	诃	萨	之	诸	法

前白佛言:世尊,以何等法成就菩萨摩诃萨

25.55.3

[illegible]	[illegible]	[illegible]	[illegible]	[illegible]	[illegible]	[illegible]	[illegible]	[illegible]?
ŋowr²	ŋowr²	ŋjow²	tjɨj²	sã¹	mej²	śjɨj¹	·jiw²	ljɨ¹
皆	皆	海	印	三	昧	成	就	耶?
[illegible]	[illegible]	[illegible]	[illegible],	[illegible]	[illegible]	[illegible]	[illegible]	[illegible]
dzjɨj¹	thja¹	mjor¹	ljij²	thjɨ²	gjwi²	ɣa¹	ŋwu²	·wa̱²
时	彼	如	来,	是	句	门	以	广

一切诸法海印三昧?时彼如来,以此句门广

25.55.4

[illegible]	[illegible]	[illegible]。	[illegible]	[illegible]	[illegible]	[illegible],	[illegible]	[illegible]
phie²	tshjij¹	·wji¹	thjɨ²	tsji̱r¹	tshjij¹	zjo̱²	ɣa̱²	tṳ¹
宣	说	为。	此	法	说	时,	十	千
[illegible]	[illegible]	[illegible]	[illegible]	[illegible]	[illegible]。	[illegible]	[illegible]	[illegible]
dźiã²	tsjij²	to²	mjij¹	ze̱w²	rjir²	thja¹	nji̱¹	dźiã²
情	悟	生	无	忍	得。	是	二	情

为宣说。说此法时,十千菩萨得无生忍。是二菩

25.55.5

[illegible]	[illegible]	[illegible]	[illegible]	[illegible]	[illegible]	[illegible]	[illegible],	[illegible]
tsjij^{2}	tsji̱r^{1}	ŋowr^{2}	ŋowr^{2}	ŋjow^{2}	tjɨj^{2}	sã^{1}	mej^{2}	nio̱w^{1}
悟	法	皆	皆	海	印	三	昧,	及
[illegible]	[illegible]	[illegible]	[illegible]	[illegible]	[illegible]	[illegible]	[illegible]。	[illegible]
dźiã^{2}	tsjij^{2}	·jij^{1}	sã^{1}	mej^{2}	ŋowr^{2}	ŋowr^{2}	ljạ^{1}	rjur^{1}
情	悟	之	三	昧	皆	皆	证。	诸

萨证一切法海印三昧,及证菩萨一切三昧。

25.55.6

[illegible]	[illegible]	[illegible]	[illegible]	[illegible],	[illegible]	[illegible]	[illegible]	[illegible]
tsji̱r^{1}	ŋjow^{2}	tjɨj^{2}	sã^{1}	mej^{2}	nio̱w^{1}	dźiã^{2}	tsjij^{2}	·jij^{1}
法	海	印	三	昧,	及	情	悟	之
[illegible]	[illegible]	[illegible]	[illegible]	[illegible]	[illegible],	[illegible]	[illegible]	[illegible]
rjur^{1}	sã^{1}	mej^{2}	ljạ^{1}	nio̱w^{1}	ku^{1}	tha^{1}	lhji̱j	ŋowr^{2}
诸	三	昧	证	故	则,	佛	刹	皆

以证诸法海印三昧,及证菩萨诸三昧故,能于一切佛刹土

25.56.1

[illegible]	[illegible],	[illegible]	[illegible]	[illegible]	[illegible],	[illegible]	[illegible]	[illegible]
ŋowr^{2}	·u^{2}	tha^{2}	me̱^{2}	wjɨ^{1}	śja^{2}	tha^{2}	bji^{1}	swew^{1}
皆	中,	大	神	变	现,	大	光	明
[illegible],	[illegible]	[illegible]	[illegible]	[illegible],	[illegible]	[illegible]	[illegible]	[illegible]
wjạ^{2}	thjo̱^{1}	xiwã^{1}	ɣiẹ^{2}	to^{2}	rjur^{1}	dźiã^{2}	tśhju^{1}	·jij^{1}
放,	妙	梵	音	出,	诸	情	有	之

中,现大神变,放大光明,出妙梵音,为诸众生

25.56.2

[illegible]	[illegible]	[illegible]	[illegible],	[illegible]	[illegible]	[illegible]	[illegible]	[illegible]
tśhja^{2}	tsji̱r^{1}	nẹ^{1}	tshji̱j^{1}	nio̱w^{1}	·jar^{1}	kju^{1}	tśji^{2}	dzjwo^{2}
正	法	演	说,	复	八	俱	胝	人

[illegible]	[illegible]	[illegible]，	[illegible]	[illegible]	[illegible]	[illegible]	[illegible]	[illegible]
·jij^{1}	śjɨj^{1}	·jiw^{2}	·a	du̱^{2}	tow^{1}	lo^{1}	sã^{1}	mjiw^{2}
之	成	就，	阿	耨	多	罗	三	藐

演说正法，而能成熟八俱胝人趣于阿耨多罗三藐

25.56.3

[illegible]	[illegible]	[illegible]	[illegible]	[illegible]	[illegible]。	[illegible]	[illegible]	[illegible]
sã^{1}	po^{1}	tjɨj^{1}	rjijr^{2}	tshwew^{1}	phji^{1}	dzjɨj^{1}	thja^{1}	mjor^{1}
三	菩	提	△	趣	令。	时	彼	如
[illegible]	[illegible]	[illegible]	[illegible]	[illegible]：	[illegible]	[illegible]	[illegible]	[illegible]，
ljịj^{2}	tśhjɨ^{2}	rjar^{2}	kjɨ^{1}	la^{1}	·jir^{2}	kja^{2}	nio̱w^{1}	rjijr^{2}
来	迅	急	△	记：	百	劫	后	方，

三菩提。时彼如来即为授记：过一百劫，

25.56.4

[illegible]	[illegible]	[illegible]	[illegible]	[illegible]	[illegible]	[illegible]	[illegible]	[illegible]
źji^{2}	·a	du̱^{2}	tow^{1}	lo^{1}	sã^{1}	mjiw^{2}	sã^{1}	po^{1}
皆	阿	耨	多	罗	三	藐	三	菩
[illegible]	[illegible]	[illegible]。	[illegible]	[illegible]	[illegible]	[illegible]	[illegible]，	[illegible]
tjɨj^{1}	lja̱^{1}	lew^{2}	thja^{2}	·jir^{2}	kja^{2}	·io̱^{1}	·u^{2}	ljɨ^{1}
提	证	当。	彼	百	劫	界	中，	一

皆当证于阿耨多罗三藐三菩提。百劫之中，于一

25.56.5

[illegible]	[illegible]	[illegible]	[illegible]	[illegible]	[illegible]	[illegible]	[illegible]	[illegible]
ljɨ^{1}	kja^{2}	kha^{1}	ŋwə^{1}	·jir^{2}	mjor^{1}	ljịj^{2}	·jij^{1}	kju̱^{1}
一	劫	中	五	百	如	来	之	供
[illegible]	[illegible]	[illegible]。	[illegible]	[illegible]	[illegible]	[illegible]	[illegible]	[illegible]
tshwew^{1}	tshji^{2}	ljij^{1}	thja^{1}	mjor^{1}	ljịj^{2}	·jij^{1}	gu^{2}	dzjɨj^{1}
养	事	奉。	彼	如	来	△	中	时

一劫供养承事五百如来。于彼如来中时

25.56.6

[illegible]	[illegible]、	[illegible]	[illegible]	[illegible]	[illegible]	[illegible]	[illegible]	[illegible]
tśhja^{2}	tsji̱r^{1}	mji̱j^{2}	dzjɨj^{1}	tśhja^{2}	tsji̱r^{1}	źji^{2}	ɣiwej^{1}	·jij^{1}
正	法、	后	时	正	法	皆	持	受
[illegible],	[illegible]	[illegible]	[illegible]	[illegible]	[illegible]	[illegible]	[illegible]	[illegible]。
njwi^{2}	rjur^{1}	dźiã^{2}	tśhju^{1}	·jij^{1}	tha^{2}	mji̱^{2}	ɣie^{2}	·wji^{1}
能,	诸	情	有	之	大	饶	益	为。

正法、后时正法悉能受持,为诸众生作大饶益。

25.57.1

[illegible]	[illegible]	[illegible]	[illegible]	[illegible]	[illegible]	[illegible]	[illegible],	[illegible]	[illegible]
ljɨ^{1}	ljɨ^{1}	kja^{2}	kha^{1}	·a	nji̱j^{1}	mjij^{1}	ŋewr^{1}	ljɨ^{1}	ljɨ^{1}
一	一	劫	中	一	心	不	乱,	一	一
[illegible]	[illegible]	[illegible]	[illegible]	[illegible]	[illegible],	[illegible]	[illegible]	[illegible]	
to^{2}	tjị^{2}	źji^{2}	dji̱^{2}	to^{2}	lhjij^{2}	ljɨ^{1}	ljɨ^{1}	to^{2}	
生	处	皆	化	生	受,	一	一	生	

一一劫中一心不乱,一一生处皆受化生,一一生

25.57.2

[illegible]	[illegible]	[illegible]	[illegible]	[illegible]	[illegible]	[illegible],	[illegible]	[illegible]
kha^{1}	sã^{1}	mej^{2}	me̱^{2}	·wjɨ^{1}	mjij^{1}	lhji̱^{1}	tsji̱r^{1}	tshji̱j^{1}
中	三	昧	神	变	不	退,	法	说
[illegible]	[illegible]	[illegible]	[illegible]	[illegible]	[illegible]。	[illegible]	[illegible]	[illegible]
ŋwu^{2}	rjur^{1}	dźiã^{2}	tśhju^{1}	·jij^{1}	gju^{1}	·jir^{2}	kja^{2}	zar^{2}
以	诸	情	有	之	度。	百	劫	经

中不退三昧,神变,说法度诸众生。过百劫

25.57.3

[illegible]	[illegible],	[illegible]	[illegible]	[illegible]	[illegible]	[illegible]	[illegible]	[illegible]
nio̱w^{1}	rjijr^{2}	mjɨ^{1}	pju̱^{1}	tśhja^{2}	·io̱w^{1}	mjor^{1}	lji̱j^{2}	rjir^{2}
后	方,	无	量	德	功	如	来	与

[illegible]，	[illegible]	[illegible]	[illegible]	[illegible]，	[illegible]	[illegible]	[illegible]	[illegible]
ber^{2}	kjụ^{1}	tshwew^{1}	?	njij^{1}	mjɨ^{1}	pjụ^{1}	sã^{1}	mej^{2}
遇，	供	养	亲	近，	无	量	三	昧

已，复值无边功德如来，供养亲近，

25.57.4

[illegible]	[illegible]	[illegible]	[illegible]	[illegible]	[illegible]	[illegible]。	[illegible]	[illegible]
me̱^{2}	mjij^{2}	bie^{2}	lhew^{2}	khe̱j^{1}	·u^{2}	njwi^{2}	thja^{1}	njɨ̱^{1}
神	通	解	脱	游	戏	能。	是	二
[illegible]	[illegible]	[illegible]	[illegible]	[illegible]，	[illegible]	[illegible]	[illegible]	[illegible]，
dźiã^{2}	tsjij^{2}	thja^{2}	tha^{1}	do^{2}	lew^{1}	mjij^{2}	sjwɨ^{1}	ka^{2}
情	悟	彼	佛	所，	一	名	忧	离，

善能游戏无量三昧神变解脱。是二菩萨于彼佛所，一名离忧，

25.57.5

[illegible]	[illegible]	[illegible]	[illegible]，	[illegible]	[illegible]	[illegible]	[illegible]①	[illegible]
njɨ̱^{1}	mjij^{2}	njwi^{2}	dźjij^{1}	thja^{1}	mjor^{1}	ljij^{2}	pha^{1}	tśhja^{2}
二	名	善	住，	彼	如	来	别	正
[illegible]	[illegible]	[illegible]，	[illegible]	[illegible]	[illegible]	[illegible]	[illegible]	[illegible]
tsjir^{1}	dźiej^{2}	de̱j^{1}	mjɨ^{1}	pjụ^{1}	ŋewr^{2}	mjij^{1}	dźiã^{2}	tśhju^{1}
法	轮	转，	无	量	数	无	情	有

二名善住，能随如来转于法轮，教化无量无数众生

25.57.6

[illegible]	[illegible]	[illegible]	[illegible]	[illegible]	[illegible]	[illegible]	[illegible]	[illegible]。
·jij^{1}	dzju^{1}	dzjɨ̱^{2}	so̱^{1}	·ụ^{2}	dźjij^{1}	phji^{1}	njwi^{2}	·jɨ^{2}
之	教	化	三	乘	住	令	能	谓。
[illegible]	[illegible]	[illegible]	[illegible]	[illegible]	[illegible]	[illegible]	[illegible]：	[illegible]
dzjɨj^{1}	thja^{1}	mjor^{1}	ljij^{2}	·jɨ̱^{2}	nio̱w^{1}	kjɨ^{1}	la^{1}	ŋa^{2}
时	彼	如	来	复	又	△	记：	我

① [illegible]（别），“[illegible]”（随）字之形误。

令住三乘。时彼如来复为授记:我

25.58.1

[illegible]	[illegible]	[illegible]	[illegible],	[illegible]	[illegible]	[illegible]	[illegible]	[illegible]
gju^{1}	dzjar^{2}	nio̱w^{1}	rjijr^{2}	thja^{1}	sjwɨ^{1}	ka^{2}	dźiã^{2}	tsjij^{2}
度	灭	后	方,	彼	忧	离	情	悟
[illegible]	[illegible]①	[illegible]	[illegible]	[illegible]	[illegible]	[illegible]	[illegible]	[illegible]
·a	du̱^{2}	lo^{1}	sã^{1}	mjiw^{2}	sã^{1}	po^{1}	tjɨj^{1}	lja̱^{1}
阿	耨	罗	三	藐	三	菩	提	证

灭度后,离忧当证阿耨多罗三藐三菩提,

25.58.2

[illegible],	[illegible]	[illegible]	[illegible]	[illegible]	[illegible]	[illegible]	[illegible]	[illegible]。
lew^{2}	mji̱j^{2}	tja^{1}	bju^{2}	mjij^{1}	nwə	ŋwo^{2}	mjor^{1}	lji̱j^{2}
当,	名	者	边	无	辩	才	如	来。
[illegible]	[illegible]	[illegible]	[illegible]	[illegible]	[illegible],	[illegible]	[illegible]	[illegible]
thja^{2}	tha^{1}	gju^{1}	dzjar^{2}	nio̱w^{1}	rjijr^{2}	njwi^{2}	dźji̱j^{1}	dźiã^{2}
彼	佛	度	灭	后	方,	善	住	情

号曰无边辩才如来。灭度之后,善住

25.58.3

[illegible]	[illegible]	[illegible]	[illegible]	[illegible]	[illegible]	[illegible]	[illegible]	[illegible]
tsjij^{2}	tśjɨ̱^{1}	·a	du̱^{2}	tow^{1}	lo^{1}	sã^{1}	mjiw^{2}	sã^{1}
悟	续	阿	耨	多	罗	三	藐	三
[illegible]	[illegible]	[illegible]	[illegible],	[illegible]	[illegible]	[illegible]	[illegible]	[illegible]
po^{1}	tjɨj^{1}	lja̱^{1}	lew^{2}	mji̱j^{2}	tja^{1}	źji^{2}	bu̱^{2}	bji^{1}
菩	提	证	当,	名	者	最	胜	光

当证阿耨多罗三藐三菩提,号曰最胜光

25.58.4

[illegible]	[illegible]	[illegible]。	[illegible]	[illegible]	[illegible]	[illegible]	[illegible]	[illegible]

① 此字下脱"多"的译音字"[illegible]"。

swew^1	mjor^1	ljij^2	thja^2	njɨ^1	mjor^1	ljij^2	·jij^1	zjọ^2
明	如	来。	彼	二	如	来	之	寿
[illegible]	[illegible]	[illegible]	[illegible]	[illegible]，	[illegible]	[illegible]	[illegible]	[illegible]
tsew^2	gu^2	·a	kja^2	zar^2	lhjịj	·iọ^1	·u^2	mjɨ^1
限	共	一	劫	过，	刹	境	中	无

明如来。共寿一劫,刹土积集无

25.58.5

[illegible]	[illegible]	[illegible]	[illegible]	[illegible]。	[illegible]	[illegible]	[illegible]	[illegible]，
pjụ^1	tśhja^2	·io̱w^1	tśiow^1	dzjị^2	thja^2	njɨ^1	dźiã^2	tsjij^2
量	德	功	积	集。	是	二	情	悟，
[illegible]	[illegible]	[illegible]	[illegible]	[illegible]	[illegible]	[illegible]	[illegible]，	[illegible]
mjor^1	ljij^2	·ju^2	rjir^2	la^1	ɣiwej^1	rjir^2	nio̱w^1	tśjɨ^1
如	来	前	前	记	持	得	后，	次

量功德。是二菩萨,于如来前受斯决已,

25.58.6

[illegible]	[illegible]	[illegible]	[illegible]	[illegible]	[illegible]	[illegible]	[illegible]	[illegible]
bju^1	·a	du̱^{2}	tow^1	lo^1	sã^1	mjiw^2	sã^1	po^1
依	阿	耨	多	罗	三	藐	三	菩
[illegible]	[illegible]	[illegible]	[illegible]。	[illegible]	[illegible]	[illegible]	[illegible]	[illegible]，
tjɨj^1	ljạ^1	lew^2	·jɨ^2	bju^2	mjij^1	zjɨr^1	dźiã^2	tsjij^2
提	证	当	谓。	边	无	慧	情	悟，

次第证于阿耨多罗三藐三菩提。无边慧,

25.59.1

[illegible]	[illegible]	[illegible]	[illegible]	[illegible]	[illegible]	[illegible]	[illegible]	[illegible]
tjij^1	rjur^1	po^1	tsa^1	ma^2	ŋạ^2	tsa^1	tsjịr^1	ŋowr^2
若	诸	菩	萨	摩	诃	萨	法	皆
[illegible]	[illegible]	[illegible]	[illegible]	[illegible]	[illegible]，	[illegible]	[illegible]	[illegible]、
ŋowr^2	ŋjow^2	tjɨj^2	sã^1	mej^2	nio̱w^1	dzu^1	ŋwe^1	njịj^1
皆	海	印	三	昧	为，	爱	乐	心、

若诸菩萨摩诃萨为一切法海印三昧,应生爱乐,

25.59.2

[illegible]								
tha^{2}	khu^{1}	dźjij^{1}	śjwo^{1}	ljụ^{2}	kạ^{1}	mjij^{1}	wier^{1}	mjij^{1}
大	进	精	起,	身	命	不	惜,	不
[illegible]								
śja^{1}	wją^{2}	ŋwu^{2}	·jɨr^{2}	djọ^{2}	dźjij^{1}	lew^{2}	dzjɨj^{1}	thja^{2}
绳	放	以	勤	修	行	应。	时	彼

起大精进,不惜身命,以不放逸而修行之。时彼

25.59.3

[illegible]								
·ji^{1}	kha^{1}	po^{1}	tsa^{1}	ma^{2}	ŋạ^{2}	tsa^{1}	gjɨ̣^{2}	mjij^{2}
众	中,	菩	萨	摩	诃	萨	一,	名
[illegible]								
tja^{1}	zjɨ̱r^{1}	·wo^{2}	dzu̱^{2}	tjị^{2}	·a	wor^{1}	tha^{1}	·jij^{1}
者	慧	义,	坐	处	△	起,	佛	之

众中,复有菩萨摩诃萨,名曰慧义,即从坐起,

25.59.4

[illegible]								
dạ^{2}	·jɨ^{1}	zjɨ̱r^{1}	dju^{1}	rjur^{1}	pjụ^{1}	rjur^{1}	po^{1}	tsa^{1}
言	谓:	稀	有	世	尊,	诸	菩	萨
[illegible]								
ma^{2}	ŋạ^{2}	tsa^{1}	·jij^{1}	tsji̱r^{1}	ŋowr^{2}	ŋowr^{2}	sjịj^{2}	ne̱w^{2}
摩	诃	萨	之	法	皆	皆	智	善

前白佛言:希有世尊,乃能为诸菩萨摩诃萨得一切法智善

25.59.5

[illegible]								
ɣjɨr^{1}	nio̱w^{1}	mjor^{1}	ljij^{2}	ŋowr^{2}	ŋowr^{2}	sjịj^{2}	rjir^{2}	phji^{1}

巧，	及	如	来	皆	皆	智	得	令
[illegible]	[illegible]，	[illegible]	[illegible]	[illegible]	[illegible]	[illegible]	[illegible]	[illegible]
kiẹj^2	nio̱w^1	tsji̱r^1	ŋowr^2	ŋowr^2	ŋjow^2	tjɨ̱j^2	sã^1	mej^2
欲	故，	法	皆	皆	海	印	三	昧

巧故，及得如来一切智故，说一切法海印三昧。

25.59.6

[illegible]	[illegible]	[illegible]	[illegible]	[illegible]。	[illegible]①，	[illegible]	[illegible]	[illegible]
tshjij^1	njwi^2	nja^2	·jɨ^2	lew^2	pjụ^1	tjij^1	rjur^1	tsji̱r^1
说	能	汝	谓	应。	尊，	若	诸	法
[illegible]	[illegible]	[illegible]	[illegible]	[illegible]	[illegible]，	[illegible]	[illegible]	[illegible]
ŋjow^2	tjɨ̱j^2	sã^1	mej^2	rjir^2	ku^1	kjɨ^1	djɨ̱j^1	rjur^1
海	印	三	昧	得	则，	△	定	诸

世尊，若得诸法海印三昧，决定当得诸

25.60.1

[illegible]	[illegible]	[illegible]	[illegible]	[illegible]	[illegible]	[illegible]	[illegible]，	[illegible]	[illegible]
tsji̱r^1	·wo^2	tshwew^1	ne̱w^2	ɣjɨr^1	tśier^1	·ju^2	rjir^2	lhejr^2	lhjo̱r^1
法	理	趣	善	巧	利	寻	得，	道	场
[illegible]	[illegible]，	[illegible]	[illegible]	[illegible]	[illegible]	[illegible]	[illegible]	[illegible]	
·u^2	śjɨ^1	thjɨ^2	bju^2	mjij^1	tśhja^2	·io̱w^1	tha^2	ŋjow^2	
内	诣，	此	边	无	德	功	大	海	

法理趣善巧方便，速诣道场，以此无边功德大海，

25.60.2

[illegible]，	[illegible]	[illegible]	[illegible]	[illegible]	[illegible]	[illegible]	[illegible]	[illegible]
bju^1	·a	du̱^{2}	tow^1	lo^1	sã^1	mjiw^2	sã^1	po^1
依，	阿	耨	多	罗	三	藐	三	菩
[illegible]	[illegible]	[illegible]	[illegible]，	[illegible]	[illegible]	[illegible]	[illegible]，	[illegible]
tjɨj^1	rjijr^2	śjwo^1	tshwew^1	·ju^2	rjur^1	tha^1	ljij^2	tśhja^2

① 此字上脱“[illegible]”（世）字。

提 方 发 趣， 常 诸 佛 见， 正

而发趣于阿耨多罗三藐三菩提，常见诸佛，

25.60.3

tsji̱r^{1} ·jɨr^{2} djo̱^{2} sẽ^{1} rjir^{2} dźjɨ thwu̱^{1} thja^{2} mjor^{1}

法 勤 修， 僧 与 行 同， 彼 如

ljịj^{2} ·jij^{1} źji^{2} phju^{2} kju̱^{1} tshwew^{1} lhjịj^{2} ·wo^{2} ɣie̱^{2}

来 之 最 上 供 养 受 当， 声

勤修正法，与僧同行，能消如来最上之供，

25.60.4

mji^{1} tjịj^{1} dwewr^{2} ljɨ̣^{2} gjịj^{1} dzjịj^{1} ljɨ^{1}

闻、 独 觉 地 超 过 也。

超过声闻、缘觉①之地。

25.60.5

tśhjɨ^{1} zjo̱^{2} rjur^{1} pju̱^{1} zjɨr^{1} ·wo^{2} po^{1} tsa^{1} ma^{2}

尔 时 世 尊 慧 义 菩 萨 摩

ŋa̱^{2} tsa^{1} ·jij^{1} da̱^{2} ·jɨ^{1} thjɨ^{2} sju^{2} thjɨ^{2} sju^{2}

诃 萨 之 言 谓： 是 如， 是 如，

尔时世尊告慧义菩萨摩诃萨言：如是，如是，

25.60.6

da̱^{2} mjor^{1} ŋwu^{2} nja^{2} zjɨr^{1} ·wo^{2} dźiã^{2} tsjij^{2} rjur^{1}

① 缘觉，此为旧译，新译曰独觉，西夏译文与新译一致。

言	实	也	汝。	慧	义	情	悟，	诸
[illegible]	[illegible]	[illegible]	[illegible]	[illegible]	[illegible]	[illegible]	[illegible]	[illegible]
po^{1}	tsa^{1}	ma^{2}	ŋa̱^{2}	tsa^{1}	tsji̱r^{1}	ŋowr^{2}	ŋowr^{2}	ŋjow^{2}
菩	萨	摩	诃	萨	法	皆	皆	海

如汝所说。慧义,诸菩萨摩诃萨得一切法海

25.61.1

[illegible]	[illegible]	[illegible]	[illegible]	[illegible]，	[illegible]	[illegible]	[illegible]	[illegible]
tjɨ̱j^{2}	sã^{1}	mej^{2}	rjir^{2}	ku^{1}	mjɨ^{1}	pju̱^{1}	bu̱^{2}	gjij^{1}
印	三	昧	得	则，	无	量	胜	殊
[illegible]	[illegible]	[illegible]。	[illegible]	[illegible]	[illegible]	[illegible]	[illegible]	[illegible]
tśhja^{2}	·io̱w^{1}	rjir^{2}	tjij^{1}	rjur^{1}	tsji̱r^{1}	ŋjow^{2}	tjɨ̱j^{2}	sã^{1}
德	功	得。	若	诸	法	海	印	三

印三昧,则得无量殊胜功德。若住诸法海印三

25.61.2

[illegible]	[illegible]	[illegible]，	[illegible]	[illegible]	[illegible]	[illegible]	[illegible]	[illegible]
mej^{2}	dźji̱j^{1}	ku^{1}	rjur^{1}	tsji̱r^{1}	ŋjow^{2}	tjɨ̱j^{2}	sã^{1}	mej^{2}
味	住	则，	诸	法	海	印	三	昧
[illegible]	[illegible]	[illegible]	[illegible]	[illegible]，	[illegible]	[illegible]	[illegible]	[illegible]
tśier^{1}	·ju^{2}	ne̱w^{2}	ɣjɨr^{1}	ŋwu^{2}	kjɨ^{1}	djɨ̱j^{1}	·a	du̱^{2}
利	寻	善	巧	以，	△	定	阿	耨

味,能以诸法海印三昧善巧方便,决定趣于阿耨

25.61.3

[illegible]	[illegible]	[illegible]	[illegible]	[illegible]	[illegible]	[illegible]	[illegible]	[illegible]
tow^{1}	lo^{1}	sã^{1}	mjiw^{2}	sã^{1}	po^{1}	tjij^{1}	rjijr^{2}	tshwew^{1}
多	罗	三	藐	三	菩	提	方	趣
[illegible]	[illegible]。	[illegible]	[illegible]	[illegible]	[illegible]，	[illegible]	[illegible]	[illegible]
njwi^{2}	ljɨ^{1}	zjɨr^{1}	·wo^{2}	dźiã^{2}	tsjij^{2}	dzjo̱^{1}	sju^{2}	sju^{2}
能	也。	慧	义	情	悟，	譬	如	须

多罗三藐三菩提。慧义,譬如须

25.61.4

[illegible]	[illegible]	[illegible]	[illegible]	[illegible]	[illegible]	[illegible]，	[illegible]	[illegible]
mji^{1}	ŋər^{1}	njij^{2}	·ji^{1}	ljɨ̣^{1}	ŋwu^{2}	śjɨj^{1}	tha^{2}	ŋjow^{2}
弥	山	王	众	宝	以	成，	大	海
[illegible]	[illegible]，	[illegible]	[illegible]	[illegible]	[illegible]	[illegible]	[illegible]	[illegible]
gu^{2}	wjij^{2}	bji^{2}	bjij^{2}	·jar^{1}	khjɨ^{2}	ljɨ̣r^{1}	tụ^{1}	·jiw^{1}
中	有，	下	高	八	万	四	千	由

弥山王众宝所成，出于大海，量高八万四千由

25.61.5

[illegible]	[illegible]①，	[illegible]	[illegible]	[illegible]	[illegible]，	[illegible]	[illegible]	[illegible]
sjwɨ^{1}	rjar^{1}	mjij^{1}	mju^{2}	no^{2}	dźjij^{1}	swew^{1}	bji^{1}	rjar^{1}
旬	司，	不	动	安	住，	明	光	殊
[illegible]。	[illegible]	[illegible]	[illegible]	[illegible]	[illegible]	[illegible]	[illegible]	[illegible]
gjij^{1}	rjur^{1}	po^{1}	tsa^{1}	ma^{2}	ŋạ^{2}	tsa^{1}	tsjɨ^{1}	thja^{1}
特。	诸	菩	萨	摩	诃	萨	亦	彼

旬，嶷然安住，最极光明。诸菩萨摩诃萨亦复

25.61.6

[illegible]	[illegible]	[illegible]，	[illegible]	[illegible]	[illegible]	[illegible]	[illegible]	[illegible]
·wjɨ^{2}	sju^{2}	thjɨ^{2}	sā^{1}	mej^{2}	ŋwu^{2}	śjwo^{1}	tshwew^{1}	njwi^{2}
△	如	是，	三	昧	以	发	趣	能
[illegible]，	[illegible]	[illegible]	[illegible]	[illegible]	[illegible]	[illegible]	[illegible]	[illegible]
ku^{1}	tsjir^{1}	·ụ^{2}	ŋowr^{2}	ŋowr^{2}	tha^{2}	ŋjow^{2}	gu^{2}	lja^{1}
故，	法	藏	皆	皆	大	海	中	超

如是，以此三昧善发趣故，出于一切法藏大海，

25.62.1

[illegible]，	[illegible]	[illegible]	[illegible]	[illegible]，	[illegible]	[illegible]	[illegible]	[illegible]
lho	bji^{1}	swew^{1}	rjar^{1}	gjij^{1}	rjur^{1}	gu^{2}	ŋowr^{2}	ŋowr^{2}

① [illegible]（司），该字为“[illegible]”（远）之形误。

出，	光	明	殊	特，	世	中	皆	皆
[illegible]	[illegible]	[illegible]	[illegible]	[illegible]	[illegible]	[illegible]	[illegible]	[illegible]。
dzjwo^{2}	mə^{1}	·jij^{1}	·jwɨ̣^{1}	t-	źji^{2}	phju^{2}	no^{2}	dźjij^{1}
人	天	之	映	蔽	最	上	安	住。

最极光明，映蔽一切世间天人无上安住①。

25.62.2

[illegible]	[illegible]	[illegible]	[illegible]	[illegible]	[illegible]	[illegible]	[illegible]	[illegible]，
nio̱w^{1}	dzjo̱^{1}	lhjịj^{2}	sə^{1}	·ji^{1}	gjịj^{1}	·wio̱^{1}	tśjɨ̣^{1}	sju^{2}
又	如	月	满	众	星	围	绕	如，
[illegible]	[illegible]	[illegible]	[illegible]	[illegible]	[illegible]	[illegible]	[illegible]	[illegible]
rjur^{1}	po^{1}	tsa^{1}	ma^{2}	ŋa̱^{2}	tsa^{1}	tsjɨ^{1}	thja^{1}	·wjɨ^{2}
诸	菩	萨	摩	诃	萨	亦	彼	△

又如满月众星围绕；诸菩萨摩诃萨亦复如是，

25.62.3

[illegible]，	[illegible]	[illegible]	[illegible]	[illegible]	[illegible]	[illegible]	[illegible]	[illegible]
sju^{2}	rjur^{1}	gu^{2}	ŋowr^{2}	ŋowr^{2}	dzjwo^{2}	mə^{1}	tha^{2}	·ji^{1}
如，	世	间	皆	皆	人	天	大	众
[illegible]	[illegible]	[illegible]	[illegible]	[illegible]	[illegible]	[illegible]。	[illegible]	[illegible]
gu^{2}	tha^{2}	bji^{1}	swew^{1}	·wji^{1}	njwi^{2}	ljɨ^{1}	zjɨr^{1}	·wo^{2}
中	大	光	明	作	能	也。	慧	义

能于一切世间天人大众之中作大光明。慧义菩萨，

25.62.4

[illegible]	[illegible]，	[illegible]	[illegible]	[illegible]	[illegible]	[illegible]，	[illegible]	[illegible]
dźiã^{2}	tsjij^{2}	nji^{2}	thjɨ^{2}	tsji̱r^{1}	bio̱^{1}	lew^{2}	lew^{1}	bji^{2}
情	悟，	汝	是	法	观	应，	唯	下
[illegible]	[illegible]	[illegible]	[illegible]	[illegible]	[illegible]	[illegible]，	[illegible]	[illegible]
dźju^{2}	ljo^{1}	bji^{1}	dźiã^{2}	tśhju^{1}	rjɨr^{2}	nio̱w^{1}	dzjij^{2}	nio̱w^{1}

① 西夏译本此句与“映蔽一切世间天人无上安住”语序颠倒。

劣	福	薄	情	有	除	外，	其	又

汝观斯法，唯除下劣薄福众生①

25.62.5

[illegible]	[illegible]	[illegible]	[illegible]、	[illegible]	[illegible]	[illegible]	[illegible]，	[illegible]
to^{2}	źji^{2}	dzu^{1}	ŋwe^{1}	·jɨr^{2}	khu^{1}	dźjij^{1}	śjwo^{1}	śja^{1}
悉	皆	爱	乐、	勤	进	精	起，	绳
[illegible]	[illegible]	[illegible]。	[illegible]	[illegible]	[illegible]	[illegible]	[illegible]	[illegible]
wją^{2}	mjij^{1}	·wji^{1}	tjij^{1}	rjur^{1}	dźiā^{2}	tśhju^{1}	tha^{2}	sji̱j^{2}
放	不	作。	若	诸	情	有	大	智

其谁于此不生爱乐，不起精进而为放逸？。若诸众生有大智

25.62.6

[illegible]	[illegible]	[illegible]，	[illegible]	[illegible]	[illegible]	[illegible]	[illegible]	[illegible]
zjɨr^{1}	dźjij^{2}	ku^{1}	thjɨ^{2}	·wạ^{2}	tha^{2}	tsji̱r^{1}	śjɨj^{1}	·jiw^{2}
慧	有	则，	此	广	大	法	成	熟
[illegible]。	[illegible]	[illegible]	[illegible]	[illegible]	[illegible]	[illegible]	[illegible]	[illegible]
njwi^{2}	·wạ^{2}	tha^{2}	tsji̱r^{1}	tja^{1}	tśhja^{2}	·io̱w^{1}	ŋowr^{2}	lhə
能。	广	大	法	者	德	功	具	足

慧，而能成就此广大法。广大法者具足功德，

25.63.1

[illegible]，	[illegible]	[illegible]	[illegible]	[illegible]	[illegible]	[illegible]	[illegible]	[illegible]
mji̱j^{2}	rjur^{1}	ne̱w^{2}	go̱r^{1}	kiej^{2}	·jij^{1}	ɣjiw^{1}	ɣiwej^{1}	lew^{2}
者，	诸	善	男	子	之	摄	持	应
[illegible]。	[illegible]	[illegible]	[illegible]	[illegible]	[illegible]，	[illegible]	[illegible]	[illegible]
ŋwu^{2}	tjij^{1}	ŋa^{2}	rjɨr^{2}	tshji̱j^{1}	bju^{1}	thjɨ^{2}	·wạ^{2}	tha^{2}
也。	若	我	△	说	依，	此	广	大

诸善丈夫之所摄取。如我所说，

25.63.2

[illegible]	[illegible]	[illegible]	[illegible]	[illegible]，	[illegible]	[illegible]	[illegible]	[illegible]

① 此句与“其谁于此不生爱乐，不起精进而为放逸”，西夏译本语序颠倒。

tsji̠r^{1}	war^{2}	ɣjiw^{1}	njwi^{2}	ku^{1}	rjur^{1}	mə^{1}	dzjwo^{2}	·jij^{1}
法	物	摄	能	则，	诸	天	人	之
[illegible]	[illegible]	[illegible]	[illegible]。	[illegible]	[illegible]	[illegible]	[illegible]、	[illegible]
tshji^{2}	ljij^{1}	lew^{2}	we^{2}	śja^{1}	rjijr^{2}	rjur^{1}	tha^{1}	rjur^{1}
事	奉	所	为。	十	方	诸	佛、	诸

若能摄此广大法财，为诸天人之所侍卫，十方诸佛、

25.63.3

[illegible]	[illegible]	[illegible]	[illegible]	[illegible]	[illegible]	[illegible]。	[illegible]	[illegible]
tha^{2}	dźiã^{2}	tsjij^{2}	to^{2}	źji^{2}	lə	·wejr^{2}	tśhjɨ^{1}	zjọ^{2}
大	情	悟	悉	皆	念	护。	尔	时
[illegible]	[illegible]	[illegible]	[illegible]	[illegible]	[illegible]	[illegible]	[illegible]	[illegible]
rjur^{1}	pjụ^{1}	bju^{2}	mjij^{1}	zjɨr^{1}	po^{1}	tsa^{1}	ma^{2}	ŋạ^{2}
世	尊	边	无	慧	菩	萨	摩	诃

诸大菩萨之所护念。尔时，世尊告无边慧菩萨摩诃

25.63.4

[illegible]	[illegible]	[illegible]	[illegible]：	[illegible]	[illegible]	[illegible]	[illegible]	[illegible]，
tsa^{1}	·jij^{1}	dạ^{2}	·jɨ^{1}	bju^{2}	mjij^{1}	zjɨr^{1}	dźiã^{2}	tsjij^{2}
萨	之	言	谓：	边	无	慧	情	悟，
[illegible]	[illegible]	[illegible]	[illegible]	[illegible]	[illegible]	[illegible]	[illegible]	[illegible]
rjur^{1}	po^{1}	tsa^{1}	ma^{2}	ŋạ^{2}	tsa^{1}	tjij^{1}	thjɨ^{2}	tsji̠r^{1}
诸	菩	萨	摩	诃	萨	若	是	法

萨言：无边慧，诸菩萨摩诃萨若于此法

25.63.5

[illegible]	[illegible]	[illegible]	[illegible]	[illegible]，	[illegible]	[illegible]	[illegible]	[illegible]
bju^{1}	·jɨr^{2}	djọ^{2}	ɣiew^{1}	ku^{1}	rjur^{1}	dźiã^{2}	tśhju^{1}	·jij^{1}
依	勤	修	学	则，	诸	情	有	△
[illegible]	[illegible]	[illegible]	[illegible]	[illegible]，	[illegible]	[illegible]	[illegible]	[illegible]，
tha^{2}	mji̠^{2}	ɣie^{2}	·wji^{1}	njwi^{2}	·jiw^{2}	ŋowr^{2}	ŋowr^{2}	phja^{1}
大	饶	益	作	能，	疑	皆	皆	断，

勤修学者，能为众生作大饶益，除一切疑，

25.63.6

[illegible]	[illegible]	[illegible]	[illegible]，	[illegible]	[illegible]	[illegible]①	[illegible]，	[illegible]
tśhiow^{1}	ŋowr^{2}	ŋowr^{2}	phie^{2}	rjur^{1}	sjwɨ^{1}	mẹ^{2}	phjɨ^{1}	rjur^{1}
结	皆	皆	解，	诸	种	末	舍，	诸
[illegible]	[illegible]	[illegible]，	[illegible]	[illegible]	[illegible]	[illegible]，	[illegible]	[illegible]
śjwɨ̣^{2}	lwu^{2}	dzjar^{2}	rjur^{1}	de^{2}	dzu^{1}	lho	rjur^{1}	dju^{1}
随	眠	断，	诸	喜	爱	超，	诸	有

解一切结，舍诸习气，断诸随眠，超诸喜爱，

25.64.1

[illegible]	[illegible]，	[illegible]	[illegible]	[illegible]	[illegible]，	[illegible]	[illegible]	[illegible]
ŋjow^{2}	dzjij^{1}	tśjo	wjạ^{1}	njạ^{1}	go^{2}	·ju^{2}	kjạ^{1}	le^{2}
海	渡，	永	暗	黑	灭，	常	怖	畏
[illegible]，	[illegible]	[illegible]	[illegible]	[illegible]	[illegible]	[illegible]	[illegible]	[illegible]
ka^{2}	xja^{1}	nẹw^{2}	ɣjɨr^{1}	ŋwu^{2}	dźiã^{2}	tśhju^{1}	ŋowr^{2}	ŋowr^{2}
离，	速	善	巧	以	情	有	皆	皆

渡诸有海，永灭黑暗，永离惊怖，速以善巧能知一切众生

25.64.2

[illegible]	[illegible]	[illegible]	[illegible]	[illegible]。	[illegible]	[illegible]	[illegible]	[illegible]
·jij^{1}	njij^{1}	nwə^{1}	ljɨ^{1}	njwi^{2}	tśhjɨ^{1}	zjọ^{2}	rjur^{1}	pjụ^{1}
之	心	知	也	能。	尔	时	世	尊
[illegible]	[illegible]	[illegible]	[illegible]，	[illegible]	[illegible]	[illegible]	[illegible]。	[illegible]
thjɨ^{2}	dạ^{2}	tshjij^{1}	dźjwa^{1}	tha^{2}	bji^{1}	swew^{1}	wjạ^{2}	thja^{2}
是	言	说	已，	大	光	明	放。	其

之心。尔时世尊说是语已，放大光明。其

25.64.3

[illegible]	[illegible]	[illegible]	[illegible]	[illegible]	[illegible]	[illegible]，	[illegible]	[illegible]

① [illegible]，字面义为“种末”，对译“习气”。

bji^1	ŋewr^2	mjij^1	rjur^1	kiẹj^2	zjir^2	swew^1	be^2	lhjij^2
光	数	无	世	界	遍	照，	日	月
[illegible]	[illegible]	[illegible]	[illegible]	[illegible]	[illegible]	[illegible]	[illegible]。	[illegible]
swew^1	bji^1	ŋowr^2	ŋowr^2	to^2	źji^2	·jwɨ̱^{1}	t-	thjɨ^2
明	光	皆	皆	皆	皆	障	蔽。	是

光遍照无数世界，映夺一切日月光明。

25.64.4

[illegible]	[illegible]	[illegible]，	[illegible]	[illegible]	[illegible]	[illegible]	[illegible]	[illegible]
bji^1	wja̱^{2}	nio̱w^1	·ji̱^{2}	bju^2	mjij^1	zjɨr^1	po^1	tsa^1
光	放	故，	复	边	无	慧	菩	萨
[illegible]	[illegible]	[illegible]	[illegible]	[illegible]	[illegible]：	[illegible]	[illegible]	[illegible]
ma^2	ŋa̱^{2}	tsa^1	·jij^1	da̱^{2}	·jɨ^1	bju^2	mjij^1	zjɨr^1
摩	诃	萨	△	言	谓：	边	无	慧

放斯光已，复告无边慧菩萨摩诃萨言：无边慧，

25.64.5

[illegible]	[illegible]，	[illegible]	[illegible]	[illegible]	[illegible]	[illegible]	[illegible]	[illegible]
dźiã^2	tsjij^2	rjur^1	po^1	tsa^1	ma^2	ŋa̱^{2}	tsa^1	ŋjow^2
情	悟，	诸	菩	萨	摩	诃	萨	海
[illegible]	[illegible]	[illegible]	[illegible]	[illegible]	[illegible]	[illegible]，	[illegible]	[illegible]
tjɨ̱j^2	sã^1	mej^2	·jɨr^2	djọ^2	njwi^2	ku^1	thjɨ^2	sju^2
印	三	昧	勤	修	能	则，	是	如

诸菩萨摩诃萨若能勤修海印三昧，亦当如是

25.64.6

[illegible]	[illegible]	[illegible]	[illegible]，	[illegible]	[illegible]	[illegible]	[illegible]，	[illegible]
tha^2	me̱^{2}	wjɨ̱^{1}	śja^2	tha^2	bji^1	swew^1	wja̱^{2}	tha^2
大	神	变	现，	大	光	明	放，	大
[illegible]	[illegible]	[illegible]	[illegible]	[illegible]	[illegible]	[illegible]，	[illegible]	[illegible]
ka^2	tśjij^2	kwə^2	thjɨ^2	tsjir^1	nẹ^1	tshjij^1	sọ^1	kiẹj^2
狮	狮	吼	是	法	演	说，	三	界

现大神变,放大光明,大狮子吼演说斯法,

25.65.1

[illegible]	[illegible]	[illegible]	[illegible]	[illegible]	[illegible]，	[illegible]	[illegible]	[illegible]
gjịj^{1}	dzjịj^{1}	tha^{2}	swew^{1}	swew^{1}	·wji^{1}	pjɨ^{1}	njɨ̱^{2}	ŋa^{2}
超	过	大	明	照	作，	今	日	我
[illegible]	[illegible]	[illegible]	[illegible]	[illegible]。	[illegible]	[illegible]	[illegible]	[illegible]
rjir^{2}	do^{2}	pha^{1}	mjij^{1}	ljɨ^{1}	dzjɨj^{1}	bju^{2}	mjij^{1}	zjɨr^{1}
与	异	别	无	也。	时	边	无	慧

超过三界作大照明,如我今日而无异也。时无边慧

25.65.2

[illegible]	[illegible]	[illegible]	[illegible]	[illegible]	[illegible]	[illegible]	[illegible]	[illegible]：
po^{1}	tsa^{1}	ma^{2}	ŋạ^{2}	tsa^{1}	tha^{1}	·jij^{1}	dạ^{2}	·jɨ^{1}
菩	萨	摩	诃	萨	佛	之	言	谓：
[illegible]	[illegible]，	[illegible]	[illegible]	[illegible]	[illegible]	[illegible]	[illegible]	[illegible]
rjur^{1}	pjụ^{1}	lew^{1}	tjị^{1}	mjor^{1}	ljij^{2}	thjɨ^{2}	tsjɨr^{1}	·wụ^{2}
世	尊，	唯	愿	如	来	是	法	佑

菩萨摩诃萨白佛言:世尊,唯愿如来加持此法,

25.65.3

[illegible]，	[illegible]	[illegible]	[illegible]	[illegible]，	[illegible]	[illegible]	[illegible]	[illegible]
bjij	dzjwɨr^{1}	lja^{1}	zjọ^{2}	ɣa^{2}	tjɨ^{1}	tjij^{1}	dźiã^{2}	tśhju^{1}
助，	后	来	世	于，	如	若	情	有
[illegible]	[illegible]	[illegible]	[illegible]，	[illegible]	[illegible]	[illegible]	[illegible]	[illegible]
thjɨ^{2}	tsjɨr^{1}	mji^{1}	zjij^{1}	mjɨ^{1}	pjụ^{1}	bju^{2}	mjij^{1}	tśhja^{2}
是	法	闻	时，	无	量	边	无	德

于后末世,若有众生闻斯法名,当获无量无边功德。

汉文本

复次无边慧,我念往昔过大无量阿僧祇劫复倍是数,尔时有佛出现世间,号曰超过须弥光王如来、应供、正遍知、明行足、善逝、世间解、无上士、调御丈夫、天人师、佛世尊。劫名善住,国名悦意。时彼

劫中,众生寿命不可限量,安隐丰饶,住众善法,是故彼劫名为善住。彼佛国界广博严饰,多诸美妙,见者和乐悦意,名香周流普遍,是故彼国名为悦意。时四洲中,三洲等量八万由旬。一一洲中有二万城。一一城量各十由旬,唯有阎浮一洲,广量俱胝由旬,有八万城。一一城量二十由旬,重楼表刹,垣墙周匝,种种衣树、种种味树、诸杂华树、宝多罗树而庄严之。国界安乐,人民充满。其中复有最大都城周百由旬,二万园苑而围绕之。诸园苑中,澄潭溯流,处处盈注,华蕊甘实,一一荣茂,名香普熏,闻者欣悦,鸟兽和鸣,其声雅亮。尔时彼佛住一园中为众说法。无边慧,超过须弥光王如来寿十小劫,灭度之后,正法住世满一小劫。时彼如来四会说法。一一法会,诸声闻众住学地者,各有五百俱胝那由他。诸阿罗汉及菩萨众,各有五十俱胝那由他。时彼如来有二菩萨,一名勇猛军,二名勇猛力。是二菩萨具足神通,得无生忍,前白佛言:世尊,以何等法,成就菩萨摩诃萨一切诸法海印三昧?时彼如来,以此句门广为宣说。说此法时,十千菩萨得无生忍。是二菩萨证一切法海印三昧,及证菩萨一切三昧。以证诸法海印三昧,及证菩萨诸三昧故,能于一切佛刹土中,现大神变,放大光明,出妙梵音,为诸众生演说正法,而能成熟八俱胝人趣于阿耨多罗三藐三菩提。时彼如来即为授记:过一百劫,皆当证于阿耨多罗三藐三菩提。百劫之中,于一一劫供养承事五百如来。于彼如来中时正法、后时正法悉能受持,为诸众生作大饶益。一一劫中一心不乱,一一生处皆受化生,一一生中不退三昧神变,说法度诸众生。过百劫已,复值无边功德如来,供养亲近,善能游戏无量三昧神变解脱。是二菩萨于彼佛所,一名离忧,二名善住,能随如来转于法轮,教化无量无数众生令住三乘。时彼如来复为授记:我灭度后,离忧当证阿耨多罗三藐三菩提,号曰无边辩才如来。灭度之后,善住当证阿耨多罗三藐三菩提,号曰最胜光明如来。共寿一劫,刹土积集无量功德。是二菩萨,于如来前受斯决已,次第证于阿耨多罗三藐三菩提。无边慧,若诸菩萨摩诃萨为一切法海印三昧,应生爱乐,起大精进,不惜身命,以不放逸而修行之。

时彼众中,复有菩萨摩诃萨,名曰慧义,即从坐起,前白佛言:希有世尊,乃能为诸菩萨摩诃萨得一切法智善巧故,及得如来一切智故,说一切法海印三昧。世尊,若得诸法海印三昧,决定当得诸法理趣善巧方便,速诣道场,以此无边功德大海,而发趣于阿耨多罗三藐三菩提,常见诸佛,勤修正法,与僧同行,能消如来最上之供,超过声闻、缘觉之地。

尔时世尊告慧义菩萨摩诃萨言:如是,如是,如汝所说。慧义,诸菩萨摩诃萨得一切法海印三昧,则得无量殊胜功德。若住诸法海印三昧,能以诸法海印三昧善巧方便,决定趣于阿耨多罗三藐三菩提。慧义,譬如须弥山王众宝所成,出于大海,量高八万四千由旬,嶷然安住,最极光明。诸菩萨摩诃萨亦复如是,以此三昧善发趣故,出于一切法藏大海,映蔽一切世间天人无上安住,最极光明。又如满月众星围绕。诸菩萨摩诃萨亦复如是,能于一切世间天人大众之中作大光明。慧义菩萨,汝观斯法,其谁于此不生爱乐,不起精进而为放逸?唯除下劣薄福众生。若诸众生有大智慧,而能成就此广大法。广大法者具足功德,诸善丈夫之所摄取。如我所说,若能摄此广大法财,为诸天人之所侍卫,十方诸佛、诸大菩萨之所护念。

尔时世尊告无边慧菩萨摩诃萨言:无边慧,诸菩萨摩诃萨若于此法勤修学者,能为众生作大饶益,除一切疑,解一切结,舍诸习气,断诸随眠,超诸喜爱,渡诸有海,永灭黑暗,永离惊怖,速以善巧能知一切众生之心。

尔时世尊说是语已,放大光明。其光遍照无数世界,映夺一切日月光明。放斯光已,复告无边慧菩萨摩诃萨言:无边慧,诸菩萨摩诃萨若能勤修海印三昧,亦当如是现大神变,放大光明,大狮子吼演说斯法,超过三界作大照明,如我今日而无异也。

时无边慧菩萨摩诃萨白佛言:世尊,唯愿如来加持此法,于后末世,若有众生闻斯法名,当获无量无边功德。

25.65.4

[illegible]	[illegible]	[illegible]。	[illegible]	[illegible]	[illegible]	[illegible]	[illegible]	[illegible]
·io̱w^{1}	djij^{2}	rjir^{2}	tśhjɨ^{1}	zjọ^{2}	rjur^{1}	pjụ^{1}	thjɨ^{2}	tsji̱r^{1}
功	当	获。	尔	时	世	尊	此	法
[illegible]	[illegible]	[illegible]	[illegible]	[illegible],	[illegible]	[illegible]	[illegible]	[illegible],
ɣa^{1}	·wụ^{2}	bji̱j	kie̱j^{2}	nio̱w^{1}	·ji̱^{2}	bji^{1}	swew^{1}	wja̱^{2}
门	佑	助	欲	故,	又	光	明	放,

尔时世尊为欲加持此法门故,又放光明,

25.65.5

[illegible]	[illegible]	[illegible]	[illegible]	[illegible]	[illegible]	[illegible]	[illegible]	[illegible]
nio̱w^{1}	lew^{1}	nər^{2}	ŋwu^{2}	sọ^{1}	tụ^{1}	tha^{2}	tụ^{1}	rjur^{1}
复	一	指	以	三	千	大	千	世
[illegible]	[illegible]	[illegible]	[illegible],	[illegible]	[illegible]	[illegible]	[illegible]	[illegible]
kie̱j^{2}	źji^{2}	mju^{2}	lji̱j^{2}	rjur^{1}	dźiã^{2}	tśhju^{1}	·jij^{1}	tha^{2}
界	皆	动	摇,	诸	情	有	之	大

复以一指遍动三千大千世界,令诸众生得大

25.65.6

[illegible]	[illegible]	[illegible]	[illegible],	[illegible]	[illegible]	[illegible]	[illegible],	[illegible]
no^{2}	rejr^{2}	rjir^{2}	phji^{1}	thja^{1}	zjọ^{2}	ljwu^{2}	gu^{2}	ŋwə^{1}
安	乐	得	令,	彼	时	会	中,	天
[illegible]、	[illegible]	[illegible]、	[illegible]	[illegible]	[illegible]、	[illegible]	[illegible]	[illegible]、
we^{1}	·ja^{2}	tśhia^{1}	khjã^{2}	tha^{2}	pho^{1}	·a	sew^{2}	lo^{1}
龙、	夜	叉、	乾	闼	婆、	阿	修	罗、

安乐。于时会中,天、龙、夜叉①、乾闼婆②、阿修罗③、

① 夜叉,又曰阅叉。新作药叉、夜乞叉。译言能啖鬼、捷疾鬼、勇健、轻捷、秘密等。

② 乾闼婆,又作健达婆、犍达缚、健闼婆、乾沓和、乾沓婆、彦达缚、犍陀罗等。译曰香神、嗅香、香阴、寻香行。乐人之称。又八部众之一。

③ 阿修罗,又作阿须罗。旧称阿修罗、阿须伦、阿苏罗、阿素罗。译曰无端,容貌丑陋之义。又曰无酒,其果报无酒之义。新称阿素洛。译曰非天。其果报胜似天而非天之义。为常与帝释战斗之神。六道之一。八部众之一。

25.66.1

[illegible]	[illegible]	[illegible]、	[illegible]	[illegible]	[illegible]、	[illegible]	[illegible]	[illegible]
kja^{1}	lew^{1}	lo^{1}	kjĩ^{1}	no^{1}	lo^{1}	mo^{2}	xew^{1}	lo^{1}
迦	楼	罗、	紧	那	罗、	摩	睺	罗
[illegible]	[illegible]	[illegible]	[illegible]	[illegible]，	[illegible]	[illegible]	[illegible]	[illegible]
khja^{2}	thjɨ^{2}	sju^{2}	·ji^{1}	njɨ^{2}	mə^{1}	thjo̱^{1}	wja̱^{1}	nio̱w^{1}
伽	是	如	众	等，	天	妙	花	及

迦楼罗①、紧那罗②、摩睺罗伽③如是众等，散天妙花及

25.66.2

[illegible]	[illegible]	[illegible]	[illegible]，	[illegible]	[illegible]	[illegible]	[illegible]	[illegible]
mə^{1}	thjo̱^{1}	lhwu^{1}	lju^{2}	rjur^{1}	mə^{1}	tshow^{1}	gju^{2}	mjij^{1}
天	妙	衣	散，	诸	天	乐	器	不
[illegible]	[illegible]	[illegible]	[illegible]	[illegible]。	[illegible]	[illegible]	[illegible]	[illegible]
tsju̱^{1}	ka^{1}	ka^{1}	·jij^{1}	ŋewr^{1}	mjɨ^{1}	pju̱^{1}	rjur^{1}	mə^{1}
击	齐	齐	自	闹。	无	量	诸	天

天妙衣，天诸妓乐俱时而作。无量诸天

25.66.3

[illegible]	[illegible]	[illegible]	[illegible]，	[illegible]	[illegible]	[illegible]	[illegible]，	[illegible]	[illegible]
źji^{2}	mə^{1}	lhwu^{1}	zow^{2}	ŋa^{1}	gu^{2}	mju^{2}	·wji^{1}	ka^{1}	ka^{1}
皆	天	衣	执，	空	中	舞	作，	齐	齐
[illegible]	[illegible]：	[illegible]	[illegible]！	[illegible]	[illegible]！	[illegible]	[illegible]	[illegible]	
da̱^{2}	·jɨ^{1}	tjij^{2}	rjijr^{2}	tjij^{2}	rjijr^{2}	rjur^{1}	tha^{1}	mjɨɨ^{2}	
言	谓：	奇	哉！	奇	哉！	诸	佛	境	

手执天衣，空中作舞④，同声唱言：奇哉！奇哉！诸佛境

---

① 迦楼罗，又云迦留罗、迦娄罗、揭路荼、迦喽荼、伽楼罗、哦噜拏、檗噜拏等。鸟名，旧译曰金翅鸟，新译曰妙翅鸟、顶瘿鸟，食吐悲苦声等。居四大卞之大树，取龙为食。八部众之一。

② 紧那罗，又作紧捺罗、紧陀罗、甄陀罗、真陀罗、紧捺洛。天名，旧译曰人非人，疑神。新译曰歌神。即乐神名。八部众之一。

③ 摩睺罗伽，八部众之一。大蟒神也。胎藏界第三院之一尊，释迦如来之眷属也。是为大日如来普门示现之一法门身，一类众生，因此法而遂得到于一切智地。

④ 空中作舞，汉文底本作“摇裔翩翻满虚空中”。

25.66.4

[illegible]	[illegible]	[illegible]	[illegible]	[illegible]。	[illegible]	[illegible]	[illegible]	[illegible]
kiẹj^{2}	sẹw^{2}	tshjịj^{1}	tjị^{2}	mjij^{1}	tjɨ^{1}	tjij^{1}	thjɨ^{2}	sju^{2}
界	思	议	可	无。	如	若	此	如
[illegible]	[illegible]	[illegible]	[illegible]	[illegible]	[illegible]，	[illegible]	[illegible]	[illegible]
na^{1}	tsjịr^{1}	zow^{2}	·jij^{1}	njwi^{2}	ku^{1}	kjɨ^{1}	djɨj^{1}	dźiã^{2}
深	法	持	受	能	则，	△	定	情

界不可思议。若有受持此深法者，

25.66.5

[illegible]	[illegible]	[illegible]	[illegible]	[illegible]	[illegible]	[illegible]	[illegible]	[illegible]
tśhju^{1}	ŋowr^{2}	ŋowr^{2}	dzjwị^{1}	rejr^{2}	tśja^{1}	tshwew^{1}	lhjịj^{2}	·wo^{2}
有	皆	皆	恭	敬	礼	敬	受	当
[illegible]。	[illegible]	[illegible]	[illegible]	[illegible]	[illegible]	[illegible]	[illegible]	[illegible]
ljɨ^{1}	tśhjɨ^{1}	zjọ^{2}	rjur^{1}	pjụ^{1}	niọw^{1}	bju^{2}	mjij^{1}	zjɨr^{1}
也。	尔	时	世	尊	复	边	无	慧

当知堪受一切众生恭敬作礼。尔时，世尊复告无边慧

25.66.6

[illegible]	[illegible]	[illegible]	[illegible]	[illegible]	[illegible]	[illegible]	[illegible]：	[illegible]
po^{1}	tsa^{1}	ma^{2}	ŋạ^{2}	tsa^{1}	·jij^{1}	dạ^{2}	·jɨ^{1}	bju^{2}
菩	萨	摩	诃	萨	之	言	谓：	边
[illegible]	[illegible]	[illegible]	[illegible]，	[illegible]	[illegible]	[illegible]	[illegible]	[illegible]
mjij^{1}	zjɨr^{1}	dźiã^{2}	tsjij^{2}	dzjwɨr^{1}	mjịj^{2}	tsjịr^{1}	gu^{2}	ljo^{1}
无	慧	情	悟，	后	末	法	中	福

菩萨摩诃萨言：无边慧，后末世时薄福

25.67.1

[illegible]	[illegible]	[illegible]，	[illegible]	[illegible]	[illegible]	[illegible]	[illegible]	[illegible]
bji^{1}	dźiã^{2}	tśhju^{1}	thjɨ^{2}	gjwɨ^{1}	zjir^{2}	ljụ^{2}	tshjịj^{2}	sã^{1}
薄	情	有，	此	坚	甲	庄	严	三

[illegible]	[illegible]	[illegible]	[illegible]	[illegible]。	[illegible]	[illegible]	[illegible]	[illegible]
mej^{2}	lju̱^{2}	tshji̱j^{2}	mjij^{1}	mji^{1}	tjij^{1}	rjur^{1}	dźiã^{2}	tśhju^{1}
昧	庄	严	不	闻。	若	诸	情	有

众生,不得闻此甲胄庄严三昧庄严。若诸众生

25.67.2

[illegible]	[illegible]	[illegible]	[illegible],	[illegible]	[illegible]	[illegible]	[illegible]	[illegible],
nẹw^{2}	tśier^{1}	·ju^{2}	dźjij^{2}	tha^{2}	·wụ^{2}	dźjwij^{2}	ɣjiw^{1}	ku^{1}
善	利	寻	有,	大	资	粮	摄	则,
[illegible]	[illegible]	[illegible]	[illegible]	[illegible]	[illegible]	[illegible]。	[illegible]	[illegible]
mji̱j^{2}	tsji̱r^{1}	gu^{2}	tśhjwo^{1}	thjɨ^{2}	tsji̱r^{1}	mji^{1}	tjij^{1}	thjɨ^{2}
末	法	中	故	是	法	闻。	若	是

有善方便,摄大资粮,于后末世乃闻斯法。若于斯

25.67.3

[illegible]	[illegible]	[illegible]	[illegible]	[illegible]	[illegible],	[illegible]	[illegible]	[illegible]
tsji̱r^{1}	bju^{1}	·jɨr^{2}	djọ^{2}	ɣiew^{1}	ku^{1}	sọ^{1}	zjọ^{2}	rjur^{1}
法	于	勤	修	习	则,	三	世	诸
[illegible]	[illegible]	[illegible]	[illegible]	[illegible]	[illegible]	[illegible]	[illegible]。	[illegible]
tha^{1}	rjur^{1}	pjụ^{1}	·jij^{1}	ɣjiw^{1}	ɣiwej^{1}	lew^{2}	we^{2}	bju^{2}
佛	世	尊	之	受	持	当	为。	边

法勤修行者,则为三世诸佛世尊之所摄受。

25.67.4

[illegible]	[illegible]	[illegible]	[illegible],	[illegible]	[illegible]	[illegible]	[illegible]	[illegible]
mjij^{1}	zjɨr^{1}	dźiã^{2}	tsjij^{2}	dzjwɨr^{1}	mji̱j^{2}	tsji̱r^{1}	gu^{2}	tha^{2}
无	慧	情	悟,	后	末	法	中	大
[illegible]	[illegible]	[illegible],	[illegible]	[illegible]	[illegible]	[illegible]	[illegible]	[illegible]
kjạ^{1}	le^{2}	zji̱j^{1}	ŋa^{2}	thjɨ^{2}	tsji̱r^{1}	ɣa^{1}	nji^{2}	njɨ^{2}
怖	畏	时,	我	此	法	门	汝	等

无边慧,于后末世大怖畏时,我此法门付嘱汝等。

25.67.5

[illegible]	[illegible]	[illegible],	[illegible]	[illegible]	[illegible]	[illegible]	[illegible]	[illegible]

·jij^{1}	tśjɨ^{1}	lu^{2}	ŋa^{2}	ŋewr^{2}	mjij^{1}	kju^{1}	tśji^{2}	no^{1}
之	付	嘱,	我	数	无	俱	胝	那
[illegible]	[illegible]	[illegible]	[illegible]	[illegible]	[illegible]	[illegible]	[illegible]	[illegible]
·jiw^{1}	thow^{1}	kja^{2}	gu^{2}	rjɨr^{2}	du̱^{1}	dzjị^{2}	źji^{2}	phju^{2}
由	他	劫	中	△	积	集	最	上

我于无数俱胝那由他劫积集无上

25.67.6

[illegible]	[illegible]	[illegible]	[illegible],	[illegible]	[illegible]	[illegible]	[illegible]	[illegible]
rjur^{1}	tsji̱r^{1}	ljị^{1}	·u̱^{2}	tśhja^{2}	·io̱w^{1}	ŋowr^{2}	lhə	bju^{2}
诸	法	宝	藏,	德	功	具	足	边
[illegible]	[illegible]	[illegible],	[illegible]	[illegible]	[illegible]	[illegible]	[illegible]。	[illegible]
mjij^{1}	no^{2}	rejr^{2}	nji^{2}	sjij^{1}	źji^{2}	rjor^{2}	nja^{2}	tśjị^{1}
无	安	乐,	汝	今	皆	得	汝,	苦

诸法宝藏,具足功德,无边安乐,汝今皆得,

25.68.1

[illegible]	[illegible]	[illegible],	[illegible]	[illegible]	[illegible]	[illegible]。	[illegible]	[illegible]
ŋur^{1}	ŋowr^{2}	ŋowr^{2}	nji^{2}	sjij^{1}	źji^{2}	ka^{2}	nji^{2}	bju^{2}
蕴	皆	皆,	汝	今	皆	离。	汝	边
[illegible]	[illegible]	[illegible]	[illegible]	[illegible]	[illegible]	[illegible]	[illegible]	[illegible]
mjij^{1}	tśhja^{2}	·io̱w^{1}	tha^{2}	ŋjow^{2}	ŋwu^{2}	xja^{1}	·a	du̱^{2}
无	德	功	大	海	以	速	阿	耨

一切苦蕴,汝今皆舍。汝以无边功德大海而速趣于阿耨

25.68.2

[illegible]	[illegible]	[illegible]	[illegible]	[illegible]	[illegible]	[illegible]	[illegible]	[illegible]。
tow^{1}	lo^{1}	sã^{1}	mjiw^{2}	sã^{1}	po^{1}	tjɨj^{1}	rjijr^{2}	tshwew^{1}
多	罗	三	藐	三	菩	提	方	趣。
[illegible]	[illegible]	[illegible]	[illegible]	[illegible]	[illegible]	[illegible]	[illegible]	[illegible]
tśhjɨ^{1}	zjo̱^{2}	bju^{2}	mjij^{1}	zjɨr^{1}	po^{1}	tsa^{1}	ma^{2}	ŋa̱^{2}
尔	时	边	无	慧	菩	萨	摩	诃

多罗三藐三菩提。尔时无边慧菩萨摩诃

25.68.3

[illegible]，	[illegible]	[illegible]	[illegible]	[illegible]	[illegible]	[illegible]	[illegible]	[illegible]	[illegible]	[illegible]	[illegible]、	[illegible]
tsa^1	ŋwə^1	·jir^2	po^1	tsa^1	ma^2	ŋạ^2	tsa^1	nio̱w^1	rjur^1	ɣa^1	pjụ^1	me̱^{2}
萨，	五	百	菩	萨	摩	诃	萨	及	诸	户	尊、	贤

萨，与五百菩萨摩诃萨及诸居士、①贤

25.68.4

[illegible]、	[illegible]	[illegible]	[illegible]	[illegible]	[illegible]	[illegible]，	[illegible]	[illegible]	[illegible]	[illegible]，	[illegible]
·wejr^2	źji^2	wə^1	njɨ^2	phju^2	ɣu^1	we^2	tha^1	rewr^2	tśjiw^2	tshwew^1	rjur^1
护、	商	主	等	上	首	为，	佛	足	顶	礼，	世

护、商主②等而为上首，顶礼佛足，

25.68.5

[illegible]	[illegible]	[illegible]	[illegible]：	[illegible]	[illegible]	[illegible]	[illegible]	[illegible]
pjụ^1	·jij^1	dạ^2	·jɨ^1	ŋa^2	njɨ^2	ɣie^1	bju^1	mjor^1
尊	△	言	谓：	我	等	力	随	如
[illegible]	[illegible]	[illegible]	[illegible]	[illegible]	[illegible]	[illegible]，	[illegible]	[illegible]
ljij^2	·jij^1	tha^2	po^1	tjɨj^1	tsji̱r^1	·ji̱j^1	dzjwɨr^1	mji̱j^2
来	之	大	菩	提	法	受，	后	末

白言："世尊：我随力能当持如来大菩提法，于后末

25.68.6

[illegible]	[illegible]	[illegible]	[illegible]	[illegible]	[illegible]	[illegible]	[illegible]	[illegible]
tsji̱r^1	gu^2	rjur^1	dźiã^2	tśhju^1	·jij^1	tha^2	mji̱^{2}	ɣie^2
法	中	诸	情	有	之	大	饶	益
[illegible]	[illegible]	[illegible]。	[illegible]	[illegible]	[illegible]	[illegible]	[illegible]	[illegible]
·wji^1	nji^2	·jɨ^1	tśhjɨ^1	zjọ^2	rjur^1	po^1	tsa^1	ma^2
作	△	谓。	尔	时	诸	菩	萨	摩

世为诸众生作大饶益。尔时诸菩萨摩

① 居士，西夏文以"户尊"对译。梵语曰迦罗越，居财之士，居家之士，在家志佛道者。《辍耕录》曰："今人多以居士自号。"

② 商主，是船主和舵手的意思，比喻佛菩萨驾驶慈船，济度众生，脱离苦海，如同船主一样。

25.69.1

[illegible]	[illegible]	[illegible]	[illegible]	[illegible]	[illegible]	[illegible]，	[illegible]	[illegible]
ŋạ^{2}	tsa^{1}	twụ^{1}	dzu̱^{2}	tji̱^{2}	·a	wor^{1}	mə^{2}	njijr^{2}
诃	萨	各	坐	处	△	起，	种	种
[illegible]	[illegible]	[illegible]	[illegible]	[illegible]	[illegible]	[illegible]，	[illegible]	[illegible]
wją^{1}	ŋwu^{2}	mjor^{1}	ljij^{2}	tśhja̱^{1}	·wjɨ^{2}	lju^{2}	twụ^{1}	thjo̱^{1}
花	以	如	来	上	△	散，	各	妙

诃萨各从坐起，以诸杂花散于如来，

25.69.2

[illegible]	[illegible]，	[illegible]	[illegible]	[illegible]	[illegible]，	[illegible]	[illegible]	[illegible]
lhwu^{1}	thjɨ^{1}	zow^{2}	·jij^{1}	kjụ^{1}	tshwew^{1}	thjɨ^{2}	sju^{2}	dạ^{2}
衣	脱，	执	受	供	养，	是	如	言
[illegible]：	[illegible]	[illegible]，	[illegible]	[illegible]	[illegible]	[illegible]，	[illegible]	[illegible]
·jɨ^{1}	rjur^{1}	pjụ^{1}	thjɨ^{2}	ne̱w^{2}	tśhji^{2}	ŋwu^{2}	źji^{2}	dźiã^{2}
谓：	世	尊，	此	善	根	以，	皆	情

脱身妙衣，持以供养，作如是言：世尊，以此善根，

25.69.3

[illegible]	[illegible]	[illegible]	[illegible]	[illegible]	[illegible]	[illegible]，	[illegible]	[illegible]
tśhju^{1}	ŋowr^{2}	ŋowr^{2}	rjijr^{2}	ljɨ̱^{1}	tshjwu^{1}	ŋa^{2}	tji̱^{1}	rjur^{1}
有	皆	皆	向	回	拜	我，	愿	诸
[illegible]	[illegible]	[illegible]	[illegible]	[illegible]	[illegible]	[illegible]	[illegible]	[illegible]
dźiã^{2}	tśhju^{1}	to^{2}	źji^{2}	po^{1}	tjɨj^{1}	·jiw^{1}	tsji̱r^{1}	·io̱^{1}
情	有	悉	皆	菩	提	因	法	圆

我皆回向一切众生，愿诸众生悉得圆满菩提分法，

25.69.4

[illegible]①	[illegible]，	[illegible]	[illegible]	[illegible]	[illegible]	[illegible]	[illegible]	[illegible]
·jij^{1}	sə^{1}	mjor^{1}	ljij^{2}	ŋowr^{2}	ŋowr^{2}	tsji̱r^{1}	sjij^{2}	djij^{2}

① [illegible]，动词趋向前缀，表示未完成体向上方。

△ 满， 如 来 皆 皆 法 智 当

[illegible] [illegible]。 [illegible] [illegible] [illegible] [illegible] [illegible] [illegible] [illegible]

śjɨj^{1} ·jiw^{2} dzjwɨr^{1} mjɨ̱j^{2} tsji̱r^{1} gu^{2} dźiã^{2} tśhju^{1} ŋowr^{2}

成 熟。 后 末 法 中 情 有 皆

成就如来一切法智。于后末世一切众生

25.69.5

[illegible] [illegible] [illegible]， [illegible] [illegible] [illegible] [illegible]。 [illegible] [illegible]

ŋowr^{2} ne̲w^{2} tśhji^{2} źji^{2} djij^{2} śjɨj^{1} ·jiw^{2} tśhjɨ^{1} zjọ^{2}

皆 善 根， 皆 当 成 熟。 尔 时

[illegible] [illegible] [illegible] [illegible] [illegible] [illegible] [illegible] [illegible] [illegible]

rjur^{1} pjụ^{1} po^{1} tsa^{1} ma^{2} ŋạ^{2} tsa^{1} ŋowr^{2} ŋowr^{2}

世 尊 菩 萨 摩 诃 萨 皆 皆

所有善根，愿皆成就。尔时世尊为令一切菩萨摩诃萨

25.69.6

[illegible] [illegible] [illegible] [illegible] [illegible] [illegible] [illegible]， [illegible] [illegible] [illegible] [illegible]：

·jij^{1} njɨ̱j^{1} ljɨ̱j^{2} śjwo^{1} phji^{1} kiẹj^{2} nio̱w^{1} lja̱^{1} dạ^{2} rjɨr^{2} tshjɨ̱j^{1}

之 心 欢 生 令 欲 故， 偈 言 △ 说：

生欢喜故，而说偈言：

25.70.1

[illegible] [illegible] [illegible] [illegible] [illegible]， [illegible] [illegible] [illegible] [illegible] [illegible]，

rjur^{1} dźiã^{2} tśhju^{1} nio̱w^{1} ku^{1} tha^{2} mji̱^{2} ɣie^{2} śjwo^{1} lew^{2}

诸 情 有 为 故， 大 饶 益 生 当，

[illegible] [illegible] [illegible] [illegible] [illegible]，

ŋa^{2} po^{1} tjɨ̱j^{1} tsji̱r^{1} ·jij^{1}

我 菩 提 法 持，

为诸众生故，当兴大饶益，持我菩提法，

25.70.2

[illegible] [illegible] [illegible] [illegible] [illegible]。 [illegible] [illegible] [illegible] [illegible] [illegible]， tsji̱r^{1} njij^{2} ka^{2} tśjij^{2} kwə^{2} dzjwɨr^{1} lja^{1} mji̱j^{2} tsji̱r^{1} gu^{2}

法 王 狮 子 吼。 后 来 末 法 中，

[illegible] [illegible] [illegible] [illegible] [illegible]，

tjij^{1} rjur^{1} tsji̱r^{1} kjṵ^{1} mji̱j^{2}

若 诸 法 求 者，

法王狮子吼。于后末世中，若诸求法者，

25.70.3

[illegible] [illegible] [illegible] [illegible] [illegible]， [illegible] [illegible] [illegible] [illegible] [illegible]。

thjɨ^{2} ·wạ^{2} tha^{2} tsji̱r^{1} mji^{1} ŋowr^{2} ŋowr^{2} no^{2} rejr^{2} rjir^{2}

此 广 大 法 闻， 皆 皆 安 乐 得。

[illegible] [illegible] [illegible] [illegible] [illegible]，

ŋa^{2} sjij^{1} rjɨr^{2} tshji̱j^{1} sju^{2}

我 今 △ 说 如，

闻斯广大法，一切获安乐。如我之所说，

25.70.4

[illegible] [illegible] [illegible]① [illegible] [illegible]， [illegible] [illegible] [illegible] [illegible] [illegible]，

tjij^{1} dzjwo^{2} tjij^{1} ·ṵ^{2} ljij^{2} thjɨ^{2} lwər^{2} lhejr^{2} tsji̱r^{1} mji^{1}

若 人 若 乘 见， 此 经 契 法 闻，

[illegible] [illegible] [illegible] [illegible] [illegible]。

njij^{1} dzu^{1} bju^{1} źji^{2} rjir^{2}

心 爱 随 皆 得。

若有见此乘，闻斯契经法，得随其所乐。

25.70.5

[illegible] [illegible] [illegible] [illegible] [illegible]， [illegible] [illegible] [illegible] [illegible] [illegible]，

tjɨ^{1} tjij^{1} sji̱j^{2} zjɨr^{1} dzjwo^{2} ne̱w^{2} tśier^{1} ·ju^{2} djọ^{2} ɣiew^{1}

假 若 智 慧 人， 善 利 寻 修 习，

[illegible] [illegible] [illegible] [illegible] [illegible]，

① 该字疑为"[illegible]"(此)之讹误。

thjɨ^{2} źji^{2} phju^{2} tsji̱r^{1} mji^{1}

此 最 上 法 闻，

若有智慧者，修习善方便，闻斯最上法，

25.70.6

[illegible] [illegible] [illegible] [illegible] [illegible]。 [illegible] [illegible] [illegible] [illegible] [illegible]，

ljụ^{2} nji̱j^{1} tha^{2} nji̱j^{1} ljɨ̱j^{2} tjij^{1} thjɨ^{2} ljwu^{2} gu^{2} dźji̱j^{1}

身 心 大 心 欢。 若 此 会 中 住，

[illegible] [illegible] [illegible] [illegible] [illegible]，

·ju^{2} rjir^{2} ŋa^{2} tshji̱j^{1} lji̱j^{2}

前 前 我 说 见，

身心大欢喜。若在于此会，现前见我说，

25.71.1

[illegible] [illegible] [illegible] [illegible] [illegible]， [illegible] [illegible] [illegible] [illegible] [illegible]。

thjɨ^{2} tsji̱r^{1} mji^{1} rjir^{2} ku^{1} dzu^{1} ŋwe^{1} njwi^{2} mji̱j^{2} we^{2}

此 法 闻 得 则， 爱 乐 能 者 为。

[illegible] [illegible] [illegible] [illegible] [illegible]，

dzjwɨr^{1} lja^{1} mji̱j^{2} tsji̱r^{1} gu^{2}

后 来 末 法 中，

得闻斯法已，善能爱乐者。于后末世中，

25.71.2

[illegible] [illegible] [illegible] [illegible] [illegible]， [illegible] [illegible] [illegible] [illegible] [illegible]，

nji^{2} tha^{2} ljo^{1} tśiow^{1} śjwo^{1} ŋewr^{2} mjij^{1} pjụ^{1} mjij^{1} dju^{1}

汝 大 福 聚 生， 数 无 量 不 有，

[illegible] [illegible] [illegible] [illegible] [illegible]。

·wạ^{2} tha^{2} bju^{2} ljow^{2} mjij^{1}

广 大 边 际 无。

生汝人福聚，无数无有量，广大无边际。

25.71.3

[illegible] [illegible] [illegible] [illegible] [illegible]， [illegible] [illegible] [illegible] [illegible] [illegible]，

[Tangut script]

dzjwɨr^1 lja^1 mji̱j^2 tsji̱r^1 gu^2 tsji̱r^1 njij^2 rjɨr^2 tshji̱j^1 tsji̱r^1

后 来 末 法 中, 法 王 △ 说 法,

[Tangut script]

tjij^1 ɣiwej^1 ·ji̱j^1 njwi^2 ku^1

若 受 持 能 则,

于后末世中,若能受持此,法王所说法,

25.71.4

[Tangut script]

tha^1 ·jij^1 ɣjiw^1 lew^2 we^2 dzjwɨr^1 lja^1 mji̱j^2 tsji̱r^1 gu^2

佛 之 受 当 为。 后 来 末 法 中,

ŋa^2 po^1 tjɨj^1 tsji̱r^1 ·ji̱j^1

我 菩 提 法 持,

为佛之摄受。于后末世中,持我菩提法,

25.71.5

mjɨ^1 pjụ^1 tha^1 ·jij^1 tsji̱r^1 źji^2 mji̱j^2 ·ji̱j^1 tsji̱r^1 mji̱j^2

无 量 佛 之 法, 最 后 持 法 者。

则为无量佛,最后持法者。

汉文本

尔时世尊为欲加持此法门故,又放光明,复以一指遍动三千大千世界,令诸众生得大安乐。于时会中,天、龙、夜叉、乾闼婆、阿修罗、迦楼罗、紧那罗、摩睺罗伽如是众等,散天妙花及天妙衣,天诸妓乐俱时而作。无量诸天手执天衣,摇裔翩翻满虚空中,同声唱言:奇哉!奇哉!诸佛境界不可思议。若有受持此深法者,当知堪受一切众生恭敬作礼。

尔时世尊复告无边慧菩萨摩诃萨言:无边慧,后末世时薄福众生,不得闻此甲胄庄严三昧庄严。若诸众生有善方便,摄大资粮,于后末世乃闻斯法。若于斯法勤修行者,则为三世诸佛世尊之所摄受。无边慧,于后末世大怖畏时,我此法门付嘱汝等。我于无数俱胝那由他劫积集无上诸法宝藏,具足功德,无边安乐,汝今皆得,一切苦蕴,汝今皆舍。汝以无边功德大海而速趣于阿耨多罗三藐三菩提。

尔时无边慧菩萨摩诃萨,与五百菩萨摩诃萨及诸居士、贤护、商主等而为上首,顶礼佛足,白言世尊:我随力能当持如来大菩提法,于后末世为诸众生作大饶益。

尔时诸菩萨摩诃萨各从坐起，以诸杂花散于如来，脱身妙衣，持以供养，作如是言：世尊，以此善根，我皆回向一切众生，愿诸众生悉得圆满菩提分法，成就如来一切法智。于后末世一切众生所有善根，愿皆成就。

尔时世尊为令一切菩萨摩诃萨生欢喜故，而说偈言：

为诸众生故，当兴大饶益，
持我菩提法，法王狮子吼。
于后末世中，若诸求法者，
闻斯广大法，一切获安乐。
如我之所说，若有见此乘，
闻斯契经法，得随其所乐。
若有智慧者，修习善方便，
闻斯最上法，身心大欢喜。
若在于此会，现前见我说，
得闻斯法已，善能爱乐者。
于后末世中，生汝大福聚，
无数无有量，广大无边际。
于后末世中，若能受持此，
法王所说法，为佛之摄受。
于后末世中，持我菩提法，
则为无量佛，最后持法者。

25.71.6

[illegible]	[illegible]	[illegible]	[illegible]	[illegible]	[illegible]	[illegible]	[illegible]，	[illegible]
tśhjɨ^{1}	zjọ^{2}	rjur^{1}	pjụ^{1}	thjɨ^{2}	tsji̱r^{1}	tshji̱j^{1}	dźjwa^{1}	mjɨ^{1}
尔	时	世	尊	此	法	说	已，	无
[illegible]	[illegible]	[illegible]	[illegible]	[illegible]	[illegible]	[illegible]。	[illegible]	[illegible]
pjụ^{1}	dźiã^{2}	tsjij^{2}	to^{2}	mjij^{1}	ze̱w^{2}	rjir^{2}	mjɨ^{1}	pjụ^{1}
量	情	悟	生	无	忍	得。	无	量

尔时世尊说此法已，无量菩萨得无生忍，无量

25.72.1

[illegible]	[illegible]	[illegible]	[illegible]	[illegible]	[illegible]。	[illegible]	[illegible]	[illegible]	[illegible]
dźiã^{2}	tśhju^{1}	ne̱w^{2}	tśhji^{2}	śjɨj^{1}	we^{1}	bju^{2}	mjij^{1}	zjɨr^{1}	po^{1}
情	有	善	根	成	熟。	边	无	慧	菩
[illegible]	[illegible]	[illegible]	[illegible]	[illegible]	[illegible]	[illegible]	[illegible]	[illegible]	[illegible]

tsa[1]	ma[2]	ŋa̱[2]	tsa[1]	nio̱w[1]	rjur[1]	po[1]	tsa[1]	ma[2]	ŋa̱[2]
萨	摩	诃	萨	及	诸	菩	萨	摩	诃

众生成熟善根。无边慧菩萨摩诃萨及诸菩萨摩诃

25.72.2

[illegible],	[illegible]	[illegible]	[illegible]	[illegible]	[illegible]、	[illegible]、	[illegible]	[illegible]	[illegible]
tsa[1]	rjur[1]	gu[2]	ŋowr[2]	ŋowr[2]	dzjwo[2]	mə[1]	·a	sew[2]	lo[1]
萨,	世	间	皆	皆	人、	天、	阿	修	罗
[illegible],	[illegible]	[illegible]	[illegible]	[illegible],	[illegible]	[illegible]	[illegible]	[illegible],	[illegible]
njɨ[2]	tha[1]	rjɨr[2]	tshji̱j[1]	mji[1]	źji[2]	tha[2]	nji̱j[1]	ljɨ̱j[2]	dźiej[2]
等,	佛	△	说	闻,	皆	大	心	欢,	信

萨,一切世间天、人、阿修罗等,闻佛所说,皆大欢喜,

25.72.3

[illegible]	[illegible]	[illegible]。
ɣiwej[1]	bju[1]	dźji̱j[1]
持	奉	行。

信受奉行。

25.72.4

[illegible]	[illegible]	[illegible]	[illegible]	[illegible]	[illegible]	[illegible]	[illegible]	[illegible]	[illegible]	[illegible]①
tha[2]	ljɨ̱[1]	tśiow[1]	lwər[2]	lhejr[2]	?	njɨ̱[1]	ɣa[2]	ŋwə[1]	tsew[2]	njo̱r[2]
大	宝	积	经	契	卷	二	十	五	第	水

《大宝积经》卷第二十五　水

汉文本

尔时世尊说此法已,无量菩萨得无生忍,无量众生成熟善根。无边慧菩萨摩诃萨及诸菩萨摩诃萨,一切世间天、人、阿修罗等,闻佛所说,皆大欢喜,信受奉行。

《大宝积经》卷第二十五

① [illegible],为西夏文大藏经函号,汉译为"水"。